Evolução e vida social

Dados Internacionais de Catalogação na Publicação (CIP)
(Câmara Brasileira do Livro, SP, Brasil)

Ingold, Tim
  Evolução e vida social / Tim Ingold ; tradução de Adail Sobral. – Petrópolis, RJ : Vozes, 2019. – (Coleção Antropologia)

  Título original: Evolution and social life
  Bibliografia.
  ISBN 978-85-326-6065-7

  1. Evolução social 2. Evolução humana 3. Sociologia I. Título. II. Série.

19-23901   CDD-303.4

Índices para catálogo sistemático:
1. Evolução social : Sociologia   303.4

Iolanda Rodrigues Biode – Bibliotecária – CRB-8/10014

Tim Ingold

Evolução e vida social

Tradução de Adail Sobral

Petrópolis

© Cambridge University Press 1986
Tradução autorizada da edição em inglês publicada por Routledge,
um membro do Grupo Taylor & Francis.

Título do original em inglês: *Evolution and Social Life*

Direitos de publicação em língua portuguesa – Brasil:
2019, Editora Vozes Ltda.
Rua Frei Luís, 100
25689-900 Petrópolis, RJ
www.vozes.com.br
Brasil

Todos os direitos reservados. Nenhuma parte desta obra poderá ser reproduzida ou transmitida por qualquer forma e/ou quaisquer meios (eletrônico ou mecânico, incluindo fotocópia e gravação) ou arquivada em qualquer sistema ou banco de dados sem permissão escrita da editora.

CONSELHO EDITORIAL

Diretor
Gilberto Gonçalves Garcia

Editores
Aline dos Santos Carneiro
Edrian Josué Pasini
Marilac Loraine Oleniki
Welder Lancieri Marchini

Conselheiros
Francisco Morás
Ludovico Garmus
Teobaldo Heidemann
Volney J. Berkenbrock

Secretário executivo
João Batista Kreuch

Editoração: Leonardo A.R.T. dos Santos
Diagramação: Raquel Nascimento Marques
Revisão gráfica: Nilton Braz da Rocha / Nivaldo S. Menezes
Capa: Felipe Souza | Aspectos

ISBN 978-85-326-6065-7 (Brasil)
ISBN 978-11-386-7584-1 (Reino Unido)

Editado conforme o novo acordo ortográfico.

Este livro foi composto e impresso pela Editora Vozes Ltda.

Para
Christopher, Nicholas e Jonathan

É possível que o objeto específico da antropologia seja a inter-relação entre o que há de biológico no homem e o que há de social e histórico nele? A resposta é sim (KROEBER, 1948).

Sumário

Lista de figuras, 9

Prefácio da edição de 2016, 11

Prefácio da edição de 1986, 21

1   O progresso da evolução, 29

2   A ascensão da humanidade, 56

   Linhas e estágios, 58

   Extensão e analogia, 73

3   A substância da história, 99

4   Tempos de vida, 151

5   Acaso, necessidade e criatividade, 194

6   O que é uma relação social?, 242

   O superorgânico, 243

   A constituição das pessoas, 263

   Troca de presentes e altruísmo, 282

7   Cultura e consciência, 310

   O prático e o discursivo, 311

   Intencionalidade, concepção e comportamento, 328

   O inato e o artificial, 357

Notas, 391

Referências, 407

Índice onomástico, 437

Índice de assuntos, 443

Lista de figuras

1.1 Três concepções da gênese das formas orgânicas, 34

1.2 Diversidade e progresso entre as grandes linhagens da vida animal, 48

1.3 Progresso geral e radiação adaptativa na evolução de vida dos animais, 48

2.1 Os condutores fibrosos da cultura, 65

2.2 "A árvore da vida e a árvore do conhecimento do bem e do mal – isto é, da cultura humana", 67

2.3 Três concepções da evolução da consciência, 86

3.1 Dois modos de contrastar a história e a ciência, 103

3.2 Correspondências e contrastes entre os dois sentidos de história e evolução, 125

3.3 Duas concepções da relação entre a evolução e o fluxo da vida, ou entre a história e o fluxo da consciência, 129

3.4 A fragmentação do campo espaçotemporal, 146

4.1 A analogia entre um jogo em andamento e a história de uma conversação e de uma língua, 165

4.2 Duas concepções do progresso humano, 172

4.3 Persistência, mudança e continuidade, 180

4.4 Uma representação esquemática das relações entre atos, intencionalidade e formação ambiental, 190

4.5 A bifurcação de escalas temporais na progressiva redução do organicismo "suave" ao mecanicismo "duro", 192

5.1 Uma representação esquemática do contraste entre as fórmulas "A faz B" e "A vive", 206

5.2 Acaso, necessidade e criatividade, 224

5.3 Intencionalidade e conduta, 225

6.1 Spencer, Durkheim, Boas e o superorgânico, 259

6.2 A "relação social" como uma organização de partes em uma ordem reguladora e como uma interação entre indivíduos portadores de cultura, 260

6.3 Troca de presentes e troca de mercadorias, 285

6.4 Relações interativas, reguladoras e constitutivas, 287

6.5 O diagrama saussureano da conversa, 289

6.6 Comparação entre as concepções de conversa saussureana e schutziana, 292

6.7 Reciprocidade e setores residenciais de parentesco, 304

7.1 O arquiteto e sua casa, 336

7.2 Produção e execução, 339

7.3 A apropriação da cultura, 345

7.4 Transmissão intergeracional e interação organismo-ambiente, 376

7.5 Pré-seleção e seleção retroativa de variantes conceituais, 385

Prefácio da edição de 2016

Antes de escrever este novo Prefácio, sentei-me para ler *Evolução e vida social* (doravante *EVS*) do princípio ao fim. Não foi algo que eu já tivesse feito alguma vez desde que o livro foi publicado, e considerei ser uma experiência ímpar e ligeiramente incômoda. Recuando no passado e encontrando meu eu anterior indo no sentido contrário, vi-me reagindo com um misto de surpresa agradável com o ponto até o qual o trabalho antecipa grande parte de meu pensamento durante as três décadas subsequentes e perplexidade com a minha obsessão com delineamentos conceptuais que, mesmo então, devem ter parecido moribundos. Naturalmente, houve falhas em minha leitura, mais tarde compensadas por trabalhos que se tornaram uma parte tão importante de como penso atualmente que é difícil imaginar como teria sido sem eles. A falha maior foi no campo da psicologia, e sobretudo na psicologia da percepção. Na época, eu mal tinha ouvido falar da abordagem ecológica da percepção de James Gibson, enquanto estudos na fenomenologia sequer eram de meu interesse – eu sabia os nomes de personalidades como Maurice Merleau-Ponty e Martin Heidegger – e nada mais. E, naturalmente, a biologia contida em *EVS* era quase inteiramente evolutiva; os desafios da biologia do desenvolvimento, que desempenhou papel tão fundamental no meu pensamento posterior ainda tinham de passar pelo limiar da consciência. Sem que eu tivesse conhecimento, ao trabalhar no meu livro, Susan Oyama estava trabalhando no que iria se tornar o texto fundamental da teoria de sistemas do desenvolvimento, *The Ontogeny of Information* [A ontogenia da informação]. Embora publicado um ano antes de *EVS*, em 1985, a importância desse texto só iria ser percebida muitos anos depois.

Contudo, o trabalho destinado a ter a influência mais profunda e mais duradoura foi *A evolução criativa*, de Henri Bergson. Embora mais de sete décadas tivessem se passado desde sua primeira publicação, em 1911, o livro só iria surgir em cena em algum lugar no meio da escrita do meu capítulo 3 de *EVS*, em "A substância da história". Eu o tinha encontrado na Biblioteca John Rylands, da Universidade de Manchester, bem por acaso, ao procurar outra coisa. Ninguém, ao que parece, tinha tomado emprestado o livro durante décadas, e suas páginas exalavam o cheiro mofado decorrente da falta prolongada de exposição ao ar. Ainda assim, as palavras impressas naquelas páginas me soaram com a força de uma revelação. Ali, expresso em uma prosa incomparável, havia tudo que eu estivera me esforçando por articular. Isso me levou a uma completa mudança de direção. Porque tornou possível entender o processo evolutivo a partir de dentro, bem como pensar organismos e pessoas não como indivíduos autocontidos destinados apenas a apresentar – e, ao fazê-lo, transmitir – os traços que já lhes tinham sido atribuídos, mas como os lugares de crescimento criativo em um campo de relações sempre em atualização. Vida, então, é outra palavra para o potencial que tem esse campo de trazer formas à existência: sua criatividade é a do desdobramento ou devir de formas, não a da reconfiguração caleidoscópica do que já existe; seu tempo é a duração dessa formação, não um eixo sobre o qual possam ser traçadas as combinações e permutações sequenciais do ser. Em *EVS* dediquei dois capítulos inteiros (4 e 5) à exploração dessas compreensões diferentes da criatividade e do tempo, a rastrear seu surgimento na literatura e a acompanhar suas implicações. Esses capítulos, mais do que quaisquer outros, fincaram os alicerces do trabalho ulterior.

Ler agora *Evolução e vida social* se assemelha mais a observar um viajante que se abate sob tamanha carga de bagagem desorganizada que cada passo requer um esforço quase insuperável. Tudo tinha parecido tão simples no início! Pensei que sabia para onde ia e tinha preparado duas malas de viagem, uma para cada mão. A primeira foi etiquetada "movimento progressivo singular", e nela eu tinha colocado os trabalhos de numerosos teóricos que pensavam ser esse o modo de pensar na marcha da humanidade. Alguns o chamavam evolução, outros de história, mas a ideia era a mesma. A segunda mala foi etiquetada "sequências múltiplas", não progressivas e mutantes. Nela também coloquei trabalhos de teóricos variados que pensavam ser esse o melhor modo de contar a história humana. Também nesse caso, alguns chamavam de evolução, e outros de história. Enquanto caminhava pelos dois primeiros capítulos, partindo da ideia geral da evolução na biologia rumo às suas aplicações mais centradas nos seres humanos na antropologia, reuni cada vez mais trabalhos, colocando cada um na mala apropriada. E durante algum tempo, apesar do peso crescente da carga, tudo seguia segundo o plano. Havia de fato certa lógica nisso. Por exemplo, se a concepção de um autor da história estivesse na mesma mala que a de algum outro sobre a evolução, e se um terceiro havia contrastado sua concepção da evolução ao primeiro, e um quarto sua concepção da história ao terceiro, então a "evolução" do terceiro e a "história" do quarto também terminariam na mesma mala – a saber, aquele que eu transportava na outra mão.

Esse procedimento levou de fato a algumas descobertas surpreendentes. Ficava bem claro que a história cultural de Franz Boas deveria ser empacotada ao lado da ideia de Charles Darwin sobre a evolução biológica, como "descendência com modificação". Se, para Darwin, as espécies se desenvolveram por meio da mutação e da recombinação de caracteres herdados no ambiente seletivo da natureza, assim também, para Boas, a história das culturas humanas realizou-se mediante a montagem e remontagem de traços herdáveis em inúmeras permutações e combinações, no ambiente seletivo da mente humana. Mas quem teria pensado que o trabalho de um materialista científico teimoso como Leslie White, autor de *The Evolution of Culture* [A evolução da cultura], poderia ter tanto em comum com *The Idea of History* [*A ideia de história*], de R.G. Collingwood? White tinha se empenhado em distinguir sua concepção monista do processo evolutivo do particularismo da história cultural de Boas; Collingwood, radicalmente humanista e idealista, tinha insistido que a história só pode ser apreendida a partir de dentro, como um processo contínuo da mente ou da consciência, e que era nesse sentido completamente distinta da reconstrução de sequências filogenéticas, tal como entendia a biologia evolutiva darwiniana. Os dois, contudo, afirmavam estar tratando antes de um processo do que de eventos; para ambos os autores, a continuidade do processo era uma verdadeira continuidade entre vida e mente, em vez de algo reconstruído a partir do surgimento significativo de indivíduos discretos; para eles, o que importava era o desdobramento do processo como um todo em seus momentos; além disso, havia alguma espécie de agentividade em ação, fosse ela entendida como um impulso evolutivo inerente rumo a uma crescente complexidade sistêmica ou como o *telos* de uma consciência histórica em desdobramento.

E os paralelos não terminam aqui, já que, ao comparar a história com a antropologia social, E.E. Evans-Pritchard, o herdeiro intelectual de Collingwood, propôs uma abordagem da generalização praticamente idêntica à de White, ao mesmo tempo em que tomava emprestada sua ideia de antropologia como "história intemporal" literalmente de Alfred Kroeber, que também tinha estabelecido sua proposta em oposição explícita a Boas. A história, para Kroeber, não tinha nada que ver com sequência cronológica, mas com a apreensão de momentos nos quais toda a curva de um processo civilizatório pudesse ser apreendida, como se fosse em uma bola de cristal. Mesmo Edward Tylor, bisavô reconhecido da antropologia cultural, conseguiu ao mesmo tempo tanto comparar as leis da evolução cultural com as da física e da química como recomendar que, ao buscar entender pessoas do passado (ou os "primitivos" de hoje, que se supunha parecidos com elas) devemos tentar entrar em seus próprios mundos imaginativos e pensar as coisas como elas teriam feito. Assim, enquanto minha triangulação prosseguia, e cada vez mais autores iam sendo empacotados em minhas malas de viagem então abarrotadas e estranhamente disformes – sendo proeminentes A.R. Radcliffe-Brown, Claude Lévi-Strauss, José Ortega y Gasset e, naturalmente, Henri Bergson –, as próprias bases de minha pesquisa começaram a mudar. Foi Bergson que problematizou a questão, a qual, pelo que se sabe, não se vinculava tanto ao progresso (em algum sentido absoluto ou semelhante a uma lei) quanto ao papel da consciência na história e na evolução e a como cada um podia discernir seu percurso nela.

Em uma linguagem convencional para a época, mas que eu não aceitaria hoje, a questão foi formulada em termos de uma dicotomia entre dimensões subjetivas e objetivas da existência. Devemos considerar os seres humanos objetivamente como *indivíduos*, portadores de determinados traços culturais que são fixados e dados desde o início, ou, subjetivamente, como *pessoas* – isto é, como agentes históricos autênticos que constantemente se desenvolvem a si mesmos e uns aos outros na condução de sua vida em conjunto? Na época, isso não me parecia uma questão "ou/ou". Poderíamos nos concentrar, por exemplo, nas propriedades da língua, mas também poderíamos nos concentrar nas conversações realizadas por meio dela. De modo mais geral, meu argumento foi que as formas objetivas da cultura fornecem instrumentos necessários para a condução contínua da vida intersubjetiva dotada de propósito – isto é, para a espécie de vida que podemos chamar de social. Assim como não pode haver conversações sem língua, assim, também, aleguei, não pode haver vida social sem cultura. Ocorreu, então, que, no decorrer das minhas viagens, minha bagagem foi reetiquetada. A mala originalmente marcada como "movimento progressivo singular" agora levava a etiqueta "social", enquanto a que tinha sido outrora marcada "sequências múltiplas, não progressivas e mutantes" foi marcada então "cultural". E o problema foi compreender como, dentro de algum tempo, as formas instrumentais da cultura são condicionadas pela vida social em atualização para a qual servem de mediadoras. Ou, em resumo, qual a relação entre evolução social e adaptação cultural? Essa questão determinou o conteúdo dos dois capítulos finais de *EVS* que, a essa altura, se tornara um tipo bem diferente de pesquisa.

Para começar, tive de mostrar como a vida social, na minha compreensão, ultrapassa toda forma da determinação pela cultura. Talvez se possa considerar que os seres humanos, na qualidade de indivíduos, se comportem conforme um programa ou código cultural, à maneira como os falantes de uma língua, por exemplo, obedecem (até certo ponto) às suas regras de sintaxe. Mas assim como há mais coisas em uma conversação do que o agregado de eventos de fala e a gramática que os governa, assim também há mais coisas na vida social do que a soma estatística de interações comportamentais e estruturas reguladoras da cultura a que pertencem. Porque, na vida social, cada pessoa participa da vida contínua das outras com que se relaciona, em um processo que denominei *constituição mútua*. Hoje, a ideia de que as pessoas em relações são "mutuamente constituídas" é tão bem estabelecida que quase se tornou um clichê. No início dos anos de 1980, contudo, quando eu compunha o capítulo 6 de *EVS*, ainda era uma novidade. O mesmo ocorreu com a ideia, da qual me ocupei no capítulo 7, de que a ação social – embora possa ser realizada por meio de representações simbólicas dos fins a ser alcançados, seguindo as linguagens da cultura – *não é ela mesma uma práxis simbólica*. É, insisti, apresentacional, não representacional; movida por uma intenção que está na própria ação em vez de em alguma intenção prévia que pudesse ser estabelecida antes dela. A vida social, como exprimi, é a apresentação intencional daquilo que é representado na cultura. Pode-se dizer que é um processo de produção, mas apenas se o verbo "produzir" for entendido em um sentido intransitivo em vez de transitivo. A produção, nesse sentido, não começa com uma ideia e termina em sua realização. Na verdade, ela não começa em lugar algum, mas – como a própria vida – se realiza constantemente. Porque, ao viver socialmente, aleguei, as pessoas produzem não artigos para consumir, mas umas às outras. Por isso, seja examinada como um processo da história ou como um processo da evolução, a vida social constantemente ultrapassa os limites de toda tradição adquirida.

Essa teoria da vida social como uma realização contínua, produtiva e relacional é aquela que eu ainda endossaria. Mas isso não acontece com a teoria da cultura que a complementou. O que me faltava naquele momento, mas que desde então se tornou central para meu pensamento, foi uma compreensão adequada da *ontogênese* – isto é, do desenvolvimento e transformação dos seres humanos em pessoas. Pode-se muito bem dizer que as pessoas desenvolvem a si mesmas e umas às outras nas relações sociais, mas o que significa desenvolver uma pessoa quando tudo sobre o modo como as pessoas fazem coisas foi separado em uma armadura instrumental chamada "cultura", que parece ser transmitida mais ou menos já pronta? O que resta da pessoa, uma vez privada do aparelho cultural? A resposta que vem das páginas de *EVS* é uma "consciência" ela mesma etérea e sem amarras, e que flutua livre das formas que anima. É essa purificação da consciência – sua descontaminação de todo o estorvo mundano – que leva à sua equiparação com a *subjetividade*, e à sua oposição ao equipamento *objetivo* mediante o qual se torna manifesta na prática. Uma vez que reconhecemos, contudo, que desenvolver uma pessoa deve produzir não uma consciência fora do mundo mas um ser completo em um mundo, então é necessário reconhecer que nesse desenvolvimento também está a produção de tudo que permite à pessoa seguir sua vida: suas habilidades de percepção e ação, sua língua, suas residências e instrumentos, suas instituições, e assim por diante. E se devemos usar uma palavra como "cultura" para nos referir a todas essas coisas ou recursos, então não se pode separar o processo da vida social da geração contínua de formas culturais. E, da mesma maneira, toda divisão entre os respectivos domínios da subjetividade e da objetividade fica indefensável. Em um mundo da vida há só eventos em andamento; nada de sujeitos nem objetos, mas apenas verbos.

É por essa razão que o social e o cultural, inicialmente introduzidos para denotar aspectos complementares do ser humano, respectivamente o aspecto dotado de propósito e o aspecto instrumental, vieram em vez disso a sustentar abordagens contrárias da compreensão da condição de ser humano, obrigado a uma parceria que foi ficando cada vez mais instável à medida que o trabalho prosseguia, até se tornarem – no fim do livro – irreconciliáveis. Enquanto minha teoria da vida social, inspirada como foi pela filosofia de Bergson, pedia uma abordagem que se unisse ao processo em seu desdobramento temporal, por assim dizer vindo do interior, eu tentava combiná-la com uma teoria da cultura baseada em seu análogo na biologia darwiniana, que exigia justamente o contrário. Porque ela requeria do analista cultural uma espécie de dupla concepção exterior que primeiro lesse os modelos da cultura no comportamento manifesto, para só então ler esses mesmos modelos "na" mente de indivíduos portadores da cultura, de modo que o próprio comportamento pudesse ser visto como advindo de instruções ou representações já instaladas no início. Como Susan Oyama indicou em *The Ontogeny of Information* [A ontogenia da informação], essa circularidade é o calcanhar de Aquiles do paradigma darwinista. Essa circularidade se baseia, como Oyama exprimiu concisamente, na falácia de supor que as formas precedem os processos que lhes dão origem. Só quando vim a ler seu livro, alguns anos depois de *EVS* ser concluído, percebi que eu mesmo tinha caído impetuosamente na falácia.

De fato, ela está presente em cada proposição de que eu discordaria profundamente agora. Por exemplo (seguindo uma afirmação influente de Clifford Geertz), a de que a cultura fornece os elementos de um programa para viver que preenche as fendas deixadas por um programa genético que, nos seres humanos, em comparação com outros animais, deixa a maior parte de suas determinações subespecificadas. Está em minha aceitação inocente – que agora parece assombrosa – da ideia de que a aprendizagem pode ser entendida como um processo de enculturação mediante o qual esses elementos de programa são transmitidos através das gerações, em um canal de hereditariedade que corre em paralelo com o genético, independentemente e antes de sua expressão na prática. Assim como em minha suposição de que, em todo ato de feitura ou plasmação, uma forma conceptual já implantada na mente do indivíduo enculturado é imposta a um substrato material inicialmente informe. Dediquei grande parte de meu trabalho posterior a repudiar essas proposições: à demonstração de que a formação humana é um processo desenvolvente não demarcado de habilitação, tanto biológica como cultural, em vez de aquisição suplementar da cultura a partir de uma base universal da natureza humana; à refutação do modelo de transmissão de informações pré-codificadas que sustenta as noções de herança genética e de herança cultural, e com elas, a teoria hoje na moda de coevolução gene-cultura;

a mostrar que, nos processos de criação ou plasmação, as formas das coisas não são dadas de antemão, mas geradas no decorrer de um envolvimento com materiais ativos. Em todos os casos, o que distingue o modo como penso agora do que ocorria na minha cabeça ao escrever *EVS* é a primazia da ontogênese. Quer lidemos com pessoas ou com coisas, seu vir a ser tem de ser entendido como um processo de crescimento ou desenvolvimento, e as formas e capacidades que estes podem ter devem ser vistas como resultados desse processo.

A crítica nunca é mais impiedosa do que quando dirigida a nosso próprio eu antigo, e muitas vezes fico surpreso com a aspereza de minha crítica a posições que antes teria defendido intransigentemente. É possível que também seja por essa razão que considero tantos escritos contemporâneos sobre os temas da evolução social e cultural tão difíceis de suportar. Pois o fato é que, diante de uma escolha entre alternativas teóricas irreconciliáveis, segui um caminho, enquanto a corrente principal da antropologia evolutiva seguiu o outro. Enquanto me filiei a Bergson, a corrente principal permaneceu com Darwin. É verdade que o vitalismo de Bergson, tendo ficado por tanto tempo na selva em que por acaso o descobri, recebeu mais recentemente um novo ímpeto nos extensos textos filosóficos de Gilles Deleuze e Félix Guattari, e estes também me serviram de inspiração. No entanto, é uma direção que permanece obstinadamente heterodoxa. Mas a ortodoxia darwiniana, marchando sob o estandarte do "neodarwinismo", seguiu uma direção cada vez mais rígida, doutrinária. Essas duas direções estão agora tão apartadas que a comunicação entre seus respectivos defensores parece definitivamente impossibilitada. Habitam mundos diferentes, falando línguas mutuamente ininteligíveis. Na verdade, a polarização nunca foi tão extrema.

Felizmente, contudo, desenvolvimentos recentes em campos que vão da biologia molecular, da epigenética e da neurociência à psicologia ecológica e do desenvolvimento, à linguística e à filosofia da mente oferecem a esperança de uma nova síntese. Esses desenvolvimentos nos desafiam a pensar de novo em todos os termos-chave de nossa pesquisa: humanidade, evolução, cultura e vida social. Eles exigem que pensemos na humanidade não como uma condição fixa e dada, mas como uma realização relacional; na evolução não como modificação ao longo de linhas de descendência, mas como o desdobramento desenvolvente de toda a matriz em que são garantidas as relações das quais surgem formas de vida; e nessas formas como nem genética nem culturalmente configuradas, mas como resultados emergentes da auto-organização dinâmica de sistemas desenvolventes. Essa reconsideração, acredito eu, pode anunciar uma mudança de paradigma nas ciências humanas do século XXI, mudança cujas consequências não são menores do que as que o paradigma darwinista teve para as ciências do século XX.

Quando foi publicado pela primeira vez, *Evolução e vida social* atraiu pouca atenção, e minhas esperanças de que representasse um ponto de mutação nas ciências humanas foram frustradas. O livro de fato não foi um sucesso. Rememorando, é fácil perceber os motivos. Imenso e pesado, parecia uma máquina voadora malprojetada com peças tão pesadas, desequilibradas e mal-encaixadas que não tinha esperança de elevar-se acima do solo. Estava em alguns aspectos bem à frente de seu tempo e era em outros anacrônica; suas abordagens dissonantes apontavam ao mesmo tempo para um lado e para o outro. Mas, sobretudo, estava a meio caminho entre os domínios da antropologia social e da biologia evolutiva, e foi amplamente repudiado pelos dois. Para meus colegas antropólogos, todo trabalho que desse espaço à teoria evolutiva, ou se apoiasse nos aspectos biológicos da vida humana, era automaticamente suspeito de nutrir simpatia pela sociobiologia. A suspeita não era inteiramente infundada, pois quase todo trabalho publicado naquela época sobre as relações entre fenômenos sociais e biológicos tinha essa inclinação singular e cruamente reducionista. No caso dos biólogos evolutivos, foi provavelmente minha deferência a Bergson, e minha temeridade de levar suas ideias sobre evolução tão a sério quanto as de Darwin, que colocou meu livro fora dos limites. Uma coisa é escrever como historiador sobre as personalidades desacreditadas do passado, mas, para teóricos evolutivos que se acham na Terra Prometida do neodarwinismo, desenterrar o passado era simplesmente irrelevante para empreendimentos contemporâneos. Todos sabemos, diriam, que Darwin mostrou magnificamente ter razão e Bergson se mostrou desastrosamente errado. Por que perder tempo e esforço com uma causa perdida?

Para os neodarwinistas, se fosse necessária alguma prova do atraso de antropologia social, de seus persistentes erros e de seu fracasso de abandonar velhos caminhos e seguir os novos tempos, *EVS* era essa prova! Possivelmente o melhor que se podia dizer sobre ele, em sua avaliação, é que esclareceu a diferença entre o sentido pré-darwinista (incorreto) da evolução como movimento progressivo e seu sentido pós-darwinista (correto) como sequência mutante – uma diferença, como se diz muitas vezes, que os antropólogos sociais ainda não entenderam de modo pleno. A ironia, naturalmente, reside no fato de que sociobiólogos de persuasão neodarwiniana – ao lado de seus sucessores intelectuais na psicologia evolutiva – estiveram constantemente na vanguarda daqueles que insistem em ler a evolução social como um desenvolvimento progressivo sustentado pelo capital genético comum das espécies. É também irônico que a evolução só veio a significar o que significa para a maioria dos biólogos hoje por causa de um erro colossal perpetrado pelo pai não reconhecido da sociobiologia, Herbert Spencer, que pensou que "a descendência com modificação" de Darwin era uma manifestação, no domínio dos organismos vivos, de uma lei do progresso que agia em todas as partes do cosmo. Quando percebeu o engano, a biologia do século XX só podia culpar pelo erro cientistas sociais que, para começar, nunca tinham gostado dela e que continuavam, bem razoável e adequadamente, a usar "evolução" em seu sentido original. Uma consequência disso para a biologia foi tornar inimaginável a possibilidade de que a descendência com modificação, embora se realize no âmbito do processo evolutivo, possa não ser ela mesma um processo evolutivo. Em geral, simplesmente se supõe que mudanças nas frequências genéticas em populações de organismos apontam para modificações de suas especificações morfológicas e comportamentais. Mas mudanças de frequências genéticas, contudo, são uma coisa, e modificações na morfologia e no comportamento outra bem diferente. O fato de a seleção natural poder explicar aquelas não significa que explique também estas. Na verdade, não explica, a menos que, ou até que, seja colocada em uma teoria abrangente do desenvolvimento ontogenético.

Recordo-me vivamente de uma ocasião, durante a escrita de *EVS*, em que apresentei um esboço de um dos meus capítulos a um seminário de antropologia – foi, penso, o capítulo sobre "A ascensão da humanidade". Um comentador do seminário me disse cortesmente que eu deveria "historicizar meu problema de pesquisa". Creio que ele quis dizer que eu deveria ter situado as principais *dramatis personae* de meu relato, os autores de cujas ideias eu falava, aos contextos e correntes de sua época, para ajudar a explicar por que tiveram as ideias que tiveram. Mas como posso fazer isso, respondi, ao mesmo tempo em que triangulo as próprias ideias? Não era possível fazer as duas coisas simultaneamente. Para mim, levar essas ideias a sério significava tomá-las pelo valor de face, como um interlocutor crítico, em vez de considerá-las objetos de mero interesse histórico ou curiosidades. As ideias importam, não sendo somente representantes de seus criadores, e em *EVS* eu quis escrever uma história das ideias em seu sentido mais literal, mapeando suas conexões genealógicas, suas afinidades e contradições, e permitindo-lhes lutar diretamente umas com as outras. Colocar ideias em seu contexto histórico, em contraste, é suprimir sua discórdia, desarmá-las, torná-las seguras e, no final, descartá-las. É possivelmente por causa de seu desejo esmagador de explorar ideias que as disciplinas das humanidades, aos olhos de muitos cientistas, parecem tão antiquadas, e tão incapazes de mudar.

Em contraste com a memória cada vez mais alongada das humanidades, o prazo de validade nas ciências naturais se reduziu a tal ponto que nenhum trabalho resiste à prova do tempo. A obsolescência mais ou menos imediata tornou-se a ordem do dia. Ostensivamente, o descarte implacável é uma marca de progresso. Por que preocupar-se com precedentes, dizem os cientistas, se eles sempre já foram superados? Uma ciência sem precedentes, contudo, parece uma nave espacial extraviada, que ruma para o desconhecido sem ter a mínima lembrança do lugar de onde veio. Correndo para ficar parada, em uma paralisia de perpétua autoinvenção, termina por não ir a lugar nenhum. Mas entre a contextualização sonâmbula das humanidades e a agitada descontextualização das ciências naturais, entre mergulhar sempre mais na substância plena e refugiar-se perpetuamente no formalismo vazio, há seguramente um terceiro caminho. Trata-se de entender o mundo que habitamos, e seus processos constitutivos, a partir de dentro, reconhecendo que não somos mais capazes de observar de fora do que criaturas de quaisquer outras espécies, e que, tal como elas, participamos com todo o nosso ser do contínuo da vida orgânica. Esse é, para mim, o caminho da antropologia.

Tim Ingold
Aberdeen, outubro de 2015

Prefácio da edição de 1986

Um dia, na primavera de 1982, fiz um esboço do primeiro capítulo de um livro projetado sobre as condições materiais da vida social. Nesse capítulo, pretendia reduzir um pouco da ambiguidade que cercava o conceito de evolução ao longo do desenvolvimento da antropologia, para esclarecer a questão sobre como se deve – caso se deva – separar a evolução da história, e defender uma completa distinção entre processos de evolução social e processos de adaptação cultural. Tudo isso era concebido como não mais do que uma primeira limpeza de terreno para uma pesquisa mais extensa, e minhas notas mal passavam de uma página. Contudo, elas se transformaram neste livro. Foram necessários mais de dois anos para escrevê-lo, o que já é o dobro do tempo originalmente planejado. É o mais difícil e certamente o mais ambicioso trabalho que empreendi, e em muitas ocasiões me senti bastante despreparado para a tarefa e prestes a abandoná-la. Em retrospecto, contudo, ele mostrou ser uma viagem intelectual tão excitante, e tão cheia de revelações inesperadas, que não o teria perdido por nada. Ofereço este livro como um relato e um testemunho dessa viagem, na esperança de que outros possam aproveitar tanto quanto eu ao fazer o mesmo trajeto.

Se a sabedoria estiver no reconhecimento do verdadeiro grau da própria ignorância, então estou imensamente mais sábio por ter escrito este volume. Porque, embora tenha começado na crença de que sabia a maioria das respostas, que bastava simplesmente transferi-las para o papel, descobri agora pelo menos algumas perguntas, e, o que é mais importante, como essas perguntas estão interligadas. Isso, suponho, indica algum progresso. Os principais problemas que têm de afetar todos que empreendem o estudo de um assunto tão amplo quanto a evolução, e que certamente me afetaram, são, em primeiro lugar, o fato de que não há muito a dizer que já não tenha sido dito, e, em segundo, que quase todas as coisas relevantes escritas nas ciências naturais e sociais, ou nas artes e humanidade, fazem de um modo ou de outro menção ao assunto. Nossa ignorância, então, reside em quão pouco sabemos do que já é conhecido, a limitação de perspectiva que leva o chapéu velho de ontem a ser inocentemente ostentado como a novidade de hoje, e que faz que disciplinas diferentes naveguem lado a lado em direções opostas, como barcos perdidos em um nevoeiro, com suas respectivas tripulações convencidas de que estão na rota de um novo mundo.

Para superar essa limitação, é necessário abandonar alguns cânones normais da pesquisa fundamental. Um desses cânones é que se deve começar por uma pesquisa da literatura relevante, o que, dito de outra maneira, significa "fique a bordo de seu próprio barco, mas não se importe com o destino dos outros". Mas quando *toda* a literatura é definida como potencialmente relevante, esse conselho é claramente inútil. Devemos estar preparados para seguir quase toda indicação, sabendo, contudo, que nem toda indicação pode ser seguida e que, a cada decisão de *não* seguir uma indicação, podemos estar ignorando algo que pode alterar radicalmente toda a nossa perspectiva. É embaraçoso, mas digno de nota, que eu tenha encontrado completamente por acaso muitas das obras que influíram de maneira mais profunda neste projeto, muitas vezes procurando alguma outra coisa na prateleira da biblioteca. Isso diz muito sobre o papel do serendipismo no conhecimento, mas não tranquiliza por inteiro aqueles que gostariam de ter certeza de que, ao realizar sua pesquisa, não deixaram nenhuma pedra não virada. Com efeito, a concepção de fileiras de livros não lidos (e muitas vezes ilegíveis), todos os quais podem justamente conter alguma revelação fundamental, já é agonia suficiente, e o pensamento de que a própria pessoa possa cedo ou tarde entrar na fila é mais ainda.

Um segundo cânone da pesquisa que teve de ser abandonado é aquele que exige familiaridade direta com todos os trabalhos mais recentes do campo. Cinicamente, pode-se dizer que o modo de estar um passo à frente de todos os outros consiste em voltar e reler os trabalhos daqueles que estavam escrevendo no período imediatamente posterior àquele que eruditos modernos estão atualmente (e de modo inconsciente) recapitulando. Os antropólogos têm uma memória tão curta quanto os profissionais de qualquer outra disciplina, e estão propensos a despender muito esforço tateando na direção de conclusões já elaboradas pelos seus predecessores, com uma prosa incomparável, há muito tempo. Por essa razão, considerei tão importante olhar de perto o que esses autores anteriores de fato disseram quanto acompanhar as últimas tendências. O que descobri muitas vezes foi surpreendente e tinha muito pouca relação com as caricaturas que muitas vezes são ostentadas para dar um toque de legitimidade à pesquisa atual. Talvez valha a pena acentuar que nossos antepassados disciplinares não foram nem tolos nem heróis, mas pessoas inteligentes e sofisticadas que escreviam – como fazemos – para promover o conhecimento humano e a compreensão, não para fornecer módulos convenientemente empacotados para futuro uso no ensino da história do assunto. Seria uma admissão de nossa própria ignorância, não da deles, não conseguir considerar seus trabalhos com a seriedade que merecem.

Há um problema, contudo, na decisão do ponto até o qual devemos remontar. Todo predecessor tem predecessores, e os problemas de que nos ocupamos são intemporais. Neste livro, estabeleci bem deliberadamente o começo de minha linha do tempo histórica por volta da metade do século XIX, excluindo assim muitos pensadores importantes que exerceram uma influência formativa no que depois se tornou o estudo da cultura e da vida social: quero dizer, personalidades da estatura de Kant, Herder, Hume, Rousseau e, sobretudo, Vico. Não há dúvida de que sua presença pode ser sentida nas entrelinhas. Decidi, contudo, não me estender sobre suas contribuições ao entendimento humano por três motivos. Em primeiro lugar, já existem muitos trabalhos perfeitos de filósofos e historiadores intelectuais que abarcam esse território, trabalhos que quem deseja se aprofundar no assunto pode muito bem consultar. Trata-se simplesmente de um campo no qual não estou qualificado para entrar. Em segundo, não concebi este estudo apenas como um exercício de história das ideias, mas antes como uma contribuição para o debate contemporâneo; por isso, era imperativo só recuar até um ponto que ainda me deixasse ao alcance do presente. Em terceiro lugar, fazia sentido começar do ponto em que a antropologia começou a constituir-se como um domínio distinto do conhecimento. Porque foi uma época em que várias facetas da humanidade, diferentemente agrupada sob as rubricas de natureza humana e história, ainda estavam para ser desenredadas; época em que os antropólogos tiveram de lutar pelo reconhecimento da autonomia dos processos culturais quando a preeminência absoluta de seres humanos no reino animal encontrou seu desafio mais difícil na demonstração da continuidade evolutiva. O problema que isso criava não foi tanto resolvido quanto adiado com a chegada à maioridade da antropologia social e cultural, que, como ramos da ciência do homem, vieram a apoiar-se em certas suposições sobre a singularidade humana que foram dogmaticamente afirmadas em vez de ativamente debatidas. Reabrir o debate é, naturalmente, questionar o delineamento dos limites da disciplina, e isso só pode nos levar de volta ao momento em que esses limites ainda eram maldefinidos.

Produzi aqui um trabalho da espécie que meus colegas antropólogos estão acostumados a chamar de "teoria sem substância", querendo dizer com isso o tipo de livro que desaprovam completamente. Não é algo que tentei antes, tendo meus esforços precedentes se limitado à tarefa mais convencional de analisar observações diretas de campo e fazer a reanálise comparativa de material etnográfico secundário. Contudo, cheguei a um ponto, não só na pesquisa, mas também no ensino, em que senti que não posso avançar sem enfrentar algumas incertezas bem prementes que, na realização de trabalhos empíricos, é mais conveniente deixar de lado. Não creio que sejam necessárias desculpas pela teoria. Uma ciência do homem que deixa de abordar as questões mais fundamentais acerca da condição humana, contentando-se com a análise sempre mais profunda de situações etnográficas específicas (na qual as pessoas geralmente desaparecem por trás de um labirinto de símbolos), é um exercício estéril e voltado para si mesmo; mais do que isso, ele deixa um vácuo que os profissionais de outras disciplinas, cujo conhecimento da antropologia é rudimentar ou inexistente, ficam deveras felizes de preencher. Vivemos em uma época em que a divisão entre as ciências naturais e as humanidades é tão ampla, e tão prejudicial, quanto sempre foi. A missão da antropologia, tal como a vejo, é lançar uma ponte sobre essa divisão. Mas lançar uma ponte sobre ela, não como o faz a filosofia, em um mundo de fantasia elaborado em uma torre de marfim, e sim com base em uma compreensão do que é, para as pessoas comuns, a vida diária. A perpétua tensão entre a construção de seres humanos como poderiam ser e o conhecimento de como realmente são é o que nos mantém sempre firmes e impede que nossa pesquisa saia a voar, em uma tangente, pelo equivalente intelectual do espaço sideral. Os objetos de nossa pesquisa são seres humanos, e não entidades abstratas fabricadas pela nossa imaginação, e dos quais dizemos: "Suponhamos que estes sejam homens..."

Defendo, neste livro, uma abordagem evolutiva da cultura e da vida social. Em geral, a antropologia recente voltou as costas à evolução por todas as razões erradas. Destas, a mais comumente citada é aquela que compara o paradigma evolutivo com o estabelecimento de uma ordem hierárquica de sociedades que invariavelmente nos coloca no topo. Esse, contudo, não é um aspecto essencial do paradigma; o que é essencial para ele é a ideia de que todos os grupos humanos (incluindo nós mesmos) são companheiros de viagem do mesmo movimento total, aquele que é irreversível e progressivo, e, portanto, de que as diferenças entre eles devem ser relativas ao lugar que ocupam nesse movimento. Mas a antropologia relativista, ao rejeitar a noção de progresso evolutivo e substituir os vários mundos da cultura por um só mundo humano, na verdade tornou nossa superioridade atribuída sobre os outros, dos observadores sobre os observados, em um *absoluto*. Os poucos esclarecidos, libertos das ilusões do etnocentrismo pelas quais se supõe que todos os outros sejam afetados, como uma condição de sua pertinência a uma ou outra cultura, podem reivindicar sua completa emancipação da existência monótona das pessoas comuns. A meu ver, a redefinição da antropologia de "o estudo da humanidade" para "o estudo de outras culturas" constituiu não menos que uma abdicação de nossa própria posição no mundo, e, com ela, de nossa responsabilidade moral pelo que ocorre nele. O mundo no qual vivemos é contínuo; o que acontece aos outros, por mais remotos que sejam, inevitavelmente tem uma ligação com cada um de nós, assim como nossas próprias ações os afetam. Justificar uma atitude de indiferença estudada diante do destino dos outros a pretexto de evitar o etnocentrismo ou de manter uma total objetividade não é cientificamente crível nem eticamente aceitável.

É característico da abordagem evolutiva adotada aqui o fato de tratar não só da humanidade como um todo, mas também do Homem Inteiro: não simplesmente um portador da cultura, mas igualmente uma espécie excepcional de animal, uma criatura de carne e osso, dotada de sensações e paixões, que age propositada e produtivamente com quaisquer instrumentos disponíveis para obter resultados concretos, práticos. Nunca é demais enfatizar que os seres humanos não deixaram, com o advento da cultura, de ser animais; porque a cultura completa o animal humano, em lugar de substituí-lo por algo diferente. Certamente não funciona reduzir toda a experiência social aos efeitos de disposições biopsicológicas inatas, transformando a antropologia e a história, por meio disso, em subdisciplinas da biologia evolutiva. Mas também não podemos colocar a natureza humana entre parênteses ou escrever como se esta não existisse, como estão inclinados a fazer alguns representantes mais extremistas do idealismo cultural. Não pode ser adequada nenhuma teoria da cultura ou história que seja incapaz de encarar o fato de nossa existência como organismos biológicos e que não consiga reconhecer o componente inato tão importante da disposição comportamental. No entanto, ao considerar as implicações da natureza humana, devemos agir de uma maneira que faça justiça à realidade da vida intersubjetiva. Acredito que a necessidade de relacionar, como disse Kroeber, aquilo "que há de biológico no homem com o que há de social e histórico nele" deve unir mais uma vez os campos da biologia humana e da antropologia social e cultural, depois de sua longa e cada vez mais inoportuna separação, em torno dos problemas centrais da evolução.

Trata-se, de fato, de uma árdua tarefa. Diante da ingenuidade paralisante do pensamento biológico contemporâneo quanto a questões sociais e culturais, os antropólogos tendem a responder seja preferindo permanecer ignorando o desafio biológico, considerando que não vale o esforço de levá-lo em conta, seja contrariando-o com argumentos ainda mais desprovidos de sofisticação e concepção teórica, argumentos que simplesmente substituem um fatalismo (o biogenético) por outro (o cultural). Não se pode esperar muito apoio de nenhum lado, já que quando um lado pensa que ele mesmo está a ponto de saber tudo, o outro simplesmente não quer saber. Além disso, como sabem todos que têm um conhecimento não superficial da literatura sobre a evolução, a linha que separa a maior profundidade da mais profunda demência é tênue e indistinta, sendo traçada por diferentes pessoas de maneiras diferentes. Li muitos textos de cientistas eminentes e respeitados que me pareceram quase lunáticos, ou pelo menos claramente tolos. Embora eu tenha feito o possível para manter-me do outro lado, haverá certamente aqueles que quererão colocar o que tenho a dizer na mesma categoria. Esse é um risco que simplesmente temos de correr se quisermos fazer exercícios de imaginação; o curso seguro é sempre permanecer ignorante. Mas ninguém, graças a Deus, se debruça sobre mim enquanto escrevo, ditando o que devo pensar e me ameaçando com a danação e a tortura física caso eu use uma palavra errada. Por essa liberdade, conquistada com dificuldade pelos nossos antepassados intelectuais, e ainda objeto da luta de muitos contemporâneos eminentes, podemos de fato ser gratos.

Em uma época dedicada à geração de "fatos", na qual o trabalho intelectual é equiparado à produção industrial, nada é mais necessário do que a compreensão e a síntese ponderadas. E, para consegui-las, um primeiro requisito consiste em aprimorarmos nossos conceitos, para que pelo menos saibamos quando falamos sobre as mesmas coisas ou sobre coisas diferentes. Há por certo contradições e inconsistências neste trabalho que não consegui sanar, ou mesmo perceber; mas fiz o possível para evitar a tentação de tratar conceitos como peças maleáveis para todo e qualquer propósito. Permaneço com inveja da agilidade verbal incomparável das *prime donne* [primeiras mulheres] da antropologia, diante das quais meus próprios esforços parecem bastante prosaicos. Contudo, insisto que os verdadeiros enigmas intelectuais nunca podem ser resolvidos por um belo torneio verbal, nem pode sua solução ser confirmada apenas pela citação frequente. Encarar sem medo contradições quando aparecem, em vez de contorná-las (ou fazer do paradoxo uma virtude), é o melhor caminho para discernimentos teóricos inovadores. Tendo isso em vista, tentei escrever o mais clara e precisamente possível, na esperança de que os outros entendam em vez de simplesmente repetirem o que tenho a dizer. Não foi fácil. Houve momentos de euforia em que tudo parecia revelado, como quando os céus se abrem em um dia claro, seguidos de perto por sensações de desespero quando as nuvens se aproximavam novamente. Para nossa irritação, a concepção total tende a evaporar, como um sonho ao acordar, tão logo a caneta é posta no papel. Só uma fração dela vem a ser recuperada.

Muitas das ideias desenvolvidas neste trabalho foram objeto de um esboço inicial em um caderno de anotações que mantive durante uma estadia de seis semanas, na primavera de 1982, na Universidade de Umeå, na Suécia. Agradeço muito a todos de lá pela hospitalidade e estímulo que recebi durante a visita. Em Manchester, meus agradecimentos vão para muitos de meus alunos no Departamento de Antropologia Social, que suportaram com paciência minhas predileções teóricas e sempre reagiam com discernimento e encorajamento. O livro foi concluído durante os dois primeiros meses de um período da licença sabática concedido pela Universidade de Manchester, pelo que sou extremamente grato, assim como o sou aos meus colegas que aceitaram realizar minhas tarefas docentes e deveres administrativos durante minha ausência. Jean Monastiriotis, Mary Lea e Margaret Timms datilografaram o manuscrito com perfeição, mesmo tendo uma carga pesada de outros trabalhos, e pouco tempo disponível – meus agradecimentos às três. A maior dívida de gratidão permanece sendo com minha esposa, Anna, que nos últimos dois anos teve de suportar um marido ainda mais distraído e irritadiço do que costuma ser, e que certamente deixou de cumprir sua justa parcela de tarefas domésticas. O livro é dedicado a meus filhos, sem cujas "interrupções contínuas" duvido que o tivesse concluído.

Uma observação final. A palavra "homem" aparece muitas vezes no que segue, e a palavra "mulher", nenhuma vez. Não se trata de uma perspectiva sexista. Neste livro, eu me ocupo bastante das diferenças entre os seres humanos e outros animais, mas não de diferenças de sexo ou gênero. Infelizmente, termos alternativos como "indivíduo" e "pessoa" têm conotações sociológicas bastante específicas e não podem ser empregados com a mesma generalidade. Nessas circunstâncias, não tive alternativa afora seguir as convenções da língua.

Tim Ingold
Manchester

1
O progresso da evolução

> Ninguém deveria fazer afirmações perfunctórias sobre a evolução, em campos exteriores ao mundo da biologia, sem antes estar bem familiarizado com os conceitos consolidados da evolução orgânica e, acima de tudo, sem a análise mais rigorosa dos conceitos que pretende utilizar (MAYR, 1982: 698).

As sociedades, ou culturas, evoluem? Tudo depende, dirá o leitor, do que quero dizer com evolução. Um antropólogo interpretaria provavelmente a pergunta como relativa ao progresso, da seguinte maneira: "É razoável conceber um movimento total do primitivo ao civilizado nos modos humanos de vida?" Mais provavelmente, a resposta do antropólogo seria negativa, mas, mesmo que fosse afirmativa, viria cercada de especificações – ao menos para evitar a acusação de etnocentrismo. Mas como um biólogo interpretaria a pergunta? A maioria dos biólogos considera a evolução um fato provado, mas muitos ainda relutam em aplicar a ideia de progresso à natureza viva à maneira como fazem antropólogos em relação à cultura e à sociedade (LESSER, 1952: 136-138). Segundo uma definição recente, destinada a abarcar fenômenos sociais em um arcabouço biológico, a evolução é "toda mudança gradual" (WILSON, 1980: 311) – uma definição que os antropólogos (e possivelmente muitos biólogos também) julgam demasiado ampla para ser útil. Claro que todas as sociedades se modificam todo o tempo. Mas, paradoxalmente, enquanto os antropólogos se contentavam em considerar seu objeto como o estudo de formas "primitivas", com a conotação implícita de que outras tinham progredido a um estado mais avançado, essas formas foram tratadas como essencialmente *imutáveis*. Devemos então considerar a evolução progresso sem história ou história sem progresso? Estas alternativas remontam aos dois principais representantes do pensamento evolutivo na Inglaterra vitoriana: Herbert Spencer e Charles Darwin. Meu objetivo neste capítulo é apontar os pontos vitais de diferença entre as duas perspectivas. Seu esclarecimento é essencial para meu projeto subsequente, que será vincular a diferença a uma oposição entre as dimensões sociais e culturais da experiência humana.

Ainda se acredita amplamente que o "evolucionismo" que dominou o século XIX no pensamento social foi um paradigma unitário que deve sua fundação à publicação, em 1859, de *The Origin of Species* [*A origem das espécies*], de Darwin. Esse paradigma é basicamente uma criação desenvolvida e mantida por aqueles que afirmam rejeitá-lo (HIRST, 1976: 15). Não houve uma só teoria da evolução social, mas muitas, e todas originadas de ideias correntes muito antes de Darwin. Como Burrow observou, "A história da influência de Darwin na teoria social pertence [...] antes à história da difusão das ideias do que ao seu desenvolvimento" (1966: 114). E, como veremos, essa difusão não se realizou sem muita distorção. Esses fatos já foram apresentados muitas vezes na literatura[1]. Sua omissão pode se dever em parte à crença entre alguns biólogos e a maioria do público de que a teoria darwinista oferece a chave não só da evolução da vida, mas também do passado e do futuro da humanidade. Muitos cientistas eminentes, cuja consideração cuidadosa dos fatos da natureza os leva a rejeitar a ideia da ascensão inevitável de formas "inferiores" a formas "superiores", julgaram oportuno pronunciar-se sobre o progresso da humanidade em um tom que reflete os ideais do iluminismo burguês e sem nenhum fundamento sólido. Darwin fez isso (cf. BOCK, 1980: 37-60), e também o fizeram muitos dos seus seguidores sociobiológicos modernos (p. ex., WILSON, 1978). Os antropólogos têm bons motivos para protestar contra essas especulações ingênuas. Mas para que seus protestos se sustentem, e se desejam elaborar uma teoria da evolução social ou cultural que evite as falhas identificadas por biólogos há algumas décadas, eles devem ver claramente a posição epistemológica dos conceitos que pretendem aplicar. Por isso, a admoestação de Mayr (1982: 627), com qual comecei este capítulo, deve ser levada a sério. Para segui-la, teremos inevitavelmente de nos aprofundar bastante nos domínios do pensamento biológico. Mas permitam-me começar falando da origem de "evolução"[2].

O verbo "evoluir" vem da palavra latina *evolvere*, que significa literalmente estender ou desdobrar. Já no século XVII ele foi estendido metaforicamente para referir-se à revelação ou execução de uma ideia pré-formada ou princípio. Contudo, esse uso era ocasional e não sistemático (WILLIAMS, 1976: 103). A história da "evolução" seguiu uma direção peculiar quando se tornou o conceito central da teoria da pré-formação na embriologia, defendida por Charles Bonnet em 1762. Segundo essa teoria, cada embrião se desenvolve a partir de uma imagem muito pequena de si mesmo – um homúnculo – presente no óvulo ou esperma, que por sua vez contém uma imagem ainda menor de sua futura progênie, e assim por diante. Por extensão, o primeiro homúnculo – que supostamente estava no óvulo de Eva – deve ter contido um programa para o desenvolvimento de todas as gerações futuras, que apareceria no decorrer do tempo à medida que os homúnculos fossem sendo "desempacotados" um após os outros (GOULD, 1980: 35, 203).

Por mais grotesca que seja, essa ideia era de fato adequada à significação original, literal, de evolução (BOWLER, 1975: 96-97). Por volta da metade do século XIX, a teoria da pré-formação de Bonnet desapareceu, mas o conceito de evolução tinha sido revivido com uma aparência externa completamente diferente pelo dinossauro da filosofia vitoriana, Herbert Spencer. A conotação tinha deixado de ser de desdobramento ou desempacotamento de qualidades imanentes na coisa em evolução e se ligara em vez disso à ideia de desenvolvimento progressivo em direção ao futuro iluminado. Como prognóstico da humanidade, dificilmente era uma ideia nova na filosofia ocidental, já que suas raízes remontam pelo menos ao início do século XVII (BURY, 1932: 35-36; BOCK, 1955: 126). Ela atingiu o clímax no livro de Condorcet, *Progress of the human mind* [*Progresso do espírito humano*], publicado em 1795, que por sua vez se tornou a inspiração do trabalho de Saint-Simon e de seu discípulo, Augusto Comte. De Comte, Spencer confessou ter adotado o termo "sociologia", e pouco mais do que isso (BURROW, 1966: 189-190; CARNEIRO, 1967: xxi-xxii, xxxii). Apesar de suas diferenças, que de fato eram profundas, tanto Comte como Spencer procuraram estabelecer leis naturais mediante as quais a civilização humana poderia ser organizada para progredir (MANDELBAUM, 1971: 89). Mas o feito autoproclamado de Spencer foi ter tornado um conceito do desenvolvimento da sociedade ("o superorgânico") em uma grande síntese que abarcava a progressão temporal de todas as formas orgânicas e inorgânicas.

O clima intelectual da época de Spencer era especialmente propício a essa síntese. Naquele momento, a preocupação dominante era descobrir e explicar como as coisas tinham vindo a ser como são, o que aumentou na razão direta do declínio constante na autoridade de doutrinas religiosas ortodoxas da criação, e do avanço concomitante das ciências naturais. Assim, a reconstrução do desenvolvimento humano nos seus vários aspectos veio a ser concebida como apenas uma parte de um empreendimento mais amplo, a reconstrução da vida, que por sua vez deveria ser colocada em um quadro da história da Terra e até de todo o cosmos. Spencer encontrou a inspiração para sua filosofia sintética em seu conhecimento – indireto – do trabalho do embriologista alemão von Baer (1828), que tinha observado que cada etapa no desenvolvimento de um organismo constitui um avanço da homogeneidade para a heterogeneidade de estrutura (MAYR, 1982: 473). Em um artigo intitulado "O Progresso: Sua lei e causa" (1857), Spencer tentou mostrar que "essa lei do progresso orgânico é a lei de todo progresso" (1972: 40). Com um movimento de sua caneta cósmica, tudo, a Terra, todas as formas de vida, o homem e a sociedade humana, foi colocado nos limites de um princípio único de desenvolvimento epigenético, aplicável tanto em astronomia e geologia como em biologia, psicologia e sociologia. Pouco depois de aparecer esse artigo, Spencer decidiu substituir "evolução" por "progresso", porque aquela implicava uma concepção demasiado antropocêntrica (CARNEIRO, 1967: xvii; BOWLER, 1975: 107-108). Sua celebrada definição da evolução, que aparece em *First Principles* [*Primeiros princípios*] (1862), é a seguinte: "A evolução é uma integração de matéria e uma concomitante dissipação do movimento, durante a qual a matéria passa de uma homogeneidade indefinida e incoerente a uma heterogeneidade definida e coerente" (1972: 71). A grandeza desse conceito capturou a imaginação vitoriana. Dentro de pouco tempo, Spencer tinha um considerável número de seguidores, e evolução tinha se tornado uma palavra-chave. Ela ainda é, embora Spencer e suas volumosas obras estejam quase esquecidos hoje. Apesar de sua morte intelectual ter sido pronunciada há quase cinquenta anos por Talcott Parsons (1937: 3), há tênues sinais de uma ressurreição contemporânea (p. ex., PARSONS, 1977: 230-231; CARNEIRO, 1973).

Como devemos explicar essa curiosa reviravolta do destino? Em poucas palavras, o conceito de evolução foi estendido – basicamente pelos esforços do próprio Spencer – para recobrir o que Lamarck tinha chamado de "transformismo" das formas vivas e o processo ao qual Darwin veio a referir-se como "descendência com modificação". Spencer permaneceu durante sua vida um lamarckiano engajado (FREEMAN, 1974), aspecto dotado de alguma significação a que voltaremos no capítulo 6. Mas também se tornou um forte defensor e divulgador de concepções de Darwin, que considerava acessórias às suas. Ele substituiu o princípio da seleção natural pelo *slogan* "sobrevivência dos mais aptos", a que chegara pela primeira vez em 1852, sete anos antes de Darwin publicar *A origem das espécies*. O codescobridor de seleção natural, A.R. Wallace, depois persuadiu a Darwin a adotar a frase de Spencer, acreditando que seria menos conducente à interpretação errônea da natureza como um agente voluntarioso que seleciona formas para atender a seus objetivos (CARNEIRO, 1967: xx; MAYR, 1982: 519). Mas na doutrina da "sobrevivência dos mais aptos", as teorias de Darwin e Wallace foram igualmente expostas a distorções, já que a conotação essencial de reprodução diferencial foi obscurecida (GOUDGE, 1961: 116-118). Era demasiado fácil considerar os "mais aptos" não como aqueles que deixaram relativamente mais descendência, mas como aqueles que conseguiram – com "garras e dentes" – eliminar seus rivais em uma luta competitiva direta. Além disso, para evitar a tautologia, "os mais aptos são aqueles que sobrevivem", as partes vitoriosas foram consideradas *a priori* os mais avançados em uma escala geral de progresso. Por essa distorção Spencer e os "darwinistas sociais subsequentes" devem ser considerados os principais responsáveis. Na verdade, o processo da variação sob seleção natural que Darwin invocou para dar contas da diversificação de formas vivas, longe de fornecer a confirmação, a partir do campo da biologia, das "leis" evolutivas de Spencer, se apoiava em princípios inteiramente incompatíveis com o axioma do desenvolvimento progressivo inerente a essas leis. Hoje, a teoria darwinista triunfou, com uma forma notavelmente próxima de sua forma original, e se libertou mais ou menos de seus acréscimos spencerianos (GHISELIN, 1969). Não foi, contudo, libertada do rótulo que Spencer lhe atribuiu – "teoria da evolução" (BOWLER, 1975: 112-113). Por isso, para entender a diferença entre o evolucionismo social do século XIX e o evolucionismo biológico do século XX (bem como as teorias contemporâneas da evolução cultural construídas segundo o modelo biológico), devemos examinar mais detidamente as premissas lógicas da teoria de Darwin da descendência com modificação.

O axioma mais fundamental sobre o qual Darwin construiu sua teoria não foi a progressão, mas a *variabilidade* das formas vivas. Sem variabilidade, não pode haver seleção natural, uma vez que não haveria material com que operar. Na verdade, a concepção de variabilidade de Darwin continha três componentes, dois dos quais não eram originalmente dele. Em primeiro lugar, havia a ideia de continuidade ou gradação insensível. O próprio Darwin se refere ao preceito *"natura non facit saltum"* [a natureza não dá saltos] com os termos "esse antigo cânone da história natural" (1872: 146, 156). Ele já existia de fato há muito tempo, na forma da doutrina clássica da "Grande Cadeia do Ser". Segundo essa doutrina, que gozou de ampla popularidade da Renascença até o fim do século XVIII (OLDROYD, 1980: 9-10), todas as numerosas formas de vida estão colocadas em um lugar ao longo de uma grande escala que vai do mais humilde ao mais excelso (os seres humanos), de modo que nenhuma posição na escala permanece não preenchida (BOCK, 1980: 10; MAYR, 1982: 326). Assim, Leibniz, em uma carta publicada em 1753, falou da "lei da continuidade", que requer "que todas as ordens de seres naturais formem apenas uma única cadeia, na qual as várias classes, como anéis, se acham tão estreitamente ligadas umas às outras que é impossível para os sentidos ou a imaginação determinar precisamente o ponto no qual uma termina e as seguintes começam" (apud LOVEJOY, 1936: 145). Se houver uma evolução em tal sistema, ela consiste no deslocamento para a frente de toda a cadeia, de modo que as relações hierárquicas entre suas partes sejam conservadas intatas. Os seres não dão origem uns aos outros, como se o menos avançado gerasse o mais avançado; o macaco do futuro – como Bonnet conjeturou – pode ter o intelecto de Newton, mas ainda será um macaco e não um ser humano, ocupando seu lugar determinado entre a humanidade e os seres mais abaixo na escala, todos os quais terão sofrido um avanço simultâneo (cf. FOUCAULT, 1970: 151-152).

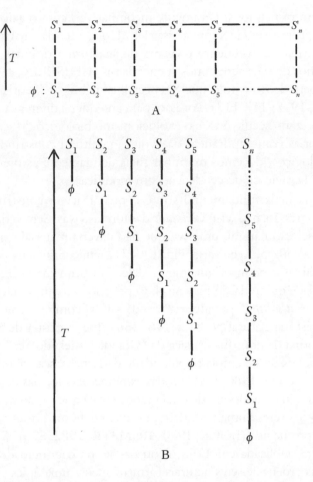

Fig. 1.1. Três concepções da gênese das formas orgânicas. A: A "Grande Cadeia do Ser", criada – totalmente formada – há alguns milhares de anos. A cadeia inteira se desloca para a frente pelo tempo, mas cada espécie, restrita a seu lugar designado na cadeia, permanece essencialmente inalterada no deslocamento. B: O "transformismo" de Lamarck. O tempo, já muito extenso, é intrínseco à constituição da própria cadeia; cada forma existente representa um momento em um processo total de desenvolvimento iniciado pela geração espontânea e que avança para uma complexidade e perfeição cada vez maiores. C: A "descendência com modificação" de Darwin. A cadeia é substituída por uma árvore que se bifurca, com somente um ponto de origem comum. As formas existentes não ocorreram antes e não voltarão a ocorrer. A cronologia foi ampliada ainda mais, para cobrir muitos milhões de anos, mas o próprio tempo é uma construção abstrata, extrínseca ao processo evolutivo. Alguns novos comentários resultam dessa comparação esquemática. Em primeiro lugar, o diagrama A combina continuidade (sincrônica) "horizontal" com descontinuidade temporal. No diagrama B, a continuidade da "cadeia de ser" é transferida do eixo horizontal para o eixo vertical (temporal), mas é representada na distribuição de

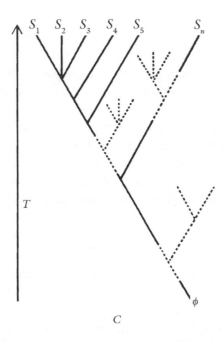

formas no presente. No diagrama C, há continuidade (genealógica) diacrônica, mas descontinuidade sincrônica. A ordem sequencial do passado não pode ser inferida da ordem contemporânea do presente, mas tem de estar no registro fóssil. Em segundo lugar, no diagrama B não há extinções; organismos de todas as espécies estão em processo de tornar-se aqueles das espécies seguintes na escala. No diagrama C, a maioria dos caminhos (indicados esquematicamente por linhas interrompidas) levam à eventual extinção, ao passo que as espécies mais novas se originam mediante a radiação divergente (cladogênese). Assim, o aparecimento e o desaparecimento de espécies apresentam problemas bastante diferentes. S_{1-n}, espécies; T, tempo; ø, origem da vida. Adaptado, com substanciais modificações, de Ruse (1979: 10).

A ideia de que o tempo, longe de fazer a escala como um todo avançar, é antes intrínseco à sua própria constituição, como o movimento mediante o qual seus elementos sucessivos são revelados, é bem diferente. Foi antecipada já em 1693 por Leibniz, que, no entanto, não percebeu o desafio que representava para seu próprio sistema filosófico (LOVEJOY, 1936: 256-262). Mas foi a personalidade mais difamada da história da biologia, Jean Baptiste Lamarck, que foi ao extremo naquilo que Lovejoy denominou "temporalizar a grande cadeia do ser" ao colocá-la em movimento, substituindo um quadro essencialmente estático da natureza viva por um do fluxo contínuo. Na concepção de Lamarck, os organismos podem "ascender" na escala como se em uma escadaria móvel. Tão logo alguns conseguem alcançar o topo da escala, outros estão sendo supostamente criados na base – "geração espontânea" – para, por sua vez, ascender (cf. fig. 1.1).

Assim a cadeia já não é, estritamente falando, do ser, mas do devir, definindo não uma série de posições fixas e inalteráveis, mas uma trajetória de avanço. Contudo, sobrepondo-se a esse movimento linear, e complicando-o, há um processo "lateral" de adaptação a ambientes específicos. Assim, para Lamarck, os representantes de uma espécie sofrem constante transformação, tanto ao progredirem na escala como ao deparar com diferentes condições físicas (BOESIGER, 1974: 24-25). Em sua compreensão da variabilidade temporal e da modificação por adaptação, Lamarck possivelmente tem uma base tão boa quanto Darwin para ser fundador da teoria da evolução tal como esta é entendida na biologia contemporânea (MAYR, 1976; 1982: 352-359). Mas quando os trabalhos de Lamarck foram publicados, durante as duas primeiras décadas do século XIX, "evolução" ainda trazia a conotação – de Bonnet – de pré-formação. E Bonnet era um fiel defensor da fixidez das espécies na cadeia do ser. Por isso Lamarck escolheu um conceito bastante diferente – aquele de transformismo – para caracterizar sua teoria.

As ideias de *continuidade* e *temporalidade* são componentes cruciais do conceito darwinista de evolução. Mas, para Darwin, tinham conotações bastante diferentes daquelas que tinham para Lamarck e seus predecessores. Porque a continuidade da "descendência com modificação" não é uma *real* continuidade do devir, mas uma continuidade *reconstituída* de objetos discretos em sequência genealógica, cada um dos quais se diferencia minuciosamente dos que vêm antes e depois. Logo, a vida de cada indivíduo é condensada em um ponto único; somos nós que desenhamos a linha de união entre eles, vendo cada um como um momento de um processo contínuo. E, consequentemente, o tempo não é intrínseco à evolução, mas é concebido como uma *dimensão abstrata* na qual estes pontos são traçados; em vez de um tempo interior que faz ativamente avançar ou revela novas formas na sucessão progressiva, temos um tempo exterior que fornece um pano de fundo contra o qual toda a procissão de formas vai ser projetada. Gillespie tem razão de alegar, quanto a isso, que há um completo hiato entre os conceitos darwinista e lamarckiano do processo evolutivo, já que o que Darwin fez "foi tratar toda a variedade da natureza, que tinha sido relegada ao vir a ser, como um problema do ser, um conjunto infinito de situações objetivas que remontam no tempo" (GILLESPIE, 1959: 291). Naturalmente, se não fosse por Lamarck, a ideia de transformação evolutiva das espécies poderia ter permanecido mais ou menos inconcebível. Mas o feito específico de Darwin foi ter compreendido tanto a continuidade como a temporalidade dessa transformação num arcabouço do ser segundo o qual as coisas só existem em si e para si mesmas, e não como instantes do desdobramento de um sistema total. Isto foi possível graças à introdução de uma nova ideia de *diversidade*, aquela que opera "para cima", a partir do nível do indivíduo, em vez de "para baixo", a partir do nível do tipo preestabelecido[3].

Este é o terceiro componente mais essencial da concepção darwinista de variabilidade. Constituiu um radical afastamento de todos os esquemas evolutivos precedentes, já que continha uma rejeição não só da fixidez de formas na cadeia, mas também da própria cadeia como uma linha única de progressão (fig. 1.1). Darwin substituiu a imagem da cadeia por aquela da árvore, cheia de ramos, galhos finos e botões (1872: 97-98)[4]. Em resumo, a variabilidade contém não progressão, mas diversificação. Como Mayr (1982: 401) o exprime, enquanto Lamarck estava preocupado com a dimensão "vertical" da evolução, Darwin realçou sua dimensão "horizontal". Cada indivíduo é assim uma variedade incipiente, sendo cada variedade uma subespécie incipiente, cada subespécie uma espécie incipiente e cada espécie um gênero incipiente: "Os vários grupos subordinados de qualquer classe não podem ser colocados em um arquivo único, mas parecem agrupados ao redor de pontos e estes ao redor de outros pontos, e assim por diante, em ciclos quase infinitos" (DARWIN, 1872: 97). Assim como a diversificação pode prosseguir indefinidamente, assim também o número de formas possíveis é potencialmente infinito. Na afirmação de que o mundo das coisas vivas apresenta uma profusão de variantes que só podem ser arbitrariamente agrupadas em espécies, subespécies e variedades (1872: 38-39), Darwin desafiou diretamente a ortodoxia, que supunha que cada organismo fosse uma manifestação das qualidades essenciais de sua espécie e ocupasse um lugar fixo em um projeto hierárquico dado por Deus. Mas a variabilidade de Darwin também foi uma fonte de algum embaraço, já que, embora pudesse observá-la onde quer que decidisse olhar, ele nunca foi capaz de elaborar uma explicação satisfatória de como surgiu, ou de como foi transmitida. Coube à genética moderna fornecer a resposta. O número de genes discretos transportados mesmo por um organismo simples é tão grande que suas possibilidades de combinação e recombinação são astronômicas. "Para os organismos mais complexos, como animais ou plantas, [...] o número de potenciais possibilidades é muito maior do que o número de indivíduos que existiram na Terra no passado e no momento" (MONTALENTI, 1974: 14). E embora sejam descontínuas no genótipo, as diferenças individuais são na prática tão perfeitas que dão a impressão de uma "paisagem" contínua e multidimensional da variação.

A diferença essencial entre os fenômenos dos mundos vivo e não vivo é belamente retratada na frase final de *The Origin of Species* [*A origem das espécies*]. Aqui, incidentalmente, Darwin usa a palavra "evoluído" pela primeira e última vez, no sentido vernáculo, impreciso, de formas que são expostas ou desveladas (GOULD, 1980: 36): "Há uma grandiosidade inerente a esta visão da vida, com seus poderes de vida originalmente implantados [...] em um pequeno número de formas, ou apenas em uma, e enquanto este planeta girava de acordo com a lei da gravitação universal, a partir de um princípio tão simples, foram evoluídas, e continuam a ser evoluídas, infinitas formas mais belas e maravilhosas" (1872: 403)[5]. Eis, em suma, o contraste entre uma concepção newtoniana estática do universo como sendo constituído por corpos físicos cujo movimento cíclico é governado por "leis" e a concepção da vida como a revelação de uma sequência irreversível de objetos de diversidade sempre maior. Foi graças à apresentação desse contraste que o argumento de Darwin contrariou uma de suas principais fontes de inspiração, o geólogo Sir Charles Lyell. Opondo-se ao catastrofismo de Cuvier, e seguindo ideias apresentadas em 1795 pelo geólogo escocês James Hutton, Lyell (1830-1833) tinha tentado reconstruir a história da Terra com base na premissa *uniformitária* de que há uma constância na operação das leis naturais, e, em consequência, de que processos que ocorrem no presente também devem ter ocorrido no passado e persistirão indefinidamente. Dentre esses processos, Lyell considerava como mais importantes os movimentos na crosta da terra, responsáveis pela ascensão e queda perpétua dos níveis do mar e associados a flutuações climáticas. Estendendo essa concepção ao domínio biológico, Lyell sustentou que, embora todos os principais grupos de organismos tivessem estado presentes no início, determinadas espécies – apropriadas para determinadas condições topográficas e climáticas – apareceriam e desapareceriam, para reaparecer apenas quando as condições fossem novamente adequadas. A extinção nunca seria permanente; até os dinossauros poderiam marchar outra vez sobre a Terra (OLDROYD, 1980: 45).

Darwin aceitou o uniformitarianismo de Lyell e o sentido de tempo perpétuo, aberto, que implicava. Como a última passagem de *A origem* revela, ele pensava que a vida começou em algum momento do tempo, mas nunca iria terminar. O processo, uma vez começado, pode continuar indefinidamente, sendo realizado por uma variedade potencialmente infinita de formas. Além disso, a seleção natural funcionou e continuará funcionando, contanto que as condições físicas necessárias existam para o suporte da vida neste planeta. Mas a concepção de Lyell da *repetição* infinita no mundo vivo, assim como no não vivo, foi categoricamente rejeitada. Segundo a teoria da descendência com modificação,

> Podemos entender claramente por que uma espécie, uma vez perdida, nunca deverá reaparecer, mesmo que venham a ocorrer as mesmas condições da vida, orgânica e inorgânica. Porque, embora a descendência de uma espécie pudesse ser adaptada [...] para preencher o lugar de outra espécie na economia da natureza, e assim suplantá-la, ainda assim as duas formas – a antiga e a nova – não seriam identicamente as mesmas, já que as duas herdariam quase certamente caracteres diferentes de seus progenitores distintos (1872: 274).

Em resumo, Darwin foi capaz de mostrar como – na natureza viva – um mecanismo constante, funcionando uniformemente ao longo do tempo, pode gerar sequências de formas que são estritamente irreversíveis. Essa irreversibilidade, por sua vez, tem por base o axioma da variabilidade – o de que nenhum organismo individual nunca é muito semelhante a outro. Resulta disso que a individualidade "é a característica mais importante da vida, aquela que diferencia mais substancialmente os seres vivos de coisas não vivas, a física da biologia" (MONTALENTI, 1974: 11).

Permitam-me entrar em detalhes sobre esse tópico, pois ele tem importância fundamental. O aparecimento de cada organismo constitui um evento único na história natural. Cada evento desses pode ser considerado uma espécie de experimento em que o organismo tem "testada" sua eficácia tanto em sobreviver como em produzir descendência em seu ambiente específico. Este, contudo, compõe-se principalmente de um grande número de outros organismos, cada um dos quais – a seu próprio modo – é igualmente único. É por isso que as séries de experimentos que constituem a história da vida são *irrepetíveis*, um fato que às vezes dava origem a dúvidas quanto à posição "científica" da teoria da evolução por variação sob seleção natural (POPPER, 1957: 108-109). O essencial, contudo, é que a teoria é retroditiva em vez de preditiva (SCRIVEN, 1959) e, consequentemente, que a seleção natural deve ser tratada como um *mecanismo*, e não como uma *lei*. Ela não nos permite fazer afirmações sobre as formas que a vida pode assumir no futuro para que as verifiquemos em nossa experiência, à maneira como poderíamos verificar, por exemplo, a trajetória prevista de um planeta (HEMPEL, 1965: 370). Só nos oferece um modo de explicar por que, *nas circunstâncias específicas*, as coisas tiveram o resultado que tiveram. A explicação completa de toda sequência evolutiva depende da inserção de informação historicamente específica quanto ao *pool* de variabilidade e ao contexto ambiental da adaptação (WINTERHALDER, 1980: 140-141).

Mas o mecanismo de seleção natural está ele mesmo *fora* da história, dado que sua operação pode ser especificada sem referência a algum conjunto específico de condições iniciais (exceto, naturalmente, o primeiro aparecimento de entidades que são tanto variáveis como capazes de transmitir os componentes da variabilidade por meio da reprodução – i. é, de entidades *vivas*). Como nexo entre determinadas condições históricas e determinados resultados históricos, pode-se supor que a seleção natural não só influiu no curso de todas as sequências que ocorreram de fato na evolução da vida, como influencia todos aqueles que podem vir a ocorrer – dos quais aqueles são apenas uma pequena amostra (HIRST, 1976: 26). Isto é, a seleção natural se aplica sem exceção a todas as coisas vivas (REED, 1981: 67). Como há potencialmente um número indeterminável de modos de enfrentar o mesmo desafio de adaptação, a forma exata de um organismo dependerá não só das "condições da vida" à qual é exposto, mas também dos atributos específicos recebidos de formas que o precedem na linha direta da descendência. Segundo a premissa da variabilidade, não há duas linhagens iguais. Conclui-se que o curso da evolução, no sentido de Darwin de descendência com modificação, é não só irreversível, mas também *indeterminado* (SIMPSON, 1953: 310-312; MAYR, 1982: 57-59). Isso não significa dizer que é casual, já que, se fosse, a vida seria um caos de variação. Em vez disso, a seleção natural está constantemente engajada na construção organizada da novidade (DOBZHANSKY, 1974a).

É importante entender que a irreversibilidade da evolução, concebida em termos darwinistas como uma "sequência mutante" (LOTKA, 1945: 171), implica simplesmente que determinados eventos ou cadeias de eventos na sequência não podem ser repetidos: em outras palavras, é *irreversível* (GOUDGE, 1961: 174-175). Não há sugestão de direcionalidade, e muito menos de progresso. Se, em termos darwinistas, o relógio evolutivo não pode ser revertido, ele também não pode ser avançado. Em uma útil discussão desse aspecto, Ayala (1974) apresentou uma série hierarquicamente organizada de distinções que podem ser resumidas da seguinte maneira: *direção* "implica que ocorreu uma série de modificações que podem ser organizadas em uma sequência linear, de modo que elementos da parte posterior da sequência estejam mais afastados dos primeiros elementos da sequência do que os elementos intermediários o estão, segundo alguma propriedade ou característica sob consideração" (AYALA, 1974: 340). Mas a modificação direcional não é necessariamente progressiva. Para que fosse, a extensão ou ampliação da propriedade em questão teria de ser considerada, de acordo com algum padrão de avaliação, uma "melhoria ou aprimoramento" (GOUDGE, 1961: 182).

Consideremos uma sequência de formas *A-B-C-D-E*. Se cada forma representa uma configuração ímpar, não recorrente, a sequência deve ser irreversível no sentido específico já delineado. Uma tendência direcional pode (mas não tem que) manifestar-se de *A* a *E* com relação a um ou vários atributos; isso pode ser uniforme ou não uniforme (rede), a depender de se a mesma tendência é evidente em cada passo componente da sequência. Mesmo que essa tendência fosse evidente, ainda não estaríamos em condições de concluir que E seja em algum sentido um "avanço" com respeito a A. Nosso critério do avanço pode ser absoluto (como alguma medida de complexidade geral) ou relativo (adaptabilidade em circunstâncias ambientais presentes). A seleção natural necessariamente gera melhoria apenas nesse último sentido. Podemos então dizer que E é "mais bem-adaptado" do que A, mas somente se as condições ambientais permanecerem inalteradas por toda a duração da sequência. Mas o ambiente efetivo de um organismo tanto depende do que é organizado para fazer como inclui uma variedade de outros organismos que se adaptam simultaneamente (MONOD, 1972: 120-121). Resulta disso que os critérios da seleção estão sujeitos a modificar-se tão rapidamente quanto as formas selecionadas. Nesse caso, E pode não ser mais bem-adaptado a condições atuais do que A foi nas condições de partida da sequência. Por isso, E só é "mais avançado" em um sentido cronológico. Na teoria darwiniana, embora possa ser apontado pela flecha de tempo (BLUM, 1955: 210), o caminho da evolução busca um objetivo fugidio que se afasta quando nos aproximamos dele.

Como ainda se acredita amplamente que Darwin descobriu, sob a rubrica da seleção natural, uma lei do progresso orgânico absoluto ou *geral* (p. ex., HARRIS, 1968: 117), pode valer a pena fazer uma pausa para examinar o que ele de fato tinha a dizer sobre isso em *A origem das espécies*. Obviamente, isso o incomodou sobremaneira. A ideia de progresso era prevalente no século XIX, e Darwin não escapou à sua influência (MANDELBAUM, 1971: 80-85; BOCK, 1980: 39). Mas no mundo da natureza parecia não haver nenhum critério exato ou objetivo pelo qual as formas "inferiores" pudessem ser distinguidas das "superiores"; e, na ausência desse critério, a ideia de uma progressão generalizada na organização da vida pode ser apenas um "vago sentimento ainda maldefinido" (1950 [1859]: 292). Frustrado por essa imprecisão, Darwin dedicou um único parágrafo, bastante inconclusivo, ao assunto na primeira edição de *A origem* (1950 [1859]: 286). Mesmo que algum "tipo de progresso" pudesse ser concebido na teoria, no sentido de que cada forma sucessiva que aparece em condições físicas semelhantes deve ter sobrepujado seu predecessor imediato na "luta pela vida", ainda assim parecia não haver nenhum modo de submeter a ideia a um teste empírico. Contudo, em edições subsequentes, o parágrafo original sobre "o estado do desenvolvimento de formas antigas" foi revisado e ampliado, e uma seção inteiramente nova intitulada "O grau até o qual a organização tende a avançar" foi acrescentado ao capítulo crucial sobre a seleção natural. É essa seção que possivelmente originou a impressão popular da seleção natural como o engenheiro do progresso evolutivo geral.

Embora ainda considere o assunto cercado de obscuridade e imprecisão, Darwin ao menos é capaz de propor um critério absoluto de avanço orgânico: "a melhor forma até agora sugerida de determinar o grau de perfeição ou superioridade dos seres vivos é através do grau de diferenciação e especialização das partes nas formas adultas" (1872: 288). Entre vertebrados, o avanço teve de incluir o intelecto, que claramente culmina nos seres humanos, os quais Darwin colocou inquestionavelmente no topo da escala orgânica. Quanto à descendência do homem, que foi objeto de uma obra distinta, ele não tinha absolutamente nenhuma dúvida sobre o fato do progresso, com tribos primitivas na base e nações europeias no topo (1874: 217). Mas, neste último trabalho, era Darwin que claramente recorria a defensores contemporâneos seus de teorias do progresso social, e não vice-versa (BOCK, 1980: 41). Em seu tom e em seus argumentos, *A descendência do homem* diferencia-se tanto de *A origem das espécies* que é melhor considerá-la separadamente, como fazemos na segunda parte do capítulo 2. Para voltar à questão do avanço da vida em geral, não se pode evitar a impressão de que Darwin tenta ter as duas coisas ao mesmo tempo:

> como a especialização das partes constitui uma vantagem para cada ser vivo, também a seleção natural vai ter a tendência de tornar o organismo de cada indivíduo mais especializado, mais perfeito, e, nesse sentido, superior; mas isso não a impede de deixar muitas criaturas com estruturas simples, sem serem melhoradas, adequadas a condições de vida simples; nem de, em alguns casos, causar mesmo a degradação ou simplificação do organismo (1872: 288).

Se minha leitura for correta, Darwin diz que, tomando a complexidade interna como uma medida do avanço, a seleção natural poderia gerar desse avanço, mas por outro lado não poderia. Não se pode negar que a Terra se acha repleta de "formas inferiores", que não mostram nenhum sinal de avançar ou de se extinguir. Como indica Ayala, "As bactérias de hoje não são mais progressivas... do que seus antepassados de um trilhão de anos atrás" (1974: 350). Por isso, toda teoria de progresso ou desenvolvimento *necessário* deve ser inválida. Mas, escreve Darwin, a seleção natural "não envolve necessariamente desenvolvimento progressivo – ela apenas tira proveito das variações que surgem e são benéficas para cada criatura em suas complexas relações de vida" (1872: 92). Afinal, se sou uma minhoca, que possível vantagem poderia advir de eu ser mais altamente organizado? Em outra passagem, Darwin é ainda mais enfático: "Não há evidência da existência de nenhuma lei de desenvolvimento necessário" (1872: 299).

Esta última observação deve ser suficiente para indicar o quanto a posição de Darwin se distanciava da dos teóricos do progresso de sua época – sendo o mais proeminente, é claro, Herbert Spencer (FREEMAN, 1974). Tal como Spencer, Darwin encontrou seu critério de avanço evolutivo na noção de aumento da diferenciação estrutural aplicada originalmente por von Baer para descrever o curso do desenvolvimento embrionário (comparar DARWIN, 1872: 91; SPENCER, 1972: 39). Mas Spencer modelou a evolução da vida no crescimento do organismo individual, considerando a filogenia simplesmente como ontogenia ampliada (DOBZHANSKY, 1974a: 309-310). As premissas da teoria de Darwin eram o exato oposto. A descendência com modificação, alegou ele, depende da variabilidade, e, sejam quais forem suas causas, a variabilidade se manifesta na distorção ou truncagem do curso "normal" da ontogenia em todo tipo de maneiras bem imprevisíveis (BOCK, 1955: 131-132). Não há plano na evolução darwiniana; os únicos planos são os contidos nos materiais hereditários de organismos individuais, e a evolução ocorre porque não há dois planos absolutamente iguais. A ideia do progresso necessário, como Bury há muito indicou, "envolve uma síntese do passado e *uma profecia para o futuro*" (BURY, 1932: 5; grifos meus). Mas, no que se refere ao futuro, a seleção natural nada a dizer. Ela não representa um projeto para o futuro, adaptando organismos apenas às condições presentes. Em consequência, o progresso não é inevitável, mas historicamente contingente. Ou, nas palavras de Simpson, o progresso ocorre *no âmbito* da evolução, mas "não é de sua essência" (1949: 261).

No entanto, um século depois de Darwin, um dos principais representantes da "síntese evolutiva" moderna – Julian Huxley – continuava insistindo que o progresso geral é da essência da evolução. Em suas dimensões cósmicas, "unindo nebulosas e emoções humanas" (1957: 100), a concepção de Huxley parece estar fundamentalmente em desacordo com a de Darwin, ao passo que ele é praticamente "mais spenceriano do que Spencer" (GOUDGE, 1961: 159-160; MEDAWAR, 1967: 40): "Toda realidade fenomenal é um processo único, que pode ser propriamente chamado de 'evolução' – divisível em fases inorgânicas, orgânicas e 'psicossociais'". Além disso, a evolução gera "novidades sempre inéditas, maior variedade, organização mais complexa, níveis mais altos de consciência e atividade mental cada vez mais consciente" (HUXLEY, 1956: 3). Ora, Huxley tinha tanta consciência quanto Darwin de que a Terra está repleta de "formas inferiores", e que, portanto, o progresso – oferecer maior liberdade do controle ambiental – não pode ser "compulsório e universal" (1942: 546). Temos de vê-lo como uma ascensão no *limite superior* do invólucro que circunda todas as trilhas filogenéticas que de fato foram seguidas. Se a evolução "gera" o progresso, essa ascensão tem de ser inevitável. Para demonstrar essa inevitabilidade, Huxley recorre ao tipo de raciocínio ilustrado pela seguinte afirmação: "Ocorreu dessa maneira porque não poderia ter ocorrido de nenhuma outra [cf. BLUM, 1955: 203]. Assim, a trilha do progresso, que culmina no *Homo sapiens*, ao que parece não poderia ter seguido nenhum outro curso geral do que aquele que seguiu historicamente" (HUXLEY, 1942: 569; cf. WILLIAMS, 1966: 21). Esse raciocínio exemplifica o que Mandelbaum chama de "falácia retrospectiva", a tendência de considerar eventos antecedentes como se fossem controlados por seus resultados subsequentes, quando no momento de sua ocorrência quaisquer outros resultados poderiam ter sido igualmente prováveis (MANDELBAUM, 1971: 134-135). O surgimento da humanidade, como o de toda outra espécie, foi naturalmente o precipitado de uma longa cadeia de circunstâncias evolutivas. Se as circunstâncias tivessem sido significativamente diferentes, o homem provavelmente nunca se teria desenvolvido. Mas não há razão, intrínseca ao mecanismo da variação sob seleção natural, para que ele *devesse* ter-se desenvolvido. E se o resultado não era inevitável, o mesmo se aplica ao processo que levou a esse resultado.

Permanece o problema de se há alguma base objetiva para classificar organismos em formas relativamente "superiores" e "inferiores". Darwin sentiu que em princípio deve haver, e até se desesperou com respeito à sua aplicação na prática: "Quem vai decidir se os chocos são superiores às abelhas?" (1872: 290). O foco está normalmente em atributos como a complexidade de organização interna, liberdade do controle ambiental (ou capacidade de controlar o ambiente), poderes do intelecto, "a capacidade de perceber o ambiente e de integrar, coordenar e reagir com flexibilidade ao que é percebido" (AYALA, 1974: 352). Esses são, todos eles, atributos nos quais, como todos concordam, os seres humanos se sobressaem. Parece, então, que a escolha de nossos critérios do progresso torna a iminência humana uma conclusão determinada de antemão, refletindo uma "consideração antropocêntrica dos dados relativos à história da vida" (WILLIAMS, 1966: 35; cf. tb. SIMPSON, 1974: 48-49). Huxley antecipa essa objeção e procura refutá-la mediante o que poderia ser chamado de "argumento da medusa filosófica". A medusa pode fazer algumas coisas que não podemos. Se uma medusa filosófica fosse reescrever a história da evolução, não iria ela se concentrar nas capacidades ímpares de sua espécie como um índice do avanço geral, colocando-se acima da escala e colocando a humanidade em algum lugar perto da base? (cf. MIDGLEY, 1978: 160). Huxley responde com um categórico não. A inútil medusa, contemplando o homem, teria de reconhecer que está de fato no final de um "beco sem saída degenerado" do qual não existe nenhuma chance de fuga (HUXLEY, 1942: 565). Nós, ao contrário, temos o futuro da evolução progressiva em nossas mãos. Trata-se de algo incomodamente próximo da espécie da retórica elaborada há um século por "homens civilizados" sobre "selvagens" (que, ao contrário da medusa, são capazes de filosofar e por isso têm direito de resposta). Seja como for, uma medusa adequadamente versada na teoria darwiniana certamente teria justificativa para chegar à conclusão que Huxley lhe atribui. Qual de nós está em um beco sem saída é algo que só pode ser julgado em um retrospecto evolutivo. Nas circunstâncias atuais, uma medusa filosófica teria bons motivos para pessimismo quanto ao futuro do homem.

Vamos admitir, por enquanto, que há de fato um critério válido de acordo com o qual todos os organismos podem ser colocados em uma escala de avanço geral. Vamos supor ainda que não haja "saltos": Assim, para conseguir seu nível atual, um organismo – no decorrer de sua história evolutiva – deve ter passado por uma série contínua de níveis intermediários. Somos então obrigados a concluir que *ocorreu* progresso. Mas concluir que o progresso tem de ocorrer é algo completamente diferente. O mecanismo da seleção natural, como mostramos, vincula determinadas circunstâncias históricas a determinadas consequências. Se, em certas linhagens, o progresso se realizou, *sua causa deve ser encontrada nas circunstâncias, não no mecanismo*. Como Williams observou, "Não há nada na estrutura básica da teoria da seleção natural que sugira a ideia de alguma espécie de progresso cumulativo" (1966: 34). Eu gostaria, contudo, de levantar a possibilidade de que a evolução por seleção natural incorpore uma espécie de mecanismo catraca. Isso foi sugerido por Stebbins na forma de um princípio que ele denomina *conservação da organização* (STEBBINS, 1969: 124-127). Embora as modificações progressivas certamente não sejam inevitáveis, e na verdade sejam perceptíveis, dada sua extrema raridade, Stebbins sustenta que uma vez que certo nível da organização é alcançado em alguma determinada linhagem de descendência, as variantes que tendem a conservar ou elevar esse nível podem ter uma pequena vantagem sobre aquelas que tendem a baixá-lo. Logo, aquilo que ascende tem maior probabilidade de assim permanecer do que de descer. Se esse princípio de fato funciona na evolução orgânica é uma questão em aberto. No entanto, Stebbins considera justificado estender seu argumento, à verdadeira moda spenceriana, da evolução da vida à evolução da sociedade humana (1969: 131-144).

Este pode ser o momento apropriado para recordar os parágrafos finais dos *Princípios de sociologia* de Spencer, cujo volume final foi publicado em 1896. O filósofo que, quarenta anos antes, tinha afirmado confiantemente a lei do progresso em todas as coisas, estava agora com sérias dúvidas sobre sua teoria e incertezas quanto ao futuro (WILTSHIRE, 1978: 105-110). O "otimismo absoluto" dera lugar ao "otimismo relativo": o processo cósmico "ocasiona tanto a retrogressão como a progressão", dependendo das circunstâncias. Em uma passagem notável, tão ambígua quanto a de Darwin sobre o mesmo tema, Spencer parece renunciar aos próprios fundamentos de sua posição original:

> A evolução não implica uma tendência latente de melhorar em ação em toda parte. Não há ascensão uniforme do inferior ao superior, mas apenas a produção ocasional de uma forma que, em virtude de maior aptidão para condições mais complexas, se torna capaz de uma vida mais longa de um tipo mais variado. E enquanto esse tipo superior começa a dominar tipos inferiores e disseminar-se às suas custas, os tipos inferiores sobrevivem em habitats ou modos de vida que não são

usurpados ou então são lançados em habitats ou modos de vida inferiores nos quais regridem. O que se aplica assim a tipos orgânicos deve aplicar-se também a tipos de sociedades (1972: 261).

Suspeita-se que, se estivesse vivo hoje, Spencer teria considerado a lei da conservação da organização uma alternativa atraente para a lei do progresso, oferecendo uma saída para o velho dilema: Como pode o progresso ser necessário tendo ocorrência tão rara?

Na base de nossa discussão toda até agora, há uma oposição fundamental entre avanço absoluto "etapa por etapa" e avanço ou adaptação relativos às circunstâncias, entre progresso necessário e progresso contingente, ou entre desenvolvimento determinado e diversificação indeterminada ("imprevista") Outro modo de exprimir essa oposição seria em termos da dicotomia convencional entre *ortogênese* e *filogênese*. A ortogênese é compatível com o significado original de evolução, seja no sentido pré-formacionista de um desempacotamento sucessivo de qualidades imanentes, ou no sentido epigenético de complexidade emergente. Ela é definida por Teilhard de Chardin como uma "lei da complicação controlada" (1959: 120). A nomogênese de Berg, ou evolução determinada pela lei (1926), e a teoria da "aristogênese" de Osborn (1934) são do mesmo gênero. Sua semelhança com o conceito spenceriano de progresso evolutivo é bem óbvia. A evolução darwiniana, em contraste, é filogenética, ocorrendo ao longo de qualquer número de linhagens divergentes, sem direção consistente ou meta estabelecida. A filogênese é, com efeito, um corolário lógico da variação sob seleção natural, levando necessariamente "à melhoria de todo ser orgânico em relação às suas condições orgânicas e inorgânicas de vida" (DARWIN, 1872: 61), mas não com respeito a algum padrão absoluto. Segue-se que todo movimento realmente ortogenético na evolução deve ser estabelecido "sem referência à seleção natural" (SIMPSON, 1958a: 24). Se a teoria darwiniana for aceita, um relato ortogenético do desenvolvimento de determinadas linhas de descendência fica claramente descartado[6]. Contudo, não é ainda possível projetar a árvore filogenética no contexto de um quadro ortogenético da evolução da vida em geral em vez de suas linhagens específicas? Essa possibilidade depende de uma condição: que se possa especificar alguma força de avanço total cuja operação seja explicável não como um *produto* da seleção natural, mas como uma consequência necessária das mesmas propriedades universais da vida que *constituem* a seleção natural como um mecanismo, isto é, a variabilidade herdada e a multiplicação reprodutiva.

Sahlins (1960) acredita que identificou essa força, e sendo ela invocada como um fundamento da construção de uma teoria da evolução cultural, bem como biológica, suas ideias requerem nossa atenção. As coisas vivas, alega ele, têm uma tendência inerente de aumentar sua "realização termodinâmica"; em outras palavras, a taxa na qual são capazes de capturar a energia e pô-la em uso na manutenção da estrutura orgânica: "É o montante [de energia] assim capturado [...] e o grau até o qual é elevado a um estado mais alto que parecem ser o modo como um caranguejo é superior a uma ameba, um peixe-vermelho a um caranguejo, um rato a um peixe-vermelho, um homem a um rato" (1960: 21). Essa medida absoluta de progresso é tomada como um índice daquilo que Sahlins denomina evolução *geral*, um movimento total da vida de formas "inferiores" a formas "superiores". Sobrepõe-se a esse grande avanço (ortogenético) a evolução específica (filogenética) da descendência com modificação darwiniana, que "é caracteristicamente relativa" (1960: 14). A distinção é ilustrada por um diagrama reproduzido aqui como fig. 1.2. O curso da evolução é representado como uma videira cuja bifurcação representa a divergência em linhagens filéticas separadas, mas que, com o tempo, têm uma tendência inerente a elevar-se. Um segundo olhar lançado a esse diagrama revela que ele apresenta um quadro deveras peculiar do processo evolutivo. Porque, quando os mamíferos se estabeleceram, os últimos protozoários estariam a ponto de desaparecer, enquanto os pássaros, répteis, animais anfíbios, peixes e invertebrados já estariam extintos há muito tempo. Na verdade, pretende-se que o diagrama seja esquemático. Para torná-lo um pouco menos esquemático, muitos ramos teriam de se estender mais ou menos horizontalmente a partir de suas pontas na direção da ordenada de tempo que corresponde ao presente. Feito isso, a aparência do diagrama é radicalmente alterada, porque a propensão a elevar-se seria limitada a determinados ramos, ao passo que a maioria não subiria em absoluto. E também não é verdade que as espécies mais recentemente formadas sejam necessariamente as mais "avançadas". A diversificação ocorre em todos os níveis a maior parte do tempo, ao passo que o movimento "ascendente" é extraordinariamente raro (STEBBINS, 1969: 120). É claro que o diagrama de Sahlins é um exemplo insidioso de fraude visual, já que, obliterando todas as linhagens que levam a formas "inferiores" contemporâneas, a evolução parece ter um curso ascendente *necessário*. Mas, como indiquei, a coexistência de formas superiores e inferiores é precisamente o que levou Darwin – e em última análise até Spencer – a rejeitar qualquer lei do desenvolvimento necessário na evolução. O diagrama realmente deve ser traçado em três dimensões, sendo a terceira a divergência estrutural, para evitar a impressão errônea de que a radiação adaptativa, ou "cladogênese", implica necessariamente taxas diferenciais de "avanço" geral. Na maioria das circunstâncias ela não o faz. Por isso, essa radiação deve ser projetada em um plano perpendicular à página, cruzando com ele ao longo do eixo horizontal do tempo (fig. 1.3).

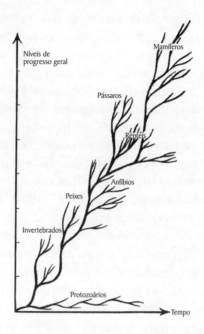

Fig. 1.2. Diversidade e progresso entre as grandes linhagens da vida animal (SAHLINS, 1960: 17).

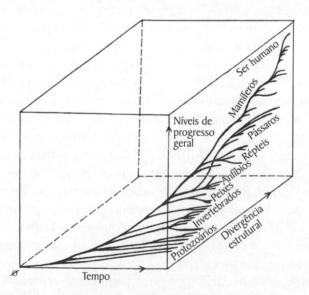

Fig. 1.3. Progresso geral e radiação adaptativa na evolução de vida dos animais. Uma representação esquemática em três dimensões. Para fins de clareza, as linhagens de descendência que levam à extinção terminal foram omitidas. Todas as linhagens indicadas terminam no ponto em que cruzam o plano vertical direito, representando a seção transversal de tempo que corresponde ao presente.

Há, contudo, algo de verdade no argumento de Sahlins. A evolução da vida como um todo se caracteriza por um aumento *líquido* na taxa na qual a energia é capturada e usada na manutenção orgânica (LOTKA, 1956 [1924]: 356-358). O erro de Sahlins é supor que esse aumento necessariamente implica a substituição serial de formas "inferiores" por formas "superiores". Essa suposição equivale de fato a um tipo especial de reducionismo. A complexidade de um organismo vivo não pode ser julgada pela complexidade interna mediana das células que o constituem, já que fazê-lo seria ignorar as próprias relações que fazem o organismo ser o que é – um sistema organizado (PITTENDRIGH, 1958: 394). Do mesmo modo, reconhecendo que a natureza viva inclui um número enorme e variado de organismos, interagindo uns com os outros de maneiras altamente complexas, seria absurdo reduzir o nível de organização desse sistema vivo *como um todo* a uma média da complexidade de seus componentes ou "formas" individuais. Não podemos esperar, escreveu Lotka, "exprimir o princípio direcional básico da evolução orgânica quanto a 'organização' ou qualquer outra propriedade ou agregado de propriedades de espécies individuais consideradas separadamente" (1945: 194). E quando ele encontrou esse princípio na forma de um aumento da "taxa do fluxo de energia no sistema de natureza orgânica", foi ao sistema *total* que ele se referiu: "A natureza deve ser considerada em seu todo para poder ser entendida detalhadamente" (LOTKA, 1956 [1924]: 356). A vida, em resumo, se compõe não só de organismos, mas também das relações entre eles. Por isso, se vamos avaliar seu avanço total, devemos acrescentar a complexidade de organismos em suas relações internas àquela de suas relações externas. Um avanço necessário na soma desses dois componentes da complexidade é perfeitamente compatível com um avanço contingente em qualquer deles. Pode implicar o aparecimento de formas "superiores", mas pode implicar igualmente a elaboração de relações entre formas em níveis existentes de complexidade ou ambos os processos ao mesmo tempo.

Ayala (1974: 346) sugeriu quatro critérios do avanço evolutivo geral, todos ligados à "tendência de expansão da vida" (SIMPSON, 1949: 243) ou de "aumento de si mesma" (WHITE, 1959b: 36). Afora o aumento na taxa total do fluxo de energia, há o aumento do número total de espécies, do número total de organismos individuais e da biomassa orgânica total. Trata-se simplesmente de que, à medida que mais energia é capturada, há suporte para um maior montante e uma maior diversidade da vida (LOTKA, 1945). Essa expansão pode ser relacionada às mesmas propriedades das coisas vivas que são a base da operação de seleção natural: sua variabilidade e seu potencial reprodutivo. Este último assegura que os organismos compitam constantemente por recursos limitados, e aquele assegura que qualquer abertura, mesmo estreita, será "apreendida" ao aparecer na economia da natureza. Em conjunto, essas propriedades explicam o evidente "oportunismo" (SIMPSON, 1949: 160-186) da evolução biológica. A natureza viva vai ficando cada vez mais fixamente condensada, como se afetada por "dez mil cunhas agudas [...] empurrada para dentro por golpes incessantes" (DARWIN, 1950 [1859]: 58). A diversificação e a multiplicação concomitante de espécies geram conjuntos cada vez mais complexos de relações entre os habitantes individuais de todo domínio natural ou país determinado. Assim, a emergência, no decorrer da evolução, de níveis "superiores" de organização é tão inevitável quanto a adaptação de determinadas formas sob seleção natural. Mas isso não implica o deslocamento de formas mais simples para formas mais complexas. A evolução de formas "superiores" pode ser considerada mais propriamente como uma *internalização* do que como um aumento da complexidade, equivalendo a uma mudança convergente do lugar do controle, passando do campo das relações externas do organismo para o de suas relações internas (para uma alegação bem parecida, cf. BATESON, 1973: 332). Como a liberdade relativa do controle ambiental direto conferido pela organização interna complexa é equilibrada por uma *simplificação* correspondente no campo das relações exteriores, o avanço organizacional total pode ser insignificante ou até zero.

Como descrição de um movimento progressivo líquido em todas as partes da natureza orgânica *in toto*, a caracterização de Spencer da evolução – da homogeneidade incoerente à heterogeneidade coerente – ainda pode ter muito valor. Além disso, sua compreensão de que esse movimento evolutivo consiste na soma de relações tanto *extrínsecas* como *intrínsecas* aos organismos individuais (ou "superorganismos") em processo de adaptação é notavelmente próxima da nossa (SPENCER, 1972: 121-122). Foi em sua extensão do domínio orgânico ao inorgânico que a síntese evolutiva de Spencer acabou por se desfazer, explodida pela segunda lei da termodinâmica. Porque, segundo essa lei, já bem-estabelecida na época de Spencer, a evolução do cosmos segue em direção a crescentes estados de entropia, ou graus de desorganização. O processo da vida só é capaz de remar contra essa corrente ao "absorver ordem [*orderliness*] de seu ambiente" (SCHRÖDINGER, 1944: 75), de modo que, no cômputo geral, a tendência cósmica continua incessantemente rumo à desordem aleatória ou – mais vividamente – ao caos total[7]. Mas, para permanecer com Spencer, vou restringir minha atenção ao mundo orgânico, a base a partir da qual ele – e tantos posteriormente – construíram proposições sobre o domínio "superorgânico" ou social da vida. Tendo estabelecido já as premissas da teoria darwinista, os aspectos distintivos da vertente spenceriana do evolucionismo devem estar mais claramente evidentes.

Tal como Darwin, Spencer prontamente aceitou o uniformitarianismo de Lyell. Nisso ele foi bastante explícito: "As interpretações verdadeiras de todos os processos naturais, orgânicos e inorgânicos, ocorridos em épocas passadas, habitualmente os fazem remontar a causas ainda em ação. Assim é na geologia, na biologia e na filologia" (1874, III: 122-123). E, como esperaríamos de Spencer, ele afirmou que assim também é na sociologia. Mas uma vez, como Darwin, porém em oposição a Lyell, o uniformitarianismo de Spencer foi combinado com um compromisso com a irreversibilidade da evolução. Mas esse era um tipo muito diferente de irreversibilidade, e as implicações dessa diferença são consideráveis. Para Spencer, a evolução descreve uma sucessão de estados internos de um sistema total que passa por um processo de desenvolvimento. Baseado na "lei do progresso", segundo a qual "cada força ativa produz mais de uma modificação – cada causa produz mais de um efeito" (SPENCER, 1972: 47), esse desenvolvimento toma a forma de uma multiplicação indefinida, exponencial – uma espécie de cascata. Há, nas palavras de Spencer, "uma complicação sempre crescente das coisas". E como sugere a analogia com o crescimento orgânico, o processo de evolução é concebido como essencialmente *isento de ocorrências especiais* (BOCK, 1980: 39). Na concepção de Darwin, pelo contrário, cada organismo é considerado uma entidade única, isolada e, seu aparecimento, como um evento discreto. A evolução então se constitui de uma concatenação acumuladora dessas entidades e eventos[8]. A aparência de continuidade é criada examinando-se a sequência segundo uma cronologia que excede amplamente o tempo de vida reprodutivo de cada indivíduo, do mesmo modo como o movimento contínuo de quadros em uma tela de filme é conseguido projetando-se em rápida sucessão um enorme número de imagens separadas, cada uma delas minuciosamente diferente tanto das que a precedem como das que a seguem.

Para generalizar: o processo está para o evento como a continuidade está para a descontinuidade, e a modificação só existe na oposição entre os dois termos. Ou começamos, como fez Spencer, com o processo (como uma propriedade do todo) e descobrimos a mudança decompondo-o em eventos, ou começamos, como fez Darwin, com eventos particulados e descobrimos a mudança agregando-os em um processo. Falar "de eventos de mudança" ou "processos de mudança", como se a mudança fosse *inerente* a um ou ao outro, não faz sentido. A importância fundamental desse aspecto ficará evidente nos próximos capítulos. Eu gostaria agora de voltar por um momento ao significado de "irreversibilidade". Em termos darwinistas, como mostrei, seria mais preciso falar de irrevocabilidade, com a conotação de *não recorrência* de entidades, ou séries de entidades, específicas na sequência total. Mas se adotamos a perspectiva de Spencer, a irreversibilidade implica um processo desenvolvente que não pode retroceder, assim como um organismo não pode regressar da maturidade à infância. Em outras palavras, ela é *unidirecional* ou progressiva. Obviamente estes últimos conceitos não podem caracterizar a irreversibilidade de uma sequência que carece de direcionalidade consistente; além disso, a evolução darwinista admite a possibilidade de retrogressão absoluta tanto quanto de progressão absoluta, e por isso é reversível em termos spencerianos. Mas, inversamente, a noção da não repetição não faz mais sentido no contexto de um foco na continuidade do processo em vez de na descontinuidade de eventos. Como Lotka afirmou bem enfaticamente, se vamos encontrar na evolução não simplesmente uma "sequência mutante", mas um princípio primordial de direcionalidade, devemos deixar de considerar cada forma componente como uma entidade separada, e em vez disso atentar para "o sistema em desenvolvimento como um todo" (1945: 194). O aspecto crucial é que, para Spencer, a irreversibilidade é uma propriedade apenas desse "todo em desenvolvimento", inscrito em suas leis de desenvolvimento, ao passo que, para Darwin, decorre de uma propriedade das partes, a saber, sua individualidade ou singularidade. Os significados contrários de irreversibilidade e as derivações da mudança têm origem em uma oposição mais fundamental entre holismo e atomismo.

Outro problema advém da determinação causal da lei spenceriana do progresso, que contrasta radicalmente com a indeterminação presente ao princípio darwiniano de variação sob seleção natural. É fácil ver como um movimento que é irreversível e indeterminado pode continuar indefinidamente, tal como um homem perdido em um nevoeiro pode continuar andando sem nunca passar de novo pelos mesmos lugares. Mas como pode essa concepção de um movimento sem fim ser aplicada a um movimento que se supõe ser tanto determinado, dirigido, como progressivo? Contanto que o avanço seja concebido como apenas quantitativo, a solução é simples. Se pudermos atribuir um valor numérico a um atributo como complexidade ou regularidade, presumivelmente ele poderá aumentar infinitamente, segundo a orientação de leis constantes. O problema surge logo que começamos a pensar no avanço evolutivo em termos *qualitativos*, e especialmente se incorporarmos a esses termos uma avaliação moral. Ao estender seu princípio de evolução ao domínio social, Spencer fez as duas coisas. O movimento vai de "tribos bárbaras" a nações industriais, e a boa conduta é distinguida de má com base nas características "relativamente menos desenvolvido" ou "relativamente mais desenvolvido" (SPENCER, 1907: 19). A dificuldade reside no fato de que uma série qualitativa de estágios ou níveis evolutivos deve conformar-se necessariamente a um *plano finito* (HIRST, 1976: 25). Para demonstrar a necessidade do progresso por esses níveis, temos de saber, ou fingir saber, qual é o plano. E isso implica que todo filósofo que julga estar posicionado de modo a perceber esse plano, como fez Spencer, também deve supor que o curso da evolução nessa sua posição está virtualmente completo, e que ele e seus contemporâneos estão "a ponto de abrir o último envelope" (BURROW, 1966: 227). Haveria, no máximo, mais um estágio por vir, cujas sementes já estão implantadas no presente.

Assim, quando se passa de um conceito quantitativo e físico a um conceito qualitativo e moral do avanço absoluto, a trajetória exponencial de diferenciações sucessivas é substituída por aquela que nivela rumo a um platô de perfeição, ou o que Spencer chamou de estado de "equilíbrio", ponto no qual os seres humanos – produtos mais avançados da evolução orgânica – ficam completamente ajustados à vida em sociedade (SPENCER, 1972: 12-13). O ajuste foi concebido em termos claramente utilitários, de modo que cada indivíduo pode atender a seus próprios interesses sem impedir o atendimento dos interesses dos outros. Foi nesse aspecto que a compreensão de Spencer da sociedade foi tão diferente do de Comte, e, posteriormente, de Durkheim. O estado perfeitamente social, para Spencer, envolvia a própria *eliminação* daquela presença dominante, institucional, que Comte e Durkheim haviam identificado como sociedade, e à qual julgavam que os interesses individuais se o subordinasse. Trata-se de uma diferença vital à qual voltaremos (cf. cap. 6). Meu interesse presente é destacar a incongruência entre duas maneiras bem diferentes de conceber o progresso evolutivo, as quais Spencer parecia manter simultaneamente. Uma acentuava uma causalidade última, material, que opera uniformemente por todo o tempo para gerar mudança direcional ilimitada. A outra, contudo, acentuava a causa final, a marcha inevitável do progresso em direção a um estado final moralmente desejável que em algum tempo (não demasiado distante) deve ser alcançado. A existência dessa contradição no pensamento de Spencer permite a uma autoridade (HIRST, 1976: 31) afirmar que Spencer sustentou um "conceito teleológico de evolução", enquanto outra (BURROW, 1966: 206) pode afirmar que "para imaginar Spencer como um evolucionista teleológico teríamos de inverter toda a ordem de suas ideias. Burrow está correto considerando que foi a fé de Spencer na causalidade última que, antes de tudo, o levou a formular suas leis evolutivas. Mas o aparecimento da teleologia, da direção propositada no agir da natureza era um corolário lógico da inserção da moralidade em seu esquema do desenvolvimento progressivo" (WILTSHIRE, 1978: 206-207). Como as diferenças morais só podem ser qualitativas, o efeito é converter uma escala quantitativa em uma hierarquia qualitativa, e, por conseguinte, evocar o *telos* de um plano ou propósito personificado. O recurso contraditório tanto à casualidade última como à final é decorrência inevitável de toda tentativa de construir um sistema de ética com base em leis físicas.

A grande realização darwiniana foi ter banido definitivamente a teleologia da história natural, abrindo o caminho para uma interpretação puramente mecanicista dos sistemas vivos (MONTALENTI, 1974). O processo em dois estágios, de variação e seleção, pode explicar a propriedade mais característica dos organismos, o fato de cada um ser "dotado de um propósito ou projeto" (MONOD, 1972: 20), sem haver necessidade de supor que esse projeto exista como uma ideia (ou "enteléquia"; cf. DREISCH, 1914) antes de sua realização material. Também não há necessidade de supor que o organismo seja formado expressamente para que seu projeto possa ser realizado – como um criador poderia elaborar formas para implementar um plano divino, ou como um ser humano poderia construir instrumentos para executar uma tarefa. Pittendrigh (1958) sugeriu que o termo "teleonômico" fosse adotado para descrever o "direcionamento a uma meta final" inerente às coisas vivas, a fim de evitar a confusão entre o reconhecimento dessa propriedade e sua explicação (teleológica) quanto a causas finais. O termo recebeu desde então ampla aceitação (p. ex., WILLIAMS, 1966: 258; MONOD, 1972: 20; MONTALENTI, 1974: 10; MAYR, 1982: 48-49). Mayr faz uma nova distinção entre processos teleonômicos e teleomáticos, "nos quais uma meta definida é alcançada estritamente em consequência de leis físicas" (1982: 49) – como quando uma pedra cai no chão conforme a lei da gravidade. Era precisamente essa espécie de processo que Spencer tinha em mente quando da formulação original de sua lei do progresso, o que o levou a rejeitar explicitamente a teleologia em favor de uma ênfase na *mecânica* da evolução (1972: 89). Desse ponto de vista, um sistema em desenvolvimento não é mais programado para buscar uma meta do que o é a pedra que cai[9]. Mas, paradoxalmente, a teleologia é reintroduzida "pela porta dos fundos" quando se traça um paralelo entre evolução e crescimento orgânico, tornando-se ela parte persistente de um relato que continua supondo que toda evolução é mudança para melhor.

Spencer apresentou ao mundo um quadro da evolução absoluto e determinado, cujas leis são subscritas por uma Existência "Incognoscível", ou (mais peculiarmente) "Inescrutável" (1972: 216). A teoria darwinista substituiu a determinação do incognoscível pela indeterminação da variabilidade revelada. O progresso tornou-se relativo, e, o futuro, incerto; além do mundo conhecido, observável, havia, não uma força vital, mas antes um vazio existencial. Não é de admirar que tenha sido profundamente inquietante para quem tinha profundas crenças religiosas. Ela continua a incomodar biólogos, teólogos e filósofos sociais. Houve muitas tentativas de descobrir, no processo evolutivo, algum princípio objetivo do desenvolvimento mediante o qual a humanidade poderia julgar seu progresso passado, sua conduta presente e suas perspectivas futuras. "Temos de aceitar a direção da evolução como boa", assegura-nos Waddington, "simplesmente porque ela é boa" (1942: 41). Julian Huxley é ainda mais enfático. Os fatos da evolução, pulsantes ao longo do tempo das nebulosas gigantes à biosfera, alcançando as faculdades superiores da mente (ou, em uma adequada paródia, "do gás ao gênio") soam como mandamentos para cumprir nosso dever cósmico. Elas dizem: "Ponham-se aí e façam isso e isso" (HUXLEY, 1957: 100). E, em *The phenomenon of man* [*O fenômeno humano*] (1959), Teilhard de Chardin leva essa mesma ideia a seu extremo lógico em sua fantástica profecia (que, apresentada como ciência, é profundamente ultrajante) de uma consciência transcendente que converge inelutavelmente para um "ponto ômega" final.

Seria um erro considerar o intenso otimismo dessas afirmações como um sintoma de confiança moral suprema. Quem está convencido da superioridade esmagadora de seu mundo não tem necessidade de esperar que venham coisas melhores. A promessa do otimismo evolutivo mantém sua atração maior para os que se esforçam por recuperar um sentido de destino em um mundo que parece estar numa espiral de perda do controle. Mas se poderia acrescentar que engajar-se nessa luta etérea é em larga medida privilégio dos afluentes, que podem se dar ao luxo de meditar sobre os assuntos do cosmos enquanto o resto de nós se ocupa das tarefas urgentes da vida. No século XIX, a vertente spenceriana de evolucionismo foi um bálsamo para o "mal-estar de uma sociedade que se transforma pela industrialização com uma velocidade até agora sem precedentes na história do mundo" (BURROW, 1966: 99). E, em tempos modernos, as experiências de duas guerras mundiais, seguidas da perspectiva horripilante do conflito nuclear, produziram um ressurgimento da profecia evolutiva com uma mensagem igualmente auspiciosa. Como cada avanço do conhecimento humano parece desencadear um potencial ainda maior de destruição, podemos esperar ouvir muito mais sobre isso. Pelo menos não se provará que os profetas estão errados, já que, se estiverem, não vai sobrar ninguém para lhes dizer – exceto, talvez, uma medusa sobrevivente.

2
A ascensão da humanidade

> A tese que me arrisco a sustentar, dentro de limites, é simplesmente que o estado selvagem até certo ponto representa uma primeira condição da humanidade, a partir da qual a cultura mais elevada foi gradualmente desenvolvida ou evoluída, mediante processos ainda em operação regular desde o começo, mostrando o resultado de que, no cômputo geral, o progresso prevaleceu sobremaneira com relação à regressão (TYLOR, 1871).

Assim se pronunciou o avô da antropologia moderna, em uma obra que fundou o estudo sistemático das formas culturais humanas. O próprio Tylor admite, no prefácio à segunda edição de seu magistral *Cultura primitiva*, que suas ideias foram concebidas e se desenvolveram independentemente do trabalho tanto de Darwin como de Spencer. A direção da influência foi antes ao contrário: Darwin citou Tylor com aprovação em sua obra *The Descent of Man* [*A descendência do homem*] (1874: 221), ao passo que Spencer foi acusado – por ninguém menos que o próprio Tylor – de ter praticamente plagiado suas ideias (STOCKING, 1968: 95). Meu interesse na primeira parte deste capítulo será demonstrar a estrutura fundamentalmente não darwiniana do argumento de Tylor, e refutar definitivamente a crença de que o paradigma evolutivo na antropologia se sustenta em uma extensão indevida, ao domínio da cultura, de princípios biológicos derivados de *A origem das espécies*. Grande parte da responsabilidade por esse mal-entendido se deve a Franz Boas, cuja reação contra doutrinas ortodoxas da corrente da evolução progressiva no final do século XIX marcou os cinquenta anos seguintes da antropologia americana. Em uma persuasiva afirmação, ele declarou que as investigações de Tylor, Spencer e outros foram "estimuladas pelo trabalho de Darwin" e que as ideias fundamentais daqueles podem ser entendidas "apenas como uma aplicação da teoria da evolução biológica a fenômenos mentais" (BOAS, 1911: 175). O erro dessa afirmação foi amplificado graças à sua frequente repetição, por exemplo, por Lowie (1921: 52), Lévi-Strauss (1968: 3) e muitos outros (cf. WHITE, 1959a: 106-107).

Mas, paradoxalmente, Boas e seus seguidores foram os principais responsáveis pela introdução de uma perspectiva genuinamente darwinista na antropologia cultural (HARRIS, 1968: 295-296). O fato de terem feito precisamente o que falsamente criticaram os seus oponentes por fazer é fonte suficiente de confusão. Mas isto se complica quando se observa que o próprio Darwin, voltando sua atenção da natureza de vida em sua totalidade para a consideração específica da evolução de sua própria espécie, passou a endossar o evolucionismo progressivo de Tylor e Spencer quase que ao extremo. Na segunda parte deste capítulo abordo a embaraçosa questão de como ele veio a adotar uma posição quanto à descendência do homem tão fundamentalmente em desacordo com o argumento estabelecido em *A origem das espécies*. Há, como vou mostrar, duas maneiras de a teoria da evolução biológica poder ser aplicada à humanidade e cultura: por *extensão* e por *analogia*. Adotar a primeira equivale a colocar a humanidade firmemente ao lado dos outros animais e tratar a cultura como um produto ou obra da natureza humana, enfim explicável em termos puramente biológicos. Essa foi a abordagem de Darwin, e o levou a considerar ideias culturais e práticas como suplementos instrumentais do organismo humano, tão bons para seu propósito de fazer a vida persistir quanto o cérebro que os produziu. Como o cultural completa assim o orgânico, o projeto de Tylor em *Cultura primitiva*, de delinear os estágios do progresso cultural, parecia complementar o projeto de Darwin em *A descendência do homem*, de demonstrar um correspondente aprimoramento das faculdades inatas da mente, produzida por meio da seleção natural.

A atribuição de diferenças culturais a variações hereditárias na organização tornou-se o alvo principal da crítica de Boas ao legado darwinista. O que Boas julgou tão impróprio na extensão de ideias biológicas à cultura foi a premissa materialista de que os modos de pensar podem ser reduzidos ao mecanismo do cérebro humano. Mas, em sua rejeição dessa premissa e na afirmação da independência do comportamento culturalmente padronizado das restrições hereditárias, ele inconscientemente lançou os fundamentos da elaboração de um histórico das formas culturais análogo ao quadro darwinista da descendência com modificação no domínio da natureza viva. Assim, a transferência do paradigma evolutivo de espécies de *A origem* de Darwin a culturas dependia do reconhecimento da autonomia de fenômenos culturais com respeito à sua matriz material nos organismos humanos. Isso, por sua vez, implicou a adoção de uma concepção da mente que se opunha a Darwin. A mente deixa de ser produtora e torna-se mera portadora de ideias culturais: a história da cultura é inscrita na mente humana tal como a história das espécies o é nos materiais da natureza. A mente, em outras palavras, já não é o agente, mas o meio; a cultura é correspondentemente elevada da posição de instrumento à de um diretor dos propósitos humanos, que substituem as disposições naturais em vez de servir para pô-las em prática. Essa oposição fundadora ainda permanece, notadamente em algumas tentativas mais recentes de "biologizar" a cultura: de um lado postulando um análogo cultural do gene; do outro, tratando a cultura como uma expressão fenotípica de um biograma geneticamente construído. E não causa nenhuma surpresa encontrar representantes desta última concepção propondo uma teoria da evolução humana tão determinista e progressiva quanto Darwin em *A descendência do homem*.

Com esse resumo do argumento geral que segue, vamos voltar a Tylor e a sua *Cultura primitiva*.

Linhas e estágios

A ideia de que a humanidade está engajada em uma ascensão mais ou menos uniforme que vai da selvageria brutal à civilização racional tem uma árvore genealógica longa e eminente. Foi não devido a alguma novidade que Tylor achou necessário reafirmar essa ideia, em um tom estridentemente polêmico, mas antes porque ela estava sob contínuo ataque desde meados de século XIX pelos defensores da degeneração[10]. Sua tese era a de que os seres humanos originalmente tinham sido instalados, graças à intervenção divina, em algum nível reconhecível de civilização a partir do qual alguns grupos tinham alcançado sua preeminência presente e outros decaído em uma condição quase em paridade com a dos animais selvagens. A concepção de Tylor, ao contrário, era de que a sociedade primitiva estava não no fim, mas no início da civilização. Ele não negava, naturalmente, que muitas civilizações tinham declinado e se desintegrado, mas comparar o estado de seus desgraçados sobreviventes à condição prístina de selvageria era, disse ele, "como comparar uma casa em ruínas com o jardim de um construtor" (1871, 1: 38). Os homens primitivos davam os primeiros passos na construção do edifício da cultura, uma construção que, além disso, deveria realizar-se segundo um plano prescrito. Assim, supunha-se que os vários "graus" da cultura se desdobrassem em conformidade com leis desenvolventes absolutas "tão definidas quanto aquelas que governam o movimento das ondas, a combinação de ácidos e bases e o crescimento de plantas e animais" (1871, 1: 2). Olhando ao redor no mundo, todos poderiam observar o edifício cultural em vários estágios de realização, e, colocando esses estágios em ordem serial, seria possível reconstruir todo o processo por meio do qual foi erigido.

Era lugar-comum na época de Tylor, como o é na nossa, invocar princípios biológicos como guias da natureza dos fatos culturais (p. ex., MASON, 1887: 534). Mas esses eram os princípios de uma biologia imersa na taxonomia de *A descendência do homem* e na ortogênese lamarckiana, ainda situada no limiar da revolução darwiniana. Que assim era no caso de Tylor é abundantemente comprovado nas páginas de *Cultura primitiva*. Basta pensar na posição central que concedeu ao que era conhecido como o "método comparativo" e na importância atribuída às provas de "sobrevivências". Voltando à fig. 1.1, B, que apresenta de forma esquemática os princípios básicos do transformismo de Lamarck, lembramos que, se as populações de coisas vivas forem concebidas como percorrendo – ao longo das gerações – a mesma trajetória desenvolvente, então a sucessão de formas assumidas no passado será traduzida na diversidade de formas evidentes no presente. Substituindo "espécies" por "costumes", chegamos à proposição que se todos os grupos humanos estão, do mesmo modo, no mesmo caminho, em direção ao que Tylor denominaria "graus crescentes de cultura", podendo os costumes contemporâneos de povos supostamente mais primitivos ser legitimamente comparados – e mesmo identificados – com os praticados no passado remoto pelos antepassados antigos dos povos mais "civilizados" de hoje. A comparação poderia então fornecer uma base para a descoberta de leis evolutivas (TYLOR, 1871, 1: 19-20).

Há, contudo, uma diferença importante entre essa concepção e o quadro lamarckiano padrão. Porque, se supusermos que toda a humanidade compartilha uma origem comum, bem como um caminho desenvolvente comum, as diferenças observadas entre povos contemporâneos devem ser devidas a variações na *taxa* de progresso. Os "selvagens" não são os últimos a dar passos na escadaria móvel; *sua* escadaria se move mais lentamente, se não houver motivos para uma parada (LÉVI-STRAUSS, 1953: 18-19). Além disso, embora Tylor em geral se contente em desconsiderar a variação entre indivíduos ou subgrupos dentro de uma população, tratando todos que estão ao mesmo nível da cultura como essencialmente iguais (1871, 1: 9-12), ele de fato reconhece que alguns indivíduos excepcionais podem ser deixados para trás no caminho para o progresso, e que grupos inteiros podem – nos seus momentos mais leves – fazer uma falsa imitação de sua condição passada. A senhora idosa que tece com um tear manual na época das naves espaciais é um "exemplo de sobrevivência"; e o mesmo ocorre com "os sérios negócios da sociedade antiga" que decaíram, "no esporte de gerações posteriores" (1871, 1: 15). Tylor usa os casos de sobrevivência, tal como um paleontólogo usa fósseis, para reconstruir a sequência de formas *no interior* de uma linha da descendência, para fornecer confirmação independente da existência de paralelos *entre* linhagens, o que era considerado, por sua vez, justificativa para a aplicação do método comparativo.

Isso nos leva a um ponto no qual Tylor foi muitas vezes malcompreendido. Uma linhagem de descendência une uma população a seus antepassados. A humanidade, para Tylor, pode ser dividida em um grande número de populações discretas, para as quais ele usou intercambiavelmente os termos "pessoas", "tribo", "sociedade" e "nação". Mas, em seu *Cultura primitiva*, ele bem explicitamente *não* pretendeu escrever uma história das populações. Seu tópico, em suas próprias palavras, era "A cultura, a história, não de tribos ou nações, mas da condição do conhecimento, da religião, da arte, dos costumes, e assim por diante, entre elas" (1871, 1: 5). Voltarei na ocasião oportuna à concepção cultura de Tylor. Por agora, desejo simplesmente observar que enquanto as populações eram examinadas no plural, a cultura sempre aparecia na forma singular (STOCKING, 1968: 203). Traçar a história da cultura é como mapear o curso de um caminho ao longo do qual marcham coortes sucessivas (as populações) de um exército em avanço (a humanidade), algumas na vanguarda, outras que ficam para trás, e com alguns indivíduos (casos de sobrevivência) que ficam pelo caminho. A certa altura, Tylor define seu projeto etnográfico como a classificação e organização dos fenômenos da cultura, "estágio por estágio, em uma ordem provável de evolução" (1871, 1: 3). Isto equivale a colocar todo objeto cultural em alguma posição no caminho, para que o curso se pareça com um daqueles jogos de tabuleiro nos quais cada quadrado contém instruções que os jogadores devem seguir para poder mover suas peças. Contudo, muitas páginas depois, Tylor novamente estabelece a tarefa da etnografia, ao que parece de um modo bastante diferente. Dessa vez ela consiste em "elaborar o mais sistematicamente possível um esquema da evolução da cultura ao longo de suas muitas linhas" (1871, 1: 19). Poderíamos muito bem supor que Tylor esteja "descrevendo o caráter multilinear do desenvolvimento cultural" (WHITE, 1959a: 119), como se cada linha representasse um ramo de uma árvore filogenética. Isso, contudo, seria uma profunda incompreensão de sua posição. Permitam-me mostrar o motivo.

A ideia de que o curso da evolução cultural pode ser representado como uma árvore que se bifurca, um arbusto ou videira, se sustenta na agora analogia bem desgastada entre culturas humanas (concebidas no plural) e a concepção darwinista de espécies orgânicas. "As culturas" – escreveu Boas em 1932 – "diferem entre si como espécies, ou possivelmente gêneros, de animais" (1948: 254). Não tenho certeza de se essa foi a primeira afirmação explícita da analogia espécies-culturas. Seja como for, ela foi vigorosamente reiterada por Murdock (1945: 136, 1959: 131-132) e Childe (1951: 171), e mais recentemente, por Sahlins e Service (1960). No contexto dessa analogia, os conceitos de cultura e população estão indissoluvelmente ligados. Porque se uma espécie se compuser de uma população de organismos, cada um dos quais traz uma combinação específica de traços geneticamente transmitidos extraídos de um *pool* comum, então, por analogia, uma cultura deve se compor de uma população de seres humanos que compartilham uma herança comum de atributos aprendidos. Embora seja comum referir-se à própria herança como "uma cultura", ela não tem verdadeira existência exceto como o agregado de elementos de fato portados pelos indivíduos de uma população em um momento específico. Como Lowie exprimiu, "A cultura é uma realidade viva apenas em seu reflexo em seus portadores; os dois são inseparáveis" (1937: 269). Levando adiante a analogia: toda cultura, assim como toda espécie, aparece como um precipitado histórico único, e disso se conclui que o método comparativo é uma base inválida para reconstruir o passado (BOAS, 1948: 270-280). É como se, em vez de percorrer com taxas distintas um mesmo caminho, as coortes de nosso exército humano tivessem se espalhado em todas as direções, tendo cada uma, como curso estabelecido, apenas a linha de menor resistência. Por isso, a história da cultura não pode ser senão as rotas meândricas de fato seguidas por determinadas populações. Novamente nas palavras de Lowie: "A ordem singular de eventos pelos quais [nossa própria civilização] veio a existir não oferece nenhum plano para o itinerário de culturas alheias" (1921: 427). E se estas não deixaram nenhum vestígio de suas jornadas divergentes no registro do passado, não temos como dizer em que ponto divergiram de uma rota ancestral supostamente comum.

A separação feita por Tylor entre a história das populações e a evolução cultural, o fato de que ele nunca escreveu sobre cultura no plural e sua confiança no método comparativo devem nos levar a suspeitar de que por evolução da cultura "ao longo de suas muitas linhagens" ele não pode ter querido designar as adaptações divergentes de populações portadoras de cultura. Seja o que puder ser, a linhagem da cultura não pode ser equivalente à linhagem de descendência. Uma pista vital para a significação de Tylor pode ser encontrada em seu próprio uso da analogia orgânica. Porque ele pretende comparar as espécies do naturalista não com culturas inteiras, mas com *traços* separáveis da cultura. Assim "para o etnógrafo, o arco e flecha é uma espécie, o hábito de aplainar caveiras de crianças é uma espécie, e a prática de calcular os números em base decimal é uma espécie" (1871, 1: 7). E, portanto, um catálogo de "todos os itens da vida geral de um povo" é análogo à flora e a fauna de um determinado lugar. Vale observar que, aproximadamente setenta anos depois, A.L. Kroeber disse precisamente a mesma coisa. Com efeito, isso fundamentou sua tentativa de estabelecer e correlacionar áreas "naturais" e "culturais", aquelas definidas por associações locais de espécies orgânicas, e estas últimas por associações locais de traços. As observações de Kroeber são altamente pertinentes à nossa discussão presente, uma vez que ele estabelece um contraste explícito entre as duas formas da analogia orgânica:

> Uma cultura específica não é comparável a uma espécie, embora os membros de qualquer sociedade recebam, de sua cultura comum, certa semelhança de comportamento um tanto comparável externamente com a semelhança dos membros de uma espécie [...]. Em vez disso, é com agregados ecológicos que as culturas podem ser comparadas: associações locais de espécies de origem diversa [...]. A contraparte mais próxima das espécies orgânicas no campo da cultura é possivelmente o traço de cultura ou grupo de traços, mas não a entidade cultura ou toda a cultura. É a espécie que se repete em seus indivíduos, e o traço que se repete em seus exemplares (1952: 93).

Observe-se que Kroeber emprega "cultura" em seu sentido plural e relativista, e não no sentido unitário, progressivo, de Tylor. Apesar dessa diferença, o efeito da analogia que tanto Tylor como Kroeber propõem consiste em separar a evolução da cultura das linhagens de descendência de seus portadores humanos. Assim, as linhagens da cultura unem não populações com seus antepassados, mas determinados traços com seus precursores. Cada linhagem consiste em uma sequência de "espécies etnográficas" que surgiram umas das outras em uma ordem determinada. Tylor não duvidava da possibilidade desse desenvolvimento linear, já que "é reconhecido por nosso conhecimento mais familiar" (1871, 1: 13). Porém, mais uma vez, sua concepção do desenvolvimento é antes lamarckiana do que darwiniana[11]. Lembremos que, para Darwin, uma espécie é uma população de indivíduos únicos, que cada indivíduo é o fundador potencial de uma nova variedade e cada variedade a fonte potencial de uma nova espécie. Na analogia Tylor-Kroeber, a contraparte do organismo individual seria um determinado exemplar do traço: certo arco e flecha, uma caveira aplainada, um espécime de contagem decimal. Embora, na "espécie" macabra das caveiras aplainadas, não possa haver duas caveiras iguais, Tylor de fato identifica as espécies com a prática ou *hábito*; em outras palavras, com uma determinada instrução ou o conjunto de instruções que são a base de todos e cada exemplar da expressão comportamental. Do mesmo modo, todo arco e flecha é construído segundo um padrão que inclui certos elementos preconcebidos e invariáveis, por meio dos quais ele pode ser reconhecido como um representante de sua classe, apesar da individualidade de seu fabricante.

Em resumo, comparar traços com espécies biológicas equivale a adotar um conceito essencialista das espécies, cuja rejeição devemos principalmente a Darwin. Isso foi reconhecido por Franz Boas já em 1887, em um intercâmbio com Otis T. Mason. Boas argumentou que é errado considerar cada "espécime etnológico" como uma manifestação de algum tipo essencial análogo às espécies ou gêneros de Lineu. Essas divisões classificadoras são meras abstrações; a realidade com a qual lidamos se constitui de objetos individuais. Referindo-se explicitamente ao ensinamento darwinista, Boas escreveu:

> Foi só depois do desenvolvimento da teoria evolutiva que ficou claro que o objeto de estudo é o indivíduo, não abstrações do indivíduo sob observação. Temos de estudar cada espécime etnológico individualmente em sua história e em seu meio [...]. Em etnologia, tudo é individualidade (1974: 62, 66).

Os leitores modernos assombrados pela referência de Boas a itens da cultura como espécimes etnológicos poderiam ter em mente que sua disputa com Mason foi ostensivamente com relação ao melhor modo de organizar mostruários em um museu. Cada mostruário deve conter uma diversidade de objetos criados por uma única população, representativa de sua "cultura" particular (Boas), ou deve conter exemplos de um determinado tipo de objeto coletado de populações diversas, representantes de um *estágio* da cultura pelo qual se supõe que todos tenham passado (Mason)?[12]

Essa questão mostra claramente a diferença mais fundamental entre a concepção boasiana de cultura-história e a concepção tyloriana representada aqui por Mason. Para Boas, a singularidade do objeto vem em última análise da individualidade do ser humano que o fez, o que por sua vez é uma propriedade de toda a constituição daquela pessoa como portadora de uma determinada cultura (LOWIE, 1937: 142; STOCKING, 1968: 156). Por isso, compreender um objeto "em sua história" é colocá-lo na linhagem de descendência que une seu fabricante aos seus predecessores; compreendê-lo "em seu meio" é considerá-lo como somente uma expressão daquele agregado ou modelo integrado de elementos que constituem a "cultura como um todo". Novamente, a analogia orgânica pode ajudar a esclarecer a questão. Como vimos no capítulo precedente, a singularidade biológica do indivíduo está no fato de que cada um traz uma combinação distinta de instruções genéticas vindas de um *pool* comum à espécie cuja composição muda gradualmente. Do mesmo modo, o "portador da cultura" individual pode ser considerado como uma combinação ímpar de instruções culturais advindas de um repertório comum. Como Kroeber e Kluckhohn observaram, "O patrimônio cultural de cada indivíduo é único, embora abstratamente o patrimônio cultural total esteja disponível a todos" (1952: 184). A variabilidade entre os indivíduos de uma população, seja genética ou cultural, depende da multiplicidade de maneiras pelas quais grandes números de instruções elementares podem ser combinados ou organizados em padrões completos, integrados. E essa variabilidade é uma condição da diversificação de espécies ou culturas, ou seja, da "ramificação" da árvore darwinista.

Voltando à concepção de "espécies etnográficas" de Tylor, como cada uma corresponde a uma instrução única, a diversificação segundo o modelo darwinista é impossível. Os indivíduos, como Kroeber indicou, estão aqui como exemplares em vez de portadores de traços culturais. Por isso, o aparecimento de cada traço novo, longe de introduzir – como uma mutação genética – um novo potencial da diversificação em uma espécie (de portadores da cultura), traz à existência uma espécie inteiramente nova (de espécimes etnológicos). Uma "linhagem da cultura", por isso, deve ser constituída por uma sucessão em forma de cadeia dessas espécies que percorre todo o curso da evolução. No entanto, embora seja concebível que uma espécie de arma de caça possa ser substituída por outra espécie mais eficaz, que uma forma de mito, crença ou rito possa dar lugar a outra ou que um sistema de contagem possa ser sucedido por outro, também é óbvio que, por exemplo, os arcos e flechas não dão origem a caveiras aplainadas ou conceitos de número. É igualmente óbvio que nenhum grupo de pessoas pode viver apenas caçando, recitando mitos e contando com os dedos. Ele talvez precise recorrer a essas faculdades, e seguramente a muitas outras. Em consequência, não pode haver somente *uma* linhagem da cultura, análoga à cadeia do ser temporalizada de Lamarck. Devemos quem sabe pensar em um *feixe* de linhagens. Assim, nem a cadeia nem a árvore que se ramifica ou a videira constituem uma imagem apropriada da evolução cultural tal como Tylor a concebeu. O que ele tinha em mente era algo mais parecido com um cabo multicondutor.

O quadro é complicado até certo ponto pelo reconhecimento por Tylor de que suas espécies etnográficas "tendem a distribuir-se descontroladamente em variedades" (1871, 1: 13). Porque, quando da distinção entre as espécies e a variedade, seu relato fica confuso e contraditório; o que aparece como espécies em um contexto é considerado variedades no outro. Além disso, não consegue discriminar, e a lógica de seu argumento requer que discrimine, entre variação "sintagmática" *ao longo* de uma linhagem e diferenciação "paradigmática" *entre* linhagens. Como um exemplo daquela, temos, na história das armas de fogo, a série tecnológica de pederneira, bloqueio de roda e percussão; um exemplo desta última é a divisão de mitos nos tipos de nascer do sol e ocaso, eclipse, terremoto e assim por diante (1871, 1: 7, 13-14). Como este segundo exemplo revela, o que à primeira vista aparece como uma linhagem ou ramo da cultura, composta pelas formas sucessivas do mito, pode, visto mais detidamente como composto por fibras condutoras que correspondem a tipos variados e complementares do mito. Cada uma dessas fibras, também, se examinada ainda mais detalhadamente, pode se decompor em um grupo de fibras ainda menores. Há, em outras palavras, linhagens dentro de linhagens, e o processo de discriminação pode continuar praticamente sem limite, revelando, em uma seção transversal do cabo, uma hierarquia de ordens classificadoras (fig. 2.1)[13]. O essencial, contudo, é que as linhagens da cultura não se quebram nem se combinam. Cada uma dirige seu próprio curso, aparecendo aqui e ali, em momentos específicos de seu desenvolvimento, entre determinados povos.

Mencionei no capítulo anterior a distinção que Sahlins traçou entre "evolução geral" como um movimento progressivo total, e "evolução específica" como a divergência, por meio da modificação adaptável, de determinadas linhagens de descendência. Supõe-se que a distinção se aplique igualmente aos domínios da biologia e da cultura. Quanto a esta última, Sahlins de fato se baseia em Tylor que – diz Sahlins – "estabeleceu o estudo da evolução cultural tanto 'estágio por estágio' como 'ao longo de suas muitas linhagens'" e, assim agindo, reconheceu "o caráter dual do processo evolutivo" (SAHLINS, 1960: 12). Espero ter deixado bem claro que essa interpretação é extremamente equivocada. Ela não só estabelece uma dicotomia que Tylor nunca pretendeu por meio da justaposição de expressões que, em seu texto, estão amplamente separadas, como, mais fundamentalmente, se sustenta em uma confusão entre linhagens de descendência que conectam populações sucessivas de indivíduos portadores de cultura e linhagens de cultura que conectam os exemplares de traços sucessivos. A evolução "ao longo de suas muitas linhagens"

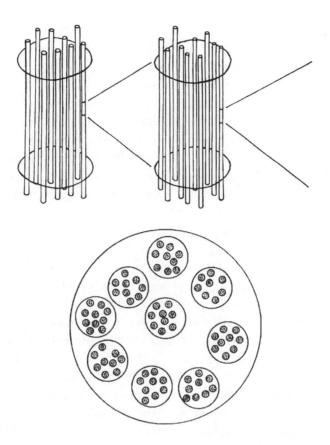

Fig. 2.1. Os condutores fibrosos da cultura: uma representação esquemática da concepção de espécies etnográficas de Tylor. O *diagrama superior esquerdo* mostra um segmento do cabo multicondutor, correspondendo a um dado estágio do progresso cultural geral. Cada condutor vertical corresponde a uma das linhagens principais da cultura. Visto em detalhe, um segmento de um condutor se compõe do mesmo modo de vários condutores mais finos, como se mostra no *diagrama superior direito*, e cada um deles, em detalhe, traz condutores ainda mais finos. O *diagrama inferior* mostra o cabo como poderia aparecer em seção transversal.

não está em oposição complementar com a evolução "estágio a estágio", sendo outro modo de exprimir *a mesma coisa*. Cada estágio é simplesmente um segmento do cabo composto por todas as linhagens da cultura, de modo que o método etnológico consiste em colocar toda arte ou instituição cultural "em seu adequado estágio em uma linhagem de evolução" (TYLOR, 1875: 123). Mas é igualmente errônea a alegação, tantas vezes feita por comentaristas moderadamente desdenhosos do evolucionismo do século XIX, de que Tylor concebeu uma sequência universal de *culturas particulares* e que sua concepção, por isso, é invalidada pelos fatos documentados de difusão cultural (STEWARD, 1955: 14; MURDOCK, 1959: 127). Basta lembrar que a organização estágio por estágio de Tylor não foi de culturas, mas dos "fenômenos da cultura" (1871, 1: 3) e que foi seu reconhecimento da difusão que o levou – e Kroeber mais tarde – a comparar espécies com traços em vez de povos. Saber se certo traço acabou por entrar no repertório cultural de uma determinada população por invenção independente ou por difusão era para Tylor uma questão aberta, a ser respondida em cada caso com base nas provas disponíveis (LOWIE, 1937: 75) e que não afetava de modo algum sua convicção de que a humanidade avançou ao longo do caminho rumo à civilização (BIDNEY, 1953: 198-202). De que outra maneira poderia ele ter escrito, com igual convicção, que "a civilização é uma planta que mais frequentemente se propaga do que se desenvolve"? (TYLOR, 1871, 1: 48).

Para captar a essência do projeto de Tylor pode ser útil voltar à imagem do jogo de tabuleiro. Porque revelar que a evolução da cultura equivale a determinar o curso bem independentemente das maneiras como determinadas peças (povos) podem avançar nele – se para a frente, para trás ou para o lado. Descobrimos que o curso se compõe de um conjunto inumerável de fios, todos orientados na direção do avanço. Toda população humana, quando avança, estabelece uma determinada combinação de fios, tecendo-os como um intricado padrão que corresponde à concepção relativista de sua "cultura". A invenção e a difusão são propriedades não do curso, mas da maneira pela qual as pessoas chegam a determinados pontos nele: se por um movimento gradual ou por um atalho, se conservando-se ao longo das mesmas linhagens ou "atravessando" (pois dizer que algumas pessoas podem passar de uma linhagem da cultura a outra é somente outro modo de exprimir a conhecida ideia da difusão, segundo a qual um traço pode passar de uma linhagem de descendência a outro). Como o curso, teoricamente, já se acha estabelecido, toda invenção é na verdade apenas uma descoberta – a realização de uma possibilidade imanente – e a difusão é simplesmente descoberta de segunda mão. "O ofício de nosso pensamento" – escreveu Tylor – "consiste em desenvolver, combinar e derivar, não criar" (1871, 1: 248). Logo, o debate que dominou a antropologia no início do século XX, entre difusionistas e evolucionistas, fundou-se em uma identificação errônea entre evolução e invenção independente. Como Bidney há muito indicou, "É possível organizar uma série de traços da cultura, abstraídos de culturas e áreas diversas, em uma ordem hierárquica, mas isso não implica necessariamente sua realização concreta na história da cultura de qualquer sociedade dada naquela determinada sequência" (1953: 217-218). Determinar o curso não significa prejulgar os movimentos dos jogadores, e Tylor nunca sugeriu que significasse.

Sempre que se propunha uma analogia entre a evolução orgânica e a cultural, segundo o modelo darwinista de descendência com modificação, invariavelmente se qualifica a afirmação dizendo que, na árvore filogenética da cultura humana, os ramos crescem, assim como divergem, em conjunto (KROEBER, 1948: 259-261; cf. fig. 2.2). Assim, em sua rejeição explícita da ortogênese em favor de uma descrição filogenética da evolução cultural, Boas observou que "em lugar de uma linhagem simples da evolução, parece haver uma multiplicidade de linhagens convergentes e divergentes" (1974: 34). Um aguerrido defensor da analogia darwinista foi o arqueólogo V.G. Childe. Ele alegou que, "Com certa modificação, a fórmula darwinista de 'variação, hereditariedade, adaptação e seleção' pode ser transferida da evolução orgânica para a evolução social [cultural], sendo até mais inteligível neste último domínio do que naquele". Mas, apesar disso "no nível do detalhe [...] a analogia entre evolução cultural e evolução orgânica não se sustenta" (CHILDE, 1951: 171). Por quê? Por causa do processo de difusão, que depende do mesmo critério pelo qual se pode distinguir o cultural do orgânico: seu potencial de transmissão a outros, para além de descendência biológica. Os indivíduos de uma espécie não podem adquirir o material genético de indivíduos de outra se cada um constituir um isolado reprodutivo. Mas a fronteira que cerca o *pool* de atributos compartilhados por indivíduos de uma população portadora de cultura nunca é inteiramente impermeável (MURDOCK, 1959: 132). Os membros de uma população podem apreender e transmitir a gerações futuras atributos obtidos ou "emprestados" de outra. Desse modo, os dois conjuntos de atributos representados em cada população, embora antes fossem discretos, se sobrepõem e podem vir a fundir-se. É importante observar que o conceito de difusão só faz sentido no contexto de um foco no repertório cultural de *populações*. Assim, ele tem que ver com a construção, na história de populações específicas, de elementos culturais diversos em padrões, cada um dos quais é característico do que Tylor denominaria "a vida geral de um povo" (1871, 1: 8).

Fig. 2.2. "A árvore da vida e a árvore do conhecimento do bem e do mal – isto é, da cultura humana" (KROEBER, A.L. *Anthropology*).

Em termos darwinistas, a construção de padrões a partir de grandes números de elementos discretos é a base do próprio processo de evolução. As espécies evoluem à medida que a composição do genótipo sofre modificações sucessivas, e, por analogia, as culturas evoluem à medida que os traços são organizados e reunidos em novas combinações, moldando a vida de determinadas populações. Mas a versão de Tylor da analogia orgânica nos apresenta um quadro inteiramente diferente. Todo elemento cultural ou "detalhe" é uma espécie, evolução tem a ver com seu aparecimento na sequência linear. Com relação "à distribuição geográfica dessas coisas e sua transmissão de região a região, [estas] têm de ser estudadas tal como o naturalista estuda a geografia de suas espécies botânicas e zoológicas" (1871, 1: 7). Bem simplesmente, a construção de culturas particulares equivale não à evolução de "espécies etnográficas", mas à sua propagação e distribuição, bem como sua associação simbiótica com outras espécies. Permitam-me recapitular a posição de Kroeber, no mesmo sentido: "é a agregados ecológicos que as culturas podem ser comparadas: associações locais de espécies de origens diversas" (1952: 93). Em suma, o que seria, de uma perspectiva darwinista, a própria essência da evolução cultural não era de modo algum, para Tylor e Kroeber, uma questão de evolução, mas de ecologia. Nada pode demonstrar mais claramente que, por evolução da cultura, Tylor não estava de maneira nenhuma preocupado (ao contrário de Boas) com a história da cultura das populações. Suas "linhagens de cultura", como acentuei, são bastante diferentes das linhagens de descendência, e embora estas últimas possam "crescer em conjunto" por meio de uma fusão gradual dos atributos compartilhados por populações outrora distintas, os atributos em si não se misturam, nem as linhagens que os conectam.

Ao excluir de seu conceito de evolução a diversidade de maneiras pelas quais a urdidura da cultura é tecida na vida dos povos, Tylor também tirou da evolução tudo o que lhe parecia acidental ou fortuito. Nenhuma lei determinava como certo traço viria a ser incorporado ao repertório de um povo particular, seja por invenção ou difusão, ou se viria de fato a ser incorporado. Mas essas eram questões de ecologia etnográfica, não de evolução. A evidente determinação do processo evolutivo foi, graças a isso, preservada: porque não só se supunha que todos os exemplares individuais de uma espécie etnográfica personificam uma essência comum, mas essa essência era concebida como imanente no decorrer da evolução antes de sua "descoberta" ou realização, em primeira ou segunda mão, em certas sociedades humanas. Novamente, ficamos impressionados com a estrutura basicamente lamarckiana do argumento de Tylor. O curso estava estabelecido de antemão, e o destino da humanidade era segui-lo. A paisagem cultural é apenas uma paisagem ao longo da via, uma paisagem que – em uma fatia do tempo – domina a experiência imediata de um grupo, se estiola nas memórias em desaparecimento de outro, e no futuro ainda não imaginado de outro ainda.

Cabem aqui algumas observações acerca da oposição entre holismo e atomismo na explicação evolutiva. No capítulo 1 contrastei os paradigmas darwinista e spenceriano da evolução quanto a essa oposição, e seria possível perguntar se o mesmo se aplica ao contraste entre a versão tyloriana da evolução e a cultura-história boasiana. Acredito que sim. Mas, à primeira vista, a posição parece estranhamente contraditória. Boas sem dúvida estava voltado para a montagem de elementos culturais em padrões integrados de *culturas inteiras*. Tylor, ao contrário, contentava-se em tratar cada elemento em isolamento de seu "meio", como o exemplar de uma classe taxonômica. Do mesmo modo, no projeto de um museu proposto por Mason, construído segundo princípios tylorianos, os objetos reunidos de um único povo seriam distribuídos em vários mostruários diferentes, em que cada um seria exposto ao lado de objetos de tipo semelhante vindos de muitos povos diferentes, todos colocados em sua sequência evolutiva adequada (MASON, 1887; cf. STOCKING, 1974: 4). Na rejeição desse projeto em favor de uma "organização tribal de coleções etnológicas" (1974: 66), Boas parece propor "uma abordagem *holista* empática de grupos tribais em oposição ao comparatismo *fragmentador* dos evolucionistas" (STOCKING, 1968: 205; grifos meus).

Equiparar holismo a um foco na construção e integração de "todos" é, na minha opinião, fundamentalmente errôneo. E também o seria considerar uma abordagem atomista aquela que se volta exclusivamente para os elementos em detrimento de suas relações mútuas. A diferença entre atomismo e holismo tem que ver na realidade com a direção da derivação, se das partes para o todo, ou vice-versa. Em um conceito atomista, vê-se a totalidade como sendo constituída pela agregação e interação de elementos discretos, cada um dos quais existe como uma entidade estática, independente, antes de sua incorporação. Em um conceito holista, em contraste, os elementos não têm existência à parte do todo, de cujo processo contínuo são somente pontos particulares ou momentos de emergência (WEISS, 1969: 5). Veremos no próximo capítulo como esse contraste é a base da dicotomia entre *indivíduo* e *pessoa*. Por ora, basta observar que, para Boas, assim como para Darwin, o mundo se compõe de indivíduos, que são naturalmente as unidades que compõem as populações. O indivíduo é uma entidade objetiva, uma coisa composta por partes, cuja especificidade histórica depende da combinação de elementos que são a base de sua morfologia e comportamento. Assim como o indivíduo biológico é construído segundo uma montagem única de elementos genéticos, assim também a realização do "portador de cultura" individual é uma expressão de um determinado conjunto de instruções culturais alojadas nos níveis inconscientes da mente. Segue-se disso que a integração de elementos culturais era, para Boas, "uma integração psicológica [...] interior ao ator individual. Seu caráter obrigatório não foi exteriormente imposto, mas baseado em categorias inconscientemente incorporadas" (STOCKING, 1974: 8). Em resumo, o indivíduo é *constituído* por suas partes, não por sua posição em um sistema mais amplo de relações[14].

A descrição holista da evolução cultural proposta por Tylor é evidente já em sua concepção de cultura, conotando não um grupo de elementos, mas um *processo total* que abarca toda a humanidade. Os traços multifários da cultura e seus inumeráveis exemplares são manifestações desse processo unitário, representando cada um deles um ponto específico em seu desdobramento. Escrever a história da cultura era, para Tylor, colocar cada traço em sua posição correta em relação ao todo, a consciência em evolução da humanidade (BIDNEY, 1953: 184-185). Este pode ser o momento apropriado para examinar mais detidamente o que Tylor – e, com efeito, muitos de seus contemporâneos – queriam dizer com "cultura", um conceito que se tornou desde então objeto de enorme discórdia antropológica[15]. Como já observamos, em nenhum lugar dos escritos de Tylor ela aparece na forma plural, mas é frequente vir com C maiúsculo. Isso é bastante compatível com o uso da época, que considerava a cultura como um índice de "cultivo" (refinamento, desenvolvimento) das potencialidades intelectuais – ou racionalidade – da humanidade (KROEBER, 1963: 87-88). Assim, quando Tylor fala da cultura de um povo particular, ele quer se referir ao *"estágio* da cultura" ou *"grau* de cultura" daquele grupo (STOCKING, 1968: 81), em outras palavras, sua posição na escala da civilização. É provável que ele aceitasse incondicionalmente a concepção mais recente, porém anacrônica, de Ernst Cassirer, para quem "a cultura humana, considerada em seu todo, pode ser definida como o processo de autoliberação progressiva do homem" (1944: 228; cf. tb. BIDNEY, 1953: 143). Nesse sentido, cultura e civilização são sinônimos.

Tylor afirma a sinonímia já no começo de *Cultura primitiva*, em que introduz "o complexo todo", o celebrado conceito geral da erudição antropológica: "Cultura ou civilização, tomada em seu sentido etnográfico mais amplo [...] abarca conhecimentos, crenças, artes, moral, lei, costumes, e toda outra capacidade e hábito adquiridos pelo homem como um membro da sociedade" (1871, 1: 1). Em sociedades diferentes, Tylor continua, podemos reconhecer os *mesmos* componentes da cultura, definidos em termos amplos, mas em *vários* graus de desenvolvimento correspondentes ao crescimento desigual das faculdades intelectuais humanas. A perspectiva relativista abrigada na cultura-história de Boas é bem o contrário. Ela reconhece uma pluralidade de culturas discretas, sendo cada uma configuração particular de elementos de origem diversa. Essas *várias* tradições culturais se imprimem na mente humana, cuja organização básica e faculdades se supõe que sejam quase as *mesmas* entre povos diferentes em todo o mundo. O próprio Boas oferece uma descrição excepcionalmente sucinta das alternativas:

> Talvez as mentes de diferentes raças exibam diferenças de organização; isto é, as leis da atividade mental podem não ser as mesmas em todas as mentes. Mas também pode ser que a organização da mente seja praticamente idêntica entre todas as raças do homem; a atividade mental segue as mesmas leis em todo lugar, mas suas manifestações dependem do caráter da experiência individual que está sujeita à ação dessas leis (1911: 102).

A adoção por Boas da segunda alternativa teve importantes implicações não só para o uso antropológico de cultura, mas também para a maneira como o observador é colocado em relação ao observado.

Se pertencer a uma cultura é, como Boas sustenta (1911: 225-227), trazer a marca de uma tradição que não é criação própria de alguém, ser prisioneiro, em pensamento e ações, de um arcabouço de categorias recebidas que, permanecendo inconscientes, não podem ser transcendidas, e se essa é a condição de todos os seres humanos comuns, então os antropólogos não podem ser considerados seres humanos comuns. Porque somente eles, tendo reconhecido "as algemas que a tradição nos impõe", conseguiram se soltar e, assim, encontraram a iluminação (BOAS, 1974: 42). Embora se recuse a julgar determinadas culturas ou seus elementos segundo algum padrão absoluto, os relativistas declarados – em uma atitude de neutro desapego – colocam-se em um etéreo vácuo desculturado. Uma cultura pode não ser melhor ou pior, mais ou menos avançada, do que outra, mas *eles* estão acima da cultura. Comparemos isso com a concepção de Tylor, de que os poderes do intelecto que nos permitem tomar parte na pesquisa racional, científica, são uma indicação de nossa cultura superior, e ficará evidente que o conceito de cultura sofreu uma notável inversão em seu referente. Como Stocking demonstrou de maneira tão convincente, aquilo que "um dia conotava tudo o que libertava o homem do peso cego da tradição [é] identificado agora com a própria carga" (1968: 227). O observador racional da condição humana, outrora epítome do "homem cultivado", tornou-se desculturado; os chamados primitivos, que antes se supunha quase destituídos da cultura, são agora seus portadores e guardiões principais.

É ainda mais notável que essa inversão tenha passado praticamente despercebida para que uma antropologia cultural fortemente relativista ainda pudesse atribuir a Tylor o estabelecimento de seu objeto (STOCKING, 1968: 72-73; cf. KROEBER & KLUCKHOHN, 1952: 9, 150-151). "Cultura" literalmente escorregou em sua significação presente, levando consigo – notadamente nos primeiros escritos de Kroeber – "civilização". Esse escorregão, acredito, é facilmente explicado. Porque, basicamente, cultura conota uma atitude mental, característica da imaginação liberal, pela qual nos distanciamos como sujeitos dos povos estranhos que constituem o objeto de nossa atenção. Colocar seus modos sob a rubrica de uma tradição todo-abarcadora é confirmar nossa posição superior como espectadores privilegiados, não mais na vanguarda do processo cultural – à maneira concebida pelos evolucionistas –, mas completamente fora dela. A mudança de perspectiva, do evolucionismo tyloriano para o relativismo boasiano, pode ser comparada com aquela de um alpinista que, tendo conseguido escalar as encostas, lança os olhos por sobre os ombros para perceber o mundo disposto como um mosaico bidimensional bem abaixo de seus pés, assemelhando-se seus habitantes, com a dimensão de formigas, com os muitos habitantes da parte plana da Terra, incapazes de elevar-se acima das limitações de sua existência. Mas, quer nos consideremos ascendentes ou transcendentes, quer a cultura se refira à ascensão ou à concepção a partir do cume, nossa própria preeminência permanece indiscutível. *Nós* nos relacionamos com *eles* como os iluminados diante dos prisioneiros do costume. Embora o conceito de cultura tenha sido transferido do sujeito para o objeto, a relação – e a atitude que implica – continua inalterada.

Essa é uma questão à qual terei frequente ocasião de voltar. Mas, para concluir minha discussão presente do evolucionismo de Tylor, eu gostaria de reiterar a discrepância entre o que ele pretendeu transmitir em sua definição de cultura e o significado atribuído a essa definição por uma antropologia que se propõe a ser o estudo de "outras culturas". Vemos um exemplo clássico no trabalho de Lowie. Tendo apresentado seu objeto como uma ciência que trata de "culturas", ele continua: "Entendemos por cultura a soma total daquilo que um indivíduo adquire de sua sociedade – crenças, costumes, normas artísticas, hábitos culinários e ofícios que lhe vêm não por sua própria atividade criativa, mas como um legado do passado" (1937: 3)[16]. A evidente semelhança dessa definição com os termos de Tylor é, claro, intencional, já que Lowie continua observando que "a definição clássica de cultura de Tylor [...] é virtualmente a nossa própria" (1937: 12). Contudo, um exame mais detido revela que sua significação é completamente diferente. Antes de tudo, a definição de Lowie enumera os itens (crenças particulares, costumes particulares etc.) que compõem *uma* cultura, compartilhada pelos indivíduos de uma sociedade dada – ou em termos modernos, população dada. Embora concordando com Tylor que esses itens são adquiridos em vez de herdados, Lowie introduz um sentido alternativo de aquisição, afirmando explicitamente que não é o resultado de um processo criativo, e sim um "legado do passado". Enquanto o homem de Tylor adquire ativamente a cultura pelo exercício consciente da vontade, o de Lowie (assim como o de Boas) é só um receptáculo passivo dos elementos culturais com os quais vem a ser infectado, os quais – entrando em "contato casual" (LOWIE, 1921: 427) – ele vai, por sua vez, transmitir a outros. Estritamente falando, então, ele de modo algum *adquire* cultura, mas a *absorve* (p. ex., GOLDENWEISER, 1933: 59).

Tylor escreveu sobre a cultura "em seu sentido etnográfico mais amplo". Se cada componente da cultura for, como diz Lowie, um compêndio de elementos, a cultura tomada nesse sentido só poderá ser um inventário desordenado, incluindo cada atributo aprendido que apareceu na história das populações humanas. E é precisamente desse modo que é interpretado pelo próprio Lowie. Ele declara: "A etnologia não é simplesmente a ciência de culturas, mas da cultura – de cada fragmento do universo que pertence à herança social de todos os grupos humanos" (1937: 358). Não surpreende, por isso, que enquanto Tylor inicia pedantemente seu *Cultura primitiva* com "cultura ou civilização [...] esse todo complexo" (1871, 1: 1), Lowie conclui exuberantemente sua *Primitive Society* [*Sociedade primitiva*] com "a miscelânea desorganizada chamada civilização" (1921: 428). O edifício monumental de Tylor foi reduzido a pedregulhos. Para reconstruí-lo da forma pretendida por Tylor, é essencial reconhecer que seus componentes da cultura não são estoques arbitrários de elementos, mas *condutores* separáveis e complementares nos quais cada elemento tem seu lugar em uma unidade total logicamente organizada. Cada condutor representa uma faculdade geral da mente humana em vez de seus conteúdos específicos. Por isso Tylor se refere a crenças, costumes e arte, e não ao agregado de crenças, costumes e normas artísticas. Além disso, o homem de Tylor não é "um indivíduo" que absorve determinados traços de uma tradição dada, mas a "humanidade", avançando por canais universais da selvageria original em direção à civilização. A cultura, então, é o cabo inteiro, os componentes da cultura são seus fios condutores, e os traços da cultura são pontos em seu emaranhado. Evidentemente os termos da definição de cultura de Tylor só poderiam ter sido tomados como referentes a uma "coisa formada por retalhos e remendos" (LOWIE, 1921: 428) por uma antropologia que tinha abandonado completamente sua concepção holística do avanço evolutivo em favor de um atomismo fragmentador.

Extensão e analogia

É hora de voltar a Darwin, e, mais especificamente, a seu livro *A descendência do homem* – um trabalho que não só veio mais de dez anos depois de *A origem das espécies* como também apresentou uma faceta bastante diferente da personalidade intelectual de Darwin. A curiosidade admirada do naturalista ainda está lá, mas se misturou densamente com a inflexível moralidade do cavalheiro vitoriano. Tendo encarado a posição evolutiva de sua própria espécie, Darwin já não podia ignorar as qualidades de consciência que parecem elevar os seres humanos à sua preeminência no reino animal, qualidades "sintetizadas naquela palavra curta, mas imperiosa, *dever*, tão plena de alta significação" (DARWIN, 1874: 148). E sua conclusão notória consistiu em que esse sentido moral é incipiente até certo ponto em todos os animais sociais, que ele tem uma base inata e que sua manifestação nos seres humanos é o resultado de um desenvolvimento intelectual que facilita uma avaliação do presente e do futuro em termos do passado. "A imperiosa palavra *dever* parece simplesmente implicar a consciência da existência de uma regra de conduta, como quer que tenha surgido" (1874: 177). Peguemos algum ser dotado de instintos sociais, concedamos a ele a capacidade de refletir sobre sua própria experiência na dimensão do tempo, e poderemos lhe atribuir uma consciência moral. Se o homem é ímpar nesse sentido, é porque "se distingue de todos outros animais por seu sentido do passado e do futuro – isto é, por sua consciência do tempo" (WHITROW, 1975: 35)[17]. Darwin estava fortemente comprometido com uma concepção da iluminação progressiva da humanidade, o que era, para sua época, completamente convencional. Ele não tinha problemas quanto à comparação de vários graus de avanço geral a estágios de maturação do indivíduo humano da infância à idade adulta (1874: 194; compare TYLOR, 1871, 1: 27). Unindo-se a Tylor e outros em sua disputa com os defensores do degeneracionismo, Darwin aceitou bastante acriticamente o principal pressuposto do método comparativo, a saber, que as tribos "selvagens" e "bárbaras" existentes representam passos sucessivos de uma ascensão gradual e uniforme que já foram dados pelos antepassados das nações "civilizadas" (DARWIN, 1874: 221-224; cf. BOCK, 1980: 41-48). Não obstante, em *A origem das espécies*, Darwin tinha rejeitado decisivamente todas as noções de avanço predeterminado, ortogenético, no mundo da natureza. Não pode haver leis do desenvolvimento necessário, nenhuma busca de perfeição (HOWARD, 1982: 77). Não podemos deixar de imaginar como, na composição de *A descendência do homem*, ele pôde comprometer tão completamente os próprios princípios que tinha estabelecido com tanta convicção dez anos antes, a ponto de antecipar com confiança o triunfo da virtude sobre a sórdida tentação (DARWIN, 1874: 192). Na identificação popular do darwinismo com teorias mecanicistas do progresso biológico e sociocultural, ainda vivemos com os efeitos dessa reviravolta em sua abordagem, passagem de uma concepção relativista da natureza a uma firme crença na ascensão do homem em direção à iluminação moral e intelectual.

Há certo sentido, devemos admitir, no qual esse comprometimento é mais aparente do que real. Em *A origem*, Darwin tinha tocado só incidentemente no homem, mas, *como um homem*, ele se colocou – cientista da observação – fora do espetáculo da natureza. Sua própria superioridade absoluta (e, por extensão, a de sua espécie) com relação ao resto do reino dos animais foi algo que nunca pensou em questionar. Porque permanece o fato de que nenhum animal cujo projeto esteja precisamente inscrito nos materiais da hereditariedade poderia ter escrito *A origem das espécies*. Mas, inversamente, um animal capaz de realizar este feito, ou qualquer outro que envolva a reflexão consciente sobre as condições materiais da existência, também deveria ser capaz de fazer o curso da evolução atender a seus propósitos. Na escrita de *A descendência do homem*, Darwin abandonou sua atitude de situar-se fora do mundo e assumiu uma posição bem dentro dele, baseando sua compreensão da condição humana tanto na introspeção como nos dados da observação[18]. Consequentemente, não pôde evitar as questões do progresso implícitas no programa ostensivamente relativista de *A origem*. Em vez de ter por certo a preeminência do homem racional (como uma condição prévia de seu envolvimento na pesquisa científica), a questão se tornou: Como ele chegou aí? Contrastando o evolucionismo progressivo com o relativismo cultural na antropologia, comparei a modificação de perspectiva ao olhar para trás de um alpinista que alcança o topo de uma montanha. Precisamente do mesmo modo, *A descendência do homem* é uma reconstrução da ascensão, e *A origem das espécies*, uma concepção a partir do cume.

Mas isso não é tudo, pois, além da ideia de progresso, o pensamento de Darwin sobre a evolução humana continha dois fios condutores adicionais que eram, em alguns aspectos, novos. Um foi sua insistência em que os seres humanos se desenvolvem pelo mesmo mecanismo de variação sob seleção cuja operação sobre o resto da natureza já tinha tentado demonstrar em *A origem*. O outro era um completo materialismo filosófico baseado na premissa de que toda atividade mental pode ser explicada como o funcionamento de um aparato corporal, o cérebro (GRUBER, 1974: 180; GOULD, 1980: 24-27). O próprio Darwin comentou: "Por materialismo designo, simplesmente, a conexão íntima entre espécie de pensamento e forma do cérebro" (apud GRUBER, 1974: 201); na verdade, em seus cadernos de campo ele veio a usar os termos "mente" e "cérebro" quase intercambiavelmente (GRUBER, 1974: 316-317). Em sua época, foi essa premissa e suas implicações quanto à continuidade entre o homem e os outros animais que ocasionaram toda a controvérsia. Por outro lado, só quando este século já ia bem avançado, impelido pelo desenvolvimento da genética moderna, veio a teoria da variação sob seleção natural obter ampla aceitação entre biólogos – a partir dos quais encontrou posteriormente seu caminho, em forma apropriadamente modificada, nas ciências humanas. Assim como os seguidores e oponentes de Darwin do século XIX podiam debater as questões do materialismo e da *descendência do homem* a partir dos animais sem referência à seleção natural, assim também há humanistas hoje que defendem "variação e seleção" como um mecanismo universal de mudança histórica, sem por um momento supor que o material em que esse mecanismo opera deve compor-se de entidades materiais em vez de ideais ou mesmo que a seleção é necessariamente "natural" (CAMPBELL, 1965; JENSEN & HARRÉ, 1981).

Em 1864, o codescobridor do princípio da seleção natural, A.R. Wallace, publicou seu relato sobre o papel desse princípio no "desenvolvimento de raças humanas" (WALLACE, 1870: 302-331). O artigo de Wallace contou com a aprovação sincera de Darwin e parece ter tido um impacto decisivo em seu pensamento (GEORGE, 1964: 71). Tendo a vantagem de uma familiaridade e compaixão muito maiores com os modos dos homens "primitivos" do que Darwin alguma vez teve, Wallace ficou muito impressionado com a riqueza e diversidade de suas realizações culturais. Isso o levou a um reconhecimento explícito, em termos surpreendentemente modernos, do grau até o qual a capacidade de adaptar-se ao ambiente pela cultura tinha libertado os seres humanos da influência direta da seleção natural na forma do corpo. Enquanto os outros animais podem adaptar-se à modificação de circunstâncias ambientais somente por meio de modificações correspondentes na "estrutura corporal e na organização interna", o homem "realiza isso apenas por meio de seu intelecto, cujas variações lhe permitem, com um corpo inalterado, ainda manter-se em harmonia com um universo que muda" (WALLACE, 1870: 313-315). Se assim for, resta algo mais para a seleção natural continuar a operar? Sem dúvida, continua Wallace, pois "a partir do momento em que a forma do corpo [do homem] ficou estacionária, sua mente ficou sujeita às mesmas influências das quais seu corpo tinha escapado". Toda pequena melhoria das "qualidades mentais e morais" daria a seu portador uma vantagem sobre seus rivais quanto ao sucesso reprodutivo. Logo, "tribos em que essas [...] qualidades fossem predominantes, iriam [...] ter uma vantagem na luta pela existência sobre outras tribos nas quais ficaram menos desenvolvidas, viveriam e manteriam o número de seus membros, enquanto as outras diminuiriam e por fim sucumbiriam" (1870: 313, 317).

As implicações dessa posição são bem amplas, e novamente devemos sua afirmação explícita a Wallace. As únicas variações materiais às quais a seleção natural não tinha ficado indiferente, alegou ele, foram as que afetam o desenvolvimento de uma faculdade humana generalizada: a capacidade de raciocinar, formar juízos de certo e errado e responder construtivamente a situações ambientais novas. Resulta disso que há apenas um padrão de melhoria do homem, padrão que, além disso, não tem nada que ver com as condições imediatas de vida de populações específicas. As "tribos" relativamente mais bem-sucedidas serão aquelas que podem *transcender* melhor suas circunstâncias ambientais. Em resumo, enquanto, em quase toda parte do mundo orgânico, a seleção natural promove a adaptação divergente, nos seres humanos ela promove o desenvolvimento unilateral da adaptabilidade. Este, ao que parece, fornece um critério de aptidão *absoluto*. Mas Wallace estava bem consciente de que a seleção natural, segundo o argumento *estabelecido* em *A origem* de Darwin, "não tem poder de produzir a perfeição absoluta, mas só uma perfeição relativa" – isto é, conforme às necessidades do presente (WALLACE, 1870: 334). Com o homem, no entanto, é diferente. Enquanto outras espécies de animais sofrem a modificação constante, não dirigida, permanecemos – e permaneceremos para sempre – inalterados na forma física; contudo, em nossa "constituição mental" progredimos, lenta, mas seguramente, em direção a uma condição de perfeição. Desenvolvemo-nos, "não por uma *mudança* no corpo, mas por um *avanço* na mente" (1870: 325; grifos meus).

Eu me detive nas conclusões de Wallace mais extensamente porque elas avançam sobremaneira na direção da explicação de por que, quando foi aplicar a teoria da variação sob seleção natural à evolução humana, Darwin chegou a uma concepção tão precisamente oposta à delineada em A origem das espécies. Concordando com Wallace em que, por causa da capacidade humana da cultura, a seleção natural só produz "faculdades intelectuais e morais", Darwin estava convencido de que sua melhoria pode ser julgada em uma escala absoluta, que a seleção natural geraria inevitavelmente o progresso ao longo dessa escala e que isto é a base de um movimento universal da humanidade de selvageria à civilização. Havia, naturalmente, algumas discordâncias com Wallace, mas em geral estas concerniam a explicação de variações na aparência externa entre populações humanas. Wallace tinha explicado essas variações como resultado da seleção natural que funciona *antes* da emergência da capacidade de cultura. Mas, pelo que Darwin podia ver, nenhuma das características distintivas (como forma da cabeça, cabelos e cor de pele) trazia para seus portadores vantagens óbvias que pudessem ter levado a seu estabelecimento por meio da seleção natural. Para explicar diferenças raciais na forma do corpo, Darwin propôs outro mecanismo, a saber, a seleção *sexual*. Cada tribo, sugeriu, reconhece suas próprias marcas de virilidade e beleza feminina, e como os homens mais viris ficam com a maioria das mulheres belas, e, por meio delas, criam o maior número de descendentes, essas marcas de atratividade masculina e feminina seriam reforçadas e exageradas (DARWIN, 1874: 924-925).

A validade dessa sugestão não nos interessa aqui; o que é mais importante é que, em outros aspectos, boa parte do argumento de Darwin – em particular no capítulo crucial "Sobre o desenvolvimento das faculdades intelectuais e morais nas épocas primeva e civilizada" (1874: 195-224) – é simplesmente uma elaboração do tema de Wallace. Assim, ele afirma que, embora os homens não dependam de nenhum aparato corporal especializado para caçar e capturar, ou para atacar e defender, "indivíduos que foram os mais sagazes, que inventaram e usaram as melhores armas e armadilhas, e que foram mais capazes de se defender, geraram o maior número de descendentes". E como "as tribos que incluíssem o maior número de homens assim dotados aumentaria em número e suplantaria outras tribos", todo aumento da capacidade intelectual herdado seria conservado e acumulado (1874: 196-197).

O que vale para o intelecto também vale para a moralidade, apesar de aqui surgir o problema de que não se pode esperar que um homem "virtuoso" que sacrifique seus próprios interesses reprodutivos aos dos outros deixe descendência mais numerosa. Darwin resolve o problema em um movimento que antecipa teorias mais recentes de seleção de grupo ou seleção interdêmica (WILSON, 1980: 298): o objeto não é o indivíduo, mas a população tribal[19]. Para sentir o sabor de seu raciocínio, vale a pena citar toda a passagem relevante:

> Não se deve esquecer que, embora um alto padrão de moralidade confira apenas uma leve ou nenhuma vantagem para cada homem individual e seus filhos com relação a outros homens da mesma tribo, ainda assim um aumento no número de homens bem-dotados e um avanço no padrão de moralidade darão certamente uma vantagem imensa a uma tribo sobre outras. Uma tribo com muitos membros que, por possuírem em alto grau espírito de patriotismo, fidelidade, obediência, coragem e compaixão, sempre estão prontos a ajudar uns aos outros e sacrificar-se pelo bem comum seria vitoriosa sobre a maioria de outras tribos; e isso seria seleção natural. Em todas as épocas em todo o mundo tribos suplantaram outras tribos; e como a moralidade é um elemento importante em seu êxito, o padrão de moralidade e o número de homens bem-dotados tenderão assim em todo lugar a elevar-se e aumentar (1874: 203-204)[20].

Observe-se como, com esta ênfase na tribo como a unidade da seleção, Darwin começa a invocar a linguagem da luta competitiva direta, de vitória e conquista. Enquanto, em *A origem,* Darwin se esforçava para acentuar a conotação essencialmente metafórica da frase "luta pela existência" (1872: 46), em *A descendência do homem,* ela assume um sentido hobbesiano literal. Darwin observa: "A fidelidade e a coragem são importantíssimas nas guerras incessantes dos selvagens" (1874: 199)[21].

Segue-se da especificação de padrões absolutos de avanço intelectual e moral que, se as diferenças hereditárias entre populações de indivíduos humanos – julgadas a partir desses padrões – forem suficientemente grandes para garantir a divisão da humanidade em variedades ("raças"), então essas variedades *podem* ser hierarquizadas em um "arquivo único" apesar da afirmação em contrário em *A origem* (1872: 97). Mas serão tão grandes essas diferenças? Darwin certamente pensava que sim. Entretanto, ele não conseguiu explicar completamente por que alguns povos progrediram com muito mais rapidez do que outros (BOCK, 1980: 55-57). Ele se queixou de que "O problema é demasiado difícil de ser resolvido". Tudo que podemos dizer é que o progresso "depende do aumento do número real de uma população, do número de homens dotados de altas faculdades intelectuais e morais, bem como de seu padrão de excelência" (1874: 204-205, 216). Mas, sendo as causas de variações favoráveis desconhecidas, por que Darwin não supôs que possam ocorrer em toda população com a mesma probabilidade, e que, portanto – como são em toda parte afetadas pela seleção natural –, nenhuma população vai avançar significativamente menos rapidamente do que outra? Uma possível resposta parcial é simplesmente que Darwin compartilhava os preconceitos de sua época quanto à suposta inferioridade dos "bárbaros" e "selvagens". Segundo a premissa do materialismo, supunha-se que essa inferioridade tinha uma base inata. Há, contudo, outra resposta, contida em sua afirmação tão frequentemente repetida de que, ao longo da história, algumas "tribos suplantaram outras tribos" – assim como ainda hoje "nações civilizadas suplantam em todo lugar nações bárbaras" – com os grupos vitoriosos sempre contendo uma proporção maior de "homens bem-dotados" (1874: 197)[22]. A existência de diferenciais populacionais de faculdades mentais hereditárias era, na argumentação de Darwin, uma condição da operação da seleção natural. A adoção de uma interpretação literal da luta pela existência entre grupos humanos implicava a existência de contendores vencidos e vitoriosos. As raças inferiores foram introduzidas para desempenhar o papel de perdedores no cenário evolutivo de Darwin.

Atualmente, embora o componente inato da inteligência permaneça objeto de uma feroz controvérsia, a ideia de que há diferenças significativas na média de faculdades mentais hereditárias entre populações inteiras mostrou não ter absolutamente nenhum fundamento factual. E isso nos leva de volta a Boas, já que foi ele o pioneiro do ataque a doutrinas do formalismo racial do século XIX. Já em 1894 ele pôde concluir, ao menos provisionalmente, que "verifica-se que a faculdade média da raça branca está presente no mesmo grau em uma grande proporção de indivíduos de todas as outras raças" (1974: 242). Nesse estágio de sua carreira, Boas ainda era bastante materialista para acreditar que a função mental pode ser correlacionada diretamente com a estrutura anatômica; contudo, também sustentava – com ceticismo crescente – a ideia neolamarckiana de que as circunstâncias ambientais podem induzir diretamente modificações adaptativas na forma do corpo que seriam transmitidas a gerações futuras por herança (STOCKING, 1968: 184-185, 191-192). Consequentemente, toda diferença inata na função mental, distinguindo uma "raça" de outra, só pode ser julgada em relação às condições específicas de seu ambiente. Quanto às faculdades generalizadas do intelecto, não havia bases para colocar as raças da humanidade em graus separados de uma hierarquia geral de posições. Posteriormente, quando a doutrina da herança de características adquiridas veio a ser desacreditada, o conceito de cultura foi substituído precisamente por aquele do temperamento racial no argumento de Boas. O modo de pensar de um povo se diferencia dos de outros por causa de seu "patrimônio cultural", e não de sua "herança racial" (STOCKING, 1968: 265-266). E a "herança" consiste em um padrão integrado de elementos ideais que estão *alojados* no cérebro, em lugar de um sistema de instruções genéticas que o *constituem* materialmente. A estrutura orgânica do cérebro humano, alega Boas, é indiferente às formas culturais que o ocupam, e são estas – e não aquela – que governam o pensamento e o comportamento de um indivíduo[23].

Esta conclusão contradiz claramente o axioma materialista de Darwin, segundo o qual, como ele escreveu em um de seus cadernos de campo, o pensamento é apenas "uma secreção do cérebro" (cf. GRUBER, 1974: 451). Darwin (ao contrário de BOCK, 1980: 50) não negava os fatos da variação cultural – embora tivesse pouco a dizer sobre o assunto. Vimos como seu reconhecimento da capacidade de adaptação ao ambiente por meios culturais (a lista de Darwin trazia armas e outros instrumentos, estratégias de feitura de comida, roupa e residências, fogo e cozinha, divisão do trabalho) o levou, seguindo Wallace, a concentrar-se exclusivamente no avanço, por meio da seleção natural, da *mente* humana (DARWIN, 1874: 195-196). Em outras palavras, a cultura desempenha um papel importante na argumentação de *A descendência do homem* em virtude de sua ausência, já que permitiu a Darwin relegar todos os problemas de adaptação específica ao etnólogo. Assim, enquanto as pesquisas exaustivas de Tylor e outros podem produzir um inventário classificado dos itens culturais com os quais um povo poderia apoiar-se para conduzir sua vida em cada estágio sucessivo do desenvolvimento, Darwin se dedicou a demonstrar o "dispositivo de catraca" mediante o qual – em um período longo – o avanço mental prevaleceu sobre a retrogressão. Havia entre esses dois projetos certa complementaridade, já que cada um deles continha algo de que o outro necessitava. Se as populações humanas fossem comparadas com os ponteiros do relógio, cada um se movendo com uma dada velocidade, então a "variação sob seleção natural" de Darwin constituiria o mecanismo e a "cultura" de Tylor o mostrador (embora, como tratamos de um movimento linear e progressivo, em vez de cíclico, a analogia não se sustente).

Diante dessa complementaridade, poderíamos observar a ironia que foi o *fracasso* inicial de Boas em reconhecer as implicações da capacidade humana para a cultura, sua crença de que a adaptação envolvia modificação induzida pelo ambiente e modificação corporal herdada, que o levou a adotar uma teoria relativista de determinismo racial – que abriu o caminho a uma teoria igualmente relativista de determinismo cultural. Seria incorreto, por isso, afirmar que Boas reconheceu os fatos da cultura quando Darwin não o fez e que aí reside a diferença entre eles, uma vez que, antes de tudo, a situação foi bem ao contrário – Boas valorizou bem mais do que Darwin a propensão racial. A verdadeira diferença é que, para Boas, a cultura veio a substituir a raça, em vez de completá-la. Isto, por sua vez, implica uma ideia radicalmente contrastante do que a cultura é ou faz. Enquanto Darwin considerava a cultura como um *instrumento* por meio do qual a mente (o cérebro) funciona na prática, Boas concebia a cultura (como já tinha concebido a raça) como *dirigente* da mente em suas operações. Darwin via as "artes" culturais como "produtos do intelecto" que o homem projeta no mundo exterior, ao passo que o pensamento do indivíduo boasiano reflete sobre uma lógica cultural incorporada. Para Darwin, a forma orgânica se relaciona com a forma cultural tal como a máquina com o produto; para Boas, se relacionam como continente e conteúdo. Esta última concepção trata o ser humano como um repositório temporário no qual os elementos culturais, cada um com uma existência ideal bastante independente de seus portadores específicos, são fortuitamente reunidos, repositório a partir do qual poderão vir a ser transferidos para outros.

Evidentemente, a adoção dessa concepção implica uma clara ruptura com o materialismo filosófico. Não podemos atribuir ao funcionamento de cérebros individuais ideias que têm tanta relação com seu substrato material quanto as palavras têm com o papel no qual são escritas[24]. O reconhecimento explícito desse aspecto iria caber a Kroeber, em seu "Eighteen professions" [Dezoito profissões] de 1915. O historiador da cultura, declarou ele, deve supor "a igualdade e a identidade absolutas de todas as raças e variedades humanas como as portadoras da civilização" (1915: 285). Isto não implica supor que não haja diferenças hereditárias entre populações, já que tudo indica ser isso muito improvável (DOBZHANSKY, 1962: 75). A tese de Kroeber era antes que essas diferenças passíveis de ser empiricamente estabelecidas devem ser consideradas como não tendo absolutamente nenhuma consequência para o funcionamento dos indivíduos como portadores da cultura. Kroeber declarou que "O homem é uma tábua na qual se escreve" (1952: 32), ainda que, obviamente as mesmas palavras possam ser escritas em toda espécie de tábua. Embora essa posição seja necessariamente idealista, também é atomista, e é este último aspecto que a liga ao paradigma evolutivo de *A origem*. A dicotomia entre idealismo e materialismo é perpendicular àquela entre atomismo e holismo, sendo por isso que Darwin pode apresentar seu argumento quanto a uma oposição entre natural e sobrenatural (ou espiritual) que aparentemente não deixava nenhum espaço para a cultura como um possível determinante do comportamento (BOCK, 1980: 51). A espécie de idealismo contra a qual tinha objeções era aquela que postulava alguma forma de agente diretor supremo na evolução. A história da cultura boasiana também se opunha a esse conceito holista e teleológico, a ideia da evolução como a revelação do propósito divino. As culturas de Boas, tal como as espécies de Darwin, não tinham um autor espiritual, e essa é a base da analogia entre elas.

Dois aspectos devem estar evidentes agora a partir de nossa discussão. O primeiro é que o conceito boasiano de cultura é totalmente incompatível com toda forma de reducionismo biológico, e, por conseguinte, com toda atribuição de diferença de cultura a variação racial. A cultura foi concebida como um substituto da raça, não como um anexo desta. Mas, em segundo lugar, essa separação entre a cultura e as restrições inatas, hereditárias, é uma condição prévia da aplicação análoga do paradigma explicativo darwinista, tal como estabelecido em *A origem das espécies*, ao domínio de fatos culturais. Para efetuar a ruptura, era necessário que a antropologia rejeitasse não só a derivação "prospectiva" do comportamento cultural a partir da disposição hereditária, mas também a derivação reversa, "retrospectiva" presente na noção lamarckiana da herança de características adquiridas (que Darwin aceitava, ao lado da maioria dos seus contemporâneos; cf. DARWIN, 1874: 91). Assim, ao abordar a evolução do homem e da cultura, é sobremodo essencial separar os dois componentes do que muitas vezes passa por "darwinismo": de um lado, a noção de descendência com modificação em populações de indivíduos ímpares e, do outro, a premissa do materialismo filosófico. Contanto que possamos desconsiderar a adaptação cultural no reino animal e considerar todo comportamento como resultado da interação entre um objeto geneticamente programado e seu meio ambiente, esses componentes são perfeitamente compatíveis, servindo um para sustentar o outro.

Mas quando se trata de seres humanos, parece que temos duas alternativas. Ou rejeitamos a premissa materialista e explicamos diferenças interpopulacionais em termos de um análogo da variação sob seleção que funciona em um domínio autônomo da cultura, ou continuamos buscando os fundamentos materiais do comportamento humano concentrando nossa atenção exclusivamente nas propriedades universais da mente. No primeiro caso, afirmamos uma dicotomia de substância entre natureza e cultura, em virtude da qual a humanidade é colocada à parte do mundo orgânico[25], mas uma identidade de processo histórico; no segundo, afirmamos uma identidade de substância material, em virtude da qual os seres humanos se tornam plenamente parte da natureza, mas uma dicotomia de processo – entre especialização divergente e generalização convergente.

A primeira abordagem, operando por *analogia*, *substitui* o natural pelo cultural, a hereditariedade pela herança; esta última, que opera por *extensão*, trata o cultural como um *complemento* do natural, o instrumento adquirido de uma razão inata. Por causa da oposição entre essas duas abordagens, que têm suas raízes no projeto darwinista, foi possível à antropologia cultural boasiana aplicar sem se dar conta os princípios relativistas da argumentação de Darwin em nome da rejeição de sua premissa materialista.

Permitam-me agora voltar a Tylor, para ver como sua compreensão do avanço se diferencia, caso se diferencie, de Darwin. Quanto à ideia do progresso, eles pensam o mesmo. Os dois consideraram que a mola mestra do desenvolvimento da civilização reside na evolução da consciência, das faculdades morais e intelectuais da humanidade. Também concordam que o desenvolvimento mental não tem nenhuma relação "com a configuração do corpo e a cor da pele e dos cabelos" (TYLOR, 1871, 1: 7; comparar DARWIN, 1874: 307). Assim, é absurdo alegar, como fez Opler, que "o lugar central da evolução da mente na teoria de Tylor faz dele um idealista filosófico" (OPLER, 1964: 143), pois, se assim fosse, também teríamos de considerar Darwin um idealista. O materialismo de Darwin está, como vimos, em sua afirmação de que as funções mentais podem ser reduzidas à estrutura hereditária e à organização do cérebro. Há inúmeras indicações nos últimos escritos de Tylor, posteriores à publicação de *A descendência do homem*, de que ele pensava do mesmo modo – embora no final se recusasse a comprometer-se (TYLOR, 1875: 107-110; 1881: 60; cf. VOGET, 1967: 144-145; STOCKING, 1968: 102, 116; SCHREMPP, 1983: 98, 108, n. 9). Contudo, suas concepções sobre a questão tinham evidentemente passado de um humanismo anterior mais próximo da doutrina do século XVIII de "unidade psíquica da humanidade", originalmente a pedra angular do método comparativo (LEOPOLD, 1980: 48). A partir da premissa da uniformidade mental inata, o progresso era considerado o cultivo dotado de propósito de potenciais e capacidades comuns naturalmente dados às espécies humanas. Mas mesmo em seu *Cultura primitiva*, Tylor teve o cuidado de realçar a semelhança de mentes no mesmo *estágio* de desenvolvimento, o que não descartava a possibilidade de que o avanço dependa de modificações na estrutura parecidas com as que acompanham o crescimento do indivíduo humano, e, em consequência, que cada estágio corresponda a uma condição inata da mente, em vez de a um grau de cultivo (HARRIS, 1968: 139-140). É notável que o movimento do pensamento de Tylor em direção ao naturalismo, refletindo uma tendência básica no final do século XIX, fosse ser precisamente invertido no movimento subsequente de Boas rumo ao humanismo. Porque Boas concluiu, no ponto em que Tylor começou, pela uniformidade básica da psique humana. À diversidade psíquica ambientalmente induzida, Boas sobrepôs uma diversidade de conteúdo cultural na mente comum. Tylor seguiu o caminho inverso, reduzindo os diferenciais culturais, antes considerados subscritos por uma estrutura psíquica comum, a diferenciais hereditários na organização da própria mente.

    O ponto de partida de Tylor tinha sido o dualismo tradicional do século XVIII entre matéria e espírito, para o qual o cérebro humano é concebido como apenas o domicílio, em uma forma corporal essencialmente constante, para uma consciência incorporal de que só a humanidade é dotada, com leis próprias de desenvolvimento. Foi essa ideia que permitiu a teóricos anteriores do progresso, como Comte, a conciliar sua doutrina do avanço mental com uma crença na fixidez das espécies orgânicas (BIDNEY, 1953: 86; BOCK, 1980: 106). A diferença entre essa concepção e a concepção materialista alternativa era, na época de Darwin, inseparável da questão de se existe uma continuidade evolutiva entre o homem e os outros animais. Porque, se o progresso da mente puder ser correlacionado diretamente com um avanço na complexidade do cérebro, e se o cérebro humano e aquele dos outros animais puderem ser organizados em uma única série classificada, então a superioridade do europeu sobre o "primitivo", de cérebro supostamente pequeno, tem de ser – pensavam eles – semelhante à deste último sobre o macaco, e do macaco sobre animais inferiores na escala (HUXLEY, 1894: 107-111). Wallace, para a grande decepção de Darwin, no final afastou-se dessa conclusão (GEORGE, 1964: 72-74). Embora vinculasse a capacidade mental ao tamanho do cérebro, ele sentia que os seres humanos tinham sido criados com um cérebro muito maior do que precisavam para a maioria dos propósitos práticos, especialmente enquanto permaneciam em estado de selvageria. Wallace escreveu: "A seleção natural poderia só ter dotado o homem selvagem de um cérebro um tanto superior ao de um macaco, mas ele na verdade possui um bem pouco inferior ao de um filósofo" (1870: 356; para uma expressão recente da mesma concepção, cf. WILLIAMS, 1966: 14-15). O progresso rumo à civilização era simplesmente uma questão de uso crescente de um órgão que felizmente tinha sido preparado com antecedência com este mesmo propósito por nada senão a "inteligência superior" cuja existência como agente evolutivo Darwin tinha negado tão intensamente (WALLACE, 1870: 343, 359)[26].

Bem mais compatíveis com o ponto de vista de Darwin foram as conclusões heterodoxas do outro grande avô da antropologia, Lewis Henry Morgan, advindas de seu reputado estudo do castor americano. Morgan sugeriu que o castor pode raciocinar tão inteligentemente quanto todo primitivo; em geral os poderes mentais de homem e dos animais eram de espécies semelhantes, senão em grau de avanço. Mas Morgan não era materialista. Tinha horror à redução do pensamento a propensão inata, adotando em vez disso a premissa dualista de que "todo indivíduo [é] dotado de uma essência mental ou espiritual que é distinta do corpo, mas se acha associada com ele de maneira misteriosa" (1868: 249-250). Mas longe de supor que essa consciência imaterial fosse unicamente humana, ele considerava que aquilo que chamou de "princípio de pensamento" ou "mental" tinha sido implantado como um "presente Divino" em cada espécie separada no momento da criação, e posteriormente progrediu, com taxas diferentes em espécies diferentes, dentro de um arcabouço de formas físicas imutáveis. A explicação para a preeminência do homem está "no progresso que fez desde sua emergência de sua condição primitiva", mas isso não significa que outros animais tenham permanecido "estacionários em seu conhecimento desde o começo de sua existência". No âmbito do intervalo de observação humana, seu avanço mental pode parecer pequeno, mas não é de modo algum insignificante: os animais também têm uma história (MORGAN, 1868: 281-282). Logo, embora concordasse com Darwin que a mente humana se diferenciou da de outros animais só em termos de grau, Morgan estava preocupado em "valorizar" os animais, atribuindo a uma "inteligência livre" o que era convencionalmente atribuído ao instinto (1868: 275-276; cf. RESEK, 1960: 100-102). Darwin, ao contrário, estava mais voltado para "desvalorizar" o homem, atribuindo ao instinto o que anteriormente tinha sido entendido como uma manifestação do espírito humano. Embora conhecesse e respeitasse o trabalho de Morgan, ele naturalmente sentia que este tinha ido "demasiado longe em subestimar o poder do instinto" (DARWIN, 1874: 114, n. 22). Os contrastes entre dualismo ortodoxo, a concepção menos convencional de Morgan e o materialismo de Darwin, quanto à posição evolutiva e o progresso do homem e outros animais, estão ilustrados esquematicamente na fig. 2.3.

Vale a pena examinar as ideias de Morgan, desta vez sobre o homem em vez de sobre o castor. O pouco de influência que Morgan pode ter recebido de Darwin parece ter-se apoiado em um completo equívoco – replicado, vale dizer, na tentativa de demonstrar a possibilidade de uma leitura darwinista do trabalho de Morgan (TERRAY, 1972: 13-24). Nas próprias palavras de Morgan, seu confronto com o ensinamento de Darwin o forçou "a adotar a conclusão de que o homem começou na base da escala, a partir da qual se aprimorou até alcançar seu estado atual" (apud RESEK, 1960: 99; cf. tb. LEACOCK 1963: iv). A escala de Darwin era, com efeito, praticamente sem fundo, estendendo-se bem atrás no reino animal, tendo mesmo seres humanos "inferiores" não longe do topo. Além disso, a ideia de esforço propositado, de "aprimoramento", permeia os escritos de Morgan, mas é totalmente alheia à concepção darwiniana de evolução. Embora Morgan de quando em quando deixasse escapar frases como "a luta pela existência" e "sobrevivência dos mais aptos", em sua concepção "os mais aptos lideraram, em vez de destruir os débeis" (RESEK, 1960: 103, 144). Para Darwin, ao contrário, a propriedade distintiva da seleção natural foi sua impessoalidade: o progresso não era o resultado de esforço consciente, mas da ortosseleção cumulativa de variações casuais. Afortunadamente para os seres humanos, essa ortosseleção acabou por seguir a direção "correta", garantindo-nos uma posição de dominância absoluta (DARWIN, 1874: 72). Quanto a Tylor, sua concepção parece mais próxima da de Morgan do que da de Darwin: nesse sentido, "a história mostra que o desenvolvimento das artes se realiza por esforços de habilidade e discernimento" (TYLOR, 1875: 121). Mas, com suas inclinações intelectualistas, a ênfase de Tylor recaía no atingimento da civilização pelo homem não tanto por seu "autoaprimoramento" como por "ir concebendo a si mesmo" ao longo dos estágios de selvageria e barbárie – tal como um estudante deve progredir do básico, passando pelo médio, para alcançar o nível avançado de um currículo.

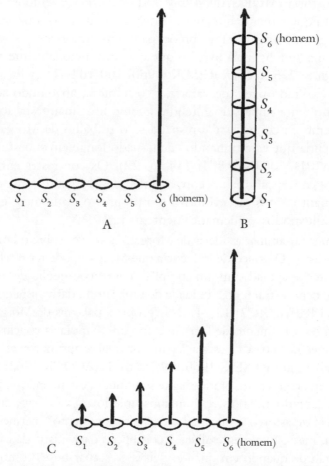

Fig. 2.3. Três concepções da evolução da consciência. A: Dualismo ortodoxo do século XVIII. Todas as espécies têm forma física imutável, ocupando posições sucessivas ao longo de uma cadeia de ser que culmina no homem. Mas os seres humanos são únicos seres dotados de uma mente, a qual passa por avanços progressivo no arcabouço de um corpo invariável. B: Materialismo darwinista. O avanço mental depende por inteiro da evolução progressiva da estrutura corporal (mais especialmente cerebral), de espécies "inferiores" às "superiores" na escala, de macacos a "selvagens" e, por fim, a "nações civilizadas". C: a concepção de Morgan. Permanecendo comprometido com o dualismo ortodoxo, Morgan, no entanto, concordava com Darwin que, em seus poderes mentais, os seres humanos se diferenciam dos animais em grau em vez de em espécie. Consequentemente, atribuiu a mente não só ao homem, mas a todas as outras espécies animais, supondo haver um avanço dela em taxas diferentes em espécies diferentes, sem implicar alguma modificação em sua forma física. Os anéis marcados 5, 6 representam espécies hierarquizadas em uma escala da natureza; as setas verticais espessas representam o progresso da mente.

O principal trabalho de Morgan, *Sociedade antiga*, está cheio de paradoxos quanto à relação entre cérebro, mente e civilização. No prefácio, ele admite "a uniformidade das operações da mente humana em condições semelhantes de sociedade", e estabelece de acordo com isso os princípios fundamentais do método comparativo. A evolução social, continua ele, segue um curso predeterminado, "guiado por uma lógica natural que formou um atributo essencial do próprio cérebro" (1963 [1877]: 60). Devemos então entender que todos os seres humanos são dotados de cérebros de estrutura idêntica e que vários estágios do desenvolvimento evolutivo representam momentos diferentes em seu desdobramento lógico, a realização progressiva de um potencial imanente? Poderíamos pensar que sim, se não fosse a seguinte afirmação extraordinária: "Com a produção de invenções e descobertas, e com o desenvolvimento de instituições, a mente humana necessariamente cresceu e se expandiu; e somos levados a reconhecer um gradual aumento do próprio crânio, em particular da porção cerebral" (1963 [1877]: 36). Tudo aqui parece de trás para a frente. A evolução da mente parece estar em correlação direta com modificações na estrutura cerebral, que por sua vez são consideradas consequências do próprio processo que se supunha que o cérebro dirigisse. Onde Darwin tinha sustentado que a melhoria do cérebro levaria a um avanço na função mental, o que por sua vez iria promover o progresso da civilização, Morgan diz precisamente o contrário: o progresso da civilização leva a um avanço na função mental, que por sua vez leva a melhorias da estrutura cerebral. Some-se a isso a convicção de Morgan de que nossa condição atual é o resultado das "lutas, dos sofrimentos, dos esforços heroicos e da labuta paciente" de nossos antepassados (1963 [1877]: 563) e se chega à premissa lamarckiana de que a forma corporal humana – incluindo o cérebro – é o produto direto do trabalho de gerações passadas (STOCKING, 1968: 116-117). Isso foi prontamente bem recebido por Marx e Engels, os dois comprometidos com a concepção de que a natureza humana é essencialmente produto do homem (MARX, 1930 [1867]: 169; ENGELS, 1934: 172).

Este pode ser o ponto apropriado para expor a falsidade das numerosas tentativas, que começam no trabalho de Engels (1972 [1884]: 25-27), de ler em Morgan uma teoria rudimentar da determinação tecnológica da cultura. Comparando a evolução de "invenções e descobertas" com a de "instituições", Morgan tinha sustentado que "as primeiras mantêm entre si relações progressivas e estas últimas relações de desdobramento. Enquanto aquela classe tem tido uma conexão, mais ou menos direta, esta foi desenvolvida a partir de alguns germes primários de pensamento" (1963 [1877]: 4). Ele passa então a usar os passos sucessivos da sequência tecnológica ("progressiva") para calibrar o processo gradual de crescimento ("desdobramento"), o que lhe permitiu separar períodos universalmente reconhecíveis no progresso da humanidade (1963 [1877]: 8-9).

Mas é absurdo interpretar a *identificação* de Morgan de "épocas do progresso humano" com "artes de subsistência" sucessivas como uma afirmação da *determinação* daquelas por estas. Em uma das mais recentes interpretações desse gênero de *Sociedade antiga*, na qual Morgan é anunciado como o verdadeiro precursor do marxismo althusseriano, Terray afirma que ele expõe a influência decisiva das artes tecnológicas nas relações funcionais entre diferentes esferas da vida social – a família, o governo e a propriedade – em cada época, determinando em cada instância que esfera desempenhará o papel dominante (TERRAY, 1972: 39-67). Isso, como Hirst (1976: 32-48) mostrou, é pura invenção. Morgan nunca afirmou que as invenções e descobertas sucessivas engendrariam uma série correspondente de transformações sociais estruturais. Sua concepção consistiu em que estas eram criações da mente que o historiador pode usar como indicadores diagnósticos de um desenvolvimento mental contínuo realizado pelo esforço humano, e nos quais esse contínuo pode ser o mais convenientemente decomposto em divisões mais ou menos arbitrárias e provisórias.

Voltando a Tylor, e tendo em mente nossa demonstração no início deste capítulo da estrutura não darwiniana de sua argumentação, o que devemos fazer com a alegação aparentemente contrária de Opler segundo a qual ela de fato implicou "uma transferência das ideias biológicas de Darwin para o domínio cultural"? (1964: 142). As bases dessa opinião são tênues (HARRIS, 1968: 212; STOCKING, 1968: 96-97) e se restringe a uma única frase em *Cultura primitiva* que emprega inequivocamente uma linguagem darwinista: "A história, no âmbito de seu campo próprio e a etnografia, de maneira mais ampla, se combinam para mostrar que as instituições que podem manter-se melhor no mundo gradualmente substituem as menos aptas, e que esse conflito incessante determina o curso resultante geral da cultura" (1871, 1: 62). Essa linha de raciocínio continua atraindo filósofos que compartilham o interesse de Tylor pelo progresso intelectual. Assim, Popper, escrevendo um século depois, propôs que o crescimento do conhecimento é o resultado de um "seleção natural de hipóteses" quase-darwiniana: "Nosso conhecimento se constitui, em cada momento, daquelas hipóteses que mostraram sua (comparativa) aptidão ao sobreviver até o momento em sua luta pela existência; uma luta competitiva que elimina as hipóteses que não são aptas" (1972: 261). Ora, se uma instituição ou hipótese apta é simplesmente aquela que "sobrevive" ou "se mantém", presumivelmente reunindo abundantes aderentes, não existe nada que estipule que ela seja mais progressiva em algum sentido absoluto. Como afirmações sobre o progresso, só se pode entender que estas proposições de Tylor e Popper significam que, na cultura como na vida, as formas menos avançadas necessariamente abrem o caminho para as mais avançadas, e estas inevitavelmente têm sucesso na competição com seus antecedentes. Em outras palavras, uma instituição ou hipótese não é considerada "mais apta" porque sobrevive; em vez disso, ela sobrevive porque é, *a priori*, provada superior: a instituição é mais eficaz, a hipótese tem maior poder explicativo. Como vimos no capítulo anterior, isso equivale a compreender a luta pela existência em termos darwinistas em vez de spencerianos. O "darwinismo cultural" que Opler afirma descobrir no pensamento de Tylor tem quase tão pouca relação quanto o "darwinismo social" análogo com a argumentação de *A origem das espécies*. Um e outro foram aplicações, aos domínios da cultura e da sociedade, respectivamente, da doutrina da "sobrevivência do mais apto" enunciada por Spencer nos seus *Princípios de biologia* de 1864.

Um tanto mais próximo do espírito do ensinamento de Darwin é a tentativa de outro filósofo contemporâneo, Stephen Toulmin, de examinar a história das ideias e instituições "como o resultado de um processo dual de variação conceptual e seleção intelectual" (1972: 139-42, 200). Comparando "populações de conceitos" a populações de indivíduos biológicos, Toulmin mostra que essa analogia da seleção natural *não* é uma fórmula de progresso absoluto. As variantes conceptuais que são adaptadas a seu ambiente intelectual presente florescem, e outras desaparecem, e, portanto, as disciplinas intelectuais sofrem uma evolução parecida com aquela das espécies orgânicas que é tanto irreversível como indeterminada. Observe-se que, quer Toulmin seja "darwinista cultural" ou não, essas implicações do paradigma darwinista contradizem claramente as suposições de trabalho mais básicas de Tylor: que o curso da cultura é tanto determinado quanto progressivo. Infelizmente Toulmin é profundamente confuso quanto aos termos de seu paralelo entre história biológica e intelectual. Porque, tendo comparado conceitos com indivíduos, passa a estabelecer uma analogia entre a disciplina e a espécie que só faz sentido se os conceitos constituintes da disciplina forem comparados não com os indivíduos das espécies como uma *população*, mas aos traços elementares que compõem o *pool* genético comum a essa espécie (cf. para essa analogia, RUYLE, 1973; HILL, 1978). O fato de Toulmin (1972: 141-143) usar intercambiavelmente os termos "população" e "*pool*" para denotar a pluralidade conceptual é indicativo de sua confusão. Seguindo-se esta última maneira de ver, o "indivíduo" corresponde a uma determinada construção da disciplina, uma configuração única de conceitos desenvolvidos a partir do *pool* comum e reunidos em sua mente por um agente que Toulmin apresenta como "o usuário do conceito" (1972: 139). Com seu surgimento em cena, somos confrontados pela percepção de que toda teoria pseudodarwiniana que trate ideias, hipóteses ou regras institucionais como os objetos da seleção – em vez de como suas portadoras – têm de admitir que *alguém faz a seleção*.

Darwin, é claro, introduziu a noção de seleção natural traçando um paralelo com a espécie de seleção praticada por criadores de plantas e animais. Pode-se sustentar, além disso, que o criador está para as linhagens variantes mais ou menos como o usuário de conceitos de Toulmin está para as diversas construções de uma disciplina, como o cientista de Popper para hipóteses alternativas ou como o indivíduo de Tylor para as instituições da cultura. Mas a natureza, como Gould observou, "não é um criador dos animais; nenhum propósito preordenado regula a história da vida" (1980: 42). Embora muitas vezes se referisse figurativamente à natureza como um agente dotado de propósito, Darwin teve muito mais cuidado do que muitos darwinistas modernos de acentuar a *diferença* entre a seleção natural e artificial nesse aspecto. Ele pede tolerância a seus leitores por sua personificação da natureza, mas nenhuma desculpa é necessária em caso dos seres humanos que – bem literalmente – selecionam em pessoa (DARWIN, 1872: 60; cf. BARNETT, 1983: 38). Ele continua, na mesma passagem: "O homem só seleciona para seu próprio bem; a natureza, somente para a daquele ser de que se ocupa". Em outras palavras, não há plano na natureza além dos singularmente personificados em todos e cada um dos próprios objetos da seleção. As limitações da analogia entre a variação sob domesticação e sob a natureza de modo algum invalidam as conclusões que Darwin extraiu dela (GOULD, 1980: 42), pois, do ponto de vista dos objetos da seleção, não importa se as condições que constituem seu ambiente surgiram circunstancialmente ou foram deliberadamente impostas por um agente de seleção.

Mas, quanto ao caráter total do processo evolutivo, a diferença tem toda importância. Na seleção de ideias e instituições, assim como na seleção de animais domesticados, está, por trás das "condições de vida" dos objetos (sejam estes ideais ou materiais), a vontade de um sujeito transcendente, uma mão dirigente para a qual todo objeto é apenas um meio para a realização de seus próprios fins, concebidos independentemente. Se um desenho institucional ou conceptual desloca outro, é porque se considera que, aos olhos do sujeito, este é um veículo mais eficaz de avanço moral ou intelectual. Falar de um "conflito incessante" entre instituições (Tylor) ou de "luta pela existência" entre hipóteses (Popper) equivale a entender o conflito no mesmo sentido de quando nos referimos a "pontos de vista conflitantes" de um debate racional, em que prevalece o lado que é conscientemente escolhido e adotado por uma maioria como a alternativa mais satisfatória. Como decorrência, a seleção é sinônima do exercício da razão, introduzindo "a teleologia na forma de um agir intencional [...] como uma condição e causa parcial de modificações adaptáveis" (BHASKAR, 1981: 207). Porém, como Bhaskar reconhece, a principal alegação da teoria darwinista consiste em ter *rejeitado* a ideia de teleologia na natureza (1981: 196). Esse contraste nos leva de volta à nossa distinção entre tratar a cultura por extensão como um complemento instrumental do natural e tratá-la por analogia como um substituto programático do natural. Poderíamos sustentar, com Darwin, que, como a razão humana é produto da seleção natural, os seres humanos são por sua vez os selecionadores racionais de suas formas culturais (tal como o são de suas espécies domesticadas). Mas, para construir uma história da cultura *análoga* à "descendência com modificação" de Darwin na natureza, teríamos de conceber os indivíduos em sua capacidade de portadores da cultura como selecionados em vez de selecionadores; eles não selecionam entre os elementos da cultura, mas se comportam de acordo com a influência combinada daqueles. E, para essa concepção das coisas, temos de passar mais uma vez de Tylor a Boas.

Já mencionei vários aspectos darwinistas do pensamento de Boas: a analogia entre culturas – como grupos integrados de elementos – e espécies, a ênfase concomitante na história de indivíduos e populações, a substituição do essencialismo pelo nominalismo, da ortogênese determinada pela filogênese indeterminada, do holismo pelo atomismo e da crença no progresso absoluto pelo relativismo. E, como é de esperar, a concepção de Boas das culturas e de sua história *incorpora a teleonomia, mas não a teleologia*. Nenhum propósito consciente é colocado antes da forma cultural; pelo contrário, todo indivíduo nasce como um conjunto único e fortuito de elementos culturais que posteriormente orquestram e dirigem seu pensamento e ação. Os seres humanos, nessa concepção, existem para realizar um projeto, inscrito em um análogo cultural do biograma. São os instrumentos da reprodução cultural, servindo para exprimir, animar e transmitir através das gerações um roteiro que – graças a uma cadeia de acidentes felizes – se reescreve constantemente. É uma limitação inescapável da história da cultura de Boas não ter nada a dizer sobre *o agir* da consciência. Como o animador de uma tradição histórica recebida, o homem boasiano é basicamente uma criatura do hábito, instruído por um projeto cultural do qual basicamente não tem consciência, e que busca razões depois do evento. Boas escreveu: "O homem médio não determina suas ações raciocinando, mas [...] primeiro age e depois justifica ou explica suas ações por meio de [...] considerações secundárias" (1911: 226). Assim, percebe-se que consciência é uma instância que reflete sobre aquilo que fazemos, mas não o dirige.

Para destacar o contraste entre essa concepção e a de Tylor, podemos examinar novamente seus respectivos conceitos de cultura. Para Tylor, assim como para Boas, a cultura é o projeto da humanidade. Lembremos, contudo, que Tylor escreveu sobre a cultura sempre na forma singular, como um *processo* contínuo. Por conseguinte, os *traços* da cultura (que barram "sobrevivências" que subsistem passada sua utilidade) existem com um propósito, não por causa de sua própria propagação, mas como veículos desse processo – que é naturalmente a elevação da mente humana. Longe de ser um meio passivo, a mente – ou a consciência – é um agente ativo que emprega seus poderes da razão na seleção de objetos culturais e que opera no curso longo da história mediante a *instrumentalidade* desses objetos[27]. Boas naturalmente teria rejeitado as implicações teleológicas desse conceito do processo evolutivo. Depois da transferência do atributo da cultura, à qual já aludi, de "nós" (esclarecidos, civilizados) para "eles" (presos aos costumes), o homem veio a ser visto – por Boas e muitos de seus seguidores – "não tanto como um ser *racional* quanto como um ser *racionalizador*" (STOCKING, 1968: 232). Contrário à "impressão [...] de que os hábitos e opiniões do homem primitivo tivessem sido formados pelo raciocínio consciente" (o que era a suposição de Tylor), Boas concluiu explicitamente que "as origens dos costumes do homem primitivo não devem ser procuradas em processos racionais" (1911: 227-228). O resultado dessa mudança de perspectiva é uma inversão correspondente entre agente e instrumento. As pessoas, em vez de usar as formas objetivas da cultura como instrumentos da condução de sua vida, tornam-se meros veículos de condução da cultura. Onde Tylor aspirava a escrever uma "história natural da mente humana inscrita nos [...] artefatos e instituições" (VOGET, 1967: 134), para Boas a mente humana é exposta como uma tábula rasa na qual é inscrita uma história de formas culturais. Exatamente do mesmo modo, Darwin via a natureza não como o autor da evolução, mas como o meio no qual esta é escrita. Essa história, seja de coisas naturais ou culturais, é cheia de padrões, mas destituída de propósito. Quando escreveu que "para entender história, é necessário saber não só como são as coisas, mas como vieram a ser" (1948: 284), Boas não pensou encontrar a fonte da história em alguma força criativa ou esforço consciente, mas simplesmente localizar o presente como o precipitado de uma sequência antecedente de eventos singulares.

Há uma continuidade razoavelmente direta, ainda que infortunada, entre a linha de raciocínio estabelecida por Boas e algumas tentativas recentes de colocar a evolução cultural e orgânica no mesmo arcabouço conceptual postulando algum equivalente cultural do gene. Os candidatos a essa distinção são as "instruções" de Cloak (1975), os "memes" de Dawkins (1976) e os "culturogenes" de Lumsden e Wilson (1981). Partindo da ideia de que o organismo é apenas uma máquina projetada para fomentar a réplica de seus genes individuais, esses autores afirmam que os seres humanos são não mais do que aparelhos por meio dos quais se propagam "bits" de cultura objetificados do mesmo modo. Em outras palavras, "Nossas 'instruções' culturais não trabalham para nós, organismos; nós é que trabalhamos para elas" (CLOAK, 1975: 172). Mas como a disseminação da cultura pode realizar-se independentemente da reprodução biológica, uma determinada instrução não precisa promover a sobrevivência de seu portador humano, contanto que o faça se comportar de modos que levem à sua transmissão eficaz a outros portadores potenciais. Uma instrução cultural, por isso, pode ser comparada, nas palavras de Cloak, com "um parasita ativo que controla algum comportamento de seu hospedeiro" (1975: 172). Ou, para voltar à imagem cancerosa de Dawkins: "Quando planta um meme fértil em minha mente, você literalmente parasita meu cérebro, convertendo-o em um veículo de propagação do meme, assim como um vírus pode parasitar o mecanismo genético de uma célula hospedeira" (1976: 207). E, assim, o infeliz indivíduo, com a mente infestada por toda uma comunidade de parasitas ativos, cerebrais, tem de responder mecanicamente às suas ordens – sem atenção à sua própria sobrevivência – e, ao fazê-lo, transmitir a infecção a outros (assim como a pessoa resfriada, ao espirrar involuntariamente, transmite seus germes a todos ao redor). Brigando entre si por tempo e espaço de armazenamento no meio que é a mente humana, os "bits" da cultura são submetidos a um processo parecido com a seleção natural mediante a qual aqueles com mecanismos mais eficazes de propagação tenderão a tomar o lugar dos menos eficazes (CLOAK, 1975: 169; DAWKINS, 1976: 211; 1982: 109-110).

A maioria de antropólogos se inclinaria indubitavelmente a classificar esse argumento como um exemplo das aberrações grotescas de uma imaginação científica que se despediu há muito tempo da realidade da experiência humana. Reservarei a discussão mais completa da analogia gene-cultura para o último capítulo e só a levantei agora por duas razões. Em primeiro lugar, ela indica os absurdos aos quais podemos ser levados ao examinar até seu extremo lógico o conceito atomista de determinismo cultural inaugurado por Boas. Em segundo lugar, ele nos obriga a considerar a dicotomia entre uma concepção da mente como *agente* e como *meio*. Apesar da distância de um século, há alguma semelhança superficial entre a imagem de Tylor de "espécies etnográficas" associando-se na vida de um povo, e a ideia de Cloak e Dawkins de que os traços da cultura constituem uma comunidade de parasitas cerebrais. Mas a semelhança termina aí. Porque Tylor não considerava a mente um vetor da propagação de traços, mas a instalou firmemente na cadeira do diretor, descobrindo, aceitando e rejeitando de acordo com seu propósito progressivo. Para responder no espírito de Tylor à vulgaridade de Cloak: "Nós seres humanos não trabalhamos para as nossas instruções; elas é que trabalham para nós". Essa observação concorda bem com a experiência do bom-senso, e é a base de muito do que terei a dizer sobre a relação entre mente e cultura no restante deste livro.

Se memes e culturogenes forem a descendência bastarda dos elementos culturais de Boas, há uma conexão ainda mais peculiar entre *A descendência do homem*, de Darwin, e o manifesto do profeta moderno da sociobiologia, E.O. Wilson, em *Sobre a natureza humana* (1978). Como a maioria de trabalhos que autoconscientemente anunciam a alvorada de uma era totalmente nova da compreensão humana, esta obra provavelmente vai ser lembrada pelos historiadores do século XXI como uma pitoresca curiosidade cujo interesse principal está em sua reflexão não crítica sobre muitas das ideias profundamente arraigadas na consciência popular da época. Ainda assim não podemos deixá-la inteiramente de lado. Porque, tal como Darwin, Wilson começou como um observador de outras espécies e não de outras culturas, e só mais tarde voltou sua atenção para a humanidade. E a concepção de homem de Wilson, tal como a de Darwin, ecoa razoavelmente os preconceitos morais do mundo ocidental, sendo do mesmo modo baseada em uma ignorância assombrosa de povos não ocidentais, menos permissível em uma época em que sabemos muito mais sobre eles. Mais uma vez, tal como Darwin, Wilson apresenta um quadro igualmente determinista da evolução da sociedade, como um processo de "crescimento" da condição natural dos "bandos de caçadores-coletores" à "alta cultura da civilização ocidental" (WILSON, 1978: 87, 203). O mais importante é que o argumento de Wilson incorpora duas premissas fundamentais de *A descendência do homem*: um materialismo completo, mecanicista, e uma concepção da cultura como uma espécie de protuberância da natureza humana em vez de um substituto para ela. Com base na primeira premissa, Wilson promete explicar a mente "como um epifenômeno do maquinário neuronal do cérebro" (1978: 195). O segundo é vividamente expresso em seu dito célebre "Os genes mantêm a cultura em uma coleira" (1978: 167). Dito de outra maneira, a hereditariedade tem com a tradição uma relação não de metáfora, mas de metonímia.

Admitida a semelhança de abordagem, somos naturalmente incitados a perguntar se Wilson chegou a conclusões semelhantes a Darwin, por razões semelhantes. A resposta é: não exatamente. Porque Wilson escreve em uma época em que o pressuposto de substanciais diferenças na capacidade mental média entre populações humanas já não é cientificamente crível. Sobre a questão de se essas diferenças por acaso existem, ele é notavelmente ambíguo (WILSON, 1978: 48; cf. BOCK, 1980: 119-121). Wilson escreve: "Dado que o gênero humano é uma espécie biológica, não deve causar nenhum impacto descobrir que as populações são até certo ponto geneticamente diversas nas propriedades físicas e mentais que são a base do comportamento" (1978: 50). Mas admite que "a evolução social é obviamente mais cultural do que genética" e que apenas as disposições "fortemente manifestas em praticamente todas as sociedades humanas" podem ser "consideradas desenvolvidas por genes" (1978: 153). Fica bem claro que não há sentido na tentativa de explicar passagem de uma sociedade de bandos de caçadores-coletores a uma nação industrial avançada em termos da melhoria gradual de propriedades inatas da mente quando, como o próprio Wilson admite, a dotação genética do caçador-coletor contemporâneo não se diferencia significativamente daquele do europeu moderno (1978: 34).

Se, contudo, estendermos nosso horizonte temporal para incluir os dois ou três milhões de anos da evolução do hominídeo que levou ao surgimento do *Homo sapiens* propriamente dito, testemunhamos "um avanço ininterrupto da capacidade mental", no final a uma taxa de uma colher de sopa de capacidade craniana a cada cem mil anos (1978: 87; cf. tb. WILSON, 1980: 272)! A explicação de Wilson para esse avanço acrescenta pouco àquelas de Wallace e Darwin, embora a agracie com um novo termo – *autocatálise* – que ele tomou de empréstimo da química. Em termos simples, os hominídeos de cérebro maior produzem artefatos superiores, e como estes conferem uma vantagem reprodutiva a seus possuidores, a seleção natural favorecerá uma maior melhoria no intelecto, que por sua vez gera equipamentos culturais ainda mais eficazes, e assim por diante, por meio do reforço mútuo (WILSON, 1978: 84-85). Num dado momento, embora apenas durante mais ou menos os últimos cem mil anos, a evolução da cultura "decolou de seus fundamentos biológicos, levando recentemente boa parte da humanidade (mas, inexplicavelmente, não toda ela) a vertiginosas alturas enquanto a natureza humana é deixada a caminhar penosamente ao longo na Idade da Pedra". E, desse modo, Wilson sente-se justificado em supor que "a maioria das mudanças que ocorreram no intervalo da vida de caçador-coletor de há quarenta mil anos aos primeiros vislumbres da civilização nas cidades-estados sumérias, e praticamente todas as mudanças, da Suméria à Europa, foram criadas pela evolução". Seu problema central, por isso, é descobrir "o ponto até o qual as qualidades hereditárias da existência de caçador-coletor influíram no curso da evolução cultural subsequente" (1978: 88).

Nesse ponto, o argumento de Wilson toma uma direção bastante peculiar. Porque ele afirma que "a chave da emergência da civilização é a *hipertrofia*, o crescimento extremo de estruturas preexistentes". Todas as instituições da sociedade moderna devem ser entendidas como "complexos desenvolvimentos hipertróficos de características mais simples da natureza humana", cujos rudimentos podem ser descobertos no repertório dos caçadores-coletores primitivos. Além disso, diz que as direções e os resultados desse processo desenvolvente são "restringidos pelas predisposições comportamentais geneticamente afetadas comuns à espécie humana" (1978: 89, 95-96). Os termos lembram surpreendentemente os de Morgan, em *Sociedade antiga*: "As principais instituições da humanidade foram desenvolvidas de alguns germes primários do pensamento, [cujo] curso e maneira de [...] desenvolvimento foi predeterminado, bem como restringido, dentro de limites estreitos de divergência, pela lógica natural da mente humana e as limitações necessárias dos seus poderes" (1963 [1877]: 18). Substituindo os "germes de pensamento" idealizados de Morgan pelo "capital genético" materializado de Wilson, temos essencialmente a mesma fórmula. Observe-se que os "genes" de Wilson há muito deixaram de ter alguma semelhança com as entidades particuladas de fato estudadas pelos geneticistas. Porque agora eles estabelecem um plano não só para a ontogenia individual, mas também para a filogenia cultural. Esta deve ser considerada como uma espécie de crescimento, previsível em tudo, exceto detalhes, do qual o indivíduo representa somente um momento passageiro do desenvolvimento epigenético.

Essa concepção spenceriana da evolução cultural é confirmada quando Wilson usa para descrevê-la uma metáfora derivada da biologia do desenvolvimento. A metáfora é de Waddington (1957: 29), e compara a trajetória da ontogenia individual àquela de uma bola que rola abaixo em uma paisagem inclinada sulcada por vales, às vezes superficiais, às vezes íngremes. A paisagem é formada pelos genes do indivíduo, mas em algum ponto de seu desenvolvimento as influências ambientais podem empurrar a bola para um vale em vez de para outro, e, portanto, para uma trajetória alternativa. Mas, nas mãos de Wilson, a bola se torna a própria sociedade: "Pode-se dizer que a sociedade que sofre evolução cultural esteja descendo a encosta de uma paisagem desenvolvente bem longa". E embora "características idiossincrásicas" possam fazer que ela role em um ou outro canal, a paisagem em si já está estabelecida, pronta para a humanidade atravessar (WILSON, 1978: 60-61, 114-115). Essa metáfora parece sugerir que, ao passar da evolução biológica para a cultural, os atributos hereditários humanos foram promovidos a "supergenes", instalados pela seleção natural, e se combinaram para estabelecer um programa desenvolvente de uma cultura hipostasiada que é instalada antes de sua realização nos indivíduos e populações que sucessivamente faz vir a ser. É óbvio que a existência de semelhante programa supergenético não foi demonstrada, e provavelmente nunca será. Na verdade, ela usurpou o projeto de uma consciência transcendente, de modo que o precipitado de nosso passado biológico seja concebido como um modelo de nosso futuro cultural. Em lugar de Deus, escreva seleção natural!

Não deve causar surpresa, então, que Wilson passe a redescobrir todos os princípios essenciais do método comparativo. A lógica de sua argumentação é extremamente simples e deve parecer a esta altura familiar. Se se supõe que toda a humanidade compartilha um biograma humano distintivo, rastreável em nossa origem comum como caçadores e coletores no estado de natureza, e se além disso se supõe que as formas culturais são mecanicamente geradas ou "impressas" por esse biograma, o único modo de explicar as diferenças culturais é supor que representem pontos sucessivos de uma trajetória desenvolvente universal. Assim, Wilson observa que "a emergência da civilização seguiu em todo lugar uma sequência definível", em uma escala de complexidade crescente, de bandos a tribos, de tribos a chefaturas e destas a cidades-estados. Esse paralelismo é oferecido como evidência da influência preponderante do "capital genético" das espécies humanas na direção do curso de desenvolvimento cultural (1978: 88-89). Em termos alarmantemente semelhantes, Morgan tinha chamado a atenção para os canais uniformes do progresso social como evidência da primazia de seus "germes do pensamento" (1963 [1877]: 17-18). E como todas as sociedades atravessam a mesma paisagem, os povos caçadores e coletores ou os povos "tribais" contemporâneos podem ser tomados como representantes de estágios precedentes de nosso próprio avanço rumo à civilização. Os caçadores e coletores, especialmente, nos apresentam o que há de mais próximo do marco zero do desenvolvimento cultural, fornecendo um quadro da natureza humana "em estado bruto" (WILSON, 1978: 34, 82; 1980: 292-293).

Há, contudo, uma importante diferença entre as concepções de progresso de Wilson e do iluminismo liberal, vividamente transmitida por seu uso do termo "hipertrofia". A cultura, ao que parece, não está se esforçando para seguir em direção a um propósito, mas – impelida por um ímpeto autocatalítico – ultrapassou os limites de sua origem. Voltando à analogia da bola na paisagem, vemos que a bola está presa a seu ponto de partida por um fio elástico (a coleira) que, ao se alongar, fica cada vez mais esticado. Além disso, "há um limite", sugere Wilson, "possivelmente mais próximo das práticas de sociedades contemporâneas do que temos condições de perceber, para além do qual a evolução biológica começará a impelir a evolução cultural de volta a si mesma" (1978: 80). Vivemos com o estorvo biológico de nosso passado primitivo que, embora tenha tanto lados bons como ruins, está cada vez mais incompatível com as exigências da civilização. Em "Esperança", seu capítulo final, Wilson prega que a salvação humana está na busca do autoconhecimento racional, que pelo menos poderia nos permitir perceber e desenvolver o lado melhor de nossa natureza. Como Bock observa secamente, "É alarmante testemunhar a aceitação, pela sociobiologia, dessa forma clássica de filosofia cristã da história. Santo Agostinho poderia reclamar de minúcias do fraseado" (1980: 88).

É demasiado evidente que Wilson, embora bem apropriadamente evite o racismo virulento do final do século XIX, nos levou inadvertidamente atrás, de volta ao século XVIII (e para além dele) em vez de avançar para o XX. Fica-se por isso perturbado com a facilidade com que ele descarta várias correntes atuais de pensamento nas humanidades e ciências sociais, que ele julga "destituídas da linguagem da química e da biologia" e lê "como se a maioria da ciência básica tivesse parado no século XIX" (1978: 203). A antropologia evolutiva de há cem anos estava, naturalmente, repleta de imagens químicas e biológicas: lembremos a comparação de Tylor das leis da cultura com as que governam "a combinação de ácidos e bases e o crescimento de plantas e animais" (1871, 1: 2). O fato de essa linguagem estar em conformidade com a concepção de Wilson de uma futura síntese só acentua nossa impressão sobre seu próprio trabalho, a de que o pensamento mais básico sobre a sociedade tivesse parado pelo menos um século antes. Se o que ele apresenta fosse realmente ciência (o que não é), a antropologia moderna teria bons motivos para proclamar uma emancipação pós-científica que promete abrir vastas áreas do entendimento do ser humano que a sociobiologia eliminou com firmeza. Essas áreas concernem sobretudo nosso conhecimento de história, assunto sobre o qual a sociobiologia, embora pretendendo explicar tudo, não explica absolutamente nada. De uma teoria que alega estabelecer "o curso principal da trajetória previsível da história" para simplesmente rejeitar toda a questão como um produto dos "detalhes acidentais" da "deriva cultural", sobreposta a predisposições biológicas últimas e exigências ambientais atuais, dificilmente se pode esperar muita iluminação (WILSON, 1978: 96, 116). Na verdade, Wilson reconhece voluntariamente que "a hipótese sociobiológica não explica [...] diferenças entre sociedades" (1978: 153-154), compartilhando com o darwinismo ortodoxo uma incapacidade de explicar por que uma sociedade progrediu onde outra não. A compreensão adequada da história requer uma abordagem de um ângulo completamente distinto, que é uma posição *no interior* do próprio processo social. Ao separar o agir da consciência da instrumentalidade da cultura, temos de rejeitar a redução das intenções humanas à ação do maquinário orgânico. Nosso interesse imediato, na adoção de uma abordagem dessa espécie, é esclarecer a dicotomia entre história e evolução. São elas palavras diferentes para designar a mesma coisa, ou estão em oposição complementar? Esta é a primeira questão importante sobre a qual nos debruçaremos no próximo capítulo.

3
A substância da história

> Há dois conceitos contrários do *modus operandi* da mudança: o "histórico" e o "evolutivo". Destes, o primeiro supõe que mudanças afetam "eventos", e este último que mudanças são produzidas pela modificação lenta e contínua de um mundo sem eventos (TEGGART, 1972).

Os termos "história" e "histórico" apareceram em nossa discussão em alguns pontos dos dois últimos capítulos, às vezes como sinônimos de "evolução" e "evolutivo", às vezes como antônimos, dependendo do contexto. Nosso interesse agora é o exame mais detido do que queremos dizer com mudança histórica. Pretendo mostrar que aos dois sentidos de evolução identificados no capítulo 1 correspondem dois sentidos de história. Por conseguinte, quer concebamos a evolução em termos darwinistas ou spencerianos, é possível encontrar uma espécie de história com a qual pode ser comparada, e outra à qual tem de se opor. Está na base dessa dupla dicotomia a mesma polaridade entre holismo e atomismo que distinguiu a história da cultura de Tylor daquela de Boas. Contudo, para estabelecer a conexão entre a evolução como um processo total e o sentido correspondente de história, vai ser necessário substituir o "homem" universal pela "pessoa social" particular como o agente criativo da mudança. Por esta via, chegamos a uma distinção fundamental entre uma história de *pessoas* e uma história de *populações*, estas últimas concebidas como agregados de indivíduos objetificados. Boa parte deste capítulo é dedicada a uma discussão da dicotomia indivíduo/pessoa e às diferentes interpretações que lhe podem ser dadas. Veremos que correspondem a esta dicotomia formas bastante contrárias de tempo, o que vai constituir o objeto do capítulo 4.

Permitam-me começar apresentando os dois sentidos de história em torno dos quais minha discussão subsequente vai se construir. De acordo com o primeiro, a história consiste em uma concatenação de entidades discretas e transitórias, ou eventos, cada um ímpar em seus pormenores. Trata-se, obviamente, de um conceito tão aplicável ao mundo da natureza, inorgânica e orgânica, quanto ao domínio da cultura humana (WHITE, 1945a: 243; KROEBER, 1952: 70; TRIGGER, 1978: 25). Um geólogo pode falar da história da terra, e um biólogo da história de gêneros e espécies, mais ou menos do mesmo modo como um antropólogo cultural poderia falar da história de artefatos, instituições e ideias. É um sentido que atribui muito ao acaso, à contingência ou à "coincidência", e pouco ou nada ao propósito ou projeto. A história, um "capítulo de acidentes" – ou "uma coisa maldita depois da outra", como Elton (1967: 40) tão eloquentemente diz – é equiparada a tudo que é inconstante ou caprichoso no mundo experienciado. Ela confunde nossas expectativas, surpreende-nos com suas novidades e zomba de cada tentativa nossa de confiná-la nos limites de "leis" determinadas. Mas nós mesmos não temos influência sobre ela e, em vez disso, encontramo-nos à parte, como testemunhas, para traçar seu curso irregular, tratando as coisas da história como objetos do conhecimento positivo.

A segunda concepção considera que a história começa com a consciência, ou, para impor uma limitação adicional, com a autoconsciência. A maioria dos escritores que adotam essa concepção (p. ex., CASSIRER, 1944: 191; COLLINGWOOD, 1946: 215-217; CARR, 1961: 178; cf. BIDNEY, 1953: 281) supõe que só os seres humanos têm história, embora tenhamos ocasião para questionar as premissas sobre as quais se apoia essa suposição. A história, dizem eles, não acontece simplesmente, mas é *feita* por meio da atividade intencional de sujeitos conscientes e dotados de propósitos – por pessoas. Mas, como agentes históricos, atuamos a partir de dentro, como participantes de nossa própria criação: coletivamente, "o homem se faz a si mesmo". E, embora todo agente individual tenha uma existência transitória (já que cada um de nós, inconsciente do evento, deve fazer sua entrada e sua saída), a história que fazemos, e que é feita em nós, transcende os limites de nossa experiência particular. Ela é, como virei a demonstrar, nada mais do que o *processo da vida social*. Além disso, esse processo não pode ser compreendido como uma série cumulativa de eventos discretos, empíricos. Nossa vida subjetiva não está contida nos eventos, mas é conduzida por meio deles: é um movimento contínuo, criativo, como uma tarefa que nunca se completa. E como sabem todos os antropólogos praticantes, para apreender essa continuidade temos de participar da tarefa da vida, o que significa que necessariamente influenciamos sua direção. Estar à parte implica perder de vista o fluxo vinculante da consciência, de modo que o contínuo de vida e mente pareça decompor-se em uma miríade de minúsculos fragmentos comportamentais.

Temos, então, diante de nós, uma dicotomia fundadora, entre uma história processual de sujeitos conscientes ("pessoas") e uma história acidentada de objetos naturais e culturais ("coisas"). Essa dicotomia tem uma importante influência sobre a desagradável questão de se é possível separar a história da ciência. Está claro que, se a ciência é "o que os cientistas fazem", só faz sentido compará-la com a história se esta for entendida como "o que os historiadores fazem". Mas há opiniões divergentes quanto ao que define a abordagem "científica". Muitos preferem acentuar a importância que os cientistas atribuem à objetividade, com a implicação de que os observadores devem assumir uma posição inteiramente externa aos fenômenos que investigam. Uma abordagem dessa espécie seria incapaz de produzir uma compreensão do que chamei de "história de pessoas", uma vez que apreciar a experiência vivida de agentes históricos implica entrar subjetivamente em seu mundo social em vez de permanecer um espectador na plateia (COLLINGWOOD, 1946: 214). Por outro lado, a externalização do objeto é uma condição prévia para o estabelecimento de uma história das coisas, sejam elas naturais ou culturais. Nesse sentido, os geólogos ou paleontólogos são completamente científicos, embora seu trabalho seja a reconstrução de sequências cronológicas particulares. O mesmo se aplica à cultura-história boasiana, que, do mesmo modo, se apoia em cânones estritos de objetividade. Foi o mais importante discípulo de Boas, Alfred Kroeber, que escreveu sobre Darwin que ele "fez mais do que ninguém para estabelecer uma abordagem histórica como válida na ciência" (1963: 181). Mais corretamente, ele deveria ter louvado Darwin por fazer que uma abordagem científica tivesse influência sobre a história natural, tal como Boas o faria na história cultural.

Mas aqui encontramos outra concepção comum do que constitui a essência da ciência. Diz-se que os cientistas não estão interessados no peculiar e determinado, nem em sua sucessão cronológica, mas antes na formulação de leis gerais válidas para todos as épocas e lugares. Isso é frequentemente expresso como um contraste entre as abordagens "idiográfica" e "nomotética" (ELTON, 1967: 26-27). Assim, a paleontologia, ciência natural pelo critério da objetividade, vem a ser considerada "idiográfica e histórica" por causa de seus propósitos reconstrucionistas (TRIGGER, 1978: 31). Radcliffe-Brown sustentou uma concepção semelhante da etnologia de Boas, contrastando-a com sua concepção de uma antropologia social madura em termos de "ciência natural da sociedade" teoricamente orientada, nomotética (1951: 15, 22; 1952: 1-3; 1957). Mas, em outra frente, muito mais perto de casa, Boas viu-se sob o ataque de ninguém menos que Kroeber, por "fazer" ciência, mas não história (KROEBER, 1952: 63-65). Não é fácil acompanhar a argumentação de Kroeber, e Boas a achou francamente incompreensível (BOAS, 1948: 305-311). A essência dela é que uma abordagem "genuinamente histórica" é integrativa e totalizante em vez de analítica e atomizadora. Enquanto os cientistas confrontam o todo já decomposto em fragmentos discretos que podem então ser distribuídos na sucessão temporal para reconstituir o processo, os historiadores aspiram a apreender o movimento do todo por meio de um salto direto de intuição, vivendo-o em sua mente. A história nesse sentido se parece com a arte, e a tarefa dos historiadores é descrever, traduzir e interpretar, mas não decompor em elementos. Essa abordagem subjetivista, posteriormente assumida por Evans-Pritchard (1950: 122-123), pode ser oposta – como acabamos de ver – a um objetivismo "científico" que reduz pessoas a coisas ou o fluxo da consciência às formas de seu arcabouço natural e cultural (BIDNEY, 1953: 250-261). Embora não reserve sua espécie de história exclusivamente ao homem, Kroeber observa que ela funcionou melhor no campo das sociedades humanas, "no nível psicossociocultural", e que sua extensão aos domínios orgânicos e inorgânicos encontra crescentes dificuldades (1952: 63, 101). No caso da "ciência" de Kroeber, a direção da extensão é precisamente o inverso da passagem da biologia darwiniana à etnologia boasiana.

Para Kroeber, assim como para Radcliffe-Brown, o conhecimento histórico é "idiográfico". O fato de aquele poder contrastar esse conhecimento com o produzido pela "ciência" boasiana, ao passo que este último o identifica com os frutos da "história" boasiana, mostra que a noção de "idiográfico" não está livre de ambiguidades. Na verdade, essa ambiguidade estava presente desde o início, a partir do momento em que a dicotomia entre nomotético e idiográfico foi cunhada originalmente pelo filósofo-historiador alemão Windelband, em uma palestra realizada em 1894 (cf. COLLINGWOOD, 1946: 166-167). Como um representante proeminente da chamada escola neokantiana, Windelband estava preocupado em separar os métodos da ciência e da história porque esta, como lida com valores ideais, requer uma abordagem subjetiva ou intuitiva bastante alheia aos preceitos da ciência positiva. Contudo, exprimindo esse contraste desejado como estando entre a descoberta de leis gerais e a descrição de eventos singulares, os termos de Windelband podem ser facilmente apropriados pelo próprio positivismo para denotar sua oposição, não à história subjetivista, mas aos dois estágios sucessivos de seu próprio programa: primeiro a diligente coleta de fatos individuais, empíricos e, em segundo, a tentativa de organizar esses fatos em um arcabouço de princípios gerais. Além disso, essa apropriação foi facilitada pela interpretação da história como *ciência* idiográfica. Coube a Rickert esclarecer algumas dessas confusões e mostrar que há modos históricos e científicos distintos de ocupar-se do particular (COLLINGWOOD, 1946: 168-169). Assim, o eixo particular-geral é perpendicular ao eixo subjetivo-objetivo (fig. 3.1).

Kroeber, seguindo a tradição neokantiana, partiu de Rickert (1952: 123), ao passo que tanto Boas como Radcliffe-Brown permaneceram firmemente ancorados no positivismo, Boas manteve os pés no chão do primeiro estágio e Radcliffe-Brown manteve a cabeça nas nuvens do segundo. Por isso, Kroeber pôde apresentar a antropologia como uma espécie de história que tenta fornecer uma "integração descritiva" de fenômenos percebidos "quanto à sua totalidade", uma totalidade cuja dissolução em elementos seria a primeira tarefa da análise objetiva, "científica" (KROEBER, 1952: 63-64). E foi por isso que Radcliffe-Brown, observando empiricamente um mundo já assim decomposto, pôde ver uma bifurcação da disciplina em dois ramos, um (idiográfico) voltado para a reconstituição de história "como uma descrição autêntica da sucessão de eventos em uma região particular em um determinado período do tempo", e, o outro, (nomotético), para a formulação e validação de "leis da estática social" e "leis da dinâmica social" (RADCLIFFE-BROWN, 1951: 22). Estas últimas tarefas representam um empreendimento não descritivo, mas de integração *teórica*, que vem do processamento por indução de eventos tais como vistos por um intelecto que está fora do mundo, em vez de partir da vivência de eventos por uma intuição instalada dentro dele. A oposição entre esses dois modos de compreender a realidade, que Bergson (1911: 186) chamou de "intelectual" e "intuitivo", foi muito bem expresso pelo biólogo Paul Weiss: "Para mim, o universo apresenta-se ingenuamente como um imenso contínuo coesivo"; contudo, "estamos acostumados a olhar para ele como uma colagem de retalhos de fragmentos discretos". Além disso, perde-se nessa fragmentação algo que não pode ser recuperado: "A mera reversão da nossa dissecação analítica prévia do universo, juntando as partes novamente [...], não pode produzir nenhuma explicação completa do comportamento até mesmo do sistema de vida mais elementar" (WEISS, 1969: 5, 7). Uma máquina pode ser constituída de partes, mas as máquinas não vivem. Logo, *o que falta é o próprio processo da vida*.

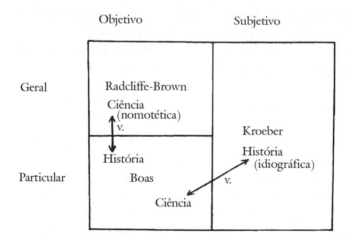

Fig. 3.1. Dois modos de contrastar a história e a ciência. Para Kroeber, o objetivismo atomizador da abordagem de Boas o estabeleceu como perspectiva "científica", em oposição à sua abordagem, totalizante e idiográfica ("histórica"). Para Radcliffe-Brown, a preocupação com pormenores culturais estabeleceu a etnologia boasiana como idiográfica e "histórica", em contraste com sua própria concepção de uma antropologia social "científica", generalizante ou nomotética.

Permitam-me abordar essa questão de outra forma. Pode-se aceitar que uma descrição idiográfica lida com detalhes, mas vamos considerar cada detalhe como um momento ou "nexo" no desdobramento de um processo total (como fez Kroeber) ou como uma entidade isolável, empírica (como fez Boas)? Se seguirmos a primeira opção, nossa "integração descritiva" – para usar a frase de Kroeber – será uma descrição parcial do todo tal como visto de uma determinada perspectiva em um contínuo espaçotemporal ilimitado. Concentrar-se no evento será, portanto, contemplá-lo como o faríamos com uma bola de cristal cuja superfície exterior parece desaparecer à medida que o olho penetra cada vez mais nela. O mundo inteiro está lá, nesse evento, desde que possamos ver bem dentro dessa bola. Mas coloquemos a bola em outro lugar no espaço ou tempo e a imagem será diferente, como uma fotografia tirada de outro ângulo. Para adotar termos recentemente sugeridos pelo físico David Bohm (1980: 149), a ordem que se abre no movimento total da história é "envolta ou *implicada* [sic]" em todo elemento particular que possamos abstrair dela. Logo, em última análise, "pode-se dizer que tudo se acha envolto em tudo". Se, ao contrário, confinamos nossa atenção na ordem *explicada* [sic], veremos apenas um mundo de coisas cada uma das quais está de fora de todas as outras, estando ligadas como as partes de uma serra de vaivém por meio do contato externo – seja contiguidade espacial ou sucessão temporal (BOHM, 1980: 177). Logo, se nos concentramos apenas na exterioridade dos eventos, sem encontrar nada de relevante no interior, só podemos fazer a reconstrução da história por meio da recuperação e enumeração meticulosas de cada evento particular que pudermos encontrar, pondo cada um em sua posição correta em uma sequência particular, e esperando terminar por meio disso com um quadro razoavelmente completo. Mas mesmo que imaginássemos que nossa compilação dos fatos fosse exaustiva (algo que é, naturalmente, uma impossibilidade prática), a história que teríamos construído seria uma história *morta*; isto é, uma descrição de eventos que omite a menção à consciência daqueles que passaram por eles. Seria então antes uma descrição da biografia de uma pessoa que fizesse uma relação de todos os seus trajes, das fraldas à roupa funerária. Em resumo, cairíamos em uma história não de pessoas, mas de coisas. Comparar a história com a ciência é bem diferente de compará-la com a evolução. Porque, neste último caso, nosso interesse não é a abordagem dos historiadores, nem o conhecimento que gera, mas aquilo que consideram a substância de sua pesquisa (o que dependerá, naturalmente, da abordagem que adotam). Tal como evolução, como quer que o termo seja entendido, história nesse sentido tem havido ao longo das eras bem independentemente dos esforços combinados de pesquisadores de múltiplas persuasões (que podem se autodenominar cientistas, historiadores ou os dois ao mesmo tempo) para apreender parcelas dela do mundo real e projetá-las no domínio microcósmico do conhecimento humano. Infelizmente, a questão foi obscurecida pela interpretação da história como "historicismo" e da evolução como "evolucionismo". Ninguém parece concordar sobre o que o primeiro termo significa. Depois de rever uma ampla variação de usos altamente desiguais, Lee e Beck (1954) concluem que o historicismo implica um credo antipositivista que considera o conhecimento do passado uma condição prévia para entender o presente. Stocking (1968: 4) acredita que exprime um "compromisso de entender o passado pelo passado". Essa conotação relativista é negada por Popper (1957), que insiste que o historicismo é uma abordagem que se volta para a *preconcepção* histórica (cf. CARR, 1961: 119-120, n. 8). O termo se tornou desde então um guarda-chuva para praticamente toda teoria do progresso social ou cultural, inclusive as mais normalmente conhecidas como evolutivas, cuja posição é tanto positivista como antirrelativista. Segundo Mandelbaum (1971: 42), uma interpretação historicista de fenômenos é aquela que dá a cada um lugar e um papel a desempenhar "em um processo de desenvolvimento", como o exemplificam as obras de Comte, Tylor e Spencer.

Mas Spencer, por exemplo, não tinha uso para "história". Ele observou: "Enquanto não se tiver uma real teoria da humanidade, não se poderá interpretar a história; e, quando se tem uma real teoria da humanidade, *não se quer a história*" (1972: 83). Podemos ver que Spencer usa "história" aqui em dois sentidos bastante diferentes. O primeiro se refere à *realidade* da mudança, que, como Spencer alega, ele só podia interpretar. Mas o tipo de história que ele não queria era uma *abordagem* específica, "historicista" no sentido original do termo, marcado por um compromisso exagerado com entender eventos do passado em seus próprios termos. A esse historicismo ele opõs sua própria "teoria verdadeira", a teoria da evolução. Com efeito, era menos uma teoria do que um credo, pois não apenas não era testável, como sua verdade era – para seu autor – indubitável. É bem irônico que a posição de Spencer, marcada por seu intenso repúdio pela compreensão histórica, no final tenha vindo a ser considerada "historicista". Não há muito a ganhar com o uso contínuo de um termo que passou de significar uma coisa para significar seu oposto, e é melhor considerá-lo obsoleto. O credo de Spencer pode, contudo, ser razoavelmente representado como evolucionismo, desde que o sufixo seja tomado como conotando uma passagem dos fenômenos da mudança à doutrina de sua inevitabilidade[28]. Mas, na apressada promulgação da noção de evolucionismo por Leslie White, um defensor valoroso mas excêntrico da teoria evolutiva na antropologia pós-boasiana, a significação dessa passagem foi fatalmente obscurecida.

Temos de fato um débito com White por resgatar o conceito de evolução, em seu sentido original de desenvolvimento progressivo, do esquecimento temporário que vinha sofrendo depois de sua apropriação, com uma roupagem completamente distinta, pela biologia darwinista, e de sua total rejeição por Boas e seguidores. Como parte dessa operação de resgate, White preocupava-se particularmente em destacar o contraste entre evolução e história, que julgava representarem processos de espécies distintas que ocorrem no mundo real. Ele continuou a definir a história precisamente nos mesmos termos de Boas: "uma sequência cronológica de eventos únicos" (WHITE, 1945a: 222; comparar com BOAS, 1948: 284). E concordava que essa história pode ser generalizada nas ciências físicas, biológicas e culturais (1945: 243). O mesmo ocorria com a evolução; assim, cientistas naturais ou culturais podem estudar a história, já que estão interessados na documentação de entidades e eventos, e podem estudar a evolução, se seu interesse for o desdobramento de sistemas totais de relações entre entidades e eventos. Isso parece bem claro, mas White começa a passar por dificuldades devido a algo que é aparentemente um lapso, a saber, a interpretação do processo de evolução como "processo evolucionista", e daí como "evolucionismo". O lapso não percebido torna-se um hábito, até o ponto em que White se torna sobremodo incapaz de discriminar entre o próprio processo e a maneira de fazer sua interpretação. Isso culmina em sua afirmação irracional de que "o evolucionismo é um fato bem estabelecido" (WHITE, 1959a: 115).

Não admira que a ressurreição por White do evolucionismo tenha sido atacada pelas tentativas contemporâneas de Kroeber de esclarecer (ou obscurecer) a distinção entre história e ciência. Enquanto a intenção de White tinha sido mostrar que tanto a história como a evolução podem ser objetos legítimos de pesquisa, Kroeber pensou que ele estava tentando introduzir uma terceira abordagem – o evolucionismo – imprensado entre ciência e história. Essa abordagem pretendia – ou parecia pretender – retirar da história tudo o que pode ser localizado na dimensão do tempo, e, da ciência, tudo o que pode ser entendido em termos de processo sistêmico. O resultado seria deixar esta última apenas com abstrações eternas e, a história, com a mera tarefa de compilar anais, oferecendo aos evolucionistas a matéria de suas generalizações. "Não há proveito em estripar a história e deixar sua concha vazia abandonada; pode sobrevir o evento embaraçoso de não haver ninguém que a reivindique" (1952: 96) – protestou Kroeber. A isso White pode responder que a reafirmação de Kroeber da dicotomia história/ciência constitui *"uma negação da evolução"* (1959a: 115). Naturalmente, não se trata disso. Porque a intenção de Kroeber tinha sido estabelecer uma divergência de método, não de objeto. Com o benefício da percepção após o fato, vemos com clareza que boa parte da controvérsia decorreu de um equívoco mútuo, provocado basicamente pelo olímpico descuido de White quanto à precisão conceptual, equivalente à verbosidade irreprimível de Kroeber. Graças a uma dupla confusão quanto ao modo de interpretação da realidade a ser interpretada, a evolução foi entendida (por Kroeber, parafraseando White) como um método que substitui a história e a ciência, enquanto a história e a ciência o foram (por

White, parafraseando Kroeber) como um método que substitui a evolução. A ciência, (ou o conhecimento obtido com sua aplicação), naturalmente, é um método, e a evolução um processo do mundo real. "História" é um termo que pode ser usado em ambos os sentidos, como em nossa citação anterior de Spencer, e pode ser comparada ou contrastada com a ciência no primeiro sentido e com a evolução no segundo.

Tendo eliminado essa fonte específica de confusão, podemos examinar mais detidamente a concepção de processo evolutivo de White. Como observei, essa concepção é essencialmente pré-darwiniana. "O processo evolucionista" – como ele costumava denominar, "se ocupa da progressão de formas no tempo [...]. Uma forma vem de, e se torna, outra" (WHITE, 1945a: 230). Ecoando Spencer, trata a ontogenia – o surgimento de seres vivos – como um exemplo desse tipo de processo. Como Kroeber observou, a "qualidade da predeterminação, da metamorfose espontânea, de um curso teleológico, parece ser o que é especificamente característico do processo evolucionista de White" (1952: 100). Ela consiste em um "desdobramento de imanências". O próprio White é explícito: "Podemos prever o curso da evolução, mas não da história" (1949: 230). Há uma evolução de espécies que se desenvolvem, umas a partir das outras, em uma ordem definida, e uma evolução análoga de instituições culturais. Estas são contrastadas com as histórias das espécies e das instituições, respectivamente (WHITE, 1945a: 243). Essa concepção da analogia orgânica é praticamente idêntica à de Tylor, que exploramos no capítulo anterior. Tylor, recordemos, excluiu de seu conceito de evolução cultural a diversidade de maneiras pelas quais os traços e as instituições escolhidos se combinam no repertório de povos. Como a associação de certas espécies biológicas em uma localidade geográfica particular, isso tem que ver com sua propagação e distribuição, não com seu desenvolvimento, e é historicamente contingente em vez de sujeito à lei geral. Do mesmo modo, para White, a *história* das espécies conta onde elas apareceram, onde floresceram e para onde migraram, ao passo que história da cultura se refere às perambulações de traços isoláveis cujos vários encontros e combinações na formação de indivíduos são os "eventos reais" dos quais ela se compõe (WHITE, 1945a: 235-236).

Decorre disso que todo indivíduo de uma espécie, assim como toda expressão de um traço, é o representante de um tipo preestabelecido e que cada tipo toma seu lugar como parte de uma organização sistemática, evolutiva. Novamente, White é explícito: "No processo evolucionista, não estamos preocupados com eventos únicos, fixados em um tempo e lugar, mas com uma *classe* de eventos, sem referência a tempos e lugares específicos" (1945a: 238). A ordem da evolução é uma ordem de classes, não de indivíduos. Mas se o "processo evolucionista" tem alguma contraparte no mundo real, tem de ser possível atribuir indivíduos a uma classe em virtude de uma essência comum. Porque, se o pressuposto essencialista for abandonado, a delimitação de classes se tornaria arbitrária e sua sucessão evolutiva uma ilusão da imaginação. Esse pressuposto, como já mostrei, constitui o âmago das objeções de Boas às premissas da antropologia tyloriana, mas se aplicam com igual força aos argumentos de White. E, justamente por isso, deve estar claro que a concepção de White sobre a evolução das formas orgânicas, assim como a de Tylor, está fundamentalmente em contradição com o paradigma darwinista, com sua rejeição do conceito essencialista das espécies e sua substituição do desenvolvimento progressivo pela diversificação indeterminada. O fracasso de White em perceber isso foi um engano fatal que deve ter-lhe valido a compaixão de biólogos profissionais que deram alguma atenção a seu trabalho. "Todos conhecem o processo evolucionista" – afirmou alegremente White –, "a sequência temporal de formas do Eohipo ao cavalo atual" (1945a: 235). Com efeito, era tanta sua confiança de que Darwin tinha uma "abordagem evolucionista" que ele até censurou Boas por tê-lo uma vez caracterizado como "histórico" (1945a: 222-223).

Embora o próprio Boas se mostrasse um tanto confuso sobre a relação entre a teoria darwiniana e a ideia do progresso na cultura e na sociedade, devemos a ele o reconhecimento da influência de Darwin no surgimento de uma avaliação do "aspecto histórico dos fenômenos da natureza", por meio de uma abordagem na qual "o principal interesse se concentra no evento como um incidente do cenário do mundo" (BOAS, 1974: 25-26). A descendência com modificação é, naturalmente, um processo histórico se a história é entendida como uma concatenação temporal de entidades e eventos empíricos – que foi o sentido adotado por Boas e White. Assim, a "evolução" do paradigma darwinista é formalmente análoga à "história" do paradigma boasiano, representando a combinação e recombinação, em indivíduos e populações, de elementos hereditários e adquiridos, respectivamente (MURDOCK, 1959: 129-132). Já tratei da analogia detalhadamente e não pretendo retomá-la aqui. Há certa convergência entre Boas e White quanto ao conceito de cultura-história, mas nenhuma em absoluto na analogia entre culturas e espécies. A "evolução das espécies" de White é lamarckiana, uma Cadeia do Ser temporalizada, devendo a Tylor sua comparação com a "evolução da cultura como um todo", e a Spencer sua caraterização como um caso especial de um processo igualmente evidente no desenvolvimento de estrelas e galáxias, o crescimento de indivíduos e o avanço de instituições sociais. Resulta disso que a oposição que White estabelece entre evolução e história é idêntica à dicotomia já conhecida a partir de nossa comparação, no capítulo 1, entre a evolução de Spencer e a de Darwin, e, no capítulo 2, da história de Tylor e de Boas. Contemplando a cultura peça por peça, em seus elementos, obtemos uma história de invenção, transmissão direta e difusão; contemplando-a como um todo sistêmico em desenvolvimento, obtemos a evolução progressiva (WHITE, 1945b; 1959b: 17-18, 29-30).

A mesma dicotomia reaparece em vários outros contextos antropológicos. Radcliffe-Brown, por exemplo, considera a história como uma "sequência complexa de eventos", mas aceita praticamente sem reservas a teoria da evolução social tal como formulada por Spencer (1952: 3, 7-8). Durante algum tempo, os seguidores de Radcliffe-Brown na Grã-Bretanha, e de Boas na América do Norte, constituíram duas subdisciplinas divergentes da antropologia – a "social" e a "cultural", respectivamente. O funcionalismo daquela e o particularismo histórico desta foram igualmente interpretados como reações contra o chamado evolucionismo, mas na verdade as duas se ocupavam fundamentalmente da evolução – uma entendendo-a no sentido spenceriano e a outra no darwinista (cf. STOCKING, 1974: 17). A posição de Kroeber, contudo, não pode ser prontamente acomodada nos termos dessa dicotomia. Sua concepção da substância da história parece incluir boa parte, senão tudo, do que White ou Radcliffe-Brown teriam considerado como evolução. Ele não hesita em descrever a história de culturas ou civilizações como um desenvolvimento progressivo, análogo àquele do crescimento orgânico, que é irreversível porque "[elas] não podem ser 'desdesenvolvidas' [sic] nem retroceder" (1963: 57). E interpreta a civilização como um *processo* "que opera de um começo de maior ou menor aleatoriedade em direção à coerência crescente, e que vai do amorfo em direção à definição, de tentativas hesitantes à decisão. Toda civilização tenderá a mover-se nessa direção no caminho que leva ao seu auge" (1963: 23). Até aqui, Kroeber parece oferecer pouco mais que uma reafirmação da fórmula spenceriana da evolução: "de homogeneidade incoerente à heterogeneidade coerente".

O aspecto em que Kroeber se diferencia bem fundamentalmente do evolucionismo social ortodoxo está em sua adoção de uma concepção pluralista de civilização. Assim, o processo de desenvolvimento não é de modo nenhum uniforme para a humanidade como um todo; não há uma civilização, mas muitas, cada uma discernível como um jato ou impulso limitado de crescimento em uma região particular do contínuo espaçotemporal. Uma vez que o pico de crescimento passe, elas enrijecem ou se desfazem, contribuindo suas partes para o *pool* acumulador de fragmentos que flutuam na maré da história. A partir de um amálgama desses fragmentos, uma nova cultura pode nascer e uma nova fase de crescimento se iniciar. A hipostasia kroeberiana da cultura como um ser superorgânico com uma história de vida própria, dirigida por um "plano diretor" intrínseco, coloca sua concepção bem distante do nominalismo de Boas. O reconhecimento de uma pluralidade de culturas, cada uma das quais passa por um ciclo de crescimento e decadência, evidentemente deve muito a Spengler e Toynbee, embora Kroeber evite o dogmatismo do primeiro e a tendência dos dois de separar culturas ou civilizações como entidades discretas, negando assim o que ele vê como "a interligação, em algum grau, de *todas* as culturas" (KROEBER,

1963: 79-84; cf. KROEBER & KLUCKHOHN, 1952: 175-176, n. 39). É a ênfase de Kroeber não nas leis do sistema total, mas nas constelações ou "estilos" mutantes que vêm a se formar a partir de diversos constituintes, que parece dar à sua abordagem seu selo de particularismo histórico. Localizando o plano cultural em um nível intermediário entre o indivíduo e toda a humanidade, Kroeber pode combinar o elemento fortuito que entra em sua formação com a determinação de seu desdobramento subsequente.

Voltando à dicotomização de White entre evolução e história, Sahlins pensa que resolveu todo o problema com sua distinção entre evolução "geral" e "específica". "O desenvolvimento histórico de formas culturais particulares é a evolução específica, a transformação filogenética por adaptação. A progressão de *classes* de formas, ou, em outras palavras, a sucessão da cultura por estágios de progresso total, é a evolução geral" (1960: 43). A contribuição positiva dessa reformulação foi resolver algumas das confusões supramencionadas, engendradas por mudanças do significado de evolução. Tanto o tipo específico como o geral de evolução, que correspondem, respectivamente, à "história" e à "evolução" de White, foram estendidos aos domínios separados de natureza orgânica e cultura humana. No decorrer dessa extensão, demonstra Sahlins, em primeiro lugar o evolucionismo progressivo de Spencer e Tylor não devia nada ao paradigma darwinista e, em segundo, este último exemplificou o que White deve ter considerado *história* orgânica e não, como pensava, o processo da evolução. O que White *realmente* considerou história orgânica, os biólogos evolutivos modernos relegariam ao domínio da ecologia descritiva. Mas o argumento de Sahlins está eivado de erros, não sendo o menos importante sua interpretação errônea das "linhagens" e "estágios" da evolução tyloriana, como foi explicado no capítulo anterior. Tal como White, Sahlins parece não perceber que a organização estágio por estágio de formas culturais, traçando o curso da evolução *geral*, depende de uma taxonomia essencialista cuja rejeição é necessária para a adoção de uma perspectiva evolutiva *específica*. Não é tão simples quanto Sahlins imagina manter ambas as perspectivas ao mesmo tempo.

O mesmo problema pode ser ilustrado pelo exame do critério principal pelo qual Sahlins afirma reconhecer o avanço evolutivo geral. Apoiando-se na teoria da cultura de White (WHITE, 1959b: 33-57) fundada na energia[29], propõe que "na cultura, como na vida, a realização termodinâmica é fundamental para o progresso" (SAHLINS, 1960: 33). Os organismos em geral, inclusive os seres humanos, "obtêm e gastam energia" na condução de suas vidas – em outras palavras, comem e trabalham. Do mesmo modo, ou assim diz Sahlins, "uma cultura obtém e gasta energia" (1960: 35), transformando-a em pessoas, mercadorias, sistemas políticos, costumes sociais e assim por diante. O sistema cultural, então, está sendo comparado com um organismo vivo. Como vimos, essa também foi a concepção de Kroeber, que foi a base de seu conceito do superorgânico como um nível emergente de organização (KROEBER, 1952: 22-51). É fácil rejeitar essa concepção como um exemplo do que Bidney (1953: 137; seguindo WHITEHEAD, 1938 [1926]: 66) denomina "a falácia da concretude fora de lugar", por meio da qual se vem a "confundir uma abstração conceptual com um agente vital real", derrubando a relação entre as pessoas e a cultura pela consideração daquelas como veículos da vida desta. Contudo, a apresentação por Sahlins da dicotomia entre evolução geral e específica implica uma nova contradição, que na verdade se origina de uma ambiguidade no significado de "superorgânico".

Discutirei esse problema mais extensamente no capítulo 6, e aqui apenas faço menção a ele. Resumidamente, a cultura pode ser considerada superorgânica sem ser reificada como uma entidade autônoma, um superorga*nismo*. Assim, se fazemos uma analogia entre a descendência com modificação darwiniana e a história da cultura boasiana, como Sahlins faz na consideração dos dois como exemplos da evolução específica, então o sistema cultural deve ser comparado não com um organismo vivo, mas com o grupo de instruções que constituem um *projeto* da vida, um análogo ideal do genoma. Esse sistema é superorgânico no sentido de que transcende a materialidade, existindo no domínio extrassomático das ideias e símbolos. Mas os portadores da cultura, assim como os portadores de genes, são *indivíduos*: "A cultura em si é uma abstração" (LOWIE, 1937: 269). Se as culturas se diversificarem como espécies, por meio da modificação adaptativa, a realidade tem de consistir em populações de indivíduos ímpares. Em suma, a ideia de evolução se apoia em uma premissa nominalista diretamente contraditada pela hipostasia da cultura como uma coisa viva. Mas essa premissa é central para o conceito "termodinâmico" do progresso evolutivo geral de Sahlins. Indo do geral para o específico, do desenvolvimento para a diversificação, Sahlins compara a cultura primeiro com um organismo, depois com espécies, e, assim, desliza da reificação para a abstração. Mal podemos considerar complementares processos que se apoiam em premissas logicamente incompatíveis como essas.

Haverá então algum modo de conciliar as perspectivas do específico e do geral sem risco de contradição? Sem dúvida, mas só podemos consegui-lo adotando uma noção de evolução geral bastante diferente daquela de Sahlins ou White, uma bem mais próxima da fórmula original de Spencer do que da organização "estágio por estágio" de Tylor. Recordemos que, enquanto a imagem tyloriana da evolução da cultura se parecia mais com um cabo multicondutor, a concepção de Spencer era perfeitamente suscetível de uma representação como uma árvore que se bifurca, e diverge em cada estágio de seu crescimento. "Tal como outras espécies de progresso" – escreveu Spencer –, "o progresso social não é linear, mas divergente e redivergente [...] surgiram gêneros e espécies de sociedades" (1972: 133). Esses modelos alternativos do processo evolutivo, embora concebidos independentemente, não são incompatíveis. A diferença é simplesmente que Spencer estava preocupado com a trajetória de sociedades ou povos em sua adaptação a ambientes diversos, e Tylor pretendia escrever uma história *não* de povos, mas da cultura como um todo, distinta de seus portadores (TYLOR, 1871, 1: 5). Entretanto, com respeito a Spencer surge agora a questão sobre como seu conceito de progresso social deve ser acomodado nos termos da oposição entre evolução específica e geral. Segundo o próprio Sahlins, "A evolução específica é o aspecto filogenético, adaptativo, diversificador, especializador, ramificante da evolução total. É quanto a isso que a evolução muitas vezes é comparada com um *movimento da homogeneidade para a heterogeneidade*. Mas a evolução geral é outro aspecto. É a emergência de formas de vida superiores" (1960: 16; grifos meus). Podemos considerar Spencer, então, como um evolucionista específico? Nesse caso, como devemos compreender as diferenças entre os paradigmas darwinista e spenceriano?

Para superar esse evidente impasse, é essencial distinguir entre dois modos bastante diferentes de conceituar o avanço evolutivo geral. Um, amplamente lamarckiano e adotado por Tylor, White e Sahlins, concebe a substituição serial de formas relativamente primitivas por formas relativamente avançadas (julgada por algum critério de melhoria), cada uma engendrada pela precedente. O outro, adotado por Spencer, postula um processo gradual – análogo ao crescimento orgânico – de diferenciação estrutural, levando a uma crescente complexidade. Para lembrar nossa discussão do progresso na natureza orgânica (cap. 1), mostrou-se que este é um corolário da diversificação de espécies e da resultante complexificação das relações entre elas, bem como que isso não implica necessariamente o surgimento de formas da maior complexidade *interna*. Voltamos assim à distinção fundamental entre mapear a história específica de cada ramo e broto isolado e a descrição da evolução da árvore da vida como um sistema *total* constituído pelas relações entre os ramos. Eis o que realmente separa os paradigmas evolutivos de Darwin e Spencer. O contraste que Sahlins estabelece entre evolução geral e específica obscurece a diferença em virtude de sua ênfase exclusiva nas formas em detrimento das relações mútuas entre estas. Logo, o que é importante para Spencer não é simplesmente a geração de heterogeneidade – diversificação –, mas a *coerência* dessa heterogeneidade, isto é, sua integração. Aplicado ao domínio da cultura, isso significa que temos de nos preocupar com relações tanto entre como no interior de sociedades de indivíduos portadores de cultura. A imagem da árvore que se bifurca permanece apropriada, seja nossa perspectiva darwiniana ou spenceriana, embora neste último caso vários ramos apareçam não simplesmente como um registro genealógico de eventos passados, mas como canais de condução de um movimento universal, do qual cada botão é um ponto de crescimento emergente.

O apoio à concepção spenceriana da evolução vem de um lugar deveras inesperado, a saber, Lévi-Strauss, em seu panfleto para a Unesco de 1953 intitulado *Raça e história*. O texto se dispõe ostensivamente a demolir os pressupostos do evolucionismo social progressivo e celebrar a diversidade ilimitada das culturas humanas em todo o mundo. No pós-guerra imediato, Lévi-Strauss figurava entre os defensores mais influentes da causa boasiana do relativismo cultural. Ele se mostra altamente cético com relação a ideias de progresso e civilização, pelo menos tal como foram convencionalmente entendidas no pensamento ocidental, e rejeita firmemente as premissas do método comparativo. Essas ideias sustentam o que ele denomina um *falso* evolucionismo, oposto ao evolucionismo *verdadeiro* da biologia darwinista. Reconhecendo que aquele de fato precedeu longamente este último, e que tanto Spencer como Tylor elaboraram suas doutrinas evolutivas sem ter consultado *A origem das espécies*, Lévi-Strauss corrige (sem nunca reconhecer) a falsidade boasiana que ele mesmo tinha perpetrado apenas quatro anos antes, a saber, que "a interpretação evolucionista na antropologia deriva claramente do evolucionismo na biologia" (1968: 3; comparar 1953: 14-16). Estes são, como então admitiu, "duas coisas bem diferentes" (1953: 15). A própria compreensão de Lévi-Strauss da história da cultura, tal como a de Boas, tem muito em comum com a concepção de Darwin sobre a história natural das espécies, especialmente a ênfase na diversificação em vez de no desenvolvimento, no acaso e na contingência em vez de no propósito e no projeto, e na multiplicidade e incomensurabilidade de possíveis critérios de progresso.

Contudo, ele acaba oferecendo um contraste intrigante entre história "estacionária" e história "cumulativa". As duas pressupõem que, como detentoras de cultura, as populações humanas seguiram de fato uma multiplicidade de caminhos sempre divergentes. Mas essa multilinearidade só será evidente para o observador cuja concepção transcenda a história. Da perspectiva de um observador que, pertencendo a certa cultura, esteja posicionado na extremidade atual de um determinado ramo da árvore cultural-histórica, nenhuma outra trajetória pode ser tolerada salvo aquela que leva ao ponto em que ele percebe estar – em esplêndido isolamento. A história de toda outra cultura lhe parecerá ter parado antes do ponto no qual seu caminho divergiu daquele tomado pela sua própria. Em consequência, os ramos da árvore parecerão cortados, deixando apenas uma sequência de nós, sendo cada um a imagem estática de uma cultura congelada no passado. A história "estacionária", corresponde, evidentemente, a essa concepção truncada da "evolução específica" de Sahlins, produto de uma ilusão etnocêntrica. Mas, para Lévi-Strauss, é crucial que as culturas existam não em isolamento, mas como os componentes de um sistema mais amplo de interdependência – uma espécie de divisão global do trabalho ou "coalizão" na qual cada cultura contribui com sua competência específica "para a plenitude de todas as outras"

(1953: 46; cf. PACE, 1983: 104-107). Assim "não devemos ser [...] tentados a fazer um estudo peça por peça da diversidade das culturas humanas, já que essa diversidade depende menos do isolamento de vários grupos do que das relações entre eles" (1953: 11-12).

A diversificação, portanto, é concomitante à evolução progressiva de um sistema total de relações interculturais. E essa evolução mostra ser nada mais do que o movimento spenceriano da homogeneidade para a heterogeneidade. Por exemplo, Lévi-Strauss sustenta que as culturas da América pré-colombiana, por serem mais homogêneas do que aquelas da Europa, tendo tido menos milênios nos quais sofrer diferenciação, sucumbiram prontamente à conquista europeia. O progresso em direção à heterogeneidade é a "história cumulativa"; não uma prerrogativa de culturas particulares supostamente mais "avançadas", mas antes uma função de sua colaboração. "História cumulativa é o tipo de história característico de sociedades agrupadas – superorganismos sociais – enquanto a história estacionária [...] seria a característica distintiva da [...] sociedade isolada" (1953: 40). Em sua essência, trata-se da distinção entre os paradigmas evolutivos spenceriano e darwinista. Logo, parece que a defesa por Lévi-Strauss da diversidade cultural se apoia na mesma premissa que afirma execrar – o avanço evolutivo geral. Em vista disto, a admissão de Pace (1983: 109) de que Lévi-Strauss "parece ter-se contradito um pouco" sobre o progresso é um colossal eufemismo.

Esse não é de modo nenhum o único contexto no qual Lévi-Strauss discorreu sobre a substância da evolução e da história, e voltaremos a algumas de outras ideias suas na ocasião oportuna. Permitam-me primeiro fazer uma pausa para um balanço daquilo a que chegamos até agora. Encontramos nos escritos de Boas, Radcliffe-Brown e White apenas um sentido de história: uma sequência cronológica de eventos empíricos, correspondendo ao que chamei de história de coisas. Esse tipo de história é oposto, tanto por White como por Radcliffe-Brown, à evolução em seu sentido spenceriano (correspondendo à "história cumulativa" de Lévi-Strauss). É *identificada*, mais explicitamente por Murdock, com a evolução em seu sentido darwinista. Sahlins, por sua vez, identifica-a com a evolução específica, em oposição à geral. Fica claro que podemos escolher o significado de evolução a adotar, e compará-la ou contrastá-la correspondentemente com a história. Contudo, o que todos estes autores compartilham é um compromisso com o positivismo. Como resultado, a oposição substancial entre evolução e história, quando feita, pode remontar à oposição metodológica entre *ciência* nomotética e idiográfica. Assim, o "processo evolucionista" de White e as "leis da dinâmica social" de Radcliffe-Brown podem ser classificados como pesquisa generalizante, nomotética. Mas a história se constitui de fatos, cuja coleta é o trabalho tedioso do cientista-historiador idiográfico. Há, contudo, outra concepção de substância da história, neokantiana e antipositivista, representada – embora de modo algum consistentemente – pelos ataques de Kroeber tanto à ideia de história de Boas como à ideia de evolução de White. E essa concepção também pode ser comparada, ou contrastada, com o processo de evolução, dependendo do significado que atribuirmos a ele. O próximo estágio de minha argumentação será examinar a dicotomia história/evolução desse ponto de vista, começando por um dos representantes mais extremos do subjetivismo histórico, R.G. Collingwood.

Reagindo fortemente contra a ideia de que a história pode ser escrita pelas disciplinas da astronomia, da geologia, da biologia, bem como das humanidades, Collingwood sustenta que os historiadores devem abordar seus objetos *a partir de dentro* (1946: 213-214). Seu interesse é a mente ou consciência, os propósitos e intenções dos povos do passado, e não as manifestações objetivas de sua atividade. Para apreender a história nesse aspecto interior, os historiadores devem reconstituir, nos olhos da mente, os sujeitos de sua pesquisa como pessoas vivas e pensantes, e estabelecer um diálogo com eles, tal como antropólogos transportados no tempo em vez de no espaço, como se fossem companheiros de viajem na mesma região do processo social total. Em resumo, longe de observar a história como um espetáculo, os historiadores procuram invadir o palco da ação social, tornando-se parte do evento. Mas a vida, vista desse ângulo, na verdade não se compõe em absoluto de eventos. Porque os eventos simplesmente rompem o fluxo da consciência que, como um processo no tempo, faz eternamente o passado ligar-se ao futuro, assim como converte o futuro no passado. Considerado como um sujeito histórico, o ser do homem, nas palavras memoráveis de Ortega y Gasset, "alcança toda a extensão de seu passado"; sua vida é "uma trajetória incessante de experiências" (1941: 216). Nessa trajetória, cada evento ocupa apenas um instante do tempo, mas o desenrolar da vida continua – e de fato *tem de* continuar, ou não mais haveria relações sociais, consciência ou propósito. No mundo real, ao contrário do mundo da ficção, os eventos são sempre assumidos por pessoas, pois a continuidade triunfa sobre a descontinuidade.

Uma história de pessoas, portanto, "não é [...] uma narrativa de eventos sucessivos ou uma descrição da mudança. Diferentemente do cientista natural, o historiador não está voltado de modo algum para os eventos em si" (COLLINGWOOD, 1946: 217). Para a história das coisas naturais, que são constituídas por uma sequência cronológica de eventos, Collingwood reserva o termo "evolução" – em seu sentido darwinista (1946: 321). As pessoas fazem sua história, os eventos na evolução simplesmente acontecem: confundimos os dois por nossa conta e risco. Fica claro, a partir de nossa discussão precedente, que a mesma distinção separa a história-cultura de Boas da história tal como Collingwood entende o termo. Comparemos, por exemplo, "a interpretação, pelo arqueólogo, de um sítio estratificado e a interpretação, pelo geólogo, de horizontes de rocha com seus fósseis associados" (COLLINGWOOD, 1946: 212). Estão eles fazendo o mesmo tipo de coisa? Enquanto os arqueólogos se contentam em usar os restos materiais da atividade humana, reconstruindo uma filogenia de formas culturais, adotando a atitude proverbial de que "as pessoas são mortos" (SAHLINS, 1972: 81), não há muita diferença em princípio entre o quadro resultante e a reconstrução da filogenia orgânica, pelo paleontólogo, com base no registro fóssil. É com efeito verdade, que, como Lévi-Strauss observa, "um machado não dá à luz um machado no sentido físico de que um animal dá à luz um animal" (1953: 15); mas, embora seja uma justa objeção à analogia espécies-traços de Tylor e White (TYLOR, 1871, I: 13; WHITE, 1945a: 237), isso não invalida o paralelo entre a reconstrução cultural-histórica e a reconstrução paleontológica. Não mais do que os machados, os ossos não dão à luz outros ossos. Logo, os historiadores de culturas e os de espécies têm de ler, nos restos, os indivíduos – ou, no agregado, as populações – que portaram os traços cuja expressão deixou uma marca no registro fóssil ou pré-histórico. Um e outro se ocupam de escrever a história de populações, mas *não* a história de pessoas. Só quando entendem as pessoas do passado remoto não simplesmente como portadoras mecânicas, animadoras e transmissoras de formas culturais ou projetos extintos, mas como agentes dotados de propósitos que agem por meio dessas formas na criação e promoção de sua vida intersubjetiva, é que os arqueólogos começam a participar daquilo que Collingwood considera história. Saber se essa compreensão histórica é uma possibilidade prática, na ausência de registros escritos, é discutível (ELTON, 1967: 10; RENFREW, 1982).

Talvez se objete que contrastar as histórias de Boas e Collingwood nesses termos é adotar uma caricatura daquela. Se Collingwood procurou descobrir os "processos do pensamento" por trás dos eventos, Boas seguramente estava demasiado ocupado em "entrar na cabeça de outros povos", perscrutando por sob as manifestações exteriores do comportamento para descobrir padrões subjacentes de significado cultural (HARRIS, 1968: 269; comparar com COLLINGWOOD, 1946: 213-217). Essa abordagem, que denominaríamos agora "êmica" em oposição à abordagem "ética"*, tem suas raízes na tradição neokantiana da qual Collingwood também foi herdeiro; com efeito, está bem-estabelecido que a exposição de Boas a essa tradição, antes da partida de sua Alemanha nativa, teve um impacto decisivo na passagem de seu pensamento do naturalismo ao humanismo. Parece que foi especialmente sob o efeito da filosofia de Wilhelm Dilthey, cuja separação entre *Geisteswissenschaften* [ciências humanas]e *Naturwissenschaften* [ciências naturais] forneceu uma base para a declaração subsequente, na antropologia boasiana, da autonomia dos fatos culturais (HARRIS, 1968: 268-270; STOCKING, 1968: 152-154; FREEMAN, 1970:

---

* Essa distinção vem igualmente da distinção entre o estudo fonético, ou dos sons em si, e o estudo fonêmico, dos sons dotados de significado [N.T.].

53; HATCH, 1973: 42). Em vista dessa influência, o juízo de Bidney de que Boas "não era filósofo e não tinha compreensão da epistemologia neokantiana" (1953: 253) parece exagerada. De fato, como as pesquisas de Stocking mostraram, Boas foi um leitor ávido de filosofia no início dos anos de 1880, a ponto de levar um exemplar de Kant consigo em sua viagem de campanha entre os esquimós (STOCKING, 1968: 143-144). Portanto, não pode ter sido a mera ignorância que motivou sua resposta incrédula à afirmação (discutida adiante neste capítulo) de que a dimensão do tempo não é essencial à história; e podemos bem imaginar qual poderia ter sido sua reação à sugestão acima mencionada de Collingwood de que a pesquisa histórica não se interessa por eventos nem oferece uma descrição da mudança. Porque, sem eventos, tempo ou mudança, nada permanece da história da cultura tal como Boas a concebeu.

Há aí uma divergência de abordagem de fundamental importância que não pode ser sanada fazendo cada ramo remontar a uma raiz filosófica comum. Além disso, ela continua presente na disciplina da antropologia até hoje, sendo a base de uma série de antinomias na nossa compreensão do que constitui a cultura, o significado, a consciência e a intencionalidade. Vamos abordar alguns desses aspectos em capítulos subsequentes. Aqui, contudo, eu gostaria de destacar a ambiguidade inerente à ideia, ao que parece compartilhada por Boas e Collingwood, de observar a atividade de pessoas do passado "a partir de dentro". A questão crucial que temos de formular é, "dentro de quê?" Vamos responder, em primeiro lugar, o que é para Boas. De seu ponto de vista, o mundo social é composto de um grande número de indivíduos autônomos, cada um dos quais é portador de um padrão único de elementos culturais advindos de uma herança comum. Estes elementos, alojados na mente do indivíduo, dirigem o pensamento e a ação. Por isso, para descobrir o que faz as pessoas se comportarem do modo como se comportam, não se tem de olhar para as relações entre elas – que são simplesmente o resultado combinado dos comportamentos dos vários indivíduos –, mas para os *conteúdos* da mente de cada um. Supõe-se que os indivíduos permaneçam basicamente sem consciência desses conteúdos, pois do contrário eles deixariam de estar presos às restrições de suas tradições culturais. Disso decorre que a tarefa do observador antropológico-histórico é descascar as camadas exteriores da elaboração secundária para revelar um programa interior, impresso na psique humana universal e expresso em comportamentos culturalmente específicos.

À primeira vista, parece haver algo bastante paradoxal nesse procedimento. De um lado, se o projeto cultural só é evidente para aqueles que não estão a serviço de sua execução, sua descoberta depende da colocação do próprio pesquisador inteiramente *fora* dos processos que observa. Por outro lado, desse ponto de vista destacado, ele não pode saber nada da experiência subjetiva das próprias pessoas (que rejeita de alguma maneira como uma cortina de fumaça), permanecendo como mera testemunha do comportamento externo. De sua observação pode construir um padrão que, embora identificado com a "cultura" dos povos em questão, permanece uma abstração em sua própria mente. Assim encontramos Kluckhohn, por exemplo, insistindo na distinção entre *comportamento* e *cultura*: "O comportamento concreto ou os hábitos são parte dos dados brutos dos quais inferimos a cultura abstrata [...]. A cultura, assim, não é algo que se possa ver, mas um construto deduzível". Mas prontamente ele prossegue, instalando essa abstração lógica como uma realidade concreta no interior da mente dos povos, de onde – sem que eles o percebam – controla seu comportamento. A cultura, embora seja "um construto lógico", "se manifesta em atos dos homens ou nos produtos desses atos" (KLUCKHOHN, 1946: 339)[30]. Essa inversão recebe uma afirmação ainda mais explícita no comentário de Kroeber e Kluckhohn sobre concepções psicológicas de cultura, no qual abordam o problema internalidade--externalidade apenas para rejeitá-lo:

> Não há problema genuíno quanto à "interioridade" ou "exterioridade" da cultura. Ela é "exterior" e "impessoal" como uma abstração, construto lógico; é deveras "interior" e afetiva quando internalizada em um indivíduo particular [...]. É sobremodo conveniente construir um modelo conceptual abstrato de uma cultura. Mas isso não significa que a cultura seja uma força com gravidade newtoniana que "age a distância". A cultura é um precipitado da história, mas, ao ser internalizada em organismos concretos, é bastante ativa no presente (1952: 114).

Fica claro, a partir dessas observações, que a "concepção a partir de dentro" é obtida simplesmente implantando, em indivíduos objetificados, a concepção exterior do antropólogo (BOURDIEU, 1977: 96). Como a relação entre observador e observado é virada pelo avesso, a oposição entre interno e externo parece dissolver-se. O pequeno homem dentro de cada um de nós emerge como ninguém mais do que o próprio antropólogo!

Collingwood é resolutamente contra esse objetivismo. A realidade que aspira a apreender "penetrando no interior dos eventos" (1946: 214) é aquela da experiência vivida, de consciência, propósito e agentividade; e ele a apreende participando ele mesmo da experiência. Como Bourdieu exprimiu recentemente, para renunciar ao idealismo objetivista "basta situar-se *no interior* da 'atividade real como tal', isto é, na relação prática com o mundo" (1977: 96). Mas fazer isso é adotar uma concepção bastante diferente da mente, como agente em vez de meio. Essa diferença já é nossa conhecida graças à comparação, no capítulo 2, das concepções boasiana e tyloriana de "cultura". Se, como Boas, tratarmos a mente como um continente ou repositório passivo das coisas culturais, haverá tantos continentes como esses quanto há indivíduos, e então penetrar o interior será simplesmente abrir seus conteúdos para exame. Tylor, ao contrário, considerava a mente um movimento ativo e criativo, infinitamente sustentado, geração após geração de indivíduos. Como é óbvio, compreender a mente nesse sentido não é uma questão de entrar na cabeça dos indivíduos, porque, aí, vamos encontrar apenas os instrumentos ou modelos de sua conduta. A consciência não é uma propriedade de objetos individuais, mas um processo intersubjetivo, e compreendê-la é tornar-se parte desse processo – isto é, compreender os propósitos de outras pessoas fazendo deles nossos próprios objetivos (INGOLD, 1983a: 6). Para objetivistas, essa posição é inadmissível, já que implica que os pesquisadores se permitem ficar emaranhados na malha de racionalização consciente que as pessoas tecem em torno de sua vida, e ficam tão cegos quanto elas para as formas interiores da cultura que "realmente" governam sua conduta. Não se pode, afinal, apreender os conteúdos de uma garrafa tornando-se uma parte do vidro. A isso a resposta subjetivista consiste em dizer que as coisas colocadas em garrafas de vidro não fluem.

Poderia surpreender o leitor que se atribua a Tylor, renomado por sua concepção de cultura-história como uma ciência natural, uma concepção da mente não diferente daquela de Collingwood, igualmente renomado por sua concepção anticientífica e antipositivista da pesquisa histórica. Claro que não se deve subestimar as diferenças; ainda assim, minha impressão é de que se trata em larga medida de diferenças de linguagem e não de substância. O positivismo forneceu a linguagem do conhecimento na época de Tylor, e tanto "natureza" como "ciência" tinham no século XIX conotações bastante diferentes das que tiveram no XX. Para nós, o aspecto crucial é que Tylor, como outros defensores da evolução progressiva com inclinações humanistas, considerava a consciência um imenso contínuo, que se estende no espaço para abarcar toda a humanidade e se desdobra no tempo por todo o curso da história humana. Embora quase sempre Tylor concentrasse sua atenção nos objetos pelos quais esse movimento contínuo é levado a efeito, a ideia desse movimento está no próprio fundamento de todo o seu esquema evolutivo, já que, sem ele, a cultura se teria desfeito nos célebres "retalhos e remendos" de Lowie. Portanto, quando Tylor escreveu sobre o homem primitivo, ele o fez de uma perspectiva localizada firmemente *no interior* do processo evolutivo: tanto ele como o selvagem estavam subindo as mesmas encostas, embora em diferentes altitudes. Essas encostas poderiam ser concebidas como uma superfície no espaço-tempo, de modo que dirigir-se a regiões remotas no espaço é fazer uma viagem de retorno no tempo. Uma sociedade primitiva era assim a máquina do tempo do etnógrafo vitoriano (GELLNER, 1964: 18). E o atributo essencial de uma máquina do tempo é que ela permite a seu operador perceber a *continuidade* do processo social tal como foi vivenciado pelas pessoas que viveram no passado, que se perde no mero registro dos eventos – por mais completo que seja.

Ora, encontramos nos escritos de Collingwood precisamente a mesma ênfase na ideia de chegar a um conhecimento da história pela repetição, no presente, da continuidade da experiência do passado: não, contudo, viajando a uma terra exótica para olhar o que as pessoas fazem lá, mas por meio da reconsideração do passado feita pelo historiador em sua própria mente com base no material documental disponível (1946: 215). Dispondo desse material, pode-se prescindir do método comparativo e dos pressupostos bastante duvidosos que implica, e conservar a ideia de história ou evolução como um processo subjetivo da mente. Mas também encontramos um Collingwood que explica – em larga medida no espírito de Tylor – que, como pessoa viva e pensante, o historiador é ele mesmo uma parte ou continuação, no presente, do mesmo processo cuja trajetória no passado tenta compreender. Assim "a mente do historiador é herdeira do passado e veio a ser o que é por meio do desenvolvimento do passado no presente, de modo que, nele, o passado está vivendo no presente" (COLLINGWOOD, 1946: 171). Além disso, a ideia de apreender a vida e a consciência diretamente, pensando de acordo com a situação dos povos estudados, associada ao contraste nesse aspecto com a ciência natural objetivista, é exatamente ecoada em uma notável passagem de Tylor. Comparando o antropólogo com o astrônomo ou botânico, ele escreve que aquele "trabalha um estágio mais perto da verdade última do que estudiosos que têm, mais duvidosamente, de traduzir sintomas em inferências. Provas mais diretas da consciência pessoal se mostram àqueles que têm de raciocinar sobre os pensamentos e ações de homens como eles mesmos, que poderiam ter sido deles mesmos" (apud LEOPOLD, 1980: 48)[31]. Tylor, o positivista, sai de cena!

O sucessor de Tylor em Oxford, R.R. Marett, foi ainda mais enfático sobre a necessidade de infundir vida na história compreendendo-a a partir de dentro: Pois "a menos que aquilo que é exteriormente percebido como um corpo de costumes também seja interiormente apreendido como um processo da mente, o tratamento está fadado a ser mecânico e, em decorrência disso, sem vida" (1920: 1). Evidentemente influenciado pela corrente do vitalismo dominante no momento, Marett defendeu a participação como um meio de apreender o propósito que funciona mediante a instrumentalidade das formas culturais. Disse que "temos de nos projetar na vida do camponês e chegar por intuição ao impulso da força vital nele manifesta" (1920: 19). Em uma passagem memorável, ele equipara a cultura, "um tecido de exterioridades", a um paletó multicolorido que adorna a vida humana. Olhando do exterior, podemos, pela observação repetida, descobrir o molde segundo o qual o paletó foi cortado, mas de seu portador veríamos apenas um manequim ou modelo cujo propósito simplesmente é expor o estilo e promover sua propagação. A ideia de que as pessoas existem como instrumentos de condução da cultura, central para o objetivismo boasiano, é rejeitada por Marett como "uma doutrina [...] adequada apenas a alfaiates", que, naturalmente, precisam de pessoas para que as roupas sejam usadas. Não há dúvida de que "um homem despido de toda a cultura não seria melhor do que um rabanete bifurcado", mas ver nas pessoas apenas a cultura que carregam – esquecendo de que também são agentes conscientes, dotados de propósito –, nos levaria a um panorama da história humana digna de Madame Tussaud (MARETT, 1920: 11). As figuras podem ser divinamente realistas, podem até ser levadas a se mover, mas não *vivem*.

Um defensor mais recente da compreensão histórica na antropologia social, profundamente influenciado pelos ensinamentos de Collingwood, foi E.E. Evans-Pritchard. Escrevendo em um momento em que o pensamento evolutivo tinha sido completamente eclipsado pelo funcionalismo sincrônico, seu principal alvo era repudiar a moda – inspirada basicamente por Radcliffe-Brown – de apresentar a antropologia como uma disciplina exclusivamente nomotética, emulando a ciência natural em sua busca de leis. A antropologia social, declarou, "é uma espécie de historiografia, e por isso, em última análise, de filosofia ou arte [...] ela estuda sociedades como sistemas morais e não como sistemas naturais [...] se interessa antes pelo *projeto* do que pelo processo [...] busca padrões e não leis científicas, e antes interpreta do que explica" (EVANS-PRITCHARD, 1950: 123; cf. ainda 1951: 62). A dívida com Kroeber, e mais geralmente com a tradição neokantiana, é óbvia. Assim, vemos Evans-Pritchard concordando com Kroeber que a antropologia cultural boasiana, apesar das aparências, é "fundamentalmente de tendência anti-histórica" e que a essência do método está – ou pelo menos deveria estar – não na coleta de particularidades, nem na subsunção do particular ao geral, mas na descoberta "do geral no particular" (EVANS-PRITCHARD, 1961: 1-3; comparar com KROEBER, 1952: 63-65). Ele conclui endossando o célebre *dictum* do historiador legal Maitland de que "a antropologia deve escolher entre ser história e ser nada" (EVANS-PRITCHARD, 1950: 123; 1961: 20; cf. MAITLAND, 1936: 249).

Há algo sobremodo inconsistente nessa conclusão. O pronunciamento de Maitland, feito em 1899, foi com efeito enunciado no decorrer de um ataque à sociologia evolutiva de Spencer, e contra as premissas do método comparativo tal como empregado por Tylor e outros. A abordagem da história de Maitland, claramente paralela ao trabalho de Boas, "era a de um positivista interessado na coleta minuciosa de fatos fragmentários, mas se opunha ao pressuposto sociológico e antropológico de 'leis' da história sociocultural" (BIDNEY, 1953: 264; cf. COLLINGWOOD, 1946: 127). Essa é precisamente a espécie de história que Evans-Pritchard, seguindo Collingwood, rejeita. Bidney estabelece o contraste com admirável clareza:

> A concepção positivista de história de Maitland e a própria concepção neokantiana idealista [de Evans-Pritchard], são antitéticas. Para o idealista, a história [...] é uma questão de interpretação e avaliação e por isso é essencialmente subjetiva; para o positivista, a história, como ciência

natural, é um registro objetivo do passado do homem que produz um corpo organizado do conhecimento estabelecido (1953: 264).

A adoção por Evans-Pritchard do *motto* de Maitland é simplesmente um exemplo de identidade errônea? Se sim, ele também entendeu Boas errado, pois, tendo desqualificado a reivindicação de historicidade da antropologia boasiana, citou com aprovação a observação de Boas de que "para entender a história, é necessário saber não só como as coisas são, mas como vieram a ser" (BOAS, 1948: 284; EVANS-PRITCHARD, 1961: 6). Essa observação, tal como a de Maitland, foi feita no contexto de uma crítica à proposição de leis evolutivas; assim, disse Boas, na mesma passagem, "não esperamos ser capazes de resolver um problema histórico intricado por meio de uma fórmula". O historiador precisa de fatos, não de fórmulas. Mas, como vimos no capítulo precedente, tudo o que Boas queria dizer com saber como as coisas vieram a ser era simplesmente ter construído um registro da sequência antecedente de eventos.

Sejam quais tenham sido os motivos de Evans-Pritchard para identificar falsamente sua concepção de uma antropologia histórica com a de Boas e Maitland, o efeito foi obscurecer uma afinidade notável entre o que concebia como a substância da história e a concepção tyloriana de evolução. A dupla oposição entre a "evolução" de Tylor e a "história" de Boas, e entre a "história" deste último e a de Evans-Pritchard, produz o que é virtualmente uma identidade. O positivismo de Tylor, como vimos, era apenas superficial, enquanto o próprio Evans-Pritchard admite que – desde que o método comparativo seja aplicado com a devida prudência –, "podemos voltar aos interesses históricos dos fundadores de nossa ciência" (1961: 20). Por "interesses históricos" ele quer dizer, naturalmente, seu interesse pela continuidade e o progresso, ecoado na afirmação mais recente de Dumont – com o qual Evans-Pritchard concorda plenamente – de que "a história é o movimento pelo qual uma sociedade se revela como o que é" (DUMONT, 1957: 21; cf. EVANS-PRITCHARD, 1961: 12). Isso equivale a dizer que a história é uma espécie de evolução, se esta última for entendida em seu sentido original de desdobramento contínuo, como movimento dirigido, em vez de sequência mutante. Em outro lugar, ecoando Kroeber, Evans-Pritchard declarou que "a história não é simplesmente uma sucessão de mudanças, mas [...] um crescimento. O passado está contido no presente assim como o presente está no futuro" (1951: 60). Ele dificilmente poderia ter sido mais explícito.

Há, além disso, uma estranha semelhança entre a ideia de Evans-Pritchard sobre generalização histórica e o "processo evolucionista" de White. Repetindo as palavras de White:

> No processo evolucionista, não estamos preocupados com eventos únicos, fixados em um tempo e lugar, mas com uma *classe* de eventos, sem referência a tempos e lugares específicos (1945a: 238).

Agora comparemos com o que diz Evans-Pritchard:

> Os eventos perdem muito de seu significado, ou todo ele, se não forem vistos como tendo algum grau de regularidade e constância, como pertencendo a certo tipo de evento, todos os exemplos do qual têm muitas características em comum [...]. Um fato histórico assim despido de suas características peculiares também escapa à temporalidade. Já não é um incidente passageiro, uma espécie de acidente, mas é, por assim dizer, retirado do fluxo do tempo (1961: 4).

Temos, creio eu, o direito de saber como a distinção de Evans-Pritchard entre a observação de eventos em sua singularidade, como particulares acidentais, e sua observação como os representantes de uma classe particular se diferencia da separação, por White, das perspectivas histórica e evolutiva. Do contrário, podemos estar totalmente justificados em concluir, com Bidney, que, entre as abordagens da etnologia evolutiva tyloriana e a antropologia histórica de Evans-Pritchard "parece não haver absolutamente nenhuma diferença significativa" (1953: 265).

Onde Evans-Pritchard é contraditório em sua atitude com respeito à história, Lévi-Strauss é incoerente. Em um artigo bem conhecido, este oferece as seguintes alternativas: "Ou a antropologia se concentra na dimensão diacrônica dos fenômenos, isto é, em sua ordem temporal, e assim fica incapaz de mapear sua história, ou os antropólogos tentam aplicar o método do historiador, e a dimensão do tempo lhes escapa" (1968: 3). É difícil saber o que entender por essa formulação basicamente incompreensível. Talvez Lévi-Strauss tenha em mente a concepção de Kroeber de que a essência do método histórico está na apreensão imediata e na descrição da paisagem sociocultural total, a partir de um determinado ponto dentro dela. Kroeber chegara ao ponto de sugerir que a projeção longitudinal de fenômenos no tempo é incidental para a compreensão histórica, uma vez que "a integração descritiva" do historiador pode ser lançada também no espaço, como uma "seção transversal" sincrônica – sendo boa parte dos relatos etnográficos de povos cuja vida passada é inacessível precisamente desta última espécie (KROEBER, 1952: 102). Evans-Pritchard concordava: "A característica fundamental do método histórico não é a relação cronológica de eventos, mas a integração descritiva deles; e essa característica a historiografia compartilha com a antropologia social" (1950: 122; cf. tb. 1951: 61). A caracterização por Kroeber do trabalho da etnografia como "uma parcela intemporal da história" parece ser o protótipo da imagem de Lévi-Strauss, em sua segunda alternativa, do etnógrafo como um historiador que perdeu o contato com o tempo. A primeira alternativa então corresponderia à "ciência" de Kroeber, que, dissolvendo o todo em elementos empíricos apenas para o reconstruir como uma série diacronicamente organizada, não consegue recuperar sua essência especificamente histórica. A etnologia (ou antropologia social) é consequentemente apresentada como uma ciência que perdeu o contato com a história.

Em outro lugar, embora registre sua aprovação à afirmação de Kroeber de que a história pode prescindir do tempo, Lévi-Strauss passa comedidamente a contradizer as próprias premissas nas quais ela se apoia, ao identificar a história (ao lado da etnografia) e a sociologia (ao lado da antropologia social) com os dois passos de "observação empírica" e "construção do modelo", respectivamente (LÉVI-STRAUSS, 1968: 285-286, 316, n. 15; cf. BARNES, 1971: 542). "O historiador", explica, "sempre estuda indivíduos"; de igual forma, "a etnografia se constitui da observação e análise de grupos humanos considerados como entidades individuais" (1968: 2, 4). De fato, o conceito atomista lévi-straussiano da substância de história deve mais a Boas do que a Kroeber ou Evans-Pritchard; é entendido como uma "sucessão empírica de eventos" localizados na dimensão diacrônica, em contraposição à dimensão "sincrônica" da estrutura subjacente (1968: 21). O fato de Lévi-Strauss poder começar associando o foco na sequência diacrônica com uma *incapacidade* de compreender a história, como se se pudesse localizar na própria história o padrão sincrônico por sob o fluxo de eventos, só confirma seu fracasso em apreender as diferenças quanto a isso entre Boas e Kroeber, e em aplicar os seus conceitos consistentemente. Esses problemas se complicam, como veremos, por suas tentativas de acomodar a história em um arcabouço de categorias (modelos mecânico e estatístico, tempo reversível e irreversível) derivados de *Cibernética*, de Wiener, que leva própria à identificação da história com a evolução progressiva que Boas – e em outro lugar também Lévi-Strauss – havia *rejeitado* completamente. Até certo ponto, ele consegue contornar essa contradição recategorizando Boas como etnógrafo em vez de historiador, lidando com modelos mecânicos e não estatísticos. White é criticado por usar do mesmo modo modelos mecânicos, quando sua abordagem evolucionista requer propriamente a construção de modelos de tipo estatístico (LÉVI-STRAUSS, 1968: 286-287). É difícil ver muito sentido nisso. Uma "cultura" boasiana, como uma montagem específica de elementos objetificados, não é de modo algum um modelo no sentido de Wiener, enquanto o tratamento de White da evolução – repleto de imagens da termodinâmica – é completamente "estatístico".

Essa é uma questão a que voltaremos no próximo capítulo, quando considerarmos a dicotomia entre história e evolução quanto à forma do tempo. Permitam-me primeiro recapitular o principal aspecto de nossa argumentação até este ponto. Assim como a concepção boasiana da substância da história como uma sucessão de eventos pode ser comparada com a concepção darwinista de evolução ou descendência com modificação no mundo da natureza, esta última pode ser oposta (como em Collingwood) à ideia da história como um processo da mente. Considerando também a oposição, realçada por White, entre história boasiana e evolução em seu sentido pré-darwinista de desdobramento ou desenvolvimento progressivo, surge a questão de se todo esse conjunto de correspondências e contrastes pode ser tornado coerente ligando-se a evolução neste último sentido à concepção de história de Collingwood (fig. 3.2). Alegar uma identidade completa seria, nesta etapa, um exagero; contudo, encontramos algumas indicações justamente dessa conexão. Assim, Tylor identificou a história da cultura com o desenvolvimento da consciência humana. Kroeber, adotando o conceito neokantiano de história, pode, no entanto, falar do crescimento da cultura em termos que lembram Spencer, e tem condições de categorizar muitos dos exemplos do "processo evolucionista" de White como "apenas longas histórias" (KROEBER, 1952: 102). Lévi-Strauss, quando disposto a seguir Kroeber, afirma categoricamente que "toda história é cumulativa" e admite que a evolução – tal como White entende o termo – pode ser comparada com a história nesse sentido (1953: 36; 1968: 286). E mesmo Evans-Pritchard apresenta uma concepção da generalização que parece ter notáveis afinidades com a etnologia evolutiva de Tylor e White. Novas provas de afinidade são fornecidas pela referência tímida ao "historicismo", já mencionado neste capítulo, do relativismo neokantiano ao paradigma spenceriano do desenvolvimento progressivo.

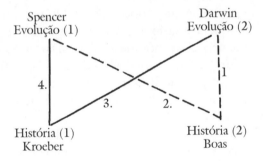

Fig. 3.2. Correspondências e contrastes entre os dois sentidos de história e evolução.

1) *Evolução* darwiniana em comparação com a cultura-*história* boasiana: Murdock, Sahlins (evolução específica), Lévi-Strauss (história estacionária).

2) *Evolução* progressiva em contraste com a cultura-história boasiana: Radcliffe-Brown, White.

3) *Evolução* darwiniana em contraste com a história como um processo da mente: Collingwood.

4) *Evolução* progressiva em comparação com a *história* como um processo da mente: Kroeber, Lévi-Strauss (história cumulativa), Evans-Pritchard, Bergson.

Quais, são, então, as conotações comuns do par de conceitos história e evolução? Há quatro que podem ser mencionadas imediatamente. Em primeiro lugar, as duas lidam principalmente com o *processo* em vez de com eventos. Compare-se, por exemplo, a compreensão teggartiana de evolução – "modificação lenta, contínua, de um mundo sem eventos" – com a afirmação de Collingwood de que "o historiador não está voltado de modo algum para os eventos em si" (COLLINGWOOD, 1946: 271; TEGGART, 1972: 141). O segundo aspecto decorre do primeiro: as duas partem da premissa da *continuidade*, no espaço e no tempo, da vida real: não a continuidade reconstruída do filme, mas a continuidade tal como imediatamente dada na experiência consciente. Em terceiro lugar, e novamente como um corolário de nossas duas observações precedentes, as duas conotam uma abordagem holista totalizante, absolutamente contra o atomismo da evolução darwiniana ou da cultura-história boasiana. Se de fato for necessário falar de eventos, cada um deles é apenas um ponto no contínuo espaçotemporal, ou um momento em seu desdobramento. E, por fim, tanto a história como a evolução, nos sentidos que estamos considerando aqui, são governadas pela ação da consciência: longe de "simplesmente acontecer", são produzidas. Em outras palavras, envolvem *teleologia* ou propósito. Mais uma vez, é precisamente a ausência de teleologia que caracteriza os paradigmas boasiano e darwinista. Por todas essas razões e outras mais, acredito que é bem justificado considerar a história de pessoas como uma espécie de evolução que podemos denominar social.

Na verdade, vou sustentar que a noção de evolução é muito mais adequada a este contexto do que ao da biologia darwinista. O "transformismo" de Lamarck e "a descendência com modificação" de Darwin transmitem muito melhor do que "evolução" o caráter específico da adaptação orgânica, e a ciência biológica prestou um grande desserviço na apropriação para si de um termo-chave que é tão inadequado à interpretação que lhe veio a ser atribuída. Porque, se fôssemos aceitar a inclinação do biólogo de rejeitar toda noção da evolução que não se conforma com os princípios darwinistas, permaneceríamos privados de um conceito para denotar o movimento contínuo, dirigido e dotado de propósito a que o termo originalmente, e com bastante propriedade, se referia. Em nenhum lugar essa identidade entre esse sentido original de evolução e a história, concebida como um fluxo de consciência, foi mais explicitamente estabelecida do que no trabalho do grande filósofo francês Henri Bergson. Darei alguma atenção a suas ideias, uma vez que oferecem uma base admirável para a discussão dos três tópicos principais que nos ocuparão na maior parte do que segue neste e nos dois próximos capítulos. São eles: em primeiro lugar, a dicotomia entre indivíduo e pessoa; em segundo, a natureza do tempo histórico e evolutivo; e, em terceiro lugar, o significado de acaso, necessidade e criatividade. Mas, antes de me dedicar a esses assuntos, duas outras questões devem ser esclarecidas. Uma se refere ao conceito de relativismo, e, a outra, ao que queremos designar por eventos.

A dificuldade quanto ao relativismo consiste em que o termo pode ser usado para caracterizar duas abordagens tanto de história como de evolução que mostramos ser irreconciliavelmente opostas. Assim como, investigando o sentido de examinar o passado a partir de dentro, tivemos de perguntar, de dentro de quê, nossa compreensão do relativismo vai depender de como respondemos à pergunta "Relativo a quê?" Aqueles que levam a objetividade ao limite diriam "relativo a *alguma coisa*". Eles prescrevem um ideal austero – praticamente inalcançável para mortais comuns, afora os iguais a Lévi-Strauss (PACE, 1983: 118) – de absoluto distanciamento, para que a coisa possa ser reconhecida e apreciada tal qual é, em si mesma. Esse é o tipo de relativismo contido na teoria de Darwin da variação sob seleção natural, e do mesmo modo fundamenta a cultura-história de Boas. O propósito é transcender nosso próprio ponto de vista (subjetivo) e, em consequência, combater o "centrismo" em todas as suas formas, seja a concepção antropocêntrica de outras espécies ou a concepção etnocêntrica de outras culturas. Consequentemente, rejeita a ideia de progresso e celebra a diversidade, observando toda espécie ou cultura como um objeto de valor intrínseco. Não é preciso dizer que o relativismo objetivista está eivado de contradições, que se resumem à sua incapacidade de acomodar o fato da própria existência dos observadores no mundo real (BIDNEY, 1953: 424; cf. HERSKOVITS, 1948: 63-64). Por exemplo, supondo que toda a humanidade esteja presa a restrições de inumeráveis tradições, o relativista cultural não só se coloca um degrau acima da raça humana comum, mas também imagina que todo o mosaico de "modos de vida" é um cenário posto para seu deleite pessoal. Somente ele pretende reconhecer "outras culturas" como realmente são, não as pessoas condenadas a viver encarceradas dentro delas. Colocando-se, nas palavras de Bidney, "como o espectador de todo tempo e cultura", ele "estabelece os fatos do etnocentrismo cultural [...] e espera que de alguma maneira essa informação esclarecedora liberte estudiosos da antropologia das deprimentes limitações de seu próprio ambiente cultural. Os antropólogos serão finalmente almas livres e esclarecidas, mesmo que o resto da humanidade esteja fadado à escravidão cultural" (BIDNEY, 1963b: 5-6).

Os defensores da evolução progressiva têm a seu favor o fato de não se atribuírem uma tal posição de superioridade absoluta, permanecendo ascendentes sobre o restante no mundo da humanidade em vez de transcendentes como espectadores sobre-humanos, superobjetivos. É essencial manter a distinção entre o tipo de transcendência ou "descentração" implicado na busca da objetividade total e o tipo "por meio do qual entramos imaginativamente em outros pontos de vista subjetivos e tentamos ver como as coisas parecem de outros pontos de vista específicos" (NAGEL, 1979: 209). Enquanto aquele nos leva para fora do mundo, este nos ordena permanecer *dentro* dele, mas assumir uma variedade de posições diferentes daquela em que nos encontramos imediatamente. O relativismo "subjetivista", portanto, constitui uma afirmação em vez de uma negativa do "centrismo", um reconhecimento de que – já que existir como pessoa é ter um ponto de vista – deve haver tantos centros diferentes, e, por conseguinte, tantas perspectivas de mundo, quanto há pessoas na sociedade. Em outras palavras, toda perspectiva é relativa a *alguém* em vez de a *algo*; o que vemos depende não *daquilo* para que olhamos, mas do lugar *de onde* olhamos[32]. Além disso, o exercício imaginativo que o relativismo requer, a capacidade de transportar-se para outro centro e adotar a concepção de seu ocupante, depende da noção de que somos todos companheiros de viagem no mesmo movimento e, portanto, que há apenas um mundo (ao contrário de múltiplos mundos – correspondentes a culturas discretas – do objetivista, que vê todas em virtude de não pertencer a nenhuma). Ora, essa noção, apelando à nossa humanidade comum – possivelmente até ao nosso parentesco com os animais – é a própria base do pensamento evolutivo em seu molde pré-darwinista clássico. Não causa surpresa, por isso, ver o mais eminentemente razoável dentre os evolucionistas progressivos, Tylor, destacando a necessidade de ver as coisas do ponto de vista do primitivo, que é, afinal, um agente racional e um ser humano como nós: "O estudioso da história tem de evitar o erro que o ditado exprime: medir todos pela sua régua. Não julgando os costumes de nações em outros estágios da cultura por seu próprio padrão moderno, tem de trazer seu conhecimento para ajudar sua imaginação, a fim de ver as instituições em seu lugar próprio e do modo como funcionam" (TYLOR, 1881: 410).

A mesma dicotomia entre pessoas e coisas, e entre subjetivo e objetivo, reaparece quando chegamos ao problema de como definir "evento". Porque, embora pudéssemos estar inclinados a considerar eventos como momentos particulares na vida dos povos, estes *não* são os elementos constituintes da cultura-história boasiana. Os "atores" dessa história, se pudermos assim considerá-los, não são pessoas autênticas, mas os fragmentos e pedaços da cultura que se combinam na mente de indivíduos. Cada evento, por isso, é uma reunião não de pessoas, mas de traços ou instruções elementares. A analogia com a descendência darwinista com modificação é, mais uma vez, reveladora: como o aparecimento de todo organismo geneticamente programado constitui um evento único na história natural, o devir de todo ser humano habituado constitui um evento singular na história cultural. Os indivíduos *são* eventos; a vida de cada um – realizada e gasta na execução monótona e na transmissão de um projeto comportamental pré-formado – é apenas a extensão, em um presente imóvel, de um instante único em uma sucessão de instantes que compõe uma sequência histórica particular. Não se trata de uma história na qual as pessoas fazem coisas, ou na qual coisas acontecem a pessoas: em vez disso, como indivíduos, eles são as coisas que acontecem. Disso decorre que a vida, decaindo no instante de cada evento, se divorcia da história, sendo sua sucessão (cf. fig. 3.3, A). Aqui, mais uma vez, a concepção boasiana de história contrasta com a história subjetivista de pessoas precisamente do mesmo modo que a evolução darwiniana contrasta com a evolução em seu sentido desenvolvente, pré-darwinista. Tomando-se este último sentido em cada contraste, tanto a história como a evolução estão fundamentalmente preocupadas com o fluxo da vida, não como uma sequência de instantes, mas como um movimento contínuo, progressivo, análogo ao crescimento orgânico (fig. 3.3, B). E esse movimento não está contido nos eventos, sendo em vez disso realizado por eles: o papel do indivíduo é receber a vida e transmiti-la, agir como um veículo temporário para a projeção do passado no futuro. Com isso, voltamos a *Evolução criadora*, de Bergson (1911)[33].

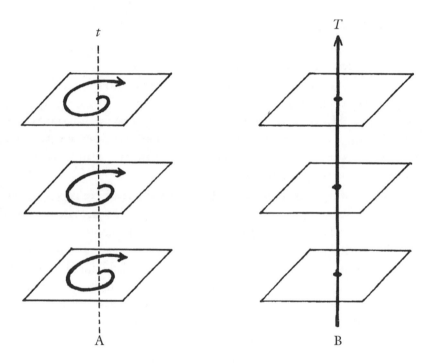

Fig. 3.3. Duas concepções da relação entre a evolução e o fluxo da vida, ou entre a história e o fluxo da consciência. A: Planos sucessivos representam indivíduos (eventos) em sequência genealógica, ocupando cada um deles um momento no tempo abstrato, cronológico (t), e a vida de cada um é gasta na revelação da estrutura pré-formada. B: Planos sucessivos representam seções transversais de um movimento contínuo, progressivo, da vida ou consciência em tempo real (T), realizado *por meio* de eventos.

Bergson considerava a substância da evolução, assim como a da história, um movimento contínuo em tempo real, ou o que denomina "duração". Esse movimento, nem aleatório nem predeterminado, mas sempre criativo, é equiparado à vida e à consciência. O organismo individual é apenas um vetor efêmero desse processo criativo: "*A vida se assemelha a uma corrente que passa de germe a germe por meio de um organismo desenvolvido* [...]. A coisa essencial é o *progresso contínuo* indefinidamente buscado, um progresso invisível, que cada organismo visível cavalga no curto intervalo do tempo que lhe é dado viver" (1911: 28-29). Por "invisível", Bergson designava aquilo que não pode ser compreendido retrospectivamente pelo intelecto, o qual disseca eternamente o fluxo da experiência em inumeráveis estados discretos e instantâneos, apenas para os reconstituir como uma sequência organizada (1911: 170-174). Para descobrir a realidade da vida, devemos abandonar nossa posição do lado de fora do mundo, "incorporando-nos ao acontecer interior das coisas" (1911: 322). Devemos trabalhar, em outras palavras, por intuição, em vez de pelo intelecto: "É à própria intimidade da vida que nos conduz a intuição", uma intuição "que ficou desinteressada, consciente de si mesma, capaz de refletir sobre seu objeto"

Mas é para o interior mesmo da vida que nos conduziria a "intuição", uma intuição tornada "desinteressada, consciente de si mesma, capaz de refletir sobre seu objeto" (1911: 186). Essa perspectiva intuitiva também é holista: "O todo real, como dizíamos, poderia muito bem ser uma continuidade indivisível: os sistemas que nele recortamos não seriam então, propriamente falando, *partes* suas, mas *vistas parciais* do todo" (1911: 32).

Tudo isso, bem naturalmente, levou Bergson a opor sua concepção de evolução orgânica à de Darwin. Em larga medida, essa oposição girava em torno da questão da individualidade. A singularidade do indivíduo, como vimos no capítulo 1, é fundamental para a teoria da variação sob seleção natural. Cada organismo é concebido, nos termos dessa teoria, como uma entidade singular, dotada de um projeto específico com duração idêntica aos limites de sua própria existência. Seu nascimento representa, não um momento em um processo gradual de devir, mas o aparecimento abrupto de algo absolutamente novo. E o que transmite ao futuro não é sua vida (que, como vimos, é gasta em um presente estático), mas o grupo de instruções elementares que podem ser recombinadas no devir de outros projetos de outras vidas. Bergson, por sua vez, rejeita a ideia da individualidade absoluta no mundo orgânico. Ele alega que "o ser vivo é sobretudo um lugar de passagem" ao longo da qual é transmitido o impulso da vida. E como cada indivíduo, como um corredor de revezamento, recebe esse impulso e o transmite, e como cada geração deve tocar a que a vai seguir e debruçar-se sobre ele, como podemos dizer exatamente onde termina um indivíduo e outro começa? (BERGSON, 1911: 45, 90, 135). Como portador da vida, o indivíduo traz consigo todo um passado, o qual se estende para trás em uma continuidade sustentada com seus antepassados mais remotos e que, vai sendo constantemente aumentada com o passar do tempo. Nesse sentido, o indivíduo é seu passado, e, assim, sua individualidade se entrelaça com a de todos os outros com os quais compartilha a descendência comum e, portanto, em última análise, com a totalidade dos seres vivos (1911: 45-46; para uma concepção semelhante, cf. RENSCH, 1972: 6-8).

O que foi dito sobre o papel dos organismos na evolução da vida também pode ser dito sobre o papel das pessoas na história da consciência. O próprio Bergson é bastante explícito sobre a analogia: "quanto mais atentamos para essa continuidade da vida, tanto mais vemos a evolução orgânica aproximar-se daquela de uma consciência, na qual o passado pressiona o presente e faz jorrar dele uma nova forma de consciência" (1911: 29). A vida, como ele diz em outro lugar, é "consciência lançada em matéria" (1911: 191). A individualidade da pessoa, assim como do organismo, reside na inteireza de seu passado transportado para o presente: nesse sentido, pode-se entender que tanto o organismo como a pessoa têm uma história (1911: 5, 16). E, outra vez, assim como se pensa que as coisas vivas transmitem o impulso da vida, assim também a consciência é transportada por gerações sucessivas de humanidade, em um movimento criativo infinito. Resulta disso que não é mais possível atribuir limites absolutos a pessoas, concebidas como agentes históricos, do que a organismos concebidos como portadores da vida. Porque, se identificamos as pessoas com as trajetórias de sua experiência do passado, isto é, com suas biografias cumulativas particulares, devemos reconhecer, em primeiro lugar, que nenhuma pessoa pode ser exatamente a mesma de um momento ao seguinte, e, em segundo, que não há ponto óbvio no qual devemos começar. Nenhuma biografia completa começaria com o nascimento de seu objeto, uma vez que a história de uma vida simplesmente assume seu lugar a partir da história de outras vidas que a formaram, e assim por diante, em retrocessão infinita. O indivíduo da cultura-história boasiana, bem ao contrário, é claramente demarcado pela configuração específica de elementos culturais nos quais sua vida é contida no breve intervalo do berço à sepultura. Para compreender seu comportamento não precisamos saber nada do passado, mas só do código presente da prática cultural.

As observações de Bergson sobre os conceitos de pessoa e personalidade têm tanta importância para nosso tema atual que merecem ser citadas detalhadamente:

> O que somos nós, com efeito, o que é nosso *caráter*, senão a condensação da história que vivemos desde nosso nascimento [...]. É com nosso passado inteiro [...] que desejamos, queremos, agimos. Dessa sobrevivência do passado resulta a impossibilidade de uma consciência passar duas vezes pelo mesmo estado. As circunstâncias podem ainda ser as mesmas, porém não é mais sobre a mesma pessoa que agem, uma vez que a encontram em um novo momento de sua história. Nossa personalidade, que se constrói a cada instante a partir da experiência acumulada, muda sem cessar. É por isso que nossa duração é irreversível [...].

> Cada um de nossos estados [pode ser] considerado um momento de uma história que se desdobra: é simples [...] um momento original de uma história não menos original [...]. É, pois, correto, dizer que aquilo que fazemos depende daquilo que somos; mas é preciso acrescentar que também somos, em certa medida, aquilo que fazemos, e que criamos interminavelmente a nós mesmos (1911: 5-7).

Bergson poderia ter se saído melhor começando por "Quem somos nós?" em vez de "O que somos nós?" É que, em resposta a esta última questão, poderíamos afirmar razoavelmente que somos apenas indivíduos, representantes de uma espécie particular – *Homo sapiens* – e de alguma cultura particular. Mas a "Quem é você?", a resposta "um ser humano" não ajuda nem um pouco ninguém que não um observador extraterrestre. Para responder a *esta* questão completamente, você teria de apresentar uma descrição biográfica de si mesmo, de sua linhagem até o presente, mencionando todas as outras pessoas cujas carreiras, em um ou outro estágio da vida, influenciaram a sua ou correram de modo tangencial com ela. Você iria se apresentar, em outras palavras, como o predicado de uma história em desdobramento de relações intersubjetivas (sociais).

Com essa ressalva, podemos reformular o argumento da seguinte maneira: a consciência é um movimento no tempo e, na qualidade de agente consciente, *eu* sou, portanto, um acúmulo de experiência do passado. Logo, dizer que *eu* faço algo, em vez de que algo está sendo feito mecanicamente, consiste em indicar que todo o peso de meu passado é mobilizado em função da ação atual. (Inversamente, supor que todas as condições de realização de uma ação estão contidas no presente é ver a realização como não dirigida por um agir consciente, isto é, como um exemplo de comportamento em vez de ação – uma dicotomia conceptual que vamos desenvolver em um capítulo posterior.) Mas mesmo enquanto é realizada, a ação mergulha no passado e por meio disso se torna parte do eu que age. E assim, como disse Bergson, criamos a nós mesmos continuamente. Ou, nas palavras de Durkheim, "Em cada um de nós, em proporções variadas, há parte do homem de ontem; é o homem de ontem que inevitavelmente predomina em nós, uma vez que o presente representa bem pouco em comparação com o longo passado no decorrer do qual fomos formados e do qual resultamos" (1938: 16; apud BOURDIEU, 1977: 79). Mas, como Durkheim ensinou, o eu não é simplesmente feito em casa, assim como a consciência (*pace* BERGSON, 1911: 103) não explode como uma cascata de fogos de artifício, seguindo inumeráveis caminhos separados. Precisamente porque a vida subjetiva nunca é conduzida na solidão hermética, porque "os seres humanos não são preparados como homúnculos em retortas" (SCHÜTZ, 1970: 163), cada um de nós é constituído como pessoa por suas relações sociais com os outros e pode ser assim representado como um ponto ou vórtice em um campo ilimitado dessas relações. Foi presumivelmente essa espécie de campo que Teilhard de Chardin concebeu em sua noção de "noosfera" ou esfera da mente, retratada com eloquência como uma membrana elástica que envolve a Terra (1959: 226). Além disso, uma vez que a consciência implica continuidade temporal, devemos concluir que a pessoa é essencialmente um lugar de crescimento criativo no desdobramento dessa membrana ao longo da dimensão do tempo. Entendemos esse desdobramento como o processo total da vida social. Assim, em oposição ao indivíduo autossuficiente concebido "como uma encarnação particular da humanidade abstrata", postulamos a pessoa, "o homem como um ser social [...] um ponto mais ou menos autônomo de emergência de uma humanidade coletiva particular" (DUMONT, 1972: 39).

Encontramos uma concepção de pessoa notavelmente semelhante à de Bergson nos escritos de Ortega y Gasset. Tal como Bergson, ele trata a vida como um movimento contínuo, progressivo, um acúmulo da experiência. Isso não implica uma aceitação necessária dos padrões absolutos de teóricos do progresso anteriores, porque nossa compreensão da evolução social em nada depende de seu juízo de superioridade moral. O erro da doutrina clássica do progresso, como Ortega indica, "reside na afirmação de que o homem progride em direção ao melhor [...]. Mas que nossa vida realmente possui um caráter simplesmente progressivo é algo que podemos afirmar *a priori*". Assim, "o europeu de hoje não é apenas diferente do que foi há cinquenta anos; o ser atual inclui aquele de há cinquenta anos" (1941: 218)[34]. Isso se deve ao fato de que as vidas se sobrepõem e são formadas pelo passado enquanto formam o futuro: cada um de nós recebe a história e a leva adiante. À humanidade de uma pessoa é acrescentada a humanidade de outras, e assim por diante, em um processo cumulativo (1941: 220). O aspecto progressivo da história reside, por isso, na ideia de que a vida social, tal como a vivenciamos (embora não como a vemos retrospectivamente), é um fluxo contínuo e dirigido. Contudo, congelar esse fluxo no instante do presente e reconstruir a vida como uma sucessão desses instantes é eliminar o agir de nosso ser subjetivo. "O passado sou eu", escreve Ortega y Gassett, "pelo que quero dizer minha vida" (1941: 223). Corte-se o passado, e deixo de existir. Tudo o que permanece no presente instantâneo são os atributos objetivos, semelhantes a coisas, de minha humanidade, ou seja, os atributos que têm uma consistência dada, fixa e que podem, em decorrência, ser concebidos como tendo existência fora do fluxo do tempo real.

Ora, a soma desses atributos fixos constitui o que é muitas vezes conhecido como "natureza humana". No entanto, Ortega parece ir ao ponto de nos negar até isso: "O homem, em uma palavra, não tem natureza, o que ele tem é [...] história" (1941: 217). Essa declaração aparentemente direta e inequívoca tem de ser interpretada um tanto cuidadosamente. Ela foi muitas vezes entendida como um manifesto radical das versões mais extremas de determinismo cultural-histórico, da primazia da cultura sobre a natureza, do cultural sobre o orgânico. É esse o sentido no qual é entendido, para fins de crítica, por Bidney (1953: 154-155), que equipara a dicotomia natureza-história com a dicotomia natureza-cultura e requer o reconhecimento complementar de ambos os termos da polaridade (cf. tb. KLUCKHOHN, 1949: 46). Dobzhansky, do mesmo modo, aconselha moderação diante da contra-afirmação igualmente radical (e para a nossa felicidade agora defunta) de C.D. Darlington de que "os materiais da hereditariedade contidos nos cromossomos são o material sólido que determina em última análise o curso da história" (DARLINGTON, 1953: 404)[35]. Para Dobzhansky, "o homem tem tanto uma natureza como uma 'história'. A evolução humana tem dois componentes, o biológico ou orgânico e o cultural ou superorgânico [...]. É a interação entre biologia e cultura" (DOBZHANSKY, 1962: 18). Bock, comentando o debate no contexto de uma crítica da sociobiologia recente, continua representando Ortega como o protagonista apaixonado de um humanismo que confere prioridade última à cultura no devir da experiência humana (BOCK, 1980: 174-177). Aqui não é certamente o lugar de uma revisão da controvérsia natureza-cultura. O que me interessa é antes mostrar que aqueles que aprisionaram Ortega na causa do determinismo cultural boasiano entenderam de modo completamente errôneo o que queria dizer tanto com homem e natureza como com história. É essencial para nós identificar as fontes desse equívoco.

Permitam-me começar com o conceito de natureza. Descrever os múltiplos significados desse conceito e as modificações que sofreu ocuparia um livro. Para nossos propósitos atuais, contudo, basta distinguir apenas dois. Em um desses sentidos, "natureza" conota o mundo material, em oposição ao mundo de ideias, o inorgânico e orgânico, em oposição ao cultural. Esse não é o sentido adotado por Ortega y Gasset. Para ele, natural significa "semelhante a uma coisa"; a natureza das coisas está no que quer que constitua a fixidez de seu ser (1941: 184-185). Nesse sentido, podemos falar igualmente bem sobre a "natureza" do orgânico (natural em outro sentido) e de coisas culturais. Em outras palavras, a concepção orteguiana de natureza *não exclui*, mas abarca, a cultura. Quando, por isso, nos diz que "o homem não é uma coisa, que é falso falar de natureza humana, que o homem não tem natureza", devemos tomá-lo no sentido de que o passado histórico – que "é tudo o que ele tem" – *não* é uma história da cultura (1941: 185, 230). Isso nos leva à segunda fonte do equívoco: a história de Ortega é uma história de pessoas, não de coisas, e, como tal, se opõe por completo à concepção boasiana. O passado do homem é sua vida, uma vida que não é dada como um projeto pronto, mas que deve ser constantemente construída mediante um exercício da vontade, e cada pessoa se ocupa dela no lugar em que outras pararam (1941: 165, 220). "A única coisa que nos é dada, e o *é* quando há vida humana, é *ter de fazê-la... A vida é uma tarefa*" (1941: 200). Nada pode estar em oposição mais clara à ideia de uma vida gasta na realização de um programa já escrito para ela nos materiais dos costumes.

Se o elemento de cultura é uma coisa, então também o é o ser humano individual – já que sua individualidade é conferida por uma composição ímpar desses elementos. Como, então, Ortega pode afirmar que "o homem não é uma coisa"? Essa questão nos leva à nossa terceira fonte do equívoco, aquela acerca do que ele quer dizer com homem. Porque, quanto a isso, ele adota uma concepção bem mais restrita do que aquela dos seus críticos, dando-se ao trabalho de distinguir vida, consciência e experiência dos atributos mediante os quais se realizam. "O homem não é seu corpo – que é uma coisa – nem sua alma, psique, consciência ou espírito, que também são coisas. O homem não é uma coisa, mas um drama – sua vida" (1941: 199). Em resumo, longe de negar os componentes orgânicos e culturais da nossa humanidade comum, Ortega simplesmente os exclui de seu conceito de homem, que restringe ao ser subjetivo. O homem de Ortega é a resposta a "quem somos", não "o que somos"; não é um indivíduo, mas uma pessoa. Assim, onde ele escreve "Digamos [...] não que o homem é, mas que ele *vive*" (1941: 213), diríamos que o indivíduo *é*, e a pessoa *vive*[36]. Aqueles que, como Dobzhansky, conseguem condensar o conjunto da evolução humana na interação de fatores biológicos e culturais, exclui precisamente aquilo que Ortega estava essencialmente preocupado em destacar, a saber, a consciência histórica. Quando sustentamos que a consciência é constituída por relações sociais (um aspecto mais bem discutido em capítulos subsequentes), traduzimos sua dicotomia entre natureza e história não como sendo entre o biológico e o cultural (ou "sociocultural"), mas como entre a constituição biológico-cultural do indivíduo, de um lado, e a constituição social da pessoa, de outro. Examinada sob essa ótica, o cerne do argumento de Ortega – com o qual concordamos totalmente – é que, nas propriedades objetivas dos indivíduos humanos está, não a fonte, mas o meio de nossa vida intersubjetiva, dotada de propósito.

Umas poucas palavras mais são necessárias nesta etapa, sobre o conceito de homem. Porque não apenas ele pode cobrir os aspectos subjetivos e objetivos da existência humana, como também referir-se a um homem particular bem como à humanidade em geral. Nada pode ser mais perigoso do que deslizar de um para o outro, supor que, como nossa pessoa particular é antes o artífice da história do que o precipitado fortuito de uma sequência de eventos, em consequência a humanidade é uma espécie de agente global que submete o curso da evolução social a um propósito comum. Os profetas do humanismo sempre foram propensos a essa espécie de exagero, em nenhum lugar mais bem exemplificada do que nos escritos de Julian Huxley. Uma coisa é sustentar que, como a pessoa é seu passado, sua ação dotada de propósito é uma projeção do passado no futuro; uma coisa completamente diferente é afirmar, com Huxley, que o homem coletivo "não é nada mais do que a evolução tornada consciente de si mesma", e por isso, que o curso futuro da história mundial pode ser reduzido às capacidades de autodireção de uma superconsciência evolutiva (HUXLEY, 1954: 12-13). É precisamente neste ponto que nossa concepção de história das pessoas deve despedir-se do evolucionismo social clássico. Um dos princípios fundamentais deste último é que a vida coletiva da humanidade é apenas a vida do homem particular ampliada, uma passagem da infância à maturidade. É com base nesse pressuposto que os teóricos do progresso podem conceber propósitos humanos a ser subscritos pela natureza do homem comum, como está implícito na doutrina da unidade psíquica. Podemos ver agora que o problema do evolucionismo social não está na noção de evolução em si, mas em uma concepção inadequada de social.

E esse problema não desaparece simplesmente substituindo humanidade por sociedade e "natureza humana" por "estrutura social". Devemos recusar enfaticamente uma tendência persistente na teoria antropológica, basicamente atribuível ao legado intelectual de Durkheim, de imputar propósito à história ao atribuir eficácia a "estruturas" reificadas que agem nos, e por meio dos, indivíduos mantidos sob seu domínio (cf. BOURDIEU, 1977: 27, para uma crítica a essa tendência). Um dos piores, e certamente um dos mais influentes, ofensores nesse sentido é Lévi-Strauss, cuja posição é que as intenções últimas das pessoas na história estão nas profundezas dos níveis inconscientes da mente, em que o indivíduo se funde com a sociedade – aparecendo como sua encarnação particular. Em apoio a essa posição, apresenta uma "famosa afirmação de Marx, a de que 'Os homens fazem sua própria história, mas não sabem que o fazem'" (LÉVI--STRAUSS, 1968: 23). Pelo que sei, Marx nunca disse nada disso (Lévi-Strauss não fornece nenhuma referência), nem o poderia ter feito sem comprometer toda a sua filosofia da história. É provável que a fonte da pretensa "famosa afirmação" seja o *Eighteenth Brumaire of Louis Bonaparte* [*O Dezoito Brumário de Luís Bonaparte*]: "Os homens fazem sua própria história, mas não a fazem como querem; não a fazem sob circunstâncias de sua escolha, e sim sob aquelas com que se defrontam diretamente, legadas e transmitidas pelo passado" (MARX, 1963: 15). Para Marx, a história é o resultado da ação conscientemente dirigida, dotada de propósito, dos seres humanos (pessoas). Ele diz aí é que todos agem em um contexto ou ambiente social constituído pelas ações precedentes de outras pessoas cujos propósitos, embora não necessariamente concordem com os seus próprios, têm inevitavelmente influência sobre eles.

Devemos concordar com isso. Porque, gostemos ou não, cada um de nós entra na cena histórica em um tempo e lugar particulares, e tem necessariamente de partir daí. As palavras de Marx são ecoadas nesta notável passagem dos escritos fenomenológicos de Alfred Schütz:

> A situação biográfica única na qual me encontro no mundo a todo momento de minha existência só é em uma medida sobremodo pequena minha própria criação. Encontro-me sempre no âmbito de um mundo historicamente dado que [...] existia antes do meu nascimento e que continuará a existir depois de minha morte. Isso significa que este mundo é não só meu como também do ambiente de meus semelhantes; além disso, esses meus semelhantes são os elementos de minha própria situação, e eu da deles. Agindo sobre os outros e sendo objeto de sua ação, conheço essa relação mútua (1970: 163-164).

Disso resulta que a pessoa – como agente histórico – não tem existência fora do contínuo espaçotemporal das relações sociais e que sua individualidade só pode ser definida como uma posição – ou melhor, uma trajetória biográfica – nesse contínuo. Se se excluir ou colocar entre parênteses esse domínio da intersubjetividade, fica-se apenas com uma população de indivíduos, uma associação de coisas. É precisamente esse o efeito da distorção de Marx por Lévi-Strauss, que implica a substituição de "circunstâncias alheias à vontade dos atores" por "estruturas de que não têm consciência". Com esse movimento, o contexto da ação tornou-se uma instância de direção central; um tecido de relações constitutivas de pessoas se tornou um operador oculto com uma teleologia distinta de sua intenção e que a subverte, instância à qual entregam a responsabilidade pela condução da vida. As pessoas são assim reduzidas à posição de indivíduos a serviço da estrutura.

No marxismo desumanizado de Althusser, essa redução é levada a extremos extraordinários: o que "a antropologia ingênua" inocentemente tomou por pessoas autênticas sujeitas a relações de intersubjetividade passa a ser nada mais do que "suportes" de estruturas impessoais, que são os "verdadeiros" sujeitos da história (ALTHUSSER & BALIBAR, 1970: 180)[37]. Escrevendo dessa perspectiva althusseriana, Terray observa que, considerando a natureza tanto inconsciente como determinante da estrutura, "a história é opaca aos homens que a fazem"; e, prosseguindo, observa "a eficácia histórica da estrutura, sua capacidade de formar e dirigir o curso dos eventos" (1977: 299). Devemos rejeitar uma concepção tão mecânica de história. Ao dizer que a fonte das intenções humanas está no domínio do social *não* estamos afirmando que as pessoas são os instrumentos cegos de uma história que "realmente" está sendo feita para elas por trás de suas costas por alguma estrutura a-histórica subjacente, mas, em vez disso, que o social é o campo de nossa autodeterminação mútua *na* história. As pessoas realmente fazem sua própria história, e sabem perfeitamente bem que a estão fazendo. Mas essa é uma história de relações sociais pelas quais, realmente, progressivamente, as pessoas se fazem umas às outras. Os únicos sujeitos do processo social, escreveu Marx, são "indivíduos em relações mútuas, que tanto reproduzem como produzem de maneira nova" (1973: 712). Voltaremos a esse ponto no capítulo 6; por agora devemos nos ocupar da dicotomia indivíduo/pessoa.

Devemos a primeira afirmação explícita dessa dicotomia, na antropologia social, a Radcliffe-Brown:

> Todo ser humano vivendo em uma sociedade é duas coisas: é um indivíduo e também uma pessoa. Como indivíduo, é um organismo biológico, um aglomerado de vasto número de moléculas organizadas em uma estrutura complexa, no interior do qual, durante o tempo que persista, ocorrem ações e reações, processos e transformações fisiológicos e psicológicos. Os seres humanos como indivíduos são objeto de estudo dos fisiólogos e psicólogos. O ser humano como pessoa é um complexo de relações sociais. É cidadão da Inglaterra, marido e pai, pedreiro, membro de certa congregação metodista, eleitor de determinado partido, membro de seu sindicato, adepto do Partido Trabalhista etc. Observe-se que cada uma dessas descrições se refere a uma relação social, ou a certo lugar na estrutura social. Observe-se também que uma personalidade social é algo que muda durante o curso da vida da pessoa. Como pessoa, o ser humano é objeto de estudo do antropólogo social. Não podemos estudar pessoas a não ser em termos da estrutura social, nem podemos estudar a estrutura social a não ser em termos das pessoas que são as unidades de que ela se compõe (1952: 193-194).

Temos aqui uma clara afirmação da autonomia do social na determinação de quem somos, ao contrário do que somos. Contudo, nossa concepção da dicotomia diferencia-se da de Radcliffe-Brown em grande número de aspectos. Permitam-me indicar quais são essas diferenças, considerando primeiro a pessoa, e depois o indivíduo.

É instrutivo comparar o dito de Radcliffe-Brown "O ser humano como pessoa é um complexo de relações sociais" com uma afirmação aparentemente semelhante de Marx, na sexta de suas *Theses on Feuerbach* [*Teses sobre Feuerbach*]: "a essência humana não é uma abstração inerente a cada indivíduo. Na sua realidade ela é o conjunto das relações sociais" (MARX & ENGELS, 1977: 122). Entendemos que Marx remete aqui à substância da pessoalidade (um termo preferível à "personalidade" de Radcliffe-Brown por causa das conotações psicológicas não intencionais desta última). Considerando o contraste radical entre as respectivas atitudes de Marx e Radcliffe-Brown sobre a história e a vida social, eles dificilmente podem estar dizendo a mesma coisa, embora usem quase as mesmas palavras. A diferença básica é a seguinte: a pessoa de Marx é um agente histórico real, envolvido em um tecido de relações intersubjetivas que se desdobram no decorrer de sua ação dotada de propósito, criativa, e da dos outros. A pessoa de Radcliffe-Brown é uma marionete cujas ações são inteiramente determinadas por regras; tudo o que é irregular ou idiossincrásico é omitido da especificação da estrutura e, portanto, não pode ser atribuído a pessoas como suas unidades constituintes. Nesse conceito, a pessoa não é nada mais do que o papel que desempenha, um lugar em uma estrutura (observe-se, de passagem, a concepção quase exatamente semelhante de Althusser, para quem os aparentes sujeitos são, na verdade, apenas ocupantes de lugares ou executores de funções; cf. ALTHUSSER & BALIBAR, 1970: 180). Ora, o uso de Radcliffe-Brown está em perfeito acordo com a significação original da *persona* latina, que especificamente significa *máscara*, ou, mais geralmente, um papel artificial, uma personagem em uma peça ou alguma espécie de mascarada ou impostura (DAHRENDORF, 1968: 26-31, 63, n. 33). Em um brilhante ensaio, Mauss mostrou como a noção da pessoa sofreu desde então uma série de transformações, adquirindo só nos dois últimos séculos sua conotação presente de "a *categoria do eu*, e, portanto, a sede da consciência" (MAUSS, 1979 [1950]: 78-89). A distância que separa essas transformações é precisamente a diferença que separa a "pessoa" de Radcliffe-Brown da de Marx e de nossa própria. O que é crucial para a nossa compreensão é o critério de *agentividade*, bem elaborado em outra definição, proposta por Bidney (1953: 342): "Uma pessoa pode ser definida como o sujeito socialmente reconhecido ou agente, da interação psicocultural [...]. Só pessoas são os agentes, ou os pacientes, do processo cultural".

Permitam-me exprimir isso um pouco mais concretamente. É uma verdade biográfica que sou um cidadão da Inglaterra, marido e pai, que vota em uma dada seção eleitoral, membro de um sindicato e adepto do Partido Trabalhista. Muitos outros se enquadrariam nessa descrição. Mas se *eu* fosse simplesmente a soma desses papéis, quem seria o ator que os desempenha? Como tanto o autor como o ator da minha parte, não sou nem organismo individual nem *persona*, mas é precisamente nessa condição, como eu mesmo, que me envolvo em relações sociais *reais* com outros autores-atores. Além disso, como já destacamos, minha personalidade é um processo cumulativo no tempo: não sou a mesma pessoa que fui ontem, nem serei a mesma amanhã. Radcliffe-Brown admitidamente observa que a personalidade social muda no decorrer da vida; no entanto, a mudança dele não é contínua, mas pontual. Tornei-me marido em um determinado ponto do tempo, pai em outro ponto, alguns anos depois. Permaneço até este dia marido e pai; esses componentes de minha pessoa, no sentido de Radcliffe-Brown, não mudaram. Mas *eu* mudei. E, do mesmo modo, as reais relações entre mim, minha esposa e meus filhos (ao contrário das relações modelares "marido-esposa" e "pai-criança") sofreram uma evolução contínua à medida que todos fomos ficando mais velhos[38]. Em resumo, nossa maneira de ver a pessoa depende da concepção do social como constituído não de relações entre as partes componentes de um programa regular de conduta prática, mas do entrelaçamento das vidas que estão sendo levadas. A elaboração dessa concepção deve, contudo, esperar os capítulos que seguem. Passemos agora da pessoa ao indivíduo.

A diferença mais óbvia entre a nossa noção de indivíduo e a de Radcliffe-Brown é que a nossa denota não simplesmente um objeto natural (usando natural aqui para designar coisas físicas), mas um objeto formado pela interação de elementos genética e culturalmente transmitidos. Em outras palavras, os seres humanos individuais são mais do que organismos; são organismos portadores de cultura (INGOLD, 1979: 271). Como tais, são os objetos do estudo, não só para fisiologistas e psicólogos, mas também para etnólogos ou antropólogos culturais. Podemos lembrar também a observação de Boas de que "em etnologia, tudo é individualidade" (1974: 66) e de Lowie, de que a cultura é uma realidade "apenas em seu reflexo em seus portadores" (1937: 269)[39]. Porém outra diferença, mais sutil, remonta à crítica de Bergson da noção de individualidade contida na teoria darwinista. Recapitulando: enquanto na concepção darwinista o indivíduo é uma configuração única de traços hereditários fixos, suspensos no presente, para Bergson ele é identificado com sua vida passada. Em um sentido, é uma coisa de que se pode dizer que tem uma "natureza", no outro, é a personificação de um movimento. Prossegue Bergson: "Por isso, seria errôneo comparar [um organismo vivo] a um *objeto* [...]. O organismo que vive é uma coisa que *dura*. Seu passado, em sua totalidade, é prolongado em seu presente [...] – em suma, ele tem uma história" (1911: 16). O mesmo é dito eloquentemente por Cassirer:

> A vida orgânica só existe na medida em que se desenvolve no tempo. Não é uma coisa, mas um processo – uma corrente incessante de eventos. Nessa corrente, nada alguma vez se repete da mesma forma idêntica [...]. O organismo nunca se localiza em um único instante. Em sua vida, os três modos do tempo – passado, presente e futuro – formam um todo que não se pode decompor em elementos individuais (1944: 49).

O que Bergson e Cassirer dizem de organismos vivos de modo geral, Ortega y Gasset disse dos seres humanos: não somos coisas, mas dramas; não temos natureza, só história; não *somos*, mas *vivemos*. E tudo isso contribui diretamente para nossa concepção da pessoa como a sede da consciência. Ao estabelecer a dicotomia entre pessoa e indivíduo, concebemos este último, portanto, em seu sentido darwiniano – ou boasiano, análogo: uma organização específica de elementos, cujo aparecimento representa um evento singular em uma história de coisas. Esse não é, contudo, o modo como Radcliffe-Brown o vê. Sua definição de indivíduo, na passagem citada, concebe um sistema de desenvolvimento de "ações e reações, processos e transformações". Assim, em sentido completamente inverso ao de nossa própria posição, Radcliffe-Brown atribui a vida a indivíduos, reduzindo as pessoas à posição de coisas.

A individualidade e a pessoalidade são, naturalmente, conceitos complementares; e eu em nenhum momento iria querer sugerir que o ser humano tem apenas uma ou a outra. A diferença está inteiramente nos tipos de perguntas que fazemos sobre o ser humano e nas espécies de observação que fazemos. Por exemplo, um filólogo preocupado em traçar a história de uma língua particular poderia contentar-se em considerar cada falante como um transmissor de enunciados e registrar cada enunciado simplesmente como uma amostra do comportamento linguístico. O que o falante queria dizer e o porquê seriam questões irrelevantes. O importante para nosso filólogo seria mostrar como pequenas variações no estilo de uso da linguagem entre um indivíduo e outro, quando transmitidas entre gerações, assumem a dimensão de diferenças interpopulacionais substanciais, levando ao surgimento de novos dialetos ou mesmo línguas (análogos das variedades e espécies dos biólogos, respectivamente). Mas saber ou ter reconstruído a história de uma língua ou ter traçado suas conexões genealógicas com outras línguas não nos permite de modo algum compreender as intenções daqueles que a usaram como seu meio de pensamento e comunicação. A mesma limitação se aplica à história de fenômenos paralinguísticos, ou da cultura em geral. Foi essa limitação que o próprio Boas reconheceu, embora um tanto tardiamente, a ponto de lamentar a ênfase exagerada na reconstrução (pela qual assumiu alguma responsabilidade) como "um erro da antropologia moderna" que desviou a atenção da tentativa de entender os propósitos dos povos que vivem sua vida *por meio da* cultura (BOAS, 1948: 269).

Por outro lado, uma história de pessoas seria – se isolada – igualmente incompleta. Dizer a todos nós o que as pessoas disseram e fizeram, e por que, faria vistas grossas à diversidade caleidoscópica de *formas* de dizer e fazer, que é precisamente onde está a riqueza da cultura humana. O mesmo se aplica à concepção bergsoniana da evolução orgânica como um fluxo de vida. É certo acentuar o que a biologia darwiniana tende a esquecer, a saber, que as coisas vivas são tanto vivas como semelhantes a coisas e que se diferenciam nesse aspecto das máquinas. Mas isso por si só não nos fará avançar nem um pouco na compreensão da adaptação de *formas* a circunstâncias diversas. Nosso foco é que a evolução da vida e da consciência é precisamente o que não é recuperável de uma evolução concebida exclusivamente como uma história de coisas. Por exemplo, não podemos reconstruir o organismo como um sistema de vida a partir de seus genes: como Weiss indicou, os genes podem explicar apenas *diferenças* em morfologia e comportamento de um indivíduo ou espécie a outro. Se descartamos essas diferenças, ainda teremos um nível da organização que transcende o sistema genético, um nível que não surge por "geração espontânea" em cada indivíduo, mas "esteve sempre presente desde os sistemas de vida primordiais, sendo transmitido, em continuidade ininterrupta [...], pela matriz orgânica na qual o genoma está contido" (WEISS, 1969: 35-37). Por "sendo transmitido", Weiss designa a evolução da vida, em oposição à descendência com modificação, de seus portadores. Do mesmo modo, podemos atribuir variações no comportamento de indivíduos ou populações humanas a configurações diferentes de elementos culturais, mas isso ainda nos deixa com a consciência como um sistema de ordem mais alta que imprime direção à vida social com o auxílio do aparato cultural.

Estabelecemos que o indivíduo é um evento na história das coisas. Como uma população é definida como um agregado de indivíduos, segue-se que, examinada em larga escala, a história das coisas é de fato uma história de populações. Nosso contraste entre indivíduos e pessoas, por isso, é homólogo àquele entre uma história dessa espécie e o processo da vida social. Podemos lembrar quanto a isso uma diferença básica entre as abordagens da história da cultura de Tylor e Boas: aquele resolveu não escrever uma história de populações, enquanto o último fez somente isso, introduzindo na antropologia o tipo de "pensamento da população" que também foi uma marca do método darwinista na biologia. A história de Tylor foi uma história da consciência cujo agente principal, contudo, foi uma humanidade coletiva encarnada em indivíduos autônomos, em vez da pessoa específica mergulhada em uma rede de relações sociais. Para nós, a diferença realmente crucial entre uma história de populações e uma história de pessoas é que na primeira, os seres humanos não assumem nenhuma responsabilidade por seu destino; eles simplesmente fornecem o *material* para a história. Assim, teríamos de dizer (como os biólogos evolutivos costumam) que ocorreram certas mudanças *em* populações de indivíduos, mas que estas não foram ocasionadas *por* essas populações. Voltando ao exemplo da língua: nosso filólogo poderia desejar rastrear mudanças no dialeto de certa população local durante um período do tempo; mas ele dificilmente poderia sustentar que as pessoas *produziram* essas mudanças. Claro que, para haver uma história da língua, deve ter havido gerações sucessivas de pessoas que a falaram; mas seu papel nesse tipo de história não é na qualidade de usuários da língua, mas como veículos para sua replicação. Do mesmo modo, na história dos trajes, as pessoas existem a fim de usar roupas. Para voltar à bela analogia de Marett, essa é uma história de alfaiates, não de quem as veste. De igual forma, reduzir a história de um povo a um processo de adaptação cultural análogo à adaptação orgânica sob seleção natural equivale a negar aos envolvidos uma história sua. Como peões a serviço da cultura, vivem para executar e replicar um projeto que não é de sua própria criação, soluções prontas para problemas que não podem reconhecer, e morrem na tentativa. O que "sobrevive" não é sua vida, mas suas amarras.

Estamos acostumados, como uma espécie de estenografia, a escrever sobre a humanidade como se ela se compusesse de uma multidão de "sociedades" ou "culturas" discretas. Um pouco de reflexão revela imediatamente a arbitrariedade dessas divisões. Há, contudo, dois caminhos distintos pelos quais poderíamos chegar a elas: pela agregação de indivíduos em populações e pela divisão de um campo contínuo em subseções. O primeiro, naturalmente, sempre foi o procedimento da antropologia boasiana, como o foi da biologia darwinista. E, na definição de culturas, os antropólogos enfrentaram quase os mesmos problemas enfrentados pelos biólogos na definição de espécies. O próprio Darwin não reconheceu limites absolutos a espécies à maneira como a maioria dos biólogos faz hoje, isto é, em termos de isolamento reprodutivo (HOWARD, 1982: 28-29, 36). Em vez disso, considerou cada espécies uma população de indivíduos genealogicamente relacionados, representando uma linhagem particular da árvore da vida. Mas, dado que toda linhagem é tanto um segmento de uma ordem mais alta como ela mesma interiormente dividida, o nível de segmentação no qual reconhecemos espécies em vez de gêneros, de um lado, e variedades, do outro, é mais ou menos arbitrário: os três termos denotam o mesmo *tipo* de entidade, mas em graus *diferentes* de inclusividade em uma escala hierárquica contínua (DARWIN, 1872: 38-39, 349; cf. GHISELIN, 1969: 93, 101). Logo, quando a questão de se o homem é uma espécie ou muitas, Darwin teve de reconhecer que é tudo uma questão de definição. Sem alguma convenção aceita, é tão impossível determinar se as raças humanas são espécies separadas como "decidir se certo número de casas deve ser chamado de aldeia, povoado ou cidade" (DARWIN, 1874: 272).

É notável ver Lowie preocupado precisamente com esse aspecto no contexto de uma discordância com Malinowski acerca da noção da cultura separada como um "todo integrado". Rejeitando essa noção, Lowie insiste que "uma cultura é invariavelmente uma unidade artificial segregada por questões de conveniência" (1937: 235). O que temos, na verdade, são *indivíduos*, cada um dos quais traz consigo uma configuração única de elementos. Assim, se a cultura fosse um todo integrado, teríamos de reconhecer que há tantas culturas quanto há indivíduos. Supor que todos os indivíduos de uma população dada se acham inscritos em uma cultura comum cujas características constituintes podem ser independentemente especificadas equivale a cair em um falso essencialismo, semelhante ao que está na base da classificação das espécies de Lineu. Não existe "cultura Trobriand":

> A tradição social varia claramente de aldeia a aldeia, e mesmo de família a família. Devemos tratar como portadores de um sistema tão fechado a família do chefe em Omarakana, sua aldeia, o distrito de Kiriwina, a Ilha de Boyowa, o Arquipélago Trobriand, a Província do Massim Norte, a Nova Guiné, ou quem sabe a Melanésia? A tentativa de aderir rigorosamente a alguma dessas demarcações dá origem a absurdos. Há apenas uma unidade natural do etnólogo – a cultura de toda a humanidade em todos os períodos e todos os lugares (LOWIE, 1937: 235).

Tal como Darwin, Lowie aponta para a arbitrariedade de divisões taxonômicas hierárquicas e ataca a ideia de que cada classe representa uma entidade distinta, invariável e separadamente criada. Contra isso, afirma a conexão de todas as tradições culturais, uma afirmação também apoiada por Kroeber (1963: 84). Neste último respeito, as perspectivas de antropólogos que se esforçam por introduzir uma espécie de ordem no material de sua pesquisa são bem mais atemorizantes do que as enfrentadas pelos biólogos, dado que o grau de conexão entre as linhagens da "árvore" cultural é bem maior do que o é em sua contraparte biológica (KROEBER, 1948: 261). Isso se deve às possibilidades de difusão, e, portanto, de convergência, bem como de divergência, em linhagens de descendência, como mostramos no capítulo anterior. Outro modo de exprimi-lo é dizer que a conexão e a desconexão de linhagens são independentes da direção do tempo: quer recuemos ou avancemos, algumas parecem cindir-se enquanto outras se fundem. O resultado é que não pode haver um claro "aninhamento" segmentário de ordens taxonômicas em níveis sucessivos de inclusividade; temos antes de lidar com algum número de conjuntos sobrepostos, politéticos.

Pode-se então considerar o indivíduo como um ponto em uma rede por meio da qual ele pode ser em última análise unido com todos e cada outro indivíduo que já existiu, ou pode vir a existir (LESSER, 1961). Como sua posição se diferencia nesse aspecto daquela da pessoa? Para esta última, como mostramos, também pode ser localizado um campo que pode ser estendido para incluir toda a humanidade. E assim como não há linhagem essencial de demarcação para a cultura, também devemos aceitar a arbitrariedade com a qual uma sociedade é distinguida de outra. As sociedades, ao que parece, mudam todo o tempo, embora na constância da modificação haja uma contradição que teremos de esclarecer na ocasião oportuna. Evans-Pritchard pergunta: "Nós então falamos de uma sociedade em pontos diferentes do tempo ou falamos de duas sociedades diferentes?" (1961: 10). Ou três ou quatro, no tocante a isso, a depender de quantos pontos selecionamos? Quanto uma sociedade tem de mudar para deixar de ser ela mesma e tornar-se outra coisa? O próprio caráter absurdo desta última questão é destacado em uma observação recente de Rappaport, que afirma que "a Inglaterra como *um* sistema sobreviveu do século V até o presente" (1977: 81). O modo de superar essas bizarrices consiste em prescindir da ideia da sociedade como uma entidade delimitada, reservada, ou um sistema em funcionamento, estritamente análogo a um organismo individual, pois nenhuma dessas entidades já existiu fora dos domínios da imaginação (LEACH, 1964 [1954]: xii-xiii). Colocamos no lugar da vida da sociedade (realizada *por meio de* pessoas) a vida social *de* pessoas; no lugar de uma entidade que é, colocamos um processo que *está acontecendo*, processo que além disso não conhece nenhum limite no tempo ou no espaço. A distinção que estabelecemos aqui se vincula com nossa discussão anterior da pessoa, já que também implica a substituição do jogador por sua posição no time.

Consideremos o que acontece quando, como antropólogo, viajo a uma terra estrangeira. É conveniente dizer que fui viver em outra sociedade. Na verdade, ao fazer isso, troquei uma posição por outra; por exemplo, eu era antes cidadão, e minha posição é agora a de um estrangeiro. Mas, como o jogador da minha posição, não me transformo em outra pessoa ao cruzar o Canal, e é como eu mesmo que fico envolvido com as pessoas que encontro lá – as quais, do mesmo modo, são elas mesmas em suas relações comigo. Isto é, participamos como *consociados*. Esse fato já testemunha a continuidade da paisagem social, uma continuidade que transcende os limites que nela inscrevemos. Poderíamos representá-la esquematicamente como um campo constituído pelas dimensões do espaço e do tempo (fig. 3.4, A). Suponhamos que atualmente ocupo o ponto A nesse campo. As pessoas com quem vou viver ocupam o ponto B (na verdade, ocupariam naturalmente um agregado de pontos, mas como nosso diagrama é macroscópico, podemos fundi-los em um único). Se fosse historiador, eu poderia me imaginar um viajante no tempo no ponto C. O ponto D ocupa aquela área em que os interesses da antropologia e da história convergem mais naturalmente. Poderíamos dizer, dividindo o diagrama em colunas, que o historiador estuda o passado de sua própria sociedade; ou, dividindo-o em linhagens, que o antropólogo estuda a sociedade de seu próprio tempo. Mas não podemos determinar mais onde *nossa* sociedade termina do que quando nosso tempo começa. O contínuo espaçotemporal representado no fig. 3.4, A, não pode ser propriamente decomposto em blocos. Foi essa a essência da crítica feita por Collingwood aos princípios da história de Toynbee:

> Ele considera a própria história, o processo histórico, como cortado por fortes linhas em partes mutuamente exclusivas, e nega a continuidade do processo em virtude do qual cada parte se entrelaça com, e interpenetra, outras. Sua distinção entre sociedades ou civilizações é na realidade uma distinção entre pontos focais no processo: ele a confundiu com uma distinção de fato entre pedaços ou fragmentos nos quais o processo é dividido (1946: 164).

Dumont comete o mesmo erro. Já citei sua premissa de que "a história é o movimento pelo qual uma sociedade se revela como o que é", mas devemos atentar igualmente para a inferência que ele faz a partir dela, qual seja, "há, de certo modo, tantas histórias qualitativamente diferentes quanto há sociedades" (DUMONT, 1957: 21). Cada uma, então, deve ter seu próprio tempo e sua própria extensão espacial, e uma vez que estes constituem a substância do nosso ser social, só podemos concluir que seria impossível – se Dumont está correto – uma pessoa cruzar o Rubicão que separa sua particular sociedade de outras permanecendo ela mesma (cf. fig. 3.4, B).

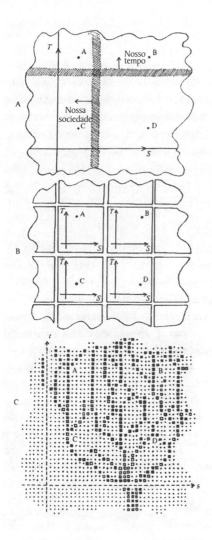

Fig. 3.4. A fragmentação do campo espaçotemporal. A: Os pontos A, B, C e D representam momentos diferentes do desdobramento do campo. Se ocupamos o ponto A, os limites de" nossa sociedade" e de "nosso tempo", separando-nos dos povos em B, C e D, só podem ser vaga e arbitrariamente traçados. B: O campo foi dividido em parcelas ou blocos, correspondendo cada um a uma entidade societal autocontida, com seu próprio tempo e (T) e extensão espacial (S) inerentes, que se desdobra em uma evolução separada. C: A fragmentação prosseguiu até que cada bloco se reduzisse a um único ponto, no qual a extensão de tempo e espaço *reais* foi reduzida a zero. Os pontos são organizados uns com relação aos outros, em linhas e colunas, quanto a coordenadas de tempo e espaço abstratas (t, s). O conjunto de pontos completo representa a matriz total de permutações possíveis de uma lógica cerebral invariável. Os pontos quadrados indicam a pequena proporção de formas de fato realizadas no decorrer da história, revelada em sequência genealógica. Os quadrados em branco correspondem a formas passadas das quais não temos registro histórico.

Nos escritos de Lévi-Strauss, descobrimos os efeitos dessa fragmentação quando levada ao seu extremo lógico. Como o número de sociedades é multiplicado pela divisão, a extensão espaçotemporal de cada uma é progressivamente atenuada até que só nos reste uma tabela de pontos. Longe de representar pontos dentro de um campo, esses pontos são tudo o que permanece do próprio campo, partido em pedacinhos. Assim, o que fazemos com todas as partes? A primeira coisa, Lévi-Strauss recomenda, é "redigir uma lista deles". A lista, contudo, teria de ser estabelecida em linhas e colunas. "Primeiramente, temos sociedades que coexistem no espaço [ele quer dizer 'no tempo'], algumas próximas umas das outras e algumas distantes, mas, no geral, contemporâneas". Pomo-las em linhas. "Em segundo lugar, temos sistemas sociais que seguiram uns aos outros no tempo, dos quais não temos conhecimento por experiência direta". Estes são organizados em colunas (LÉVI-STRAUSS, 1953: 9). Os eixos horizontal e vertical correspondem, naturalmente, ao espaço e ao tempo, mas certamente não à espécie de espaço ou tempo com a qual começamos. São antes coordenadas inteiramente *extrínsecas* ao nosso ser, tendo o que é intrínseco sido empacotado dentro de cada ponto. Espaço e tempo nesse sentido são puras abstrações que, combinadas, descrevem um vazio absoluto, uma extensão infinita do nada que espera ser preenchido. Certamente, no preenchimento, na compilação de nossa lista, descobriremos muitas peças desaparecidas e "teremos, nesses casos, de deixar espaços em branco, que provavelmente serão bem mais numerosos do que os espaços nos quais sentimos que podemos fazer alguma entrada" (1953: 10). Se perdêssemos todas as partes, ainda seríamos deixados com o espaço-tempo como um grande espaço em branco (cf. fig. 3.4, C). E tendo já nos definido, nós, os cuidadores negligentes de um catálogo transcendental, como fora do mundo real, esse espaço em branco corresponderia a nada menos que o domínio da nossa própria não existência.

Lévi-Strauss volta ao tema de antropologia e história nas passagens finais de *Pensamento selvagem* (1966a). Mais uma vez, ele nos apresenta uma essência humana refratada em uma miríade de sociedades discretas, e em que o historiador "desfralda a variedade de sociedades humanas no tempo", e, o antropólogo, no espaço. Lévi-Strauss tem apenas desprezo pela apreensão interna de história como mudança contínua. Assim como vemos (ou melhor, como antropólogo, *ele* vê) uma diversidade de formas sociais "desdobradas no espaço" e apresentado "o aparecimento de um sistema descontínuo", também deveríamos ver um desdobramento semelhante no tempo. Assim, o tempo não é uma dimensão privilegiada que nos restitui a continuidade das coisas, mas, em vez disso, "distribuição no espaço e sucessão no tempo permitem perspectivas equivalentes" (1966a: 256)[40]. Concordamos com a equivalência do espacial e do temporal; com efeito, iríamos além disso para alegar sua inseparabilidade: não pode haver movimento no tempo que não seja também movimento no espaço, e vice-versa (GIDDENS, 1979: 54). Consequentemente, não colocaríamos a história acima da antropologia; mas também não vemos nenhum motivo razoável para sua diferenciação complementar. Esta última alegação não é trivial, pois uma comparação das figs. 3.4, A e 3.4, C parece deixar claro, em primeiro lugar, que o espaço e o tempo significam para nós algo bastante diferente do que significam para Lévi-Strauss, e, em segundo, que nem no espaço nem no tempo percebemos um conjunto de formas discretas que constituem um sistema descontínuo. Vemos apenas a continuidade, uma continuidade refletida na nossa própria experiência como pessoas.

Quanto a este último aspecto, Lévi-Strauss considera "essa suposta continuidade do eu [...] uma ilusão mantida pelas exigências da vida social" (1966a: 256). A realidade é que cada episódio de nossa vida "se resolve em uma multiplicidade de movimentos psíquicos individuais. Cada um desses movimentos é a tradução do desenvolvimento inconsciente, e estes se resolvem em fenômenos cerebrais, hormonais ou nervosos, por sua vez referentes à ordem física ou química" (1966a: 257). Naturalmente, manter essa concepção de nós mesmos no curso normal da vida levaria a uma paralisia completa da vontade, e é por isso que (dizem-nos os sábios) achamos oportuno ser coniventes com as delusões do holismo. Em nossa opinião, pelo contrário, é o próprio Lévi-Strauss que se delude. A passagem citada apenas certifica um flagrante reducionismo pelo qual um nível de organização depois do outro é descascado para revelar apenas um conjunto de blocos elementares que esperam montagem. Mas, tendo-se dissolvido o eu dessa maneira, não há ninguém – nenhuma consciência – para montá-los. Longe de ser inconveniente para a vida social, essa concepção nega a possibilidade de termos alguma. Como Lévi-Strauss pode se permitir assumir uma posição tão ridícula? Evidentemente por causa de seu compromisso com uma concepção extrema do objetivismo científico, que, suspeito, poucos cientistas naturais hoje aceitariam sem restrições[41]. "Se nos colocamos de fora [do mundo em que vivemos]", observa ele, "– *como o homem de ciência está obrigado a fazer* – o que apareceu como uma verdade vivenciada fica confuso e termina por desaparecer completamente" (1966a: 254; grifos meus). Sai a consciência histórica; entra o mito!

Ora, há, como mostraremos adiante, um paralelo curioso e bastante inesperado entre a construção de projetos míticos na mente humana e a construção de projetos orgânicos (i. é, de indivíduos) na natureza. E isso, por sua vez, fornece uma pista para a resposta de uma questão que apresentamos antes: Como o indivíduo se diferencia da pessoa se um e outro podem ser representados como pontos no espaço-tempo? Porque o indivíduo é, realmente, o resíduo ou precipitado da atomização completa do domínio social, e do colapso do espaço e do tempo tal como *vividos* no âmbito do evento particular que cada um vem a representar. Quando, portanto, reorganizamos esses eventos para formar uma série genealógica putativa, dotada de certa "extensão" espacial e certa "profundidade" temporal, devemos substituir o tempo que flui e o espaço que se estende (os quais estão contidos agora *em* eventos) pelas dimensões abstratas de um continente "em branco" a ser carregado *com* eventos. Em resumo, à oposição entre pessoa e indivíduo correspondem conceitos distintos do espaço e do tempo, aquele que descreve o movimento que é a própria substância da existência contínua (pessoal) e, o outro, uma expansão nula na qual estão suspensos existentes imóveis e descontínuos (individual). Poderíamos observar que essa dicotomia é bastante congruente com o contraste que já traçamos entre as construções darwiniana e spenceriana da árvore evolutiva: em um, cada ponto da árvore é um momento em um processo espaçotemporal de crescimento; no outro, é um evento em uma sequência genética localizada no espaço-tempo. A árvore de Darwin é um traço inerte deixado por coisas que viveram; a de Spencer é equivalente ao próprio processo da vida.

Este último aspecto restabelece a conexão entre a dicotomia indivíduo-pessoa e as duas concepções de evolução com a qual nossa pesquisa começou. O indivíduo é uma coisa, um objeto, montado a partir de inúmeros elementos, em parte genético, em parte cultural, residindo sua singularidade no fato de que não há duas montagens iguais – embora seja possível definir mais ou menos claramente populações circunscritas de indivíduos que recorrem ao mesmo *pool* de elementos. A pessoa não é uma coisa, mas uma trajetória única, estendendo-se e avançando dentro de um contínuo do espaço e do tempo reais. Como Luckmann exprimiu, "A identidade pessoal é intersubjetiva e tem uma dimensão situacional e biográfica [...]. As identidades pessoais não são 'coisas', mas princípios reguladores das estruturas intencionais da consciência e da organização intersubjetiva em vez de da organização instintiva da interação social" (1979: 67). Assim, a pessoa é tanto o criador como a criação daquilo que Collingwood e Ortega y Gasset denominariam *história*, que Luckmann *opõe* à evolução em seu sentido darwinista (1979: 65). Mas podemos inverter igualmente bem os termos da distinção, considerando a autodeterminação mútua das pessoas como um processo evolutivo (seguindo Bergson) e a sucessão cronológica de indivíduos ou populações como uma forma de história (seguindo Boas e White). Nada se ganha de uma tentativa de legislar sobre o uso apropriado desses termos; mas o mínimo que podemos esperar de um autor é algum grau de coerência.

Antes de passar ao nosso próximo tema importante, que é examinar a natureza do tempo histórico e evolutivo, devo explicitar um aspecto que ficou implícito em nossa discussão até o momento, mas de que nos ocuparemos detidamente em capítulos posteriores. Trata-se do fato de que a distinção entre os sentidos pré-darwinista e pós-darwinista de evolução, entre uma história que é feita e uma história que simplesmente acontece, e entre as identidades pessoal e individual, é também uma distinção entre o *social* e o *cultural*. Por social, referimo-nos não à interação e associação de objetos individuais (o sentido normalmente adotado por estudiosos do comportamento animal), mas às relações constitutivas das pessoas como sujeitos intencionais. E, por cultural, indicamos a gama de formas objetivas simbolicamente codificadas que servem de veículo à vida intersubjetiva das pessoas, traduzindo seu propósito social em efeitos práticos. Nossa insistência na distinção entre o social e o cultural decorre das mesmas premissas com base nas quais separamos as significações dicotômicas de evolução e história. Assim, falar de "evolução sociocultural" é não só fundir agentividade e instrumentalidade, mas também confundir um sentido de evolução com seu contrário, o fluxo interior da vida com a adaptação das formas exteriores pelas quais esse fluxo se concretiza. Logo, devemos contrapor *vida* social a *adaptação* cultural. Como disse Leach: "Toda sociedade real é um processo no tempo", enquanto "a situação cultural [...] é um produto e acidente da história" (1964 [1954]: 5, 16). Mas isso é bem diferente da espécie de história que os historiadores normalmente estudam, já que esta última é o próprio "processo no tempo" que é a realidade da vida social. É bastante irônico que, ao opor seu projeto ao estudo da história tal como entendido pela antropologia cultural, e ao se voltar para a continuidade do processo, em vez de para o caráter fortuito dos eventos, a antropologia social tenha se aproximado bem mais do que sua colega cultural da atribuição a pessoas de uma história que possam considerar sua. E, inversamente, nada relega mais efetivamente a vidas de povos supostamente "primitivos" a um presente monótono do que a representação de seu passado como uma história não de pessoas, mas de populações portadoras de cultura.

4
Tempos de vida

> Nossa duração não é simplesmente um instante
> substituindo o outro; se fosse, não haveria senão o
> presente – nenhum prolongamento do passado no tempo
> atual, nenhuma evolução, nenhuma duração concreta.
> duração é o progresso contínuo do passado que rói o
> porvir e incha ao avançar...
> *Onde quer que algo viva, há – aberto em algum lugar –
> um registro no qual o tempo está sendo inscrito...*
> Percebemos a duração como uma corrente contra a qual
> não podemos ir. É o fundamento de nosso ser e, como
> sentimos, a mesma substância do mundo no qual vivemos.
> Percebemos a duração como uma contra a qual não
> poderíamos subir. É o fundamento de nosso ser e, como
> sentimos, a própria substância do mundo em que vivemos
> (BERGSON, 1911).

Nosso ponto de partida na discussão do tempo é, mais uma vez, a filosofia de Bergson. Porque vemos Bergson insistindo na distinção entre tempo *real* (a duração de ser) e tempo *abstrato* (a eternidade do não ser) precisamente nos termos que tivemos de adotar para apontar o contraste essencial entre os nossos dois paradigmas da evolução. O tempo real é identificado com o movimento fluente da vida e da consciência, e, tal como este último, é cumulativo e progressivo. Além disso, como nossas breves citações revelam, há uma conexão indissolúvel entre o tempo real como duração e a evolução como um processo da vida; sem um não pode haver o outro (BERGSON, 1911: 24). O que pretendemos mostrar agora é que o tempo associado à descendência com modificação darwiniana é, com efeito, o tempo abstrato, sendo por isso incompatível com a evolução no sentido de Bergson. Os rudimentos de nossa argumentação já foram estabelecidos. Resumidamente: como a duração de cada organismo individual recai no presente instantâneo do evento que ele representa, o tempo ocupado por uma sequência genealógica ou linhagem desses eventos, longe de constituir o fundamento da vida, é tornado inanimado – é apenas um determinado trecho da eternidade. E como veremos, o mesmo argumento se aplica à cultura-história de Boas, à linguística diacrônica de Saussure, e a somente um dos tipos de história descritos por Lévi-Strauss. No outro tipo, equiparado à evolução progressiva, recapturamos o tempo bergsoniano e o ligamos à concepção de Radcliffe-Brown da realidade como um processo contínuo da vida social. Por fim, descobrimos que, enquanto o tempo pode ser tratado como duração concreta intrínseca ao pensador ou como um artefato abstrato de seu pensamento, a *consciência* do tempo está no confronto entre os dois, entre o mundo subjetivo das pessoas e o mundo objetivo das coisas, ou entre o sentido de Locke de um "falecimento perpétuo" e o que o *Timeu* de Platão tão memoravelmente caracterizou como uma "imagem móvel da eternidade".

Talvez devamos começar lembrando que Darwin provavelmente nunca teria concebido, e muito menos veria aceita, sua teoria da evolução orgânica não fosse o fato de que, a partir do final do século XVIII, os filósofos naturais começaram a pensar em termos de intervalos de tempo de uma ordem de magnitude inteiramente nova. Os cálculos bíblicos do Arcebispo Usher, que, por volta de 1650, tinha datado a criação divina do mundo no domingo 23 de outubro de 4004 a.C., não mais poderiam ser levados a sério (WHITROW, 1975: 24). Acrescentando oficialmente mais 160 mil anos à cronologia da Terra (sua estimativa não oficial se aproximava de meio milhão), Buffon foi o primeiro a introduzir o tipo de cronologia necessário para tornar ao menos remotamente plausível alguma teoria da transmutação de espécies, diante de sua evidente constância no curso relativamente curto da história. Naturalmente, a cronologia de Buffon, ultrajante para a ortodoxia de sua época, parece, em retrospecto, absurdamente curta. Acostumados como estamos ao pensamento de milhões, bilhões e trilhões, temos dificuldades para avaliar a força inovadora da concepção de Buffon. Ele não estava, contudo, sozinho em seus empreendimentos. Porque Immanuel Kant, em sua *General history of nature and theory of the heavens* [História geral da natureza e teoria dos céus] (1755), tinha promovido uma teoria da evolução cósmica que se referia sem hesitação ao fluxo de "milhões e miríades inteiras de milhões de séculos" (apud TOULMIN & GOODFIELD, 1965: 132). Posteriormente James Hutton, em sua *Theory of the Earth* [Teoria da Terra], de 1795, estendeu o tempo indefinidamente, concluindo que – no que se refere à história de nosso próprio planeta –, "não encontramos nenhum vestígio de um começo – nem perspectiva de um fim". Promulgada por Lyell, sob a rubrica de sua doutrina do uniformitarianismo, a concepção de Hutton da extensão indefinida do tempo formou um contexto essencial para o pensamento de Darwin sobre a evolução orgânica – como ele mesmo foi o primeiro a admitir (DARWIN, 1872: 249-253; cf. tb. REYNOLDS, 1981: 7-8).

Na perspectiva de milhões de anos, a duração de nossa experiência vivida, de "nosso tempo", parece completamente sem importância. Mas, embora compartilhassem esta perspectiva, a ideia de Kant da história natural era bastante diferente da de Hutton. A diferença, que é crucial para nossa argumentação, depende de suas respectivas compreensões da criação. Para Kant, a criação não era um evento ocorrido de uma vez por todas, mas um processo evolutivo, dirigido, que *ocorre* continuamente. Ela de fato começou em algum momento do tempo, mas nunca vai cessar. A ordem da natureza está sempre *vindo à existência*, mas não há um ponto do qual possamos nos afastar dela para contemplar seu término. Assim, no cosmos em geral, e especialmente na vida, o tempo é a própria essência do devir. A concepção da criação de Hutton, pelo contrário, era estritamente newtoniana. Houve um momento, cuja distância de agora não sabemos porque não restou nenhum vestígio, em que tudo foi posto em seu lugar como parte de um sistema organizado estável. Deus colocou os planetas em suas órbitas e pôs em movimento as forças geológicas da terra. Daquele momento em diante a ordem da natureza – perfeita e completa – começou a funcionar como um relógio destinado a percorrer toda a eternidade. Como o tempo, em um sistema tão mecânico, pode correr tanto em uma direção como na contrária, falta apenas um pequeno passo para prescindir completamente da criação hipotética e alegar não só (com Hutton) que não há vestígio de um começo, mas que *nunca houve* um começo; em outras palavras, "que o tempo passado não foi simplesmente indefinido, mas infinito" (TOULMIN & GOODFIELD, 1965: 157-158).

Foi esse conceito newtoniano do tempo que Darwin herdou dos uniformitarianistas. Pode-se de fato mostrar que a reversibilidade do tempo newtoniano subscreve o que vimos no capítulo 1 como sendo o caráter peculiar da irreversibilidade na evolução orgânica, a saber, que a sequência de formas consecutivas é *não dirigida*. Para avaliar esse aspecto, é essencial ter em mente o que mais crucialmente distingue "a descendência com modificação" de Darwin do "transformismo" de Lamarck. Segundo este último, a vida do indivíduo é o crescimento gradual a partir dos, ou em substituição aos, seus antepassados no processo de tornar-se seu descendente. Assim, os indivíduos são os portadores transitórios, através das gerações, de um movimento contínuo, progressivo, transmitindo a seus sucessores o incremento do avanço realizado ou adquirido no decorrer de sua maturação, em conjunto com o avanço acumulado de seus antepassados. O tempo, então, é o movimento da escada que cada ser vivo percorre ao ascender na escala da natureza. Para Darwin, ao contrário, a vida do indivíduo é a realização de um projeto contido dentro dos limites de sua própria existência particular. Longe de ter como base o terreno percorrido por gerações anteriores, cada vida é construída – por assim dizer – "do zero", segundo um padrão formado pela recombinação de elementos de projetos passados, e é por sua vez expendida na transmissão reprodutiva desses elementos ao futuro. Eles, e não o movimento da vida em si, são transportados através das gerações. Portanto, a evolução, no paradigma darwinista, se constitui de uma sucessão de modelos ou, como diríamos agora, genótipos.

Permitam-me sugerir uma analogia admitidamente bem tosca. Suponhamos que tenho uma pilha de cartas em cada uma das quais está escrita uma letra do alfabeto. Expondo as cartas em certa ordem, posso ler, a partir de uma sequência única de cartas, o que poderíamos denominar uma "palavra". Se eu repetidamente reunir as cartas, misturá-las e virá-las mais uma vez, posso gerar uma sucessão dessas "palavras", cada uma das quais constitui uma particular permutação das cartas constituintes. Digamos que cada "palavra" representa um modelo e sua sucessão uma linhagem evolutiva. É óbvio que essa evolução é uma sequência de estados em vez de um movimento contínuo, já que uma "palavra" certamente não se acha em vias de se tornar a seguinte ou deixar de ser a precedente dela! Também é altamente improvável – podemos dizer que a probabilidade é insignificante – que precisamente as mesmas "palavras" ocorram mais de uma vez. A sequência, por isso, é irreversível nesse sentido. Contudo, não há razão necessária para que as "palavras" tenham aparecido na sequência na ordem específica em que que apareceram; supor o contrário é ser enganado pela falácia retrospectiva, ou seja, a ideia de que, como aconteceram de certo modo, as coisas não poderiam ter acontecido de nenhum outro. *A priori*, o conjunto de sequências possíveis que *poderiam* ocorrer inclui tanto a sequência que realmente ocorreu como seu contrário. Em suma, a linhagem da evolução que *de fato* se materializa não é menos improvável do que a mesma linhagem ao reverso. E é precisamente dessa maneira que a reversibilidade do tempo se manifesta no paradigma darwiniano. Isto é: *a irreversibilidade darwiniana é constituída por sua relação com a reversibilidade newtoniana*. O próprio Darwin disse isso quando, nas passagens finais de *A origem das espécies*, se maravilhou com a pompa infinita de formas orgânicas que fizeram seu aparecimento enquanto a Terra "girava de acordo com as leis fixas da gravidade" (1872: 403).

Nossa conclusão poderia parecer, à primeira vista, surpreendente, e sem dúvida contradiz a concepção comumente sustentada de que Darwin contribuiu parcialmente para substituir um quadro estável do mundo por um fluxo contínuo. Na verdade, ele não fez isso (GILLESPIE, 1959: 290-291). Onde Kant via em todo lugar a mão criadora do tempo trazendo novas formas e configurações na natureza, para Darwin o tempo era simplesmente um fundo contra o qual as coisas aconteceram. Na cosmologia kantiana, como também no transformismo lamarckiano, o tempo era imanente ao processo evolutivo; na descendência com modificação darwiniana, era inteiramente externo a ele[42]. A diferença, naturalmente, vincula-se com a rejeição por Darwin da teleologia na natureza: concebe-se cada indivíduo como existindo apenas no presente, e para o presente, não como um momento no transporte dotado de propósito do passado para o futuro. Se Darwin precisou invocar um criador, ele só o fez (assim como Newton e Hutton) para colocar a bola para rolar, tendo depois disso deixado sua criação cuidar de si mesma. O tempo, nessa concepção, deve ser comparado não com um movimento de rio ou um fluxo, mas com um fio monótono da extensão infinita, na qual cada evento (correspondendo às "palavras" da nossa analogia acima) é colocado como conta de um colar, ocupando o instante que lhe é alocado. Para medir o lapso entre instantes sucessivos, podemos dividir e subdividir o fio em segmentos, assim como dividimos o comprimento de uma régua em centímetros e milímetros. Esses segmentos cronológicos idênticos constituem, na imagem memorável de Bergson, a pequena modificação da eternidade (BERGSON, 1911: 335). Logo o que é *do* tempo só pode ser o movimento perpétuo de corpos em um sistema mecânico sujeito a leis newtonianas, inclusive, naturalmente, o suposto movimento de nosso próprio planeta, que fornece uma base para a nossa contagem cronológica comum de dias e anos. Resulta disso que, onde quer que encontremos no mundo modificação ou novidade, crescimento ou decadência, progressão ou retrogressão, não mais os podemos considerar como o trabalho do tempo, mas somente como o agregado de eventos discretos distribuídos *no* tempo. O mesmo argumento se aplica ao contrário: se toda modificação for entendida como a concatenação de eventos assim suspensos, o fio contínuo do tempo no qual estão suspensos deve ser tecido por uma máquina do mundo cujos movimentos são constantes e perpétuos.

Talvez esteja claro agora porque é falacioso supor que a evolução darwiniana, sendo irreversível, implica um conceito correspondente de tempo irreversível. Porque isso nos faria cair imediatamente nas contradições do tempo intemporal, do processo não processual e da sequência sem eventos. Não podemos tratar o tempo como a substância do devir e no mesmo movimento dissolver este último em uma sucessão de eventos *no* tempo, sem – por assim dizer – virar o tempo pelo avesso, para que aquilo que era imanente em um processo real seja convertido em um continente abstrato de eventos (cf. WHITROW, 1975: 136). Se *realmente* adotarmos (da cosmologia de Kant) a ideia do tempo como um movimento unidirecional, criativo, o que aos olhos darwinistas é uma sequência acidentada reaparece como processo sem eventos, e o meio no qual a sequência é inscrita reaparece não como tempo, mas como a própria negação dele –, pois, como Bergson escreveu, o tempo é *o que está sendo inscrito*. Assim sendo, à oposição entre nossos dois paradigmas da evolução correspondem não só tipos diferentes de irreversibilidade, como também noções diferentes do tempo: uma newtoniana, mecânica, eterna, a outra, bergsoniana, criativa, cumulativa. A sequência genealógica darwiniana, sendo uma concatenação de entidades e eventos não recorrentes, está pendurada na primeira espécie de tempo; a segunda espécie é intrínseca ao movimento evolutivo concebido como um desdobramento contínuo ou fluxo dirigido. Este último conceito é compartilhado por todos aqueles que afirmam encontrar alguma força vital ou princípio criativo agindo na evolução, inclusive não só Bergson, com seu élan vital, mas também Spencer, cujo movimento cósmico em direção à heterogeneidade cada vez mais coerente foi subscrito pela mão do Incognoscível[43].

Como até agora deixamos entre parêntesis em conjunto a filosofia evolutiva de Bergson e a de Spencer, este poderia ser o ponto apropriado para explicar as diferenças entre elas nos mínimos detalhes. Bergson de fato dedica a seção final de seu *Evolução criadora* a uma crítica radical às concepções de Spencer, o que pode dar a impressão de que tinham muito menos em comum do que de fato têm. Entretanto, para os dois, a evolução é um devir cumulativo, implicando a criação constante de novas formas que substituem as antigas. Quanto à evolução da vida, Spencer permaneceu até o fim dos seus dias um lamarckiano convicto; Bergson, do mesmo modo, descreveu o organismo individual, de modo singular, como "um botão que brotou do corpo combinado de ambos os pais", de modo que cada geração é literalmente uma protuberância da que a precedeu (BERGSON, 1911: 45). Se assim for, o que separa os dois? O fato de que, segundo Bergson, Spencer tinha interpretado a evolução como a consolidação de um mundo que sua imaginação positivista já tinha dividido em uma massa de pequenas parcelas, quando na verdade tudo é movimento (BERGSON, 1911: 385-387). O próprio Bergson pensava que o mundo material era "um fluxo indiviso", mais como uma membrana contínua, elástica, do que como uma vasta coleção de partículas (1911: 263). Em resumo, a diferença estava entre a concepção "estatística" de Spencer sobre o processo evolutivo e o conceito mais "topológico" de Bergson. Trata-se de uma diferença de amplo alcance. Indiquei antes que embora os paralelos entre o evolucionismo progressivo ortodoxo e a ideia de história como um movimento da consciência sejam próximos, dificilmente se poderia alegar haver uma identidade completa. Estamos agora em condições de apontar o ponto exato em que a identidade se desfaz. Porque o positivismo, que reconstitui teoricamente, de forma externalizada, um processo inicialmente compreendido a partir de dentro, produz um movimento topológico em termos estatísticos. Mas, apesar dessa transformação, no decorrer da qual a experiência histórica, intuída, é substituída por uma cobertura de lei natural, a forma do tempo permanece essencialmente inalterada.

Isso foi demonstrado de maneira convincente por [Norbert] Wiener no primeiro capítulo de sua *Cybernetics* [Cibernética] (1961), uma obra que teria um profundo impacto tanto nas ciências naturais como nas sociais. Nela, ele liga a dicotomia entre o tempo newtoniano e o bergsoniano à dicotomia entre sistemas "mecânicos" e "estatísticos".

O sistema mecânico é exemplificado pelos movimentos de corpos celestes sob leis newtonianas, e, o sistema estatístico, por processos meteorológicos como a formação de nuvens. No primeiro caso, encontramos um pequeno número de entidades cujo curso é inteiramente previsível, considerando certos parâmetros fixos. Como Bergson sucintamente exprimiu, "A essência da explicação mecânica [...] é considerar o futuro e o passado como funções calculáveis do presente, e assim afirmar que *tudo está dado*" (1911: 39-40). Consequentemente, se fôssemos filmar um sistema mecânico em operação, e depois rodássemos o filme para trás, o resultado não pareceria nem um pouco estranho ou improvável, nem seria contrário à lei física. Isso porque, "em um sistema newtoniano [...] o tempo é perfeitamente reversível" (WIENER, 1961: 32-33). A formação de nuvens, em contraste, resulta da interação agregada de "um vasto número de partículas aproximadamente iguais", muitas vezes estreitamente ligadas, e que passam por um movimento mais ou menos aleatório. Observando uma nuvem aumentar, observamos que nada é igual de um momento ao seguinte; há, mais uma vez em termos bergsonianos, uma "elaboração contínua do absolutamente novo" (1911: 11). Mas, desse fluxo, emerge um processo definido, explicável em termos da mecânica estatística de [Josiah Willard] Gibbs. Além disso, esse processo tem uma direção inconfundível: rodar um filme da formação de nuvens ao contrário nos apresentaria o quadro mais improvável, o qual por certo não respeita a lei física (WIENER, 1961: 32-33).

A irreversibilidade contida aqui também é aquela da evolução spenceriana, que estava do mesmo modo ligada – como vimos – a uma visão de mundo "estatística" e a uma concepção bergsoniana do tempo. Segundo essa concepção, a irreversibilidade não vem de uma propriedade dos elementos individuais do sistema estatístico considerados isoladamente (a saber, de sua singularidade), mas é uma propriedade do próprio sistema considerado como um todo em andamento; assim, a nuvem aumenta, o organismo amadurece, o sistema termodinâmico avança para estados de entropia crescente, o sistema todo da natureza viva ruma para estados de complexidade crescente. Wiener, contudo, adota como sua concepção da evolução da vida a de Darwin em vez da de Spencer e considera a descendência com modificação darwiniana um movimento do tempo irreversível bergsoniano. Nisso ele se equivoca dolorosamente. Como já demonstramos, a irreversibilidade no paradigma darwinista tem uma conotação bastante diferente: a não repetição de eventos ou entidades em uma sequência linear. Quanto a linhagens de descendência particulares, o registro da paleontologia *não* indica, ao contrário do que Wiener afirma, "uma tendência de longo prazo definida [...] do simples para o complexo"; nem Darwin aduziu, em sua teoria da variação sob seleção natural, "um mecanismo por meio do qual uma variabilidade fortuita [...] é convertida, por um processo dinâmico, em um padrão de desenvolvimento que lê em uma direção" (WIENER, 1961: 36-37). É a própria ausência de direcionalidade necessária, de uma orientação progressiva, que é característica da concepção darwiniana de evolução. Se se quiser confirmação adicional disso, basta aplicar o teste que o próprio Wiener sugere: se fizéssemos correr ao contrário a "sequência mutante" de formas que compõem uma linhagem de descendência, o resultado seria contrário à lei natural? A resposta é "não", embora seja naturalmente contrária ao que aconteceu de fato. O tempo no qual a sequência é suspensa é, por isso, reversível. Só quando vemos o movimento da vida como um todo, considerando os fatos de extinção, diversificação e complexificação, vem a ser revelada uma irreversibilidade mais fundamental.

Saímos da *Cibernética* de Wiener para voltar à antropologia estrutural de Lévi-Strauss. Porque foi de Wiener que Lévi-Strauss extraiu a ideia de uma dicotomia entre padrões "mecânicos" e "estatísticos", e entre as categorias correspondentes do tempo (LÉVI-STRAUSS, 1968: 283-286; cf. ARDENER, 1971: 233-235). Com efeito, a maior parte da discussão perfunctória que Lévi-Strauss faz dessas categorias é tomada peça por peça, e de maneira bem errônea, do texto de Wiener, para que aquilo que parece claro e incisivo neste reapareça naquele de uma forma tão deturpada que grande número de devotos do estruturalista – poucos dos quais parecem ter consultado Wiener – vivem trombando uns nos outros em uma tentativa desesperada de descobrir o que seu mestre quis dizer. Lévi-Strauss até herdou o principal erro de Wiener, que foi confundir a irreversibilidade spenceriana com aquela da evolução darwinista. Nosso tópico presente, contudo, é a compreensão de história de Lévi-Strauss. Adotando o sentido do estatístico de Wiener, aliado ao sentido de irreversibilidade, que Wiener tinha derivado de Bergson, Lévi-Strauss escreve que "o tempo histórico é 'estatístico'; ele sempre aparece como um processo orientado e não reversível. Uma evolução que levasse a sociedade italiana contemporânea de volta à república romana é tão impossível de conceber como a reversibilidade de processos que pertencem à segunda lei da termodinâmica" (1968: 286). Note-se o modo como "evolução" é inserida aqui como um sinônimo de modificação histórica e a suposição de que essa modificação é necessariamente *orientada* ou progressiva (BARNES, 1971: 541). A história, tal como a entende Lévi-Strauss, teria de ser posta entre parêntesis, ao lado desses outros exemplos da evolução no tempo bergsoniano como o "crescimento da cultura" de Kroeber e o "processo evolucionista" de White. Não se deve ver isso como uma surpresa, pois já observamos o notável paralelo entre a "história cumulativa" de Lévi-Strauss e a fórmula spenceriana da evolução. O que é estranho nesse contexto, contudo, é o esforço ativo que Lévi-Strauss dedica a distanciar suas concepções sobre a história daquelas dos proponentes do evolucionismo progressivo.

Certamente Lévi-Strauss não foi o primeiro, nem o último, a examinar a mudança histórica em termos estatísticos. A descrição tyloriana da marcha progressiva das populações humanas é bem explicitamente estatística: na verdade,

Tylor conclui uma discussão justamente sobre esse aspecto com a observação de que "a ação social coletiva é o mero resultado de muitas ações individuais" (1871, I: 12). E, um século mais tarde, Wilson apresenta sua interpretação sociobiológica da mudança cultural – baseado em uma ideia muito semelhante da natureza humana – "como o produto estatístico das respostas comportamentais separadas de grandes números de seres humanos que lidam, da melhor maneira que podem, com a existência social" (WILSON, 1978: 78). A partir disso, parece que a cultura (como os meteorologistas dizem) "surge" antes como uma nuvem tempestuosa, embora, mais uma vez como a nuvem, seja caracteristicamente difusa nas bordas. Mas, se aceitamos essa concepção, o que acontece com a concepção boasiana de cultura-história, pela qual Lévi-Strauss afirma ter tanta simpatia? Para responder a essa questão, é importante ter em mente que há ocasiões em que Lévi-Strauss opõe história a etnografia e ocasiões em que as dota de uma semelhança básica de perspectiva. Em contextos do primeiro tipo, a história é entendida no sentido cumulativo, estatístico, discutido antes, enquanto a etnografia tem que ver com o registro e o mapeamento de particulares culturais, uma e outra no espaço e no tempo. O projeto boasiano é então caracterizado como etnografia *em vez de* história, tendo relação com padrões mecânicos em vez de estatísticos e, portanto, com o tempo reversível newtoniano em vez do tempo irreversível bergsoniano. Em contextos do segundo tipo, a que já nos referimos, Boas reaparece como um historiador, "desfraldando" culturas no tempo enquanto o etnógrafo o faz no espaço. Essa espécie de história, então, é "estacionária" em vez de "cumulativa" e se *opõe* à evolução como um movimento progressivo. Há na base de tudo isso a dicotomia agora familiar entre dois sentidos de história, dois sentidos da evolução e dois sentidos de tempo. Se a história for colocada em um lado da cerca, ao lado da evolução bergsoniana, a etnografia fica sozinha no outro; se a história for unida à etnografia neste último lado, então é a evolução que fica sozinha.

O sentido de evolução que corresponde à história boasiana é, como muitas vezes destacamos, darwinista. Por isso, o que dissemos sobre a irreversibilidade da história natural se aplica igualmente à história das coisas culturais. Tendo que ver com sequências particulares em vez de com o crescimento e transformação de sistemas totais, a história boasiana certamente não é "estatística", nem "orientada". Além disso, não é consubstancial com o tempo como na concepção de Bergson da duração que – para adotar uma de suas metáforas favoritas – "rói as coisas e deixa nelas a marca de seus dentes" (BERGSON, 1911: 48). Para Boas, o tempo não flui, e muito menos rói coisas; a história, em consequência, não é o trabalho *do* tempo, mas se constitui de coisas que acontecem *no* tempo e que, caso este fosse retirado, deixaria apenas a perpetuidade imóvel. Que a noção de Boas do tempo é completamente mecânica é algo revelado por sua frequente atribuição, a eventos históricos, de um referente "cronológico": seu tempo é de relógios em vez de nuvens (cf. POPPER, 1972: 207-208). E em *Pensamento selvagem*, Lévi-Strauss concorda. O tempo eterno, tecido pelas revoluções uniformes e perpétuas da Terra, pode ser cortado em segmentos iguais, seja de denominação relativamente baixa, como horas, dias ou anos, ou de denominação relativamente alta, como séculos ou milênios. Dependendo das unidades (ou do "código cronológico") que adotamos, a história pode ser "de baixa potência" ou "de alta potência"; bem naturalmente, ao passarmos de um nível de resolução ao seguinte, nos movemos, em consequência, por uma sucessão de "domínios" históricos diferentes, cada um em teoria abarcando a totalidade do passado e do futuro da humanidade (LÉVI-STRAUSS, 1966a: 258-261). Tendo escolhido nossa unidade de contagem, destinamos a cada segmento uma *data*, que denota sua posição com relação a outros segmentos em uma sequência linear. Na codificação cronológica da história, os eventos são anexados a segmentos datados; alguns podem ser pesadamente carregados, alguns ligeiramente, alguns podem não ter nenhum peso em absoluto. Por meio dessa codificação, podemos dizer o que veio antes e o que veio depois, o que é a principal exigência do conhecimento histórico. "Sem datas", afirma Lévi-Strauss, "não há história" (1966a: 258) – embora a isso pudéssemos acrescentar o corolário: pode haver datas sem história, um tempo sem eventos.

Contanto que tomemos a concepção da história como uma sucessão de eventos, objetificados e discretos, a afirmação de Lévi-Strauss é de fato verdadeira, já que a menos que haja datas nas quais prendê-los, a sequência toda cairia aos pedaços. Para dar um exemplo, suponhamos que nos mostrem um sortimento de instantâneos fotográficos não datados, cada um de um indivíduo diferente, único, em características físicas e trajes culturais, e que nos peçam para organizá-los na ordem temporal na qual foram fotografados. Sem elementos não contidos nos próprios quadros ou baseados em desenvolvimentos na técnica fotográfica, seríamos incapazes de fazê-lo. Mas agora suponhamos que nos entreguem um sortimento semelhante de instantâneos, desta vez do *mesmo* indivíduo, tirados em vários momentos de sua vida. Então teríamos pouca dificuldade na colocação deles na ordem. O mesmo iria se aplicar ao caso de uma nuvem crescente, um organismo que amadurece ou algum outro sistema estatístico que se desenvolve no tempo irreversível, bergsoniano. Como em cada um desses sistemas o estado atual encapsula todos os estados prévios pelos quais passou e é um momento na projeção do passado no futuro[44], não precisamos apelar a nenhum referente cronológico externo para compreender o que Lévi-Strauss (1966a: 258) denomina "a relação entre *antes* e *depois*". Essa relação é dada no mesmo movimento de devir que *lemos em* nossos instantâneos e está contida em cada instante que vislumbramos dele. Resulta disso que, para uma história estatística no sentido de

Wiener e irreversível no de Bergson, *as datas são bem supérfluas*[45]. "Não *pensamos* o tempo real", escreve Bergson, "mas o vivemos, porque a vida transcende o intelecto" (1911: 49). Justamente por isso, "pensamos" datas, mas não as "vivemos". Assim, as datas, longe de constituir o fundamento da história, são sobrepostas a esta pelo intelecto – aplicamos datas à história em vez de história a datas. E, portanto, a eternidade, soma de todas as datas possíveis, paira sobre o processo histórico real, em vez de ser sua base (BERGSON, 1911: 335).

Grande parte da discussão antropológica mais recente sobre o tempo foi formulada em termos de uma oposição fundamental entre o "sincrônico" e o "diacrônico", e é para isso que devemos nos voltar agora. Como todas as antinomias aparentemente simples e inócuas, esta abriga um pântano de armadilhas e ambiguidades. Não nos é possível explorar todas elas. O aspecto principal que pretendo demonstrar é que uma divisão do trabalho entre uma história preocupada com fatos diacrônicos e uma antropologia preocupada com fatos sincrônicos não será suficiente para apreender a continuidade e o propósito da vida social (cf. tb. GIDDENS, 1979: 7-8). Para antecipar nossa conclusão, isso ocorre porque tanto a sincronia como a diacronia, tendo que ver com simultaneidades e sucessões, respectivamente, invocam um sentido de tempo *cronológico* – portanto, mecânico, eterno e abstrato –, enquanto a vida social é um processo no tempo real, bergsoniano. O ponto de partida de nossa discussão tem de ser as conferências de Ferdinand de Saussure, reconstruídas a partir dos cadernos de seus alunos como *Course in General Linguistics* [Curso de linguística geral], especialmente o capítulo intitulado "A linguística estática e a linguística evolutiva". Permitam-me ir diretamente à afirmação original de Saussure sobre a dicotomia sincronia-diacronia. Ele afirma que sempre devemos distinguir entre

> (1) *o eixo das simultaneidades* (AB), concernente às relações entre coisas coexistentes, de onde se exclui toda intervenção do tempo, e (2) *o eixo das sucessões* (CD), sobre o qual só se pode considerar uma coisa por vez, mas onde estão situadas todas as coisas do primeiro eixo, com suas respectivas transformações (SAUSSURE, 1959: 80-81).

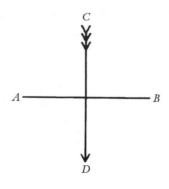

Saussure usa o termo "evolução" muitas vezes, ao que parece como sinônimo de "história". E está abundantemente claro em seu uso que não se trata de evolução (ou história) tal como Bergson a teria entendido. Isto é, não se trata de um movimento, mas de uma sucessão de estados, cada um dos quais é momentaneamente fixado. O salto de um estado a outro é sempre ocasionado por um evento instantâneo, que é puramente fortuito, inteiramente não intencional, causado pelos falantes da língua (1959: 85). Em uma analogia famosa, e altamente imprópria, Saussure compara o funcionamento da língua a um jogo de xadrez. Em um momento específico, o estado do jogo pode ser compreendido como a totalidade das relações entre as peças, cada uma das quais ocupa certa posição no tabuleiro. Do mesmo modo, um estado da língua se constitui de uma estrutura de relações entre termos, nas quais cada termo "deriva seu valor de sua oposição a todos os outros termos" (1959: 88). No tabuleiro de xadrez, só uma peça é movida de cada vez, ainda que cada movimento possa alterar radicalmente o estado do jogo, afetando as relações mesmo entre peças não imediatamente envolvidas. Mais uma vez, uma mudança que afeta um só elemento isolado em uma estrutura linguística terá repercussões em todas as relações da estrutura. Além disso, Saussure continua, "no xadrez, cada movimento é absolutamente distinto do equilíbrio precedente e subsequente. A mudança efetuada não pertence a nenhum estado: só os estados importam" (1959: 89). Essa alegação é absolutamente vital. Porque implica que, segundo a analogia, a "evolução" diacrônica da língua só se compõe de uma concatenação de estados descontínuos, separados por eventos. Na língua, não mais do que no xadrez, a estrutura presente não constitui um momento no processo de tornar-se aquele que o sucede ou de deixar de ser aquele que o precede. Uma pessoa que vá até um jogo de xadrez em andamento, pode substituir um dos jogadores sem ser nem um pouco prejudicada em relação a seu oponente; do mesmo modo, o falante de uma língua pode ser totalmente competente não sabendo nada da história desta.

Por que essa analogia, ao que parece tão sólida, também é tão imprópria? A resposta é que não pode haver um jogo de xadrez sem jogadores. O próprio Saussure admite essa diferença crucial: "O enxadrista *pretende* fazer uma mudança e, por meio dela, exercer uma ação sobre o sistema, ao passo que [...] as peças da língua são deslocadas – ou melhor, modificadas – espontânea e fortuitamente [...]. Para fazer o jogo de xadrez parecer em todos os pontos com o funcionamento da língua, teríamos de imaginar um jogador inconsciente ou pouco inteligente" (1959: 89). Mas as consequências dessa admissão são de um alcance bem maior do que Saussure percebe. Porque equivale a dizer que não há absolutamente jogadores. Forças desconhecidas, estranhas e possivelmente diversas simplesmente causam determinadas peças, de vez em quando, dar um salto quântico de casa em casa. Mas, nesse "jogo", qual a contraparte do falante da língua? Sua mente, ou antes a mente coletiva de uma população de falantes da língua, é na verdade análoga ao tabuleiro no qual o jogo é jogado. Diz Saussure que uma estrutura linguística é implantada na mente dos falantes – que permanecem basicamente inconscientes dela – e, portanto, um linguista deve "entrar" na mente para que essa estrutura possa ser descoberta e revelada (1959: 72, 81). Nosso jogo fica cada vez mais curioso. Temos de imaginar agora que as peças ficam de pernas para o ar do lado inferior do tabuleiro, invisíveis ao espectador (o linguista). Ao mesmo tempo, o tabuleiro emite constantemente sinais de alguma espécie, a partir dos quais o espectador pode inferir a posição atual das peças. Esses sinais são, naturalmente, equivalentes a atos de fala. Nosso tabuleiro de xadrez invertido fala!

A analogia ficou agora tão forçada que talvez seja melhor deixá-la de lado neste ponto. Mas, antes de fazê-lo, quero sugerir que uma vez que reintroduzamos os jogadores e reinvertamos o tabuleiro para a posição correta, há certo paralelo entre um jogo de xadrez e o *processo da vida social*, considerado uma "conversação longa" que continua entre as pessoas. Só então podemos ver a sucessão de estados do jogo como o registro visível de uma relação que se desenvolve entre os jogadores, concebidos como agentes intencionais. Há um sentido no qual o tempo real é parte integrante do jogo, como sabem todos que o jogaram. Pois, na mente dos jogadores, as posições não são fixadas, mas fluidas, sendo cada movimento não um evento instantâneo, e sim o ponto culminante de um processo contínuo de deliberação consciente. Do mesmo modo, cada fala em uma conversação não é um enunciado isolado, mas vem das falas que a precedem enquanto faz a conversação prosseguir. Assim, a duração do jogo, tal como da conversação, corresponde ao movimento ou fluxo que é o pensamento ou intencionalidade dos jogadores, um fluxo mantido *mediante* estados do jogo, fluxo de que todo estado é um momento passageiro. Apreendido nessa corrente de consciência[46] (composta, se a analogia for tomada literalmente, de duas correntes em alternância), um estado dado se dissolve gradualmente enquanto o próximo toma forma na mente de um jogador, apenas para ser dissolvido mais uma vez quando seu oponente joga e faz o jogo avançar mais uma etapa. Considerando que é útil conhecer o oponente, a pessoa que substitui um dos jogadores no jogo *estaria* em desvantagem – como ocorreria a alguém recém-chegado em uma conversação – devido a não saber nada das intenções do outro tal como reveladas em movimentos passados. Em suma, o jogo de xadrez, tal como a conversação que é a vida social, é criativo, e o que é criado é uma relação de que cada estado do jogo é um índice. O jogo como um todo representa uma história que é feita pelos que estão envolvidos, em vez de um capítulo de acidentes, enquanto o tabuleiro é apenas um veículo da condução da vida.

Na fig. 4.1, A, tentei indicar essa analogia com um diagrama. Em cada um dos planos horizontais estratificados, supomos, é projetado um instantâneo de um jogo (ou conversação) em andamento; percorre todos eles a duração irreversível da consciência dos jogadores (ou falantes). Os instantâneos, então, correspondem a seções transversais sucessivas do movimento contínuo da vida social no tempo bergsoniano. A fig. 4.1, B, representa, em contraste, a analogia saussureana. Nesta, cada instantâneo corresponde a um estado discreto, fixo, suspenso no tempo abstrato, mecânico. A ordenação de estados é dada pelos vínculos destes com segmentos cronológicos datados, em vez de por sua posição em um processo de desdobramento do jogo como um todo. As pequenas setas do diagrama representam os sinais emitidos pelo tabuleiro, correspondendo a exemplos de comportamento culturalmente codificado por indivíduos que trazem coletivamente na cabeça uma configuração particular de elementos. Neste ponto, é necessário introduzir outra dicotomia saussureana, aquela entre a língua (*la langue*) e a fala (*la parole*). A primeira é uma estrutura impressa na mente, e a segunda se constitui de eventos observáveis, comportamentais, que são atos de fala particulares. Voltando à analogia da fig. 4.1, B, a língua é o estado do jogo na parte inferior do tabuleiro, e a fala compreende os sinais emitidos a partir de cima. É importante perceber (em oposição a LÉVI-STRAUSS, 1968: 212) que a dicotomia sincronia-diacronia *não* é congruente com aquela entre língua e fala, nem corresponde à oposição entre o sistema de relações associativas ou *paradigmáticas* constitutivo a língua e as sequências lineares, *sintagmáticas*, realizadas no discurso (SAUSSURE, 1959: 123; cf. ARDENER, 1980: 313). Isso é muitas vezes obscurecido por uma tendência de confundir as duas analogias da fig. 4.1. A identificação de atos de fala em uma conversação com movimentos no xadrez é, como vimos, precisamente o contrário do que Saussure pretendia; porque, enquanto ele considerava aqueles como sendo "voluntários e intelectuais", estes últimos – correspondentes aos eventos da diacronia – eram tidos por não motivados por um propósito nem pela inteligência (SAUSSURE, 1959: 14, 89).

Vamos supor, com Saussure, que uma estrutura, uma vez implantada na mente, permaneça mais ou menos imutável. Passivamente adquirida por meio de uma longa aprendizagem na infância, ela é – alega ele – parte de uma herança comum ou tradição inerentemente resistente a inovação (1959: 73-74). Consequentemente, como a fig. 4.1, B, ilustra, a língua e a fala são apenas os dois lados da sincronia: o lado interior, cognitivo, e o lado exterior, executivo. Por isso, temos de distinguir entre duas espécies de evento: de um lado, os eventos de fala, atos motivados que manifestam uma estrutura estável e se agrupam no plano da sincronia; do outro, eventos não motivados da mudança linguística mediante os quais uma estrutura é suplantada por outra na dimensão da diacronia. A vida do falante individual, gasta na produção de enunciados (que são eventos da primeira espécie), situa-se, por isso, no presente sincrônico, um presente em uma sucessão não dirigida de presentes (eventos da segunda espécie) que formam uma sequência diacrônica. Parece que falar, para Saussure, é bem parecido com correr sem sair do lugar. Tal como o corredor, depois de um número indefinido de passos, permanece no mesmo lugar, assim também, por mais que fale, o falante ainda ocupa o mesmo momento de quando começou. De sua primeira à sua última palavra, o tempo não interveio. Nesse aspecto, o indivíduo da linguística é estreitamente parecido com o indivíduo da cultura-história boasiana ou da biologia evolutiva darwinista. Nos três casos, na qualidade de exemplo singular da autor-reunião de elementos discretos (linguísticos, culturais, genéticos) em estruturas, o indivíduo é um objeto em uma história diacrônica de coisas, um objeto de que todo ato é a expressão de uma faceta particular.

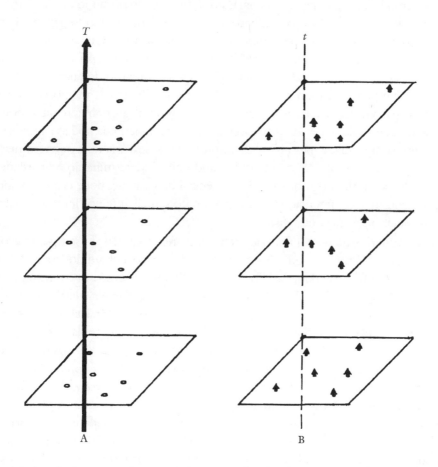

Fig. 4.1. A analogia entre um jogo em andamento e a história de uma conversação (A) e de uma língua (B).

Uma das impropriedades mais evidentes da linguística de Saussure, como Bourdieu indicou, está "em sua incapacidade de conceber o discurso [i. é, a fala] e, de modo mais geral, conceber prática em termos que não o de *execução*" (1977: 24). Enquanto a língua, segundo Saussure, pertence à coletividade, a fala se constitui de ações individuais que – embora aparentemente intencionais – ainda são "acessórias e mais ou menos acidentais" (1959: 14). Cada ato aparece como uma faísca isolada, momentânea, iluminando primeiro uma e depois outra região da estrutura linguística. Um pouco de reflexão mostrará que a pretensa intencionalidade dessas ações é ilusória. Como já alegamos, supor que todas as condições de uma ação estão contidas no estado atual equivale a negar que esta seja motivada pela consciência, que é a projeção do passado no futuro. E é precisamente essa a implicação da relegação da fala, por Saussure, ao domínio da sincronia. O indivíduo, apartado do fluxo da vida social e, por meio disso, separado de seu próprio passado, é tornado *destituído* de propósito. Entre a língua – "um sistema de signos que expressa ideias" (1959: 16) – e a expressão "psicofísica" pública de ideias particulares na fala, não há espaço para a intenção do falante. Podemos muito bem pensar em um robô equipado com um "banco de memória" de imagens de palavra armazenadas e projetadas para gerar aleatoriamente uma série de palavras depois de outra. A "intencionalidade" dessa máquina poderia apenas significar sua capacidade inexaurível de improvisação aleatória ou a indeterminação incorporada à sua operação. Só equiparando essa indeterminação à liberdade, e tratando esta última como o atributo essencial da vontade, pode o que é acidental ser considerado intencional. Um argumento semelhante nos levaria a atribuir consciência a um caça-níqueis!

Os usuários da língua não são, naturalmente, máquinas desse tipo, mas pessoas sociais. Além disso, seus enunciados não podem ser entendidos em isolamento uns dos outros, ou daqueles dos seus semelhantes, mas só em contexto, como os momentos sucessivos dessa longa conversação que é a vida social. Devemos a Malinowski a afirmação mais eloquente quanto a isso (1923: 306-307). Pode de fato ser verdade, como Saussure afirmou, que o conhecimento da história da língua de alguém não seja um pré-requisito para o desempenho competente como falante. Mas para participar efetivamente de uma conversação, como Malinowski mostrou, é essencial saber algo de sua história, como todo estrangeiro – por mais proficiente que possa ser em uma língua – logo descobre às suas próprias custas. É nesse sentido que "o que falta [no paradigma saussureano] é uma teoria do falante ou usuário competente da língua" (GIDDENS, 1979: 17). Do mesmo modo, essa impropriedade não pode ser retificada nos termos da dicotomia sincronia-diacronia. Porque, para obter um quadro realista do falante, é necessário considerar o mecanismo da língua como uma capacidade colocada sob a direção da consciência prática. Tal como os jogadores de xadrez da fig. 4.1, A, a existência e a atividade dos falantes não podem ser contidas no presente sincrônico, devendo antes ser vistas como tendo uma extensão no tempo real – a "duração" bergsoniana. De fato, o contraste entre as nossas duas analogias, na fig. 4.1, A e B, pode ser tomado como um sumário de boa parte deste e do capítulo anterior. De um lado, temos uma história de pessoas (falantes) e no outro temos uma história de populações (portadores da língua).

Ao enfatizar, com Malinowski, que falar é algo que as pessoas fazem no decorrer de suas vidas, e não simplesmente a articulação mecânica ou a execução de imagens mentais, também invertemos a prioridade saussureana da cognição sobre a prática (MALINOWSKI, 1923: 312-313). Em nossa opinião, é a língua que é acessória com relação à fala, e não vice-versa (cf. tb. HYMES, 1971: 67). Embora seja evidentemente óbvio que as pessoas não podem falar sem uma língua, consideramos esta última como um instrumento da conduta prática da vida intersubjetiva que – como uma conversação – consiste em pessoas que falam. Para Saussure, ao contrário, a fala é antes de tudo o instrumento da língua, já que é por meio da fala que a língua é compreendida, reproduzida e transmitida através das gerações (1959: 18-19). Importa não quem fala ou o que é dito, contanto que *palavras estejam sendo faladas*; as palavras que permanecem não ditas eventualmente sairão do vocabulário, e se nenhuma palavra for falada, a língua morrerá com a morte da última geração de falantes competentes. Mas se o propósito de falar for simplesmente fomentar a disseminação da língua por meio da aprendizagem imitativa, então, teoricamente (e peço desculpas aos professores de língua, que na prática têm mais conhecimentos), nosso robô falante – introduzido antes – se sairia igualmente bem. Do mesmo modo, para voltar a uma metáfora já usada, o estilista que espera que as pessoas usem suas roupas para popularizar o estilo poderia recorrer a manequins animados, e, com efeito, a "manequinização" das pessoas é precisamente o que está contido na noção de "modelagem". Falar, para Saussure, também é uma espécie de modelagem, embora de um estilo que prescinde de um desenhista. Assim, a longa conversação, jogando inúmeros enunciados exemplares no vernáculo de uma população, acaba por ser não tanto um processo da vida quanto uma aula de língua interminável.

Em geral, os signos linguísticos são fielmente copiados no decorrer de sua transmissão intergeracional. Saussure observa certo número de fatores que promovem a imutabilidade do signo, dentre os quais atribui importância principal à arbitrariedade da relação entre o significante (imagem sonora) e o significado (conceito). Como não há base racional para preferir uma imagem a outra como o significante de um conceito dado, simplesmente aceitamos o que é dado: "Como é arbitrário, o signo não segue nenhuma lei outra que aquela da tradição, e, por ser baseado na tradição, é arbitrário" (SAUSSURE, 1959: 74). No entanto, no próprio processo da cópia, os signos são expostos a alterações acidentais, levando a mudanças na relação significante-significado. Se tivesse dado aulas cinquenta anos depois, Saussure poderia muito bem ter recorrido à genética para uma ilustração análoga da mutabilidade do signo. Uma estrutura genética, tal como uma estrutura linguística, se constitui de uma totalidade sincrônica de relações entre um grande número de elementos coexistentes. E os genes, tal como os signos, ocasionalmente, são malcopiados, isto é, sofrem mutação. Cada mutação dessas aparece como um incidente fortuito e isolado cuja causa, se puder ser apurada, está inteiramente fora da estrutura em si, e é justamente por isso que a estrutura é incapaz de resistir a elas. Mas cada mudança repercute em todas as partes da estrutura, estabelecendo um estado completamente novo. As mudanças sucessivas do estado, por sua vez, constituem um processo da evolução (GERARD; KLUCKHOHN & RAPOPORT, 1956: 15-25).

A analogia genética, embora imperfeita, ajuda de fato a esclarecer dois aspectos sobre os quais Saussure é obscuro. Um se vincula com o papel do tempo na promoção da mudança. Saussure admite sua incapacidade de oferecer uma descrição satisfatória das "causas da mudança no tempo", sendo suficiente para sua argumentação que as mudanças de fato ocorrem. Do mesmo modo, para justificar sua concepção da descendência com modificação, Darwin só tinha de apontar para os fatos da variabilidade, para os quais, em sua época, não havia nenhuma explicação disponível. Infelizmente, contudo, Saussure torna a questão confusa ao declarar em um dado momento que "o tempo modifica todas as coisas; não há razão porque a língua devesse escapar a essa lei universal" (1959: 77). Essa atribuição de ação ao tempo, contudo, contradiz claramente sua ideia da diacronia como o eixo no qual se pode distribuir uma sequência mutante de coisas. Darwin é muito mais claro nesse ponto, reconhecendo que o tempo não *produz* modificações e que sua passagem só é significativa na medida em que quanto maior o lapso de tempo, maiores as oportunidades para variações ocorrerem e se acumularem (1872: 76). Assim, Saussure nos ilude ao afixar a ponta e o engaste de uma seta na diacronia, "o eixo das sucessões". Estes deveriam ser substituídos por símbolos que denotem sua extensão potencialmente infinita, porque o tempo da diacronia é na verdade reversível. Isto nos leva ao segundo ponto obscuro, a saber, a relação entre diacronia e fala. Saussure sustenta que "Tudo o que é diacrônico na língua só é diacrônico em virtude da fala. É na fala que o germe de toda mudança se encontra" (1959: 98). Esta e muitas afirmações semelhantes levaram numerosos comentaristas a supor que, para Saussure, a língua está para a fala assim como a sincronia está para a diacronia. É o caso de Giddens: "A *langue* só pode ser isolada pela análise sincrônica; estudar a diacronia é reverter ao nível da *parole*" (1979: 17). O plano de Saussure de uma linguística racional, reproduzido aqui, não dá nenhuma sustentação a essa interpretação (1959: 98):

$$\text{Fala (humana)} - \begin{cases} - \text{ Língua} - \begin{cases} \text{Sincronia} \\ \text{Diacronia} \end{cases} \\ - \text{ Fala} \end{cases}$$

A diacronia, aqui, é um aspecto da língua em vez de da fala. O argumento de Saussure, como vimos, foi que os atos aparentemente caprichosos da fala, manifestando uma estrutura sincrônica, têm como sua consequência não intencional a transmissão diacrônica de elementos dessa estrutura. De modo parecido, um sociobiólogo contemporâneo poderia sustentar que o comportamento que pensamos ser intencional é inconscientemente guiado por um sistema genético e assegura a representação de seus componentes no repertório de gerações subsequentes. Contudo, ele *não* consideraria cada ato comportamental sucessivo como um passo em uma sequência evolutiva, já que esta última se compõe não de ações, mas de planos de ação no nível do genótipo em vez de no de sua expressão fenotípica. Também não podemos considerar atos da fala como eventos na diacronia. *Pace* Giddens, estudar diacronia é considerar as consequências da *parole* no nível da *langue*, enquanto estudar a sincronia é considerar as *manifestações* da *langue* na forma da *parole*. A língua se desenvolve, como Saussure explicou, "em virtude da fala"; inversamente, os seres humanos falam graças à língua.

Há outra razão pela qual Saussure afirma encontrar na fala o germe da mudança, vinculada com seu papel na criação em vez de na disseminação de novos elementos. Na evolução darwiniana das espécies, toda mutação espontânea faz seu primeiro aparecimento em um determinado indivíduo, do qual pode – em circunstâncias favoráveis – arraigar-se e estender-se a toda a população. Saussure, do mesmo modo, observa que, na evolução da língua, as inovações se originam nos indivíduos, e somente ao obterem aceitação mais ampla entram no repertório comum da comunidade. Contudo, ao mesmo tempo, Saussure considera que a língua é uma propriedade não de mentes individuais, mas de uma mente essencial coletiva, só parcialmente realizada em cada cérebro individual: "A língua não está completa em nenhum falante; ela só existe perfeitamente no âmbito da coletividade", sendo constituída pela "soma das imagens mentais armazenadas nas mentes de todos os indivíduos" (1959: 13-14). Nesse caso, uma imagem que surgisse na mente de um só ou de alguns falantes ainda estaria incluída na língua completa, da qual teríamos de supor que veio. De fato, não podemos chegar a nenhuma outra conclusão senão a de que o lugar da mudança linguística é a própria mente coletiva e, portanto, que cada inovação tem uma existência potencial em todas as mentes individuais embora seja no início representada apenas em algumas.

Mas isso é tão absurdo quanto supor que todas as mutações genéticas são prefiguradas por mudanças no tipo ideal de uma espécie. Para contornar o problema, Saussure adota outra tática um tanto contraditória. A língua completa inclui agora apenas as imagens comuns a todo falante. Tudo o que é idiossincrásico é definido *fora* da língua e relegado ao domínio da fala, um domínio no qual a mente do indivíduo, e não aquela da coletividade, domina. Disso ele infere que toda inovação se origina historicamente na fala (1959: 18-19, 98). As implicações disso, contudo, não são menos absurdas. Embora um indivíduo nunca precise falar todas as palavras de sua língua, poderíamos imaginar como ele pode possivelmente falar, e por meio disso disseminar, o que *não* está em sua língua. Como podem inovações vir a ser incluídas na língua se, em todos os estágios, toda inovação é categoricamente excluída dela? Há um só modo de resolver esses problemas: abandonar o pressuposto essencialista de que um estado da língua ideal pode ser definido independentemente da variedade de estados que de fato existem impressos nas mentes de indivíduos distintos. Então é fácil ver que todos os elementos contidos na mente de um determinado falante pertencem à *sua* língua, independentemente do grau até o qual são compartilhados por outros. Com efeito, considerando o vasto número de elementos envolvidos, podemos esperar razoavelmente que o conteúdo linguístico exato de cada mente seja único, apesar de todas as pressões de padronização. Por isso, temos de introduzir na linguística diacrônica o tipo de "pensamento de população" característico da biologia evolutiva darwiniana. E isso nos leva a reconhecer que a língua, assim como a cultura em geral, embora seja um instrumento do discurso social e herança de populações humanas, é basicamente uma propriedade de indivíduos[47].

Contrariamente, já demonstramos que falar, como algo que as pessoas fazem, é essencialmente social. Portanto, deixamos Saussure com uma inversão completa de sua posição. Onde ele considerou a língua social e a fala individual, verificamos que a língua pertence a populações de indivíduos e, a fala, à vida social de pessoas. Ao chegar a essa conclusão, não excluímos, naturalmente, a cultura-história das populações em favor de um foco exclusivo no processo social. As duas espécies de história (ou evolução) representadas na fig. 4.1 são, como já mostramos, tanto distintas quanto complementares. O paradigma saussureano, privado de seu essencialismo injustificado, é bastante apropriado como um arcabouço para a história de coisas, cada uma definida sincronicamente como uma combinação fortuita de elementos, elementos que seguem um ao outro em uma sequência diacrônica. Nesse arcabouço, a oposição entre *langue* e *parole* é homóloga à oposição entre cultura e comportamento, e entre genótipo e fenótipo. Kluckhohn, por exemplo, embora distinguindo regras culturais ocultas e práticas comportamentais visíveis, continua afirmando – em termos que antecipam uma das tendências principais do pensamento antropológico contemporâneo – que todo projeto cultural "é uma estrutura [em que] a plena significação de algum elemento único [...] só será vista quando esse elemento for examinado na matriz total de sua relação com outros elementos" (1949: 32-35). O que, contudo, consideramos de fato um passo retrógrado foi a tentativa subsequente do dito fundador do estruturalismo, Lévi-Strauss, no sentido de aplicar o aparelho conceptual da linguística de Saussure à *vida social* reescrevendo a dicotomia convencional entre cultura e comportamento como dicotomia entre *estrutura social* e *relações sociais* (1968: 279). Aquela parece uma espécie de código, um sistema sincrônico localizado no inconsciente coletivo e atado ao tempo reversível; estas, longe de se desdobrar no decorrer de práticas conscientemente dirigidas, são reduzidas a execuções, sinais ou mensagens esporadicamente "provocadas" em vez de ação constantemente "realizada". É difícil ver como tais execuções podem ser consideradas sociais, em algum sentido da palavra, e menos ainda relações. Em termos saussureanos, não seriam sociais em absoluto, mas individuais, independentemente de que relações estão presentes na própria estrutura em vez de em suas emissões. Em nossos termos, o objetivismo subentendido equivale a uma *negação* das relações sociais – da intersubjetividade, personalidade e consciência tal como as entendemos. E o que tudo isso tem em comum é o fato de não serem coisas, mas movimentos no tempo real.

A perda desse sentido do tempo no estruturalismo de Lévi-Strauss e a representação consequente da história como uma cadeia de particulares discretos suspensos no vazio ilimitado da eternidade, são bem expressas no seguinte comentário crítico de Althusser: "A diacronia é reduzida à sequência de eventos, e aos efeitos dessa sequência de eventos na estrutura do sincrônico: o histórico se torna então o inesperado, a contingência, o factualmente único, surgindo ou caindo no contínuo vazio do tempo, por razões puramente contingentes" (ALTHUSSER & BALIBAR, 1970: 108). Contudo, nem todos os antropólogos permaneceram tão fiéis ao espírito de Saussure em seu uso de termos como sincronia e diacronia. Um exemplo é Kroeber, cuja concepção do trabalho da etnografia como o fornecimento de uma "seção transversal descritiva" de uma sociedade, ao mesmo tempo "sincrônica" e "histórica", confundiu tanto Boas. Percebe-se de imediato que a "sincronia" de Kroeber não se ajusta ao sentido nem de Saussure nem de Lévi-Strauss. Mas ela de fato se ajusta à ideia de uma seção transversal ou instantâneo de um processo contínuo, tal como apresentada na fig. 4.1, A. Tal instantânea é histórico no sentido de que envolve o movimento de seu devir. Mas esse movimento tem na verdade que ser "lido no" instantâneo, tal como interpretaríamos um instantâneo de pessoas que conhecemos. E, em nossa interpretação, não diríamos que essas pessoas ocupam o mesmo quadro porque convergiram em um determinado instante cronológico, mas antes que são retratadas em conjunto porque estavam, naquele momento, mutuamente envolvidas em *fazer* algo. Isto é, houve uma comunhão de tempo real intrínseca à sua vida intersubjetiva. Parece importante introduzir uma distinção conceptual clara entre esse sentido do tempo compartilhado, interior, e a noção de contemporaneidade cronológica – do tempo exterior comumente ocupado, mas não vivido. Seguindo Fabian (1983:

31), sugiro que apliquemos o termo "coetâneo" a pessoas que compartilham o tempo vivido, e "sincrônico" a coisas ou eventos que co-ocorrem em segmentos do tempo abstrato. A diferença entre os planos horizontais na fig. 4.1, A e B, é então que exprimem a coetaneidade e a sincronia, respectivamente.

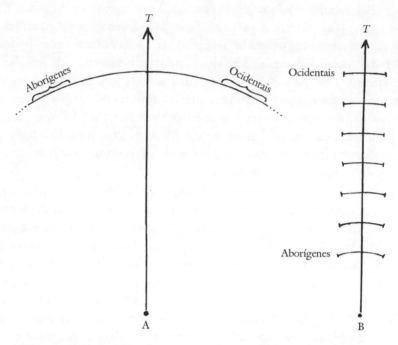

Fig. 4.2. Duas concepções do progresso humano. A: A humanidade como um todo, avançando em uma frente contínua; B: sociedades discretas se sucedendo umas às outras em passo acertado.

O antropólogo de campo, participando em pessoa com as pessoas que estuda, é coetâneo com elas; mas, considerados como indivíduos, ele e elas são simplesmente todos sincrônicos. Isso ao mesmo tempo descarta a espécie de viagem no tempo concebida na aplicação do método comparativo, em que se supõe que mover-se para fora de um centro espacial é, *ipso facto*, retroceder no tempo de um presente centralmente localizado, de modo que contemporâneos distantes sejam assimilados a predecessores próximos. *Nós* não podemos retroceder no tempo real porque, como Bergson reconheceu, "nossa duração é irreversível" (1911: 6). Mas se o Outro for automaticamente definido como um predecessor, teríamos de ser capazes de fazer somente isso para participar com ele. O fato de que podemos participar, no entanto, com pessoas onde quer que possam viver, serve mais uma vez para demonstrar que a humanidade avança em uma frente contínua, ao invés de como a crista de uma onda esférica, e não é dividida em infinitas sociedades discretas cada uma seguindo a outra em passo acertado (fig. 4.2). Podemos dizer que a coetaneidade caracteriza a relação entre quaisquer duas pessoas, separadas no espaço, que sejam potenciais consociados, como entre quaisquer dois pontos em uma superfície contínua que se desdobra no tempo. Aqueles que *não* são nossos potenciais consociados são pessoas que já viveram e ainda têm de viver – "predecessores" e "sucessores" em termos de Schütz (1962: 15-16). A distância que nos separa daqueles, e que vai separar estes últimos de nós, é uma distância coberta pelo tempo real. Adotando a noção bergsoniana de duração para denotar o fluxo temporal da vida social, podemos concluir que a coetaneidade está para a duração no mundo tal como vivido do mesmo modo como a sincronia está para a diacronia no mundo tal como pensado. Para acentuá-lo, vamos estabelecer uma formulação comparável à de Saussure. Temos (1) *o eixo da coetaneidade* (AB), que representa o mundo de pessoas não separadas pelo fluxo do tempo; e (2) *o eixo da duração* (CD), que representa o fluxo que tanto separa como conecta o mundo de predecessores e o mundo de sucessores. Combinados, esses eixos descrevem não um vazio a ser preenchido de coisas, mas um campo contínuo intrínseco à vida e à consciência. E, nesse caso, diferentemente de Saussure, estamos inteiramente justificados em afixar a ponta e o engate da seta ao eixo vertical.

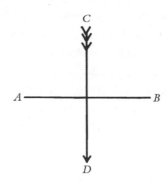

Agora descobrimos que o tempo bergsoniano é inerente à evolução ou história, concebidas como um movimento contínuo, orientado e progressivo, quer esse movimento seja entendido em termos "topológicos" ou "estatísticos". Também descobrimos que o conceito de diacronia resume uma forma do tempo que é abstrata e reversível, totalmente oposta ao tempo como duração, e, por isso, é necessário rejeitar, definitivamente, a noção comumente encontrada de que a história, como fluxo irreversível ou "cadeia de eventos", é essencialmente diacrônica, em oposição ao domínio subjacente da estrutura sincrônica. A fonte dessa noção, como sempre, é Lévi-Strauss, para quem a consciência histórica de sociedades "quentes" (aqueles que veem na história "a força motriz de seu desenvolvimento") é indicativo do domínio da diacronia em sua "luta" alegórica com a sincronia (LÉVI-STRAUSS, 1966a: 231-234). A vitória é antes de uma concepção composta pelos eixos da coetaneidade e da duração que abarca as perspectivas tanto da sincronia como da diacronia. O erro de Lévi-Strauss, que o leva a equiparar com o evolucionismo progressivo uma história que de outra maneira se opõe a ele, ao que parece reside na identificação errônea dos componentes de um processo estatístico, interações comportamentais elementares conceptualmente equivalentes à *parole* de Saussure, com os eventos não recorrentes de uma sequência diacrônica. Muita confusão foi causada pela incapacidade de discriminar entre duas classes de eventos: aqueles que no agregado constituem um processo de vida e aqueles que marcam mudanças nas estruturas objetivas que canalizam esse processo. Já conhecemos a dicotomia a partir de nossa discussão da linguística de Saussure, na qual tivemos de separar eventos de fala (constituição de uma conversação) de eventos de mudança linguística. Os biólogos têm de agir com quase a mesma distinção: assim, na fisiologia, o foco são as inúmeras reações moleculares que constituem a vida do organismo, enquanto no estudo da evolução (concebida não como ontogenia ampliada, mas, em termos darwinistas, como descendência com modificação) os eventos significativos são os que implicam mudanças do genótipo de um indivíduo para outro. Vistas desta última perspectiva, estritamente diacrônica, as reações da primeira espécie não parecem de modo algum compor um processo, sendo antes colocadas em sincronia.

Isto nos leva ao âmago das diferenças entre Lévi-Strauss e Radcliffe-Brown quanto às suas respectivas abordagens da história e da vida social. Os dois partem da percepção de eventos como fragmentos discretos de comportamento análogos ao ato de discurso saussureano. Às vezes Radcliffe-Brown traz tais interações comportamentais sob a rubrica "relações sociais", apesar de sua natureza individual (ou, no máximo, diádica) e contingente, e isso parece ser a fonte do uso bastante peculiar de Lévi-Strauss, ao qual já aludimos (LÉVI-STRAUSS, 1968: 303-304). Mas enquanto Lévi-Strauss continua tratando essas "relações sociais" como manifestações de uma estrutura particular, uma dentre uma série diacrônica na qual todo evento é uma transmutação estrutural, Radcliffe-Brown as integra ao que vê como um processo contínuo, quase fisiológico, da vida social. Seu conceito de vida social é bem claramente "estatístico", pois "se constitui de uma imensa multiplicidade de ações e interações dos seres humanos, atuando como indivíduos ou em combinações" (RADCLIFFE-BROWN, 1952: 4). Nesse fluxo de eventos, nada se repete alguma vez. De fato, Radcliffe-Brown recorre, para sua ideia de realidade, à célebre concepção de Heráclito, a de um mundo no qual tudo é movimento e nada está fixado, e no qual não é mais possível recapturar um momento passageiro do que pisar duas vezes nas mesmas águas de um rio fluente (RADCLIFFE-BROWN, 1957: 12). Como Stanner bem observou, a concepção heraclitiana de Radcliffe-Brown sobre a substância da vida social, com sua ênfase na continuidade pela modificação, é de caráter fundamentalmente histórico (STANNER, 1968: 287; cf. tb. BARNES, 1971: 549). Mas ele concebe, naturalmente, uma história que é *processual*, completamente contrária à história lévi-straussiana de entidades estruturais "desfraldadas" no tempo.

Esta leitura de Radcliffe-Brown pode surpreender aqueles que estão acostumados a acusá-lo, junto com Durkheim, de reificação da sociedade (cf. p. ex., EVANS-PRITCHARD, 1961). Como defensor de uma teoria funcional cujo poder explicativo se apoia na suposição de constância e equilíbrio nas formas sociais, sua reputação depende basicamente de suas tentativas de coletar e classificar sociedades como se fossem *coisas* comparáveis – em suas próprias palavras – a conchas marinhas ou, nas palavras de um crítico, borboletas (RADCLIFFE-BROWN, 1953: 109; LEACH, 1961: 2-3). Mas, apesar disso, ele nunca deixou de insistir que a realidade com a qual lidamos "não é nenhum tipo de entidade, mas um processo" (1952: 4; tb. GLUCKMAN, 1968: 221). Vamos voltar à analogia entre sociedade e organismo, que é tão central para a apresentação de Radcliffe-Brown. O crucial a ter em mente é que um organismo pode ser considerado de dois modos diferentes: como uma entidade individual, uma configuração específica de elementos, ou como a incorporação de um processo de vida que se compõe, como Cassirer exprimiu, de "uma corrente ininterrupta de eventos" (CASSIRER, 1944: 49; cf. tb. BERTALANFFY, 1952: 124). Há certamente um paralelo entre as sociedades tal como Lévi-Strauss as entende e organismos concebidos no primeiro dos sentidos acima mencionados, que é como coisas. De fato, o plano de Lévi-Strauss, de redigir um inventário de sociedades, com a intenção de estabelecer suas complementaridades e diferenças, é a coisa mais próxima da coleta de borboletas ainda encontrada nos anais da antropologia. Radcliffe-Brown, por sua vez, esforçou-se por minimizar esse aspecto da analogia orgânica, realçando que, enquanto as formas orgânicas podem ser isoladas como entidades discretas, autocontidas ("um porco não se torna um hipopótamo"), o mesmo *não* se pode dizer de formas sociais, que só podem ser arbitrariamente apartadas daquilo que é na verdade um campo contínuo de relações (1952: 181; também Evans-Pritchard, 1961: 10). Isto não escapou à atenção de Lévi-Strauss, que observa com desgosto "a relutância de Radcliffe-Brown em isolar estruturas sociais" e seu envolvimento com "uma filosofia da continuidade, não da descontinuidade" (1968: 304).

Lembramos, de nossa discussão anterior de seu conceito de individualidade, que Radcliffe-Brown adota o *segundo* sentido de organismo. No domínio orgânico e no social, ele sustenta, a vida se constitui de um processo contínuo composto por "vasto número de ações e reações", embora no primeiro caso estas ocorram entre moléculas em vez de seres humanos. Assim, a analogia não está entre organismo e sociedade como coisas, mas entre vida orgânica e vida social consideradas como movimentos (RADCLIFFE-BROWN, 1952: 178-179, 193-194)[48]. Isso equivale a dizer que tanto as formas orgânicas como as sociais *duram*, no sentido de que o tempo real (bergsoniano) entra em sua própria constituição. Mas foi de Spencer, e não de Bergson, que Radcliffe-Brown extraiu sua teoria do processo. Perfeitamente positivista, esta se ligava diretamente ao paradigma "estatístico" do desenvolvimento de Spencer. Para sua teoria da epistemologia, por outro lado, Radcliffe-Brown voltou-se para Durkheim (STANNER, 1968: 286), um recurso que o levou a cair em contradições das quais nunca foi totalmente capaz de desembaraçar-se. Porque Durkheim tinha uma filosofia da descontinuidade na qual as sociedades nos são externamente apresentadas para observação como "individualidades distintas", cuja sucessão "se assemelha a uma árvore cujos ramos crescem em direções divergentes". O movimento progressivo da humanidade, sustentava, é "uma ideia inteiramente subjetiva"; o que existe na realidade "são sociedades particulares que nascem, se desenvolvem e morrem umas independentemente das outras" (DURKHEIM, 1982 [1895]: 64). Não há de fato maneira pela qual a primeira regra do método sociológico de Durkheim, *considerar os fatos sociais como coisas*, possa ser compatibilizada com a concepção de Radcliffe-Brown da realidade como processo irreversível.

A contradição pode, contudo, ser convenientemente escondida explorando-se uma ambiguidade inerente à noção de "vida social" a que já tivemos ocasião de nos referir, aquela entre a vida social de pessoas e a vida "pessoal" da sociedade. Durkheim pensava bem claramente na segunda: o nascimento, maturação e morte de uma entidade superorgânica. Radcliffe-Brown nos confunde. Em um momento ele nos diz que a realidade que observamos se compõe de uma rede de relações particulares acumuladas e entretidas por pessoas particulares como *atores* das quais derivamos a forma social como uma abstração. Mas, em outro momento, essa forma adquire substância como uma realidade composta por um sistema operante de relações duradouras entre pessoas genéricas como *partes*, mediante as quais é conduzida a vida dotada de propósito da sociedade. Privados de intencionalidade, os ocupantes dessas partes são então reduzidos à posição de organismos biológicos, produzindo a dicotomia indivíduo-pessoa tal como apresentada por Radcliffe-Brown (1952: 190-194). É precisamente reescrevendo a vida social como a vida da sociedade que Radcliffe-Brown chega a outra dicotomia prevalente: aquela entre *persistência* e *mudança*. Uma sociedade existe como uma entidade definível apenas na medida em que persiste em um estado estacionário; a mudança implica então a substituição abrupta de um estado por outro. Assim, nada pode modificar-se onde nada persiste; nem, como Gluckman sustentou vigorosamente, podemos saber *o que* se modificou exceto no contexto de um equilíbrio assumido (GLUCKMAN, 1968: 231).

Por isso, voltando a uma questão levantada, mas não resolvida, antes em nossa pesquisa, é contraditório dizer que uma sociedade – ou alguma outra espécie de entidade – se modifica *constantemente*. E, pela mesma razão, devemos concluir que a oposição entre persistência e mudança não é congruente com aquela entre continuidade e descontinuidade. É um erro fatal, nascido da tendência de conceber um mundo já dividido em blocos discretos, comparar a continuidade com a persistência da forma. Só podemos definir o contínuo, como fez William James, "como aquilo que não tem brecha, fenda ou divisão" (1890, 1: 237). James alega que assim é a corrente ininterrupta de nosso pensamento, no qual nenhum estado – uma vez passado – pode ocorrer outra vez. Se admitirmos que a realidade da vida social (de pessoas) é um movimento progressivo por meio do qual o presente sempre cresce para além do passado, encapsulando-o, podemos dizer do mesmo modo que sua duração é contínua. As antinomias de persistência e mudança são então o resultado de uma dissecação desse movimento contínuo em passos descontínuos. Cada passo corresponde à "vida" de uma entidade social distinta cujos ritmos característicos são ditados pelo que Gluckman (1968: 221) denomina "duração estrutural" de suas instituições constituintes. Para analisar uma instituição, Gluckman explica, "temos de 'lançá-la'... em sua duração estrutural", isto é, projetá-la como um componente de um sistema de equilíbrio. Observe-se que duração aqui conota a permanência em vez do movimento, que ela é uma propriedade de papéis institucionalizados e relações de papéis em vez de da vida intersubjetiva das pessoas que os desempenham (portanto, de pessoas como partes e não como atores) e que pertence ao mundo durkheimiano, estático, de coisas, oposto a um mundo bergsoniano do fluxo (GLUCKMAN, 1968: 221-223, 231). Em cada um desses contrastes, o primeiro termo está para o segundo como a persistência está para a continuidade, como a vida da sociedade para a vida social.

Voltando a Radcliffe-Brown, foi esse mesmo procedimento analítico que o levou a introduzir uma outra dicotomia, entre problemas *sincrônicos* e *diacrônicos*. Embora os termos ao que parece sejam emprestados de Saussure, Radcliffe-Brown os usa de modo bem diferente daquele de Lévi-Strauss, ou do próprio Saussure (EVANS-PRITCHARD, 1961: 17; BARNES, 1971: 542). Em uma descrição sincrônica, diz ele, tratamos uma sociedade *como se* persistisse em um estado estacionário, ignorando toda mudança que se realize em suas características. Em uma descrição diacrônica, estamos preocupados em mostrar "como as sociedades mudam seu tipo" durante um período (RADCLIFFE-BROWN, 1952: 4; 1957: 88-89). O efeito é semelhante àquele de representar uma paisagem não dividida usando um padrão acumulado de camadas contornadas. Contudo, como a expressão recorrente "como se" indica, sincronia e diacronia não devem ser tomadas, para Radcliffe-Brown, como coordenadas do mundo real, mas antes aplicadas à análise para capturar conceptualmente o fluxo da experiência em termos de componentes relativamente constantes e relativamente variáveis. Longe de apreender a modificação reunindo em sequência o que são na verdade entidades descontínuas (sociedades vivas), como Durkheim ou, com efeito, Lévi-Strauss, quereriam que fizéssemos, Radcliffe-Brown procede cortando em segmentos o que é na verdade um fluxo contínuo (a vida social de pessoas). O resultado é uma série pontuada de equilíbrios naquilo que Vaihinger (1924: xlvii) chamou de mundo irreal do "como se" (LEACH, 1964 [1954]: ix, 285; GLUCKMAN, 1968: 221).

Logo, a sincronia está para a diacronia como a persistência para a mudança: aquela para os componentes horizontais e, esta, para os componentes verticais de uma progressão gradual. Quanto menores e mais frequentes os passos, tanto mais perto estaremos da realidade. Uma vez que se reconheça que essa realidade é apenas movimento fluente, como o rio de Heráclito, só podemos concordar com Bergson em "que não há diferença essencial entre passar de um estado a outro e persistir no mesmo estado" (BERGSON, 1911: 2). Em outras palavras, quando nos aproximamos da realidade, a distinção entre sincronia e diacronia (no uso de Radcliffe-Brown) simplesmente se dissolve para produzir duração, assim como a distinção entre persistência e mudança se dissolve para produzir processo contínuo. Bergson, embora escrevendo sobre a vida social em vez de psíquica, descreve com clareza admirável o caminho no qual a imaginação analítica trabalha cortando arbitrariamente o fluxo em uma sequência mutante de estados persistentes:

> Se o estado que "permanece o mesmo" é mais variado do que pensamos, inversamente a passagem de um estado a outro se assemelha mais do que se imagina a um mesmo estado que se prolonga; a transição é contínua. Mas, precisamente porque fechamos os olhos à incessante variação de cada estado psicológico, somos obrigados, quando a mudança se tornou tão considerável que se impõe à nossa atenção, a falar como se um novo estado se houvesse justaposto ao precedente. Com relação a esse novo estado, supomos que, por sua vez, ele permanece invariável e assim por diante, indefinidamente. A aparente descontinuidade da vida psicológica decorre, portanto, do fato de que nossa atenção se fixa nela por uma série de atos descontínuos: ali há apenas um suave declive, mas, ao seguirmos a linha interrompida de nossos atos de atenção, cremos perceber passos separados (1911: 2-3).

Até o ponto que é possível resumir o nosso argumento em um diagrama, tentamos fazê-lo na fig. 4.3[49].

Uma das objeções mais comuns ao chamado paradigma estrutural-funcional na antropologia social, tal como proposto por Radcliffe-Brown, é que, nas palavras de um crítico, "nem permite nem fomenta o estudo da mudança" (SMITH, 1962: 77). Mas um lançar de olhos à fig. 4.3 revela, bem ao contrário, que a "mudança social" – como um objeto do estudo distinto daquele da vida social – é de fato *constituído* por sua oposição complementar a um conceito funcionalista de persistência como sendo a vida da sociedade, vinculado com a morte ou "desintegração" de uma ordem social e o nascimento ou "emergência" da seguinte. Combinar os termos dessa polaridade produz o que Gellner aprovativamente denomina uma teoria "neoepisódica", em vez de contínua, do progresso; uma concepção de história "como uma sucessão de planaltos, interrompidos por penhascos íngremes, quase perpendiculares". A sociologia de cada penhasco íngreme, continua ele, "deve voltar-se primordialmente para a *mudança*; mas a sociologia das sociedades do planalto interveniente pode tender a ser 'funcionalista' e voltar-se primordialmente para a maneira pela qual se mantiveram em estabilidade relativa" (GELLNER, 1964: 43; para um argumento comparável, cf. GLUCKMAN, 1968: 223-224). O problema que essa concepção apresenta é que ela não pode acomodar o processo de vida daqueles cujo destino é escalar os penhascos íngremes. Como iniciados em um rito de passagem, as pessoas que sofrem mudança social são representadas em um estado de limbo, perigosamente suspensas entre dois mundos diferentes e dois tempos diferentes, nos quais – muito frequentemente – são afixadas as etiquetas "tradicional" e "moderno", respectivamente. A fenda entre o planalto e a face do penhasco íngreme é então assinalada por uma abrupta passagem de um "presente etnográfico" que nunca precede a uma narrativa passada que nunca termina (GLUCKMAN, 1968: 224). O primeiro é um tempo, embora não o nosso próprio, no qual a vida é indefinidamente prolongada por meio da repetição de eventos; o segundo, embora unindo nosso mundo e o deles, é um tempo saturado por aqueles eventos únicos e particulares que interrompem e cortam o fluxo da vida. Em outras palavras, é o fio conector da narrativa que também mantém a disjunção percebida entre um presente vivido e outro.

Vale a pena levar adiante a analogia, sugerida agora há pouco, entre mudança social e ritos de passagem. A fig. 4.3 pode representar bem a carreira de uma particular pessoa por uma sucessão de papéis ou posições (p. ex., rapaz, jovem adulto, ancião), dentro de uma única ordem institucional, como a passagem da vida social por uma série desenvolvente dessas ordens. A distinção entre a linha contínua, curva e as linhas descontínuas, horizontais, mais uma vez corresponde à que há entre dois conceitos de pessoa: como sujeito consciente, ou agente, e como uma soma de papéis no âmbito de uma organização institucional fixa. Os ritos de passagem, como é bem sabido, servem para marcar a divisão da vida de uma pessoa em estágios ou estados distintos, em cada um dos quais ela pode assumir uma variedade diferente de papéis, e para "elevá-la" de um estágio ao seguinte (VAN GENNEP, 1960 [1909]). Em um sentido, a pessoa é naturalmente a mesma desde o início, se por condição de pessoa quisermos designar a trajetória não interrompida de experiência que é sua vida. Mas, em outro sentido, a cada rito ela deixa literalmente de ser uma dada pessoa e reaparece, depois de uma morte e renascimento simbólicos, como completamente outra. Durante o período liminar interveniente, ela fica fora tanto do tempo como do espaço "estrutural". Seria possível dizer que, tendo sido privada de todas as relações outrora constitutivas de sua pessoa, e ainda não estando inscrita em novas relações, ela não desempenha nenhum papel na vida da sociedade. Mas, nessa condição "nua", como o exprime Turner, "as pessoas podem 'ser elas mesmas'... livres para desenvolver relações interpessoais como quiserem. Elas encontram umas às outras, por assim dizer, integralmente e não de modo compartimentado como atores de papéis" (1967: 101). De fato, os neófitos que são "companheiros de viagem" no mesmo processo ritual muitas vezes formam laços profundos e duradouros. Mas essas relações não figuram entre as partes em uma estrutura instituída. São relações reais entre pessoas como sujeitos puros ou consociados, um vínculo entre vidas em um movimento experiencial compartilhado. E esse movimento intersubjetivo, sustentamos, é a própria essência do processo de vida social.

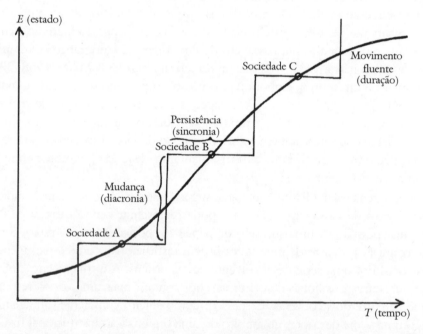

Fig. 4.3. Persistência, mudança e continuidade. A linha curva contínua representa a vida social de pessoas, e cada um dos níveis horizontais descontínuos representa a vida de uma sociedade (A, B, C) *por meio de* pessoas. As intersecções entre linhas curvas e horizontais, marcadas por pequenos círculos, correspondem a pontos de atenção.

Um foco no período liminar de ritos da passagem serve assim para destacar a oposição entre noções discrepantes e comumente confusas de pessoalidade e relações sociais. O neófito, embora possivelmente mais um paciente do que um agente, é um eu sem uma posição, uma pessoa sem uma *persona*, vivendo socialmente ainda excluído da vida da sociedade, e tendo uma duração que é antes real, contínua e progressiva do que estrutural, persistente e repetitiva. Houve uma tendência na análise antropológica, contudo, de comparar tudo o que é social com o último termo de cada um desses contrastes, disso resultando que o neófito – destituído da substância de ser social – é concebido apenas como um indivíduo orgânico, parte do substrato biológico informe e não diferenciado sobre o qual o edifício da sociedade vem a ser construído. Em consequência, o único fio que une estados sociais sucessivos é a continuidade da vida orgânica dos indivíduos em que são impressos. Esse fio é então comparado com o fluxo do tempo real, um fluxo que é artificialmente decomposto em segmentos de modo que se possa manter uma aparência de constância na ordem institucional. Por exemplo, escrevendo sobre a organização das idades entre certos povos do leste da África, Baxter e Almagor afirmam que "o processo de envelhecimento é um registro físico visível da passagem irrevogável do tempo", o que corresponde à linha curva da fig. 4.3. Os sistemas de idade, contudo, "tentam fazer do envelhecimento um processo cultural em vez de físico" (BAXTER & ALMAGOR, 1978: 24). Todos esses sistemas "procuram deter o tempo por um período, para que avance aos saltos. Os períodos entre conjuntos (ou gerações ou graus) que são marcados por ritos de transição são os períodos de liminaridade, ou momentos fora do tempo, que permitem ao tempo alcançar os eventos ou aos eventos alcançar o tempo" (1978: 7). Esse movimento aos saltos corresponde ao gráfico de passo acertado da fig. 4.3. O que desejo realçar aqui é o modo como a oposição entre continuidade e descontinuidade é dada como oposição entre *o físico* (ou biológico) e o *cultural*. Não se faz nenhuma distinção clara entre a ordem social e a cultural; assim, se diz que "os fatos biológicos de nascimento e morte devem ficar fora de alinhamento com a ordem social à qual devem conformar-se". Mas, umas poucas linhas adiante, essa discrepância entre realidade biológica e ordem social são representadas como uma "lacuna entre a ordem cognitiva e a realidade social" (1978: 5-6).

Este erro é extremamente revelador. Porque é perfeitamente verdadeiro que envelhecer não é simplesmente um processo biológico e que experienciamos o fluxo irreversível do tempo real porque ele é intrínseco à nossa vida, não só como indivíduos orgânicos, mas também como pessoas sociais. Também é verdade que a oposição entre persistência no tempo estrutural e transição fora do tempo, que os sistemas de idade ao que parece estabelecem, se baseia na tentativa de acomodar uma realidade móvel em um arcabouço fixo de categorias cognitivas. Poderíamos concluir razoavelmente que o problema que os sistemas de idade se destinam a resolver é alinhar o social ao cultural, ou reconciliar o mundo vivido com o mundo concebido. A concepção convencional, contudo, consiste em que os sistemas de idade – com seus ritos de passagem associados – servem para imprimir uma descontinuidade *social* à continuidade *biológica* do envelhecer, como se o processo de maturação – "a continuação insensível, infinitamente graduada, da mudança de forma" (BERGSON, 1911: 20) – pertencesse ao corpo, mas não à mente. É surpreendente com que frequência, não só na linguagem especializada da antropologia, mas também em nosso próprio discurso cotidiano, a duração ou passagem do tempo intrínseca à vida e à consciência é representada em termos exclusivamente físicos. Por exemplo, referimo-nos ao passado experienciado de uma pessoa como sua *bio*grafia [sic], embora pretendamos transmitir uma história de relações sociais nas quais a pessoa figura como sujeito consciente e não como objeto físico. Estritamente falando, devemos adotar um termo como "sociografia" para uma trajetória dessa espécie, com a qualificação de que se pretende que conote, não a vida da sociedade (análoga à trajetória literalmente biográfica do organismo individual), mas a vida intersubjetiva da pessoa em sua condição de agente social. Essa sociografia, como já observamos, não começa com o nascimento físico de seu sujeito, nem termina com sua morte, já que sua vida é baseada naquela de seus predecessores, à qual prolonga do mesmo modo como é prolongada na vida de seus sucessores.

Nossa propensão a "biologizar" a história da vida humana pode dever-se em parte a uma tendência bastante fundamental do pensamento ocidental de localizar a força motriz do comportamento social na natureza inerente de indivíduos autônomos. Contra esse tipo de reducionismo, os antropólogos chamaram repetidas vezes a atenção para a disjunção entre fatos sociais e biológicos, sendo um exemplo disso a observação frequente de que indivíduos em estágios bem diferentes de maturação podem ser tratados como sendo da mesma época "social", esperando-se que se comportem correspondentemente. A base desses contra-argumentos é a concepção de Durkheim da dualidade do ser humano, no qual "há dois seres [...] um ser individual cujo fundamento é o organismo [...] e um ser social que representa [...] a sociedade" (1976 [1915]: 16; tb. 1960 [1914]: 337). Toda explicação de fenômenos sociais em termos de propriedades biológicas ou psicológicas dos indivíduos foi convenientemente declarada falsa (1982 [1895]: 129). Ainda assim, de acordo com o paradigma durkheimiano, uma descrição sociográfica da vida da pessoa permanece completamente inconcebível. Adotar o ser humano particular como sujeito deveria ser necessariamente dar uma explicação em termos biológicos, uma vez que, como ser social, ele não é em absoluto um sujeito vivo. Para Durkheim, *a própria sociedade é* o "sujeito particular", com "sua própria fisiognomonia pessoal e idiossincrasias", que vive *mediante* as pessoas que o representam (1976 [1915]: 444). Em resumo, a imputação de agentividade à sociedade e a redução consequente das pessoas a partes suas, nos deixam com uma concepção tão biológica da continuidade da vida humana quanto aquela dos materialistas filosóficos a que Durkheim tão veementemente se opôs.

Como vimos, Radcliffe-Brown herdou esse problema do legado de Durkheim. Se supomos que uma descrição exaustiva do "ser humano que vive em sociedade" pode ser obtida sobrepondo as partes constitutivas de sua *persona* social à sua individualidade concebida como um processo da vida orgânica, não há possibilidade de compreender sua carreira salvo como um registro cronológico de posições mantidas. Socialmente, o ser do homem estaria contido em uma sucessão incoerente de presentes, e só como um organismo biológico iria o movimento de sua vida ser manifesto como uma projeção do passado no futuro. Isto é equivalente a uma negação da intersubjetividade, de nosso envolvimento mútuo e criativo no curso do desdobramento da vida uns dos outros. Privados das coerções habituais da posição social, como durante um rito de passagem, só podemos encarar uns aos outros como indivíduos discretos, orgânicos, sincrônicos, mas não contemporâneos, unidos não por uma comunidade de tempo interior, mas só pela nossa exclusão comum do "tempo" da sociedade. Durkheim, na conclusão de *The elementary forms of the religious life* [As formas elementares da vida religiosa], oferece quanto a isso um comentário revelador que parece destinar-se diretamente a Bergson. "A duração concreta cuja passagem sinto em meu íntimo", diz ele, "só exprime o ritmo de minha vida individual"; trata-se de uma experiência privada e não é suficiente para constituir "a ideia do tempo em geral". Este último "deve corresponder ao ritmo de uma vida que não é aquela de nenhum indivíduo particular, mas do qual todos participam" (1976 [1915]: 441). Durkheim se refere, naturalmente, à vida da sociedade, e por seus "ritmos" ele antecipa claramente a noção de duração estrutural que Gluckman iria formular meio século depois.

Além disso, o tempo que é fundado na vida coletiva não é um movimento real, não uma comemoração do passado no presente, mas "um arcabouço abstrato e impessoal [...] como um quadro infinito no qual toda a duração se espalha diante da mente, e sobre o qual todos os eventos possíveis podem ser localizados em relação a linhas-guia fixas e particulares. E essas linhas-guia, que nos fornecem as divisões conhecidas do calendário em dias, semanas, meses e anos, correspondem à repetição periódica de ritos, festas, e cerimônias públicas" (DURKHEIM, 1976 [1915]: 10). A importância do argumento é que a oposição entre a duração concreta, bergsoniana, e o tempo abstrato, cronológico, é congruente com aquela entre o indivíduo e os componentes sociais do ser do homem. Isso implica que, para a pessoa social, a duração pode ser apenas um momento idêntico sucedendo outro. Lembrando as palavras de Bergson, "não haveria senão presente – nenhum prolongamento do passado no momento atual" (1911: 4). Nosso argumento é, ao contrário, que essa espécie de "prolongamento" caracteriza não só a vida orgânica dos indivíduos, mas também a vida social das pessoas, entendidas como um processo intersubjetivo. Resulta disso que o tempo real está para o eu consciente como o tempo abstrato está para a *persona* na qual está contido. A mesma operação intelectual que nos leva de uma duração experienciada que flui a um vazio abstrato e divisível a ser preenchido por eventos ("o diagrama infinito de Durkheim") também nos leva da pessoa como o lócus da consciência a uma divisão de papéis no âmbito de uma ordem perpétua, a ser preenchida por indivíduos objetificados.

Esse tema da relação entre pessoalidade e temporalidade é central em um influente artigo de Geertz, ostensivamente sobre a interpretação de certos aspectos da cultura balinesa. Sua tese básica consiste em que os balineses vinculam um "conceito despessoalizador de pessoalidade" com um "conceito destemporalizador de tempo" (GEERTZ, 1975: 391). Para dar sentido a uma afirmação tão paradoxal, temos de reconhecer que Geertz invoca alternadamente os dois sentidos contraditórios de pessoa e tempo sobre os quais acabamos de entrar em detalhes. Uma "pessoa despessoalizada" é uma posição sem um sujeito[50]; "tempo destemporalizado" se refere a um onipresente abstrato de que se extrai a duração intrínseca ao fluxo da consciência. Na verdade, as pessoas balinesas, como todos nós, são apreendidas como sujeitos em um movimento pelo qual o passado é eternamente projetado no futuro: "Naturalmente, as pessoas em Bali *são* direta, e às vezes profundamente, envolvidas na vida de alguma outra, elas *realmente* sentem seu mundo como sendo formado pelas ações daqueles que vieram antes e orientam suas ações para moldar o mundo daqueles que virão depois delas" (1975: 390). Mas, no pensamento balinês, a experiência da pessoalidade como uma trajetória sociográfica única, e da vida social como uma "corrente irreversível de eventos históricos", é ao que parece minimizada em favor de uma ênfase na "posição social" ou a noção da pessoa como conotando uma "posição particular em uma ordem persistente, e na verdade eterna, metafísica" (GEERTZ, 1975: 390).

Se esse for de fato o modo como os balineses pensam, há uma estranha semelhança com o pensamento de um Durkheim ou um Radcliffe-Brown. Há a mesma negação da intersubjetividade, a mesma identificação das pessoas com seus papéis. E os paralelos não terminam aí. Encontramos o mesmo contraste entre o ser individual que sofre um processo gradual de maturação física, e o ser social como um componente de uma ordem persistente, instituída. Uma das maneiras mais importantes pelas quais os seres humanos tomam consciência da passagem do tempo, explica Geertz, é por meio de seu reconhecimento "do processo de envelhecimento *biológico*, o surgimento, a maturação, a decadência e o desaparecimento de *indivíduos concretos*" (1975: 389; grifos meus). Mas embora "fisicamente os homens surjam e desapareçam como as efemeridades que são [...] socialmente as *dramatis personae* permanecem eternamente as mesmas"

(1975: 371-372). Porém o mais notável é a semelhança entre os tratamentos durkheimiano e balinês do tempo. O calendário balinês, estabelecendo uma cronologia complexa e infinitamente repetitiva, desenha um tempo que nem avança nem retrocede, cada divisão do qual é um segmento da eternidade. A aplicação do calendário, alega Geertz, "embota o sentido de dias que se dissolvem e anos que evaporam" associados com a história das pessoas, "ao pulverizar o fluxo do tempo em partículas desconectadas, sem dimensão, imóveis". Aquilo que Geertz afirma sobre os balineses, Durkheim afirma sobre a humanidade: "Não podemos conceber o tempo exceto com a condição de distinguir seus diferentes momentos" (1976 [1915]: 10). E tanto para Durkheim como para os balineses, a razão é a mesma: uma incapacidade (ou ausência de inclinação) de compreender a personalidade exceto como uma posição em um presente absoluto. Como Bloch observou, a conjunção da pessoalidade despessoalizada com tempo destemporalizado, alegadamente sintomática das concepções balinesas, resume com perfeição a teoria clássica da estrutura social que nos chegou de Durkheim via Radcliffe-Brown (BLOCH, 1977: 286).

Assim, armada com uma lógica peculiarmente balinesa, a antropologia tem concordado em geral com o reconhecimento de duas espécies de tempo: um linear e progressivo, associado com o que é mundano, pragmático e natural; e outro cíclico e repetitivo, associado com o que é ritualizado, expressivo e cultural (BLOCH, 1977: 282). Eles correspondem, naturalmente, aos "dois seres" no homem de Durkheim, o individual e o social. Uma afirmação célebre da dicotomia está em um par de ensaios de Leach sobre "a representação simbólica do tempo" (1961: 124-136). A nossa noção do tempo, discute Leach, abarca "dois tipos diferentes de experiência que são logicamente distintos e mesmo contraditórios". O primeiro é a experiência da repetição: "Sempre que pensamos em medir o tempo, preocupamo-nos com alguma espécie de metrônomo; pode ser o tic-tac do relógio, o ritmo da pulsação ou a repetição de dias, fases da lua ou estações anuais, mas sempre há algo que se repete". O segundo é a experiência da linearidade ou não repetição: "Sabemos que todas as coisas vivas nascem, envelhecem e morrem, e que isso é um processo irreversível" (LEACH, 1961: 125). Podemos reconhecer imediatamente aí a distinção entre os tempos newtoniano e bergsoniano, ou, em termos de Wiener, entre o tempo de sistemas mecânicos e de sistemas estatísticos, respectivamente. A contradição entre eles simplesmente pode ser afirmada como se segue: se o tempo for considerado intrínseco ao processo de vida, os momentos gerados por uma máquina newtoniana seriam apenas segmentos de uma eternidade intemporal; se, por outro lado, o tempo for considerado uma cadeia eterna, o processo da vida irá se dissolver em uma multiplicidade de eventos suspensos *no* tempo.

Uma coisa é reconhecer que o tempo pode assumir esses sentidos alternativos, mas é completamente outra alegar, como Leach, que correspondem a tipos diferentes de experiência. Consideremos, por exemplo, a "experiência da repetição". Isso requer claramente tanto alguém que experiencia como *algo* que se repete. Vamos seguir William James, supondo que, no fluxo de consciência, "nenhum estado já ocorrido pode se repetir e ser idêntico ao que foi antes" (1890, 1: 230). Tudo o que se repete deve, portanto, estar fora da consciência do sujeito que experiencia; um sistema mecânico, que não tem consciência, não pode experienciar sua própria repetição. Inversamente, uma consciência cuja duração é cumulativa e irreversível nunca pode repetir-se. Como sujeito consciente, só percebo a repetição no mundo objetivo de coisas porque me sinto "além" do momento em que as coisas estiveram por último na mesma posição. Em termos de minha própria experiência, o tempo que passou, como Bergson escreveu, "coincide com a minha impaciência [...] com certa porção de minha própria duração" (1911: 10). Segue-se disso que a repetição é percebida por meio da sobreposição de uma cronologia mecânica, que estabelece um sistema de intervalos fixos, à duração da consciência. Isto é, a experiência à qual Leach se refere equivale não a uma espécie de tempo em vez de outra, mas ao confronto entre os dois tempos – entre o tempo intrínseco à vida do sujeito e o tempo dado pelo universo mecânico que ele habita ou construiu para si. Além disso, é precisamente esse confronto que está implícito quando falamos da *consciência do tempo* humana. Uma espécie de tempo é inerente à consciência que compreende, e, a outra, ao que é compreendido. Aquela, tomada sozinha, nos daria a consciência, mas não uma consciência reflexiva *de*; esta última, sozinha, nos daria um tempo sem consciência – a eternidade ou "todo quando", para usar o termo evocativo pelo qual Stanner caracteriza o tempo onírico mítico dos aborígines australianos (STANNER, 1965: 159).

Chegamos à mesma conclusão se refletirmos sobre o que se designa por "tempo cíclico", uma noção recorrente na antropologia do reconhecimento do tempo. Diz-se muitas vezes que este se manifesta nos sistemas de parentesco em que há uma alternância de termos aplicados a gerações sucessivas ao longo de uma linhagem única de descendência. Por exemplo, Lévi-Strauss cita a terminologia dos hopi, entre os quais pessoas na linhagem materna de um homem podem ser alternadamente chamadas de "irmão" e "sobrinho". Isso, alega ele, comprova "um tempo ondulante, cíclico, reversível" (1968: 74, 301-302). Mas, como Barnes observou com precisão, a oposição entre reversível e irreversível não é idêntica à que há entre cíclico e não cíclico. Os ciclos "sempre correm na mesma direção, na mesma sequência temporal de gerações, e não podem ser invertidos" (BARNES, 1971: 541). Seguramente, o que dá a esses ciclos sua direção é o fluxo da vida ao longo das gerações. Na verdade, as crianças não procriam seus pais; é por essa razão que podemos falar de linhagens de descendência com a conotação de um movimento orientado. Para chegar à real reversibilidade, teríamos de abstrair para bem além esse movimento mediante o qual cada geração nasce da precedente e a substitui, deixando apenas linhas geométricas puras do tipo que desenhamos em árvores genealógicas, linhas que podem ser lidas em qualquer direção. Mas então isso não só exterminaria o componente cíclico, como equivaleria à remoção das próprias pessoas.

Por isso, seria sobremodo errôneo distinguir o "cíclico" como um modo especial de consciência do tempo humano, oposto ao nosso próprio modo, alegadamente "linear". Não há dois modos de articular a passagem do tempo, mas somente um: impor um esquema de intervalos metronômicos (descrito por um sistema mecânico reversível como um pêndulo ou a Terra girando, ou então por um "modelo mecânico" comparável de parentesco e organização social) no movimento irreversível de vida e consciência. Permitam-me voltar a Leach. "Falamos de medir o tempo como se o tempo fosse uma coisa concreta que espera ser medido; mas na verdade *criamos o tempo* ao criar intervalos na vida social. Até que tenhamos feito isso, não há tempo a ser medido" (LEACH, 1961: 135). Se isso fosse literalmente verdade, estaríamos em um dilema peculiar: Como podemos medir intervalos de medição? Criamos analogamente o comprimento dividindo uma fita métrica em metros e centímetros, ou criamos o calor calibrando um termômetro? Naturalmente não. A duração, assim como a extensão espacial e o calor dos corpos físicos, é uma propriedade imanente do mundo real que espera ser medida – mais do que isso, é uma propriedade constitutiva de nós, medidores. Assim, o que é esse tempo que criamos, em oposição ao que nos cria? Não é nada mais do que uma *ideia*, que está para a realidade de nossa duração do mesmo modo que a temperatura está para o calor. Porque a noção de temperatura, assim como a ideia de tempo, é um produto do intelecto e conota um sistema de divisões em uma escala abstrata. O que ela nos dá, então, não é o calor, mas um conjunto de categorias para falar sobre ele. Do mesmo modo, criando intervalos na vida social, estabelecemos o tempo como um objeto de discurso.

A consciência do tempo é, geralmente, e com boa razão, pensada como unicamente humana. Ela foi, como vimos no capítulo 2, central para a concepção de Darwin dos seres humanos como seres morais. Durkheim também indicou que os animais não têm *representação* do tempo (1976 [1915]: 11, n. 1). Mas se seguimos Bergson, onde quer que algo viva, o tempo real flui, um fluxo identificado com a evolução da consciência. O tempo, por isso, deve ser distinguido da *consciência* do tempo assim como a consciência deve ser distinguida da autoconsciência: aquele é intrínseco à vida, e, este último, distintivo de vida *humana* (HARRÉ, 1979: 291). Para refletir sobre si mesma, e sobre a passagem do tempo intrínseca a seu ser, a pessoa deve ser capaz de "recortar" estados passados da corrente de sua consciência e "segurá-los" para representação como objetos da atenção no aqui e agora. E esta excisão e retenção são efetuadas precisamente por meio da imposição de um sistema de categorias cronológicas ao fluxo da vida. A ideia de Durkheim é que estas categorias nos são instiladas em virtude de nossa participação ativa na vida daquela entidade coletiva que chamou de "sociedade". Por isso ele julgou tão importante distinguir entre o tempo como uma categoria socialmente definida, e a duração concreta "tal como a consciência individual pode sentir" (1976 [1915]: 441, n. 1). Aceita a necessidade de separação entre a consciência e as categorias cognitivas pelas quais recebe expressão externa, consideramos que aquela não é uma propriedade de indivíduos isolados, sendo antes constituída por relações *sociais*, enquanto estas últimas são os componentes de um projeto realizado por *indivíduos* em sua condição de portadores da cultura. Portanto, chegamos à conclusão fundamental de que *a consciência do tempo está no mapeamento de uma rotina repetitiva, culturalmente codificada, na continuidade linear da vida social das pessoas*. Ou, de modo ainda mais geral, é uma função do confronto dialético entre sujeitos e objetos, pessoas e coisas, o que vive e o que existe.

Consideremos ainda mais a vida da pessoa. Vamos supor que é um caçador, emaranhado em uma meada de relações intersubjetivas com outros caçadores que se associam em conjunto no que é comumente conhecido como "grupo". Ao passar pela vida, ela executa um grande número de ações todos os dias – por exemplo, matar um animal, fazer um instrumento, construir uma residência – cada uma das quais tem um ponto de partida e um ponto de chegada definidos. O que percorre ou informa essas ações são o propósito ou intencionalidade de seu sujeito. O conteúdo intencional da ação deriva, por sua vez, do contexto de relações sociais nas quais o caçador é localizado como um agente de produção. Se esse componente social for conceptualmente retirado, não teremos nada mais do que os movimentos físicos que correspondem a cada ação, ao lado de suas impressões ambientais duradouras. Assim, caçar, como atividade conscientemente motivada, é reduzida à predação – a matança e o consumo de presas. Isso, naturalmente, é equivalente à redução de Saussure da fala à execução, à mera emissão de palavras. A fig. 4.4 mostra, de modo altamente esquemático, o que acontece quando as ações são separadas da intencionalidade daqueles que as executam e de suas impressões ambientais postas uma sobre as outras em uma série cumulativa. Cada uma das pequenas linhas verticais representa uma "unidade" de comportamento, que é uma sequência dirigida de movimentos físicos que conduzem da iniciação de um ato à sua realização. A ampla faixa horizontal na fig. 4.4, A, representa a intencionalidade do sujeito que "passa por" essas ações, cada uma das quais constitui uma fase instrumental na realização de um propósito contínuo. Diferentemente das linhas verticais, essa faixa é contínua, tal como o é a vida do sujeito. Quando isso é subtraído, como na fig. 4.4, B, a ação se fragmenta em unidades extremamente numerosas, desconexas, sobre as quais, podemos supor, apenas algumas deixam alguma impressão ambiental duradoura. Na fig. 4.4, C, podemos ver como essas impressões são recombinadas na sequência por meio do processo lento de inscrição natural, produzindo, por exemplo, o registro de um sítio pré-histórico. A faixa horizontal representa aqui o ambiente, e cada "impacto" nela representa uma impressão (as unidades entre parênteses não produzem nenhuma impressão).

Em termos puramente cronológicos, a fig. 4.4, C, combina uma perspectiva de tempo bem curto com uma de tempo bem longo. Um ato individual pode ocupar segundos, minutos ou horas; a formação de um registro das impressões deixadas por esses atos ocupa milênios. Isso representa uma diferença na ordem de magnitude de aproximadamente 10^7. Parece que quanto mais longos os blocos de tempo com os quais os pré-historiadores lidam, tanto mais sua atenção se concentra nas minúcias do comportamento, mais ou menos como os exploradores do cosmos se concentram no comportamento de partículas subatômicas. A perspectiva temporal do antropólogo, trabalhando "prospectivamente" a partir de um conhecimento de intenções de pessoas, em vez de "retrospectivamente", a partir de um registro ambiental, é bem mais próxima da experiência humana cotidiana. Se a intenção presente de uma pessoa está na ponta de uma seta (fig. 4.4, A) cujo movimento corresponde à duração de sua consciência, também é verdade que a seta tem um comprimento característico que é relativamente independente da distância total coberta – medida cronologicamente. Esse comprimento, critério do tempo "antropológico", é uma função do sistema total de relações que constitui a pessoa como agente social, julgado, por exemplo, pela profundidade genealógica de uma linhagem ou clã mais importante (EVANS-PRITCHARD, 1940: 106-107). Sua constância aproximada se apoia na premissa de que, assim como a consciência lança estados atuais no passado, assim também os estados passados vão saindo da consciência. Na fig. 4.4, A e C, a "faixa da intenção" é tão contínua quanto a "faixa do ambiente"; os processos da vida social e o devir ambiental continuam simultaneamente. Aquela, contudo, curva *certo intervalo* do passado para ficar diante do futuro em um avanço ativo, enquanto esta última é a sedimentação passiva de um passado que – voltando as costas ao futuro – retrocede indefinidamente. Essa, naturalmente, é a diferença entre um passado morto e um passado vivo: assim como concebemos a vida subjetiva, na frase de Whitehead, como um "avanço criativo para a novidade", assim também o ambiente implica um acúmulo de tudo que veio de sujeitos vivos ou que está situado fora deles. Nele é inscrita uma história de objetos inanimados, coisas.

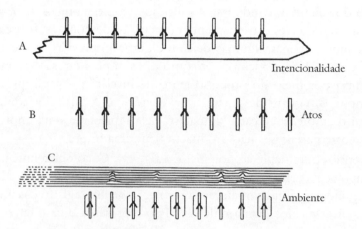

Fig. 4.4. Uma representação esquemática das relações entre atos, intencionalidade e formação ambiental. Reproduzida de Ingold (1984: 10).

À tríplice distinção entre atos, intenções e ambientes correspondem, assim, três conceitos de escala ou "plano" de tempo. Os atos são consumados no microtempo, as intenções que integram e dirigem esses atos duram no mesotempo e os ambientes que trazem suas marcas se acumulam no macrotempo. Essa tricotomia é praticamente equivalente à divisão (1972: 20-21) de Braudel do tempo histórico em tempo *individual* ("a história dos eventos"), tempo *social* ("a história de grupos e agrupamentos") e tempo *geográfico* ("a perspectiva da longa duração" evidente na relação do homem com seu ambiente). Se o plano intermediário fosse omitido, ficaríamos com uma concepção pseudodarwiniana de mudança da cultura: o acúmulo gradual, ao longo de inúmeras gerações, de ínfimas diferenças individuais em um ambiente que se modifica lentamente. A consciência e a vida social não teriam lugar nessa concepção; de fato, alguns pré--historiadores (a escola paleoeconômica especialmente) recorreram à longa duração como base para relegar fenômenos sociais à categoria de "ruído" efêmero em um processo evolutivo concebido inteiramente em termos darwinistas (HIGGS & JARMAN, 1975: 4-5; cf. INGOLD, 1980a: 92; BAILEY, 1981: 98-100). Outros escreveram sobre a evolução da consciência como se a vida do primeiro homem fosse conduzida em um pesado movimento lento, passando então a se acelerar em uma escala logarítmica, de modo que aquilo que dura hoje um dia tivesse durado para nossos antepassados mais antigos um milênio ou mais.

Esse tipo de distorção temporal foi justamente criticado por Lévi-Strauss:

> É não só falacioso, mas contraditório, conceber o processo histórico como um desenvolvimento contínuo, que começa com a pré-história, codificada em dezenas ou centenas de milênios, e depois adotar a escala de milênios quando chega ao quarto ou terceiro milênio, e continuando

como história durante muitos séculos, intercalando, ao bel-prazer de cada autor, fatias de história anual no século, história dia a dia no ano ou mesmo história de hora em hora no dia. Essas datas todas não formam uma série: elas são de espécies diferentes (1966a: 260).

Para Lévi-Strauss, a história pode ser cronologicamente codificada segundo várias cronologias ou comprimentos de onda diferentes, todos correndo simultaneamente e sem começo ou fim; e a cada um deles devemos nos "sintonizar" separadamente. Eventos discerníveis em um canal, ou em uma frequência, desaparecerão em outro, ou porque se expandem e ocupam todo o campo de visão ou porque são reduzidos à insignificância. O mesmo se aplica à codificação do espaço. Algo que se destaca como uma entidade distinta sob o microscópio, com um baixo grau de ampliação, pode ser praticamente invisível a olho nu, enquanto em um grau mais alto de ampliação aparece como um pano de fundo maldefinido no qual se inscreve uma classe de coisas de outra ordem de magnitude. Em cada nível, um mundo diferente é revelado ao olho do observador, mas se trata de um mundo coextensivo a todos os outros, teoricamente abarcando a infinitude do espaço.

Escalas de tempo diferentes não apenas trazem à atenção tipos diferentes de evento como também podem requerer que adotemos princípios diferentes de causalidade. Isto é, temos de introduzir em nossos construtos explicativos certo "perspectivismo do tempo" (BAILEY, 1981: 103; tb. 1983). Pelo que sei, isso foi dito pela primeira vez por Haldane em um importante artigo intitulado "Tempo em biologia" (HALDANE, 1956a). Ele distingue entre cinco níveis nos quais os processos biológicos podem ser examinados, cada um equivalente a uma faixa específica de intervalos de tempo. São eles: o molecular (10^{-5}/segundo), o fisiológico (10^{-2} segundos/hora), o desenvolvente (até uma vida), o histórico (cobrindo muitas gerações, mas não bastante para haver modificação significativa por meio de variação sob seleção natural), e o evolutivo (a partir de aproximadamente 10 mil anos). Nessa lista, o maior intervalo é mais de 10^{22} vezes o menor, uma diferença colossal de ordem de magnitude. Haldane sugere que cronologias distintas correspondem a níveis diferentes de organização, de modo que, na redução de processos de um nível aos que ocorrem um nível abaixo (p. ex., o desenvolvente ao fisiológico, ou o fisiológico ao molecular), dissolvemos cada processo em um número bem grande de passos menores e muito mais rápidos. Quanto menor o nível de organização, e mais curta a cronologia, tanto mais nos inclinamos a um materialismo perfeitamente mecanicista, de que a biologia molecular é o exemplo. Inversamente, à medida que avançamos para níveis mais altos de organização e cronologia mais longa, estamos muito mais inclinados a buscar explicações teleológicas para aquilo que observamos (1956a: 386-388, 398-400).

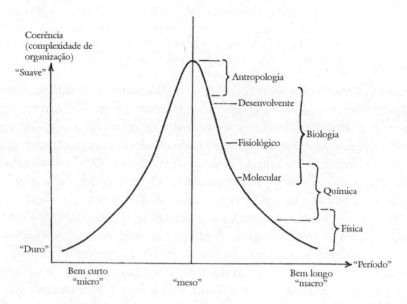

Fig. 4.5. A bifurcação de escalas temporais na progressiva redução do organicismo "suave" ao mecanicismo "duro".

Há uma estranha falha no argumento de Haldane. Como darwinista leal, ele deveria saber que o mais alto nível da organização em sua lista de cinco é de fato o intermediário – o desenvolvente ou ontogenético. É aqui que fica mais evidente a teleonomia dos processos biológicos. Executar um programa reducionista é na verdade ir do termo intermediário (o tempo de uma vida) simultaneamente em duas direções contrárias: em direção ao tempo bem curto da biologia molecular e em direção da longa duração da "descendência com modificação" evolutiva. Ambas as direções se associam a um materialismo atomizador e ao banimento de causas finais[51]. E é da biologia molecular que vieram muitas das descobertas que deixaram lacunas cruciais em nossa compreensão de como a variação sob a seleção natural de fato opera, sendo o exemplo mais óbvio e notável a decifração do ADN. Ampliar a redução, retirando o nível molecular de organização, nos deixaria, completamente fora da biologia, na física das partículas. Esta, a ciência "mais dura", também nos apresentou às cronologias mais curta e mais longa já concebidas. Alternativamente, despedindo-nos da biologia na direção contrária, a totalizadora, podemos chegar ao mais alto nível de organização dentre todos, a saber, a consciência. Aqui, no domínio da antropologia histórica, o curto e o longo prazos convergem no mesotempo da fig. 4.4, o tempo da vida social que corresponde à nossa própria existência como sujeitos, onde predomina a teleologia.

Há dois caminhos para sair da história, afirma Lévi-Strauss, descendo ao fundo ou subindo ao topo. Um nos leva "da consideração de grupos àquela de indivíduos" e dali a "um domínio infra-histórico nos campos da psicologia e da fisiologia" em última análise redutível ao comportamento de átomos e moléculas. O outro consiste em "devolver a história à pré-história e, esta, à evolução geral de seres organizados, que só é explicável em termos da biologia, da geologia e, finalmente, da cosmologia" (LÉVI-STRAUSS, 1966a: 262). Nosso argumento é que esses não são caminhos alternativos. São o produto de um mesmo movimento de objetificação, uma fragmentação analítica progressiva do mundo fenomênico, que nos leva de uma antropologia concebida como estudo das expressões da consciência, passando por vários níveis da biologia (do desenvolvente ao molecular), à química e à física. Em cada estágio da redução, o curto prazo de eventos elementares e interações fica ainda mais curto, e o longo prazo que ocupam ainda mais longo; a abordagem em direção ao zero naquele também é uma abordagem em direção ao infinito neste. Na fig. 4.5, mostramos esquematicamente essa bifurcação do tempo. Em algum ponto, à medida que descemos a escala vertical, os limites da finalidade são rompidos e a teleologia dá lugar ao puro mecanismo. Aqui, ao mesmo tempo no prazo bem curto das interações neurais e na longa duração da evolução, no mundo de microssegundos e milênios, descobrimos os fins do propósito. Porém, por mais longe que possamos, no pensamento, levar a existência a seus extremos temporais, para o pensador mortal não pode haver fuga da história. Se fosse o agregado de elementos, suspensos em um universo ilimitado, ao qual reduziríamos todos os outros, ele não poderia ter os pensamentos que tem. Porque, ao fazê-lo, mobiliza os mais altos níveis da consciência em um movimento dotado de propósito, um movimento criativo. Mesmo enquanto contempla o último e o eterno, sua vida subjetiva passa, e a história vai sendo feita. Na verdade, é basicamente na tentativa de pensar a si mesmos fora da história e para escapar às implicações da passagem do tempo, que os seres humanos criaram uma história do pensamento. E é para a importância da criatividade que devemos nos voltar agora.

5
Acaso, necessidade e criatividade

> Há dois lados no maquinário implicado no desenvolvimento da natureza. De um lado, há um ambiente dado com organismos que se adaptam a ele [por meio da seleção natural]... O outro lado do maquinário evolutivo, o lado negligenciado, é expresso pela palavra *criatividade* (WHITEHEAD, 1938).

> A evolução cria sistemas vivos para ocupar os nichos ecológicos disponíveis [...]. Não é no nível da mutação, mas antes naquele da seleção natural e de outros processos genéticos que se realizam em populações vivas, que a criatividade da evolução se manifesta (DOBZHANSKY, 1974a).

Eis aqui dois dos principais expoentes do princípio da criatividade na evolução, cujas posições, contudo, dificilmente poderiam ser mais diferentes. Dobzhansky, um dos grandes arquitetos da síntese evolutiva da biologia neodarwiniana, vê o princípio agindo na adaptação de formas orgânicas a ambientes diversos sob as pressões da seleção natural. Whitehead, mais influenciado por Bergson do que por Darwin, localiza a criatividade no próprio movimento de devir que a biologia darwinista, com seu materialismo atomizador, *omite*. Seu termo para esse movimento é "concrescência" [sic], uma espécie de devir ou avanço cumulativo da organização na qual a natureza sempre se sobrepuja. Dobzhansky, por sua vez, rejeita explicitamente a concepção bergsoniana da evolução criadora, embora, em aparente acordo com Whitehead, considere a essência da criatividade como sendo a produção padronizada de novidade (WHITEHEAD, 1929: 28; DOBZHANSKY, 1974a: 329). Fica claro, a partir desse contraste inicial, que deve haver pelo menos dois modos de entender a geração do absolutamente novo e, além disso, que estas correspondem aos sentidos opostos de evolução, história e tempo que detalhamos em capítulos anteriores. E nosso argumento nos levaria a esperar que eles estejam ligados, do mesmo modo, ao que denominamos, respectivamente, adaptação cultural de populações e vida social de pessoas. Até agora, reservamos a noção de criatividade a esta última, tratando aquela como algo que "simplesmente acontece" graças a uma mistura de puro acaso e necessidade mecânica. Por isso, devemos começar examinando bem criticamente o raciocínio que faz com que Dobzhansky e outros atribuam algo mais do que acaso e necessidade à história das espécies orgânicas, e depois considerar se isso se aplica analogamente à história das culturas humanas. Isso nos permitirá indicar mais exatamente a especial importância da criatividade que, é nossa crença, caracteriza o processo da vida social.

Vale recordar, em primeiro lugar, os passos principais do argumento pelo qual a teoria darwiniana, amplificada à luz da moderna genética das populações, alega refutar a teleologia na evolução orgânica. O argumento começa pelo reconhecimento da variabilidade em populações de indivíduos genealogicamente relacionados, cada um dos quais é montado segundo um modelo composto de uma combinação irrepetível de unidades discretas de hereditariedade (genes). A fonte última de variação está nos erros de transcrição reprodutiva do material hereditário, conhecidos como mutações genéticas. Independentemente do que possam ser as causas de mutações específicas (se não forem puramente espontâneas), acredita-se que não tenham nenhuma relação com as necessidades e o funcionamento atuais dos organismos nos quais ocorrem, nem com a natureza dos seus ambientes. Apenas nesse sentido cada uma delas pode ser considerada um evento casual, um acidente. É provável que a grande maioria seja neutra ou deletéria em seus efeitos. Contudo, comparadas com o número de transcrições fiéis do material genético, as mutações são de fato muito raras. Isso significa que uma característica marcante da cópia genética é sua exatidão; mas, por esse mesmo motivo, os erros que realmente ocorrem serão automaticamente replicados com a mesma fidelidade. Tendo em mente o grande número de genes que constituem o modelo mesmo de um organismo relativamente simples, bem como o número de gerações celulares na vida de um só indivíduo, há amplas oportunidades de ocorrerem mutações, e, portanto, de se acumularem ao longo das gerações. Em populações que se reproduzem sexualmente, a produção da variação é enormemente acentuada pela recombinação casual de genes parentais em cada geração da progênie. Embora a representação de variantes genéticas em gerações futuras dependa da reprodução dos organismos cuja montagem dirigem, em um ambiente finito há limites no tamanho numérico da população que pode ser mantida. Por isso, os genes que, isolados, ou, mais comumente, em combinação, conferem uma vantagem reprodutiva aos indivíduos que os trazem, terão sua representação na população proporcionalmente aumentada, enquanto aqueles cuja reprodução tem consequências relativamente deletérias serão gradualmente eliminados. Por meio desse mecanismo de seleção natural, operando retroativamente em populações de indivíduos irrepetíveis, e não por meio da implementação de um projeto transcendental, os desafios apresentados à vida por um ambiente em constante modificação foram – e continuam a ser – enfrentados por adaptações tão diversas quanto engenhosas.

Desse resumo sumário fica bastante claro que o elemento do acaso desempenha um papel central no relato darwinista da adaptação evolutiva, parodiada por um dos seus últimos detratores principais como uma teoria "que explicou como, lançando pedras, podemos construir casas de um estilo típico" (DREISCH, 1914: 137). Ninguém se sentiu mais incomodado com isso do que o próprio Darwin: pouco depois da publicação de *A origem das espécies*, ele confessou em uma carta a Asa Gray sua incapacidade de "pensar que o mundo tal como o vemos é resultado do acaso; e, no entanto, não posso olhar para cada coisa separada como o resultado do projeto [...]. Estou, e permanecerei sempre, em uma confusão desesperadora" (DARWIN, 1888: 378). Não estamos hoje em menor confusão. As profundas divisões que continuam a assolar a filosofia da biologia sobre a questão de "acaso e necessidade" foram especialmente destacadas pela publicação recente de um pequeno livro sobre o assunto pelo eminente bioquímico Jacques Monod, e pela controvérsia que se seguiu[52]. A posição de Monod, baseada em um postulado de objetividade "científica" absoluta, é radicalmente reducionista, completamente contra todas as concepções holistas, subjetivistas ou vitalistas que afirmam discernir na evolução um movimento dotado de propósito, criativo. Tratando cada organismo vivo como uma "máquina química", autoconstruída, Monod não vê nada em seu desenvolvimento que já não esteja contido em seus constituintes moleculares – portanto, a epigênese "não é uma *criação*; é uma *revelação*" (MONOD, 1972: 51-52, 87). Nesses termos, ela é fundamentalmente contrária à emergência evolutiva, "que, devido ao fato de resultar do essencialmente imprevisível, é a criadora da novidade *absoluta*" (1972: 113). Não fosse pela intervenção do acaso na transmissão de elementos hereditários, a evolução não poderia ocorrer. A tese principal de Monod está contida na passagem a seguir, caracteristicamente franca:

> Dizemos que esses eventos [de mutação] são acidentais, devidos ao acaso. E uma vez que constituem a *única* fonte possível de modificações do texto genético, e mesmo o *único* repositório das estruturas hereditárias do organismo, segue-se necessariamente que *só* o acaso está na base de toda inovação, de toda criação na biosfera. O puro acaso, absolutamente livre, mas cego, na própria raiz de todo o estupendo edifício da evolução: esse conceito central da biologia [...] é hoje a única hipótese concebível, a única compatível com os fatos observados e testados. E nada garante a suposição (ou a esperança) de que concepções sobre isso, venham a ser, ou possam ser, revisadas (1972: 110).

Essa última observação, bastante imprópria para um cientista, converte efetivamente a hipótese em dogma. Afortunadamente, a maioria dos biólogos praticantes não parece mais inclinada a aceitá-la do que Darwin o parecia.

Em termos gerais, a oposição às concepções de Monod assumiu duas formas. De um lado, há a oposição que ele antecipa daqueles que permanecem entregues à causa antirreducionista (p. ex., KOESTLER & SMYTHIES, 1969). Do outro lado, há neodarwinistas que aceitam que a variação sob seleção natural, e nada mais, explica a evolução orgânica, mas que consideram que a operação da seleção natural não pode ser compreendida em termos da antinomia entre acaso e necessidade (WRIGHT, 1967: 117; MAYR, 1982: 520). Essa é a posição de Dobzhansky. Ele trata a seleção natural como "o fator antiacaso da evolução", gerando ordem a partir dos blocos do edifício da hereditariedade sem impor um determinismo necessário. Na evolução, o acaso (variação) e o antiacaso (seleção) se combinam em um processo criador (DOBZHANSKY, 1974a: 318; 1974b: 132-136). É central ao argumento de Dobzhansky sua rejeição do modelo "peneira" da seleção natural. Segundo esse modelo, a seleção é simplesmente uma extirpação de variantes genéticas deletérias e uma retenção daquelas que são favoráveis. Exceto no caso de micro-organismos, o modelo é demasiado simples, pois ignora o fato de que, em situações reais, os genes são testados pela seleção, não isoladamente, mas em *combinações* específicas. Todo mutante que não seja um dominante letal (e que seria, naturalmente, eliminado na mesma geração em que surge) estabelece muitas combinações diferentes em indivíduos diferentes: em alguns, seus efeitos podem ser benéficos, em outros, perigosos, e em outros ainda, sem absolutamente nenhuma consequência. O efeito geral da seleção será então ajustar a incidência relativa de genes diferentes em uma população de modo a aumentar a probabilidade do aparecimento de certas combinações genéticas favoráveis (embora nunca exatamente idênticas). Nesse sentido, Dobzhansky continua, a seleção natural está envolvida em um trabalho de construção, em vez de mera censura:

> A afirmação de que o processo requereu um estoque de mutações "casuais" é verdadeira, mas trivial. Muito mais interessante é que essas variantes genéticas não foram simplesmente apanhadas em uma peneira, mas foram gradualmente compostas e organizadas em padrões adaptativamente coerentes, que percorreram milhões de anos e de gerações de respostas aos desafios dos ambientes. Examinado na perspectiva do tempo, o processo não pode ser significativamente atribuído a obra do acaso (1974a: 323).

Com essa base, Dobzhansky julga legítimo considerar a seleção como uma espécie de *engenheiro*, admitidamente "cego e mudo", destituído de presciência, de modo que cada ato da construção é ele mesmo uma decisão sobre o que deve ser construído (1974a: 331).

Voltaremos depois à questão de se a metáfora da engenharia é adequada. Quero primeiro comparar as maneiras como Monod e Dobzhansky empregam o conceito de criatividade. Pode-se supor que o conceito não teria lugar no cenário evolutivo exclusivamente mecanicista de Monod. Mas ele de fato o usa em várias ocasiões, duas das quais citamos. "O acaso cego", responsável pela "emergência evolutiva", é o "criador da novidade absoluta", a fonte "de toda a criação na biosfera" (MONOD, 1972: 110, 113). Há duas facetas no significado de criatividade tal como comumente entendido. A primeira é a implicação da *agentividade* subjetiva: criar é causar a existência, fazer ou produzir. A segunda, que para Monod distingue a criação (evolutiva) da revelação (epigenética), é que vem a existir como *novo*. Não há nenhuma criatividade na execução mecânica e na replicação de um projeto pré-formado; a evolução implica a criação sucessiva de novos projetos em vez do desdobramento dos existentes[53]. Contudo, na concepção de Monod do mundo natural, não há espaço para o sujeito criativo, cuja existência e atividade são excluídas em virtude do postulado da objetividade. Em vez disso, no lugar do sujeito, está a figura do acaso. Mas o acaso sozinho não é um agente; usamos a palavra "acaso" antes para preencher na frase o espaço que de outra maneira seria ocupado pelo nome do agente, se existisse um. Por meio dessa substituição, o acaso representa o sujeito criador, quando na verdade está indicando sua ausência. Assim, interpretamos "o acaso cria o novo" no sentido de "o novo não é criado, mas apenas acontece". E, assim, também devemos concluir que a posição de Monod equivale a uma negação da criatividade na evolução – embora não, naturalmente, uma negativa do novo. Toda outra suposição equivale a ser enganado por uma figura de linguagem animista.

O mundo natural de Dobzhansky, assim como o de Monod, é povoado exclusivamente por coisas objetivas. Mas, como vimos, Dobzhansky localiza a criatividade evolutiva não nos eventos casuais de mutação e recombinação genéticas, mas na ação cumulativa da seleção natural no ajuste das frequências relativas de diferentes genes e, por meio disso, na colocação da matéria-prima da hereditariedade em padrões coerentes. Este uso é em algum grau menos enganoso que o de Monod? A primeira coisa a observar é que, nos termos de Dobzhansky, o que é criado não é simplesmente o novo, mas um novo *estruturado*. E, no lugar do agente, está não o acaso, mas o *antiacaso*. Ora, a noção de antiacaso, assim, como a de acaso, serve a uma função de representação, estando no lugar de um sujeito inexistente. Como Dobzhansky bem sabe, a significação principal do ensinamento darwinista está em sua manifestação de como é possível o devir de estruturas adaptáveis ou teleonômicas na *ausência* de um *projetista* criador. Por isso, a afirmação de que "a seleção natural ou antiacaso, cria o novo estruturado" deve ser lida do seguinte modo: "a estrutura do novo não é criada, mas toma a forma de sua própria organização, em virtude da preservação diferencial de elementos variantes testados em diversas combinações e sob diversas condições ambientais". Ao que parece, enquanto insistirmos que a implicação da agentividade é essencial para nosso conceito de criatividade, teremos de negar a operação de um princípio criativo na evolução darwiniana, apesar de nosso reconhecimento de que as formas orgânicas possuem uma coerência ou projeto que não é simplesmente o resultado de combinações casuais do tipo "um golpe de sorte".

Não contente com a consideração de coisas vivas como máquinas altamente complexas, Dobzhansky – junto com outros neodarwinistas importantes – insiste que estas possuem as qualidades essenciais de obras de arte. Assim, a seleção natural, que substitui o artista, foi comparada (como Gould informa) "a um compositor por Dobzhansky; a um poeta por Simpson; a um escultor por Mayr; e a, dentre todas as pessoas, ao senhor Shakespeare por Julian Huxley" (GOULD, 1980: 44). Eis aqui apenas um exemplo da comparação, acentuando o papel "censor" da seleção: "Assim como um escultor cria uma estátua retirando lascas de um bloco amorfo de mármore, assim também a seleção natural cria novos sistemas de adaptação ao ambiente eliminando todas exceto as combinações genéticas favoráveis a partir da enorme diversidade de variantes casuais que poderiam, de outra maneira, existir" (STEBBINS, 1950: 104). Continuando quase na mesma linha, Goudge sugere que em seu papel de "construção", "determinando que combinações genéticas sobreviverão e como serão moldadas em todos organizados, a seleção natural pode ser considerada semelhante, em sua operação, à atividade de um poeta que determina que palavras, em que combinações particulares, vão produzir o todo estético que deseja criar" (GOUDGE, 1961: 120-121). Ambas as analogias são altamente enganosas. Pensemos no escultor primeiro. O que, no mundo orgânico, poderíamos perguntar, corresponde ao bloco de pedra bruta e à estátua terminada? Como esta última é um "novo sistema de adaptação", aquela, portanto, deve ser um sistema antigo, e as duas devem ser representadas por inúmeras cópias, cada uma minuciosamente diferente, correspondendo aos indivíduos de uma população. Além disso, essas cópias, em cada estágio, devem ser consideradas tanto como os produtos do trabalho do escultor metafórico como a matéria-prima do produto seguinte, já que é a população que se desenvolve sob seleção natural. Em outras palavras, as novas formas são montadas a partir dos fragmentos das antigas. Devemos imaginar que nosso escultor que não retira lascas do bloco cru, mas descarta uma grande parte de sua produção terminada para conservar o que pode ser útil para futuros trabalhos. Quando se trata da montagem positiva desses fragmentos e partes, passamos da analogia da escultura à da poesia. O poeta, dizem, junta palavras e frases – fragmentos de velhos poemas – no todo que "deseja criar". Mas isso é precisamente o que a seleção natural não faz. Nenhum desejo ou intenção precede a montagem de coisas vivas, a menos que restabeleçamos os de um criador metafísico. Se há um padrão na montagem, ele é puramente consequência do descarte diferencial.

Consideremos além disso as propriedades de um objeto de arte. Habitualmente, denominamos esse objeto "obra", mas só por causa do movimento do pensamento e ação atentos – o trabalho do artista – investido em sua composição e dos quais é uma espécie de cristalização. A distinção entre esses dois sentidos de obra corresponde à de Wieman (1946: 68-69), entre "bens criados" e "bens criativos", aqueles compostos de ideias e coisas objetivas, e, estes, denotando um processo de vida subjetiva (ou intersubjetiva) (BIRCH & COBB, 1981: 178-180). Mas a categoria de bens criados inclui tanto aparelhos mecânicos como composições artísticas. Talvez seja ocioso traçar uma linha divisória entre eles, já que há um sentido no qual todo instrumento de precisão pode ser considerado uma obra de arte (KUBLER, 1962: 1). Por exemplo, poderíamos assim designar um instrumento de sílex bem-formado recuperado de um sítio arqueológico. O que distingue este sílex do monte de sílex em que foi encontrado? Ele nos afeta antes de tudo por sua aparência nova, e mesmo ímpar. Naturalmente, toda pedra é um pouco diferente das outras, em consequência de acidentes de uso e desgaste, mas este parece ter um padrão, coerência ou estrutura que falta aos outros. De fato, ele pode nos parecer uma coisa de considerável beleza estética – uma beleza, contudo, que reside não somente em sua forma abstrata, geométrica, mas também em sua elegância como solução para o problema prático específico para o qual foi evidentemente projetado (STEADMAN, 1979: 10-11). Todas essas propriedades do sílex – sua novidade, desenho e beleza – são consideradas inerentes às coisas em si, dadas a nós como um objeto de contemplação no presente imediato. Mas quando está em questão a vida da pessoa que a fez e a usou, a pedra é silenciosa: aquela vida pertenceu ao passado e não está de modo algum contida no objeto que fez vir a existir e que um dia serviu como seu condutor.

Ocorre que as mesmas propriedades que nos inclinariam a designar o instrumento de sílex como uma obra de arte também podem ser prontamente atribuídas a coisas vivas. Contemplando suas "estruturas e modos de vida infinitamente diversos", como Dobzhansky exprime, o observador da natureza não pode deixar de se impressionar com a novidade de todos e de cada um, com a elegância de seu desenho e sua beleza extraordinária. Não temos então uma razão igualmente boa para incluir coisas vivas ao lado de dispositivos mecânicos na categoria de bens criados? Segundo Dobzhansky, "Toda nova forma de vida que aparece na evolução pode, com apenas uma moderada licença semântica, ser considerada como uma incorporação artística de uma nova concepção de viver" (1974a: 329). Devemos supor que se parecem com desenhos em uma exposição da qual o naturalista é um espectador afortunado. Este é, naturalmente, uma coisa viva, e por direito deve figurar junto aos outros, não fosse pela liberação de seu espírito, que – transcendendo a materialidade – é livre para vagar, inspecionando o panorama da evolução como que de um pináculo. E está apenas em sua mente a ideia de que se forma uma concepção ou padrão, da qual o organismo específico é considerado uma corporificação. Claro que não há sugestão de que o próprio organismo tenha alguma concepção de seu modo de vida: ele existe, nessa concepção, simplesmente para realizar e replicar o modelo. E a teoria darwinista exclui a possibilidade de que desse conceito possa originar-se no plano de um criador. Só podemos concluir que as coisas vivas, embora compartilhando as qualidades intrínsecas de bens criados, estão fundamentalmente opostas a eles nesse aspecto: elas personificam conceitos que seguem em vez de preceder sua realização material, na mente do espectador em vez de na do artista ou inventor. Essa diferença seguramente não é mera minudência semântica. Equivale a dizer que as formas orgânicas, por mais singulares, coerentes e agradáveis de observar, não são *obras*. É possível que isso seja o que enfim distingue corpos orgânicos de corpos inorgânicos: estes últimos, a menos que trabalhados por uma vida, não podem ser dotados tanto de novidade como de projeto (um cristal tem projeto, mas não é novo, uma pedra naturalmente corroída é nova, mas necessita de projeto).

Goudge (1961: 119-120) isolou três sentidos nos quais o termo "criativo/criador"* pode ser aplicado a processos que resultam na produção de coisas. O primeiro é a criação *ex nihilo*, como no ato divino pelo qual, segundo a teologia cristã tradicional, o universo foi trazido à existência. Não estamos preocupados agora com a criação dessa espécie, embora seja bom lembrar que a teoria da descendência com modificação não exclui por si mesma a possibilidade de um criador, uma vez que preparou o terreno e deu o tiro de largada ao colocar a terra em suas revoluções e "infundindo vida" – como Darwin escreveu – já nos primeiros organismos. O segundo sentido de criação é trazer algo à existência "mediante a reorganização de partes de material já existente", como quando construímos um modelo com as partes de um *kit* de construção. Goudge denomina essa criação *mecanicista*. Como tal, ela contrasta com o terceiro tipo, a criação *orgânica*, que resulta em sistemas totais que são mais que meros agregados mecânicos de partes em interação e não podem ser decompostos em seus componentes sem perdas irrecuperáveis. Uma obra [um trabalho] de arte, sustenta Goudge, é uma criação neste último sentido. Invocando a analogia entre seleção natural e o escultor ou poeta, sugere que o mesmo pode ser verdade de coisas vivas. Não temos necessidade de repetir a nossa crítica a essa analogia; o nosso assunto presente é antes a dicotomia entre mecanismo e organismo.

Notemos primeiro que, em termos de Goudge, o aparelho mecânico e a composição artística, embora sejam bens criados, são fundamentalmente distintos, implicando tipos diferentes de criação. Como então devemos distinguir, digamos, um instrumento de sílex de forma especial e uma obra-prima da escultura? A resposta mais óbvia seria observar que aquele tem uma função

---

* Ao longo do texto, a depender do contexto, o autor usa *"criative"* com o sentido de "criador" ou "criativo". Aqui pareceu que cabem os dois sentidos, e por isso optamos por indicá-lo [N.T.].

prática, instrumental, enquanto esta é puramente expressiva. Mais sutilmente, talvez, eles são expressivos de maneiras distintas. O instrumento manifesta um determinado projeto, e sua significação está no que pode fazer em vez de em quem o fez; consideramo-lo, então, não tanto como um trabalho quanto como uma *coisa que trabalha*. A escultura, por outro lado, envolve a consciência de seu fabricante, e é aí que sua significação reside. Em outras palavras, a significação da escultura é o próprio processo de vida que também foi o processo de sua criação; ela é assim a sedimentação de uma trajetória da experiência subjetiva passada. E como essa trajetória define a individualidade do escultor, então há uma identidade entre o escultor e seu trabalho. Um registro de todos os seus trabalhos seria, na verdade, equivalente a uma biografia pessoal: neles podemos ler sua vida. Mas, no registro de seus instrumentos, podemos ler apenas a técnica, a *maneira* como ele executou sua tarefa. A lança de ponta de sílex do caçador antigo é por isso comparável aos instrumentos do escultor, enquanto a própria escultura tem de ser comparada com uma vida de caça. Em termos gerais, a obra de arte está para o instrumento mecânico como o fluxo da vida está para a maneira de conduzi-lo.

Seríamos os primeiros a concordar que os organismos vivos não são somente máquinas, pelo simples fato de que que são vivos (BERTALANFFY, 1952: 16-17). Do mesmo modo, o que constitui a poesia ou a escultura (em oposição a um vocabulário ou caixa de ferramentas) é o fato de capturarem uma porção da experiência vivida, subjetiva. As máquinas servem para conduzir o movimento da vida, mas não para capturá-lo. Na máquina, como Bohm explica, "cada parte é formada independentemente das outras, e interage com outras partes só por meio de uma espécie de contato externo. Em contraste, em um organismo vivo [...] cada parte se desenvolve no contexto do todo, e assim não existe independentemente, nem se pode dizer que simplesmente 'interage' com as outras sem ser ela mesma essencialmente afetada nessa relação" (BOHM, 1980: 173). Se aceitarmos esta distinção, contudo, também devemos reconhecer que o conceito de organismo na teoria neodarwiniana é essencialmente mecanicista. Por essa razão, é muito mais conveniente ver a seleção natural como ocupando o lugar de um engenheiro, na imagem de Dobzhansky, do que o de um escultor ou poeta. A montagem de um genótipo por combinações e recombinações sucessivas de unidades elementares da hereditariedade *é* uma questão de "reorganização de partes do material já existente" e, portanto, se enquadra no critério de Goudge de mecanismo. Se não houver mais na evolução do que variação sob seleção natural, não pode haver nada na vida do organismo que não esteja prefigurado na conjunção de seus constituintes genéticos.

Ao tratar a seleção natural como um agente organicamente criativo, Goudge está duplamente errado. Antes de tudo, como mostramos, a seleção na verdade não cria em absoluto, mas ocupa o lugar de um criador. Por outro lado, pode-se dizer que ela explica apenas a construção de *coisas* vivas como objetos mecânicos[54].

Em um exame mais detido, tudo o que Dobzhansky diz sobre formas orgânicas como obras de arte parece aplicar-se a instrumentos de precisão em oposição à escultura, à poesia ou à música. Isto é, contanto que o organismo seja comparado com o mecanismo – ou contanto que permaneçamos engajados no que Bertalanffy (1952: 16-19) denomina uma "biologia maquinal-teórica" –, a analogia entre organismos e obras de arte só pode ser mantida se estas últimas forem identificadas com os produtos da criatividade mecanicista, e não opostas a eles (STEADMAN, 1979: 16). Permitam-me voltar à afirmação de Dobzhansky de que cada forma orgânica nova pode ser considerada "a corporificação de um novo modo de viver" (1974a: 330). Do mesmo modo, em sua época, a bicicleta, o microscópio e o telefone corporificaram novos modos de locomover-se, de ver e de comunicar-se. Podemos tratar naturalmente essas invenções como obras de arte, se o desejarmos, mas nesse caso é importante ser claro sobre o preciso motivo pelo qual eles *não* são produtos do que Goudge denominaria criatividade orgânica. Porque o que cada um deles personifica é uma "concepção" (i. é, um pensamento ou ideia) que se alojou na mente do inventor. O trabalho organicamente criado, em contraste, personifica o processo do pensamento em vez do pensamento apartado, uma consciência em vez de uma concepção, a própria vida em vez de um modo de viver. E, pela mesma razão, sua significação só pode ser percebida por uma intuição que reviva a experiência que o fez vir à existência, em vez de um intelecto que contempla o produto acabado de um ponto de vista desinteressado, externo. Se o organismo deve ser comparado nesses termos com uma obra de arte, já não temos de vê-lo como uma configuração única de elementos, mas como uma personificação do movimento da vida, como uma coisa que dura. E isso, naturalmente, nos leva de Darwin a Bergson.

Um artista, diz-nos Bergson, não transfere simplesmente para a tela uma concepção que lhe aparece pronta na mente. Isto é, ele não vive para realizar pensamentos que pensam a si mesmos nele. Em vez disso, seu quadro se desenvolve à medida que o artista trabalha nele, de modo que "o tempo que a invenção leva corresponde à própria invenção". Assim, a duração da consciência do artista é incorporada à sua criação, tornando-se "parte integrante de seu trabalho" (BERGSON, 1911: 359). O mesmo se aplica, continua Bergson, aos trabalhos da natureza. Sua novidade captura o ímpeto progressivo da vida, assim como a novidade da pintura captura um movimento irreversível da consciência (1911: 360). Portanto, é esse ímpeto interior que devemos procurar para descobrir a criatividade da evolução. Está implícita aqui a noção de que o princípio criativo é consubstancial com o trabalho criado, e não separado dele. Ou, em termos de Bohm (1980: 149), pertence à ordem *implicada* e não à ordem *explicada*. Cada trabalho, então, é um momento em uma sequência de momentos pelos quais é desdobrado um movimento total criativo. A realidade, para Bergson, "aparece como um incessante surgimento de algo novo, que mal surge para fazer o presente e já retrocedeu ao passado" (1911: 49). Esse é o sentido da concepção de Whitehead do cosmos como "um avanço criativo para a novidade", e é ecoado por Bohm, que escreve sobre o movimento do todo indiviso como "um princípio criativo de novo conteúdo" (WHITEHEAD, 1929: 314; BOHM, 1980: 212). Quando se trata da evolução da vida, Bohm alega, "devemos dizer que várias formas vivas sucessivas se desdobram produtivamente e em um sentido nos termos do qual membros posteriores não são completamente deriváveis dos que vieram antes por meio de um processo no qual o efeito surge [mecanicamente] da causa" (1980: 212).

Entender a criatividade nesse sentido significa ter de rejeitar o uso convencional, transitivo do verbo "criar" – como quando dizemos que um sujeito específico A cria um determinado objeto B. Falar assim implica que toda criação é um ato separado, que começa com uma nova concepção na mente de A e termina em sua materialização como B. A vida e a consciência, contudo, são processos contínuos, pontuados, mas não terminados pelas formas objetivas que sucessivamente trazem à existência e que servem de veículos para sua realização. Não estão, em outras palavras, abarcados pela execução de projetos específicos. Ao falar desses processos, referimo-nos à autocriação reflexiva do sujeito, uma ideia mais bem transmitida por verbos intransitivos como "viver", "crescer" e "trabalhar" do que pelo transitivo "fazer ou produzir". Dizer que A vive é afirmar que, como um agente, ele está criando a si mesmo; do mesmo modo, a vida social se refere a um processo de autocriação mútua. Por isso, no lugar do objeto B devemos escrever o sujeito A um momento ou incremento além disso. Whitehead (1929: 39) denomina-o "superjeito" [*superject*]. A este contraste entre o objeto e o superjeito correspondem conceitos alternativos de novidade que podem ser logicamente derivados dos dois sentidos de irreversibilidade discutidos em capítulos anteriores. Assim, na fórmula "A faz B", cada B é uma entidade nova, uma coisa de consistência fixada, separada de quem a fez e que está *fora* de todas as entidades precedentes e subsequentes. A sucessão de objetos B_1, B_2, B_3... constitui uma sequência mutante, irreversível no sentido de que seus elementos são não recorrentes. Parecem-se com várias contas separadas de cores diferentes pendentes de um fio que é o sujeito (A) – "um *ego* informe, indiferente e inalterável" (BERGSON, 1911: 3). Mas na fórmula "A vive", cada novo estado *encapsula* todos os estados precedentes e é por sua vez um momento no devir daquilo que o sucede. Portanto, a sucessão de estados A_1, A_2, A_3... produz instantâneos daquele movimento que é a vida do sujeito, irreversível no sentido que é progressivo e dirigido (cf. fig. 5.1).

A "descendência com modificação" darwiniana, como já demonstramos, conota uma sequência mutante da forma $B_1, B_2, B_3...$ onde A é substituído por acaso (variação) e antiacaso (seleção). Dobzhansky lamentavelmente emprega o termo "evolução" tanto para o *mecanismo* da variação sob seleção natural como para o *resultado* da descendência com modificação, e é por isso que pode falar simultaneamente do aparecimento de formas novas *na* evolução e da evolução como uma força que cria ou traz novidades à existência (1974a: 329-330). O essencial a apreender, contudo, é que em nenhum sentido pode a evolução ser comparada com o fluxo da vida. Não podemos dizer que o organismo evolui enquanto vive, porque, no paradigma darwinista, ele só pode ser concebido como um objeto evoluído, um em uma sequência desses objetos. Isso é explicitamente reconhecido por Monod quando ele compara sua própria concepção mecanicista da "emergência evolutiva da novidade absoluta" com o vitalismo de Bergson:

> Onde Bergson viu a prova mais clara de que o "princípio da vida" é a própria evolução, a biologia moderna reconhece, em vez disso, que todas as propriedades dos seres vivos se baseiam em *um mecanismo fundamental de invariância molecular*. Para a teoria moderna, *a evolução não é uma propriedade dos seres vivos*, uma vez que se origina das próprias *imperfeições* do mecanismo de conservação que de fato constitui seu privilégio único (MONOD, 1972: 113).

A vida, nessa concepção, é reveladora em vez de criadora, sendo a manifestação, em um presente estendido, de alguma estrutura invariável em uma sucessão não dirigida de estruturas. Enquanto Monod nega assim criatividade à vida, Bergson a negaria à construção mecânica do genótipo. Este escreve: "A fabricação trabalha com modelos que pretende reproduzir; e mesmo quando inventa, ela procede [...] segundo uma nova organização de elementos já conhecidos" (1911: 48). Do mesmo modo, na epígrafe deste capítulo, Whitehead atribui a criatividade da evolução orgânica a outra coisa *que não* a adaptação sob seleção natural. Comparemos sua concepção de que "o sentido primordial da 'vida' é a *criação* da novidade conceptual" (WHITEHEAD, 1929: 142) com a de Dobzhansky, de que o organismo vive para realizar o conceito novo do qual é uma corporificação e cuja criação, por isso, deve estar fora da vida (1974a: 329-330). Voltando à fig. 5.1, o neodarwinismo inscreveria a vida em cada um dos planos sincrônicos $B_1, B_2, B_3...$ em uma linha diacrônica de descendência, enquanto tanto para Bergson como para Whitehead, cada plano $(A_1, A_2, A_3...)$ representa uma seção transversal coetânea do fluxo da vida em tempo real. Uma olhada na fig. 3.3, que mostra exatamente o mesmo contraste, unirá nossa discussão presente ao terreno já coberto.

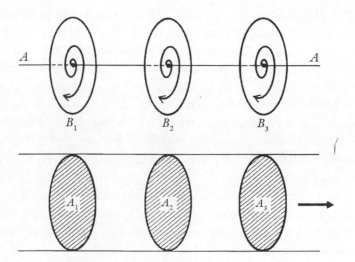

Fig. 5.1. Uma representação esquemática do contraste entre as fórmulas "A faz B" e "A vive" (comparar com a fig. 3.3). As setas em espiral no *diagrama superior* indicam os movimentos mediante os quais os objetos sucessivos B_1, B_2, B_3... *são revelados*. A seta no *diagrama inferior* denota o movimento criativo que é a vida do sujeito, de que A_1, A_2, A_3... são seções transversais sucessivas.

Nenhuma cosmologia que afirme o movimento da criatividade orgânica na evolução pode evitar o problema de seu ponto de origem. Começamos pelo material mais elementar de um universo inanimado, com o primeiro aparecimento da vida nesse pequeno recanto do universo que denominamos Terra ou com a consciência como qualidade de vida específica supremamente manifesta em nosso próprio pensamento? Falando em termos gerais, três espécies de respostas foram propostas para essa questão, contidas nas doutrinas do panpsiquismo, do vitalismo e da emergência evolutiva. A primeira, como Nagel sucintamente exprime, é "a concepção de que os constituintes físicos básicos do universo têm propriedades mentais, sejam ou não partes de organismos vivos" (1979: 181). A atração contínua dessa concepção manifestamente improvável talvez esteja na eminente plausibilidade dos pressupostos nos quais se apoia. Por que, se se supuser que a evolução trabalha suavemente, sem saltos ou interrupções, não se concluirá – como William James observou – "que a consciência, sob alguma forma, deve ter estado presente à própria origem das coisas"? (1890, 1: 149). Sob pena de negar a consciência que experienciamos em nós ou nosso envolvimento no mundo real, não estamos forçados a postular a existência de alguma "matéria-prima mental primordial"? Tem destaque entre os teóricos da matéria-prima mental Herbert Spencer, que, em seus *Princípios de psicologia*, tinha a dizer a esse respeito o seguinte:

Pode haver um elemento primordial único de consciência, e as inúmeras espécies de consciência podem ser produzidas pela composição desse elemento consigo mesmo e pela recomposição de seus compostos uns com os outros em graus cada vez mais elevados, produzindo assim multiplicidade, variedade e complexidade aumentadas (1870, 1: 150).

James, um crítico incansável de tudo o que Spencer escreveu sobre psicologia, reformulou esse argumento "do gás ao gênio" de maneira mais inteligível:

> Cada átomo das nebulosas [...] deve ter tido um átomo aborígene de consciência ligada a si; e tal como os átomos materiais formaram corpos e cérebros ao formar conjuntos entre si, assim também os átomos mentais, mediante um processo análogo de agregação, fundiram-se naquelas consciências mais amplas que reconhecemos em nós e supomos que exista em nossos companheiros animais (1890, 1: 149).

Contra essa concepção, James declarou que "os átomos da sensação não podem constituir sensações superiores, não mais do que os átomos da matéria podem constituir coisas físicas!" (1890, 1: 161).

Na filosofia da biologia recente e contemporânea, o panpsiquismo encontrou tanto defensores excêntricos como eminentes. O mais destacado entre aqueles é Teilhard de Chardin, que sempre insistia que o material de que o universo é feito tem um duplo aspecto: "Coextensivo com seu Exterior, há um Interior das coisas". E, antes da alvorada da vida, esse Interior, uma espécie de protoconsciência de que derivam todos os fenômenos mentais por meio de um processo contínuo de intensificação e complexificação, assumiu a mesma forma granular, atômica, da própria matéria. Assim, todo átomo tem um interior e um exterior, manifestando energia psíquica (ou "radial") e física (ou "tangencial"), sendo aquela a fonte do ímpeto progressivo, para a frente, da evolução (TEILHARD DE CHARDIN, 1959: 58-70). Embora a credibilidade, tanto filosófica como científica, das concepções de Teilhard de Chardin permaneça suspeita, vemos não menos que um biólogo da estatura de Sewall Wright (1964) afirmar que, se não pode ter vindo do nada, a mente deve estar presente "não só em todos os organismos e em suas células, mas também nas moléculas, átomos e partículas elementares". Do mesmo modo, Bernhard Rensch acredita que "toda a matéria tem caráter protofísico" e que os fenômenos da consciência se originam da organização das partículas dessa "matéria" em estruturas cada vez mais complexas (1971: 298; 1972: 96-98; 1974: 250). Uma concepção bem semelhante é assumida por Birch, que, ao lado de Wright, reconhece uma particular dívida para com a filosofia do organismo de Whitehead. "Se a subjetividade está presente em todo lugar, a consciência é uma forma elaborada de algo apropriado ao material primordial do universo. Ela não tem necessariamente que ter valor de sobrevivência. Ela está aí, e ponto-final" (BIRCH, 1974: 231-232).

Um desejo que parece ser compartilhado por todos os panfisicistas, a partir de Spencer, é manter seu materialismo e ao mesmo tempo comê-lo. Porque a concepção da qual partem, de uma fragmentação original do universo em múltiplos grãos elementares da matéria, é ela mesma um *produto* da retirada da mente da natureza e de seu confronto com o mundo como uma realidade externa, objetiva. Mas, tal como um homem que, tendo deixado sua casa, é impelido a descobrir alguém dentro dela, o panfisicista deseja recuperar o processo de seu próprio pensamento em um quadro do mundo do qual este já foi excluído. Ele o faz referindo a mentalidade a átomos e elétrons que, segundo Birch, podem ter experiências subjetivas ou pontos de vista, e até tomar parte em relações "sociais" (intersubjetivas), tal como as pessoas o fazem (BIRCH, 1974: 234)! Os antropólogos, cujo empreendimento é estudar relações sociais, podem ser desculpados por julgar essa posição um tanto bizarra. É bem fácil mostrar que ela é falaciosa. Pois os átomos que compõem meu cérebro são idênticos àqueles que compõem o cérebro das outras pessoas, e mesmo de outras criaturas, cujas experiências subjetivas são bastante diferentes das minhas. Por isso, eles devem ser inteiramente indiferentes quanto à subjetividade de seus portadores (NAGEL, 1979: 194). Resulta disso que a organização de partículas atômicas em estruturas neurais complexas, embora constituindo um fundamento mecânico da consciência, não podem constituir o fluxo da própria consciência. Isso significa dizer que não se pode atribuir, nem às estruturas nem a seus constituintes, nada mais do que propriedades puramente físicas. A ideia de um "átomo da mente" é, com efeito, uma real contradição em termos, porque a fragmentação da natureza é equivalente à eliminação da mente. A consciência não é uma propriedade de coisas *in vacuo*, mas do campo do qual essas coisas foram arbitrariamente retiradas. Portanto, não pode ser reconstituída por meio da composição estatística dessas coisas, mas só substituindo cada uma, em sua própria posição, como um ponto no desdobramento de uma superfície espaçotemporal contínua. Esse contínuo é a mente, e cada posição nele é um "ponto de vista".

Essa, como vimos no capítulo anterior, foi a essência da crítica de Bergson ao evolucionismo spenceriano, crítica que implicava a substituição de um conceito estatístico por um conceito topológico. E, no lugar do panpsiquismo de Spencer, Bergson propôs uma forma de vitalismo para dar contas da evolução criadora. O *élan vital* é certamente o ponto fraco da filosofia de Bergson. Os defensores da teoria darwinista, de um lado, podem refutar prontamente o argumento pelo qual Bergson atribui a esse ímpeto a criação de novas *estruturas*. De outro lado, quem julga que a vida é mais do que a replicação de estruturas pode ainda questionar a incondicionalidade da separação entre vivo e não vivo, e por consequência, a ideia do *élan* como um influxo alheio acrescentado à matéria, ou nela lançado, que lhe comunica um ímpeto progressivo. Foi com estes últimos fundamentos que o vitalismo foi rejeitado pelo defensor principal da doutrina da emergência, C. Lloyd Morgan. À pergunta "O que é novo em estágios sucessivos do avanço evolutivo?", a resposta de Morgan foi "sempre algum novo *modo de relacionalidade substancial* que implica novas unidades de matéria (1933: 33; grifos meus). Um desses modos, que implica o aparecimento de unidades em um nível "supermolecular", pode ser propriamente chamado de vital. Mas ele é apenas um nível emergente em uma série piramidal de níveis, cada um incluindo os que o precedem e caracterizado por relações de maior complexidade. Assim, alegou Morgan, temos de lidar com pelo menos três espécies de sistemas naturais: "sistema de mente-vida-matéria; sistemas de vida-matéria; e sistemas de matéria. No nível superior, há modos de relacionalidade efetiva que não estão presentes no nível médio; no nível médio, há modos de relacionalidade que não estão presentes no nível inferior" (1923: 22). Mas não devemos pensar que, primeiro a vida, e depois a mente, foram inseridas no mundo da matéria a partir de fora. Morgan insistiu que "Todas as qualidades são emergentes *no interior da pirâmide*". Com isso ele não quis dizer que, por exemplo, podemos deduzir as propriedades de organismos vivos compondo algebricamente as propriedades de seus constituintes físico-químicos. Essa seria a abordagem do mecanismo, contra o qual "a evolução emergente surge em protesto". Morgan sustentava, pelo contrário, que as qualidades que chamou de essenciais não são "resultantes", mas "emergentes", tendo como fonte um modo de relacionalidade que, no nível puramente físico-químico, simplesmente não existe (1923: 2-8, 13).

A doutrina da emergência, em consequência, é incompatível tanto com o mecanicismo como com o vitalismo. E também é incompatível com o panpsiquismo. Porque este último, como já mostramos, se apoia, como o mecanicismo, na premissa de que todas as propriedades dos sistemas complexos, inclusive a vida e a consciência, podem ser derivadas como resultantes da composição das propriedades dos seus constituintes elementares, embora, naturalmente, se diferencie por atribuir a esses elementos uma qualidade protofísica (NAGEL, 1979: 182). Essa contradição lógica entre panpsiquismo e emergência não evitou que Teilhard de Chardin, por exemplo, aderisse a ambas as doutrinas ao mesmo tempo! Onde Morgan propôs uma pirâmide de três camadas (embora com alguns níveis intermediários em cada camada), Teilhard de Chardin imaginou uma série igualmente tricótoma de camadas esféricas concêntricas, com a *noosfera* (da mente) superposta à *biosfera* (da vida), por sua vez superposta à *litosfera* (da matéria inorgânica). Primeiro a biogênese, e depois a noogênese, são entendidas como saltos evolutivos para níveis novos e anteriormente inexistentes, cada um acrescentando um domínio mais alto, mais complexo e também mais concentrado do ser com respeito ao que havia antes. Tal como Morgan, Teilhard de Chardin considerou o passo emergente não como uma ponte sobre uma interrupção ou um hiato, mas como a passagem contínua por um ponto crítico, tal como a água, levada à fervura, se torna vapor (TEILHARD DE CHARDIN, 1959: 186-187; comparar com MORGAN, 1923: 5).

As concepções de Teilhard de Chardin foram acolhidas pelas de Julian Huxley, cuja concepção da evolução como um processo cósmico que gera novidade e complexidade sempre renovadas foi do mesmo modo caracterizada pela tricotomia convencional de matéria, vida e mente, que produzem, respectivamente, fases "cosmológicas", "biológicas" e "psicossociais" (HUXLEY, 1956: 3; 1960: 19). Mesmo um darwinista tão obstinado quanto Dobzhansky ficou a favor de uma doutrina do que denomina "transcendência evolutiva", preferindo-a às alternativas do panpsiquismo e do vitalismo. Ele escreve: "Não há dúvida de que a vida transcende os limites ordinários da matéria inanimada e que as capacidades mentais humanas transcendem aquelas de todo outro animal". E, mais uma vez, "a vida surgiu da matéria inanimada e a mente da vida carente de autoconsciência. A evolução mostrou-se capaz de produzir novidades radicais" (1974a: 333-336). Nem é necessário repetir que essa celebração da evolução como a criadora da vida e da mente está em completa oposição à teoria darwiniana, que claramente não consegue dar contas da criação de uma ou da outra, lidando apenas com a construção de mecanismos objetivos de sua condução. Com efeito, para entender a criatividade da evolução nesse sentido, é necessário identificar o princípio criativo sucessivamente com a concrescência da matéria, o fluxo da vida e o movimento da consciência, tratando cada um como uma fase em um grandioso processo evolutivo que é, na frase de Huxley, "autotranscendente" (HUXLEY, 1956: 3). Isso possivelmente explica a afinidade que Dobzhansky sente com a descrição de Teilhard de Chardin da evolução sob seleção natural como uma espécie de "tateio" (DOBZHANSKY, 1974a: 312; TEILHARD DE CHARDIN, 1959: 121). Mas não serve de desculpa para confundir, sob a rubrica única da evolução, a propulsão para a frente da vida com a infinidade de aparatos mecânicos pelos quais lhe é permitido descobrir seu caminho para cada recanto e fenda do mundo habitável (JACOB, 1977).

A doutrina da emergência teve seus adeptos também na antropologia. Com efeito, ela é a base da alegação de que o estudo do homem, embora voltado para "apenas um segmento do mundo das coisas vivas, uma espécie particular de produto da evolução", ainda assim abarca em seu campo de pesquisa "um domínio distintivo da vida, concebido de modo variado por termos curiosamente híbridos como superorgânico, psicossocial, extrassomático e sociocultural, todos pretendendo transmitir sua irredutibilidade às condições físicas ou biológicas da existência" (INGOLD, 1983a: 1). Esse domínio, diz-se, *emergiu* quando a trajetória que leva à humanidade moderna passou por um ou uma série de limiares críticos (GEERTZ, 1975: 62-63). Indubitavelmente, a afirmação antropológica mais célebre da doutrina é o artigo de Kroeber, de 1917, intitulado "O superorgânico":

A alvorada do social não é um elo em uma corrente, não um passo em um caminho, mas um salto para outro plano. Pode ser comparada com a primeira ocorrência da vida no universo até então inanimado, a hora em que se realizou uma das infinitas combinações químicas que fez o orgânico vir à existência, e fez que, a partir desse momento, houvesse dois mundos em vez de um (1952: 49).

A imaginação de Kroeber, tal como a de Teilhard de Chardin, foi capturada pela metáfora da água fervente, aquela que inspira os dois ao excesso lírico. Assim, Kroeber, contemplando a chaleira em aquecimento, observou detalhadamente que

é produzido vapor: a taxa de aumento do volume é aumentada mil vezes; e em lugar de um fluido brilhante e penetrante, difunde-se invisivelmente um gás volátil [...]. As lentas transições que se acumularam de zero a cem foram transcendidas em um instante, e uma condição de substância com novas propriedades e novas possibilidades de efeito vem à existência. Tal deve ter sido, de alguma maneira, o resultado do aparecimento dessa nova coisa, a civilização (1952: 50).

Nada pode superar a exuberância de Teilhard de Chardin, cuja chaleira contém um líquido fervente de vida proto-humana:

Quando o antropoide foi levado "mentalmente" ao ponto de fervura, foram acrescentadas algumas novas calorias [...]. A consciência agora saltava e fervia em um espaço de relações e representações suprassensoriais (1959: 187).

É melhor deixar Teilhard de Chardin se deleitando em sua imagética fantástica, embora seja muito justo observar que sua ideia de uma "efervescência" da consciência tinha sido proposta muito antes por outro superorganicista convicto, Émile Durkheim (1976 [1915]: 216-219). No próximo capítulo, mostraremos como tanto Durkheim como Kroeber foram levados, por sua aceitação da doutrina da emergência, a formular um conceito do superorgânico em contraste radical com aquele de Spencer, que primeiro cunhou o termo para denotar um complexo resultante. Neste ponto, contudo, quero voltar à suposta criatividade da adaptação orgânica sob seleção natural a fim de ver em que aspectos ela encontra seu análogo na história das coisas culturais.

Nosso ponto de partida está, como antes, na antropologia de Boas. É claro que o elemento do acaso é tão central à concepção boasiana da cultura-história quanto o é à descendência com modificação darwiniana. O fato mais notável sobre o comportamento humano, Boas sustenta, é o ponto até o qual é moldado pelo costume e pela tradição. O indivíduo, sendo uma criatura de hábitos, dedica sua vida à execução de um projeto gravado em sua mente, cujos componentes absorveu da herança de sua população e que, por sua vez, transmitirá a gerações sucessivas. Incapaz de afastar-se para inspecionar suas próprias realizações, não é nem deliberadamente inventivo nem racionalmente seletivo. Por isso, a única fonte possível de toda inovação, e, portanto, da modificação histórica, está na "cópia errônea" ocasional, arbitrária e ao que parece não motivada de elementos da tradição no processo de transcrição. E justamente porque, em geral, a transcrição de elementos é tão exata, por ser a cultura tão intensamente conservadora, toda inovação será fielmente conservada e duplicada. Há, em consequência, um aumento cumulativo da variação. Essa variação, por sua vez, fornece a matéria-prima de uma diversificação infinita de formas culturais, ocasionadas pela combinação e recombinação fortuitas de traços de variantes em indivíduos e populações. Cada indivíduo, manifestando uma configuração ímpar de traços, é uma entidade nova; toda tradição cultural só existe representada na população de indivíduos considerados como seus portadores. Invocando a ação do acaso, Boas pode conciliar a ubiquidade da mudança cultural com a "mão de ferro" da tradição. Em outras palavras, a inovação está para a tradição como o acaso está para a necessidade. Com a simples substituição do genético (ADN) pelo cultural, as seguintes palavras de Monod quase poderiam ter sido escritas por Boas – embora possivelmente em termos bem menos diretos: "Uma vez incorporado à estrutura do ADN, o acidente – essencialmente imprevisível, porque sempre singular – será mecânica e fielmente duplicado e traduzido [...]. Advindo do reino do puro acaso, o acidente entra inevitavelmente no domínio da necessidade, das certezas mais implacáveis" (MONOD, 1972: 114). Substituamos acidente por mutação genética via inovação cultural; e, necessidade por hereditariedade via tradição.

Para Boas, uma cultura é, contudo, mais do que um conglomerado de traços fortuitamente reunidos. Porque a montagem expõe as propriedades do projeto, isto é, certa padronização e coerência. Nas raras ocasiões em que Boas se refere a "fatores criativos" que influenciam a cultura, ele lhes atribui a geração não de elementos e permutações novos, mas a construção do padrão. Em outras palavras, desempenham um papel análogo ao do "antiacaso" na concepção de Dobzhansky da criatividade evolutiva. De fato, contemplando a diversidade de formas culturais, podemos discernir em cada uma – como Dobzhansky discerne nas espécies biológicas – "a corporificação de um novo modo de viver", ao mesmo tempo singular, coerente, e, para o observador, uma fonte de satisfação estética. Entretanto, a natureza exata do impulso criativo permanece enigmática nos escritos de Boas. Ele não emana do meio ambiente, já que este é apenas um fator restritivo: "As condições ambientais podem estimular atividades culturais existentes, mas não têm força criadora" (BOAS, 1948: 266; cf. tb. HATCH, 1973: 64). E também não pode ser uma emanação da consciência, uma vez que, na concepção de Boas, as pessoas não são os autores, mas os executores do projeto cultural, e sua vida consciente, para adotar a distinção de Monod, é antes reveladora do que criadora. Ainda assim, ele escreveu que a adaptação e a reinterpretação de traços adquiridos se conformam a seu contexto no âmbito de uma totalidade integrada – totalidade que corresponde ao que chamou de "o gênio do povo" (STOCKING, 1968: 214). As ideias são "evoluídas ou aceitas" conforme as "leis que governam as atividades da mente humana", as quais funcionam do mesmo modo em todos os homens (BOAS, 1974: 155; 1911: 122). Alguma forma de seleção interna parece estar implicada aqui, operando em um nível inconsciente de funcionamento mental, mas não temos como dizer definitivamente o que é.

Para ampliar, podemos nos voltar para o trabalho de dois dos grandes discípulos de Boas, Benedict e Kroeber, que tinham muito mais a dizer sobre a criatividade – embora no último caso só por meio de um marcado afastamento da ortodoxia boasiana. Benedict, pelo contrário, foi mais direto do que seu mentor na afirmação da determinação cultural do comportamento. Tal como Boas, ele destacou a singularidade e a diversidade de padrões culturais, sendo cada um uma integração fortuita de elementos combinados, interpretados e elaborados de um determinado modo. Esses padrões revelados no registro etnográfico são apenas uma amostra muito pequena da variedade de possibilidades, porque a "diversidade de combinações [de traços] possíveis é infinita, e ordens sociais adequadas podem ser construídas indiscriminadamente sobre uma grande variedade dessas fundações" (BENEDICT, 1935: 31). Onde está então o princípio criativo que comunica a integração e a coerência à novidade cultural, e como ele funciona? A resposta de Benedict à primeira questão é "na mente inconsciente", e, à segunda, "por meio da seleção". Sem seleção, afirma ele, "nenhuma cultura pode sequer chegar à inteligibilidade", em outras palavras, seria privada de toda espécie de integração (1935: 171). Como uma forma de arte particular, uma cultura "usou [seus] elementos para seus próprios propósitos. Esse propósito seleciona, entre os traços possíveis nas regiões circundantes, aqueles que pode usar, descartando aqueles que não pode. Outros traços ela remolda em conformidade com suas exigências" (1935: 33). Há algumas peculiaridades nesse argumento. Um é sua personificação da cultura como um agente de seleção, dotado de propósitos específicos. Em outro lugar se sugere que a cultura seleciona os próprios propósitos que torna seus, o que de fato indica certa confusão entre os critérios de seleção e os objetos selecionados[55]. Mas, no momento seguinte, Benedict explica que, embora escrevamos como se houvesse escolha e propósito, estes são na verdade produtos ilusórios de uma jargão linguístico animista que requer de nós a inserção de um sujeito criador mesmo onde não há nenhum. Na realidade, "não houve escolha consciente nem propósito". Darwin, naturalmente, teve de introduzir uma qualificação muito semelhante quando escreveu que "a natureza seleciona". A solução de Benedict, contudo, é apelar a uma teleologia do *inconsciente*. Todos os diversificados traços constitutivos de uma cultura, alega, são "transformados em padrões consistentes conforme cânones inconscientes de escolha que se desenvolvem no âmbito da cultura" (1935: 34).

Antes de prosseguir, umas poucas palavras a mais são necessárias sobre a noção da seleção interna, que Boas insinua e que Benedict reconhece explicitamente. No paradigma darwinista, a seleção é, naturalmente, *externa*, sendo uma função da interação entre populações de organismos e as condições de seu ambiente. Como tal, produz o fenótipo maduro, cuja proficiência reprodutiva relativa determina a representação de seus genes em gerações futuras. Em geral, os biólogos têm mostrado relutância em reconhecer que isso pode ser precedido por uma seleção interna na qual variantes genéticas específicas são testadas quanto à sua compatibilidade mútua na coordenação conjunta do processo inicial, altamente complexo, de desenvolvimento epigenético no organismo individual, mesmo antes de ele ser significativamente exposto a condições externas. A ideia só foi formalmente proposta há vinte anos, e, na época, por um não biólogo (WHYTE, 1965). Todo genótipo, Whyte alega, tem de satisfazer certas condições *co-ordenativas* [sic] (CC) para o organismo cujo desenvolvimento controla passar no primeiro teste da seleção interna e posteriormente entrar na arena seletiva externa. Aqueles que não o conseguem são ou eliminados, porque um fracasso da co-ordenação [sic] entre seus componentes mutante pode levar a irregularidades ontogenéticas letais, ou são modificados para ajustar-se às CC por retromutação ou pelo que Whyte denomina "reforma" – um ajuste de mutações inicialmente arbitrárias para ajustar-se ao sistema total de que são parte, sob a pressão do todo (1965: 23-26).

Embora a validade dessas ideias da biologia continue a ser objeto de polêmicas, não há como não se impressionar com sua semelhança com a concepção boasiana, formulada muito antes e bastante independentemente, da seleção na cultura. Aqui também se supõe que elementos ou traços novos sejam selecionados por sua compatibilidade em uma totalidade integrada que é concebida como orquestrando o processo de vida do indivíduo; assim, a cultura estabelece suas próprias condições de seleção, em comparação com as quais as condições ambientais externas são consideradas relativamente permissivas e sem importância. A noção de Benedict, citada antes, de "refundição" de traços para ajustá-los às exigências do sistema cultural tem seu exato paralelo na concepção de reforma genética de Whyte. E, por fim, atribui-se o mesmo papel às leis da operação da mente humana, ao infundir coerência a configurações específicas de elementos culturais, que Whyte atribui às suas condições coordenativas na composição do genótipo. Na verdade, Whyte antecipa a descoberta de um conjunto único de CC que constitui uma "bio-lógica" [sic] unificada e generalizada até agora desconhecida, mas em princípio acessível à formulação matemática, de que toda forma orgânica possível pode ser consequentemente considerada uma solução particular e discreta (1965: 71-72). Como veremos, uma expectativa precisamente semelhante é subscrita pela busca de Lévi-Strauss por uma lógica universal da mente inconsciente que governe todas as instâncias de modelagem cultural por meio da operação de um conjunto unitário de regras transformacionais.

A elaboração mais recente da ideia de que o princípio criador na base da história da cultura é um mecanismo de seleção interna está em *Mind and Nature* [Mente e natureza], de Gregory Bateson. Aqui, o paralelo biológico é traçado bem explicitamente. Há uma semelhança formal, alega Bateson, entre a seleção "intracraniana" de pensamentos induzidos randomicamente no processo de aprendizagem e a seleção intraorgânica de mutações genéticas randômicas no decorrer da epigênese. Os pensamentos são testados em sua coerência lógica tal como os genes são testados em sua compatibilidade mútua e, portanto, "no processo de pensamento, o *rigor* é o análogo da *coerência interna* da evolução" (1980: 201). A sequência de novos padrões de pensamento é estocástica no sentido de gerada pelo agir conjunto de variação e seleção, ou acaso e antiacaso. Assim, "o pensamento *criativo* sempre tem de conter um componente randômico. Os processos exploratórios – a interminável *tentativa e erro* do progresso mental – só podem alcançar o *novo* enveredando por caminhos randomicamente apresentados, alguns dos quais, quando experimentados, são de alguma maneira selecionados para algo semelhante à sobrevivência" (BATESON, 1980: 200). A implicação dessa concepção é que a consciência, longe de ser um movimento de que os pensamentos são recursivamente apartados, é apenas um processamento lógico de pensamentos que já se instalaram na mente do pensador, sendo nesse sentido análoga à revelação epigenética da estrutura, em oposição à criação evolutiva da novidade (sobre a semelhança dessa posição com a de Monod, ver a discussão anterior e a n. 53). Por essa mesma razão, a compreensão da criatividade de Bateson é completamente mecanicista: "A gênese de novas noções é quase totalmente [...] dependente do rearranjo e recombinação de ideias que já temos" (1980: 201). Um computador poderia fazer isso com a mesma eficácia.

Bateson, embora um tanto dissidente dentro e fora da antropologia, era em larga medida da mesma corrente intelectual de Benedict. E também Kroeber compartilhava um interesse pela criatividade e a modelagem cultural, ou o que chamou de "estilo". Mas, em sua concepção, o criativo é o próprio processamento ou crescimento do estilo. Enquanto há potencialidades a ser exploradas, a civilização na qual o estilo se manifesta continua vivendo, mas, quando essas potencialidades se exaurem, a civilização sofre ao menos uma "morte" figurativa (KROEBER, 1963: 57). A criatividade, então, é equivalente a um potencial do crescimento. Segundo Kroeber,

> Todo crescimento cultural implica, em primeiro lugar, a aceitação, por herança tradicional ou difusão de outro lugar, de um corpo de conteú-

dos culturais; em segundo lugar, um ajuste adequado a problemas do ambiente, bem como estruturação social; e, em terceiro, uma liberação das chamadas energias criativas mais ou menos sujeitas a moldagem pelo fator de estilo (1963: 85).

Foi na terceira dessas condições que as ideias de Kroeber marcaram um significativo afastamento da antropologia boasiana (ainda que, ao mesmo tempo, um retorno a seus antepassados neokantianos). O estilo e a criatividade estão ligados no sentido de que o estilo "é a maneira pela qual a criatividade se exprime", ou, em outras palavras, "a criatividade necessariamente pressupõe e produz um estilo" (KROEBER, 1963: 68). Fica bem claro que o tipo de criatividade que Kroeber tem em mente é orgânico em vez de mecanicista, um processo de vida ou crescimento no qual o estilo figura tanto como sujeito quanto como superjeito. Isso é bastante diferente da concepção que trataria cada padrão cultural como um objeto criado, o produto de um mecanismo estocástico de variação e retenção seletiva. Além disso, em consequência de sua heresia, Kroeber foi forçado a comprometer suas afirmações anteriores – completamente compatíveis com o ensinamento de Boas – quanto à determinação do comportamento por hábitos e costumes. Para haver criatividade em lugar de mera replicação no desdobramento do estilo, temos de supor uma consciência capaz de transcender suas limitações, que possa trabalhar com ele e nele, e, por meio disso, levá-lo adiante (HATCH, 1973: 110). Em outros termos, devemos conceber as pessoas na sociedade como compositores e como músicos, moldando ativamente o futuro tal como foram moldadas pelo passado. Assim, em sua introdução a *The Nature of Culture* [A natureza da cultura], Kroeber reconheceu que sua teoria "determinista" do padrão de realização e exaustão "implica um fator oculto de esforço e vontade nos indivíduos por meio dos quais a realização é alcançada. Um ímpeto e uma faísca criativos lhes devem ser atribuídos, e as potencialidades destas a todos os homens, não importa o quanto o conceito de criatividade tenha sido no passado maltratado e vulgarizado" (1952: 9). Em que consistem esse maltrato e essa vulgaridade Kroeber não diz, mas pelo menos demonstramos que o conceito é fundamentalmente ambíguo.

A ênfase boasiana na diversidade de culturas como objetos criados e a localização dos fatores criativos que lhes infundem seu padrão e coerência no trabalho inconsciente da mente têm sua contraparte na antropologia estrutural de Lévi-Strauss – sobretudo em sua análise da estrutura do mito. Aqui não é o lugar de uma discussão elaborada da "mitológica" lévi-straussiana; já se escreveu mais do que o suficiente sobre o assunto. Há somente dois aspectos que desejo enfocar. O primeiro é o modo como Lévi-Strauss, muito no espírito de Boas, trata as pessoas em geral como veículos da replicação de estruturas culturais de que elas basicamente não se apercebem. O segundo é o modo de funcionamento mental que Lévi-Strauss denomina *bricolagem*. Mostrarei (seguindo JACOB, 1977) que este tem uma semelhança notável com a operação da seleção natural e, com efeito, que muitas das conotações mais enganosas da caracterização da seleção natural por Dobzhansky como um "engenheiro" desapareceriam se a considerássemos em vez disso um *bricoleur* que opera no domínio orgânico em vez de no cultural. Isso vai cumprir nossa promessa, feita no capítulo 3, de demonstrar o paralelo entre a construção de projetos míticos ou ideacionais na mente humana e a construção de projetos orgânicos no mundo da natureza.

Poderíamos começar com uma observação de Lévi-Strauss que, ao mesmo tempo autobiográfica, se pretende um comentário geral sobre a condição humana:

> Nunca tive, e ainda não tenho, a percepção de sentir minha individualidade pessoal. Apareço a mim mesmo como o lugar onde algo está acontecendo, mas não há um "eu", nem um "mim". Cada um de nós é uma espécie de cruzamento onde coisas acontecem. Os cruzamentos são puramente passivos; algo acontece neles. Uma coisa diferente, igualmente válida, acontece em outro lugar. Não há escolha; é somente uma questão de acaso (1978: 3-4).

Como autoconfissão de um antropólogo, isso é evidentemente absurdo, já que um lugar passivo simplesmente não pode ter essa espécie de percepção sobre si mesmo. Mas é sintomático do dilema do objetivismo que o sujeito da observação, tendo tomado uma posição fora do mundo, seja incapaz de contemplar a realidade de sua própria existência mundana. A observação de Lévi-Strauss deve ser interpretada como uma justificativa para seu tratamento do resto da humanidade como lugares da combinação e montagem de elementos culturais diversos. Nesse aspecto, a distância que separa sua posição daquela de Boas é insignificante. O mundo, ao que parece, é povoado não por pessoas, mas por indivíduos, e o gênero humano é apenas o meio no qual é inscrita uma história de coisas. Cada indivíduo é um repositório ou lugar de encontro de fragmentos e partes da cultura que, em suas perambulações, podem convergir. Soldados em uma estrutura coerente pela psique humana universal, dirigem a realização do indivíduo, por meio da qual são replicados e transmitidos. Seguindo seus caminhos separados, encontram-se em outros indivíduos em outras combinações. A tarefa do antropólogo, que começa do material etnográfico primário, é a de criar "um inventário de recintos mentais, de reduzir à ordem dados que parecem arbitrários, alcançar um nível em que o acaso revela ser imanente às ilusões de liberdade" (LÉVI-STRAUSS, 1966b: 53).

Esta última observação serve para demonstrar o ponto até o qual o programa estruturalista se sustenta em uma oposição paradigmática entre acaso e necessidade. Lévi-Strauss, contudo, vai aí um passo além de Monod, porque mesmo o agir do acaso lhe parece revelador, em vez de criador, da novidade *absoluta*, revelando ora uma permutação, ora outra, do conjunto total (talvez infinito) de permutações que podem ser geradas por uma lógica cerebral invariável (WEBSTER & GOODWIN, 1982: 45). Quanto a nós, que afetuosamente imaginamos ser agentes livres e criativos, na verdade – diz Lévi-Strauss –, "agimos e pensamos segundo o hábito, e a extraordinária resistência oferecida mesmo a mínimos desvios do costume se deve mais ao torpor do que a algum desejo consciente de manter usos que têm uma função clara" (1968: 19). Mais uma vez, isso não passa de uma reafirmação da posição boasiana, como o é o recurso frequente de Lévi-Strauss à "finalidade inconsciente da mente". O acaso fornece os materiais a partir dos quais novas estruturas são construídas, sendo cada uma delas um padrão (ou "recinto mental") cujos ditames o indivíduo está obrigado a seguir. Como a consciência é a revelação da estrutura, segue-se que a criação da estrutura deve estar em um mecanismo externo à consciência. O que Boas disse de modo geral de projetos culturais, Lévi-Strauss diz dos mitos: "não têm autor" e "só existem enquanto corporificados em uma tradição" (1966b: 64).

Quanto à questão de se os mitos podem ser considerados obras de arte, aplicam-se precisamente as mesmas considerações de nossa discussão anterior da concepção da qualidade artística das formas orgânicas de Dobzhansky. Ao observador perspicaz, o implemento de sílex, uma concha marinha e um mito aparecem, todos eles, como objetos que são tanto novos, dotados de estrutura ou projeto, como de grande apelo estético. Mas, se seguimos a lógica de Lévi-Strauss, os portadores da tradição mítica não seriam mais conscientes dessas propriedades do que o é o molusco portador da concha. Se personificar uma concepção de um modo da vida, a tradição não é a concepção *deles*, já que eles são apenas escravos de sua revelação. Na célebre afirmação de Lévi-Strauss, os homens não pensam nos seus mitos; antes são os mitos que "se pensam" por meio da mente dos homens e sem que estes o saibam (1966b: 56)[56]. Assim, o lugar das concepções que os mitos personificam deve ser a mente transcendente do espectador, que é, naturalmente o portador de "modelos que são construídos *a partir*" da realidade empírica (LÉVI-STRAUSS, 1968: 279). Nesse aspecto o mito contrasta, tal como a concha marinha, com o implemento de sílex, já que este é a corporificação artefatual de uma concepção que *precedeu* sua materialização, na mente do usuário em vez da do espectador. Em outras palavras, diferentemente do implemento, nem a concha nem o mito são um *trabalho/obra*.

Quanto à mitologia, há mais uma vez um precedente dessa concepção nos escritos de Boas. E, para sua antítese podemos recorrer a Tylor, que considerou que os mitos e as crenças são o resultado de tentativas deliberadas dos povos de explicar o mundo circundante e, portanto, que tinham tanto direito à inclusão na categoria de bens criados, ativamente adquiridos, quanto equipamentos tecnológicos projetados expressamente para operar no ambiente[57]. Contra isso, Boas via nas deliberações humanas não a criação, mas a execução, de um projeto cultural pré-formado, passivamente absorvido, alguns de cujos aspectos denotamos por termos como "mitologia", "teologia" e "filosofia". Estes, alegou ele, referem-se "às mesmas influências que formam a corrente do pensamento humano e que determinam as tentativas do homem de explicar os fenômenos da natureza" (1911: 204). Resta-nos o problema de explicar a criação desse sistema de andaimes intelectuais. A essa questão crucial, Lévi-Strauss dá respostas bem contraditórias. Ele acentua repetidamente a criatividade intelectual dos homens "primitivos", só para rejeitar tudo isso como uma ilusão (GLUCKSMANN, 1974: 88-89). Assim, as "sociedades humanas, tal como seres humanos individuais [...] nunca criam *absolutamente* nada: tudo o que podem fazer é escolher certas combinações de um repertório de ideias que deve ser possível reconstituir" (LÉVI-STRAUSS, 1961: 160). Evidentemente, o construtor da novidade não é a pessoa, e sim o mecanismo de seu cérebro, que organiza em padrões as ideias que vêm a receber de herança da tradição, padrões que posteriormente se realizam nos processos de seu pensamento. E é essa atividade de organização do cérebro universal, que poderia ser denominado o fator antiacaso da criação da novidade cultural, que Lévi-Strauss compara com a *bricolagem*.

O *bricoleur* é, na prática, a pessoa que se deleita com a criação de engenhocas novas a partir dos fragmentos e partes das antigas. Suas estruturas não duram muito tempo, desfazendo-se no curso do tempo, mas ainda assim ele descarta pouco ou nada. As partes sempre podem estar à mão para fazer algo mais. Resulta disso que, quanto ao *bricoleur*, os elementos a partir dos quais suas estruturas são compostas não têm nenhuma relação prévia uns com os outros, sendo antes postos em relações por sua própria imaginação criativa. Podem ter as mais diversas origens, tendo servido repetidamente a estruturas bem diferentes, de modo semelhante aos produtos da *bricolagem*. E, do mesmo modo, todo elemento pode ser usado para funcionar em todas as espécies de maneiras no contexto de projetos diferentes. Como Lévi-Strauss explica, o conteúdo do estoque de instrumentos e materiais que o *bricoleur* tem à mão "não tem nada que ver com o projeto atual, ou mesmo com algum projeto particular, mas é o resultado contingente de todas as ocasiões que houve de renovar ou enriquecer o estoque ou mantê-lo com os restos de construções ou destruições prévias" (1966a: 17). Agora comparemos o *bricoleur* com o engenheiro. Este começa com ferramentas e materiais especificamente moldados para o trabalho a ser realizado, e já relacionados na forma de um plano, para criar algo concreto. Ou, em termos mais gerais, começa com uma estrutura e termina com seu resultado na forma de uma entidade material. O *bricoleur* começa onde os trabalhos do engenheiro encontram seu último repouso: no pátio de sucata. Começando com um estoque de entidades materiais, ou antes seus restos indestrutíveis, termina com uma estrutura, apenas para mandar derrubá-la mais uma vez a fim de fornecer os materiais para o projeto seguinte – não tendo nada mais à disposição com que trabalhar. Cruamente, vemos o engenheiro "criando eventos (mudando o mundo) por meio de estruturas e, o *bricoleur*, criando estruturas por meio de eventos" (LÉVI-STRAUSS, 1966a: 22).

Mas a *bricolagem* está para a engenharia, no plano da prática, como o mito está para a ciência no plano do pensamento. Pelo menos é essa a alegação de Lévi-Strauss, que mais uma vez encontra seu precedente em uma observação de Boas, que observa: "Ao que parece, os mundos mitológicos foram construídos apenas para ser novamente desfeitos, e os novos mundos foram construídos com os fragmentos" (1898: 18; apud LÉVI-STRAUSS, 1968: 206 e 1966a: 21). O cientista projeta conceitos, segundo as exigências do projeto teórico, de modo que se estabelece uma relação necessária entre o projeto e os conceitos, e entre os próprios conceitos. Mas os elementos que são combinados nos mitos vêm prontos, de algum lugar; e, como o próprio Boas observou, a pura contingência de sua associação em tantas combinações diferentes, constituindo padrões tão diversos, milita contra a interpretação dos mitos como tentativas pseudocientíficas de explicar os fenômenos da natureza (BOAS, 1974: 140). Devemos entender que, em vez disso, eles "determinam" essas tentativas, isto é, fornecem um arcabouço paradigmático dentro do qual podem ser feitos. Mas isso significa que comparar o pensamento "mítico" com o "científico" não é exatamente comparar duas coisas semelhantes. Porque, enquanto no último caso o "pensador" é o cientista em pessoa, projetando conceitos e construindo teorias tal como o engenheiro projeta e constrói um aparelho mecânico, no primeiro caso a construção do mito não é menos do que a construção do pensador. E, para Boas, como de fato para Lévi-Strauss, a montagem do mito "fornece um padrão para o desenvolvimento da cultura em geral" (STOCKING, 1974: 130). Os verdadeiros produtos da *bricolagem* são assim os indivíduos, cada um concebido como uma montagem animada de elementos culturais. Assim, quem é o *bricoleur*? Não pode ser nem você nem eu, nem o "nativo" em seu mundo mitológico, já que somos todos apenas os exemplares e os executores de seu trabalho. Ele é em vez disso um agente secreto a quem Lévi-Strauss se dirigiu como "o hóspede não convidado", que sempre se senta conosco e nos acompanha onde quer que vamos, "*a mente humana*" (1968: 71). Ele se referia, naturalmente, ao cérebro, que já não figura como um repositório passivo, mas antes como um compositor ativo de conteúdo cultural.

Se passarmos agora da construção de projetos míticos ou culturais àquela de organismos individuais, a semelhança é imediatamente evidente. Um componente essencial do ataque de Darwin ao argumento do projeto, a ideia de que cada organismo aparece como a corporificação material de uma concepção precedente, foi sua observação de que as várias partes de que é construído todo mecanismo adaptável devem ser encontradas em outras formas ancestrais ou relacionadas, em combinações diferentes e servindo a propósitos bastante diferentes; assim, "a evolução faz uma asa de uma perna ou parte de uma orelha de uma parte do maxilar" (JACOB, 1977: 1.164). Portanto, nenhuma parte pode ter sido formada com um determinado fim em vista. Esse foi um tema principal de um dos trabalhos menos conhecidos de Darwin, *On the various contrivances by which British and foreign orchids are fertilized by insects* [Os vários dispositivos pelos quais as orquídeas britânicas e estrangeiras são fertilizadas por insetos], originalmente publicado em 1862. Nesse trabalho, ele tentou mostrar que, para facilitar a transferência de pólen, a orquídea utiliza todas as partes que estejam disponíveis, partes que podem ter-se originado como adaptações a funções bastante diferentes (GHISELIN, 1969: 136-137; GOULD, 1983: 20-25). Na verdade, ela não tem outro estoque ao qual recorrer do que o que recebe por herança. Para acentuar esse aspecto, Darwin apresentou uma metáfora cuja semelhança com o *bricoleur* de Lévi-Strauss, é quase espantosa:

> Embora um órgão possa não ter sido originalmente formado para algum propósito especial, se ele agora servir para este fim, podemos legitimamente dizer que ele é especialmente inventado para esse fim. Segundo o mesmo princípio, se um homem fizesse uma máquina para algum propósito especial, mas usasse rodas, molas e roldanas velhas, apenas ligeiramente alteradas, a máquina toda, com todas as suas partes, poderia ser considerada como especialmente inventada para esse propósito. Assim, em toda a natureza, quase toda parte de cada vida serviu provavelmente, em uma condição ligeiramente modificada, a propósitos diversos, e atuou no maquinário vivo de muitas antigas formas específicas e distintas (1862: 348).

Ghiselin exprime perfeitamente essa ideia da *bricolagem* orgânica quando compara os produtos da evolução a *engenhocas* em vez de dispositivos, ou, ainda mais vividamente, uma "máquina de Rube Goldberg"* (1969: 134, 215). Assim, "pode-se mostrar que os mecanismos orgânicos [...] foram montados a esmo, a partir de quaisquer materiais que o momento casualmente forneceu [...]. Novas estruturas são invariavelmente elaboradas a partir de componentes preexistentes que, por coincidência, já possuem propriedades físicas ou químicas úteis" (GHISELIN, 1969: 153). Do mesmo modo, Pittendrigh considera o organismo como "uma combinação de retalhos improvisados montados entre si, por assim dizer, a partir do que estava disponível quando a oportunidade bateu à porta" (1958: 400). Gould e Vrba formalizaram recentemente a mesma ideia em sua noção da *co-optação* [*co-optation*] evolutiva (em oposição a construção)

---

* Trata-se de máquinas mirabolantes que em geral excutam tarefas simples de maneira intencionalmente complicada, e divertida [N.T.].

de caracteres que, embora "aptos" para seu propósito atual, não foram especialmente construídos para ele e por isso são mais bem definidos como "exaptações" [*exaptations*] do que como "adaptações" (GOULD & VRBA, 1982).

Equipados com as distinções entre dispositivo e engenhoca, adaptação e co-optação, podemos voltar à concepção da seleção natural de Dobzhansky como um "engenheiro". Os engenheiros, de modo geral, impõem projetos já construídos na imaginação a uma massa de matéria-prima amorfa. Mesmo que usem os restos de coisas antigas, como metal de sucata, trapos ou garrafas vazias, eles primeiro os derretem ou pulverizam, destruindo todos os vestígios de forma. Isso não tem análogo na esfera da evolução orgânica. Na verdade, já observamos, na crítica à ideia da seleção como um escultor que retalha uma placa de pedra, que não há nada na natureza análogo ao bloco bruto. Os únicos materiais que a seleção pode usar na construção de novas formas são os pedaços dos antigos. Portanto, o aparecimento de uma forma está fadado a depender das espécies de pedaços que venham a estar disponíveis. Enquanto os engenheiros, que começam com estruturas ideais e matéria informe, terminam com entidades concretas, a seleção natural procede ajustando e reajustando os restos de entidades concretas em estruturas. Um projetista celeste, se existisse, criaria eventos (organismos individuais) por meio de estruturas; na evolução sob seleção natural, contudo, as estruturas são criadas a partir das partes de eventos. As partes mais indestrutíveis são naturalmente os genes que, como os componentes do mito, servem alternadamente como os elementos de um produto acabado e como materiais de outros que venham a aparecer. Logo, tal como entre ciência e *bricolagem*, entre a seleção natural e a engenharia, a prioridade da estrutura sobre o evento é invertida (LÉVI-STRAUSS, 1966a: 22, 33). Em resumo, e ao contrário do que diz Dobzhansky, a seleção natural não é um engenheiro, mas um *bricoleur* cujos produtos não são dispositivos, mas engenhocas (JACOB, 1977: 1.163-1.164)[58].

Nosso interesse, nessas últimas poucas páginas, foi com o modo de criatividade que governa a construção de entidades novas, sejam elas orgânicas ou culturais, criando historicamente uma sequência mutante cujos elementos são não recorrentes. E, como quer que interpretemos o agente criador, seja como engenheiro ou como *bricoleur*, operando por meio de seleção interna ou externa, a criatividade contida é essencialmente mecanicista, uma vez que realizada por uma combinação de inovação randômica e reorganização de itens preexistentes. Chegou a hora de voltar à outra espécie de criatividade, expressa na fórmula "*A* vive", oposta a "*A* faz *B*". Uma das afirmações mais persuasivas dessa oposição que encontrei é a do teólogo H.N. Wieman. Ele escreve que é necessário, "distinguir-se cuidadosamente entre duas espécies de criatividade, ou seja, dois significados dessa palavra [...]. Uma delas é um fazer característico da pessoa humana. O outro é aquilo que a personalidade sofre, mas não pode fazer". Um ser humano é criativo no primeiro sentido "quando constrói algo segundo um novo projeto que já chegou ao alcance de sua imaginação [...]. A segunda espécie de criatividade é o que *cria progressivamente a personalidade na comunidade*" (WIEMAN, 1961: 63-66; grifos meus). Esta última, sustentamos, pertence ao processo intersubjetivo da vida social, um processo no qual a pessoa está sempre se tornando com o passar do tempo.

É conveniente, nesta etapa, remeter à nossa distinção, do capítulo anterior, entre a vida social *de* pessoas e a vida da sociedade *por meio de* pessoas. A segunda dessas alternativas, recordemos, depende de uma analogia entre sociedade e organismo concebidos como entidades em funcionamento e um conceito de pessoa como uma posição ou parte de um programa regular de conduta prática que cabe ao indivíduo biológico. Eliminando a agentividade do sujeito, ou a pessoa como eu, essa concepção de coisas também exclui todo reconhecimento da criatividade da vida intersubjetiva. Toda ação envolve dois componentes: o que é constante, dependente de regras e repetitivo, e o que é variável, contingente e idiossincrático. Aquele, atribuído a pessoas, é socialmente determinado; este, atribuído a indivíduos, é considerado livre ou indeterminado. Isto é, um obedece a uma espécie de necessidade, sendo o outro uma questão de acaso. Como Radcliffe-Brown explica, ao estudar sincronicamente uma sociedade, ignora-se o componente de variabilidade, tratando-a como se fosse um sistema persistente, estável. Mas é precisamente nesse componente que encontramos os desvios que levam, a longo prazo, à mudança diacrônica (RADCLIFFE-BROWN, 1952: 4; 1957: 88-89). Segue-se que aos pares de oposições entre mudança e persistência, e entre diacronia e sincronia, corresponde também a oposição entre acaso e necessidade. E tal como as duas primeiras se resolvem, ao nos aproximarmos da realidade, na continuidade do processo e na duração da consciência, assim também esta última se resolve na criatividade da vida social das pessoas. Ou, para dizer de outro modo, o resultado de nossa dissecação analítica do fluxo da experiência e sua reconstituição como uma sucessão de estados é a decomposição da duração em sincronia e diacronia, do movimento em persistência e mudança e da criatividade em necessidade e acaso. Reproduzimos como fig. 5.2 um diagrama anterior (fig. 4.3) substituindo a tríade de termos daquele pelos dois termos deste. A eliminação da duração e do movimento equivale, naturalmente, à eliminação da consciência como o lugar da criatividade. Sendo a projeção do passado no futuro, esta não está mais contida em uma infinidade diacrônica de momentos do que no instante sincrônico presente.

Consideremos além disso o que é designado por "necessidade". Ela pode conter uma doutrina seja do mecanismo radical ou do finalismo igualmente radical. Como Bergson mostrou, há pouco a selecionar entre os dois. Eles supõem que, desde o início, *tudo é dado* (BERGSON, 1911: 41-42; cf. tb. BOURDIEU,

1977: 72-73). O finalista afirma que todas as coisas vêm a ser como partes de um programa organizado de antemão, e por isso seu surgimento equivale apenas a uma revelação. O mecanicista também reduz toda realização a um programa, mas trata-se daquele que veio a existir com a máquina, em vez de antes de sua realização na mente de um criador, e que, consequentemente, resta ser descoberto e compreendido pelo intelecto humano. Seja como for, dizer que algo acontece "necessariamente" é afirmar que ele revela ou replica o que já *existe* e, por isso, seu surgimento comprova a *persistência* de um estado de coisas particular. Se, no caso, algo bem mais inesperado vier a ocorrer, o mecanicista será levado a concluir que – por acaso – nasceu um novo estado de que o inesperado é uma consequência necessária. Assim, verificamos outra vez que a persistência está para a mudança assim como a necessidade está para o acaso. Mas, e se a realidade não for uma sucessão de estados, e sim um processo contínuo? Então, como nada persiste, não podemos dizer de nada que é necessário. Nem podemos atribuí-lo ao acaso, visto que este é constituído por sua oposição à necessidade. É precisamente esse o dilema ao qual somos levados ao reescrevermos a vida da sociedade como a vida social de pessoas.

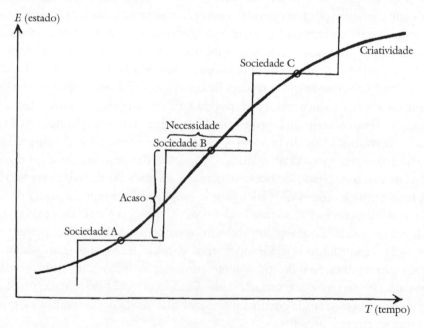

Fig. 5.2. Acaso, necessidade e criatividade (comparar com a fig. 4.3).

O finalismo radical, embora descarte o acaso, não pode oferecer nenhuma solução para o dilema. Se cada estado deve remontar a uma intenção antecedente, ainda temos de explicar a criação dessa intenção. O protótipo dessa espécie de finalismo é a imagem de uma pessoa que propositadamente constrói um artefato segundo um modelo que existe pronto em sua mente. Mas de onde veio o modelo? Voltando às duas espécies de criatividade de Wieman, a execução de um plano é o "fazer de uma pessoa", como quando A faz B. Mas sua origem está naquilo por que a pessoa passa, a saber, *a vida de A*. Assim como faz, o homem vive; portanto, tão logo se dedica a empreender um plano, ele já foi além da intenção original. Há algo na ação que não foi dado em suas condições iniciais, algo de que nem o mecanicismo nem o finalismo podem dar alguma descrição que seja. Neste ponto, Bergson merece ser citado na íntegra:

> Para cada um de nossos atos encontraremos sem dificuldade antecedentes dos quais ele pode ser, de certa forma, a resultante mecânica. E podemos igualmente dizer que cada ação é a realização de uma intenção. Nesse sentido, o mecanismo está por toda parte e a finalidade está por toda parte, na evolução de nossa conduta. Mas se nossa ação envolver o conjunto de nossa pessoa e for verdadeiramente nossa, não poderia ela ter sido prevista, ainda que seus antecedentes a expliquem uma vez que ele se realize. E, ainda que seja a realização de uma intenção, ela difere, como realidade presente e *nova*, da intenção, que não podia pretender mais que recomeçar ou reorganizar o passado (1911: 49-50).

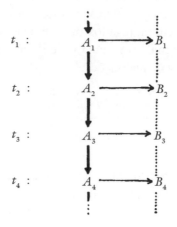

Fig. 5.3. Intencionalidade e conduta.

Vamos reformular esse argumento na forma de um diagrama (fig. 5.3). Rememorando um intervalo da vida de uma pessoa, mesmo curto, poderíamos isolar certo número de intenções separadas, organizadas em sequência, realizadas em uma série correspondente de ações. Cada intenção é um estado da consciência do sujeito (A), cada ato um componente de sua conduta (B). O "fazer de uma pessoa" se resolve então em uma sucessão de passos episódicos: $A_1 B_1, A_2 B_2, A_3 B_3$... No interior de cada um desses passos, nada de novo é acrescentado.

Assim, B_1 "decorre necessariamente" de A_1, B_2 de A_2, B_3 de A_3. Mas, na experiência do sujeito vivo, A_1, A_2 e A_3 são apenas momentos em um fluxo contínuo de consciência – cada um dos quais, como Bergson observa, "tão logo surgiu para fazer o presente já retrocedeu ao passado" (1911: 49). A transformação que o sujeito efetua no mundo externo ao realizar uma intenção ($A_1 B_1$) também é uma transformação interna do sujeito pelo qual uma nova intenção surge da antiga e a incorpora ($A_1 A_2$). E tal como esta última vem governar a conduta ($A_1 B_2$), assim também se forma mais uma vez uma nova intenção (A_3) que não está mais contida na relação $A_2 B_2$ do que A_2 estava na relação $A_1 B_1$.

Pode-se ver na fig. 5.3 que a diferença entre as duas espécies de criatividade depende de se lemos o diagrama horizontalmente (*A* faz *B*) ou verticalmente (*A* vive). O mecanicismo e o finalismo compartilham uma leitura exclusivamente horizontal, embora, para o mecanicismo, a direção das setas deva ser em princípio invertida ($B_1 O_1$, $B_2 O_2$, $B_3 O_3$, onde O é o observador em cuja mente se desenvolvem conceitos sucessivos do programa comportamental personificado na máquina). A pessoa, nessa concepção, é o portador e executor de um projeto que, para o mecanicista, surgiu puramente por acaso ou que, para o finalista, é constituído no instante por um livre-arbítrio espontâneo (BOURDIEU, 1977: 73). Essa é uma noção de liberdade a que devemos voltar; basta dizer agora que ela nos leva a falar de atos e intenções "como se estes fossem unidades ou elementos distintos de alguma maneira agregados ou conjugados na ação" (GIDDENS, 1979: 55). Assim, começamos com uma série de intenções e terminamos com sua tradução em uma série de realizações:

$$\begin{cases} A_1 \to B_1 \\ A_2 \to B_2 \\ A_3 \to B_3 \end{cases}$$

Se a fig. 5.3 for lida verticalmente, a intencionalidade vai aparecer como uma corrente contínua à qual, pelo argumento apresentado no parágrafo anterior, tem de corresponder uma corrente paralela, contínua, de conduta:

$$\ldots \to A_1 \to A_2 \to A_3 - \ldots$$
$$\ldots ---B_1----B_2----B_3-- \ldots$$

Essa concepção, como Giddens indica, leva a uma ênfase na "intencionalidade" como um processo (1979: 56-57). Mais explicitamente: "O caráter intencional das ações humanas (a) não deve ser visto como uma articulação de 'intenções' discretas e separadas, mas como um fluxo contínuo de intencionalidade no tempo; (b) nem deve ser tratado como grupo de estados conscientes que de algum modo 'acompanham' a ação" (GIDDENS, 1979: 40). O isolamento de estados conscientes e a articulação de intenções separadas são antes um produto daquilo que Giddens denomina "a monitorização reflexiva da ação", que ocorre quando o sujeito volta sua atenção para si mesmo a fim de dar uma descrição de sua conduta em resposta às interrogações tanto dele como de outros (1979: 40-42, 56-59). Em outras palavras, as ações e intenções são constituídas retroativamente pelo intelecto, "cujos olhos", como Bergson observou, "estão sempre voltados para trás" (1911: 49). Artificialmente privadas da duração da consciência, elas se ligam em uma cadeia de antecedentes que, seguindo uma regressão infinita, nunca podem exaurir inteiramente a real experiência do sujeito vivo, criador.

As duas correntes paralelas, a de intencionalidade e a de conduta, correspondem aos movimentos da consciência e às relações sociais, respectivamente. E a conexão entre eles é de captura e desdobramento: a consciência captura relações sociais e se desdobra *em* relações sociais. Em conjunto, representam dois aspectos distintos de uma trajetória única que é a vida da pessoa, vista "de dentro olhando 'para fora' e, de fora, olhando 'para dentro'" (INGOLD, 1983a: 9). Portanto, nessa concepção, a pessoa já não aparece como um fio no qual é pendurada uma série de ações e intenções discretas, mas antes como um lugar de crescimento criativo em um campo total de relações intersubjetivas. Assim, também na vida da pessoa encontramos a originação e não simplesmente a execução do novo – um contraste que constitui um paralelo preciso com as diferenças entre as conclusões de Whitehead e Dobzhansky sobre a questão da criatividade orgânica. Para melhor ilustrar, consideremos o uso da linguagem na produção de textos. Voltando à fig. 5.3, uma leitura horizontal retrataria o autor como o portador de um "feixe de intenções" $(A_1 A_2 A_3)$ que são reveladas na montagem de frases $B_1 B_2 B_3$. Traçando uma analogia orgânica, poderíamos dizer (como faz KRISTEVA, 1969: 278-289) que os dois lados se relacionam como o "genotexto" e o "fenotexto" respectivamente, sendo o trabalho do autor traduzir *en bloc* de um para o outro, do plano encoberto para a expressão aberta. Mas, em uma leitura vertical, o texto aparece não como um objeto completo, delimitado, autocontido, e sim como algo que sofre crescimento contínuo e cumulativo, de modo que, a cada nova frase – engendrada pelo que veio antes –, vem a surgir uma totalidade que transcende a antiga e a encapsula. Além disso, a produção do texto $(B_1 B_2 B_3)$ também é a evolução de seu autor $(A_1 A_2 A_3)$: à medida que escreve, e enquanto seu texto avança, ele continuamente ultrapassa a si mesmo. Essa concepção é claramente expressa por Giddens, que afirma que "o autor não é simplesmente 'sujeito' e o texto 'objeto'; o 'autor' ajuda a constituí-lo – ou constituí-la – por meio do texto, através do próprio processo de produção desse texto" (1979: 43-44). Com isso, voltamos à concepção de Bergson da arte como uma captura da consciência do artista, em cujas obras podemos ler sua vida (BERGSON, 1911: 359-360). Isso, vale recordar, é precisamente o que *não pode* ser discernido nos trabalhos do mecânico, engenheiro ou *bricoleur*, que apenas oferecem um canal mediante o qual a vida do fabricante se esvazia e desaparece no passado. Do mesmo modo, a vida social das pessoas se esvazia na rede da cultura. Mas esta se diferencia da produção de textos ou obras de arte de duas maneiras. Em primeiro lugar, é um processo pelo qual as pessoas não só se constituem a si mesmas, mas, reciprocamente, constituem umas às outras. E, em segundo, nunca podemos nos afastar para contemplar o artigo terminado. A vida real sempre tem caráter de trabalho em andamento.

Enquanto nos ocupamos da questão da linguagem e dos textos, é importante para nós destacar o contraste entre a espécie de criatividade que atribuímos a um autor e o que Chomsky denomina "o aspecto criativo do uso da linguagem". Este se funda na observação, em primeiro lugar, de que todo falante competente pode produzir, e, no curso normal de coisas, produz, frases que nunca foram ouvidas ou escritas antes; em segundo, de que essas construções novas não surgem como respostas a estímulos externos, mas parecem ser inteiramente voluntárias e espontâneas; e, em terceiro, que são, no entanto, apropriadas e coerentes, e portanto compreensíveis a um ouvinte ou leitor (CHOMSKY, 1968: 10-11). A gramática, para Chomsky, compreende o conjunto de regras – em parte universais, em parte culturalmente específicas – que *permitem* aos seres humanos tanto "exprimir novos pensamentos como entender expressões inteiramente novas do pensamento" (1968: 6). Cada pensamento, então, corresponde a um novo estado do sujeito e cada expressão a um objeto linguístico único (uma frase). Claramente, a noção chomskiana de criatividade "regida por regras" (1964: 22-23) pode ser acomodada em uma leitura "exclusivamente horizontal" da fig. 5.3, uma vez que as regras servem simplesmente para traduzir pensamentos $(A_1 A_2 A_3)$ em expressões $(B_1 B_2 B_3)$, ou vice-versa. Tanto os pensamentos como as expressões formam uma sequência mutante, irreversível no sentido de singularidade ou não recorrência de seus elementos, cada um dos quais está *fora* dos que o precedem e seguem. Justamente por isso, a linguística chomskiana não pode dar nenhuma descrição do sentido de *fluxo* que discernimos em uma conversação ou texto, a maneira como cada enunciado parece tanto vir do que foi dito como antecipar o que será dito. Nem pode ela explicar a autoconstituição criativa do sujeito falante, que se reflete nesse fluxo. Em resumo, o princípio criativo que Chomsky descobre no uso humano da linguagem caracteriza não a vida ou a consciência de pessoas, mas a produção de coisas, aquilo que fazemos em vez daquilo por que passamos.

Não mais podemos adiar a discussão da polêmica noção de "livre-arbítrio". Chomsky, por exemplo, associa a criatividade com a liberdade do pensamento e sua expressão voluntária. E, apesar da imensa distância que separa suas concepções daquelas de Saussure, permanece a ideia de que essa liberdade está na capacidade do falante individual de gerar uma variedade infinita de expressões, usando apenas meios finitos[59]. Em Chomsky e em Saussure, a dificuldade está na identificação dessa liberdade com o exercício da vontade. Uma coisa é ter uma capacidade gerativa infinita, e completamente outra é ser capaz de pô-la em um uso dotado de propósito na vivência prática da vida (HYMES, 1971: 58; BOURDIEU, 1977: 25). Claramente, a liberdade, tal como a criatividade, significa coisas diferentes para pessoas diferentes. O aspecto principal que desejo estabelecer é que, na medida em que o conceito de liberdade seja constituído por sua oposição ao determinismo, uma criatividade livre deve, como Bateson sustentou, "alimentar-se do acaso" (1980: 57) e não pode ser adequadamente classificada como advinda da vontade ou dotada de propósito. Inversamente, se vamos associar a criatividade ao exercício da vontade ou movimento da consciência prática, então ela não pode ser nem livre nem "regida por regras". O argumento é, na verdade, uma extensão do que já apresentamos com relação à fig. 5.2. Ele apenas associa a oposição entre o livre e o determinado (ou dependente de regras) àquela entre acaso e necessidade. Assim como a criatividade transcende esta última dicotomia, assim também o propósito transcende a anterior. Ou, para resumir:

Persistência	:	Mudança	→	Movimento
Sincronia	:	Diacronia	→	Duração
Necessidade	:	Acaso	→	Criatividade
Determinismo	:	Liberdade	→	Propósito

Em cada caso, os dois primeiros itens se resolvem, na abordagem da realidade, na forma do terceiro.

A ideia de livre-arbítrio está, claro, estreitamente ligada a uma concepção cartesiana de seres humanos isolados sobre os quais se supõe que, na condição de seres inteligentes, invariavelmente pensam antes de agir. O mesmo racionalismo está na base de *Cartesian Linguistics* [Linguística cartesiana] de Chomsky, que pretende explicar a geração, e expressão, espontânea de novos pensamentos (CHOMSKY, 1966). Está implícito aí que o sujeito primeiro *considera*, dentre uma variedade potencialmente infinita de proposições apropriadas, qual adotar, e depois *executa* aquilo que as proposições selecionadas ordenam. Em outras palavras, agir voluntariamente "é fazer um pouco de teoria e logo fazer um pouco de prática" (RYLE, 1949: 30). Como a prática é aqui reduzida à execução mecânica de um plano predeterminado, a liberdade que torna um ato voluntário em vez de automático reside na consideração de alternativas. Essa ideia é tão arraigada no pensamento ocidental contemporâneo, que muitos dos termos de que dispomos para denotar intencionalidade (como "voluntário", "deliberado") se estendem simultaneamente à tomada de decisão formal ou escolha racional ("vontade", "deliberação"). E, pela mesma razão, julgamos difícil compreender a intencionalidade da ação da parte de outros animais que, justa ou injustamente, são considerados não possuidores da faculdade intelectual da razão (INGOLD, 1983a: 17, n. 4). Mas os animais são seguramente conscientes, e, como suas ações são dirigidas pela consciência, pode dizer-se que personifiquem intenção ou propósito. O que possivelmente não podem fazer, por lhes faltarem as capacidades linguísticas distintamente humanas que Chomsky justamente destacou, é submeter sua conduta à monitorização reflexiva ou articular suas intenções em discurso (CHOMSKY, 1966: 3-5; GIDDENS, 1979: 56-57).

A diferença essencial entre a posição cartesiana e nossa própria pode ser descrita como se segue: enquanto, para o racionalismo, a conduta voluntária depende da operação prévia do intelecto na geração de novos pensamentos, sustentamos que a intencionalidade reside no próprio movimento da consciência, de que "os pensamentos" são um subproduto não essencial, recursivamente constituído pelo intelecto. O que o racionalismo nos oferece é, então, uma *reconstrução* da conduta, agregada a partir de um número bem grande de passos, cada um dos quais se compõe de um ato "livre" de escolha seguido de sua execução "determinada". Nessa reconstrução, como o exprime Bergson, a vontade parece inclinada a imitar o mecanismo do intelecto. Entretanto, continua ele, "uma conduta realmente nossa própria [...] é aquela de uma vontade que não tenta imitar o intelecto, e que, permanecendo ela mesma – isto é, evoluindo – amadurece gradualmente em ações que o intelecto será capaz de traduzir indefinidamente em elementos inteligíveis sem jamais alcançar sua meta" (BERGSON, 1911: 50). Essa vontade, alegamos, embora criadora, não é livre – enquanto se considerar a liberdade dependente da negação da necessidade causal (BIDNEY, 1963a: 29)[60]. Isso ocorre porque, tendo como sede o eu, a pessoa como um ponto do desdobramento de um campo intersubjetivo, a vontade deve estar em continuidade com a trajetória da vida passada da pessoa. Ou, dito de outro modo: não posso neste instante ser uma pessoa que não aquela que atualmente sou, com os propósitos que atualmente tenho; mas, assim como sou responsável pela minha conduta presente, assim também sou o criador de mim mesmo – tanto sujeito como superjeito.

Consideremos por um momento a proposição inversa: suponhamos que sou livre para pôr em prática todas as ideias que me vêm à mente. Nesse caso, até que ponto posso ser considerado responsável pelas minhas ações? É bem claro que uma roda de roleta não é responsável por "escolher" o número no qual eventualmente cai. Nem há nada menos caprichoso na livre-escolha, por uma testemunha imparcial, de uma carta de um maço oferecido pelo adivinho. Em nenhum caso poderia a escolha, ou a ação possivelmente baseada nela (se o número ou carta contiverem uma instrução) ser considerada razoavelmente como dotada de propósito. Em outras palavras, trata-se de exemplos de liberdade sem vontade, uma espécie de liberdade que deixa o indivíduo sem mais controle de sua atividade do que têm as partículas subatômicas, cujos movimentos contêm um componente de acaso (HARRÉ, 1979: 255; INGOLD, 1983a: 5). É bem diferente a escolha de movimentos, digamos, em um jogo de xadrez; a diferença é que, aqui, opções alternativas são julgadas por sua adequação com vistas a um propósito supremo – ganhar o jogo. Resulta disso que só pode haver liberdade fundada na vontade na execução de um propósito, não em sua criação, e que toda intenção que é produto de "deliberação" racional, bem como o curso de ação que implica, tem de ser parte de uma estratégia de implementação de alguma meta ainda mais fundamental. Se supusermos que todas as nossas ações são deliberadas nesse sentido, também deveremos supor que as nossas deliberações sejam subscritas ou motivadas por um grupo de desejos que são "naturais", no sentido de constantes, universais e absolutas. Mas esse é um argumento em favor de retirar a responsabilidade pela conduta da pessoa social particular e transferi-la a uma natureza humana externa e generalizada. Sabendo-se os fins do homem comum e os meios disponíveis a ele, o curso racional de ação pode ser, em princípio, calculado. Portanto, a menos que dois ou mais cursos fossem igualmente apropriados, ou a menos que fosse recomendada uma estratégia estatisticamente "mista" (caso em que a escolha seria mais uma vez baseada em capricho em vez de razão), a liberdade do indivíduo equivale a nada mais do que a liberdade de errar, fazer juízos errôneos e – mais positivamente – de progredir, segundo a concepção popperiana do avanço científico ou a tyloriana da reforma institucional, por tentativa e erro. Mas, aqui também, é o acaso que oferece variantes alternativas, simultaneamente apresentadas a um ego – nosso indivíduo universal – que está fora e acima de todas elas. Nessa situação, a vontade, tal como é, *seleciona*, mas não cria. Isto é, a criatividade não vem da vontade, sendo antes o resultado de um processo estocástico com um fator inerente de acaso.

Não podemos mais apreender a criatividade dotada de propósito da vida social tratando-a como um jogo no qual cada ato é um movimento separado do que o podemos comparando-a com um drama no qual todos desempenham um papel predeterminado. Embora a primeira analogia permita um elemento de escolha que esta última nega (BARTH, 1966: 4-5), as duas supõem que a vida das pessoas se resuma à execução de um projeto específico – jogo ou drama – cujas finalidades ou "valores" estão dados de uma vez por todas. Nesse mundo de fantasia, tudo que cada um faz é um meio para um fim cuja própria realização é o fim do mundo. Uma vez que se ganha o jogo, este termina; ditas todas as falas, as cortinas descem. A vida social, ao contrário, *tem de continuar*. Por isso, todos os "fins" são apenas meios para a continuidade da vida, e todo destino é apenas um ponto de passagem em uma jornada eterna. Como, nessa viagem, ultrapassamos constantemente nossos propósitos prévios – inclusive em sua execução –, nossos planos mais bem elaborados são necessariamente engolfados no próprio processo que buscamos dirigir. Vemos aqui as limitações essenciais da analogia, traçada no capítulo precedente, entre a vida social e o jogo de xadrez. Neste último, há um propósito primordial, correspondente ao objetivo do jogo, que governa a escolha de cada movimento sucessivo; naquela, todo ato ou incremento da conduta é também um incremento do avanço na evolução do propósito na própria conduta. A vontade, como Bidney realçou, "não é absoluta, mas relativa à natureza do eu e suas capacidades de ação", e por isso se desdobra – assim como o faz o eu consciente – na prática social (BIDNEY, 1963a: 18).

Não há consequentemente base na realidade para a distinção, que a analogia do jogo sugere, entre a execução de movimentos em um mesmo jogo e movimentos de um jogo para outro. É, naturalmente, justo essa espécie de lógica que leva à contraposição entre liberdade individual e mudança social. De um lado, há a busca motivada de metas valorizadas que se supõe ser comuns a todos os membros de uma sociedade, governada por regras de procedimento que ou restringem (como para Saussure) ou capacitam (como para Chomsky). Do outro lado, há a substituição desmotivada de um conjunto de metas por outro, considerada como marco da transição abrupta para um novo estado social. A primeira sujeita a liberdade à determinação de uma vontade coletiva; a segunda sujeita esse determinismo a uma liberdade não voluntária. Um relance na fig. 5.2 revela a correspondência entre essas alternativas e os vales e picos daquele diagrama. Às duas opomos nossa concepção da vida social como constituída pela conduta criativa de pessoas. Essa criatividade não deve ser atribuída ao livre-agir de mentes privadas contidas nos corpos de indivíduos autônomos, nem se manifesta na ascendência da racionalidade sobre o condicionamento social ou da exceção sobre a regra – marcos do padrão empresarial de mudança social (BOURDIEU, 1977: 26; cf. BARTH, 1966: 17-18). Do mesmo modo, não entendemos o social como uma disciplina externa que estabelece aquilo que Dorothy Lee, caracterizando o conceito ocidental de sociedade, denomina "uma cerca ao redor da forma – menos área de liberdade" (LEE, 1959: 57). Dahrendorf fala, nessa linha, da sociedade como um "fato perturbador", um sistema de restrições todo-abrangentes que se põe entre nós e nossos desejos com toda a concretude de uma parede de tijolos, deixando a liberdade como "uma variedade residual de escolha que escapa ao cálculo e ao controle" (1968: 58). Mas imaginar o indivíduo cercado separado de seu ambiente social, da história do envolvimento mútuo que o tornou o que é, é aliená-lo da própria fonte de seu propósito. Sua tão louvada liberdade, longe de ser voluntariamente criativa, não se torna nada mais do que uma vibração sem propósito dentro dos limites de uma estrutura persistente, determinante (LEVINE & LEVINE, 1975: 176). Em contraste, a liberdade da *pessoa* – o sujeito consciente, dotado de vontade, das relações sociais – não pode ser mais bem compreendida por sua oposição ao determinismo do que o pode sua criatividade como fuga de conformidade cega a condições sociais. Essa espécie de liberdade, como Bourdieu explica, "está tão distante de uma criação da novidade imprevisível como o está de uma simples reprodução mecânica dos condicionamentos iniciais" (1977: 95). A qualidade essencial da vida e da consciência é transcender essa dicotomia[61].

Umas poucas palavras a mais são necessárias para relacionar a ideia de criatividade aqui desenvolvida à nossa discussão do tempo no capítulo anterior. Voltando à fig. 5.3, o que desejo dizer é simplesmente que, com uma leitura vertical, o tempo ou duração real é intrínseco ao fluxo tanto da intencionalidade como da conduta, da consciência e das relações sociais. Com uma leitura horizontal, por outro lado, cada intenção e sua correspondente execução ocupam um instante na sucessão cronológica de instantes que é o tempo abstrato. Fazendo-os aparecer em sucessão rápida, podemos dar-lhes um ar de continuidade, assim como um projetor de filme traduz uma série de imagens discretas em um quadro móvel. Segundo Bergson, é precisamente assim que o movimento da vida, recursivamente dissecado pelo intelecto observador, é repetido no pensamento. Quando fazemos um filme, o movimento experiencial do sujeito não pode ser capturado, uma vez que a câmera só pode registrar uma sucessão de estados separados por mínimos intervalos. E quando o filme é posteriormente projetado, a continuidade é efetuada compondo esses estados com o movimento do aparelho. Assim, um tempo extrínseco, mecânico, vem a substituir a duração intrínseca da experiência vivida. Bergson escreveu que "Esse é o artifício do cinematógrafo. E esse também é aquele de nosso conhecimento. Em vez de nos apegar ao devir interior das coisas, colocamo-nos fora dele para recompor artificialmente seu devir" (1911: 322).

Onde, como na fórmula "horizontal", "*A* faz *B*", a conduta é entendida como a execução de um projeto pré-formado na imaginação, e ao qual nada de novo é acrescentado, o tempo não intervém. Isto é, a passagem do tempo é inteiramente acessória à realização do projeto. Mais uma vez, Bergson nos fornece uma bela analogia quando compara a criança que monta um quebra-cabeça com o artista trabalhando em um quadro. A criança que pratica pode concluir o quebra-cabeça cada vez mais rapidamente:

> A operação, por isso, não requer um tempo definido, e na verdade, teoricamente, não requer tempo algum. Porque o resultado é dado. É porque a imagem já foi criada, e porque chegar a ela requer só um trabalho de recomposição e reorganização – um trabalho que se pode supor que vá cada vez mais rápido, e mesmo infinitamente rápido, a ponto de ser instantâneo (1911: 359).

O quadro do artista, ao contrário, não é pré-formado, mas evolui ou "amadurece" em harmonia com o fluxo de consciência de seu criador. Aqui, "o tempo já não é um acessório; não é um intervalo que pode ser alongado ou encurtado sem alterar o conteúdo". É, em vez disso, parte constitutiva da própria obra. Assim, a diferença entre a solução do quebra-cabeça da criança e a composição do artista corresponde, mais uma vez, àquela entre as leituras horizontal e vertical da fig. 5.3. Portanto, de certo modo, o mesmo ocorre com o contraste entre a *performance* de uma peça musical e sua composição original. Embora a música, diferentemente da pintura, necessite de uma dimensão temporal para sua revelação, a realização parece suspender a passagem do tempo em um presente extenso, ou, na verdade, negar que o tempo esteja passando em absoluto. Como Lévi-Strauss observa, a música "transmuta o segmento de tempo dedicado à escuta em uma totalidade que é sincrônica e fechada em si mesmo" (1966b: 61). O mesmo acontece – alega ele – com a revelação do mito, que, diferentemente da música, nunca foi conscientemente composto; e, de fato, seria possível estender isso para abarcar a execução de todo tipo de "pauta", seja ela escrita em notas, palavras, costumes ou genes. A imortalidade que ganhamos ao escutar música tem sua contraparte no "presente etnográfico" intemporal do portador da cultura tradicional.

Voltando à comparação de Bergson da solução do quebra-cabeça com a composição artística, devemos observar outra diferença importante. Suponhamos que a criança pegue e resolva um quebra-cabeças depois do outro. A todo momento, sua atividade é completamente abrangida pelo projeto à mão. O passado, por isso, é inerte, um repositório ou depósito no qual cada quebra-cabeças é descartado uma vez que tenha sido amplamente resolvido (e todos que têm filhos sabem que o exemplo não é inteiramente imaginário). O artista, por outro lado, sendo o real autor de seu trabalho, em vez de acessório à sua resolução, faz incidir sobre ele o conjunto de seu passado. Na verdade, ele *é* o curso de sua própria vida passada e, por isso, dizer que sua obra implica toda a sua pessoa equivale a atribuir ao passado uma eficácia criadora. Assim, a consciência, como vimos no capítulo anterior, torna o passado um avanço ativo para o futuro. Do mesmo modo, como Giddens observa, embora "todo processo de ação [social] seja uma produção de algo novo, um ato inédito [...] ao mesmo tempo toda ação existe em continuidade com o passado, que fornece os meios de sua iniciação" (1979: 70). Isso, mais uma vez, requer que adotemos uma leitura vertical da fig. 5.3 para a compreensão da vida social. A diferença entre um passado "morto" e um "vivo", ou entre a sedimentação de coisas criadas, ou trabalhos, e o trabalho criador das pessoas se relaciona claramente com nossa discussão anterior da natureza da liberdade. Se, com Sartre, consideramos todo projeto novo como sendo constituído no instante presente por uma imaginação espontânea e não tolhida, o passado se torna (assim como a Terra) uma plataforma de atividades humanas, um depósito acumulador – formado por resíduos materiais de projetos precedentes – em cuja superfície o sujeito individual realiza uma dança solitária e narcisista. Uma vez que devolvamos a vida à história, a pessoa já não pode ser livre nesse sentido; nem, contudo, é ela inteiramente prisioneira, como Braudel o diria, de um destino fixado por restrições imutáveis da longa duração* – que "sempre ganha no fim" (BRAUDEL, 1972: 1.244). O destino humano é, em geral, feito pelo homem.

Essas conclusões convidam algumas reflexões sobre a relação entre história e tradição. A adesão à tradição é algo que atribuímos bem mais prontamente aos outros do que a nós mesmos. Esses outros podem ser "nativos" contemporâneos ou nossos próprios antepassados. A distância que temos de percorrer, exteriormente, no espaço, ou retrospectivamente, no tempo, antes de encontrarmos a tradição depende somente de quão estritamente traçamos, em um contexto particular, os limites ao redor de "pessoas como nós". Mas, quer lidemos com nativos ou antepassados, examinar sua vida como a representação da tradição é dotar a posição de um espectador externo. Se tomarmos a história em seu sentido de história de pessoas, que já identificamos com o processo da vida social, o que para *eles* é história torna-se para *nós* uma tradição – isto é, uma espécie de contexto ou paisagem cênica em que *nossa* história se desdobra. Do mesmo modo, a história que ora fazemos vai, na concepção retrospectiva de nossos descendentes, parecer completamente tradicional. Pessoas que vivem sob o jugo da tradição são consideradas sujeitas aos ditames de uma rotina *necessária*, que só é aliviada por um elemento *"casual"* de idiossincrasia ou inovação *aleatórias*. Portanto, o ponto em que a história se torna tradição coincide com a morte do passado, além do qual a ação social *criadora* – já não avivada pela consciência – reverte a mero comportamento culturalmente *determinado*. Em outras palavras, a tradição é um exoesqueleto de formas objetivas privadas da vida que um dia pulsou por meio dela: é história sem duração. Por esse motivo, supõe-se que as pessoas "tradicionais" vivam em um presente perpétuo que, no entanto, é separado de nosso próprio. E, justamente por isso, a história está para a tradição assim como a ação para o valor. Porque aquilo que o jargão etnográfico padrão denota como "valores culturais" são as dimensões do projeto para cujo cumprimento se entende que os portadores da cultura tradicionais dediquem toda a sua vida. Mas, na realidade, os propósitos humanos não sofrem restrições dessa maneira. Como as tradições são o resíduo da história, os valores são os produtos duradouros da ação social passada – "bens criados" nos termos de Wieman. E, como tais, fornecem um contexto, mas não uma camisa de força, para a vida social. Se as pessoas podem fazer uma descrição de suas ações quanto a cumprimento de valores, isso ocorre apenas porque aquelas sempre ultrapassam este último; portanto, o relato nunca pode ser completo. A história está sempre um passo além da tradição.

---

* Seguimos na tradução referida a proposta de Braudel [N.T.].

Estes argumentos nos deixam profundamente céticos com respeito à ideia, ainda comumente mantida na antropologia, de que as pessoas das chamadas sociedades primitivas na verdade estão mais presas à tradição do que nós e, inversamente, de que o domínio da consciência histórica é um fenômeno caracteristicamente ocidental. Parece que o tradicionalismo é em larga medida um subproduto da construção antropológica de "outras culturas" e que, tal como a universalidade do tabu do incesto, entrou na literatura como uma verdade estabelecida sobre as pessoas dessas culturas muito antes de alguém se preocupar em submetê-la a alguma espécie de verificação. Pode bem ser que as sociedades supostamente "frias", congeladas pelo estruturalismo objetivista em uma suposta postura de pura atemporalidade, acabem por nos revelar a criatividade essencial da vida intersubjetiva que nós no Ocidente, aprisionados pelas oposições liberdade/determinismo, diacronia/sincronia, evento/estrutura, julgamos tão difícil apreender. E, uma vez que estendemos o campo da história para abarcar não somente nós, mas toda a humanidade, por que parar aí? É notável que Whitehead aplique precisamente a mesma lógica para distinguir o processo de vida orgânico da herança física que aplicamos na distinção entre vida social e tradição cultural. Apelar para a herança ou a hereditariedade é simplesmente afirmar a necessidade daquilo que *é*, em vez de explorar as potências do devir. Mas vida, alega Whitehead "é o nome da originalidade, e não da tradição". E, mais uma vez: "Um organismo está 'vivo' quando em alguma medida suas reações não são explicáveis por *nenhuma* tradição de herança puramente física" (1929: 145-146). Naturalmente, estender o argumento dessa maneira nos leva a propor uma nova questão, cuja consideração há muito tempo deveria ter ocorrido. Os animais que não os seres humanos têm história? Dedicarei as páginas finais deste capítulo à sugestão de algumas respostas possíveis.

Há um sentido óbvio no qual a vida de cada animal individual manifesta um evento na história de sua espécie. Mas essa é uma história natural de *populações*, equivalentes à evolução darwiniana, e não nos leva além da concepção da vida como a revelação da tradição que Whitehead explicitamente rejeita. Já exploramos esse sentido de história no capítulo 3, e não precisamos deter-nos nele agora. Também é perfeitamente legítimo perguntar até que ponto os animais executam e transmitem instruções que são aprendidas bem como inatas. Há abundantes provas de que o fazem[62], embora a questão levante certos elementos duvidosos sobre a relação entre a herança genética e a cultural cuja consideração teremos de deixar para um capítulo posterior. Talvez então se possa dizer que algumas espécies de animais (principalmente vertebrados) têm "culturas-histórias", formadas por meio da preservação diferencial de inovações na tradição, em vez de mutações nos materiais da hereditariedade (BOCK, 1980: 148). Embora defensor da concepção de que "os seres humanos são os únicos animais que têm histórias" por causa das "variedades de vida sociocultural que são simultaneamente exibidas pela espécie", Bock, por exemplo, reconhece "que as espécies que não a humana poderiam ter tido *algo como* histórias" (1980: 158, 225, n. 8). Mas isto ainda é entender a história em seu sentido boasiano, oposto à evolução darwinista apenas porque trata de coisas culturais em vez de naturais e não nos leva mais perto de nada nos animais que se compare com a história de pessoas.

Diferentemente de Bock, Haldane não tem dúvida de que os animais *de fato* têm histórias, mas pelo menos até há pouco tiveram muito poucos historiadores. Haldane, alega que "A primeira história de uma espécie de animal selvagem foi publicada em 1952. Trata-se de *A pardela**, de James Fisher" (HALDANE, 1956a: 395). Esse livro descreve a disseminação da pardela atlântica, rumo ao sul e saindo do Círculo Ártico, para colonizar primeiro a Islândia, dali Saint Kilda, Orkney e Shetland, o continente escocês e, eventualmente, o Sul da Inglaterra. É precisamente a espécie de história, de migração e colonização, que White tinha em mente quando aplicou sua distinção entre história e evolução ao campo da biologia. Como Tylor, lembremos, White comparou traços culturais com espécies. Portanto, o análogo da cultura-história boasiana, tendo que ver como era o caso com as perambulações e encontros de traços isoláveis em populações humanas, não foi a evolução darwiniana, mas uma espécie de história ecológica preocupada com a dispersão e associação de espécies. Como historiador, "o biólogo quer saber onde certo gênero ou espécie apareceu, para onde migrou, onde floresceu ou pereceu etc." (WHITE, 1945a: 235). Como vimos no capítulo 3, essa concepção de história levou White à conclusão errônea de que a *evolução* das espécies (ao contrário de sua história), por variação sob seleção natural, é um desdobramento particular semelhante ao crescimento orgânico. Uma vez que se reconheça que a evolução darwiniana é adequadamente análoga à história boasiana, o que White ou Haldane denominaria história em animais – exemplificado pelo estudo da pardela feito por Fisher – se mostra análogo a uma espécie de ecologia humana.

Inversamente, tudo que se assemelhe a uma história de pessoas em animais seria análogo ao movimento organicamente criador que White chama de evolução. Talvez a primeira pessoa a atribuir aos animais essa espécie de história tenha sido Morgan, em seu trabalho sobre o castor americano. Morgan estava totalmente preparado para reconhecer que todos os animais são sujeitos dotados de vontade e de propósito e, como tais, são os autores de seu próprio avanço progressivo, no âmbito de um conjunto de estruturas corporais que permaneciam inalteradas desde o dia da criação. Assim, para cada espécie animal, inclusive o homem, a evolução foi concebida como um movimento da mente ou cons-

---

* Ave marinha da família procelariforme, que inclui, por exemplo, o albatroz e a cagarra [N.T.].

ciência (cf. cap. 2 e fig. 2.3). Além disso, esse movimento foi identificado por Morgan com o princípio da vida: tudo o que há na vida é a vida da mente – a "essência espiritual", como a chamou. "Sou eu – o espírito – que vive, e não o corpo, que é material" (MORGAN, 1868: 256). Bergson, do mesmo modo, trata a consciência como um princípio que infunde vida ao corpo que anima, e é enfático em dizer que tudo que vive "tem uma história" nesse sentido (1911: 16, 284-285). Seria, contudo, um grande erro concluir que Morgan e Bergson fazem alegações na mesma linha. Para Morgan, mente é igual a intelecto, um "princípio de pensamento" completamente cartesiano que habita todo corpo animal, mas é distinto dele. Tal como o ser humano racional, supõe-se que o animal primeiro selecione livremente entre cursos alternativos de ação, e depois aja de acordo com isso: ele "põe o corpo em movimento para executar uma resolução antes alcançada por um processo de raciocínio" (MORGAN, 1868: 271). Suas ações são voluntárias porque advêm da operação do intelecto. O castor, por exemplo, quando "se detém por um momento e contempla seu trabalho..., mostra-se capaz de manter seus pensamentos diante de sua mente de castor; em outras palavras, é consciente de seus próprios processos mentais" (1868: 256). Mas, se sabe o que pensa, por que ele não pode exprimi-lo? Somente porque – pensou Morgan – lhe falta o aparato de linguagem corpóreo necessário (vocal ou gestual). Por isso tratou animais como "mudos". Ponhamos a mente do castor em um corpo humano, e ele dirá tudo.

Nosso atual conhecimento da consciência dos animais indubitavelmente pesa contra Morgan (mas cf. GRIFFIN, 1976). A maioria provavelmente concordaria com Bock, que diz que, embora a construção de uma caixa-forte gótica possa ser explicada "por referência às ações de pessoas", não se pode dizer o mesmo da arquitetura das aranhas, abelhas ou, quanto a isso, dos castores (BOCK, 1980: 182-184; tb. MARX, 1930 [1867]: 169-170). Assim, Morgan foi culpado de imputar ao castor de um conceito prévio do trabalho deste último que na verdade se originou *a posteriori* em sua *própria* mente, formada com base em observações maravilhosamente precisas. Com isso, voltamos às alternativas do mecanicismo e do finalismo, ou de mutação casual e inteligência livre na construção da novidade. Mas o resultado de nossa discussão anterior dessas alternativas foi que nenhum deles pode abarcar a vida do sujeito. A vida do castor não termina na realização de sua toca; em vez disso, a toca é acessória à sua vida. O mesmo vale para o arquiteto gótico. E a vida da pessoa, tal como a do animal, corresponde ao sentido bergsoniano de história. O poder do sujeito agente, seja ele humano ou animal, de refletir sobre seu próprio estado de espírito (i. é, se ele é consciente de si mesmo ou simplesmente consciente) é secundário diante do fato de que, diferentemente da máquina, ele *vive*. Esta é então a chave da diferença entre Morgan e Bergson sobre a história dos animais: para Bergson, a vida subjetiva não é fundada no trabalho do intelecto. O castor tem uma história porque é vivo e consciente, porque age no mundo, embora nunca possa representar para si mesmo – e, nesse sentido, "saber" – algo do que faz. Como Engels escreveu, "Quanto mais afastados dos animais estão os homens, tanto mais seu efeito sobre a natureza assume o caráter de ação premeditada, planejada, com vistas a fins preconcebidos definidos" (1934: 178; cf. INGOLD, 1979: 282). Na medida em que os animais participam da história, isso ocorre sem seu conhecimento. Assim, a história humana se diferencia da história animal, mais uma vez nas palavras de Engels, "como o processo evolutivo de organismos *autoconscientes*" (1934: 34, 237).

Algumas das especulações mais interessantes sobre as diferenças entre história humana e história animal estão em escritos iniciais de Marx, notadamente *The economic and philosophic manuscripts of 1844* [Manuscritos econômico-filosóficos de 1844]. Ele destaca que, para o animal não humano, há apenas uma corrente única de vida:

> O animal forma uma unidade imediata com sua atividade de vida. Ele não se distingue dela. É *sua atividade de vida*. O homem faz de sua própria atividade de vida o objeto de sua vontade e de sua consciência. Não é uma determinação com a qual ele se funde diretamente. A atividade de vida consciente distingue o homem imediatamente da atividade de vida animal (MARX, 1964a: 113).

Ser consciente da atividade de vida é, pela própria lógica de Marx, ser consciente de si: assim, estritamente falando, a autoconsciência é a marca distintiva da humanidade. O que julgo que Marx diz é, portanto, que, enquanto a atividade do animal forma unidade com sua consciência, nos seres humanos há uma bifurcação em duas correntes opostas, mas complementares – a de intencionalidade e a de conduta – que se condicionam mutuamente. Essa oposição é, por sua vez, uma condição prévia da alienação entre o ser subjetivo do homem e os constituintes objetivos de sua atividade, ou seja, do distanciamento do trabalho (que era o objeto principal de Marx na passagem que acabamos de citar). Distinguimos as duas correntes na fig. 5.3, e sustentamos que a intencionalidade está para a conduta assim como a consciência está para as relações sociais. Decorre do nosso argumento que a disjunção entre consciência e relações sociais também é a constituição do eu agente, cujos limites são estabelecidos na interface. É isso que define a natureza da pessoa como um ser social, ou, como Marx às vezes a denomina, "um ser da espécie"[63]. Assim, o homem é um "ser que trata a espécie como seu próprio ser essencial, ou que trata a si mesmo como um ser da espécie" (1964a: 113). Ou, em linguagem menos arrevesada, o homem se vê no espelho de suas relações com outros, da mesma maneira como vê os outros tal como refletidos em si mesmo, enquanto o animal, cuja consciência é inextricável de sua atividade no mundo, "não estabelece '*relações*' com coisa alguma, não estabelece nenhuma relação em absoluto" (MARX & ENGELS, 1977: 51). É essa diferença que torna a história humana mais do que somente um processo de vida. É um processo de vida *social*.

Estas observações devem nos ajudar a entender pelo menos parte do sentido da afirmação de Marx de que "a história é ela mesma uma parte *real* da *história natural* – da natureza se desenvolvendo em homem" (1964a: 143). Esta *não* é absolutamente uma afirmação no sentido de que toda a história humana pode ser considerada em última análise como uma extensão ou broto da evolução biológica humana. Nem, ao contrário, justifica a alegação grotesca de E.O. Wilson de que "O marxismo é sociobiologia sem biologia", prejudicado por "sua tendência de conceber a natureza humana como relativamente não estruturada e básica ou inteiramente o produto de forças socioeconômicas externas" (WILSON, 1978: 191; LUMSDEN & WILSON, 1981: 355). A história humana não é, para Marx, uma história de objetos biologicamente preconstituídos ou ambientalmente condicionados colocados no final de uma história natural pré-humana que culmina na emergência do homem. Em vez disso, a história natural só pode ser admitida, em termos marxistas, no contexto de uma história humana feita por sujeitos conscientes (SCHMIDT, 1971: 46)[64]. Isto é, a história humana e a história natural se complementam mutuamente, como o fazem as correntes da intencionalidade e da conduta, como dois lados de um encontro perpétuo entre os domínios subjetivo e objetivo – ou social e físico – da realidade. A preocupação de Marx, por isso, foi antes de mais nada com a "história humana da natureza" em vez de com a "história natural do homem" (MOSCOVICI, 1976: x; tb. SCHMIDT, 1971: 76-78, 191). Assim concebida, a natureza é extrínseca ao homem social embora esteja intimamente envolvida com ele; ela é "*a objetivação da vida de espécie [social] do homem*" (MARX, 1964a: 114). Por meio de sua apropriação ou envolvimento em relações sociais, sua "humanização", a natureza adquire um passado, e, portanto, uma história, composta da progressiva corporificação da conduta criadora do homem, do trabalho ou produção, no mundo exterior. Assim como podemos ler a vida do artista em suas obras, ou do autor em seu texto, assim também está a história humana incluída no mundo da natureza. Nas palavras de Marx: "O homem se contempla em um mundo [natural] que ele criou" (1964a: 114). E, nesta contemplação, permitida pela separação entre consciência e conduta, está o processo de nossa própria autocriação. Em resumo, nós nos constituímos continuamente como sujeitos históricos mediante nosso confronto dialético com a natureza objetiva no trabalho de produção.

Levar essas questões adiante nesta etapa seria entrar nos temas dos dois próximos capítulos. Ali veremos mais detidamente as variedades de consciência, discursiva e prática, a questão da intencionalidade em animais e seres humanos e a dicotomia entre ação e comportamento. Teremos de voltar, também, à distinção entre cultura e vida social, relacionando-a com os diferentes sentidos de evolução, história, tempo e criatividade delineados em capítulos anteriores. Mas, antes de tratar de algum desses problemas, é necessário abordar uma questão raramente tratada na antropologia, possivelmente porque é tão central à atual constituição da disciplina que é melhor deixá-la em paz. Mas é vitalmente importante ter uma resposta, ao menos para resolver as diferenças e equívocos persistentes entre os praticantes da história e da ciência biológica, dois grupos que de vez em quando reivindicam exclusivamente para si o campo da antropologia social. Subsumir o estudo do social ao estudo do homem é supor não somente que somos animais inerentemente sociais, mas, além disso, que nenhum outro animal é social do modo como somos. O que é então uma relação social?

6
O que é uma relação social?

Há três modos de considerar um ser humano. Digamos que é um indivíduo, uma coisa com certos atributos fixos, como uma bolinha em uma bolsa. Mas, diferentemente da bola, silenciosa e transparente, ele é a fonte de uma verdadeira efusão de sinais que parecem lançar uma cortina de fumaça ao redor de seu ser interior. Ponha-o ao lado de alguns outros indivíduos e o resultado é um zumbido incessante, como podemos experienciar em uma sala cheia de gente onde não entendemos uma palavra do que cada um diz. Isso é vida social? Alguns suporiam que sim, sustentando que é um processo composto a partir de várias interações diádicas: entre falantes e ouvintes em uma sala, compradores e vendedores no mercado, operários no chão de fábrica, ou, quanto a isso, abelhas na colmeia. Cada interação, dizem, é uma relação social, e acaba no instante em que começa. Outros considerariam que a vida social vai além de um agregado de interações. Um homem, alegam, é o ocupante de uma posição, um jogador que cumpre seu papel. Essas posições, sistematicamente organizadas, constituem outra coisa, uma espécie superior de coisa, aquela que regula e controla a conduta humana. Essa coisa é conhecida como sociedade, embora muitas vezes seja denominada cultura e, mais vezes ainda, cultura e sociedade, de modo intercambiável. E, tal como os indivíduos que domina, supõe-se que ela também tenha vida própria – isto é, vida social: a vida da sociedade. Uma relação social, dizem os defensores dessa concepção, não é um fogo-fátuo, uma interação passageira, mas uma conexão duradoura entre posições em uma estrutura sistêmica. Mas então há uma terceira concepção: o ser humano é, no fim das contas, um sujeito consciente cuja vida é uma trajetória tão entrelaçada com aquelas de outros ao seu redor quanto a vida destes com a sua. A vida social não reside no entrelaçamento? Se sim, se a vida social for o processo pelo qual nos constituímos uns aos outros como pessoas, então as relações sociais também devam ser entendidas como movimentos em vez de como propriedades persistentes ou emissões momentâneas de coisas.

Agora introduzimos os três sentidos do social – interativo, regulador e constitutivo – em torno dos quais toda a nossa discussão neste capítulo vai ser construída. Optaremos no devido tempo pelo sentido constitutivo, vinculando o contraste com o interativo a um contraste entre relações sociais e materiais, e o contraste com o regulador à distinção fundamental entre relações sociais e cultura. A argumentação é bem longa e complexa, e por isso está dividida em três seções principais. A primeira é dedicada ao conceito de superorgânico e sua elaboração na obra de alguns fundadores da disciplina da antropologia. Também introduzimos aqui a questão de se, ou em que sentido, os animais não humanos são sociais. A segunda parte, cuja principal inspiração são alguns escritos de Marx, é um desenvolvimento da noção de relações constitutivas, e das distinções social-material e social-cultural. Na parte terceira, a final, ilustramos os sentidos diferentes de socialidade com referência ao fenômeno da troca de presentes, introduzimos uma nova distinção entre comunicação e comunhão, e trazemos um termo-chave em todas as discussões do comportamento social em animais e homens – a saber, o "altruísmo". Concluímos com umas palavras sobre a natureza da conduta moral.

O superorgânico

Foi Spencer que cunhou o termo "superorgânico" para denotar fenômenos que constituem o objeto de estudo da sociologia. Desde então, em 1876, quando o primeiro volume de seus maciços *Princípios de sociologia* apareceu impresso, o superorgânico tornou-se um conveniente estandarte sob a qual desfilaram filosofias antropológicas e sociológicas das mais diversas espécies, algumas delas abertamente antagônicas ao projeto spenceriano. Esse fato por si só comprova a existência das múltiplas e contraditórias maneiras pelas quais o termo pode ser lido, e embora seu valor seja atualmente muito reduzido – tendo dado lugar a misturas como "sociocultural" – as ambiguidades inerentes permanecem ao nosso lado. Começarei (seguindo um tanto BIDNEY, 1953: 34-39, 329-333) delineando três sentidos alternativos de superorgânico, associados respectivamente com as tradições sociológicas estabelecidas por Spencer na Inglaterra, Durkheim na França e a tradição americana da antropologia cultural, que considera Boas seu fundador. Naturalmente, essas tradições não admitem nenhuma separação absoluta e as posições adotadas por importantes representantes antropológicos do superorgânico como Kroeber e Radcliffe-Brown foram decididamente ambivalentes. No entanto, essa mesma ambivalência oferece algumas pistas vitais para os conceitos mutantes de social, bem como põe em relevo a questão central de como a sociedade deve ser separada da cultura.

Para Spencer, a sociedade é um super*organismo*, ou seja, é concebida não só como dotada dos atributos de organização que evolui, heterogeneidade interna e coerência, por exemplo, mas também consubstancial com os elementos – organismos individuais – de que se compõe. O "super", então, denota não uma transcendência do orgânico por um domínio emergente da realidade, mas uma extensão da organização para além dos limites do indivíduo. A sociedade de Spencer é um resultante, não um emergente, não contendo nada que já não estivesse prefigurado nas propriedades de seus constituintes originais. Por essa razão, ele estava perfeitamente pronto a admitir, na condição de entidades superorgânicas, "sociedades" de formigas e abelhas, pássaros e uma variedade de espécies mamíferas (1876, 1: 4-8). Mas, justamente por isso, ele teve de reconhecer francamente uma diferença fundamental entre o organismo individual e o superorganismo. Aquele, embora admitidamente "uma nação de unidades" formadas por meio da composição de células, é governado por uma espécie de agência de direção central com um propósito próprio. As unidades, por isso, são subservientes aos fins do todo como um corpo corporativo. Mas se, na agregação estatística, não de células em organismos, mas de organismos em superorganismos, nada de novo nasce, não pode haver propósito social além e acima dos propósitos separados dos indivíduos que o compõem.

Portanto, Spencer escreve, "as reivindicações do corpo político não são nada em si mesmas e só se tornam algo na medida em que personificam as reivindicações de seus indivíduos componentes" (1876, 1: 480). Aqui ele segue uma tradição bem estabelecida da filosofia social liberal, segundo a qual a sociedade é racionalmente constituída como um suplemento instrumental para a satisfação de fins extrassociais e puramente hedonistas, a saber, a busca da felicidade e a evitação do sofrimento. Observando que a capacidade de sentir prazer e dor é algo que todos possuem em um grau aproximadamente igual, Spencer conclui que, bem diferentemente do organismo, "a sociedade existe em benefício de seus membros; não seus membros em benefício da sociedade" (1876, 1: 479). Assim concebida, a essência da socialidade está na associação, interação e cooperação de numerosos indivíduos discretos, cada um equipado com um conjunto de propósitos antes de sua entrada em relações mútuas, propósitos que, por isso, devem ser uma propriedade de sua constituição como coisas orgânicas (e, nesse sentido, de sua "natureza"). Seja nosso objeto insetos, pássaros ou seres humanos, a base lógica da cooperação social deve ser encontrada nas vantagens líquidas que traz a todos e cada um dos indivíduos em contrato social. Como veremos, essa concepção spenceriana é a base de grande parte da discussão etnológica e sociobiológica mais recente sobre o comportamento social em animais e seres humanos. De fato, há boas bases para sustentar que Spencer, e não Darwin, foi o primeiro sociobiólogo. Inversamente, as raízes da crítica antropológica contemporânea à sociobiologia encontram-se no superorganicismo antispenceriano de Durkheim, Boas e Kroeber.

Spencer quase nunca usou o termo "cultura" (CARNEIRO, 1967: xxxiii). Contudo, ele se refere ao "acúmulo de produtos superorgânicos que comumente distinguimos como artificiais", inclusive a língua, ciência e tecnologia, costumes e leis, mito e religião, e artes, tanto abstratas como aplicadas (1876, 1:

14; cf. RADCLIFFE-BROWN, 1947: 80). Embora esse grupo de realizações humanas possa ser prontamente identificado com a "cultura ou civilização" de Tylor, uma identificação que Kroeber (1952: 56) faz bem explicitamente, com sua designação "produtos superorgânicos", Spencer em nenhum momento pretendia sugerir sua categorização separada em um domínio à parte do natural ou biofísico. Deveriam ser entendidos, em vez disso, como produtos de superorganismos sociais (em oposição àqueles de organismos individuais), abarcando – na própria definição de Spencer – tudo aquilo em que, devido a "ações coordenadas de vários indivíduos, os resultados se realizem excedendo em amplitude e complexidade aqueles realizáveis por ações individuais" (1876, 1: 4). Assim, a categoria de produtos superorgânicos incluiria não só o que denominaríamos de outra maneira a cultura, mas também os trabalhos coletivos de animais sociais, inclusive, por exemplo, a arquitetura impressionante de certas espécies de inseto, construídas em um plano que se pode presumir ser inteiramente inato em vez de fundado em uma tradição adquirida. Kroeber, por isso, tem total razão quando censura Spencer por não conseguir "conceber a sociedade humana como dotada de um conteúdo específico que é não orgânico" (1952: 38; cf. tb. BIDNEY, 1953: 34-35). E Carneiro não compreende a crítica de Kroeber quando sugere que o superorgânico significava, para Spencer, "algo além do puramente biológico" (1967: xxxii). O supraindividual não é equivalente ao suprabiológico.

Na base da fusão por Spencer do inato e do adquirido há uma questão de importância fundamental. Porque Spencer foi por toda a vida um fiel defensor da chamada doutrina lamarckiana, segundo a qual as características que um indivíduo adquire durante sua vida seriam automaticamente transmitidas à sua descendência por meio da herança física direta (FREEMAN, 1974). Digo "chamada" porque, embora explicitamente formulada por Lamarck no final do século XVIII, a doutrina não foi certamente original dele, nem pode ter sido inteiramente central para sua teoria evolutiva, uma vez que era compartilhada por muitos de seus oponentes do século XIX – com destaque para Charles Darwin, cuja noção de "pangênese" foi especificamente projetada para explicar a herança de capacidades adquiridas (ZIRKLE, 1946). Outra tese alegadamente lamarckiana que Spencer subscreveu, mas que na verdade não era mais sustentada por Lamarck do que por Darwin, é a crença de que os caracteres são passivamente adquiridos por um organismo por meio de uma estampagem direta, "plasmadora", de seu ambiente (MAYR, 1982: 356). O que Lamarck *de fato* argumentou foi que as alterações nas condições ambientais da vida de um animal levam à percepção de novas "necessidades", a que ele responde ativamente iniciando modificações comportamentais apropriadas que, por sua vez, levam a modificações adaptativas na estrutura que são então transmitidas à descendência (BOESIGER, 1974: 26; HOWARD, 1982: 18). Mais uma vez, a teoria de Darwin também foi uma teoria da adaptação, e, tal como Lamarck, ele acreditava que a variação é estimulada por modificação ambiental. Mas, embora reconhecendo que os caracteres podem ser fortalecidos ou enfraquecidos pelos efeitos herdados de uso e desuso, Darwin atribuiu a originação de traços novos ao acaso, em vez de a um exercício da vontade da parte de indivíduos nos quais ocorrem. A partir de um conjunto de variações de modo algum orientadas para necessidades atuais, as modificações apropriadas só podem ser estabelecidas pelo "segundo estágio" da seleção. Essa é a diferença normalmente implicada quando se comparam os mecanismos "darwinista" e "lamarckiano" de adaptação (teremos mais a dizer sobre a comparação no próximo capítulo, por ser ela uma chave para a diferença entre a adaptação orgânica e a cultural). Contudo, o verdadeiro aspecto crucial do paradigma transformista lamarckiano, do qual suas ideias sobre adaptação específica foram na verdade apenas uma elaboração secundária, foi a premissa de que todas as coisas vivas estão sujeitas a uma lei de complexificação crescente ou desenvolvimento progressivo. Isso, do mesmo modo, foi parte central da teoria geral da evolução de Spencer, mas foi constantemente rejeitado por Darwin (GRUBER, 1974: 193).

Discutimos este último contraste, detalhadamente, no capítulo 1. A questão para nós agora consiste em por que Spencer aderiu tão obstinadamente à doutrina da herança de características adquiridas, a ponto de se envolver, em seus anos de vida, em uma discussão sobremodo vitriólica da questão com August Weismann, que foi o primeiro a submeter a doutrina a uma convincente refutação empírica (CARNEIRO, 1967: xlvi). Evidentemente, ele a considerava uma pedra angular da síntese filosófica à qual tinha dedicado o trabalho de uma vida, a tal ponto que o colapso último de seu sistema parecia inevitável caso essa pedra angular fosse retirada. A razão está no compromisso de Spencer com uma concepção da unidade cósmica segundo a qual as várias espécies de evolução – inorgânicas, orgânicas e superorgânicas – são concebidas não como processos análogos que continuam em domínios separados da realidade, mas como fases distintas na integração de uma realidade única. Não há, escreveu ele, várias evoluções, mas somente "uma Evolução que se processa em toda parte da mesma maneira" (1972: 72). Apenas invocando a doutrina lamarckiana poderia ele entender a realização suprema da evolução cósmica, a civilização humana, como parte intrínseca do mesmo processo de outra maneira manifesto na evolução do organismo humano, e, por extensão, na evolução progressiva da vida em geral (que por sua vez é uma nova fase na integração da matéria inorgânica). Como Peel assinalou, Spencer *teve* de recorrer ao lamarckismo "porque só ele permitia que se defendesse uma unidade plausível entre os objetos da sociologia e da ciência natural" (1972: xxiii). Mas não só, contudo, porque também lhe permitiu fazer a identificação, crucial para sua síntese evolutiva, entre ontogênese e filogênese. O desenvolvimento do indivíduo, baseado na realização herdada de seus antecedentes e do mesmo modo prolongado em seus descendentes, pode ser concebido como parte intrínseca de um movimento evolutivo total, também entendido como um processo criador de vida. Mostramos, no capítulo 4, a significação do princípio lamarckiano quanto a isso, e não precisamos nos deter mais nele.

Bem diferentemente do super*organismo* de Spencer, a sociedade tal como vista por Durkheim é um *super*organismo – um emergente em vez de um resultante, suprabiológico porque supraindividual (1933 [1893]: 349). A bem dizer, os indivíduos são apenas organismos quando tomados em isolamento; contudo, "agregando-se em conjunto, interpenetrando-se, fundindo-se em conjunto, os indivíduos dão à luz um ser, psíquico se se quiser, mas um ser que constitui uma individualidade psíquica de uma nova espécie" (1982 [1895]: 129). O todo, como Durkheim repetidamente insiste, é mais do que a soma das partes. A sociedade deve ser identificada com o componente emergente que permaneceria caso subtraíssemos, no pensamento, a totalidade dos indivíduos. O social, então, denota um domínio da realidade para além do orgânico, de modo que os fatos sociais *"têm um substrato diferente"* (1982 [1895]: 40). E simplesmente porque coloca o orgânico e o social em níveis *diferentes*, Durkheim é capaz de *negar* a diferença que Spencer tem de estabelecer entre organismo e sociedade em consequência de sua colocação deles no *mesmo* nível. Assim, a irredutibilidade do social ao biológico oferece a Durkheim um fundamento epistemológico para sua analogia entre sociedade e organismo, aquela excedendo a resultante de seus elementos orgânicos assim como este sobrepuja a resultante de seus elementos inorgânicos (HIRST, 1973: 9-10). Se, como tanto Spencer quanto Durkheim concordariam, no organismo individual as vidas de suas partes estão em função da vida corporativa do todo, portanto, na concepção de Durkheim, a "interpenetração" de indivíduos dá origem a uma consciência corporativa, com uma individualidade própria, em função da qual estão, semelhantemente, as vidas de seus constituintes. Durkheim desenvolve suas ideias sobre isso bem explicitamente em oposição àquelas de Spencer. No movimento do organismo ao superorganismo, discute ele, não há inversão de meios e fins como há entre as partes e o todo: a sociedade impõe uma restrição externa a seus membros individuais, governando e subvertendo seus interesses separados segundo um propósito original – essencialmente moral em vez de psicológico – de modo algum derivável das propriedades gerais da natureza humana (DURKHEIM, 1982 [1895]: 125-130).

Além disso, a vida social, o objeto próprio da sociologia, é para Durkheim peculiarmente humana. Podemos falar de sociedades animais, mas só no sentido spenceriano de uma agregação de indivíduos discretos, autocontidos, cuja associação é governada por predisposição inata. No caso dos seres humanos, estamos diante de fenômenos de um tipo inteiramente diferente, sem par no mundo dos animais. Como Durkheim escreveu:

A grande diferença entre sociedades animais e sociedades humanas é que, nas primeiras, a criação individual é governada exclusivamente de *dentro de si mesmo*, pelos instintos [...]. As sociedades humanas, por sua vez, apresentam um novo fenômeno de natureza especial, que consiste no fato de que certos modos de agir são impostos, ou pelo menos sugeridos, *de fora* do indivíduo, sendo acrescentados à sua própria natureza: é esse o caráter das "instituições" [sociais] (1982 [1917]: 248).

De fato, na comparação entre sociedades animais e humanas, Durkheim justapõe noções totalmente discrepantes de socialidade. Se tivesse aderido consistentemente a seu conceito da sociedade como uma organização sistemática de instituições reguladoras, em vez de um padrão espontâneo de associação, ele só poderia ter concluído que a diferença entre os homens e os outros animais é que aqueles, além de gozar de uma vida individual, orgânica, também são veículos da vida da sociedade. Os seres humanos, se revelaria, são seres sociais; os animais não são, por mais que possa ser de seus interesses individuais cooperar.

O contraste entre esses dois sentidos de socialidade, interativo e regulador, é especialmente claro na polêmica crítica de Durkheim a Spencer em *The division of labour in society* [A divisão do trabalho na sociedade] (especialmente livro 1, cap. 7). Spencer tinha sustentado que quanto mais uma sociedade avança em coerência e heterogeneidade internas, tanto menos exige ela que seus membros constituintes se submetam à autoridade do grupo, investida em suas instituições de governo central. No início, em sociedades de tipo primitivo, os interesses do indivíduo – sendo mais ou menos coincidentes com aqueles de seus companheiros, e, nesse sentido, "públicos" – simplesmente se submetem a um despotismo da coletividade, cuja vontade de autopreservação não é senão aquela do indivíduo composto em um grau mais elevado, e cuja organização é predominantemente militarista, voltada para a sobrevivência e a conquista em uma luta intergrupal pela existência (SPENCER, 1882, 11: 568-575). A diferenciação progressiva leva ao gradual declínio do militarismo em favor da coexistência pacífica, à consequente emancipação do indivíduo da coerção coletiva e à ascensão de uma forma de solidariedade que Spencer denomina industrial. Em uma ordem industrial avançada, cada homem pode perseguir melhor seus interesses, agora "privados", entrando espontaneamente em organizações contratuais com outros homens específicos, cada um dos quais do mesmo modo tem ganhos a obter da transação. Como diz Durkheim, parafraseando Spencer, "A relação social típica seria econômica, isenta de toda regulação e resultando da iniciativa inteiramente livre das partes" (1933 [1893]: 203). A sociedade industrial, então, iria consistir em uma complexa rede dessas relações (SPENCER, 1882, 11: 606-615).

A isso, a principal objeção de Durkheim consistiu em dizer que nenhuma sociedade, constituída nessa base, poderia durar, a menos que cada contrato fosse subscrito e regulado por um código de conduta que, como não deriva do consentimento livre das partes associadas, é essencialmente de natureza não contratual. Ademais, com o aumento do escopo das relações contratuais, ao lado da divisão do trabalho, também aumenta o "volume" desse componente não contratual. Contratos mais numerosos e mais amplos requerem instituições reguladoras mais complexas, todos elas consequentemente postas sob a direção central de um agente de nível mais alto que denominamos o Estado – "o sistema cerebrospinal do organismo social" (1933 [1893]: 219). Assim, enquanto Spencer tinha deduzido uma correlação inversa entre os poderes do Estado e a divisão do trabalho, Durkheim argumentou que os dois se desenvolvem de mãos dadas. Embora concorde que o escopo da ação individual aumenta com a diferenciação social, para Durkheim não há contradição entre a emergência do individualismo e a elaboração de estruturas reguladoras de controle social (1933 [1893]: 193-194). Ora, são precisamente estas últimas, e não as interações cooperativas que elas regulam, que Durkheim coloca no domínio dos fatos sociais. Produtos não do contato externo de consciências discretas, individuais, mas de sua fusão e interpenetração interna, elas correspondem ao componente emergente, não contratual, pelo qual o todo excede e transcende a soma resultante de suas partes. Portanto, o estado não realizado de perfeição social em direção à qual Spencer pensava que toda a evolução superorgânica se esforçava por alcançar, um estado no qual o indivíduo estaria completamente livre da regulação institucional para perseguir seus desejos racionalmente, sem estorvar os outros nem estorvá-los (SPENCER, 1907: 14), pareceria, se traduzido nos termos de Durkheim, perfeitamente associal, bem como uma impossibilidade teórica. Em resumo, do ponto de vista de Durkheim, Spencer propunha um programa de *eliminação* da sociedade. Mas, para Spencer, a esfera das relações sociais teria sido inteiramente abrangida no resultado.

Passando agora de Spencer e Durkheim a Boas, encontramos um quadro profundamente diferente tanto em termos de contexto intelectual como de temperamento. A implacável hostilidade de Boas para com o evolucionismo spenceriano se combinava a uma antipatia geral por todo tipo de especulação filosófica abstrata. E, ainda assim, apesar de todos os contrastes de método e idioma, Boas foi levado a conclusões que têm uma notável afinidade com as de Durkheim. Essas afinidades foram admiravelmente estabelecidas por Hatch (1973: 208-213), e simplesmente as recapitularei aqui. Em primeiro lugar, tanto Boas como Durkheim sustentavam que as pessoas absorvem modos característicos de sentir, pensar e agir do ambiente social ou cultural no qual crescem; assim, as observações de Boas sobre a adaptação do indivíduo portador de cultura têm sua contraparte nas concepções de Durkheim sobre a educação como um processo por meio do qual "o ser social foi formado historicamente" (1982 [1895]: 54). Em segundo, assim como Durkheim rejeitou a concepção instrumentalista spenceriana de sociedade, assim também Boas rejeitou a concepção igualmente instrumentalista da cultura de Tylor. Para um, a sociedade e, para o outro, a cultura, era vista não como um artefato da deliberação racional, subserviente a interesses humanos universais, mas como algo que, tendo tomado forma à sua própria maneira (*sui generis*, como Durkheim costumava dizer), impôs suas próprias finalidades às mentes dos seres humanos, orquestrando seu pensamento e conduta. Em terceiro lugar, para Boas e Durkheim, o compromisso das pessoas com normas sociais ou culturais se baseia na emoção em vez de na razão. O homem de Durkheim, como o de Boas, é uma racionalização, mas não um ser racional. E, por fim, tanto Durkheim como Boas eram céticos quanto à ideia de que as sociedades ou as culturas possam ser organizadas ao longo de um contínuo único de avanço, preferindo adotar uma noção relativista de diversificação segundo o modelo darwinista da árvore com seus ramos[65].

Boas e Durkheim estavam claramente de acordo na rejeição do reducionismo biopsicológico e em sua consequente afirmação da autonomia das ideias na determinação do comportamento humano. E, para os dois, essa ruptura com o materialismo filosófico foi uma condição prévia para sua tolerância com analogias entre o social ou cultural e o biológico. Mas as analogias foram formuladas bem diferentemente em cada caso, e essas diferenças mostram ter um significado crucial. Bem simplesmente: a "sociedade" de Durkheim é uma entidade real análoga ao organismo individual; a "cultura" de Boas é uma entidade nominal análoga a uma espécie biológica. É verdade que Durkheim também falou de espécies de "social", mas os indivíduos constituintes de suas espécies não eram seres humanos particulares, e sim sociedades inteiras. Além disso, a concepção durkheimiana de espécies, sejam biológicas ou sociais, é completamente essencialista. Embora as espécies se diferenciem umas das outras, cada uma "é a mesma em toda parte para todos os indivíduos que a constituem" (1982 [1895]: 109). Como cada sociedade é uma combinação estruturada de partes, e como essas partes só podem combinar-se em um número finito de maneiras possíveis, é possível, na teoria, construir uma tabela de tipos sociais essenciais *antes* de procurar suas manifestações empíricas na forma de sociedades individuais. Mesmo um só representante seria suficiente para estabelecer a existência do tipo. Durkheim conclui: "Assim, há espécies sociais pela mesma razão que há espécies biológicas. Estas últimas decorrem do fato de os organismos serem apenas combinações variadas da mesma unidade anatômica" (1982 [1895]: 116). Durkheim alude aqui à biologia, não de Darwin ou Lamarck, mas de Cuvier, cuja forte influência contribuiu sobremaneira para eclipsar o desenvolvimento do pensamento evolutivo na França do século XIX. Firmemente convicto da fixidez das espécies, Cuvier tinha proposto – segundo seu famoso princípio da "correlação de partes" – que todo e cada organismo naturalmente existente manifestam uma das combinações operacionais logicamente passíveis de órgãos básicos do conjunto total. Descontinuidades entre espécies eram explicadas pela ideia de que as formas intermediárias representariam combinações funcionalmente incoerentes ou inexequíveis, e por isso não poderiam existir (STEADMAN, 1979: 37-38).

A insistência de Boas na singularidade de cada cultura e suas concepções da não produtividade da grande generalização o colocaram numa posição firmemente contrária ao empreendimento taxonômico comparativo de Durkheim, enquanto o nominalismo inerente à sua concepção de história das culturas ligou seu projeto à biologia de Darwin em vez daquela de Cuvier. Já discutimos (cap. 2) a analogia entre "espécies" darwinianas e "culturas" boasianas; o que nos interessa agora são suas implicações para a distinção entre estas últimas e as "sociedades" durkheimianas, uma distinção fundamental para a divergência entre as tradições da antropologia cultural e social. Examinando o análogo darwinista, não há na cultura um projeto distinto dos estabelecidos por configurações únicas de elementos alojadas nas mentes de seres humanos discretos. Portanto, embora superorgânica no sentido de que seus elementos (diferentemente dos genes) são ideais ou extrassomáticos e podem variar bem independentemente das restrições hereditárias, a cultura não inclui o indivíduo em um sistema de relações de ordem mais elevada. Ao contrário, a cultura, na perspectiva boasiana, é abarcada ou contida como uma propriedade de seus portadores individuais. Nem a uma cultura nem a uma espécie corresponde de fato uma substância ou "essência" supraindividual. Resulta disso que a transcendência do cultural sobre o orgânico não é de modo nenhum análoga àquela do orgânico sobre o inorgânico. Enquanto esta última indica as propriedades emergentes de um todo organizado mediante o qual este sobrepuja a resultante de suas partes, aquela aponta para uma dicotomia de substância – entre material e ideal – na constituição das próprias partes (indivíduos) que em conjunto compõem uma sociedade. Em outras palavras, diferentemente da "sociedade" de Durkheim, a "cultura" de Boas não é um produto da fusão de mentes individuais em uma entidade maior, dirigindo sua operação de fora, mas é separadamente instalada *dentro* de cada um antes de sua associação. Não podemos, em consequência, falar da vida cultural como Durkheim falou da vida da sociedade, como um modo de ser além da vida dos indivíduos. Em resumo, pode haver um domínio da realidade cultural passível de ser denominado o superorgânico, mas não há nada equivalente a um superorganismo cultural.

Certamente foi por razões como essas que o próprio Boas preferia não usar o conceito de superorgânico em referência a sistemas culturais. Coube a Kroeber, em seu famoso ensaio de 1917, introduzir o conceito na corrente principal da antropologia cultural americana. Esse ensaio representou em larga medida uma reafirmação polêmica dos princípios segundo sobre os quais a ciência histórica da cultura que Boas tinha estabelecido assentou sua reivindicação de autonomia disciplinar. Grande parte dele é dedicado a uma demonstração da independência entre raça e cultura, ou hereditariedade e tradição. Kroeber rejeita tanto a derivação "para a frente" da cultura a partir da raça, inspirada pelo ensinamento de Darwin em *A descendência do homem*, como a derivação "para trás" da raça a partir da cultura, baseada em uma crença popular na herança "lamarckiana" de características adquiridas, uma crença que muito superou em duração sua refutação científica por Weismann nos anos de 1880. Reconsiderando seu ensaio aproximadamente trinta e cinco anos depois de sua publicação, Kroeber identifica esses temas como seu impulso principal: "Aquilo contra que o ensaio realmente protesta é a cega e branda oscilação entre uma 'raça' ambígua e uma 'civilização' ambígua" (1952: 22). Spencer, como vimos, não pode abandonar seu compromisso com a doutrina lamarckiana sem desmontar sua concepção da unidade do processo evolutivo, e, em consequência, aquela dos objetos de estudo das ciências sociais e biológicas. Kroeber, inversamente, figurava entre os primeiros a reconhecer o pleno significado da refutação do lamarckismo com base na separação absoluta entre fenômenos culturais e orgânicos, estabelecendo então a antropologia cultural e a biologia evolutiva em cursos mutuamente independentes (STOCKING, 1968: 265-266). Assim, embora reconheça uma dívida com Spencer do título de seu ensaio, "The Superorganic [O superorgânico]", Kroeber o emprega em um sentido fundamentalmente diferente. Seu superorgânico é "civilização", e embora esta inclua boa parte do que Spencer teria colocado em sua categoria de "produtos superorgânicos", o critério de inclusão não é que um item seja produzido por meio da ação coordenada de muitos indivíduos, mas que manifeste um projeto inscrito em sua mente pela força da tradição – em vez de um projeto indelevelmente "perfurado" pelos materiais da hereditariedade[66]. O organismo humano, Kroeber declara, é um continente no qual todo tipo de conteúdo superorgânico pode ser colocado (1952: 32, 37-38, 56).

Tudo isso é perfeitamente compatível com a posição boasiana. Ainda assim, muitos dos seguidores mais engajados de Boas reagiram ao artigo de Kroeber com considerável preocupação, incluindo Sapir, que sugeriu que o melhor que podemos fazer com o conceito de "superorgânico" é prescindir dele (SAPIR, 1917: 447). Porque Kroeber tinha de fato lido no conceito muito mais coisas do que Boas teria permitido; com efeito, há partes de seu argumento que se aproximam do superorganicismo de Durkheim. Consideremos a seguinte passagem: "O social ou o cultural [...] são em sua essência não individuais. A civilização, como tal, só começa onde o indivíduo termina; e quem quer que não perceba em alguma medida esse fato [...] não pode encontrar nenhuma significação na civilização, e a história para ele deve ser só uma aborrecida miscelânea ou uma oportunidade para o exercício da arte" (1952: 40). O superorgânico, sustenta Kroeber, não é só suprabiológico, mas também supraindividual. Fora da sociedade, o indivíduo é não mais do que um organismo biológico. Embora a civilização nasça da combinação de indivíduos, não pode ela ser entendida como uma resultante – "a soma total [de suas] operações psíquicas –, mas somente como 'uma entidade além delas', isto é, como um emergente. Essa entidade 'suprapsíquica' é concebida como dotada de vida própria, análoga à vida do organismo individual, mas se desdobra em um plano mais elevado da realidade. Onde o processo da vida orgânica nos dá a biografia, o processo da vida superorgânica nos dá a história da cultura" (KROEBER, 1952: 41, 49, 53-54).

Isso é entender a história de modo radicalmente diferente da "história" boasiana de populações portadoras da cultura. Encontrar um sentido na história, para Kroeber, significa vê-la não como uma sequência não dirigida, cronológica de entidades e eventos não recorrentes, mas como um processo determinado de crescimento (BIDNEY, 1953: 52). Já discutimos detalhadamente no capítulo 3 a diferença e não temos de voltar a ela aqui. Contudo, é importante realçar que Kroeber foi levado por sua concepção do superorgânico a colocar um dualismo entre seres humanos como indivíduos orgânicos e como seres culturais inteiramente de acordo com o pensamento de Durkheim sobre o assunto. Ele escreveu: "O homem compreende dois aspectos: é uma substância orgânica [...] e também é uma tábula na qual se escreve". Mas a fonte da mensagem é *extrínseca* a cada um dos indivíduos que a veiculam, "imposta a eles, externa a eles" (1952: 32). Para Boas, o ser cultural do homem é um aspecto de sua própria individualidade. Naturalmente, foi a separação de Kroeber entre a cultura e o indivíduo, e a atribuição àquela de um propósito de transcender as disposições residualmente inatas dos indivíduos sujeitos a seu domínio, o que mais preocupou seus colegas boasianos. Como Goldenweiser insistiu em uma resposta a Kroeber, a biografia do "indivíduo concreto" manifesta uma psique ímpar constituída não só pelos atributos que recebeu por hereditariedade, mas também por uma seleção de elementos transmitidos e absorvidos do patrimônio cultural daqueles que o cercam. Portanto, "a corrente civilizacional não é simplesmente transportada, mas também é inexoravelmente alimentada por seus indivíduos componentes" (GOLDENWEISER, 1917: 449). Eles são tanto inscritores como inscritos.

Como Kroeber conseguiu aderir simultaneamente a duas posições contraditórias, sustentando (com Boas) que a cultura está inteiramente contida na mente dos indivíduos, e, contudo (com Durkheim), que ela vem a eles de uma fonte exterior em um nível transcendente, supraindividual, da realidade? A resposta parece residir no fato de que, no momento em que escreveu, não havia uma convenção clara para regular o uso dos termos-chave, "social" e "cultural", e estes ainda não haviam sido distinguidos entre si[67]. De modo bem confuso, Kroeber apresenta seu argumento quanto a uma oposição entre o "individualmente mental" e o "culturalmente social" (1952: 41). Duas dicotomias bastante distintas estão contidas aqui: de um lado, aquela entre o indivíduo e a coletividade; de outro, aquela entre o inato e o adquirido. A vida coletiva é, naturalmente, uma condição da transmissão intergeneracional de uma tradição cultural adquirida, ou seja, para a transferência do conteúdo ideacional de uma mente individual a outra. Assim, seria possível dizer que a cultura é "social" em seu modo de reprodução. Mas, para uma substituição consistente de "cultural" por "social", era fácil demais cair na crença de que a tradição é essencialmente social em seu modo de *existência* – portanto, que sua sede é uma consciência supraindividual. Por isso Kroeber supôs que demonstrar a autonomia da tradição com relação à restrição hereditária era, *ipso facto*, afirmar seu caráter de emergente supraindividual. Anos depois, ele repudiou a maioria de suas concepções sobre essências suprapsíquicas, bem significativamente no contexto de um esclarecimento da distinção entre social e cultural (1952: 22-23, 112). É essencial para nós examinar mais detidamente como essa distinção veio a ser feita.

O problema surgiu inicialmente com respeito à questão de se as formigas são sociais. Com seu faro característico para inconsistência conceptual, Kroeber tinha afirmado no mesmo fôlego que a formiga é tanto social como antissocial: "A formiga é social no sentido de que se associa; mas está tão longe de ser social no sentido de possuir civilização, de ser influenciada por forças não orgânicas, que seria mais bem conhecida como o animal antissocial" (1952: 31). O primeiro sentido de social, aqui, corresponde inteiramente ao uso spenceriano do termo. Assim, a sociedade das formigas é super*orgânica*. O que *falta* as formigas, presumivelmente, é cultura *super*orgânica. Uma das primeiras tentativas de articular esse contraste foi a de Bernhard Stern. Ele afirma que "A distinção entre o social e o cultural tem por base a distinção entre o orgânico e o superorgânico, o biológico e o cultural" (1929: 264). Uma sociedade é constituída pela associação e interação de organismos individuais; o animal sem cultura pode gozar de uma vida social, mas o inverso não se sustenta. Como a associação é uma condição da reprodução da cultura por meio de ensino e aprendizagem, um animal associal possivelmente não pode sustentar uma tradição cultural (cf. tb. HALLOWELL, 1960b: 329; BONNER, 1980: 76). Kroeber mais tarde aceitou o argumento de Stern. Em uma autocrítica de seu contraste anterior entre "a sociedade cultural do homem e a pseudossociedade sem cultura das formigas", Kroeber reconhece que "hoje poderíamos dizer antes que a sociedade de formigas é uma sociedade genuína, mas manifesta uma pseudocultura" (1952: 52, 56). Alhures ele reconhece como um "truísmo" que as dimensões social e cultural "são distinguíveis em princípio porque as sociedades ocorrem entre muitas espécies subumanas de animais que carecem de toda cultura tangível". A existência de sociedades complexas entre insetos comprova que "desenvolvimentalmente, evolucionisticamente, a sociedade antedata em muito a cultura, sendo assim sua base" (KROEBER, 1963: 122, 176; cf. tb. 1948: 7-10).

O que é especialmente notável aqui é que, tendo abandonado a noção de que a essência da cultura é suprapsíquica, Kroeber podia aceitar uma definição completamente spenceriana de sociedade. O mesmo ocorria com os boasianos que, desde o início, tinham insistido que a sede da cultura é a mente individual, que atua como um depósito de elementos recebidos de outras mentes e por sua vez os transmite (p. ex., GOLDENWEISER, 1933: 59). Se a cultura não emerge por meio da interpenetração de mentes em um nível mais elevado, mas está separadamente contida em cada uma, e se os conteúdos culturais dirigem o pensamento e conduta daqueles cujas mentes ocupam, segue-se logicamente que a sociedade pode ser apenas a resultante de suas interações. Em outras palavras, é o produto do contato externo de indivíduos discretos, autocontidos, cujo modo de associação é inteiramente previsível a partir das propriedades constitutivas de sua "natureza". A única diferença entre essa posição e a posição spenceriana ortodoxa é que "natureza" deve ser lida como contendo não só o geneticamente transmitido, mas também os componentes culturalmente adquiridos da individualidade. Seja como for, a sociedade é concebida em termos puramente instrumentais como um suplemento para a execução de fins extrassociais, escritos na constituição genética ou cultural de seus indivíduos componentes. Nesse sentido, os argumentos ao que parece antitéticos da antropologia cultural e da sociobiologia, recordando Boas e Spencer, respectivamente, são notavelmente semelhantes: "Para um, o social é o instrumento da cultura; para o outro, é o instrumento da natureza [biogenética]" (INGOLD, 1983a: 16). A irreconciliabilidade dessas posições alternativas origina-se de sua própria semelhança: opondo a determinação natural à cultural, elas nos deixam como única opção selecionar uma ou a outra.

Kluckhohn oferece a mais sucinta afirmação da dicotomia cultura/sociedade, bem próxima da tradição boasiana, que vai servir para exemplificar o que acabamos de afirmar:

> Sendo a cultura uma abstração, é importante não confundir cultura com sociedade. Uma "sociedade" refere-se a um grupo de pessoas que interagem mais umas com as outras do que com outros indivíduos – que cooperam umas com as outras para a obtenção de certos fins. Pode-se ver e na verdade contar os indivíduos que compõem uma sociedade. Uma "cultura" se refere aos modos de vida distintivos desse grupo de pessoas (KLUCKHOHN, 1949: 24; cf. tb. KROEBER & KLUCKHOHN, 1952: 135-136, em que o social é traduzido por "interativo").

Para Kluckhohn, assim como para Spencer, a sociedade é uma rede de interações entre indivíduos em cooperação, mas os fins que buscam são culturalmente definidos e, portanto, específicos para uma tradição dada em vez de universais. É revelador comparar a concepção de Kluckhohn de que toda sociedade é constituída por um certo número de indivíduos com as observações de Kroeber sobre o mesmo tema, escritas em 1917, quando ainda era defensor do suprapsiquismo: "Toda a biologia necessariamente tem essa referência direta ao indivíduo [...]. A doutrina darwiniana relaciona-se, é verdade, com a raça: mas a raça, exceto como uma abstração, é só um conjunto de indivíduos [...]. Mas mil indivíduos não constituem uma sociedade" (1952: 40-41). Trinta e cinco anos depois, Kroeber podia reconhecer, com Kluckhohn, que alguns indivíduos *realmente* constituem uma sociedade, que a antropologia cultural – tal como a biologia – faz referência direta ao indivíduo e que a noção de cultura é uma abstração exatamente do mesmo modo que a noção de raça.

Vamos passar agora de Kroeber a seu grande contemporâneo e fundador da tradição britânica da antropologia social, Radcliffe-Brown. Embora não muito claro na concepção de cultura, Radcliffe-Brown não tinha dúvida de que seu objeto – tal como o de Spencer – era a evolução da *sociedade* (1952: 4-8). De fato, ele insistiu que os argumentos antievolutivos de Boas e de seus seguidores, dado que sua referência era a fenômenos culturais, "não têm nenhuma influência sobre a teoria da evolução social". Essa teoria, mais uma vez, era a de Spencer (RADCLIFFE-BROWN, 1947: 80). E o mesmo ocorria com sua "definição preliminar de fenômenos sociais":

> Aquilo que temos de tratar são as relações de associação entre organismos individuais. Em uma colmeia de abelhas, há relações de associação entre a rainha, as operárias e os zangões. Há associação de animais em um rebanho, de uma mãe gata com seus gatinhos [...]. Na antropologia social, tal como o defino, o que temos de investigar são as formas de associação encontráveis entre seres humanos (1952: 189).

Essas formas de associação humana, alega Radcliffe-Brown, não devem ser mais consideradas fenômenos da cultura do que as relações entre abelhas na colmeia, todas as quais exemplificam o superorgânico de Spencer (1947: 79, n. 1). A complexa rede de interações entre um agregado de seres humanos individuais é o que Radcliffe-Brown denomina "estrutura social". Ele sugere que, assim como o organismo individual é formado por meio da composição de células e, as células, da composição de moléculas, assim também o superorganismo social é formado pela composição de seus indivíduos constituintes (1952: 190).

Nesse estágio de sua argumentação, tendo seguido observações de Spencer, Radcliffe-Brown muda abruptamente para o modo durkheimiano. Na sociedade, assim como no organismo, as vidas das partes são subservientes à vida corporativa do todo; assim, "os fenômenos sociais que observamos em alguma sociedade humana não são o resultado imediato da natureza dos seres humanos individuais, mas antes o resultado da estrutura social pela qual são unidos" (1952: 190-191). Com isso, a estrutura prontamente deixa de ser uma rede interacional e reaparece como uma organização de instituições reguladoras, uma propriedade emergente da fusão de indivíduos em uma entidade coletiva. É verdade que Radcliffe-Brown tem consciência dessa mudança, e faz o possível para conservar a distinção entre os dois sentidos de social diferenciando a estrutura social do que denomina a "forma estrutural" – esta última denotando uma abstração derivada da massa de exemplos empiricamente observados. Mas esta abstração logo se funde com a realidade concreta, e, em consequência, a forma estrutural se funde com a própria noção de estrutura social. Na verdade, a distinção entre estrutura e forma foi deixada de lado pela maioria dos seguidores de Radcliffe-Brown, os quais, preferindo seguir a corrente durkheimiana em vez da spenceriana no pensamento do mestre, se contentam em considerar a estrutura social como uma espécie de arcabouço normativo ou sistema de regras (FORTES, 1949: 56). São profundos os efeitos dessa mudança de ênfase na concepção de socialidade, que passa de interacional para reguladora. Já observamos alguns deles no capítulo 4. Considerando a realidade de "uma imensa multiplicidade de ações e interações dos seres humanos", a vida social aparece como um *processo* contínuo, do qual toda estrutura social é uma seção transversal tomada "em um dado momento do tempo" (RADCLIFFE-BROWN, 1952: 4, 192). Contudo, uma vez que a realidade vem a ser considerada uma "combinação organizada de partes de componentes", parecemos estar tratando antes de uma entidade *discreta* do que de um processo; a vida social se torna a vida da sociedade, e a continuidade é substituída pela dicotomização entre persistência estrutural e mudança estrutural (1952: 9-11).

Tal como Durkheim, Radcliffe-Brown sustenta que o homem é duplo: é um indivíduo e uma pessoa, um organismo e um ser social. Começando com a estrutura social como um superorganismo spenceriano, uma associação de *indivíduos*, ele termina – apenas cinco páginas depois – com a estrutura social como um superorganismo durkheimiano, uma organização de *pessoas*, que tem uma vida própria imposta às vidas de seus constituintes orgânicos, individuais. Lembremos da noção de pessoa de Radcliffe-Brown no capítulo 3; ela se refere a uma parte ou posição em uma ordem reguladora. "Não podemos estudar pessoas exceto em termos da estrutura social, assim como não podemos estudar a estrutura social exceto em termos de pessoas, que são as unidades das quais se compõe" (1952: 194). Mas, se é assim, o que devemos dizer da "sociedade" da colmeia? Cada abelha é sem dúvida um organismo individual, mas também, sem dúvida, *não* é uma pessoa. Se a sociedade é constituída como um sistema de relações entre pessoas, no sentido de Radcliffe-Brown, então as abelhas não podem ser sociais. Com efeito, teríamos uma boa razão de restringir a socialidade a seres capazes da projeção e externalização de sua experiência subjetiva compartilhada no nível das ideias, e, portanto, da formação de representações coletivas. Assim, como alegou Durkheim, são os seres *humanos*; as abelhas se associam como indivíduos, mas só o homem vive socialmente. Se, contudo, seguimos essa linha de argumentação, a distinção entre cultura e sociedade, na qual Radcliffe-Brown é tão insistente, começa a parecer decididamente frágil.

Consideremos outra vez as bases para essa distinção. As associações de abelhas na colmeia, de cervos no rebanho e assim por diante são, como Radcliffe-Brown alega, "fenômenos sociais; não suponho que alguém os denomine fenômenos culturais" (1952: 189). Se a colmeia for uma sociedade, e admitindo que falta cultura às abelhas, o social e o cultural devem ser separáveis. Também foi esse o argumento de Stern e, mais tarde, de Kroeber. Mas ele só se mantém se a vida social for entendida como a resultante de interações individuais. Quando se trata de seres humanos, aos quais todos concordam que não falta cultura, o argumento implica que a sede da cultura tem de estar nas várias mentes dos indivíduos em interação. Ora, como vimos, Kroeber originalmente retirou a cultura do indivíduo, trasladando-a para um nível emergente, supraindividual, de consciência. Radcliffe-Brown, entretanto, ao separar o organismo da pessoa social, transferiu o conceito de sociedade do domínio biológico de coisas materiais para o domínio suprabiológico das ideias. Juntos, eles convergem em uma essência vital, imaginária, que é tanto supraindividual como suprabiológica, uma essência que atualmente (ao que parece seguindo-se Sorokin) leva o nome de "sistema sociocultural". Sempre que os termos "sociedade" e "cultura" são usados intercambiavelmente, como o são muitas vezes mesmo na literatura contemporânea, temos um sinal seguro de que alguma essência como essa está presente. Tudo que precisamos dizer sobre ele é que a crença em sua existência é consequência direta da falácia da concretude fora de lugar, da reificação de algo que é, na melhor das hipóteses, uma abstração conveniente[68].

Nosso argumento está resumido na fig. 6.1. A caixa A é ocupada pelo organismo, o indivíduo biológico. As outras três caixas são ocupadas pelos três sentidos do superorgânico: spenceriano (caixa B), boasiano (caixa C) e durkheimiano (caixa D). Resta-nos mostrar que, se tivesse aderido consistentemente à concepção spenceriana da sociedade, e à separação entre social e cultural, Radcliffe-Brown teria tido de concluir que as unidades constituintes da sociedade humana não são pessoas como partes de uma ordem reguladora durkheimiana, mas indivíduos portadores de cultura boasianos. A diferença entre ver a estrutura social como uma organização de pessoas e como uma interação de indivíduos, nos sentidos que acabamos de mencionar, é ilustrada esquematicamente na fig. 6.2. No diagrama superior, X e Y são indivíduos que, em termos de Radcliffe-Brown, são ocupantes das posições institucionalizadas – digamos – de irmão e irmã, termos que denotam componentes da condição de pessoa. A relação social aqui é o vínculo genérico de parentesco "irmão-irmã", consistindo em um conjunto de regras que regulam o comportamento mútuo dos ocupantes e definem seus respectivos direitos e obrigações. Mas onde estão essas regras? A resposta boasiana é: nas mentes dos indivíduos. São parte de um sistema cultural que é interior a cada ator, do mesmo modo como o sistema genético é interior a cada organismo. São compartilhados porque esses atores tomam parte em uma herança comum, assim como os genes compartilhados indicam a descendência comum, e não porque manifestem uma essência comum da individualidade suprapsíquica. Assim, como mostramos no diagrama inferior da fig. 6.2, a relação formal de parentesco é referida à cultura em vez de à sociedade, e, como tal, é contida nos indivíduos X e Y, em vez de contê-los. É uma relação entre partes em um programa que é internalizado nas duas, enquanto a relação *social* existe diretamente entre X e Y como atores. A vida social, então, é constituída pelo agregado de associações interativas do tipo X-Y, ocorrendo espontaneamente em uma população de indivíduos. Isso naturalmente nos faz voltar à compreensão inicial de Radcliffe-Brown da estrutura social como "uma rede complexa de relações de fato existentes [entre] um certo número de seres humanos individuais" (1952: 190). E esse sentido de social de algum modo é alterado se passarmos de seres humanos a abelhas supostamente sem cultura. X pode ser uma abelha-rainha e Y uma operária ou um zangão. Embora a relação "rainha-zangão" ou "rainha-operária" esteja inscrita na constituição genética comum dos indivíduos envolvidos, a relação social ainda seria a interação X-Y entre abelhas particulares.

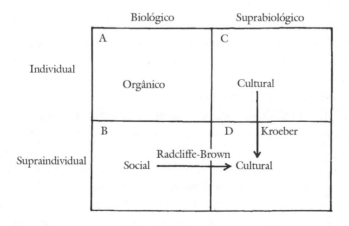

Fig. 6.1. Spencer, Durkheim, Boas e o superorgânico.

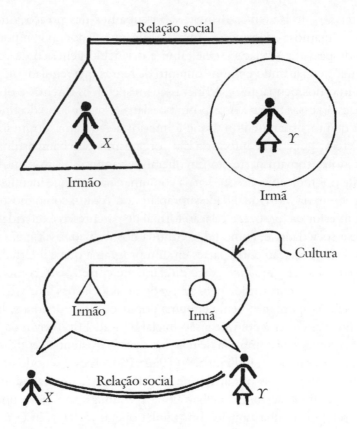

Fig. 6.2. A "relação social" como uma organização de partes em uma ordem reguladora (*acima*) e como uma interação entre indivíduos portadores de cultura (*abaixo*).

Diante das frequentes alusões de Radcliffe-Brown à vida social das abelhas, e de Kroeber à das formigas, este poderia ser o momento apropriado para considerar o que estudiosos do comportamento de insetos – e, com efeito, etólogos e sociobiólogos de modo geral – de fato querem dizer quando falam de "sociedades" de animais não humanos. Lorenz nos apresenta um caso extremo. Considera a forma mais "primitiva" de sociedade, o nível inferior absoluto da evolução social, a "tropa anônima" do cardume, no interior do qual "não há nenhuma espécie de estrutura [...], mas somente uma enorme coleção de elementos iguais" (1966: 123). A maioria dos autores, contudo, concordaria com o ditame semissecular de Spencer, segundo o qual "a mera reunião de indivíduos em um grupo não os constitui em uma sociedade". Spencer sempre insistia que "A *cooperação* é ao mesmo tempo o que não pode existir sem uma sociedade e aquilo para que existe uma sociedade" (1882, 11: 244). Julgamos essa concepção ecoada na definição de um dos principais sociobiólogos: "*Sociedade*: um grupo de indivíduos que pertencem à mesma espécie e se organizam de maneira cooperativa. O critério principal para aplicar o termo 'sociedade' é a existência de comunicação recíproca de uma natureza cooperativa que se estende além da mera atividade sexual" (WILSON, 1978: 222). Segundo Dobzhansky, mais uma vez, "A sociedade é um complexo de indivíduos unidos por interações cooperativas que servem para manter uma vida comum" (1962: 58). Para Alexander, "socialidade significa vida de grupo" (1974: 326). Por fim, Emerson define sociedade como "um grupo que manifesta divisão sistemática do trabalho entre adultos do mesmo sexo". Ele indica que os sistemas culturais humanos são funcionalmente análogos a sistemas genéticos em animais sem cultura na medida em que geram padrões específicos de associação. "A maior parte do comportamento social dos insetos é geneticamente determinada, enquanto a maior parte do comportamento social do homem é culturalmente determinada por meio da comunicação simbólica [; mas] os símbolos têm muitos atributos funcionais dos genes" (EMERSON, 1958: 331).

Essas definições falam por si mesmas. Sua semelhança com a concepção spenceriana original é assombrosa, e a continuidade de sua aceitação tem quase a mesma base[69]. Por pretenderem ser tão aplicáveis a colônias de insetos como a comunidades humanas, elas oferecem a perspectiva de uma teoria unificada da evolução social (INGOLD, 1983a: 5). As semelhanças abarcam mesmo vários critérios aduzidos para determinar a colocação de toda sociedade em uma escala universal desenvolvente de sociabilidade. Eis os critérios de Spencer:

> Como agregados desenvolventes em geral, as sociedades mostram *integração*, tanto pelo aumento simples da massa como por coalescência e re-coalescência de massas. A passagem da *homogeneidade* à *heterogeneidade* é exemplificada multitudinalmente [...]. Com a integração e a heterogeneidade progressivas, aumenta a *especialização* [...]. Assim, sob todos os aspectos se realiza a fórmula da evolução, como um progresso em direção a maior tamanho, coerência, multiformidade e diferenciação (1876, 1: 617-618).

Thompson, comparando os grupos sociais de insetos e seres humanos, enumera cinco dimensões da socialidade: tamanho e densidade, coesão, sintalidade (o grau até o qual os membros do grupo conseguem atuar como uma unidade coordenada), estabilidade (a fixidez das interações ao longo do tempo), e permeabilidade (o grau até o qual o grupo permite intrusões de indivíduos estranhos ao grupo). Esses critérios, exceto o último, são essencialmente spencerianos (THOMPSON, 1958: 298-308). Wilson apresenta uma lista mais abrangente de dez "qualidades da socialidade", a maioria das quais pode ser do mesmo modo derivada da fórmula spenceriana (WILSON, 1980: 12-14). O primeiro, *tamanho do grupo*, não requer nenhum novo comentário. *Coesão e grau e padrão de conexão* são as variedades do critério spenceriano de "coerência", baseado na distinção moderna entre densidade e alcance na análise de redes sociais (cf. MITCHELL, 1969: 15-20). A *"permeabilidade"*, tal como Wilson a define, é equivalente à "coalescência de massas" de Spencer, uma vez que se vincula não com a intrusão de estranhos individuais, mas com a fusão de grupos inteiros. Como tal, é um aspecto do que Spencer denomina "integração", enquanto a qualidade de *compartimentação* de Wilson corresponde à "especialização" de Spencer. A *diferenciação de papéis* e a *integração do comportamento* refletem claramente a noção de uma divisão desenvolvente do trabalho, que Spencer denota como passagem "da homogeneidade à heterogeneidade". Só três dos critérios de Wilson não podem ser acomodados no paradigma spenceriano: a *distribuição demográfica* de indivíduos na sociedade, o montante do *fluxo de informação* entre eles, e, por fim, *a fração de tempo dedicada ao comportamento social*. Breve voltaremos a considerar o último desses critérios.

Há certa circularidade no argumento sociobiológico, que, tendo concebido a ordem da natureza à imagem da sociedade civil, proclama que esta última tem um fundamento natural (SAHLINS, 1976a: 101-107; INGOLD, 1983a: 5). Isso era evidente há um século para Marx e Engels, que muito se beneficiaram da maneira como a escolha de metáforas por Darwin – tomadas demasiado literalmente por Spencer e aqueles seguidores seus que se denominavam "darwinistas" – refletia a concepção contemporânea da sociedade como constituída pela interação de uma multiplicidade de interesses discretos e concorrentes. Marx escreveu que "Em Darwin, o reino animal figura como sociedade civil". Alguns anos depois, Engels seguiu essa sugestão em uma carta a Lavrov:

> Todo o ensinamento darwinista da luta pela existência é simplesmente uma transferência, da sociedade para a natureza viva, da doutrina *bellum omnium contra omnes* [guerra de todos contra todos] e da doutrina econômica burguesa da competição somada à teoria da população. Realizado esse truque de prestidigitação..., as mesmas teorias são transferidas no sentido inverso: da natureza orgânica para a história e agora se defende que sua validade como leis eternas da sociedade humana foi comprovada (ENGELS [1875]; cf. tb. MARX [1862]; ambas as citações em SCHMIDT, 1971: 46-47).

Para ser justos com Darwin, devemos acentuar que seu uso de expressões metafóricas permaneceu exatamente isso, e que ele nunca esteve demasiado feliz com elas. O "ensinamento darwinista" ao qual Engels se referiu era na verdade o de Spencer, pois afinal foi este que adicionou uma inflexão hobbesiana à "luta pela existência" refundindo-a como a "sobrevivência dos mais aptos" (cf. cap. 1). Como vimos, o protótipo da concepção sociobiológica da sociedade dos animais também está em Spencer em vez de em Darwin. Por isso, não causa surpresa que, quando os sociobiólogos discutem por extensão de animais a seres humanos, o resultado seja a "solidariedade industrial" spenceriana reconstituída em todos os seus princípios básicos.

Mas descrever a circularidade como uma oscilação "entre a culturalização da natureza e a naturalização da cultura", como faz Sahlins (1976a: 105) só confunde a questão. As objeções, reais e legítimas, de Sahlins à sociobiologia não se diferenciam tão substancialmente daquelas que Kroeber, sessenta anos antes, tinha dirigido a Spencer quanto a "oscilar" entre o inato e o adquirido. Atualmente, essa oscilação toma a forma de colocar genes hipotéticos na base de disposições culturais e passar a derivar estas últimas daqueles, substituindo a desacreditada herança "lamarckiana" de características adquiridas por um mecanismo de assimilação genética que simula seus efeitos (LUMSDEN & WILSON, 1981: 21-22). Contudo, nosso objeto aqui, como aquele de Marx e Engels, é a "naturalização", não da cultura, mas da *sociedade*. E, por isso, tanto a sociobiologia como a antropologia cultural de que Sahlins é defensor podem ser consideradas igualmente responsáveis. Porque a transferência da humanidade para os animais da noção spenceriana de sociedade como um agregado de interações cooperativas se acompanhou de uma transferência inversa das sociedades geneticamente fundadas de animais para sociedades culturalmente fundadas de grupos humanos específicos, sem afetar em nada a premissa fundamental de que a vida social é um derivativo da "natureza" extrassocial de indivíduos autônomos[70]. O resultado dessa dupla transferência, como Bidney indicou, simplesmente foi substituir um fatalismo (cultural) pelo fatalismo (genético) igualmente questionável a que ele se opõe (BIDNEY, 1953: 136; cf. tb. MIDGLEY, 1980: 29). De fato, nenhum dos dois sentidos de socialidade até agora encontrados, o interativo e o regulador, nos permite compreender a vida social como um processo criativo pelo qual os seres humanos se relacionam uns com os outros como os autores, bem como atores, de suas partes. Para isso, devemos adicionar um terceiro sentido, completamente diferente dos dois precedentes.

A constituição das pessoas

Consideremos as alternativas. Segundo a concepção da vida social como um processo interativo, a cultura se opõe à sociedade como projeto pré-constituído para os efeitos cumulativos de sua execução pela população de indivíduos em cujas mentes separadas o projeto está contido. Segundo a concepção da sociedade como um sistema normativo de regulação positiva da conduta prática, a estrutura social se funde com a cultura como projeto a ser realizado, localizado em um nível suprapsíquico. De qualquer maneira, o indivíduo particular, que vive na sociedade, ao que parece só existe para executar um programa que não ajudou a escrever; nesse aspecto, não importa se as "relações sociais" são concebidas como ligando partes do programa ou ligando os indivíduos que o realizam (cf. fig. 6.2). Para chegar a nosso terceiro sentido de vida social, que já introduzimos em capítulos anteriores, devemos incorporar algo das duas outras alternativas e acrescentar algo que não está incluído em nenhuma delas, a saber, um conceito da pessoa como agente consciente, subjetivo. O que tomamos da concepção interativa é a noção da vida social como um *processo* que ocorre entre seres humanos particulares. Consideramos esse processo, contudo, não em termos estatísticos, como a resultante de uma massa de associações entre indivíduos atômicos, mas em termos topológicos, como o desdobramento de um campo contínuo de relações intersubjetivas nas quais as pessoas não interagem tanto quanto se *constituem* umas às outras ao longo da história de seu envolvimento mútuo. A interação, afinal, só pode ocorrer entre objetos que chegam à cena, por assim dizer, "prontos" e por isso tem de ser radicalmente diferenciada do processo pelo qual nós, como sujeitos, nos fazemos a nós mesmos. Denominamos esse processo vida social de pessoas. Da concepção da sociedade como uma entidade reguladora incorporamos a ideia de que as intenções e propósitos de pessoas não são dados antes de sua entrada em relações sociais, mas têm de fato sua fonte no domínio social. Assim, rejeitamos a premissa utilitária de que o conteúdo de relações sociais é exclusivamente instrumental, fornecendo ao grupo meios para a satisfação de fins natural ou culturalmente definidos de indivíduos. Por outro lado, não aceitamos a atribuição de propósito a uma entidade suprapsíquica separada denominada "sociedade", autorizada a atuar como uma instância de direção central. A sede do propósito, sustentamos, é a própria pessoa, ainda que aquele (o que ela pretende), assim como esta (quem ela é), seja constituído por suas relações com os outros.

Ora, é precisamente essa concepção "constitutiva" do social que informa os primeiros escritos de Marx. A passagem a seguir, dos manuscritos de 1844, é definitiva: "Antes de mais nada, devemos evitar postular 'a Sociedade', mais uma vez, como uma abstração com respeito ao indivíduo. O indivíduo é o ser social. Sua vida, mesmo que possa não aparecer na forma direta de uma vida *comunitária* em associação com outros, é, portanto, uma expressão e confirmação da *vida social*" (1964a: 137-138). Por "indivíduo", Marx designa o sujeito particular que, longe de ser mero veículo da vida de uma "sociedade" hipostasiada, como na concepção durkheimiana, é constituído como um agente vital por seu envolvimento em relações sociais. É como um ator, não como um papel, que o homem é um ser social. Quando falamos da vida do sujeito, e da vida social, estamos voltados para processos idênticos e não para processos análogos, já que a vida do sujeito é social. Essa passagem desmente as interpretações "estruturalistas" de Marx, que convertem abstrações estruturais sociais em agentes históricos ativos, montados nas costas de pessoas autênticas que são concebidas como vivendo *para* a sociedade em vez de viver socialmente. Mas também recusa leituras "tecnicistas" que imaginam que as relações sociais consistem em padrões de associação cooperativa apropriada para a implementação de certas tecnologias sob condições ambientais dadas. Nas palavras de Avineri, isso seria tornar a esfera do social "destituída de todo conteúdo não instrumental" (1968: 88). Como Marx afirma, a constituição mútua das pessoas como seres sociais, o fato de serem dotadas de identidade e propósito, não têm nada diretamente que ver com se, ou até que ponto, elas se associam na busca prática de suas respectivas metas. Assim, a concepção "constitutiva" das relações sociais deve ser diferenciada tanto da "interativa" como da "reguladora".

Essas observações devem nos ajudar a atribuir sentido a uma das mais contestadas afirmações de Marx, em seu prefácio a *A contribution to the critique of political economy* [Contribuição para a crítica da economia política], a de que "na produção social de sua existência, os homens inevitavelmente estabelecem relações definidas, que são independentes de sua vontade"[71]. Ele a seguir explica nos mínimos detalhes a distinção entre infraestrutura econômica e superestrutura legal e política, que conclui com seu dito célebre que "não é a consciência dos homens que determina sua existência, mas sua existência social que determina sua consciência" (1970 [1859]: 20-21). O que Marx dizia, como afirmei em outro lugar, era simplesmente que "as relações sociais *constituem* o sujeito consciente, dotado de vontade e não são voluntariamente projetadas por sujeitos cuja consciência seja de algum maneira dada de antemão, como se os indivíduos tivessem uma existência independente, subjetiva, fora da sociedade e oposta a ela" (INGOLD, 1983a: 9). Também foi disso que falou na sexta tese contra Feuerbach, na qual insiste que não podemos tomar o sujeito das relações sociais como "o indivíduo humano – *isolado* – abstrato", porque cada sujeito só existe como um "conjunto das relações sociais" que constituem sua consciência (MARX & ENGELS, 1977: 122; cf. tb. nossa discussão da personalidade no cap. 3). Em resumo, Marx se opunha à concepção que tratava a sociedade como um artefato da deliberação racional, ou como um compacto voluntariamente estabelecido por indivíduos autônomos para a satisfação de seus desejos naturais. Essa é uma concepção que ainda tem uma abundância de adeptos. Por exemplo, Bidney fala das regulações e organizações da sociedade como "socifatos" que, ao lado dos "artefatos" materiais e "mentefatos" conceptuais, devem ser considerados "instrumentos inventados pelo homem para a melhor satisfação de suas necessidades e desejos" (1953: 130). Ainda mais recentemente, Harré sustentou que a formação biológica do homem engendra um conjunto de problemas cuja solução tem desafiado a inventividade humana, "e um dos dispositivos mais inteligentes que inventamos para tratar deles foi a sociedade" (1979: 36). A história então pareceria ser o resultado de um processo que os seres humanos evocaram na imaginação e passaram a realizar, um plano social depois do outro. Ela se torna um catálogo de invenções (cf. tb. REYNOLDS, 1976: 65).

Essa concepção da sociedade como um artefato ou aparelho foi, naturalmente, igualmente odiada por Durkheim. Ele alegou que ela não deve ser concebida como uma máquina hobbesiana "inteiramente construída pelas mãos dos homens e que, como todos os produtos dessa espécie, só é o que é porque os homens assim o quiseram" (1982 [1895]: 142). Foi em oposição ao artificial que Durkheim caracterizou a sociedade como um sistema *natural*, no sentido de que surgiu antes de modo *sui generis* do que sob autoria humana voluntária. Além disso, contudo, as posições de Marx e Durkheim não podem ter sido mais diferentes. O ponto crucial da diferença está na questão da agentividade. Durkheim, como vimos, não dota o homem particular *qua* ser social dotado de vontade própria; seu destino é transmitir a vontade transcendente da sociedade. Mas quando escreve que as relações nas quais as pessoas entram são "independentes de sua vontade", Marx não pensa em negar a agentividade da pessoa socialmente constituída, mas afirmar a constituição social do agente. Os seres humanos *são*, para Marx, autores de suas relações sociais; não há propósito superior que subverta suas intenções (o que não significa, naturalmente, que os propósitos dos mais poderosos não possam ignorar aqueles dos relativamente impotentes). Pode parecer paradoxal, à primeira vista, manter essa concepção em conjunto com aquela que rejeita a base voluntária da sociedade. O paradoxo, contudo, só persiste se a sociedade for concebida como uma entidade ou estrutura objetiva e a vida social como a revelação da estrutura. Há um problema, como Durkheim bem reconheceu, em tratar como um artefato da vontade humana um projeto que, tão logo é criado, transforma seus ex-criadores em escravos de sua execução. Esse problema remonta a Rousseau.

Mas, para Marx, a vida social é um processo criador em vez de simplesmente revelador: a saber, é "a produção de sua existência" pelos seres humanos. Como veremos no próximo capítulo, Marx usa o termo "produção" aqui em um sentido especial, intransitivo: produzir é viver, e a relação entre produtor e produto é aquela entre o sujeito e o superjeito – algo de que vamos nos ocupar um pouco mais. Para voltar ao tema do capítulo precedente, a vida social não é algo que a pessoa faz, mas antes algo por que a pessoa passa, não a realização de um programa, mas seu próprio processo de composição. Os homens não fazem sociedades, mas, vivendo socialmente, se fazem a si mesmos. Recordando a distinção de Wieman, "social" conota o bem criador, não bens criados; é um atributo de processo e não de coisas. Portanto, as relações sociais, assim como as pessoas que constituem, devem ser do mesmo modo entendidas em termos processuais, e não como componentes de um arcabouço estrutural fixado. O tempo real, duração bergsoniana, é inerente às relações sociais assim concebidas, tal como no fluxo da consciência. O que é independente da vontade humana, no instante presente, é nada menos que o passado que nos fez quem somos, um passado de envolvimento mútuo com outros e dos quais a nossa futura existência é necessariamente uma projeção (MARX, 1963 [1869]: 15). Supor, ao contrário de Marx, que a pessoa pode constituir suas relações no presente imediato por um ato de livre e espontânea vontade seria equivalente a negar a evolução do propósito no eu agente, e à atribuição da conduta a uma natureza humana generalizada e eterna, externa ao sujeito, que imporia sua determinação aos sujeitos humanos. A liberdade seria assim garantida às custas da criatividade.

É abundantemente claro que, para Marx, os movimentos da consciência e da vida social são os dois lados da mesma moeda. Ele escreveu, em *The German ideology* [A ideologia alemã], "A consciência nunca pode ser nada senão a existência consciente, e a existência dos homens é seu processo de vida real" (MARX & ENGELS, 1977: 47). Há, admitidamente, algo bem tautológico na afirmação de Marx de que é a "existência social [dos homens] que determina sua consciência. Porque, como a vida social é equivalente à ação dotada de propósito (produção), a ação pressupõe a consciência" (AVINERI, 1968: 75-76). Assim, a relação entre consciência e relações sociais, como mostramos no capítulo 5, poderia ser mais bem entendida como uma relação de captura e desdobramento, respectivamente. Contudo, aqueles que apelam à autoridade de Marx para justificar a busca de estruturas invisíveis, profundas, da vida social, as quais, sem que seus portadores humanos saibam, se supõe ser a base da experiência consciente (LÉVI-STRAUSS, 1968: 23; GODELIER, 1972: xix, 260), interpretaram de modo completamente errôneo seu sentido. Se se lê a "determinação" da consciência pela existência social como uma relação de causa e efeito, em vez de relação entre o processo como um todo e seus momentos (GIDDENS, 1979: 160), substitui-se "não voluntário" por "inconsciente", e aquilo que – tendo sido – é inalterável, se torna aquilo que – mascarado pela consciência – é incognoscível. O passado intersubjetivo ativo dentro de nós dá lugar a uma estrutura intemporal, sincrônica, interna a cada sujeito, cujos elementos estão ligados por "relações sociais" ocultas e determinadas e cuja mera réplica mecânica é o objeto da produção. Isso equivale a reduzir a produção a nada mais do que a execução, da qual a consciência prática foi retirada – apenas para acrescentá-la como uma reflexão posterior: a estrutura dirige, a consciência reflete. Essa redução não pode de modo algum ser conciliada com o reconhecimento por Marx da consciência e das relações sociais como aspectos complementares de um só processo de vida, nem com sua identificação daquele processo de vida com a própria produção – não a execução de planos, mas o desdobramento da consciência como "*atividade humana sensível, prática*" (MARX & ENGELS, 1977: 121).

Armados com essa concepção constitutiva do social como processo intersubjetivo, temos de prosseguir perguntando: O que *não* é uma relação social? E, como antes, essa é uma questão mais bem abordada considerando se, nos termos que acabamos de delinear, animais que não os seres humanos gozam de uma vida social. A resposta de Marx foi brevemente considerada no final do capítulo anterior, e a ela voltamos aqui. "Para o animal" – escreveu ele, "sua relação como os outros não existe como uma relação". O paradoxo dessa afirmação está no duplo significado de "relação". Ninguém nega que os animais se relacionem como objetos individuais. Mas, para ter uma relação *social*, deve haver um sujeito cuja própria consciência seja pelo menos até certo ponto afastada de sua vida no mundo, o suficiente para que possa assumir o ponto de vista de outro capaz de fazer o mesmo (HABERMAS, 1979: 136-137). "Onde há uma relação", como Marx declarou na passagem acima mencionada, "ela existe para mim". O animal a que falta a consciência de si, que não pode separar "eu" de "você", "não estabelece nenhuma relação em absoluto" (MARX & ENGELS, 1977: 51). Só quando o fluxo da consciência começa a seguir um canal distinto do fluxo da conduta, embora paralelo a ele, vem a conduta a aparecer como ação dirigida por um eu em direção à de outros eus, isto é, como ação social. Em resumo, o que Marx chamou de "emancipação" da consciência com respeito ao mundo é uma condição da emergência da intersubjetividade (em vez de transubjetividade) e, portanto, para que a conduta apareça como a evolução de um campo contínuo de relações sociais.

Se se admite que o domínio intersubjetivo do ser social é irredutível à associação e à interação de indivíduos objetivamente definidos, disso deve decorrer, como afirmei em outro lugar, que "não há continuidade evolutiva entre o que os biólogos geralmente consideram como comportamento social em animais e os sistemas de relações sociais identificadas por antropólogos, em cujo âmbito os sujeitos estão situados como agentes conscientes" (INGOLD, 1983a: 6; cf. BOCK, 1980: 149). As origens da socialidade, neste último sentido, devem ser buscadas na evolução da consciência, não nas características associacionais de organismos como insetos ou mesmo corais, cujo comportamento, como todos parecem concordar, é inteiramente pré-programado e reflexivo e não governado pela intenção consciente. As abelhas da colmeia de Radcliffe-Brown, por exemplo, embora dotadas amplamente de cada uma das dez "qualidades da socialidade" de Wilson, não podem ser consideradas como gozando de uma vida social no sentido antropológico do termo. Isto não nega que os seres humanos se associem como indivíduos na condução de suas atividades e que os padrões resultantes de associação sejam comparáveis com aqueles de insetos, pássaros, primatas não humanos, ou algo assim. Mas *nega* que esses padrões possam ser denominados sociais. E também descarta a possibilidade de uma compreensão puramente biológica, ou mesmo "culturológica" da vida social. Se, então, se considera que as relações interativas são não sociais, como devem elas ser caracterizadas?

Vamos ver como Marx aborda a questão. Encontramos em *A ideologia alemã* uma formulação inicial de um dualismo que permeia todo o corpo de escritos de Marx sobre a condição humana, dualismo entre relações *materiais* e relações *sociais* (COHEN, 1978: 92-93). Ele escreve: "A produção da vida aparece como uma dupla relação: de um lado, como uma relação natural e, do outro, como uma relação social". Contudo, ele oferece em seguida uma definição de social que soa completamente spenceriana: "Por social entendemos a cooperação de vários indivíduos, não importa sob que condições, com respeito a quê e com que fim" (MARX & ENGELS, 1977: 50). Tomando-se esta definição literalmente, ela serviria simplesmente para separar a interação comunicativa, intraespecífica, da interação exploradora, interespecífica, aquelas envolvendo trocas de informações e, estas últimas, transferências de materiais e energia que atualmente seriam considerados como os componentes do ecossistema. Não há nestas nada aí que seja especificamente humano: as abelhas, afinal, comunicam-se com outras abelhas e frequentam flores que secretam néctar. Não há dúvida de que, embora possa ser considerada comportamento "social", a dança das abelhas nem por isso deixa de ser "natural". E, de fato, o próprio Marx passa a caracterizar a cooperação como uma "força produtiva", posteriormente incluindo na mesma categoria a soma dos atributos do homem como ser natural, isto é, como indivíduo, confrontando a natureza "como uma de suas próprias forças" (1930 [1867]: 169). Além disso, no desenvolvimento do paradigma marxista, as *forças* produtivas vieram a ser sistematicamente opostas às *relações* de produção: as primeiras estão vinculadas com as medidas práticas segundo as quais tarefas particulares são implementadas, com *o modo como* são realizadas; estas últimas constituem as pessoas *que* as executam e dirigem seus propósitos (INGOLD, 1983a: 7).

Essa oposição, como Cohen indicou (1978: 98), é somente outro aspecto da dicotomia ubíqua entre natureza e sociedade, ou entre relações materiais e sociais. A cooperação, originalmente o critério definitivo da socialidade, agora reaparece no lado material, *contraposta* às relações sociais, que constituem os co--operadores*. Em outras palavras, as relações cooperativas não ocorrem entre *pessoas que co-operam* [sic] na produção de sua existência, mas entre coisas *que* são instrumentalmente *co-operadas* [sic] no processo de trabalho. E essas coisas não são nada mais do que as faculdades e forças – "braços e pernas, cabeça e mãos" (MARX, 1930 [1867]: 196) – constitutivos da natureza humana objetiva, a que se somam, é claro, atributos culturalmente adquiridos, inclusive conhecimento e habilidades. Sob o capitalismo, como Marx mostrou, essas faculdades e poderes são entregues pelos operários a um empregador. Portanto, não se pode dizer que as faculdades e forças cooperam como sujeitos no processo de trabalho; é antes o empregador sozinho que "coopera" a força de trabalho dos produtores (MARX,

---

* Há um jogo entre "cooperar" e "co-operar", ou seja, "operar com". Por isso, usamos, já agora, "co-operadores". Há ainda *"cooperate"* entre aspas, que deixamos como "coopera", para manter a distinção [N.T.].

1930 [1867]: 349; INGOLD, 1983b: 135). Além disso, aquilo que se aplica à co-operação de naturezas individuais apartadas da subjetividade de seus portadores, quando – nas palavras de Marx – os produtores "já deixaram de pertencer a si mesmos" (1930 [1867]: 349), também se aplica à co-operação de indivíduos antes de tudo considerados destituídos de subjetividade. As relações entre abelhas na colmeia são materiais em vez de sociais, no mesmo sentido que o são as relações entre operários no chão de fábrica, porque as relações ocorrem, em ambos os casos, entre objetos e não sujeitos, embora estes se diferenciem daquelas na medida em que a matriz da cooperação é imposta pelo capitalista em vez de ser o resultado da seleção natural (ou, como em comunidades humanas "tradicionais", de seu análogo cultural), e, por isso, serve aos *seus* interesses e não ao interesse dos indivíduos que co-operam (MARX 1930 [1867]: 347). Resulta disso que os padrões da interação humana compreendidos pela organização do trabalho, os modos pelos quais as capacidades naturais e culturais dadas dos indivíduos são co-operadas para fins práticos, têm sua contraparte naquilo que os biólogos consideram a "organização social" de comunidades de insetos. Em termos da distinção aqui traçada, as duas seriam caracterizadas como materiais. Evidentemente que o contraste entre o material e o social equivale àquele entre o interativo e o constitutivo, e a toda uma série de contrastes derivados: entre individualidade e pessoalidade, objetividade e subjetividade, cooperação e consciência, instrumento e propósito.

Assim como a intersubjetividade, sede da intenção consciente, não pode ser reduzida à associação instrumental de objetos, assim também é impossível deduzir a forma das relações sociais constitutivas dos produtores como pessoas, ou mesmo se essas relações existem (supomos que com as abelhas elas não existem) a partir de um conhecimento das relações materiais ou "relações de trabalho" (COHEN, 1978: 111-112) que vincula os indivíduos,. Como uma nova ilustração disso, consideremos a organização do grupo de caça. Comumente ele é concebido como um agrupamento casual de indivíduos ou famílias, livres para ir e vir mais ou menos como quiserem, cujas características organizacionais provêm das exigências práticas de buscar caça sob condições ambientais específicas. Algumas espécies de caçada implicam a cooperação mais ou menos extensa e complexa, e outras não. Do mesmo modo, o tamanho e a permanência de grupos locais dependem em grau considerável de fatores ambientais e tecnológicos. Na aplicação clássica do método da ecologia cultural, por Steward, a "sociedades de grupo", as várias formas organizacionais são apresentadas como "padrões de comportamento" resultantes de estratégias conjuntas de exploração por indivíduos enculturados (STEWARD, 1955: 40-41)[73]. Equiparar esses padrões à "organização social" é adotar claramente uma concepção interativa do social, já que o objeto de Steward é essencialmente "o processo de trabalho, sua organização, seus ciclos e ritmos e suas modalidades situacionais" (MURPHY, 1970: 155; tb. 1977: 22). Os arranjos co-operativos, assim como o conhecimento, os instrumentos e as habilidades para aplicá-los, são parte de um aparato puramente instrumental, adaptável (INGOLD, 1979: 278-279). Portanto, em termos marxistas, pertencem às forças produtivas ou relações materiais, *opostas* às relações sociais de produção. Em outras palavras, as relações constitutivas do grupo não devem de modo algum ser consideradas sociais, embora existam entre seres humanos, já que, como Cohen observa, "nem todas as relações entre homens são sociais" (1978: 93). Meillassoux as denomina "relações de adesão", observando que, caso os membros do grupo sejam diferenciados de alguma maneira, os termos usados "provavelmente se referirão à demarcação de idade, sexo e função vinculadas com a participação em atividades produtivas" (1981: 17).

Para identificar o caráter das relações *sociais* entre caçadores, teríamos de ocupar-nos da percepção de pessoa e de eu diante dos outros na comunidade. O que é o mais notável nesse aspecto é que a pessoa do caçador absorve, incorpora e se funde com aqueles a seu redor até um ponto desconhecido em sociedades nas quais as pessoas são restritas à ocupação de posições específicas em uma ordem reguladora. Por meio da partilha comum de comida e outros bens, os caçadores estão direta e profundamente implicados uns com os outros na produção mútua de sua existência, independentemente de a condução de sua atividade exploradora ser solitária ou organizada cooperativamente. Mesmo que cace sozinho, o homem enfrenta a natureza como um sujeito de relações sociais, e assim como sua vida é produzida por meio da atividade de outros, assim também os produtos de sua atividade são tanto deles como seus. Assim, cada ato de caça é apenas um momento em um processo total mediante o qual a vida social é levada por meio do encontro coletivo de homens com a natureza (INGOLD, 1980b: 79). Consideradas em isolamento desse processo produtivo, as práticas se reduzem a execuções, e a caça – como vimos no capítulo 4 – se reduz à predação. É como predador que o homem "enfrenta a natureza como uma das próprias forças desta", *interagindo* com suas outras forças como indivíduo (MARX, 1930 [1867]: 169). Essas interações entre predadores e predados, ou, de modo mais geral, entre organismos e seu ambiente, pertencem exclusivamente ao domínio das relações *ecológicas*. Caçar, contudo, é ação *social*, dirigida *ao* mundo físico em vez de ocorrer *dentro* dele (INGOLD, 1983a: 10). Como caçador, o homem enfrenta a natureza *em pessoa*; o enfrentamento é dialético em vez de *interativo*, e pertence à história humana da natureza em vez de à história natural do homem (sobre esta última distinção, cf. o penúltimo par. do cap. 5). Portanto, a redução da caça à predação é paralela à do social ao material. É absurdo falar, com Habermas, da "caça co-operativa" como o "primeiro modo de produção" (1979: 135). Porque as relações co-operativas – vinculando objetos – caracterizam um modo de predação, são um aspecto do processo de trabalho; a caça é atividade dotada de propósito, um aspecto da prática produtiva de sujeitos socialmente constituídos. E a autonomia do sujeito, manifesta na livre-associação ao grupo, deriva não de seu isolamento total ou privacidade autocontida, mas de sua total congruência com uma coletividade generalizada e ilimitada. Cada um é, não exclusivo, mas inclusivo de cada outro; a palavra para a pessoa é humanidade (WOODBURN, 1982: 448; INGOLD, 1983a: 17-18, n. 5).

O fato de que a caça é uma forma da ação social – mesmo que, considerada em seu aspecto material como predação, possa ser solitária em vez de co-operativa – levanta um novo aspecto do contraste entre relações constitutivas e relações interativas. Isso tem que ver com a décima "qualidade da socialidade" de Wilson: a fração de tempo dedicada ao comportamento social. Segundo a concepção interativa, os indivíduos são sociais quando atuam em conjunto, mas deixam de o ser quando atuam sozinhos. Portanto, seu tempo pode ser dividido em episódios sociais e não sociais, de modo que, em princípio, as proporções do tempo dedicado a cada um possam ser estimadas. Adotando essa ideia, alguns observadores do comportamento de primatas tentaram medir a socialidade de várias espécies por meio da percentagem do tempo dedicado à "interação social", em oposição a incursões solitárias (DAVIS et al., 1968; TELEKI, 1981: 310-311). Do mesmo modo, Humphrey, para quem "uma interação social é tipicamente uma transação entre parceiros sociais", observa que os animais que gastam muito tempo em atividades sociais improdutivas "devem ter inevitavelmente menos tempo a dedicar a atividades básicas de subsistência", isto é, para a caça solitária (HUMPHREY, 1976: 309-311). Mas se aceitamos uma concepção constitutiva de relações sociais, essas tentativas de quantificar socialidade ou confinar a vida social a períodos limitados em um horário regular de atividade, são manifestamente absurdas. Tudo o que uma pessoa faz como sujeito socialmente constituído, inclusive a manutenção da existência, tem de se qualificar como ação social, pouco importando se é realizada em isolamento ou em parceria com outros (INGOLD, 1983a: 7). Um pastor, por exemplo, pode passar semanas em algum lugar sozinho com seu rebanho em pastagens remotas. Mas ele permanece sendo *alguém*, e se fôssemos lhe perguntar quem é, poderíamos esperar razoavelmente uma resposta formulada em termos de uma história de relações interpessoais. E devemos ser capazes, uma vez que essa história receba profundidade suficiente, de descobrir dela as razões pelas quais ele está, naquele momento particular, cuidando dos animais daquele determinado proprietário. Em resumo, a fonte tanto de sua individualidade pessoal como de seu propósito atual está no domínio social.

Este é o ponto apropriado para levantar outra questão que se vincula com a comparação entre a socialidade do homem e a dos outros animais. Tornou-se comum, em descrições biológicas de "sociedades" de animais, aplicar conceitos derivados do reino da experiência humana (SAHLINS, 1976a: 6-7). Estes incluem a hierarquia e o despotismo, a casta e a classe, o trabalhador, o soldado e o escravo, rainhas (muitas vezes mais do que reis) e, em relação ao espaço físico, propriedade e estabilidade (para ex., cf. WILSON, 1980: 128, 137, 146-154). Em descrições mais populares, a colmeia ou colônia de térmitas aparece como um verdadeiro estado arcaico. Refletindo sobre se um termo como escravidão é tão aplicável a formigas quanto a seres humanos, Bonner pensa que sim, pois "tanto na escravidão de formigas como de seres humanos, indivíduos *capturam* à força membros de suas próprias espécies ou espécies relacionadas e fazem que seus prisioneiros *façam trabalhos* em benefício dos captores" (1980: 11). Mas essa afirmação está longe do que Bonner pensa que ela é, a saber, "uma simples descrição de condições". Porque as palavras usadas (que colocamos em itálico) transmitem intencionalidade consciente tanto da parte de captores como da parte de prisioneiros de um tipo de que se supõe que falta completamente a formigas. A escravidão humana é uma relação da dominação entre sujeitos de um modo que a vontade de um – o escravo – é inteiramente apropriada pela vontade do outro – o mestre – e fica a serviço dela (MARX, 1964b: 102). Quando trabalha, o escravo atua como um agente da produção, não como um instrumento mecânico; e quando o feitor faz que seu escravo trabalhe, ele não age como o faria para levar uma máquina a "funcionar" ao acionar os controles (porque então ele mesmo seria o produtor), mas exercendo sua dominação, por captura e coerção, sobre a pessoa do escravo. A causação, em outras palavras, é intersubjetiva. Na suposição cartesiana de que os animais não humanos são autômatos sem mente, seres sem vontade, Marx relegou os animais domésticos do homem à categoria de instrumentos do trabalho e, portanto, negou que a relação homem-animal em tais exemplos se assemelhe à escravidão. Os animais domésticos, ele escreveu, "de fato prestam serviços, mas seu proprietário não é graças a isso mestre e senhor" (1964b: 102; cf. tb. 1930 [1867]: 172). No caso de animais superiores, essa é uma concepção difícil de sustentar, e defendi alhures que a relação de domesticação, assim como a de escravidão, é essencialmente social (INGOLD, 1980a: 88). Contudo, a conclusão de Marx decorre bem logicamente da premissa cartesiana. E se o animal-máquina não pode ser considerado escravo de um mestre humano, então, mais enfaticamente, ele não pode ser escravizado por outros animais-máquinas.

Mas é precisamente esse o sentido no qual sociobiólogos afirmam que as formigas são escravas de outras formigas. Quando umas "fazem" as outras "trabalhar", o trabalho feito consiste não de ação dotada de propósito, mas simplesmente de uso da força mecânica, e a relação causal existe entre objetos em vez de entre sujeitos. É uma relação, nas palavras de Wilson, de "intimidade impessoal" (1980: 179) que poderia bem ser contrastada com a inimizade altamente pessoal da escravidão humana. A colônia de formigas é concebida como um sistema mecânico imensamente grande e complexo, composto de partes trabalhadoras relativamente autônomas (indivíduos) cuja estrutura é geneticamente codificada em cada indivíduo e cujo funcionamento é representado como "vida social". Para descrever a hierarquia do controle pelo qual certas partes governam ou são governadas por certas outras partes, seria melhor usar a linguagem do engenheiro de sistemas, não a do historiador social. Ou, voltando à nossa discussão anterior, a hierarquia é constituída por relações que não são sociais, mas materiais. A organização co-operativa entre seres humanos pode ter sua contraparte no mundo dos insetos, mas as relações de classe não. Consideremos o operário especializado da fábrica capitalista, programado para realizar repetidamente apenas uma operação e cuja natureza individual – como Marx diz – é convertida em "instrumento especializado automático daquela operação". Um agregado desses operários, com especializações complementares, constitui o que Marx denomina "o *mecanismo vivo* da produção" (1930 [1867]: 356; grifos meus)[74]. Do mesmo modo, o agregado de formigas constitui o mecanismo vivo da colônia. No interior desses dois mecanismos, as partes individuais podem ser ligadas por hierarquias de controle. Mas a dominação do capitalista sobre sua mão de obra é de um tipo inteiramente diferente, visto se apoiar na apropriação pelo capitalista do controle sobre o próprio mecanismo e em sua consequente capacidade de pô-lo em uso para seus próprios propósitos.

Uma vez feita esta distinção fundamental, a separação entre relações materiais entre partes de um aparato produtivo e relações sociais entre agentes quanto a seu controle e uso, aquilo que Wilson considera o "paradoxo" da evolução social simplesmente se dissolve. Comparando os invertebrados coloniais, os insetos sociais, com os mamíferos não humanos e o homem, ele afirma que o progresso de "formas mais primitivas e mais antigas de vida a formas mais avançadas e recentes" é acompanhada por uma retrogressão nas "propriedades-chave da existência social", pelo que deseja designar a escala, a coesão e a complexidade da organização interativa. Mas os seres humanos são os únicos a ter invertido essa "tendência descendente" na evolução social, um fato que, para Wilson, representa "o mistério culminante de toda a biologia" (1980: 179-182). O mistério pode ser prontamente explicado como segue: de um lado da escala, temos relações materiais entre organismos que podem ser razoavelmente considerados virtuais autômatos (MIDGLEY, 1978: 146-147). A "tendência descendente" se associa com a evolução da consciência (i. é, de um sistema de controle interno ao organismo) em virtude da qual os indivíduos são progressivamente mais capazes de fazer seus próprios ajustes a condições externas. Para recapitular um aspecto tratado no capítulo 1, a evolução de "formas superiores" implica uma internalização da complexidade que tende a ser equilibrada por uma medida de simplificação no campo das relações exteriores dos organismos. Só com o desenvolvimento de uma percepção consciente de si mesma, e, portanto, da intersubjetividade, se estabelecem as condições prévias de uma reversão dessa tendência. A co-operação em uma escala que se parece com aquela dos animais inferiores, ou vai além dela, depende da emergência de relações de dominância intersubjetiva, de modo que os agentes devam entregar seu autocontrole a uma vontade alheia que vai impor às atividades deles seu próprio projeto. Em resumo, a base da co-operação complexa nas sociedades humanas reside não na ausência da vontade, mas em sua subordinação a um propósito dominante – na diferenciação de *poder social*, em última análise, na exploração de classe (INGOLD, 1983a: 7-8). Isso é um mistério para a sociobiologia apenas porque as relações de classe, existentes entre pessoas a respeito de coisas, não podem ser compreendidas no âmbito de um paradigma reducionista no qual se sustenta que só existem coisas.

Nossa preocupação principal, nos parágrafos precedentes, foi distinguir relações constitutivas de relações interativas e projetar essa distinção em outra, entre o social e o material. Mas é igualmente importante contrastar as relações constitutivas com as relações *reguladoras*. Tentarei agora mostrar que esse contraste corresponde à distinção essencial entre o social e o cultural. Podemos começar também, mais uma vez, com a questão da escravidão. Comparando as formas de "escravidão" entre formigas e homens, Kroeber concluiu que, apesar das semelhanças evidentes, elas se apoiam em bases bem diferentes: "O mecanismo real de escravidão da formiga [...] seria presumivelmente diretamente orgânico, congênito, instintivo, distinto das instituições humanas supra-hereditárias, concebidas e transmitidas por aprendizagem" (1948: 36). Mas se fôssemos aceitar essa concepção, a escravidão humana não pareceria menos um "mecanismo" do que aquela da formiga, embora culturalmente instituída em vez de geneticamente codificada. "Mestre" e "escravo" seriam dados como posições em uma ordem reguladora completa, contida nas mentes dos vários indivíduos que constituem uma população e transmitidas de geração em geração como uma tradição aprendida. A população seria então concebida como uma "sociedade" e, as relações sociais, como interações entre seus membros (cf. fig. 6.2). Consideremos agora o que Marx tem a dizer:

> A sociedade não se compõe de indivíduos, mas exprime a soma de inter-relações, relações nas quais os indivíduos estão. Como se alguém dissesse: visto da perspectiva da sociedade, não há escravos nem cidadãos; uns e outros são seres humanos. Na verdade, eles são isso fora da sociedade. Ser escravo, ser cidadão, são características sociais, relações entre os seres humanos A e B. O ser humano A, como tal, não é escravo. É escravo na sociedade e por meio da sociedade (1973: 265).

Marx opta aqui, mais uma vez, por uma concepção constitutiva do social. *A*, o escravo, é constituído como tal por seu envolvimento com *B*, o cidadão. *A* e *B,* além disso, são concebidos como sujeitos históricos reais, de modo que as "relações" das quais Marx fala existem não entre partes ou posições institucionalizadas, a ser preenchidas por indivíduos associais, mas entre *vidas*, cada uma das quais participa do movimento da outra.

A confusão surge porque a palavra "escravo", assim como "pessoa", pode ser usada em dois sentidos bem distintos. Se a pessoa for definida em termos jurídicos, então a escravidão denota a negação de um conjunto de direitos constitutivos da cidadania. Mas se tomarmos a condição de pessoa como uma categoria do eu, a escravidão denota a negação do controle sobre si por outra pessoa, que é o mestre. A relação entre cidadão ou mestre e escravo é reguladora no primeiro sentido e constitutiva no segundo. Aquela pertence à cultura, um programa suprabiológico transmitido por aprendizagem; esta pertence ao processo real da vida social. Ao longo desta obra, sustentamos que a vida social não está contida na execução de um programa cultural, mas que a cultura é um veículo da condução da vida social. Contra Kroeber, sustentamos que um ser humano não se submete cegamente a ser mestre, e menos ainda a ser escravo, no cumprimento de um conjunto de imperativos deixados pela tradição cultural – assim como as formigas são impelidas por seus instintos. A vida não se parece com um jogo em que você e eu, lançados pela cultura nos papéis de mestre e escravo, executamos a tarefa de dominador e dominado. Ela é antes um processo no qual os sujeitos se impõem diretamente uns aos outros, *mediante* a cultura. As regras e regulações de que a cultura se compõe, longe de dirigirem a ação mecanicamente, se mostram na realidade como um dispositivo de *autorização* (SALZMAN, 1981: 243) por meio do qual certas formas de ação são permitidas ou facilitadas. Assim, a codificação, na lei usual, das capacidades e incapacidades de "mestres" e "escravos" fornece um mecanismo que pode ser usado por certas pessoas para impor sua vontade a certas outras pessoas. Isto é, a relação reguladora "mestre-escravo", uma relação entre *posições*, é parte de um instrumento objetivo de dominação intersubjetiva, ou de exercício do *poder*. Outro dispositivo como esse, tecnológico em vez de ideológico, é fornecido pelo aparato da coerção física. Na verdade, nenhum deles pode funcionar efetivamente sem o outro.

Se o sistema de relações reguladoras existe com esse propósito de dominação, surge a questão quanto à possibilidade de haver algo como uma "sociedade igualitária". Dahrendorf pensa que não, rejeitando as alegações de antropólogos de ter descoberto tais sociedades como fantasias que pertencem "apenas à esfera da imaginação poética". Sociedade, alega Dahrendorf *"significa* que normas regulam a conduta humana [...]. Como há normas e como sanções são necessárias para impor conformidade à conduta humana, tem de haver desigualdade de estatuto entre os homens" (1968: 172-176). Em outras palavras, algumas pessoas devem estar em condições de impor as sanções e assim exercer poder sobre aqueles que são sancionadas. Portanto, "para as ciências sociais modernas", como Levine e Levine exprimiram, *sociedade é dominação*" (1975: 177). Mas permitam-me agora reverter o argumento. Onde pessoas não dominam outras pessoas, onde não há diferenciação de poder, a conformidade a normas de conduta não pode ter o cumprimento exigido, de modo que a sociedade, tal como Dahrendorf a concebe – uma ordem reguladora *obrigatória* equivalente à "lei em seu sentido mais amplo" (1968: 167-169) –, não pode existir. Contudo, há alguma razão necessária para que essa ordem *deva* existir? Nas sociedades "assertivamente igualitárias" identificadas por Woodbum (1982: 431-432), entre certos povos caçadores e coletores, uma ordem dessa espécie, de relações reguladoras entre posições de *status* fixas e obrigatórias, se destaca de fato por sua ausência. Ao que parece destituídas de estrutura, estas não se qualificariam de modo algum, nos termos de Dahrendorf, como "sociedades" (cf. BLOCH, 1977: 288). Ainda assim, um grupo de caçadores e coletores não é um mero agregado de indivíduos. Eles seguramente gozam de uma vida social, relacionando-se uns com os outros diretamente, "face a face", em vez de indiretamente, como ocupantes de papéis. Não apenas, portanto, a vida social sem dominação é teoricamente concebível, como é aqui claramente realizada na prática. Alegamos, além disso, que a própria diferenciação de poder, que para Dahrendorf continua a ser um pré-requisito da existência da sociedade, pressupõe o estabelecimento de relações sociais (intersubjetivas). Segue-se que a condição igualitária tem de ser considerada tanto ontológica como desenvolvimentalmente *antes* da emergência de diferenciais de poder. E estes, longe de ser "invocados" para atender às exigências da ordem reguladora, são antes servidos por sua elaboração. O volume da "estrutura social" cresce de acordo com a intensidade da dominação e um – que confere legitimidade e estabilidade – é acessório ao outro (BLOCH, 1977: 289). O correlato da opressão é a hipertrofia estrutural.

Durkheim, como observamos antes neste capítulo, também estava preocupado com a elaboração da ordem reguladora, que correlacionou positivamente com o poder do Estado. Vamos agora contrastar nossa concepção de socialidade com a sua. Já observamos que Durkheim chamou de "sociedade" uma entidade objetiva constituída por relações reguladoras e que, como tal, é praticamente indistinguível da "cultura" tal como originalmente concebida por Kroeber. Descobrimos, além disso, que atribuir a essa entidade um modo supraindividual de existência é simplesmente ser enganado pela falácia da concretude fora de lugar; ou antes confundir o modo de existência da cultura com seu modo de transmissão. Logo voltarei a essa confusão, pois ela tem uma ligação importante com o conceito de socialização. Nossa conclusão neste ponto é que os "fatos sociais" de Durkheim são na verdade fatos da cultura e que, como tais, não têm outro fundamento do que as mentes separadas de indivíduos. Mas, inversamente, descobrimos que aquilo que para Durkheim continua a ser essencialmente individual, a saber, a consciência do sujeito particular, é constituído por relações sociais. No capítulo 4, chegamos a conclusões semelhantes quanto à linguística de Saussure. Onde Saussure considerava o modo da existência da língua como social, descobrimos que é individual; onde ele considerou que a fala é a realização da vontade individual, descobrimos que é ação social *por excelência*. Saussure, naturalmente, estava fortemente sob o efeito de Durkheim, e os dois podem ser acusados nas mesmas bases: em primeiro lugar, por um essencialismo injustificado que levou a postular um estado ideal – de língua ou de cultura – com uma existência independente de, e antecedente à, sua realização em indivíduos particulares; e, em segundo, pela suposição de que a subjetividade é um atributo do indivíduo *in vacuo* em vez de como pessoa social, com a implicação de que a ação iniciada pelo sujeito não pode ser social. É o segundo desses pressupostos que desejo examinar agora.

Lembremos a afirmação de Durkheim de que o homem é duplo. "Há nele duas classes ou estados de consciência que se diferenciam um do outro em origem e natureza, e nos fins para os quais se voltam." Uma classe está intimamente ligada à vida orgânica individual e é inteiramente abrangida pelo arcabouço da máquina corporal cujo trabalho exprime. Outra classe vem ao homem de uma fonte externa na sociedade e tem sua referência na coletividade em vez de na pessoa particular. Os estados da consciência desta última classe "transferem a sociedade para nosso interior e nos conectam com algo que nos sobrepuja" (DURKHEIM, 1960 [1914]: 337). Desse dualismo vem o corolário de que o contato direto entre consciências individuais é impossível – elas são, "por natureza, fechadas umas às outras". A comunicação de uma a outra só é possível por meio da consciência coletiva; para eu chegar a você, você e eu temos de sair de nós mesmos, e ali nos encontrar como correpresentantes da sociedade. É verdade que Durkheim em outro lugar fala da interpenetração e fusão de indivíduos, mas ele ainda sustenta que a área de interpenetração – onde as consciências se sobrepõem – ao mesmo tempo deixa de pertencer a eles, constituindo antes uma consciência de uma nova espécie (1982 [1895]: 129). Portanto, o que permanece da consciência do sujeito particular é só a parte exclusiva dele mesmo. Sua própria esfera de consciência é essencialmente privada. Por essa lógica, a oposição entre subjetividade e objetividade é transferida a outra, entre privado e público. Minha experiência consciente, ao que parece, seria estritamente algo privado meu, não algo de que você pode participar. Seu conhecimento de minha experiência depende de um exercício de codificação e decodificação: tenho antes de articulá-la na forma de conceitos que são parte de um repertório comum; então você tem de executar a mesma operação ao reverso para poder reviver a experiência em seu próprio mundo privado. Como Durkheim exprime, "É somente exprimindo suas sensações, traduzindo-as em signos, simbolizando-as externamente, que as consciências individuais [...] podem sentir que se comunicam e estão em uníssono" (1960 [1914]: 336). A linguagem e as representações coletivas, por serem públicas, objetivas e sociais, atuam como uma ponte entre consciências que são privadas, subjetivas e individuais, mantendo-as à parte ao mesmo tempo em que lhes fornece um canal de comunicação.

Chegamos a conclusões precisamente contrárias a estas. De um lado, consideramos que as formas objetivas da cultura têm seu lugar em indivíduos discretos e são privadas no sentido de ser inteiramente contidas como uma propriedade de cada um. Do outro, negamos a possibilidade de uma consciência exclusiva ao indivíduo. Não pode haver consciência ou eu fora do ambiente das relações sociais. Como Schütz escreveu, "O mundo da minha vida cotidiana não é de modo algum meu mundo privado, mas é desde o início intersubjetivo, compartilhado com meus semelhantes, vivenciado e interpretado pelos outros; em suma, é um mundo comum a todos nós" (1970: 163). De fato, não pode haver definição mais concisa da concepção intersubjetiva do social que adotamos aqui do que a oferecida por Schütz: "A socialidade é constituída por ações comunicativas nas quais o eu se volta para os outros, apreendendo-os como pessoas que se voltam para ele, e os dois sabem desse fato". Isso difere radicalmente da concepção reguladora durkheimiana, porque as relações são entre pessoas como agentes, não como papéis; e também difere claramente da concepção interativa, porque as pessoas "são dadas umas às outras não como objetos, mas como contrassujeitos, como consociados em uma comunidade social de pessoas" (SCHÜTZ, 1970: 165). Vamos agora voltar por um momento a Saussure e à sua distinção, introduzida no capítulo 4, entre língua e fala. Deve estar evidente que esta é homóloga à distinção entre regulador e interativo. Tratando a estrutura social como uma organização ordenada de partes, estamos, na famosa observação de Fortes, "no reino da gramática e da sintaxe, não da palavra falada" (1949: 56). E os eventos que a estrutura regula são concebidos como execuções espontâneas e voluntárias de indivíduos autocontidos, privados, precisamente análogos ao ato de fala saussureano. Trata-se do que Lévi-Strauss, e também Radcliffe-Brown em sua linha spenceriana, indica como "relações sociais", isto é, interações comportamentais elementares. Nossa concepção constitutiva do social, então, equivale exatamente ao que a oposição entre *langue* e *parole*, nos termos de Saussure, *omite*, a saber, a consciência prática. Em resumo, os três sentidos de social que identificamos – regulador, constitutivo e interativo – são equivalentes a forma cultural, intencionalidade consciente e execução comportamental, respectivamente.

Uma vez reconhecida essa correspondência, nossa discussão atual pode ser prontamente vinculada com a elaboração, em capítulos anteriores, de espécies distintas de evolução e história, da dicotomia entre indivíduo e pessoa, de formas verdadeiras e abstratas do tempo e de noções de liberdade e criatividade. Em todos os lugares, opusemos o processo da vida social, no qual as pessoas são constituídas como agentes intencionais, à história de formas culturais que servem de veículos desse processo e suas manifestações comportamentais. Ignorando-se a duração da consciência como um movimento criativo, só estas últimas permanecem, de modo que a distinção entre o cultural e o social – caso seja estabelecida – só pode ser uma entre regras ocultas e interações abertas. Foi assim que, por exemplo, Kluckhohn viu a questão (1949: 32). Uma lógica semelhante é a base da identificação por biólogos do "comportamento social" entre animais sem cultura como a expressão fenotípica da estrutura genética. Mas compreender as relações sociais como constitutivas das pessoas, em vez de como interações entre coisas pré-constituídas, é adotar uma distinção entre o social e o cultural de significado bem mais fundamental. Os atributos culturais que compõem a individualidade do ser humano particular, sustentamos, conduzem o fluxo da consciência tal como a individualidade geneticamente construída do organismo particular conduz o fluxo da vida. Se a consciência não é recuperável pela dissecação do fluxo em uma série de instantes sincrônicos, do mesmo modo o componente social da ação é eliminado pela fragmentação do fluxo da conduta e sua reconstrução como um agregado de execuções comportamentais. A cultura, manifesta no comportamento, *traduz um propósito social em eficácia prática* (INGOLD, 1983a: 14). Onde o comportamento interativo é subserviente à reprodução da cultura, esta última é por sua vez subserviente à produção social da vida.

Assumindo esta concepção de cultura e vida social, poderíamos perguntar o que acontece ao conceito de socialização. Em seu sentido habitual, ele implica a *inscrição* de uma ordem reguladora durkheimiana na "matéria-prima" da humanidade – indivíduos imaturos. É o processo pelo qual uma entidade externa, a "sociedade", molda os indivíduos como partes dela mesma, de modo que cada um tenha um papel a desempenhar (LEVINE & LEVINE, 1975: 188). Como tal, a socialização (aquisição de papéis) deve ser distinguida da vida social (a realização de papéis). Só quando sua socialização está mais ou menos completa é que o sujeito particular começa a participar da vida da sociedade. Ora, como já mostramos, a ideia de que as regras de conduta são derivadas de uma fonte supraindividual, "social", se baseia em uma confusão muito simples entre seu modo de transmissão ou reprodução e seu modo de existência. Essa confusão é tão comum, e tão perniciosa em seus efeitos, que vale a pena expô-la por meio de um exemplo. Segundo Habermas, "O conhecimento intersubjetivamente compartilhado que é transmitido é parte do sistema social e não a propriedade de indivíduos isolados, porque estes só se tornaram indivíduos no processo de socialização" (1979: 171). Vamos chamar isso de cultura do conhecimento. A ideia de Habermas então pode ser reformulada da seguinte maneira: como os indivíduos adquirem a cultura em virtude de sua associação, o modo de existência da cultura é social em vez de individual. Esse raciocínio é tão fraco como a defesa, por um biólogo, da ideia de que, como a existência do organismo individual depende da reprodução das espécies, cada um adquire sua natureza de uma essência de espécies comum que existiu antes de ele ser concebido. Ninguém nega que a cultura seja transmitida por ensino e aprendizagem, por preceito e exemplo, e que isso depende do envolvimento mútuo dos indivíduos. Assim, quando Linton tratou a cultura como "hereditariedade social", ou quando Lowie a chamou de "tradição social", eles enfatizaram o modo "como a cultura é adquirida em vez daquilo de que se compõe" (KROEBER, 1948: 253). Em nenhum momento supuseram que a cultura seja social *em essência*. Na tradição boasiana que Lowie representa, a cultura é vista como uma propriedade de indivíduos discretos e, a sociedade, como um agregado de portadores da cultura em interação. Portanto, a corrupção por Lowie da definição tyloriana da cultura, de que ela consiste "naquilo que um indivíduo adquire de sua sociedade" (1937: 3), deve ser interpretada como significando aquilo que um indivíduo ímpar adquire de outros indivíduos ímpares da mesma população em consequência de sua interação. O processo de aquisição em si é descrito muito mais exatamente pelo termo "enculturação" do que pela noção de socialização, com suas conotações essencialistas impróprias.

Embora enculturação tenha que ver com a constituição de indivíduos como coisas, pode-se defender a consideração da socialização como o processo pelo qual as pessoas são constituídas como agentes. Mas, para fazer isso, é preciso, como Giddens (1979: 129) mostrou, abandonar algumas conotações comuns do termo. Em primeiro lugar, "não podemos falar de *o* processo de socialização", como se este fosse o mesmo para todos. Porque, como cada pessoa segue uma trajetória "sociográfica" única, o processo por que passa se mostrará diferentemente em cada caso. Em segundo, "a socialização não para simplesmente em algum ponto determinado na vida do indivíduo, quando ele ou ela se tornam um membro maduro da sociedade. [Ela] deve na verdade ser entendida como referente a todo o ciclo de vida do indivíduo". Bem simplesmente, a constituição de pessoas é um processo contínuo que, por isso, não pode ser considerado como o trabalho sobre uma matéria-prima para gerar um produto terminado, "moldado". Em terceiro, e mais crucial, a pessoa que passa pela "socialização" não é de modo algum passiva, mas é, ao longo dela, um agente ativo, criativo. Giddens afirma o que todo pai sabe: "Filhos 'criam pais' assim como pais criam filhos". A partir da primeira infância, a criança participa das vidas daqueles que a cercam, assim como estas participam da vida da criança; estão todos, nas palavras de Schütz, "tornando-se mais velhos em conjunto" (1962: 16-17). Ou, como o exprime Giddens: "*O desdobramento da infância não é o tempo passando somente para a criança*; é o tempo passando para suas figuras parentais, e para todos os outros membros da sociedade [...]. A socialização é assim mais apropriadamente considerada não como a 'incorporação da criança à sociedade', mas como *a sucessão das gerações*" (1979: 130). Contudo, entender a socialização nesse sentido é torná-la idêntica ao processo da própria vida social, em vez de algo que deve ser concluído *antes* do envolvimento da pessoa na vida da sociedade. Concluímos que esse termo é não só redundante, mas positivamente enganoso, por causa de sua implicação (comum a todos os conceitos de "-ização") de passar de um estado inicial a um estado final. É melhor desistir completamente dele.

Troca de presentes e altruísmo

De muitos modos, um exemplo paradigmático de relação social é fornecido pela troca de presentes. Para exemplificar as distinções que estabelecemos entre relações reguladoras, interativas e constitutivas, é instrutivo rever algumas interpretações antropológicas alternativas da troca de presentes, começando, naturalmente, pelo ensaio clássico de Mauss (1954 [1925]). A importância suprema desse trabalho consiste precisamente em que dirige a nossa atenção para o próprio âmago da questão da natureza da socialidade. Porque, como o próprio Mauss observou, a oferta-recepção de presentes (diferentemente da troca de mercadorias no mercado) é um "fenômeno social total" porque "contém todos os fios de quais se compõe o tecido social" – não só o econômico, mas também o religioso, o político, o legal, o moral e o estético. Além disso, ao falar de presentes não estamos estritamente preocupados com a riqueza na forma de bens úteis e propriedades reais, mas com "cortesias, entretenimentos, rituais, ajuda militar, mulheres, crianças, danças e festas..."; com efeito, pode-se estender a lista indefinidamente (1954 [1925]: 1-3). O problema-chave na compreensão da troca de presentes, que Mauss apresenta já na primeira página de seu ensaio, é o seguinte: *"Que força está na coisa dada que compele o receptor a retribuir?"* Ao lidar com esse problema, o ponto de partida de Mauss parece à primeira vista ecoar aquele de seu principal mentor, Durkheim. A retribuição, espontânea na superfície, é na verdade uma questão de obrigação cuja base está em uma ordem não contratual, instituída. Continuando na linha de Durkheim, deveríamos dizer que a força que compele a retribuição emana da coletividade; é a força moral da sociedade à qual o indivíduo se sente vinculado como o detentor de uma posição no âmbito de uma estrutura reguladora. Assim, o presente significaria uma relação entre posições, e cada troca de presentes, já que serve para reproduzir e perpetuar essa relação, pode ser considerada um momento na vida da sociedade. Mauss parece endossar essa concepção quando afirma que a forma de troca de presentes "não é nada menos do que a própria divisão do trabalho", e que as partes na troca são *pessoas morais* incluindo "clãs, tribos e famílias", estes últimos definidos como agregados corporativos cada um dos quais é uma pessoa juridicamente definida representada por uma pluralidade de indivíduos. É uma concepção, além disso, que é a base de um segundo sentido no qual ele usa o termo "total", a saber, para caracterizar prestações não entre indivíduos, mas entre clãs, ou entre os detentores de cargos de chefia (MAUSS, 1954 [1925]: 1, 3-4)[75].

Para um desenvolvimento mais recente da concepção maussiana de prestação total, denotando um movimento de ida e volta entre grupos estruturalmente constituídos, podemos recorrer ao substantivismo econômico de Polanyi e seguidores (notadamente Sahlins), onde reaparece sob a rubrica da *reciprocidade*. Partindo de um conceito de sociedade como uma ordem institucional completa e perfeitamente coerente, Polanyi sustenta que a economia se compõe daquele aspecto do funcionamento da ordem social que implica o fluxo de meios materiais. Se essa ordem compreender um número de segmentos discretos, como clãs ou linhagens, que são simetricamente dispostos uns com relação aos outros como iguais e opostos, então a reciprocidade figurará como a forma dominante de integração da economia, estabelecendo uma interdependência artificial entre segmentos sob outros aspectos autônomos, vinculando-os em uma rede de aliança e por meio disso criando uma solidariedade orgânica (POLANYI, 1957: 251-252). Portanto, a reciprocidade, tal como a prestação total, exprime as relações entre componentes fixos de uma estrutura persistente; o fluxo e o contrafluxo de meios materiais comprovam a operação da estrutura. "Uma transação material" – escreve Sahlins – "é normalmente um episódio momentâneo em uma relação social contínua. A relação social exerce governança: o fluxo de mercadorias é restringido por, e parte de, uma etiqueta de *status*" (1972: 185-186). Isso é claramente adotar o sentido regulador do social: os fluxos materiais são governados por relações sociais; são essas relações que obrigam os detentores das posições que definem a dar, receber e retribuir. Se essa obrigação parece residir nas coisas dadas, sua fonte está não nos sujeitos individuais, que são apenas os executores do programa social, mas no agente supraorgânico e supraindividual, a "cultura", vulgo "sociedade", que dirige operações a partir de cima e submete as ações de seus constituintes individuais a seus próprios propósitos. Por isso, não causa nenhuma surpresa ver Sahlins recorrer a um evidente superorganicismo em seu conceito da economia como "*um componente da cultura*" e (ecoando Polanyi) como "o processo de vida material da sociedade" (1972: 186, n. 1).

Se voltarmos ao texto de Mauss, contudo, veremos que a força de seu argumento aponta em uma direção bastante contrária a suas premissas durkheimianas iniciais. Porque ele se apoia no reconhecimento de transações recíprocas como momentos sucessivos *não* da vida da sociedade, mas na vida social das pessoas. E isso, como vimos em capítulos anteriores, depende de uma invocação da ideia da pessoalidade como *uma categoria do eu*, em vez de como parte de uma estrutura (usos que o próprio Mauss iria distinguir em seu ensaio de 1938, "The notion of person" [A noção de pessoa] (MAUSS, 1979 [1950])). O argumento concerne à inseparabilidade entre pessoas e coisas. Mauss repetidamente insiste que, no contexto da troca de presentes, a coisa dada está indissoluvelmente ligada à pessoa do doador (1954 [1925]: 62). Por isso, a obrigação criada na troca "é de fato um vínculo entre pessoas, uma vez que a própria coisa é uma pessoa ou pertence a uma pessoa. Portanto, segue-se que dar algo é dar uma parte de si" (1954 [1925]: 10). E, mais uma vez, na oferta de respeitos e cortesias, "um homem dá a si mesmo, e o faz porque ele deve a si mesmo – ele mesmo e suas posses – a outros" (1954: 44-45). Se fôssemos conservar a noção de que o doador e o receptor de presentes é a pessoa moral, o ser social durkheimiano, esse argumento seria incompreensível. Porque um tal ser, pertencente à ordem externa e objetiva da sociedade, não é parte do eu. Na verdade, há indicações na análise de Mauss de que a oferta de presentes é uma parte do processo pelo qual os limites da pessoa moral são *construídos*, e, inversamente, que um fracasso em corresponder pode levar à sua dissolução. Um homem, ao reter seu eu, arrisca-se a perder sua parte – coloquialmente, "perde a face". Na troca de presentes, Mauss observa, "é a verdadeira *persona* que está em jogo, e ela pode se perder no *potlatch* assim como pode se perder no jogo da troca de presentes, na guerra, ou por algum erro no ritual" (1954 [1925]: 38).

Essas observações apontam inegavelmente para uma conclusão: as posições constitutivas da ordem reguladora, a "estrutura social", longe de confinar seus representantes numa solidão hermética, cada um em seu mundo privado, na verdade servem de veículo a seu envolvimento mútuo, e como tais estão sujeitas aos efeitos de uso e desuso. A troca de presentes não é uma mera representação de papéis, nem as relações que estabelece ocorrem somente entre *dramatis personae*. Se, em uma peça, a personagem *A* é instruída a oferecer um presente à personagem *B*, e se eu represento *A* e você representa *B*, então eu não daria nada de mim mesmo a você, já que só nos encontraríamos fora de nós, em nossos papéis. Mas Mauss diz bastante inequivocamente que você e eu, alternadamente doador e recebedor (agente e paciente), nos tornamos partes um do outro e, nesse sentido, entramos ativamente na constituição *um do outro*. Portanto, a relação entre nós é intersubjetiva, de uma espécie cuja possibilidade é categoricamente negada no arcabouço teórico de Durkheim. Pois a parte de mim que se torna uma parte de você, a zona da interpenetração subjetiva personificada no meu presente, iria, na argumentação de Durkheim, deixar imediatamente de pertencer a algum de nós, tornando-se antes uma parte de uma presença alheia cunhada entre nós – a sociedade. E, portanto, a obrigação vinculada ao presente representaria a "predominância" não de mim sobre você, mas da sociedade sobre nós dois. A concepção de Mauss é bem diferente. O "espírito" do presente, em virtude do qual ele é mais do que um objeto inerte, deriva não de uma "sociedade" personificada, mas da pessoa do doador, e corresponde a sua intencionalidade. É *ele* que, como Mauss exprime, "tem dominância sobre o receptor", porque o presente "mesmo quando abandonado pelo doador [...] ainda é uma parte dele" (1954 [1925]: 9). Mauss demonstra aqui a praticabilidade da *troca sem alienação,* que por definição distingue presentes de mercadorias. A mercadoria é uma coisa que "muda de mãos", ficando inteiramente retirada de uma pessoa e posteriormente anexada a outra pessoa que não tem nenhuma relação com a primeira. A troca de mercadorias cria uma relação *quantitativa* entre objetos, exprimível como um "preço" de um em termos do outro. Nenhuma relação desse tipo é estabelecida pela troca de presentes; pelo contrário, o que se estabelece é *uma relação qualitativa entre sujeitos* (GREGORY, 1983: 104-107). A diferença é indicada esquematicamente na fig. 6.3. Como mostrarei agora, ela está na base de uma distinção muito importante em modalidades de comunicação.

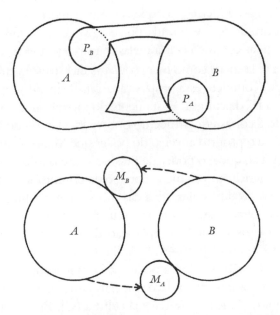

Fig. 6.3. Troca de presentes e troca de mercadorias. *A* e *B* são pessoas. Mediante o presente de *A* (P_A), *A* se torna uma parte de *B*; reciprocamente, mediante o presente de *B* (P_B), *B* se torna uma parte de *A*. Na troca de mercadorias, o objeto *MA* é inteiramente separado de *A* e externamente anexado a *B* e vice-versa no caso de *MB*.

As observações de Mauss sobre a personificação das coisas podem ser generalizadas para abarcar toda a relação entre vida social e cultura. As formas objetivas da cultura – tecnológicas, institucionais e ideacionais – são por si mesmas tão passivas quanto as coisas que podem ser dadas como presentes, se estas forem consideradas em isolamento do contexto de troca. Na verdade, é a partir do repertório de formas culturais que os itens de troca são selecionados, por exemplo, um instrumento, uma cerimônia ou uma figura de linguagem. Como Bidney indicou, "Os objetos culturais *per se*, sejam eles artefatos, socifatos ou mentefatos, são apenas material ou capital, inerte, estático, para a vida cultural [social] e [...] por si mesmos não exercem nenhum poder criador eficiente" (1953: 137). Só pessoas podem atuar como agentes vitais; não se deve atribuir causalidade eficiente a formas simbólicas. O falante pode usar palavras para transmitir significado, e o caçador pode usar lanças para matar a presa, mas as palavras não dirigem os enunciados do falante mais do que a lança dirige o homem para caçar. Como afirmei alhures "*A cultura, divorciada do propósito social, é praticamente inerte. Para ser ativada, ela deve servir de suporte à intenção do caçador ou do falante, e a fonte de intenção (ao contrário do significado referencial) está no domínio do social*" (INGOLD, 1983a: 14). Do mesmo modo, Mauss pode escrever sobre o presente que "a coisa dada não é inerte", porque serve de suporte à intenção do sujeito socialmente constituído, e é vitalizada por ela (MAUSS, 1954 [1925]: 10). O mesmo ocorre com as coisas da cultura: elas transmitem a vida social de pessoas.

Considerar a vida social como mera *revelação* da estrutura cultural, por outro lado, é inverter por completo essa proposição, transformando sujeitos individuais em veículos da "vida" da cultura. Exatamente do mesmo modo, o poder sobre as pessoas imputado a coisas em virtude do que Marx chamou de "caráter fetichista" da mercadoria é o próprio anverso do poder que Mauss atribui aos presentes sobre seus receptores, que é o poder de pessoas sobre outras pessoas *por meio de* coisas. Tal como o fetichismo da mercadoria, o determinismo cultural instila uma vida imaginária em produtos alienados das mãos e mentes humanas, artefatos e "mentefatos" que voltam para assombrar seus fabricantes como se estes fossem seres possuídos, meros vetores da replicação de um sistema de relações entre coisas (MARX, 1930 [1867]: 45-46)[76]. A diferença entre essa concepção e uma consoante com a posição de Mauss pode ser ilustrada por meio da fig. 6.4. O pentágono exterior compreende relações sociais entre pessoas (P) mediadas por coisas – ou símbolos – que são os itens da cultura (C). Em conjunto, esses itens constituem uma estrutura (pentágono do meio) cujas relações são mediadas por indivíduos (I) *como* portadores da cultura. As relações materiais entre esses indivíduos formam o pentágono interior. Desconsiderando-se este último, a cultura aparece como um veículo da vida social, isto é, do estabelecimento da intersubjetividade (como na troca de presentes). Desconsiderando-se o pentágono exterior, a vida social – agora concebida como um padrão de interações – aparece como veículo da reprodução da cultura, estabelecendo (como na troca de mercadorias) uma relação mútua entre objetos[77]. Com efeito, a diferença entre as relações *I-I*,

C-C e P-P é precisamente aquela entre o interativo, o regulador e o constitutivo, e o diagrama descreve uma hierarquia de meios e fins. Além disso, o que vale para o cultural também vale para coisas naturais. Se consideramos apenas as duas figuras interiores, temos a concepção sociobiológica do comportamento interativo que serve à reprodução da estrutura genética; acrescentando a figura exterior, a própria estrutura genética aparece como um mecanismo a serviço da condução da vida.

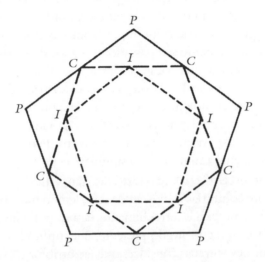

Fig. 6.4. Relações interativas (I-I), reguladoras (C-C) e constitutivas (P-P).

Devemos continuar agora considerando o fator tempo, que não desempenha nenhum papel na troca de mercadorias, mas que – no oferecimento e recepção de presentes – é essencial. Não se retribui imediatamente, e em vez disso sempre se permite que certo período passe, pois do contrário a relação com o doador original é considerada terminada. Além disso, "o período interposto", como Bourdieu observa, "é bem o contrário de um intervalo inerte de tempo", que, sendo acessório à realização de um projeto pré-formado, poderia na teoria ser estendido indefinidamente ou comprimido em um instante (BOURDIEU, 1977: 6). Vimos que as relações de intersubjetividade, assim como as pessoas que constituem, têm sua existência apenas na corrente do tempo real. Na qualidade de corporificação material de um processo constitutivo, o presente também é imbuído de duração, trazendo consigo uma história de relações entre aqueles por cujas mãos passou, veiculando a intenção do doador e projetando essas relações no futuro. O espírito do presente, sua força vital ou carga subjetiva, equivale exatamente a esse conteúdo de duração. Nesse sentido, o presente se assemelha a uma obra de arte: tal como esta incorpora a consciência do sujeito criativo, também aquele incorpora o movimento da vida intersubjetiva. O objeto cultural *adquire* um passado por seu envolvimento em relações sociais, do mesmo modo como o mundo natural – inclusive a terra e tudo que nela cresce. Assim, na história do presente temos a cópia cultural da história humana da natureza, uma história humana da cultura distinta de uma cultura-história do homem. Resulta disso que o tempo que separa o recebimento de um presente e sua passagem a outra pessoa se torna consubstancial com o próprio presente, e quanto maior o período, tanto mais o objeto recebe o peso da experiência condensada – isto é, com a pessoa – de seu portador temporário. Divorciado do fluxo do tempo real, "destemporalizado", o presente reverteria à sua condição original de objeto inerte, tal como as pessoas são reduzidas a coisas, e como a natureza perde seu passado humano. É por isso que a troca de presentes tem de ser concebida como um processo dirigido, em vez de como uma sequência de eventos isoláveis ou execuções distribuídas em um tempo que é alheio, abstrato e cronológico. Como uma fala proferida em uma conversação, uma prestação particular apreende o fluxo da vida social e o transmite, e seu significado só pode ser entendido no contexto de uma história de trocas prévias das quais é apenas um momento singular.

Em seu comentário crítico sobre o texto de Mauss, Lévi-Strauss chega a conclusões precisamente contrárias às nossas. Mauss, lembremos, buscava descobrir uma força que unisse a oferta e o recebimento de um presente à sua retribuição subsequente: essa força, o espírito do presente, é identificada com a consciência do doador original. Lévi-Strauss considera que, ao atribuir essa primazia à consciência, Mauss simplesmente foi enganado pela teoria indígena, pelas elaborações secundárias que as pessoas tecem em torno de suas vidas para racionalizar sua conduta. Na verdade, sustenta ele, o que Mauss identificou como componentes separáveis da troca – as obrigações de dar, receber e retribuir – são todos sustentados por uma única estrutura sincrônica, ou modelo mecânico, existente simultaneamente nas mentes inconscientes de cada um dos vários indivíduos que compõem uma sociedade. Só na revelação dessa estrutura, no decorrer da vida social, aparece ela dissolvida em seus elementos. "É a troca que constitui o fenômeno fundamental, e não as operações discretas nas quais é decomposta pela vida social" (LÉVI-STRAUSS, 1950: xxxviii). Mauss, partindo de uma unidade já fragmentada assim, teve de invocar um "espírito" ou "força" para recompor o todo. Uma vez que a estrutura subjacente é reconhecida, Lévi-Strauss sustenta, podemos prescindir dessas noções subjetivas, já que os princípios aparentemente antitéticos de oferta e recepção estão, assim, apenas na experiência; na base, são apenas dois aspectos da mesma coisa e podem até ser denotados pelo mesmo termo linguístico (1950: xl). Uma pessoa que retribui um presente não é movida (ao contrário do que ela mesma pode afirmar) pelo espírito do presente anteriormente recebido, mas pela "necessidade inconsciente" da estrutura.

Ao eliminar a agentividade da consciência, Lévi-Strauss reduz as prestações a execuções elementares, destituídas de intenção, precisamente análogas à *parole* saussureana. A própria estrutura de troca figura como um código primário (análogo, mais uma vez, à *langue* de Saussure), manifesto em uma série de emissões discretas que sucedem umas às outras sem nenhuma ordem particular. Cada emissão implica uma interação comunicativa entre o remetente e o receptor do sinal codificado, e, para Lévi-Strauss, essa interação é uma relação social. Na imagem da fig. 6.4, Lévi-Strauss descarta o pentágono exterior e considera somente os dois interiores, *C-C* e *I-I*, que, em seus termos, correspondem a estrutura social e relações sociais, respectivamente. Na verdade, ele trata de relações reguladoras e interativas em três níveis distintos, vinculados, respectivamente, com parentesco, economia e linguagem. Assim, "as regras de parentesco e matrimônio servem para garantir a circulação de mulheres entre grupos, assim como as regras econômicas servem para garantir a circulação de mercadorias e serviços e, as regras linguísticas, a circulação de mensagens" (LÉVI-STRAUSS, 1968: 83). Em congruência com essa abordagem, as mulheres e as mensagens são tratadas, assim como bens e serviços, como *mercadorias*, isto é, como objetos separados das pessoas entre as quais circulam. Isso se vincula, como veremos, com uma particular compreensão da natureza da comunicação. Mas também está ligado a uma *negação da temporalidade* na troca, e é esse nosso tópico imediato. O intervalo de tempo é significativo, assim como o é no mercado, apenas na medida em que aumenta o número de oportunidades para ocorrerem trocas. Contudo, essas trocas, consideradas como a produção de uma estrutura mecânica única, não se compõem estatisticamente, mas são organizadas sincronicamente em um presente estendido.

Fig. 6.5. O diagrama saussureano da conversa. Reproduzido de Saussure (1959: 11).

O efeito desse procedimento é extrair aquilo que é para Mauss a própria essência do presente como um "fenômeno social total", a saber, sua irreversibilidade, evidente no fato de não se poder realizar uma série de prestações no sentido inverso sem destruir seu significado (tal como uma conversação ficaria sem sentido se a ordem das falas fosse invertida ou tornada aleatória). Como Giddens indica, "A remoção dos componentes temporais do presente, na análise de Lévi-Strauss, exclui o fato de que, para a troca de presentes ocorrer, o contrapresente dever ser dado em um momento temporal posterior e ser diferente do presente inicial" (1979: 25-26; cf. BOURDIEU, 1977: 4-5). Uma apreensão totalizante da estrutura da troca leva assim Lévi-Strauss, talvez paradoxalmente, a atomizar o processo da vida social. Longe de levar à sua conclusão lógica a recomendação de Mauss de que devemos estar voltados para "'todos', para sistemas em seu conjunto", Lévi-Strauss segue justamente a direção oposta. Para Mauss, apreender o todo significa concentrar-se em uma realidade concreta, viva, que é toda movimento, fluxo e processo, em vez de em estruturas abstratas. "Na sociedade" – escreveu ele – "não há simplesmente ideias e regras, mas também homens e grupos e seus comportamentos. Vemo-los em movimento como um engenheiro vê massas e sistemas, ou ao observarmos polvos e anêmonas no mar" (1954 [1925]: 78). Que imagem mais potente do fluxo se poderia escolher senão a do polvo se movendo! Mauss evidentemente compartilha com Radcliffe-Brown de uma concepção basicamente heraclitiana da vida social como um processo irreversível, estatístico; tratar o presente no contexto do todo é "*apreender o momento fugidio* em que a sociedade e seus membros fazem um balanço emocional de si mesmos e de sua situação com relação a outros" (1954 [1925]: 77-78; grifos meus). Esse momento, prenhe de passado, nunca vai se repetir.

Referi-me antes a uma distinção sobre modalidades de comunicação, paralela à que há entre trocas de presentes e troca de mercadorias, e essa é uma questão a que devemos voltar agora. Em uma modalidade, o falante e o ouvinte são sujeitos privados, individuais, "fechados um para o outro", como Durkheim exprimiu (1960 [1914]: 336). Comunicam-se por meio de mensagens, cada uma das quais tem de ser primeiro separada de uma parte para ser anexada à outra; assim, a mensagem pertence ao mundo de coisas objetivas ou bens criados, separadas umas das outras e de seus fabricantes. É, em outras palavras, igual a uma mercadoria, e o remetente e o destinatário se parecem com o vendedor e o comprador, respectivamente (comparar com a fig. 6.3). Como no caso das mercadorias, a troca estabelece uma relação não diretamente entre sujeitos, mas entre os objetos trocados, em nosso exemplo entre as representações simbólicas com respeito às quais a experiência dos sujeitos é expressa externamente. Essa foi a concepção de comunicação apresentada por Saussure em um diagrama célebre (fig. 6.5).

Os sujeitos da conversação aqui são os indivíduos A e B, e o diagrama pretende representar uma troca simples de palavras entre eles. A troca compreende dois atos separados: no primeiro, A fala e B escuta; no segundo, é ao contrário. Observe-se que isso é entender a fala e a escuta em um sentido especial, transitivo; elas são "ações da pessoa" análogas a fazer coisas e observar. Assim, no primeiro ato, A realiza um enunciado, que é imediatamente separado dele, bem como de todos os enunciados precedentes e seguintes. B, o observador, ouve. O processo de audição que continua na cabeça de B quando escuta é, segundo Saussure, o reverso exato do processo da fonação que é a fala de A (SAUSSURE, 1959: 12). Além disso, a atenção do ouvinte como observador, como o intelecto do próprio falante, sempre é dirigida para trás, sendo capaz de apreender apenas aquilo que, na vida do falante, já caiu no passado (BERGSON, 1911: 49). Porque o enunciado completo disponível para o ouvinte monitorar não implica nada mais do que a intenção que corresponde ao estado de consciência do falante no momento em que a declaração foi iniciada e omite o incremento pelo qual sua consciência passou no ato mesmo da execução. O ouvinte, por isso, está, inevitavelmente, um passo atrás do falante. Como Fabian indica, modelos de comunicação baseados em distinções entre remetente, mensagem e receptor "projetam, entre remetente e receptor, uma distância (ou curva) temporal. De outra maneira a comunicação não poderia ser conceituada como a *transferência* de informação" (1983: 31).

Há, contudo, outra espécie de escuta, conhecida de quem tocou música de câmara – mas igualmente (embora menos obviamente) característica da vida diária – que equivale não à observação, mas antes à participação silenciosa. Escutar desse modo, como Schütz sustentou, é unir-se imediatamente ao fluxo de consciência do falante (1970: 166). Desse modo, quando escuto o discurso de um consociado, não decifro tanto uma mensagem quanto entro no próprio processo de sua produção. Estou, por assim dizer, "com ele" em seu projeto, e compreendo porque, tendo vinculado o fluxo de meu pensamento com o seu (embora permaneça calado), tornei meus os propósitos dele. Isso equivale a ver a relação entre falante e ouvinte que existe, nas palavras de Bourdieu, "no lado mais próximo de palavras e conceitos" (1977: 2), o do envolvimento subjetivo direto. Nessa relação, o ouvinte não fica atrás do falante mas está bem ao seu lado naquilo que Schütz denomina seu "presente vívido"; em conjunto, falante e ouvinte descrevem uma trajetória comum e compartilham uma comunhão de tempo interior. Tanto a escuta como a fala têm de ser entendidas agora intransitivamente, como aspectos da conversação, considerada não como uma sequência mutante de execuções discretas, mas como um processo contínuo de vida, *que vincula essencialmente os participantes e não as coisas que dizem*. Além disso, já não podemos considerar a escuta como o reverso da fala: uma e outra se orientam na mesma direção pelo movimento da consciência. Converter a escuta em fala só requer que esse movimento seja dirigido para o aparelho fonador, tal como quando o violinista, depois de uma pausa, volta a aplicar o arco. Na conversação entre A e B, cada um continua alternadamente do ponto em que o outro parou, a fim de produzir um fluxo infinito de conduta. Essa concepção schutziana da conversação é comparada com a concepção saussureana na fig. 6.6, e a comparação se relaciona claramente com nosso contraste entre as leituras "vertical" e "horizontal" da fig. 5.3.

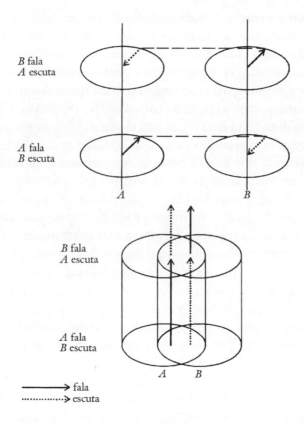

Fig. 6.6. Comparação entre as concepções de conversa saussureana (*acima*) e schutziana (*abaixo*).

A modalidade de comunicação à qual temos nos referido é precisamente o que Malinowski (1923: 315) chamou de *comunhão fática*: "um tipo de fala no qual laços de união são criados por uma mera troca de palavras". Malinowski usa deliberadamente a imagem da troca de presente para descrever esse fenômeno, porque os dois são de fato parecidos. Assim como os presentes quebram a tensão, assim também as palavras quebram o silêncio desajeitado que precede a abertura de uma nova relação; não escutar é, como a recusa de um presente, uma declaração de hostilidade. Assim como o doador tem certo controle sobre o receptor, o falante "controla" seus ouvintes até que chegue a hora de responderem. O que conta sobretudo na troca não são as ideias ou pensamentos que as palavras exprimem, mas a relação fundada entre as partes. Isto é, o valor das palavras está não em seu significado referencial, que pode ser trivial, mas em sua corporificação da intenção do falante. Na troca de cortesias verbais ao que parece sem sentido (que Mauss inclui em sua lista de possíveis itens de presente), as pessoas participam da vida umas das outras. Escrevendo sobre seus queridos ilhéus Trobriand, Malinowski fez a célebre observação de que *"toda a vida tribal é permeada por um constante dar e receber* [...] toda cerimônia, todo ato legal e usual é realizado com o acompanhamento de um presente e um contrapresente materiais" (1922: 167). Não é por acaso, então, que ele escreve em um sentido semelhante do "dar e receber dos enunciados que constituem a conversa do dia a dia" (1923: 315). A fala que, para Malinowski, é o material da vida diária (tanto entre nós como entre os trobriandeses) é essencialmente dirigida pela consciência prática, é "um elemento indispensável da ação". *Não* é, primordialmente, um meio para a replicação de um sistema de ideias ou para a comunicação de informação; com efeito, na comunhão fática, "não precisa haver, ou possivelmente não deve haver, nada para se comunicar" (1923: 316).

Vale a pena acentuar a distinção subentendida entre *comunhão* e *comunicação*, visto ser ela particularmente adequada para descrever o contraste que temos estabelecido aqui. Em vez de falar, como temos feito até agora, de duas modalidades de comunicação, pode ser aconselhável reservar este último termo especificamente para interações que implicam a troca de "bits" de informação, codificada em sinais, entre indivíduos que veem uns aos outros como entidades inteiramente separadas (CHERRY, 1957: 8-9). Esse é precisamente o sentido no qual é usado por sociobiólogos como Wilson (1980: 7, 14), que pensam que a comunicação recíproca é o critério essencial de socialidade tanto em animais não humanos como em seres humanos. Bastian chegou ao ponto de defender uma identidade básica entre o comportamento interativo "(a determinação, parcial, e normalmente recíproca, de ações de um animal individual por ações de um ou vários outros animais) e a comunicação social" (1968: 576). A identificação do comunicativo com o interativo é claramente evidente na definição de sociedade como "um agregado de indivíduos socialmente intercomunicantes, coespecíficos que é limitado por fronteiras de comunicação bem menos frequente" (ALTMANN, 1965: 519). Essa concepção é exatamente replicada por Lévi-Strauss, que considera a sociedade uma entidade que "se compõe de indivíduos e grupos que se comunicam uns com os outros" muito mais do que com aqueles que se acham além de suas fronteiras (1968: 296).

Embora, nesse sentido, tenha claramente consequências adaptativas para os comunicadores, a comunicação não implica nenhuma intencionalidade da parte destes. Assim, Burghardt se mostra fatalmente confundido ao indicar a *intenção* como a propriedade fundamental de toda comunicação, inclusive aquela de organismos inferiores, quando pensa apenas em referir-se a seu direcionamento para um fim (1970: 12). Esse erro, tão presente na literatura sobre o comportamento animal, o leva à posição absurda da necessidade de distinguir o que *ele* considera intencional (tudo aquilo que tenha significado adaptativo) daquilo que *nós* consideramos intencional (ação dirigida pela consciência). Langer vai para o outro extremo. Definindo comunicação como "a transmissão intencional de ideias de um indivíduo a outro ou vários outros", ela chega à extraordinária e bem desnecessária conclusão de que os animais não humanos não se comunicam em absoluto, liquidando assim de um golpe um dos campos mais interessantes e produtivos da pesquisa etológica (LANGER, 1972: 202). O que ela quer dizer é que os animais não *conversam*, no sentido de organizar suas ideias em discurso. Assim, qual é a natureza do vínculo entre eles? Bem significativamente, Langer a denomina *comunhão*, uma espécie de empatia ou unidade de sentimento não mediada por sinais ou símbolos, "sem nenhum conteúdo proposicional" que, nos seres humanos, é "progressivamente enfraquecida pela tendência crescente à individuação" que segue o desenvolvimento do intelecto (1972: 202, 312-313).

Não acompanharíamos Langer na atribuição de empatia e comunhão até à "vida social" de formigas e abelhas (1972: 204-206). Dada sua recusa em aceitar a possibilidade da comunicação animal, sua única alternativa é estender a noção de comunhão para incluir relações estabelecidas entre indivíduos objetivos por contato físico, externo. Isso resulta em considerável obscuridade. Para nós, comunhão sugere a interpenetração ou fusão de *sujeitos* conscientes, ao contrário de sua individuação, que tomamos como uma condição prévia da interação comunicativa. Logo, as formigas e as abelhas se comunicam, embora não o façam intencionalmente e muito menos conversem. Os seres humanos conversam, porque podem articular suas ideias por meio da linguagem, mas o componente intencional da comunicação é derivado de sua comunhão intersubjetiva em vez de ser uma propriedade da comunicação *per se*. Em resumo, a comunhão está para a comunicação assim como a intencionalidade consciente está para a execução comportamental, e, portanto, como as relações constitutivas estão para as interativas. Onde se juntam em comunhão, as pessoas são separadas como indivíduos na comunicação. Para antropólogos, essa distinção é conhecida a partir das tantas discussões do sacrifício, nas quais muitas vezes se mostrava que os aspectos tanto de comunhão como de comunicação podem estar presentes ao mesmo tempo, exprimindo, respectivamente, a conjunção e disjunção entre homem e Deus (BEATTIE, 1980: 38-40). Se o sacrifício for concebido como um presente, então os seres humanos e Deus estão unidos na coisa dada; se for concebido como um contrato, estão separados por ele. Portanto, mais uma vez, a comunhão e a comunicação são opostas como presente e contrato.

Para terminar nossa revisão dos fundamentos da socialidade, eu gostaria de considerar o significado de um conceito que permanece uma palavra-chave em muitas discussões contemporâneas do sujeito, a saber, o altruísmo. A palavra foi cunhada por Augusto Comte, que a considerava um princípio de conduta moral baseado na consideração pelos outros e, portanto, o contrário do egoísmo (HAWTHORNE, 1976: 78). O par de noções altruísmo e egoísmo figuraram proeminentemente nos escritos tanto de Spencer, notadamente em *The data of ethics* [Os dados da ética] (1907 [1879]), e Durkheim, primeiro em *The Division of labour in Society* [A divisão do trabalho na sociedade] (1933 [1893]) e posteriormente em *Suicide* [O suicídio] (1952 [1897]), no qual "altruísta" e "egoísta" vieram a denotar dois dos tipos básicos de autodestruição. Meu propósito agora é demonstrar que Spencer e Durkheim entenderam o altruísmo em sentidos fundamentalmente distintos, que essa distinção se baseia na oposição entre a sociedade como um agregado de interações e como uma ordem reguladora supraindividual e que ela continua sendo uma fonte de muito equívoco no enfrentamento de argumentos biológicos e antropológicos acerca das condições da vida social. Em última análise, argumentaremos, ambos os sentidos de altruísmo dependem de certa noção de sujeito, ou *ego,* como um indivíduo discreto. É somente porque examinamos nossa vida diária por meio de óculos ideológicos atomizantes que pressupõem o isolamento do sujeito que a experiência comum da intersubjetividade é descrita de modo distorcido como o domínio do altruísmo sobre o egoísmo. Por essa razão, nenhuma teoria que pretenda explicar a prevalência do altruísmo no comportamento humano pode ser suficiente para explicar a evolução da vida social tal como a entendemos. E isso, sustentamos, enfraquece sobremaneira as alegações da sociobiologia contemporânea de que forneceu a explicação.

Segundo Spencer, a ação é altruísta se beneficia outros e não o eu. "Toda ação, inconsciente ou consciente, que envolva o gasto da vida individual com o fim de aumentar a vida em outros indivíduos é inquestionavelmente altruísta" (1907 [1879]: 173). Três observações importantes têm de ser feitas sobre essa definição.

Em primeiro lugar, vê-se que o altruísmo caracteriza transações entre *indivíduos* nos quais uma parte está pronta a aceitar um equilíbrio negativo de custo/benefício. Por isso, ele não exprime a subordinação dos interesses das partes (indivíduos) àquele do todo (sociedade), já que, na concepção de superorganismo social de Spencer, não há propósito na sociedade além daqueles dos vários constituintes seus. Em segundo, o comportamento altruísta não precisa, na definição de Spencer, ser conscientemente motivado, podendo na verdade ser puramente instintivo. Essa qualificação lhe permitiu estender sua discussão do altruísmo diretamente ao reino animal, vendo nos seres humanos apenas sua forma mais elevada e desenvolvida. Em terceiro lugar, e como um corolário do item precedente, o conceito de altruísmo deve estar vinculado às consequências físicas do comportamento para os indivíduos afetados, e não à intenção subjetiva que o informou. Porque, se fosse considerado uma propriedade da intencionalidade consciente em vez de execução comportamental, o altruísmo só poderia ser aplicado a animais (como os humildes insetos) cujo comportamento se supõe ser inteiramente não dirigido pela consciência. Quanto aos seres humanos, cuja conduta *é* intencional, Spencer considerava axiomático que todo indivíduo está envolvido na busca racional de felicidade ou satisfação pessoal. Na ausência de algum propósito supraindividual, se poderia concluir que toda ação voluntariamente iniciada tem *intenção* egoísta. Aceitando-se que o indivíduo obtém uma satisfação sensual imediata do cumprimento de desejos constitutivos de sua natureza, e que essa natureza inclui uma predisposição desenvolvida para dispensar benefícios a outros indivíduos específicos (descendentes, família e possivelmente indivíduos não parentes), então, em termos intencionais, a ação intencionalmente egoísta seria altruísta em seus efeitos. Um mundo pervertido, eivado de indivíduos intencionalmente altruístas, que renunciassem a todas as oportunidades de conseguir o prazer de dar, mantendo-se obstinadamente na extremidade receptora de benefícios, isto é, *comportando-se* de uma maneira completamente egoísta, seria – imaginava Spencer – um lugar verdadeiramente tenebroso.

Como exemplo paradigmático de altruísmo, Spencer descreveu detalhadamente, e em termos surpreendentemente modernos, o fenômeno do cuidado parental, postulando uma continuidade essencial, "por gradações infinitesimais", dos sacrifícios automáticos em favor de sua progênie, feitos pelos organismos inferiores, que não têm o mínimo conhecimento do que fazem, ao amor conscientemente ampliado dos pais humanos com relação a seus filhos (1907 [1879]: 174). Ele observou que os traços altruístas que aumentam as perspectivas de sobrevivência e reprodução entre a descendência, que são herdados por esta última, tendem a ficar estabelecidos e estender-se no decorrer da evolução, enquanto "deficiências de ações altruístas que causem a morte de descendentes ou seu desenvolvimento inadequado implicam o desaparecimento, em gerações futuras, da natureza não altruísta o suficiente" (1907 [1879]: 175). Em outras palavras, os traços expressos em uma redução do nível de cuidado parental tendem a ser eliminados pela seleção natural, pois menos progênie iria sobreviver para reproduzir-se. E, portanto, o "egoísmo médio" de uma população, como Spencer o denominou, vai diminuir, embora não, naturalmente, até o ponto em que a própria reprodução seja prejudicada. Ele sugere, além disso, que, como há um contínuo de expressões inconscientes a expressões conscientes do altruísmo parental, também há uma conexão direta entre o altruísmo em suas formas parentais, "familiais" e "sociais" (1907 [1879]: 176). O altruísmo exibido em uma colônia de insetos é familial, uma vez que é uma função do parentesco biológico dos indivíduos constituintes. O real altruísmo social só é encontrado onde existe "uma união entre indivíduos parecidos substancialmente independentes uns dos outros em termos de parentesco", o mais notavelmente em sociedades humanas (SPENCER, 1876, 1: 6). Embora Spencer escrevesse, naturalmente, sem conhecimento da genética moderna, não seria demasiado afirmar que ele já havia identificado os principais tipos de altruísmo – "nepotista" e "recíproco" (discutidos adiante) – quase um século antes de sua formalização como componentes centrais da teoria sociobiológica contemporânea.

Passando de Spencer a Durkheim, vemos que os termos "egoísmo" e "altruísmo" empregados caracterizam não as interações entre indivíduos como membros de um agregado social, mas a condição da relação entre indivíduo e sociedade, sendo esta última concebida como uma entidade de nível mais elevado, inclusiva. "A conduta é egoísta" – escreveu Durkheim em *A divisão do trabalho* – "na medida em que é determinada por sentimentos e representações exclusivamente pessoais"; em outras palavras, já que emana do indivíduo e não do componente social do homem. Inversamente, a conduta é altruísta por ser uma execução da vontade da sociedade. O egoísmo e o altruísmo puros são casos extremos hipotéticos que nunca ocorrem na prática, já que nem o sujeito individual pode existir inteiramente fora da sociedade nem pode a sociedade existir sem um substrato de indivíduos. "Onde quer que haja sociedades, há altruísmo"; do mesmo modo, onde quer que haja indivíduos há egoísmo. Assim como o homem é tanto um indivíduo como um ser social, assim também o egoísmo e o altruísmo sempre são encontrados combinados, "aquele vinculado apenas com o indivíduo e, o outro, relacionado com as coisas que não são pessoais para ele" (DURKHEIM, 1933 [1893]: 197-198). Mas o equilíbrio entre eles pode inclinar-se pronunciadamente em qualquer direção, e, em *Suicídio*, Durkheim sustentou que tanto o egoísmo como o altruísmo, quando excessivos, podem provocar uma reação de autodestruição. Os egoístas absolutos, insuficientemente incorporados à sociedade, abandonam a vida porque – diante do infinito inalcançável – esta é para eles desprovida de propósito; sentem que não há nada por que viver e sofrer. "Se a vida não vale o esforço de ser vivida, tudo se torna um pretexto para nos livrarmos dela" (1952 [1897]: 213). Os altruístas, pelo contrário, são tão apaixonadamente dedicados às metas de sua sociedade quanto os egoístas são apáticos; é o ser social que domina seu íntimo. Mas se o altruísmo é levado demasiado longe, eles tendem a perder por completo seu sentido de eu, terminando por sacrificar a vida em função da vida do grupo. O egoísmo, assim, é o estado "no qual o ego individual se impõe em excesso ao ego social e às suas custas" e o altruísmo "exprime o estado oposto, em que o ego não pertence a si mesmo, em que ele se funde com algo que não ele mesmo e em que a meta da conduta é exterior a ele mesmo, isto é, está em um dos grupos de que ele participa" (DURKHEIM, 1952 [1897]: 209, 221). Voltando à oposição em *Moral education* [Educação moral], Durkheim observa que o que diferencia o altruísmo do egoísmo é a direção seguida pela atividade nos dois casos. "Quando é egoísta, não vai além do sujeito agente; é centrípeta. Quando é altruísta, vai além de seu sujeito; os centros em torno dos quais gravita estão fora dele: é centrífugo" (1961 [1925]: 214).

Lembremos que, como um emergente supraindividual e supraorgânico, a sociedade é para Durkheim peculiarmente humana. Por isso, o altruísmo, entrega do eu à sociedade, é igualmente um fenômeno peculiar da humanidade. O comportamento fundado no instinto, uma vez que emana do indivíduo orgânico, só pode ser considerado, nos termos de Durkheim, egoísta (cf. tb. LANGER, 1972: 124). O mesmo se aplicaria a toda ação intencional cuja meta seja a satisfação prazerosa de desejos inatos ou naturalmente dados, inclusive muitos que Spencer teria classificado como altruístas. Se está na natureza de um homem, por exemplo, cobrir de afeto seu filho, então seu amor permanece egoísta por mais que o filho se beneficie materialmente. Mas, na medida em que o pai cuida do filho *porque a sociedade espera que ele o faça*, sendo isso parte de sua responsabilidade jurídica como beneficiário da posição social de mais apto, ele estaria atuando altruisticamente. Mesmo a punição, infligida no doloroso cumprimento da obrigação moral, seria um ato altruísta, assim como o pai superzeloso, levando o altruísmo ao extremo, perde todos os vestígios de afeto. O equilíbrio entre os aspectos afetivo (ou doméstico) e moral (ou jurídico) do cuidado parental, tema recorrente de análise da antropologia social, corresponde ao equilíbrio durkheimiano entre egoísmo e altruísmo. E isso nos leva ao ponto crucial da diferença entre os conceitos de ação altruísta de Spencer e Durkheim. Porque, segundo Durkheim, essa ação, longe de ser voluntária e espontânea, é essencialmente executada por obrigação ou *realizada como um dever*. Isso incluiria até o suicídio altruísta, que é tipicamente obrigatório (DURKHEIM, 1952 [1897]: 221). O altruísmo não é a *expressão* de disposições inerentes à natureza dos indivíduos, mas a *supressão* dessas disposições em favor de um propósito mais elevado. Assim, quando lhe ofereço um presente, minha ação é altruísta não porque desisti voluntariamente de algum bem em seu benefício, mas porque me senti governado por um código moral que me obriga, como beneficiário de uma certa posição, a fazer a prestação requerida. Esse código é a sociedade, já que, como Durkheim declarou alhures, "o domínio da moral começa onde começa o domínio do social" (1961 [1925]: 60). Em resumo, o altruísmo comprova a regulação do indivíduo pela sociedade ou a subordinação do psicológico ao social, e é condicionado pela governança da conduta segundo regras que emanam de uma fonte supraindividual externa.

A noção de comportamento altruísta foi introduzida na biologia por Haldane (1932; cf. BARNETT, 1983: 41) para denotar interações que implicam uma transferência líquida de benefícios de um indivíduo a outro, geneticamente diferente, com consequências positivas para a reprodução deste último. Essas interações são em geral consideradas por estudiosos do comportamento animal como constituindo o fundamento da vida em grupo, isto é, da socialidade tal como concebida pela maioria das definições biológicas do termo. Para aqueles que tentavam explicar o comportamento social como resultado de um processo de variação sob seleção natural, isso trouxe um problema fundamental. Como poderia um mecanismo que, na teoria, favorece apenas o estabelecimento de traços que realçam o sucesso reprodutivo relativo de indivíduos, fomentar na prática predisposições de base genética que fazem com que os indivíduos renunciem à sua vantagem reprodutiva imediata por causa de concorrentes genéticos, conspecíficos? (WILLIAMS, 1966: 194). Acredita-se amplamente que a explicação biológica da sociedade depende da solução desse problema. Muitos, a partir de Darwin, buscaram uma resposta para a noção de seleção de grupo, cujo defensor principal nos últimos anos foi Wynne-Edwards (1963). Se a seleção funcionar concorrentemente, não só em indivíduos, mas também em populações locais que se autoperpetuam, então os traços altruístas danosos para o indivíduo podem ser ainda assim conservados se realçarem a continuidade da população da qual o indivíduo é parte. A continuidade é assegurada por meio da manutenção de números em torno de um nível ótimo favorável determinado pelo rendimento sustentável do ambiente, e a função do altruísmo seria restringir a fertilidade de indivíduos para que a condição favorável não fosse excedida (ou, se tiver sido temporariamente excedida, para se reduzir). O argumento diz que, se tivermos duas populações das mesmas espécies, uma de indivíduos relativamente bem adaptados quanto à aptidão reprodutiva e outra de indivíduos entre os quais estão fortemente representados certos traços que os fazem renunciar a oportunidades de reprodução (e cuja aptidão é concomitantemente inferior), esta última é mais bem adaptada *como população* do que a população de indivíduos mais bem adaptados (cf. WILLIAMS, 1966: 108). Enquanto uma está sujeito ao colapso por meio da expansão numérica incontrolada e a resultante sobre-exploração de sua base de recursos, a outra, por assim dizer, passará à próxima rodada do processo de seleção.

Aqui não é o lugar de uma crítica detalhada da teoria da seleção de grupo. Só precisamos observar um defeito mutilador compartilhado por todas as versões da teoria, que é o fato de não conseguirem explicar como uma variante genética altruísta, que originalmente deve ter feito seu aparecimento em um indivíduo único, pode, antes de tudo, ter-se estendido dentro da população a ponto de alcançar uma frequência suficiente para dar à população como um todo uma vantagem seletiva quanto a outras populações nas quais a variante não é representada (WILLIAMS, 1966: 113). A interpretação sociobiológica contemporânea do altruísmo se apoia em uma aplicação muito mais austera de princípios darwinistas, na qual tudo depende do sucesso reprodutivo não de indivíduos, mas dos genes particulares que eles trazem. Os detalhes técnicos dos argumentos, apresentados principalmente por Hamilton (1964) e Trivers (1971), não nos interessam aqui; eles já deram origem a um vasto corpo de literatura cuja revisão está além de nossa competência. Todos eles invocam a noção de que o altruísmo é parte de um mecanismo comportamental fenotípico selecionado por sua eficiência como um veículo da réplica de genes "basicamente egoístas" (DAWKINS, 1976: 4-7). Ou, como o exprime Alexander, "Esse altruísmo [...] pode ser descrito como fenotipicamente (ou auto-) sacrificante, mas genotipicamente egoísta" (1979: 46).

O que Hamilton apresentou foi uma teoria da "seleção de parentesco" (MAYNARD SMITH, 1964) baseada no conceito de aptidão inclusiva. Isso se obtém para um determinado indivíduo acrescentando, à sua aptidão expressa na produção da descendência adulta (desconsiderando os efeitos, sobre essa produção, das ações perigosas ou benéficas de seus vizinhos), "certas frações das quantidades de danos e benefícios que o próprio indivíduo causa à aptidão de seus vizinhos" (HAMILTON, 1964: 8). Essas frações exprimem expectativas das proporções dos genes do indivíduo que também cada vizinho afetado transporta, e dependem da proximidade de sua relação genealógica: metade de irmãos plenos, um quarto de meio-irmãos, um oitavo de primos em primeiro grau, um/dezesseis avos de metade de primos em primeiro grau, e assim por diante. Se, por uma transferência altruísta do benefício à sua família, a perda de aptidão do indivíduo puder ser compensada por um ganho equivalente na aptidão de pelo menos dois irmãos plenos, quatro meio-irmãos ou oito primos em primeiro grau (ou múltiplos correspondentemente maiores de parentes mais distantes), então sua contribuição para a representação de seus genes em gerações futuras será maior do que seria se não tivesse havido nenhuma transferência. Isto é, sua aptidão inclusiva será realçada, e os traços que conferem uma tendência ao altruísmo serão conservados, no decorrer da seleção natural, às custas dos que prescrevem comportamento mais egoísta.

Embora a teoria de Hamilton só se aplique ao altruísmo entre parentes, ou "nepotismo", Trivers inventou um padrão de altruísmo recíproco que pretende explicar a evolução do comportamento pelo qual um indivíduo contribui às suas custas para a aptidão de outro tão distante de si, em termos genealógicos, que permite excluir a seleção por parentesco. O argumento é simplesmente que, se o preço pago pelo altruísta for menor do que o benefício oferecido ao receptor, e se em uma data futura as situações de benfeitor e beneficiário forem passíveis de ser invertidas, o altruísmo recíproco vale a pena para os dois, provendo cada um de um incremento adicional de aptidão (TRIVERS, 1971: 36). Mais uma vez, supõe-se que a seleção natural conserve traços que dirigem o comportamento da maneira apropriada, uma vez que os portadores desses traços farão contribuições relativamente maiores para o *pool* genético de gerações subsequentes. Mas esse argumento, comparado ao de Hamilton, é marcadamente menos convincente e foi cortantemente criticado por Sahlins (entre outros). A objeção consiste em que o altruísmo recíproco assegura um benefício igual a todos os implicados, de modo que não confere nenhuma vantagem *diferencial* ao indivíduo altruísta em contraste com concorrentes genéticos que não são parentes dele. É verdade que pessoas que agem em reciprocidade com outras, consideradas como um *grupo*, podem ter vantagens reprodutivas sobre quem não age assim; mas o agente solitário agindo em reciprocidade em uma população de indivíduos não parentes que não compartilham o traço altruísta estaria inicialmente em uma marcada desvantagem. Consequentemente, a teoria sofre precisamente do mesmo defeito que aquela da seleção de grupo: ela não consegue explicar como uma variante altruísta pode ter sido estabelecida de modo suficientemente amplo para ser positivamente selecionada. De fato, como Sahlins observa, o padrão de Trivers *é* de seleção de grupo, "ou, como poderia ser mais bem denominado, de 'seleção social'" (1976a: 87).

Sem ir além quanto a essas objeções neste estágio (cf. ALEXANDER, 1979: 52-53), eu gostaria de acentuar a notável semelhança entre o tratamento sociobiológico do altruísmo e a discussão de Spencer do mesmo tema. Em ambos os casos, o altruísmo é definido como uma transferência não recompensada de utilidade de um indivíduo a outro, reduzindo a aptidão (ou o que Spencer chamou a "vida") daquele a fim de aumentar a aptidão deste último (comparar com TRIVERS, 1971: 35; WILSON, 1980: 55). Em ambos os casos, igualmente, o altruísmo é visto como programado na natureza de indivíduos e emerge como a expressão espontânea dessa natureza. "A estrutura profunda do comportamento altruísta", como exprime Wilson, "é rígida e universal" (1978: 162-163). De modo algum próprio apenas dos seres humanos, esse comportamento é encontrado em uma enorme variedade de espécies, da "inferior" à "mais elevada". Mais uma vez, tanto para os sociobiólogos como para Spencer, as motivações conscientes que podem acompanhar uma ação são bastante inaplicáveis à sua caraterização como egoísta ou altruísta. Não é menos altruísta por ser instintivo, já que o que conta não é o componente intencional do ato, mas suas consequências quanto ao sucesso reprodutivo (BARASH, 1977: 77; CLARK, 1982: 56). Contanto que se conceba que os indivíduos seguem os ditames de sua natureza, deve-se supor que toda ação seja egoísta em *intenção*, se é que há nela algum conteúdo intencional. O mais notável, possivelmente, foi a antecipação por Spencer da distinção entre altruísmo nepotista e altruísmo recíproco, aquele (familial) dirigido à família biológica, e este (social) dirigido a indivíduos genealogicamente não parentes. Como vimos, Spencer conhecia bem a conexão entre nepotismo e cuidado parental, bem como o argumento de que o comportamento altruísta em nome daqueles que compartilham uma parte da própria natureza hereditária de alguém, contribuindo para a representação daquela natureza em gerações futuras, vai *ipso facto* estabelecer a natureza que é altruísta. Wilson denomina esse tipo de altruísmo, orientado a parentes próximos, "duro", oposto ao altruísmo "suave", que não depende do parentesco genético (mas que na verdade implica a expectativa de uma futura retribuição), observando – como Spencer fez – que é sobretudo em sociedades humanas que o altruísmo suave é levado aos extremos mais complicados (WILSON, 1978: 155-159).

Não causa nenhuma surpresa, então, encontrar antropólogos imersos em um superorganicismo sociocultural que reage à sociobiologia de maneira muito próxima da reação de Durkheim à sociologia. Em nenhum lugar essa oposição é mais vivamente expressa do que no último trabalho do maior representante da tradição durkheimiana da antropologia social britânica, Meyer Fortes. "Os atos humanos de altruísmo", escreve ele, "são culturalmente definidos, governados por regras, intencionalmente praticados, percebidos como obrigações morais sem expectativa de recompensa ou benefício reprodutivo, e isso é o que os distingue radicalmente dos atos presumivelmente automáticos, geneticamente determinados de altruísmo atribuído a primatas não humanos e outras espécies" (1983: 29). Vamos considerar cada um dos elementos de Fortes em sequência. Em primeiro lugar, as ações altruístas pertencem à execução de um programa cultural em vez de genético. Podemos aceitar isso sem implicar rejeição de outros aspectos do paradigma biológico. Podemos supor, em outras palavras, que o altruísmo toma a forma de uma interação sem reciprocidade entre indivíduos autônomos portadores da cultura, que é a expressão espontânea de instruções culturais inconsciente e automaticamente seguidas e que serve para fomentar a transmissão e a réplica dessas instruções através das gerações. Essa concepção seria amplamente compatível com a compreensão boasiana de cultura e comportamento social e da maioria das antropologias desde então. Os elementos subsequentes que Fortes arrola, contudo, seguem claramente Durkheim em vez de Boas. A essência do altruísmo, insiste ele, é ser *governado por regras*. Assim, o "axioma da amizade", que em todas as sociedades informa as relações entre parentes (FORTES, 1969: 232) não é parte da natureza (inata ou adquirida) dos indivíduos, mas pertence a uma ordem moral supraindividual que lhes é imposta. É uma regra do altruísmo *prescritivo*, ao qual as pessoas ficam sujeitas em virtude de ocuparem posições particulares relacionadas em conjunto em uma estrutura de parentesco. Consequentemente, e este é o terceiro elemento que Fortes arrola, a ação altruísta humana não é espontânea, mas obrigatória[78]. Dito de outra maneira, é altruísta porque realiza o propósito moral da sociedade, não porque tem consequências benéficas na reprodução dos indivíduos afetados. Diferentemente do "altruísmo cego, geneticamente fundado, imputado a animais individuais pela sociobiologia", cujo propósito é fomentar a aptidão inclusiva do indivíduo, "o vínculo do altruísmo prescritivo institucionalizado, governado por regras entre seres humanos [...] serve para manter a confiança mútua que é a base das relações sociais contínuas" (FORTES, 1983: 32). Sem regras, Fortes alega, não pode haver essas relações e, na verdade, nada que lembre uma sociedade; nem pode a sociedade existir na ausência da capacidade especificamente humana da cultura (1983: 34). E se a sociedade, concebida como uma ordem culturalmente codificada, reguladora, é peculiarmente humana, também o é a forma prescritiva do altruísmo que implica a sujeição social dos indivíduos a um propósito mais elevado.

Como ilustração adicional da divergência entre as compreensões antropológica e sociobiológica do altruísmo, poderíamos voltar ao modelo substantivista da troca proposta por Sahlins. Esse modelo concebe um contínuo de reciprocidades, do extremo altruísta, no qual se dá sem pensamento ou expectativa de retribuição, ao extremo egoísta, no qual se toma o que se pode sem nenhuma consideração de recompensar. Entre os extremos, da reciprocidade "generalizada" e "negativa", respectivamente, há um ponto médio de reciprocidade "equilibrada", de mutualidade, em que é mantida a equivalência estrita no fluxo e contrafluxo das prestações (SAHLINS, 1972: 193-196). Tendo estabelecido o contínuo, Sahlins sugere que a "tendenciosidade" da reciprocidade pode estar diretamente correlacionada com a distância social – ou mais especificamente, a distância de parentesco – que separa as partes envolvidas na troca. Assim, "a reciprocidade é inclinada na direção do polo generalizado pelo parentesco próximo e na direção do extremo negativo proporcionalmente à distância do parentesco" (1972: 196). Contemplar o "plano" de uma sociedade primitiva, de um determinado ponto dentro dele, como uma série de setores em constante ampliação e inclusão (casa, linhagem, aldeia, tribo, conjunto de tribos etc.), supõe-se que a reciprocidade generalizada prevaleça nos setores mais próximos, a reciprocidade equilibrada, nos setores intermediários e a reciprocidade negativa nos setores mais distantes. Portanto, no modelo, o plano setorial é sobreposto ao contínuo de reciprocidade tal como descrito por Sahlins e reproduzido aqui como fig. 6.7.

Recordamos que, adotando as premissas do substantivismo econômico, Sahlins trata a troca como um aspecto do funcionamento de uma ordem instituída, reguladora, implicando o fluxo de meios materiais. Assim, a pressão para dar, em trocas voltadas para o fim generalizado do contínuo, tem sua fonte na sociedade; é uma obrigação moral imposta ao indivíduo em virtude de ele ocupar situacionalmente uma posição (parentesco) particular com relação à posição ocupada pelo receptor. Sahlins afirma que a intensidade dessa obrigação moral, que está na natureza de uma estipulação ou expectativa, varia na razão inversa da distância social. Como desaparece completamente nas extremidades da sociedade, não há nenhuma restrição ao livre-jogo do autointeresse privado que se manifesta como reciprocidade negativa. Não só a sociedade, então, mas também a moral, são setorialmente estruturadas, e "a estrutura é aquela do grupo tribal de parentesco" (SAHLINS, 1972: 200). Disso resulta que o contínuo que vai da reciprocidade generalizada à negativa é formalmente análogo ao de Durkheim, que vai do altruísmo ao egoísmo. Onde o altruísmo da reciprocidade generalizada reflete a entrega do indivíduo a um grupo solidário e o grau máximo de subordinação dos desejos privados a metas públicas, o egoísmo da reciprocidade negativa reflete o isolamento do indivíduo da restrição social em contextos nos quais as pressões coletivas são débeis ou inexistentes. Em resumo, a tendenciosidade da reciprocidade é uma função do equilíbrio entre obrigação moral e interesse individual em situações sociais particulares.

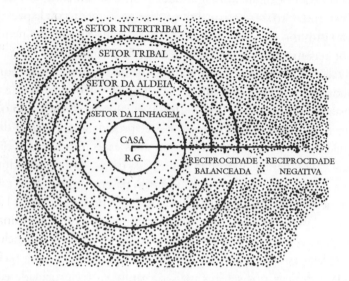

Fig. 6.7. Reciprocidade e setores residenciais de parentesco. R.G. Reciprocidade Generalizada (SAHLINS, 1972: 199).

Mas o modelo de Sahlins, contudo, foi desde então tomado por sociobiólogos como oferecendo a prova convincente de suas expectativas acerca da evolução do comportamento social. O primeiro a fazê-lo foi Alexander, que continua afirmando que o modelo "forma um estranho par com aquele do biólogo evolutivo" (1979: 200; cf. tb. ALEXANDER, 1975). Outros, como Crook (1980: 173-176) e Durham (1976: 110-111), seguiram o exemplo de Alexander, enquanto Barash, em um manual recente de sociobiologia, afirma inequivocamente que os achados de Sahlins "coincidem exatamente com a previsão de que o comportamento tende a maximizar a aptidão inclusiva", e permanece ignorando os protestos do próprio Sahlins em contrário (BARASH, 1977: 315-316; SAHLINS, 1976a: 122, n. 7). Boa parte da discussão da relevância do modelo para a teoria sociobiológica depende da questão do grau de "adequação" entre relações biológicas e culturais de parentesco. Todo antropólogo sabe que, em alguma sociedade particular, o grupo de pessoas que um homem trata como sua família próxima pode incluir um número substancial de pessoas com pouca ou nenhuma relação genética com ele. "Nenhum sistema de relações de parentesco humano" – escreve Sahlins – "se organiza de acordo com os coeficientes genéticos de relação conhecidos dos sociobiólogos" (1976a: 57). Mas, como Alexander aponta, é irracional negar que haja alguma correlação entre coeficientes genéticos e culturais; em geral, as pessoas na mesma família ou linhagem estão mais estreitamente relacionadas geneticamente do que pessoas em famílias ou linhagens diferentes (ALEXANDER, 1979: 201-202). E se mamar, como o próprio Sahlins sugere (1972: 194), é o extremo lógico da reciprocidade generalizada, é seguramente o caso que, em todas as sociedades, a maioria das mães amamentam sua própria descendência e não a de outras pessoas.

Não pretendo prolongar essa discussão, que não só parece improfícua, mas também obscurece uma fonte muito mais fundamental de incompreensão sociobiológica acerca da própria definição de altruísmo. Porque a estipulação da reciprocidade generalizada entre a família próxima é uma faceta do "axioma da amizade" de Fortes, e o altruísmo prescritivo implícito nos dois é uma entrega durkheimiana do eu à sociedade, ou àquilo que Fortes denomina "a soberania da regra" (1983: 34). Uma relação de parentesco, para Sahlins e Fortes, existe entre posições em uma ordem reguladora que é peculiarmente humana; essa ordem é tanto supraindividual como suprabiológica, e organiza os indivíduos biológicos aos quais é imposto segundo um esquema próprio (SAHLINS, 1976a: 58-59). A sociobiologia, atualmente recapitulando os argumentos de Spencer, vê relações de parentesco em todas as espécies que se reproduzem sexualmente, existindo entre *organismos individuais* em virtude de sua ascendência comum. Longe de ter seu lugar fora dos indivíduos, na cultura ou na sociedade, essas relações são uma expressão de sua constituição como coisas geneticamente reunidas. O altruísmo de parentesco, por isso, já não aparece como a supressão de interesses extrassociais, naturalmente dados, do indivíduo conforme as exigências sociais de sua posição de parentesco, mas antes como a execução espontânea de disposições nepotistas inatas estabelecidas por inúmeras gerações de seleção de parentesco. Do ponto de vista antropológico, claro está, a relação genética dos ocupantes de posições de parentesco é simplesmente irrelevante: mesmo que se mostrasse que os coeficientes de relação genética são altos, isso não alteraria o fato de que o altruísmo implica um recurso a regras que transcendem a natureza dos indivíduos. Assim, para Sahlins, supõe-se que as ações altruístas fomentem a reprodução não de seres humanos *per se*, mas do "sistema de grupos, categorias e relações sociais em que vivem" (1976a: 60). Tal como a oferta de presentes, cada ato é concebido como um momento na vida da sociedade.

Voltando à fig. 6.7, é evidente que, onde, no original, o plano no qual é desenhada corresponde a um espaço *moral*, em sua representação sociobiológica (como em ALEXANDER, 1979: 57) esse plano corresponde a um espaço *interativo*. Naquele, cada ponto designa um *alter* social relativo a um ego *social* no centro; no outro, ego e *alter* não são pessoas sociais, mas indivíduos. Naquele, a reciprocidade é uma expectativa que se vincula a uma relação estrutural entre posições; no outro, é uma característica da interação espontânea entre indivíduos.

Assim, as "normas" da reciprocidade são *morais* ou jurídicas no primeiro caso e estatísticas no segundo. E, por fim, naquele, a *intensidade moral*, enquanto, neste, a *frequência interativa*, vão se reduzindo quanto mais nos aproximamos da periferia. Para traduzir a antiga versão do diagrama em termos desta última, seria necessário antes comprimir todo o esquema moral nos limites do indivíduo, provê-lo de um suporte em sua composição genética, e depois reconstituí-lo como o resultado agregado de suas interações. Pode-se dizer que o efeito desse procedimento é converter o que na primeira concepção é a base moral da reciprocidade em uma mercadoria trocável. Consideremos, por exemplo, a expressão coloquial do altruísmo na fórmula "ama o próximo". O que acontece com "amar" na transformação que descrevemos? Inicialmente aparece como uma qualidade inerente à relação de proximidade, entendida como uma relação entre pares, e amar é adotar a parte do bom próximo para conformar-se com uma etiqueta de posição. No final reaparece como uma espécie de benefício que pode ser alienado e apropriado, de modo que aquilo que é um ganho absoluto para o receptor é uma perda absoluta para o doador. Amar é aceitar um equilíbrio negativo em uma troca de mercadorias e é assim semelhante a sacrificar em seu sentido contratual. O bom próximo é aquele que, por natureza, se satisfaz com a dispensação espontânea de favores.

Ambas as concepções são distorções quase patológicas de nossa verdadeira experiência de vida, geradas por uma recusa ideologicamente condicionada de aceitar a possibilidade da intersubjetividade. Somos, no nosso mundo diário, contínua e muitas vezes intensamente envolvidos na vida uns dos outros; mas acreditando firmemente que não somos, que cada ego é o habitante privado de seu corpo (ou mesmo de *nada senão* seu corpo), sendo a parte do ego que também é uma parte do *alter* representada como algo externo aos dois. Logo, o amor que o ego e *alter* têm um pelo outro se torna uma coisa (uma mercadoria), ou um aspecto de uma coisa (sociedade), que vem entre eles e os mantém separados. Desempenhando o papel do próximo amoroso, ou dispensando mercadorias que pertencem à parte, uma pessoa pode manter outras por perto. Amar *de fato* o próximo é seguramente o próprio oposto disso. É ver coisas do ponto de vista do próximo, alinhar o propósito pessoal ao dele. Se isso implicar sacrifício, então o que é sacrificado tem de ter a natureza de um presente em vez de uma mercadoria; deve personificar a *pessoa* do doador. Talvez possamos denominar isso altruísmo, mas então isso é entender o termo em nenhum dos dois sentidos que revimos e que permeiam a linguagem das ciências sociais e biológicas. É dizer que as pessoas são unidas em sua amizade, não separadas por ela. Devemos nesse caso deixar de considerar o altruísmo como um processo de alienação e vê-lo nos mesmos termos pelos quais entendemos a troca de presentes, a saber, como uma forma de comunhão. Não mais uma propriedade de interações individuais, comunicativas, nem uma expressão da dominância de uma ordem reguladora supraindividual, o altruísmo viria a caracterizar a constituição mútua das pessoas. E, assim, todo ato de altruísmo, longe de diminuir o eu, devido à subtração de uma essência fixa, contribuiria – ao ampliar a esfera do envolvimento pessoal com os outros – para seu aumento progressivo.

Investigar as condições do altruísmo também é levantar perguntas bem fundamentais sobre a natureza da conduta moral. Eu gostaria de concluir este capítulo com algumas observações sobre as implicações dos sentidos contrastantes de altruísmo aduzidos antes, correspondentes aos conceitos interativo, regulador e constitutivo de sociedade, para a nossa compreensão da moralidade. Não é a minha intenção pontificar sobre critérios de bem e mal, mas antes descobrir, em primeiro lugar, o que há na ação humana que a deixa aberta a uma avaliação dessa espécie. Isto é, devemos distinguir o moral não do *i*moral, mas do *a*moral. E a tese que desejo propor consiste em que a conduta é moral até o ponto que é *completa*, e, concomitantemente, que toda teoria que nos apresente um quadro unilateral das atividades humanas inevitavelmente não conseguirá apreender seu aspecto moral. Então diremos, com Spencer e com a sociobiologia contemporânea, que as raízes da conduta moral estão na evolução de nossas disposições inatas? Ou, com Darwin, que a moralidade implica a *consciência* de regras elas mesmas estabelecidas por meio da variação sob seleção natural? (1874: 177). Isso seria atribuir à consciência, no máximo, a capacidade de controlar comportamentos que vêm de nossa natureza hereditária, segundo critérios que têm seu fundamento na mesma fonte (LORENZ, 1966: 219). Para a sociobiologia, um ato (como um exemplo de altruísmo nepotista) pareceria moral na medida em que é submetido à avaliação retrospectiva por um intelecto que, qualquer que seja sua racionalidade pública, encobertamente busca a maximização da aptidão inclusiva. Ora aprovando, agora desaprovando, o escrutínio da consciência moral imita o escrutínio da seleção natural na avaliação do comportamento em termos de seus efeitos sobre o sucesso reprodutivo (ALEXANDER, 1979: 278).

Com Durkheim estamos no outro extremo. Porque a consciência moral aqui já não é o juiz, mas o governador, e seu lugar se acha fora do indivíduo. "A moralidade" – escreveu ele – "se constitui de um sistema de regras de ação que predetermina a conduta" (1961 [1925]: 24). Essas regras são refratárias à mudança e derivam sua força compulsória da subordinação do indivíduo ao grupo social. Longe de entrar na sociedade totalmente munido de todos os rudimentos essenciais da moralidade, o indivíduo fora da sociedade é totalmente amoral. Sua conduta, inteiramente sem regulação, é passível de atirar em todas as direções com vistas a fins que, sendo indefinidos, sempre fogem à satisfação. Assim, a moralidade de Durkheim é uma barreira, e, se enfraquecida em algum ponto, "forças humanas – até então contidas – se precipitam tumultuosamente pela brecha aberta; uma vez soltas, não têm limites onde possam e devam parar" (1961 [1925]: 42). Trata-se das forças desencadeadas na ação egoísta, exprimindo os impulsos biopsicológicos constitutivos da natureza humana. Um homem age moralmente, diz-nos Durkheim, apenas quando se coloca a serviço da sociedade – em outras palavras, quando age altruisticamente. O egoísmo amoral e o altruísmo moral impelem em direções contrárias, um é centrípeto e, o outro, centrífugo. Portanto, a conduta moral é fundamentalmente *não natural* (1961 [1925]: 58-60, 214). Como Reynolds indicou, a teoria de Durkheim estava "em forte oposição tanto a uma abordagem naturalista da sociedade humana como a uma concepção moderna do instinto" (1981: 20-21).

Há sem dúvida algo sobremodo impróprio nos conceitos, naturalista e sociológico, da conduta moral. De um lado, parece inegável que o agir humano e supostamente aquele de outros animais é canalizado pela tradição aprendida-transmitida, isto é, por costumes ou *mores*. Nesse sentido, as palavras "moral" e "cultural", que exprimem *modos de* vida, são qualquer coisa exceto sinônimos. Por outro lado, não podemos aceitar que as regras morais, como tais, tenham sua sede em um lugar que não a mente de indivíduos separados, ou que a conduta seja menos moral por ser animada por disposições e sensações que estão profundamente imersas na natureza humana. A regulação usual e a inclinação natural não podem seguir direções opostas, mas devem ser antes mutuamente complementares; de fato, na vida real as duas se acham tão intimamente entrelaçadas que seria um esforço infrutífero mesmo tentar separá-las. Além disso, o altruísta completo, no cenário de Durkheim, seria tanto um deficiente moral como o nepotista da sociobiologia, que é marionete de seus genes. Um robô pode ser programado para agir precisamente segundo um conjunto de regras sociais; diferentemente do ser humano, sua vida não seria complicada ou perturbada por algum sentimento primordial que emanasse de dentro dele. Mas dificilmente consideraríamos a máquina uma criatura moral, pela simples razão de que sua ação é destituída de sensação – em uma palavra, ela é inumana[79]. O homem natural, pelo contrário, é um ser de sensações, e, como Marx acentuou, sentir também é sofrer. Como sentimos o que sofremos, também somos seres passionais – essa paixão é, nas palavras de Marx, "a força essencial do homem energeticamente voltado para seu objeto" (1964a: 182). Assim, como afirmei alhures, "a energia emocional que comunica uma carga moral à ação social tem seu fundamento na natureza humana; isto é, tem por base certas potências inatas que estão, naturalmente, abertas, no sentido de que podem ser realizadas de variadas maneiras, a depender do contexto cultural" (1983a: 8). Em resumo, onde Durkheim considerou que as forças da natureza humana – ou o tumulto das paixões – solapam a moralidade da conduta, consideramos que a completam. As emoções e as sensações, para adotar a imagem de Midgley, formam a "casa de força" que sustenta nossa vida como seres morais (MIDGLEY, 1983: 35).

Porém há mais do que isso, pois nada dissemos sobre a responsabilidade pela conduta. Uma ação é moral não só porque se conforma à regulação usual, não só porque é animada por sentimentos e sensações profundos, mas também porque é dirigida pelo propósito consciente de um sujeito que sabe. Tanto o naturalismo como o sociologismo tiram das pessoas a responsabilidade pela conduta e a atribuem a coisas – sejam essas coisas internas ou externas ao indivíduo, genes ou sociedades. Um propósito realmente moral é aquele formado por um sujeito que age, com relação aos propósitos dos outros, tal como agem com relação aos seus, e que, por isso, é responsável pelo que faz. Essa é a significação do altruísmo em seu sentido constitutivo, implicando o envolvimento pessoal do eu no outro. Mas propósitos nada são se não se traduzem em prática, e é precisamente na tradução que entram em cena os outros componentes essenciais da moralidade, a saber, as regras culturais que servem de veículos de sua implementação e os sentimentos e motivações primordiais, que (como os poderes físicos do indivíduo) energizam o processo como um todo. A moralidade, concluímos, não reside exclusivamente nas regras da cultura nem nas forças da natureza ou na consciência da pessoa socialmente constituída. Reside antes no modo como esses três componentes da conduta humana são combinados em uma totalidade integrada. Apreender a moralidade da vida social é compreendê-la em sua completude: encontramo-nos mais uma vez, com Mauss, no domínio dos fenômenos sociais totais.

7
Cultura e consciência

Começamos esta pesquisa com um contraste entre dois modos de entender a evolução no domínio orgânico: como o movimento ou avanço progressivo da vida em geral, representando somente uma fase em um processo cósmico, ou como a modificação adaptativa de formas particulares ao longo de linhagens divergentes de descendência, compondo uma árvore filogenética. E prometemos que se veria que esse contraste, inicialmente ligado às teorias de Spencer e Darwin, respectivamente, também é a base da diferença entre evolução social e adaptação cultural. No capítulo anterior estabelecemos as bases para a nossa distinção entre vida social e cultura, ligando essa distinção a conceitos alternativos de história, tempo e criatividade. Vimos que considerar o ser humano simplesmente como um portador de cultura *individual* equivale a reduzir sua vida social a um agregado de interações comportamentais públicas, que servem para reproduzir os elementos da cultura tal como o comportamento fenotípico de um organismo resulta na reprodução de elementos do genótipo. Mas se ele é considerado como uma *pessoa*, isto é, como um lugar de consciência, então a vida social aparece como o desdobramento temporal da consciência *mediante* as formas culturais. Enquanto o indivíduo é um veículo da cultura, e sua mente um *continente* do conteúdo cultural, a vida consciente da pessoa é um *movimento* que adota a cultura como seu veículo. Assim, a cultura se acha, de certo modo, entre a pessoa e o indivíduo; trabalhada por um, ela trabalha o outro.

Neste capítulo concluímos a discussão em três estágios principais. Em primeiro lugar, examinamos mais detidamente as significações de consciência (e de inconsciente), distinguindo seu sentido *prático* de seu sentido *discursivo*, uma distinção que pode ser posta em paralelo àquela, a que acabamos de nos referir, entre a mente como *movimento* e como *continente*. Isso nos leva a uma ampla discussão da relação entre consciência, linguagem e pensamento, e da natureza da percepção consciente em animais não humanos. Em segundo lugar, mostramos que o prático e o discursivo correspondem a duas espécies de intencionalidade ou "significação subjetiva": uma pertinente à consciência socialmente constituída que apresenta ação; e a outra à concepção anterior ou modelo consciente que a representa – um modelo construído a partir dos elementos da cultura. Concentrando-nos na questão de se os animais não humanos produzem ou não, vinculamos esse contraste a noções alternativas de produção – intransitiva (como em "*A* vive") e transitiva (como em "*A* faz *B*") –, o que nos leva em última análise à distinção central entre ação social como um fluxo contínuo da conduta e comportamento cultural como uma série de emissões discretas. Na terceira e última parte do capítulo, nosso objeto é especificamente a natureza das coisas culturais, e voltamos à questão levantada primeiro no capítulo 2 quanto a se, ou até que ponto, a cultura é artificial ou "feita pelo homem". O problema de estabelecer critérios para delimitar a classe dos artefatos leva a um novo exame tanto da noção da cultura como "extrassomática" quanto da oposição entre uso de instrumentos e criação de instrumentos. Verifica-se que a distinção entre cultura "inata" e "artificial" (ou convenção e invenção) se funda na presença ou ausência de um conceito prévio de objeto e está relacionada com modos alternativos de transmissão, por aprendizagem observacional e instrução formal, respectivamente. Veremos em última análise que a distinção gira em torno de dois modos de representar o "análogo cultural" da seleção natural: como a seleção interna de atributos culturais ou como um processo de seleção artificial de variantes conceptuais. O contraste nos faz retornar aos esquemas contrários de mudança cultural, darwinista e lamarckiano, com o qual toda a nossa pesquisa começou, e assim, leva nosso projeto à sua conclusão lógica.

O prático e o discursivo

Nada é mais intrínseco à nossa experiência do que a consciência, e ao mesmo tempo, pelo que se pode observar, nada escapa mais completamente à nossa apreensão. Popper reconhece francamente que os problemas da emergência da consciência no reino animal, e da consciência de si especificamente humana, são "bem provavelmente insolúveis" (1974: 273). E quando se trata do controle exercido pela consciência sobre processos neuronais no cérebro, ao que parece implicado em toda ocorrência normal de ação deliberada, Eccles confessa que se trata de algo completamente além de sua compreensão (1974: 98). Há boas razões para acreditar que a consciência abarca precisamente aquilo que nunca pode ser totalmente conhecido sobre nós, uma vez que, sem ela, não pode haver conhecimento de nada. Assim, as tentativas de Hume de encontrá-la redundaram em fracasso, levando-o a duvidar da própria existência do eu consciente, que, naturalmente, desde o início era o agente da realização da busca. Olhando para mim mesmo, não encontro ninguém em casa, nenhum "ego", pela simples razão de que fui para fora a fim de olhar para dentro. Tudo o que vejo é a sombra que deixei para trás, uma imagem que se desbota rapidamente (SMYTHIES, 1969: 234). De fato, esperar algum relato *objetivo* da consciência é antes como esperar que meu próprio reflexo me contemple tal como eu o contemplo. Só os cegos não têm experiência subjetiva de visão, mas essa experiência é precisamente o que nós mesmos não podemos ver. "O eu como puro centro da consciência" – explica Harré – "não pode ser o [...] objeto de alguma espécie de consciência"; não é algo que posso dizer que "percebo" ou "observo", uma vez que *é* a consciência que observa (HARRÉ, 1979: 291).

Contudo, passar dessa impossibilidade evidente a uma negativa categórica da percepção subjetiva e intersubjetiva seria profundamente absurdo. Se subjetivo fosse simplesmente outra palavra para ilusório, onde *nós* estaríamos? E que motivo teríamos para levar a sério as afirmações daqueles que fazem tais alegações, que, se verdadeiras, não atendem a nenhum propósito? Porque criaturas a que falta consciência não podem *alegar* nada em absoluto (CLARK, 1982: 14). É uma peculiaridade curiosa da condição humana o fato de que somos inclinados a dedicar muito tempo, e escrever um número exorbitante de volumes eruditos, debatendo a possível inexistência daquilo sem o que esse debate não poderia continuar em absoluto. Em vez de tentar entender a realidade humana corriqueira que conhecemos por experiência direta, a ciência ocidental moderna dedicou basicamente sua atenção à caracterização e ao descarte dessa realidade como uma fantasia advinda da ignorância, e à conversão de seu próprio mundo de fantasia – estranho e alheio à nossa experiência – em uma realidade inumana destinada a tomar o lugar da antiga. Assim, a mente deve ser "demolida" e reconstruída como um circuito neuronal (WILSON, 1980: 300-301)[80]. Se, e quando, a reconstrução for completa – caso o milênio do "conhecimento total" chegue, como Wilson, por exemplo, profetizou, dentro de um século – não haverá lugar no novo mundo para nós.

Não acredito que valha a pena seguir o autoescárnio do ceticismo quanto à existência da mente ou submeter-nos à tirania do "nada senão" reducionista. A questão filosófica básica, o problema mente-corpo, não pode ser resolvido, então, simplesmente duvidando-se de um ou do outro termo da oposição (POPPER, 1974: 273-275). Devemos examinar antes a possibilidade de ultrapassá-lo. O método da ciência natural se baseia, naturalmente, no postulado de que uma "natureza" objetificada constitui o árbitro final do conhecimento verdadeiro (INGOLD, 1983a: 3-4). E isso, por sua vez, pressupõe o isolamento do sujeito incorpóreo, puro, a quem o mundo da natureza é revelado como um espetáculo. Daí vem a separação cartesiana de matéria e mente, "dois tipos de substâncias independentes", como Whitehead exprimiu, "cada um qualificado por suas paixões apropriadas" (1938: 178). Disso também vem a dicotomia entre o material e o ideal, este identificado com o que pertence à mente, e a consequente caracterização como "idealista" de toda teoria que dê primazia à consciência na condução da vida. Uma dessas teorias, como vimos no capítulo anterior, foi a de Marx. Mas várias gerações subsequentes de defensores, preocupados antes de mais nada em manter sua alegação de ser uma forma de materialismo, confundiram a distinção entre base (infraestrutura) e superestrutura com uma distinção entre "matéria" e "espírito", relegando a consciência a um papel inteiramente epifenomenal, de reflexo ou de máscara (AVINERI, 1968: 76).

Nossa concepção, amplamente baseada na filosofia do organismo de Whitehead, é a de que a consciência não é nem material nem ideal; não é nenhuma espécie de substância, mas um movimento ou processo. Não é idealista atribuir eficácia ao funcionamento da consciência *no* mundo real, uma vez que o ideal é construído, em oposição ao material, apenas em virtude da retirada da consciência *do* mundo. Como a mente é essencialmente um processo de coerência, sua retirada equivale à dissolução dessa coerência, produzindo a categoria da matéria, que compreende todas as partículas constituintes do universo. O ideal, recuperado na imagem do material, conserva como uma imagem uma aura de irrealidade. De fato, é comum opor o ideal tanto ao real como ao material, de modo que o aparecimento de realidades ideais – como as representações coletivas durkheimianas – parece uma contradição em termos (cf. DURKHEIM, 1976 [1915]: 422). Não é a minha intenção descartar o conceito do idealismo, um conceito simultaneamente envolvido em tantas discussões filosóficas diferentes, mas sobrepostas, que "requer o mais detido escrutínio sempre que for usado" (WILLIAMS, 1976: 125-126). Simplesmente desejo registrar que a dicotomia material-ideal é produto de um objetivismo que atomiza e que prontamente desaparece uma vez que a consciência é restituída a seu lugar legítimo no mundo real. Por essa razão, devemos rejeitar a tese do "paralelismo psicofísico" entre estados mentais e corpóreos. A mente e o corpo não são dois processos diferentes que simultaneamente correm ao longo de linhas separadas; são modos diferentes de olhar para o mesmo processo: holisticamente (a partir de dentro) e atomisticamente (a partir de fora). É igualmente insatisfatório postular ser a mente um objeto independente que de alguma maneira interage com o corpo de seu possuidor (POPPER, 1974: 275-276); trata-se de algo tão inútil quanto atribuir capacidade de ver a meu reflexo e imaginar então que podemos inspecionar um ao outro. Como o corpo é concebido como objeto de contemplação com a exclusão da mente, não pode haver interação entre corpo e mente exceto na terra do nunca atrás do espelho.

Para aumentar a confusão, a noção de consciência é adotada comumente tanto para fazer referência a uma região ou nível da mente (normalmente em oposição ao "inconsciente") no qual certas ideias são encontradas, como para denotar o ato deliberado de apreendê-las. Nesses termos, podemos dizer de uma pessoa que é consciente, subentendendo que – subjetivamente – ela sabe, e de uma ideia de que ela é consciente, significando que é objetivamente conhecida. Em um caso falamos da consciência *de* e, no outro, do lócus da ideia *na* consciência. Popper tentou manter a disjunção entre o corpo do conhecimento objetivo e a experiência subjetiva de conhecer colocando-as em "mundos" diferentes. Há o "mundo dos estados mentais" (Mundo 2) e o "mundo dos conteúdos do pensamento" (Mundo 3), correspondendo a sentidos "subjetivos" e "objetivos" do conhecimento, respectivamente (POPPER & ECCLES, 1977: 38, 122). Esses dois mundos devem ser distinguidos do Mundo 1, "o universo das entidades físicas". Os três mundos são unificados em uma concepção total da evolução emergente ou criativa na escala cósmica, e seu aparecimento sucessivo supostamente separa estágios fundamentais em um processo contínuo (1977: 16-17). Mas embora pretenda localizar os fenômenos da consciência nesse processo, Popper na verdade faz o exato oposto. O Mundo material 1 e o Mundo ideal 3, correspondentes bem de longe ao que a maioria dos antropólogos denominariam natureza e cultura, são constituídos pela *emancipação* da consciência da evolução. Para essa mente tão flexível, o Mundo 1 aparece como um continente macrocósmico cujos conteúdos são todas as coisas físicas do universo (inclusive organismos vivos, portanto também corpos e cérebros humanos). O Mundo 3 é o microcosmo no qual esses conteúdos são projetados; é o mundo de imagens "na cabeça do sujeito", inclusive suas teorias sobre o universo físico e como este funciona. O Mundo 2, então, parece não ser senão o projetor, talvez mais bem considerado como uma espécie de porteiro, que transmuta ativamente o Mundo 1 em Mundo 3 e vice-versa. Popper escreve: "Estou inclinado a abordar o Mundo psicológico 2 principalmente do ponto de vista de sua [...] função de relacionamento entre o Mundo 3 e o Mundo 1" (1977: 106). Mas está igualmente inclinado a referir-se ao Mundo 2, da mesma maneira que em referência aos mundos 1 e 3, como um continente cujos conteúdos são "objetos do Mundo 2 – inclusive pensamentos, descobertas, memórias e outros estados mentais isoláveis" (1977: 41). Não fica inteiramente claro como essa coleção de objetos, recursivamente separada do fluxo da consciência, pode ser identificada com a experiência do sujeito vivo.

Esta multiplicação de mundos – Popper até sugeriu acrescentar mundos 4 e 5, ou mais, a gosto (1974: 275) – obscurece a verdadeira natureza da distinção que desejamos estabelecer entre a consciência subjetiva e as formas objetivas da cultura (INGOLD, 1983a: 16). As premissas fundamentais de uma cosmologia evolutiva são de que há apenas um mundo, que esse mundo não é uma coleção de coisas inertes, mas um movimento contínuo e criativo, e que, na condição de sujeitos conscientes, nós seres humanos somos uma parte dele. A consciência, por isso, tem de ser entendida como uma força ativa dentro do mundo, em vez de como sua projeção em um microcosmo do outro mundo. Só nos resta voltar à dicotomia de Wieman, central para nosso argumento no capítulo 5, entre bens criados e bens criativos. O Mundo 3 de Popper é um mundo de bens criados ou trabalhos, ou antes de planos para sua execução, e o relacionamento do Mundo 3 com o Mundo 1 implica a materialização de um conceito prévio na mente do fabricante, assim como, inversamente, o relacionamento do Mundo 1 com o Mundo 3 implica a conceituação, na mente do observador, de uma entidade material já existente. A consciência, contudo, não é outro mundo de coisas, mas um processo, um bem criativo, que opera por meio de toda uma série de fabricações e observações no decorrer de seu desdobramento. Por isso, não pode ser reconstruída como um agregado de estados mentais que acompanham eventos instantâneos de execução e descoberta. Nem pode ser considerada como algo que, nas palavras de Eccles, "cada um de nós tem privadamente para si mesmo" (1974: 87). A imagem da consciência solitária, que se senta em isolamento resplendente a cavalo sobre o mundo, pode servir para legitimar o empreendimento científico como a busca do conhecimento objetivo, mas não pode plausivelmente concordar com a realidade. Porque essa consciência não pode gozar de uma vida social; além disso, é precisamente porque de fato vivemos socialmente, porque os nossos propósitos são moldados pelo ambiente que nos faz quem somos, que a total objetividade permanece sendo uma quimera.

Talvez fosse melhor deixar toda a questão da relação mente-corpo, que estamos inclinados a ver como um subproduto da atitude científica dominante, aos filósofos e psicólogos profissionais, já que, depois de séculos de discussão, as águas estão agora tão turvas e traiçoeiras que o resto de nós já não pode esperar navegar com alguma garantia. Mas, para dotar de alguma precisão o sentido específico de consciência que adotamos neste trabalho, pode ser útil desvelar certas áreas de ambiguidade que resultaram da intrusão do termo contrastante "inconsciente" (note-se, contudo, que é raro ouvir dizer "inconsciência"). Ninguém exprimiu melhor nossa compreensão intuitiva de consciência do que David Bohm: trata-se, escreve ele, de "um todo coerente que nunca é estático ou completo, mas que é um processo interminável de movimento e desdobramento" (1980: ix). A questão de como relacionar isso com o inconsciente foi bem explicitamente formulada por Ricoeur: "Qual o significado do inconsciente de um ser cuja tarefa é consciência?... O que é a consciência como tarefa de um ser que está de alguma maneira ligado a fatores, como repetição e até regressão, que na maioria das vezes são representados pelo inconsciente?" (1974: 108-109). Para Ricoeur, assim como para nós, a consciência é essencialmente um movimento para a frente, movimento "que constantemente aniquila seu ponto de partida" (1974: 113). O inconsciente, pelo contrário, sempre nos empurra de volta ao ponto de partida, para "a ordem do primordial". Assim, conclui, "a consciência e o inconsciente respondem a duas interpretações inversas, progressivas e regressivas. Poderíamos dizer que a consciência é história, enquanto o inconsciente é destino" (1974: 118). Ou, para adotar uma analogia mecânica, o inconsciente na concepção de Ricoeur pode ser comparado com uma mola, fixada em uma extremidade, sendo a outra extremidade impelida por uma consciência cuja tarefa é esforçar-se continuamente por superar sua força elástica.

Lévi-Strauss tanto aborda como resolve o problema da relação entre a consciência e o inconsciente do modo bastante diferente. Porque, em sua concepção, a tarefa que os seres humanos culturais vivem para realizar está inscrita no inconsciente. Portanto, a questão de Ricoeur teria de ser reformulada como se segue: "Qual o significado da consciência de um ser que está de alguma maneira ligado a uma tarefa que já está representada no nível inconsciente?" Parte da resposta emergiu de nossa discussão, no capítulo anterior, da análise da troca de presentes por Lévi-Strauss. Embora exista em sua totalidade como uma estrutura sincrônica, o plano da troca é revelado peça por peça, em uma sucessão de episódios desconectados, momentâneos. A consciência é o plano no qual esses episódios são reunidos em uma reconstrução linear ou modelo do todo. Ou, alternativamente (e isso nunca é bastante claro), é o agente da reconstrução, o explorador ou construtor de modelo. Evidentemente, para Lévi-Strauss, a consciência só pode ser uma consciência reflexiva *de*, consciência que se intromete apenas intermitentemente na conduta ordinária da vida. Assim, "todo falante que aplicasse conscientemente leis fonológicas e gramaticais em sua fala [...] não seria capaz de manter o fio de seu argumento por muito tempo", e o mesmo se aplica – sugere Lévi-Strauss – à narração bem-sucedida do mito, que precisa que suas propriedades estruturais permaneçam ocultas ao narrador (1966b: 55).

Claro que fazemos muitas coisas no decorrer da vida diária sem ter necessidade de representar para nós mesmos, na forma de padrões conscientes ou matrizes, as regras e procedimentos pelos quais essas coisas são executadas. Todo aquele que aprendeu a falar uma língua estrangeira ou andar de bicicleta sabe que, no primeiro caso, a fluência completa vem quando a aplicação de regras sintáticas fica tão automática quanto em um falante nativo, e que, no último caso, um equilíbrio perfeito só é alcançado quando se deixa de deliberar sobre o modo correto de andar na bicicleta. Boa parte de nossa aprendizagem, como Medawar afirmou magistralmente, consiste em "aprender a *não* pensar nas operações que um dia tiveram de ser pensadas" (1957: 138). O sujeito hiper-reflexivo, demasiado preocupado em colocar a teoria antes da prática, é passível de acabar na situação desagradável da centopeia alegórica de Koestler, que, quando inquirida sobre a ordem em que movia sua centena de pernas, "ficou paralisada e morreu de fome, porque nunca tinha pensado nisso antes e tinha deixado suas pernas cuidarem de si mesmas" (KOESTLER, 1969: 205). O destino da centopeia acentua a alegação de Ryle de que fazer algo hábil ou inteligentemente *não* requer da pessoa que considere o que faz enquanto faz, ou, para ser mais geral, a "prática eficiente precede a teoria dessa prática" (RYLE, 1949: 30-31). Saber *como*, nos termos de Ryle, não é necessariamente saber *que*; o médico competente pode ser um mau teórico, e vice-versa (INGOLD, 1983a: 12).

Aparentemente com base no pressuposto de que a ação, para se qualificar como dotada de propósito ou conscientemente dirigida, *tem de* implicar a aplicação de um "conhecimento *de que*" teórico explícito, Lévi-Strauss chega à conclusão extraordinária de que a maioria das coisas que dizemos e fazemos, por não implicar nenhuma aplicação deliberada de princípios teóricos conhecidos, não pode ser dirigida pela consciência. Essa concepção extremamente limitada do papel da consciência origina-se diretamente da maneira pela qual é fundada em *oposição* a uma concepção particular do inconsciente. Porque, sendo este último entendido não como um movimento ou força, mas como uma região particular da mente, na qual se pensa que estejam contidas as estruturas que regulam a conduta, a consciência implica a abertura dessa região e de seus conteúdos a escrutínio, de modo tal que possam ser formulados pelo intelecto com a intenção de aplicação subsequente. Em outras palavras, a oposição consciente-inconsciente produz um sentido de consciência que é *discursivo*, sentido cujos produtos incluem toda a gama de "modelos feitos em casa" mediante os quais as pessoas interpretam (ou deturpam) seu comportamento (LÉVI-STRAUSS, 1968: 282). Há, contudo, outro sentido de consciência, *prático* em vez de discursivo, que não se opõe ao inconsciente tal como definido antes, mas na verdade o complementa (GIDDENS, 1979: 25). Isso corresponde ao agir da mente, trabalhando *ao longo* dos vários níveis da estrutura – do inteiramente inconsciente ao mais ou menos consciente – na implementação de um propósito. Consideremos mais uma vez o exemplo da fala. Supondo que o falante ignore inteiramente as propriedades estruturais de sua língua, a fala é consciente ou inconsciente? Para Lévi-Strauss, a estrutura linguística inconsciente "continua a moldar o discurso para além da consciência do indivíduo" (1968: 19). Contudo, como alegamos no capítulo 4, a língua não diz a ninguém o que dizer, nem é o falante uma máquina projetada para a improvisação aleatória de enunciados. Ele é, em vez disso, um agente intencional para quem a estrutura linguística – embora não disponível discursivamente – é em essência um recurso posto sob a direção da consciência prática. Retire-se esse componente da consciência, divorcie-se o falante do campo das relações sociais constitutivas, e a fala *se dissolve* em uma série de emissões aleatórias, como a produção de uma máquina de "marcar" na ausência temporária de seu operador.

Recapitulando: dois sentidos de consciência, prático e discursivo, são constituídos por sua respectiva oposição a dois sentidos correspondentes de inconsciente. Considerada como uma projeção progressiva do passado no futuro, a consciência prática só pode se opor a um inconsciente examinado, como é por Ricoeur, como uma retrojeção regressiva do futuro no passado. Mas se o inconsciente for tomado como o lugar da estrutura, então a consciência aparecerá como sua revelação discursiva. Ou, dito de outro modo, o significado da consciência de um ser que experimenta o inconsciente como uma força de resistência será a tarefa prática de se opor a ele, enquanto para um ser cuja tarefa está inscrita no inconsciente o significado da consciência será discursivo. Essa distinção fundamental corresponde a toda uma série de contrastes, muitos dos quais foram desenvolvidos em capítulos anteriores. Por exemplo, enquanto a consciência prática implica a noção da mente como o lócus de um processo intersubjetivo, a consciência discursiva é um mapeamento das regiões da mente como se ela fosse um continente, privado para cada indivíduo. Aquela é um componente essencial da ação, enquanto esta pertence à cognição. Retomando os termos-chave de nossa discussão no capítulo 5, a consciência prática é criativa, enquanto a consciência discursiva é reveladora – simplesmente revela as estruturas que já estão presentes. Mais uma vez, o tempo real – a duração bergsoniana – é inerente à consciência prática, o que é uma razão pela qual essa forma de consciência não pode ser compreendida no âmbito do paradigma estruturalista, por ser este construído segundo os eixos abstratos da sincronia e da diacronia. A consciência discursiva, reveladora da estrutura sincrônica, opera em um presente imóvel, estendido e não tem um componente de tempo essencial. E, seguindo a todos esses contrastes, vem o mais básico de todos: a consciência discursiva está para a consciência prática tal como a cultura está para a vida social. Se, com Lévi-Strauss, sustentamos que as formas culturais "pensam a si mesmas" por meio da consciência, essa consciência é discursiva (LÉVI-STRAUSS, 1966b: 56). Mas a consciência que se desdobra em relações sociais e as manifesta é prática.

Tal foi a tendência de associar consciência com cognição em vez de com ação prática que o termo, em muitas discussões antropológicas, se tornou praticamente sinônimo de cultura. Há, naturalmente, um precedente para isso na obra de Durkheim, cuja noção de consciência da coletividade veio a ser identificada com um sistema comum de representações ideais. Um defensor recente dessa mesma concepção é Peacock, para quem a consciência é, do mesmo modo, um sistema "que une uma pluralidade de formas simbólicas em uma estrutura única" e "tende a um modo da integração que foi denominado 'lógico-significativo'", também conhecido como cultural (PEACOCK, 1975: 4, 12, n. 6; cf. GEERTZ, 1975: 145). Quanto ao inconsciente, Peacock sugere que o termo "consciência" seja interpretado de forma suficientemente ampla para abranger "tanto os pensamentos, sentimentos, sensações, motivos, crenças e memórias lucidamente conscientes como aqueles obscuramente inconscientes que são expressos por formas simbólicas" (1975: 6). A justificativa para esse uso ampliado é bem estranha, a saber, a ideia de que boa parte do que é inconsciente é parcialmente consciente, estando dentro do campo da percepção da pessoa, enquanto o que não é pode simplesmente ser esquecido, não sendo "do interesse do estudioso de símbolos". Peacock parece não abarcar, mas fatiar o inconsciente, apropriando-se do que pode para o consciente e descartando o resto. Quando está em jogo a ação prática (em oposição à expressão simbólica), residualmente definida como "tecnossocial", a consciência parece não desempenhar absolutamente nenhum papel significativo. De fato, Peacock não vê nenhuma diferença em princípio entre as relações estabelecidas entre seres humanos e entre formigas; aqueles podem muito bem ser substituídos por robôs mecânicos, que compõem, como estas últimas, "uma sociedade sem consciência". Assim, "as relações tecnossociais não precisam envolver a consciência, enquanto as relações lógico-significativas têm, por definição, de envolvê-la" (1975: 7). Nossa conclusão do último capítulo, bem ao contrário, consiste em que, embora as "tecnorrelações" (i. é, relações materiais ou interativas) sejam externas à consciência, esta última é *constituída* pelas relações sociais, enquanto as relações "lógico-significativas" constituem as formas objetivas da cultura pelas quais esta é realizada.

A identificação antropológica peculiar da consciência com o domínio das estruturas simbólicas abertas ou formas culturais pode ajudar um pouco a explicar o equívoco persistente, ao qual aludimos no capítulo 6, com respeito à noção de Marx da "determinação" da consciência pelas relações sociais. Mais uma vez observamos que o sentido marxista de consciência, tal como o nosso próprio, é prático. Consideremos, contudo, as implicações de substituir por esse sentido prático um sentido discursivo. A primeira seria tirar a consciência da produção, que pareceria consequentemente a réplica mecânica de uma estrutura dada, dependendo de cada autor o ponto até o qual seria tecnologicamente determinada. A segunda, que aquilo que Marx sustentou ser indesejado na produção, a saber as relações sociais nas quais os produtores momentaneamente se encontram, se mostrariam assim não por serem praticamente não pretendidas, mas porque discursivamente indisponíveis. Portanto, o não intencional é substituído pelo inconsciente, um recesso interior da mente individual dentro do qual se supõe que estejam ocultas as estruturas reguladoras que se presume que a produção replique. E, finalmente, a consciência reapareceria não como uma atualização, mas como um epifenômeno dessas relações sociais "invisíveis", alternadamente o construtor e o repositório do conjunto de representações simbólicas, modelos normativos ou ideológicos que constituem um padrão "lógico-significativo" da cultura. O que era a realidade da consciência se torna, com esta substituição, um reflexo parcial e alterado de uma realidade inconsciente (INGOLD, 1983a: 9).

Pode-se aceitar que um primeiro requisito da consciência discursiva, isto é, da construção intelectual de modelos teóricos ou planos de implementação equivalentes ao "conhecimento *de que*" de Ryle ou ao Mundo 3 de Popper, seja a capacidade distintamente humana do pensamento simbólico. Isso, por sua vez, parece depender de certas propriedades específicas da linguagem humana. Contudo, a definição e a elucidação dessas propriedades se mostraram difíceis e polêmicas. Permanece como legítimo objeto de especulação saber se existe uma diferença absoluta de espécie entre as capacidades linguísticas dos seres humanos e as de outros animais que não admita nenhum estágio intermediário (LENNEBERG, 1960: 886) (GRIFFIN, 1977: 29). Grande número de pesquisas recentes foi dedicado a essa questão e está além de minha competência revê-las com alguma profundidade, nem o espaço o permitiria (cf. esp. HINDE, 1972; SEBEOK, 1977). Uma abordagem adotada em uma série de artigos de Hockett (1959, 1960, 1963; cf. tb. HOCKETT & ALTMANN 1968; THORPE, 1972) consiste em enumerar várias "características do projeto" da linguagem humana, considerada como um sistema de comunicação, e descobrir quais dessas características são ou não são compartilhadas pelos sistemas de comunicação de outros animais. O fato de Hockett ter julgado necessário aumentar o número de características, das sete originalmente propostas (1959), para treze (1960) e, posteriormente, dezesseis (1963), é sintomático das dificuldades implicadas na localização do especificamente humano. Assim, duas capacidades comumente atribuídas apenas a nós seres humanos são "produtividade" e "deslocamento", denotando, respectivamente, nossa capacidade de produzir enunciados totalmente novos, mas compreensíveis e a referência a objetos *in absentia*, isto é, fora do contexto temporal e espacial do enunciado. Mas ambas as características também são exemplificadas com a célebre dança das abelhas melíferas, pela qual estas podem transmitir a posição exata de locais de alimentação distantes (VON FRISCH, 1950; cf. GRIFFIN, 1976: 36). Duas características acrescentadas à última lista de Hockett, contudo, parecem separar o discurso humano inequivocamente da dança das abelhas. Trata-se de "expressão evasiva" e "reflexividade". Bem simplesmente, as abelhas não podem mentir sobre onde estão os lugares (eventuais erros só podem ser decorrentes de interferência casual, mecanismo defeituoso ou intromissão de pesquisadores humanos); nem, como Hockett o exprime, podem elas "dançar sobre a dança" (1963: 10). Um caçador humano, em contraste, pode, se o desejar, mentir sobre o paradeiro da caça; ele também pode explicar – possivelmente a um antropólogo visitante – de que é sobre isso que falava.

Podemos fazer essas coisas, que as abelhas não podem, porque a nossa linguagem se compõe de palavras que funcionam em sua maioria como símbolos em vez de como sinais. Por isso Cassirer decidiu definir o ser humano como um *animal simbólico* (1944: 26). Os símbolos, insiste ele, "não podem ser reduzidos a meros sinais", já que pertencem a um domínio inteiramente diferente: "Um sinal é uma parte do mundo físico do ser; um símbolo é uma parte do mundo humano de sentido. Os sinais são 'operadores'; os símbolos são 'designadores'" (1944: 32). O mesmo contraste foi elaborado por Langer. Um sinal, ela explica, é direta ou indiretamente "convocado" por um objeto do meio ambiente cuja presença indica e evoca uma resposta comportamental – mais ou menos automática – orientada para aquele objeto. O símbolo verbal, por outro lado, não *anuncia* um objeto, mas antes leva o sujeito a *concebê-lo*; sua referência, por isso, não é a uma coisa, mas a uma concepção de uma coisa, e o que evoca é uma orientação da atenção em direção àquele conceito. Essa orientação é o que comumente queremos dizer ao falar de processo do pensamento. Em resumo, para tomar de empréstimo a descrição sucinta da dicotomia por Langer "O sinal é algo para agir, ou um meio de ordenar a ação; o símbolo é um instrumento do pensamento" (1942: 63). Logo, quando o caçador descreve uma presa que viu, suas palavras transmitem uma imagem do que viu, permitindo a seus ouvintes recriar um conceito da localização da presa para si mesmos. Embora esse conceito possa constituir um plano de ação, não são as próprias palavras que provocam uma resposta predatória em direção a uma presa ausente. Elas simplesmente tornam essa resposta literalmente *concebível*.

Com as abelhas melíferas é bem diferente. Não temos razão para acreditar, observa Langer, que "uma abelha 'que dança' distribua a outras caçadoras informações efetivas e instruções sobre onde ir e o que procurar" (1972: 204). As abelhas não podem conceber um plano de campanha, mas aquelas que estiveram em contato físico com a bailarina reproduzirão automaticamente a incursão desta última. Cada dança, então, inaugura um novo ciclo de um ato total de caça "que é transmitido de um semi-indivíduo altamente sensível a outros" (LANGER, 1972: 205). Contudo, em seu ensaio polêmico *The question of animal awareness* [A questão da percepção animal], Griffin nega firmemente que as ações comunicativas de abelhas melíferas e dos seres humanos se diferenciem da maneira absoluta sugerida por Langer e outros, cujos argumentos acompanhamos aqui. Não só está ele convencido de que a dança das abelhas é genuinamente simbólica, mas também inclinado a acreditar que a bailarina oferece consciente e intencionalmente informações e conselho, tal como o caçador humano de nosso exemplo (GRIFFIN, 1976: 33, 99). Isso parece forçado, embora seja difícil de refutar. Parte do problema está na definição do simbólico de Griffin, derivado de Morris, segundo o qual todo sinal fornecido por um estado interno do organismo e que *substitui* outro sinal que tem referência direta a um objeto do ambiente deve ser considerado um símbolo (MORRIS, 1946: 25-26). Nesse sentido, a dança realmente se qualifica como simbólica, dado que sua orientação com respeito ao eixo vertical substitui uma indicação direta da fonte de comida (GRIFFIN, 1976: 24-25). Mas nada aqui implica a referência a um conceito; e se *esse* for o nosso critério, nenhum montante de substituição converterá um sinal em um símbolo. Assim, a posição (P) das fontes de comida com relação à colmeia pode induzir modificações no estado corpóreo interno (E) da abelha que voa entre elas, o que por sua vez induz a abelha a dançar com certa orientação (O). Podemos dizer que O é um sintoma de E, que é um sintoma de P. Embora seja certamente indireta, a relação entre O e P se diferencia da denotação propriamente simbólica porque o termo mediador *S* não é um conceito que se poderia dizer que *O* conota, nem pode ele funcionar na ausência do objeto *P* que o convocou. Claro que é totalmente especioso afirmar que a abelha é capaz de pensamento conceptual por causa de evidências do chamado comportamento simbólico quando o comportamento só pode ser classificado como tal apenas se adotamos uma definição especial de simbólico que absolutamente não requeira que a experiência seja mediada por conceitos (LANGER, 1972: 138).

Precisamente porque o símbolo conserva sua conotação conceptual independentemente da presença ou ausência, ou até da real existência, do objeto que denota, a espécie de "deslocamento" característica do uso da linguagem humana é bem diferente da implicada na dança das abelhas (VON GLASERSFELD, 1976: 222). Estas, ao dependerem da substituição, por um sinal interiormente induzido, de um sinal exteriormente induzido, só pode indicar algo que está de fato (em vez de hipoteticamente) presente. Fundamental para o real deslocamento linguístico é, contudo, a separação entre o conceito e o objeto, ou entre conotação e denotação, separação entre o "mundo interior" de representações do "mundo exterior" de coisas físicas (correspondentes aos mundos 3 e 1 de Popper, respectivamente). A linguagem humana permite aos seres humanos pensar e falar não só sobre coisas remotas no espaço e no tempo, mas também sobre coisas que nunca ocorreram, que podem nunca ocorrer ou que poderiam ser entendidas como vindo a ocorrer no futuro. Essas capacidades estão na base das propensões distintamente humanas a fantasiar, refletir, discutir e enganar. Fica, portanto, claro que a oposição entre verdade e falsidade, e a necessidade concomitante de criticar, só podem ser relevantes para um ser capaz de preconceber e descrever uma situação que nunca existiu. Com base nisso, Popper concluiu que os aspectos mais característicos da linguagem humana são suas funções *descritiva* e *argumentativa* (POPPER & ECCLES, 1977: 58-59, 456).

Com a facilidade reflexiva da língua, os seres humanos podem explorar sistematicamente, no pensamento, os preceitos adquiridos no decorrer de sua exploração prática do mundo real, isolando, do fluxo de sua experiência subjetiva, momentos particulares nos quais concentrar a atenção e convertendo esses momentos em objetos de reflexão (CASSIRER, 1944: 39-40). Além disso, pela manipulação lógica ou o malabarismo dos símbolos, é possível gerar conceitos novos que não correspondem a objetos existentes, mas que, uma vez cristalizados na mente, aquele que os concebe pode esforçar-se por implementar. Desse modo, o pensamento pode vir a antecipar e moldar a prática, em vez de simplesmente acompanhá-la e exprimi-la: temos a capacidade de conceber e planejar, construir projetos de ação e criar modelos intelectuais para o processo de vida humano (REYNOLDS, 1976: 182; CROOK, 1980: 140). Nas palavras de Crook, "A língua permite que a lógica de uma estratégia seja formulada, examinada e desenvolvida" (1980: 143). É importante acrescentar também que os seres humanos podem refletir não só sobre suas próprias práticas, mas também sobre as observadas em outros lugares do reino animal, encontrando "pronta" na natureza a solução para muitos problemas técnicos de projetos na construção de artefatos culturais. "Um animal", como Marx observou há muito tempo, "forma coisas conforme os padrões e a necessidade da espécie a que pertence, enquanto o homem sabe como produzir conforme os padrões de todas as espécies" (1964a: 113-114). Estudando e aplicando esses padrões, aperfeiçoados ao longo de vários milênios de adaptação sob seleção natural, o homem poderia, por assim dizer, "abreviar" o processo doloroso e demorado da experimentação tentativa e erro cega, que já foi feito para ele na natureza, gozando dos benefícios da especialização evolutiva sem pagar nenhum preço (STEADMAN, 1979: 159). Não que o deslocamento imitativo do projeto dos animais tenha sido isento de desastres, como o evidencia a triste história de tentativas anteriores de voar segundo o padrão dos pássaros (INGOLD, 1983a: 13).

A diferença entre a forma animal e a construção modelada dela – entre, digamos, as asas do pássaro e aquelas do esperançoso voador humano – é essencialmente entre o natural e o artificial. Por definição, entendemos um artefato como um *trabalho/obra* no sentido delineado no capítulo 5, que é a realização de um conceito prévio na mente de seu autor. Embora se *siga* ao aparecimento do pássaro, esse conceito *precedeu* o aparecimento da máquina voadora: esta é um artefato, aquele não é. Mas, se se supõe que toda cultura é artificial e, *nesse* sentido, oposta ao natural, então disso se seguem certos corolários que tocam centralmente a comparação entre a evolução de coisas naturais e de coisas culturais. Em primeiro lugar, a evolução cultural só começou depois de a faculdade simbólica ter alcançado certo nível de desenvolvimento necessário à emergência de propriedades específicas da linguagem humana. Se os nossos antepassados hominídeos um dia falaram uma língua a que faltavam essas propriedades, eles também devem ter sido privados de consciência discursiva e, portanto, da capacidade de construir desenhos conceptuais antes de sua realização como artefatos. Em segundo lugar, a gênese de conceitos novos implica uma percepção de alternativas, de outros modos possíveis de fazer coisas, permitindo ao sujeito afastar-se deles e julgar racionalmente entre eles. O homem, por meio disso, se torna o agente em vez do objeto da seleção, um desenhista em vez de um portador da cultura, adotando e rejeitando coisas conforme seus propósitos. Como vimos no capítulo 2, a ideia de um agente de seleção intencional, com suas implicações em termos teleológicos, é bastante alheia à teoria darwinista da evolução por seleção natural. Portanto, não se pode, ao mesmo tempo, comparar o cultural com o artificial *e* sustentar que há uma analogia estrita entre os processos de adaptação orgânica e de adaptação cultural. A analogia seria antes com a seleção artificial de domesticados. Em terceiro lugar, se um pré-requisito da cultura é a articulação de formas conceptuais na língua, ela deve ser transmissível tanto por ensino como por aprendizagem; inversamente, uma tradição que possa ser aprendida, mas não ensinada, não pode se qualificar como cultura.

Essas são questões importantes às quais voltaremos adiante neste capítulo, e eu as trouxe aqui simplesmente para indicar as implicações de tratar a cultura como a soma dos produtos da consciência discursiva e a evolução da cultura como uma espécie de história Mundo 3 (POPPER & ECCLES, 1977: 458). Desejo agora me voltar para a difícil questão de como devemos considerar a consciência dos animais não humanos. Aceitando que eles carecem da faculdade simbólica altamente desenvolvida dos seres humanos, devemos concluir que são completamente sem consciência? Naturalmente, essa foi a posição de Descartes, que teve muitos seguidores (WALKER, 1983: 5-20). Recordemos que Morgan, em seu trabalho sobre o castor americano, manteve um conceito cartesiano da mente como um princípio de pensamento que, no entanto, supôs que habita os corpos de animais de todas as espécies. Assim, o castor tem pensamentos, como nós, mas, sendo mudo, não pode nos falar deles. Aqueles que, hoje, atribuiriam consciência aos animais, mas não podem compreender que isso tomasse alguma outra forma que não a deliberação racional e a autoconsciência reflexiva, estão fadados a chegar a conclusões semelhantes. Um dos mais explícitos proponentes recentes dessa concepção, que ainda é uma espécie de heresia nos campos da etologia e da psicologia, é Donald Griffin. Ele elabora a questão da consciência dos animais da seguinte maneira: "Os animais têm algum tipo de consciência de eventos futuros prováveis, e fazem escolhas conscientes com a intenção de produzir certos resultados?" (1977: 31). Griffin suspeita que sim, mas reconhece que não há um modo de saber com certeza a menos que se pudesse inventar um modo de comunicação que permitisse ao animal entregar um relatório introspectivo sobre suas experiências a um pesquisador humano. Disso decorre a necessidade de experimentar com canais alternativos (utilizar, p. ex., gestos manuais em vez de sons vocais) até que se possa encontrar um meio apropriado para a comunicação bilateral que nos forneça uma "janela" para a mente do animal. Defendendo o que denomina "abordagem participativa", Griffin compara o problema enfrentado pelo etólogo no estabelecimento de um diálogo que ultrapasse os limites das espécies com o enfrentado por antropólogos para entrar em contato com seres humanos de outras culturas, e sugere que os métodos antropológicos podem muito bem ser estendidos ao estudo de outras espécies (1976: 87-90).

Essa ideia se baseia em uma concepção errônea fundamental sobre a natureza da língua, segundo a qual ela é apenas um meio de expressão externa ou transmissão de pensamentos que permaneceriam de outra maneira privados, conhecidos apenas pelo sujeito. O animal não humano tem seus pensamentos, supõe-se, tal como o nativo humano de outra cultura; em ambos os casos, para descobrir quais pensamentos são esses, só temos que lhes ensinar nosso modo de comunicação, ou, preferivelmente, aprender o seu. Mas a língua não é somente um sistema para transmitir pensamentos já feitos; é, antes de tudo, um instrumento essencial de sua própria produção, sem o que não pode haver nenhum pensamento deliberado em absoluto (embora, para uma concepção contrária, cf. WALKER, 1983: 112-114). O nativo se diferencia do animal em um respeito crucial: ele possui uma língua – que, embora diferente da nossa, nem por isso é menos sofisticada – que lhe permite pensar; e o animal não. Mesmo se pudéssemos adquirir um conhecimento perfeito do modo de comunicação do animal, ainda não seríamos capazes de estabelecer um diálogo verdadeiro no sentido de troca de ideias. Suponhamos que eu finja ser uma abelha, como Griffin sugere com toda seriedade (1976: 92-93): manipulando um modelo que possa realizar, com instruções minhas, uma dança perfeita, e tendo sucesso na obtenção, da parte de outras abelhas, de uma resposta de maneira apropriada, eu ainda estaria fazendo algo que nenhuma abelha fez alguma vez, a saber, dançando uma ideia. Nem poderia alguma abelha apreender a ideia da maneira como posso "ler" a significação da dança. Penso, na minha língua: "isso significa que a comida está lá adiante", ao passo que a abelha simplesmente vai e a encontra. Em resumo, o homem e o animal não são parceiros intercambiáveis na "conversação" entre eles, e por isso a participação no sentido antropológico pleno é impossível.

A ideia de que os animais não são pensadores silenciados pode ser ilustrada de outro modo. Uma pessoa surda e muda é, no entanto, dotada da faculdade da razão e pode exprimir perfeitamente bem seus pensamentos se um meio alternativo puder ser inventado para superar o impedimento físico. O animal normal de modo algum é assim. Durante sua vida de vigília, ele emite e recebe constantemente uma verdadeira profusão de sinais, mas, sem uma facilidade linguística reflexiva, não pode isolar pensamentos como objetos de atenção (REYNOLDS, 1976: 29-30). Isto é, em vez de pensar sem comunicação, comunica-se sem pensamento, de modo que os sinais que transmite correspondem a estados corpóreos e não a conceitos. Nenhum montante de procura dos canais alternativos da comunicação ou tentativas de inculcar modos comunicativos parecidos aos do ser humanos nos animais revelará pensamentos que simplesmente não existem[81]. Para que essa concepção não pareça demasiado antropocêntrica, deve-se recordar que, de modo geral, não paramos para considerar antes de agir mais do que fazem os animais. De fato, a vida ordinária seria impossível se o fizéssemos – lembremos do destino da centopeia de Koestler. Tanto os animais não humanos como os seres humanos sabem *como*; eles podem consumar atos sem necessidade de aplicar alguma prescrição consciente. Essas realizações não são não inteligentes, por mais que se aproximem de ser instintivas, na medida em que estão em perfeita harmonia como soluções para as exigências do momento (LANGER, 1972: 31; tb. HUMPHREY, 1976: 304; CLARK, 1982: 20). Os animais e os seres humanos, assim, compartilham o que Cassirer denomina "imaginação prática e inteligência", mas só seres humanos (continua) têm *"imaginação simbólica e inteligência"* (1944: 33).

O essencial a apreender é que a imaginação simbólica, embora nos ponha à parte (ou, como alguns diriam, acima) do reino animal, não está de modo algum envolvida constantemente na orientação da conduta humana. Gostaríamos de pensar que a língua totalmente articulada, proposicional, tal como impressa em livros, é a norma da comunicação humana, e que todo o resto – inclusive toda a comunicação não verbal – não é mais do que um resíduo de exceções advindas de nossa herança animal. Isso, como Midgley sustentou cortantemente, é cometer um grave erro de proporção, pois a realidade é que a esfera de comunicação não verbal de modo algum se associou à transição à humanidade e o discurso articulado parece em comparação com a ponta de um *iceberg* (MIDGLEY, 1983: 88). Contudo, por mais que as nossas execuções e enunciados sejam espontâneos, impulsivos e não premeditados, ainda sentimos que somos agentes conscientes. É bastante irônico que devamos esperar de um animal, como uma condição para ser considerado consciente, que exiba em todas as suas atividades as capacidades de raciocínio de um filósofo, capacidades que exercitamos bem raramente no decorrer da vida diária, prática. Dizer que o animal não é consciente porque (faltando-lhe linguagem) não pensa antes de agir e ao mesmo tempo admitir que somos conscientes mesmo, normalmente (apesar da linguagem), agindo antes de pensar é sem dúvida aplicar duplos padrões. Para ser coerentes, devemos ou equiparar a consciência ao intelecto racional, e assim excluí-la não só da vida dos animais, mas também de boa parte da vida humana, ou reconhecer que aquilo que a razão oferece é uma *reconstrução* do movimento da consciência intrínseca à experiência vivida tanto de seres humanos como de animais.

Reconhecendo-se a distinção entre consciência discursiva e consciência prática, a questão é prontamente resolvida. Para Griffin, a consciência implica a construção de imagens mentais de futuros estados desejados, isto é, a articulação de intenções prévias, como um guia da conduta (1976: 5). Ao negar que animais sem linguagem façam isso, negamos a eles a consciência discursiva. Mas *não* negamos que sua ação seja intencional no sentido de ser dirigida pela consciência prática, como é a ação habitual semelhante dos seres humanos. Essa negativa pode ser apropriada no caso das abelhas melíferas e outros insetos "sociais", mas dificilmente é razoável quanto aos animais superiores, que – como Marx escreveu sobre os homens – são claramente capazes de sentir e, por isso, são *seres que sofrem* (cf. MARX, 1964a: 181-182). Lorenz observou, com amplas justificativas, que, diante das semelhanças dos processos nervosos de seres humanos e animais superiores, seria extraordinário se estes "não tivessem experiências subjetivas que são qualitativamente diferentes, mas, na essência, semelhantes às nossas" (1966: 180). Embora esses animais não conversem, filosofem ou entrem em debates, parece haver poucas dúvidas de que se relacionem entre si (ou, se domesticados, com parceiros humanos) em uma espécie de comunhão (LANGER, 1972: 202; MIDGLEY, 1983: 115). Contudo, sem a emergência de um sentido de eu, isso tem de assumir a forma de uma transubjetividade – em vez de intersubjetividade – talvez análoga à comunhão de uma mãe humana e seu filho antes que este tenha desenvolvido uma identidade própria (cf. HARRÉ, 1979: 331). Como vimos no capítulo 6, grande parte do uso humano da língua é prático em vez de discursivo, no sentido de servir também para relacionar pessoas em vez de ideias e conceitos – como na "comunhão fática" de Malinowski.

Vamos admitir, então, que os animais não humanos são agentes dotados de propósito, mas que não impõem uma grade conceptual ao fluxo da experiência e, portanto, não codificam essa experiência em formas simbólicas. Como o eu *de que* se pode ter consciência, como objeto de reflexão, só pode ser uma abstração baseada na reconstrução discursiva de suas atividades, tem de faltar ao animal a consciência de si (HARRÉ, 1981b: 158). Pela mesma razão, como vimos no capítulo 4, tem de lhe faltar a consciência do tempo. Sua consciência e a duração intrínseca ao seu ser não são separadas de sua vida no mundo, mas efetivamente consubstanciais com ela. "Como a vida dos animais", escreve Langer, "é vivida 'aqui', 'ali' e em movimento de um lugar para outro, mas não em um espaço geométrico, seu 'tempo' é um presente que sempre caminha para o futuro, mas não uma dimensão temporal homogênea na qual sejam colocados eventos anteriores e posteriores" (1972: 337). O tempo e o espaço como *dimensões*, infinitas e não dirigidas, são, tal como o eu, cujas atividades podem ser traçadas neles, abstrações elementares que dependem, para surgir, da representação simbólica. Porém o mais fundamental é que a conduta do animal é caracterizada pela intencionalidade, embora, ao contrário do que afirma Griffin, *não* se represente a si mesmo como um participante em futuros eventos imaginados para então fazer uma escolha quanto a que imagem do futuro tentará trazer à realidade (GRIFFIN, 1976: 5). A questão geral que isso levanta sobre a natureza de intencionalidade servirá para introduzir o nosso próximo tema: Em que sentido a ação pode ser considerada intencional quando não é a execução de uma intenção a que se chegou anteriormente mediante um processo da deliberação racional, e por isso já presente como um pensamento que pode ser articulado em discurso? A resposta a essa questão depende de uma distinção vital, feita por Searle (1979), entre *intenção prévia* e *intenção-na-ação*. A seguir, mostrarei como essa distinção se relaciona com os sentidos de consciência já delineados, com compreensões diferentes do significado de produção e, por fim, com a dicotomia entre ação social e comportamento cultural.

Intencionalidade, concepção e comportamento

Consideremos em primeiro lugar a conexão entre ver algum objeto no ambiente, uma flor, digamos, e nossa memória desse objeto. Trata-se de uma imagem pela qual a flor pode ser representada como um objeto de atenção em algum tempo futuro. Mas vejo muitas coisas que não deixam nenhuma imagem como essa, e a memória do objeto não é essencial para a percepção visual. Por outro lado, a própria expressão "Vejo" implica o eu que passa pela experiência como centro da consciência. Uma câmera pode registrar imagens para a posteridade, mas não *vê* ativamente; uma pessoa vê, mas não necessariamente conserva uma imagem para futura referência. Ora, a relação entre intenção-na-ação e intenção prévia é exatamente como aquela que há entre visão e memória, mas com a direção de causação inversa (da mente para o mundo, em vez de do mundo para a mente. Uma intenção prévia é uma representação imaginativa de um estado futuro que se deseja ocasionar e se diferencia da memória só em preceder, em vez de suceder, a realização objetiva desse estado. Isso também significa, naturalmente, que os estados condicionados à articulação de intenções prévias são necessariamente artificiais. A intenção-na-ação, em contraste, corresponde à experiência de realizar de fato; nesse sentido, é antes *apresentacional* do que representacional. E, assim como podemos ver sem manter uma imagem na memória, analogamente podemos agir sem manter necessariamente diante da mente um quadro do estado desejado (SEARLE, 1979: 267-268). Assim, a intenção prévia não é um componente essencial da ação, enquanto a intenção-na-ação é precisamente aquilo sem o que não podemos absolutamente falar de ação.

Assim como a câmera registra, mas não vê, assim também um robô mecânico pode realizar a intenção prévia de seu programador, mas não *agir* com um propósito.

Se fosse alegado, pelo contrário, que uma condição necessária e suficiente da ação intencional é a representação conceitual de um estado desejado antes de sua implementação, logo estaríamos em um impasse lógico. Porque teríamos de perguntar: "De onde veio a intenção prévia?" Atrás dela deve estar outra intenção prévia, da qual aquela é uma realização, e atrás desta haverá outra e assim por diante – *ad infinitum*. Do mesmo modo, se ver fosse dependente apenas da memória, ver seria ter uma memória de uma memória de uma memória [...]. Mas, como vimos no capítulo 5, há na ação intencional algo *mais* do que a execução mecânica de conceitos prévios, descritíveis em termos da fórmula "*A* faz *B*". Trata-se do movimento criativo da consciência, resumido pelo fórmula "*A* vive", em outras palavras, do fluxo de intencionalidade *na* ação, pelo qual a pessoa vai além da intenção prévia já no curso da execução desta. Nesse movimento está a criação da novidade conceitual; logo, as intenções prévias são, como as memórias, apenas instantâneos não essenciais, artificialmente tirados da experiência pela operação do intelecto e submetidos a exame, na reconstrução racionalista da conduta, como uma série de antecedentes discretos. É somente outro modo de dizer que as intenções prévias são produtos da consciência discursiva, enquanto a intenção-na-ação corresponde, naturalmente, ao que temos denominado consciência prática. E, voltando à questão da consciência em animais, podemos respondê-la dizendo que a conduta dos animais pode ser intencional em sua *apresentação* e por isso pode qualificar-se como ação, apesar do fato de que o animal não pode *representá-la* como a revelação de suas intenções prévias. Um cão que persegue uma bola, para usar o exemplo de Searle (1979: 271), age intencionalmente, embora não possa descrever a si mesmo fazendo isso.

Agora consideremos a seguinte passagem de Schütz, que representa uma concepção adotada por muitos. Ele está preocupado aqui em distinguir a ação consciente do comportamento inconsciente:

> Uma ação é consciente no sentido de que, antes de a executarmos, temos na nossa mente uma representação do que vamos fazer. Este é o "ato projetado". Então, ao realmente passarmos à ação, mantemos continuamente a representação diante de nosso olho interior (retenção), ou ficamos de vez em quando relembrando dele na mente (reprodução) [...]. Essa "consulta ao mapa" é aquilo a que nos referimos quando chamamos a ação de consciente. O comportamento sem o mapa ou imagem é inconsciente (1970: 129).

Podemos reconhecer imediatamente o quadro mental como uma intenção prévia e o procedimento da consulta ao mapa como uma monitoração reflexiva da conduta. A nossa própria concepção, seguindo Searle, é radicalmente diferente. O que torna uma ação consciente, em oposição a um comportamento inconsciente, não é a existência de um plano, mas a intenção apresentacional do ator que experiencia a ação como algo que *ele* faz. Pode não haver plano em absoluto, e mesmo onde existe um é improvável que seja mais do que uma representação parcial daquilo que é de fato, e intencionalmente, realizado. Para tudo aquilo que não seja abarcado pelo plano, há intenção-na-ação, mas não intenção prévia (SEARLE, 1979: 259). O erro de Schütz é sem dúvida ter confundido a intencionalidade do processo de planejamento e consulta com aquela da execução do plano. O fato de que vejo uma fotografia não significa que a câmera conscientemente viu o objeto representado. Inversamente, o fato de que programo uma máquina para seguir certas instruções, e verificar regularmente suas operações, não significa que a máquina faça conscientemente o que foi instruída a fazer. Pelo contrário, a máquina é genuinamente inconsciente, uma vez que não há nada em sua operação que não esteja contido em suas condições iniciais. Portanto, o que ela faz, ao realizar, sem uma intenção, uma intenção prévia, só pode ser descrito como comportamento. Se fôssemos aceitar que a intencionalidade reside na consulta de um plano em vez de em sua execução mecânica, ainda iríamos – se a lógica de Schütz fosse seguida – ter de postular a existência de um plano da consulta de planos, o que levaria mais uma vez ao problema da regressão ao infinito. Contudo, tão logo reconheçamos que as intenções prévias *não* são condições prévias da ação intencional, o problema simplesmente desaparece. Para dizer que *faço*, voluntária e propositadamente, não preciso de mapa para ler, e menos ainda de um mapa para a leitura de mapas.

Há uma passagem encantadora no livro de Morgan sobre o castor americano no qual ele descreve os processos mentais desse notável animal no trabalho.

> Pode-se supor que um castor que vê uma bétula cheia de ramos espalhados, que aos seus olhos ansiosos parecem bastante desejáveis, diga dentro de si mesmo: "Se cortar esta árvore com meus dentes, ela cairá, e então poderei usar seus galhos para garantir minha subsistência no inverno". Mas é necessário que ele leve seu pensamento para além desse estágio e verifique se está suficientemente perto de seu lago, ou de algum canal conectado com ele, para permitir-lhe transportar os galhos, quando cortados em pedaços menores, às proximidades de sua toca (1868: 262).

Morgan considerou o castor como um engenheiro consumado, capaz de representar em sua imaginação uma série complexa de operações *antes* de sua execução. Cinquenta anos depois, Kroeber desdenhou dessa ideia. Por mais complexas que possam ser, as realizações do castor são ditadas apenas pelo instinto, não pela razão.

> O castor é um arquiteto melhor do que muitas tribos selvagens. Ele derruba árvores maiores, arrasta-as para longe, constrói uma casa mais próxima [...]. Mas o essencial não é que, afinal, um homem pode fazer mais que um castor ou o castor tanto quanto um homem; é que um castor faz aquilo que realiza de uma dada maneira e um homem de outra [...]. Quem se apressaria a afirmar que dez mil gerações de exemplo converteriam o castor daquilo que ele é em um carpinteiro ou um pedreiro – ou, levando em conta sua deficiência física da falta de mãos, em um engenheiro planejador? (1952: 31).

Morgan indubitavelmente exagerou as capacidades intelectuais do castor, e podemos concordar com Kroeber que o castor não constrói nem pode construir um projeto imaginário de sua futura acomodação, algo de que até o ser humano mais "selvagem" é capaz. Isso significa que, diferentemente da casa humana, a toca do castor não pode ser considerada um artefato ou obra, uma vez que não é mais a realização de um conceito prévio na mente do construtor do que o é a concha de uma lesma. Mas não temos razão em absoluto para negar que o castor esteja atuando intencionalmente, já que, como acabamos de ver, a existência de um plano não é uma condição necessária da intencionalidade da ação. Na verdade, negá-lo também relegaria muitas condutas humanas espontâneas à categoria de comportamento inconsciente, em contradição direta com nossa própria experiência de ação como agentes dotados de vontade e propósito (INGOLD, 1983a: 12).

As observações de Kroeber sobre a singularidade das obras humanas foram antecipadas por Marx em sua célebre comparação entre o arquiteto e a abelha, cujo objetivo era estabelecer uma forma de trabalho "peculiar à espécie humana":

> Uma aranha executa operações semelhantes às do tecelão, e a abelha supera mais de um arquiteto ao construir sua colmeia. Mas o que distingue o pior arquiteto da melhor abelha é que ele figura na mente sua construção antes de transformá-la em realidade (MARX, 1930 [1867]: 169-170).

Assim, o arquiteto, que aqui representa o homem cultural, porta um projeto da tarefa a ser executada antes de sua realização, enquanto o animal não o faz. Marx continua: "No fim do processo do trabalho, aparece um resultado que já existia antes idealmente na imaginação do trabalhador". Haverá então, na produção, nada mais do que a execução de uma intenção prévia, a revelação de um projeto cultural? Ao que parece, ainda falta algo, pois "Além do esforço dos órgãos que trabalham, é mister *a vontade voltada para um propósito*, que se manifesta através da atenção *durante todo o curso* do trabalho" (1930 [1867]: 170; grifos meus). Em outras palavras, a produção – ao contrário do comportamento puramente instintivo das abelhas – deve ser informada pela *intenção-na-ação*. É extremamente importante reconhecer que duas questões bastante separadas estão sendo confundidas aqui. Há, de um lado, a questão de se a atividade é dotada de propósito, no sentido de ser dirigida pela *consciência prática*; e, do outro, a questão de se, ou até que ponto, a atividade decorre dos ditames de um *modelo consciente*. Se aceitarmos que a consciência prática é uma condição necessária da produção, então talvez as abelhas não produzam, mas os castores seguramente o fazem; não sabemos até que ponto a consciência emerge no reino animal, mas a linha de demarcação definitivamente não está entre a humanidade e o resto. A construção de modelos conscientes, uma vez que depende da função simbólica, pode ser caracteristicamente humana, mas não é essencial para a produção, assim como as intenções prévias são não essenciais para a intencionalidade da ação. Parece, contudo, que a ânsia de Marx em reduzir a importância do trabalho dos animais o levou a acentuar como uma condição da produção um critério que, tomado sozinho, tiraria a intencionalidade *do* próprio processo de trabalho e nos levaria a tratar toda conduta humana como subordinada à determinação de ideias culturais, ou à realização de propósitos que são simbolicamente constituídos. E isso, ao que parece, compromete a força materialista de toda a tese marxista, como veremos adiante nesta seção.

Engels também se preocupou com a questão de se os animais produzem, aparentemente sem ter conseguido chegar a uma conclusão. Em um dado momento, aceita que sim, mas diz que só o homem "teve sucesso em impor sua marca à natureza", no sentido de criação de um mundo artificial formado com base em um projeto construído antes de sua realização. "Quanto mais os seres humanos se afastam dos animais", escreve Engels, tanto mais precisamente as consequências materiais de suas ações "correspondem ao propósito estabelecido com antecedência" (1934: 34). Mas, tendo feito observações sobre a capacidade do homem de trabalhar para alcançar fins definidos, preconcebidos, ele prontamente admitiu que os animais também "agem de maneira planejada, premeditada" e que sua capacidade de o fazer é "proporcional ao desenvolvimento do sistema nervoso", alcançando entre mamíferos um nível razoavelmente elevado (1934: 178-179). Tem-se então a impressão de que Engels supõe que a produção está condicionada à formulação de intenções prévias, mas tem bem mais condições do que Marx de atribuir aos animais a capacidade de conceber e planejar. Infelizmente, contudo, Engels demole a credibilidade de sua própria proposta ao confundir, sob a rubrica "modo planejado de ação", o direcionamento para um fim, ou teleonomia do comportamento animal, com sua pretensa conformidade teleológica a uma ideia preconcebida. Portanto, parece que até as plantas fazem planos: "Há algo de ação planejada no modo como as plantas que se alimentam de insetos capturam sua presa, embora o façam bem inconscientemente". Como exatamente a planta pode premeditar inconscientemente não está inteiramente claro! Nem Engels põe a linha de demarcação aí, já que está bastante pronto a atribuir planejamento embrionário às formas inferiores de vida, "onde quer que o protoplasma, o albume vivente, exista e reaja" (1934: 179).

Permitam-me voltar por um momento ao arquiteto humano. É de fato o caso que, diferentemente do castor ou da abelha, ele constrói sua casa na imaginação antes de pôr-se a construí-la? Possivelmente isso é verdade quanto ao arquiteto profissional da sociedade ocidental moderna, o qual, pela manipulação lógica de elementos estruturais, está livre para projetar e construir casas de tipos novos e diferentes. Mas e na sociedade "tradicional", em que todo indivíduo é o construtor de sua própria casa? Aqui, o que tem de ser explicado não é a velocidade da mudança, mas a extraordinária persistência de estilos arquitetônicos, muitas vezes durante imensos intervalos de tempo. Em suas *Notes on the synthesis of form* [Notas sobre a síntese da forma], Alexander exprime a diferença em termos de um contraste simples, mas eficaz entre culturas "não conscientes de si mesmas" e culturas "conscientes de si mesmas": "Considerarei uma cultura não consciente de si mesma se sua criação da forma for aprendida informalmente, por imitação e correção. E considerarei uma cultura consciente de si mesma se sua criação da forma for ensinada academicamente, segundo regras explícitas" (1964: 36). Assim, os arquitetos não conscientes de si mesmos sabem *como*, mas não *que*; sua habilidade e competência estão no fato de que aprenderam a não pensar. Não impõem conscientemente projetos de sua própria criação, mas duplicam fielmente formas santificadas pelo peso da tradição. Suas ações são governadas pelo hábito, e suas decisões são guiadas pelo costume (ALEXANDER, 1964: 34). Os arquitetos conscientes de si mesmos, pelo contrário, sabem *que*, mas podem não saber *como*; foram ensinados a pensar, mas lhes falta competência prática. São os autores de seus próprios projetos, cada um dos quais é racionalmente selecionado de uma variedade de alternativas como uma solução nova para um problema ambiental percebido. Mas, não experimentados e não testados, esses projetos bem provavelmente não vão funcionar, como sabemos a partir de amargas experiências (INGOLD, 1983a: 12).

Para o nosso argumento presente, a importância dessa distinção consiste em que ela se apoia precisamente no mesmo critério pelo qual Marx separou práticas humanas daquelas de outros animais, aqui transposto de modo a separar tipos diferentes de práticas humanas. O que distingue os *mais incompetentes* arquitetos conscientes de si mesmos dos *melhores* arquitetos não conscientes de si mesmos é que, aqueles, primeiro propuseram suas teorias, por mais ineptas que sejam suas práticas. Trabalhando a partir de matrizes simbólicas, são os construtores de um ambiente artificial, enquanto os edifícios dos arquitetos não conscientes de si mesmos não são mais artificiais do que a toca do castor. Por consciência de si mesmo, Alexander refere-se naturalmente à construção de um quadro mental, tanto do objeto desejado como do contexto no qual se supõe que se ajuste. E um dos riscos do projeto consciente de si mesmo, alega, é que a representação está fadada a ser incompleta ou incorreta: "No processo não consciente de si mesmo, não há possibilidade de interpretar erroneamente a situação: ninguém elabora um quadro do contexto; e, portanto, o quadro não pode estar errado. Mas o projetista consciente de si mesmo trabalha inteiramente a partir do quadro que tem na mente, e esse quadro quase sempre está errado" (ALEXANDER, 1964: 77; cf. tb. STEADMAN, 1979: 169-185). Em resumo, os *portadores* da cultura não consciente de si mesmos são executores de soluções para problemas que não podem ver; os *projetistas* da cultura conscientes de si mesmos veem problemas que normalmente não conseguem resolver, por causa da impropriedade de seus modelos. A impropriedade decorre, ao que parece, de uma incapacidade de compreender mais de uma parte de uma situação total de cada vez. A inserção do pensamento refletivo em sequências de ação complexas, inatas ou aprendidas, as decompõe em fragmentos discretos, de modo que o ator consciente de si mesmo, em vez de seguir sem hesitação um curso familiar de ação, se vê em um terreno desconhecido em que vários caminhos podem ser seguidos em cada ocasião. Langer observa que os animais, sem conceitos e símbolos, muitas vezes podem agir mais efetivamente do que os seres humanos em situações semelhantes, porque suas ações instintivas – adaptadas durante inúmeras gerações da história filogenética – não são "confundidas por alguma percepção de exigências simplesmente possíveis, erros possíveis ou pensamentos de outras ações possíveis" (1972: 77; cf. tb. CASSIRER, 1944: 223). Mas o mesmo se pode dizer das ações habituais dos seres humanos, em casos nos quais não há procedimentos discursivamente representados na consciência.

Consideremos um ato tão comum como comer, no qual usamos em íntima conjunção tanto um aparelho inato (os maxilares e os dentes) como um complexo de instrumentos culturalmente formados (facas e garfos, pratos e tigelas). Para operar esse equipamento, não precisamos trazer um manual de instruções na imaginação, embora em teoria fôssemos capazes de construir um (INGOLD, 1983a: 11). Mas se comer é, em geral, não consciente, certamente não é inconsciente. É algo que fazemos bem propositadamente, ou seja, traz um componente de intencionalidade. Se tirarmos esse componente, comer se reduzirá a uma série de movimentos físicos e a suas consequências quanto à ingestão de comida. Não seria mais algo que podemos afirmar estar *fazendo*, em pessoa, do que o seria o processo corpóreo subsequente de digestão – no qual, de fato, a "intencionalidade se dissolve" (COHEN, 1978: 55).

Em geral, portanto, uma ação completa deve conter dois componentes: a intenção-na-ação, que corresponde à nossa experiência de fazer, e a execução física real que a acompanha. Se retirarmos esta última, teremos uma ação não executada; se retirarmos aquela, não teremos ação em absoluto, mas simplesmente comportamento (SEARLE, 1979: 274). Outra ilustração da mesma ideia, conhecida de capítulos anteriores, concerne a distinção entre caça e predação. Uma pessoa cuja intenção de caçar não é completada pela capacidade executiva requerida, e que, por isso, não mata nenhuma presa, não é um predador, mas um caçador fracassado. Um animal que mata sem intenção, digamos um inseto, é um predador, mas não caça. Ou consideremos a fala. Onde para Malinowski falar é algo que fazemos na condução prática da vida, para Saussure se constitui simplesmente de enunciados psicofísicos. Uma concepção se concentra no conteúdo intencional da fala, e a segunda não toma nenhum conhecimento da intencionalidade, reduzindo a fala a uma sequência de execuções.

A esses dois componentes da ação, intencional e executivo, pode ser acrescentado um terceiro componente, estritamente falando extrínseco à própria ação, e que consiste na representação, na imaginação, da realização desejada. Os elementos a partir dos quais essa representação é construída são extraídos de um código cultural (ou linguístico). No nosso exemplo de comer, incluiríamos o modelo consciente das regras de etiqueta, que – como Schütz diria – constituem um mapa que consultamos de vez em quando enquanto fazemos nossa refeição. Mas esse mapa é, naturalmente, parte de um padrão muito maior de relações "lógico-significativas" impressas na mente (como um continente) do indivíduo enculturado, e constitui uma ordem reguladora completa. Supondo agora que desconsiderássemos o componente intencional da ação, mas conservássemos o mapa, seríamos então deixados com a oposição clássica entre cultura e comportamento, ou entre regras e execuções. Cada execução é um item discreto de comportamento, ou – como na palavra saussureana – uma interação elementar entre um indivíduo e um outro. E assim como a enunciação física de palavras é necessária para a transmissão e a perpetuação da língua, assim também – para recapitular um aspecto do capítulo 6 – a vida social, se entendida como um agregado de interações, serve à reprodução da cultura.

Consideremos mais uma vez o arquiteto, representado na fig. 7.1, A, que começa com um plano já alojado em sua mente (e correspondente a uma intenção prévia) e termina com a casa concluída de que o plano é uma representação exata. A operação toda pode presumivelmente ser decomposta em algum número de passos constituintes, cada um precedido da instrução mental apropriada e contribuindo *in toto* para o produto acabado. Mas, do começo ao fim, a atividade do arquiteto está inteiramente contida na execução do projeto cultural pré-formado: ele *existe* para pôr o plano em prática, assim como a modelo existe para manifestar o estilo. Naturalmente, não pode haver arquitetura sem pessoas para construir as casas, nem trajes sem pessoas para usar a roupa, nem língua sem pessoas para falar as palavras e nenhuma cultura sem pessoas para exibi-la em seu comportamento interativo ou comunicação. Mas, como sustentamos insistentemente ao longo deste trabalho, os seres humanos *não* são simplesmente instrumentos de replicação da cultura; em vez disso, *usam* sua cultura (inclusive arquitetura, trajes e língua) como um veículo da vida, da criação mútua de si mesmos. Para chegar a essa concepção, é necessário substituir o que foi deliberadamente omitido da fig. 7.1, A, a saber, o conteúdo intencional da ação, que, como mostramos, corresponde ao movimento da consciência pelo qual a pessoa vai além de um ato particular, e passa ao seguinte, no próprio curso de sua execução. A fig. 7.1, B, então, nos oferece o quadro completo, indicando as relações entre intenção-na-ação (que informa a vida do sujeito), intenção prévia (o plano em sua imaginação) e execução (a construção do objeto). Onde as intenções prévias, as execuções e os objetos são discretos e fragmentados, ligados pela necessidade mecânica de causa e efeito, a intenção-na-ação é contínua e criativa.

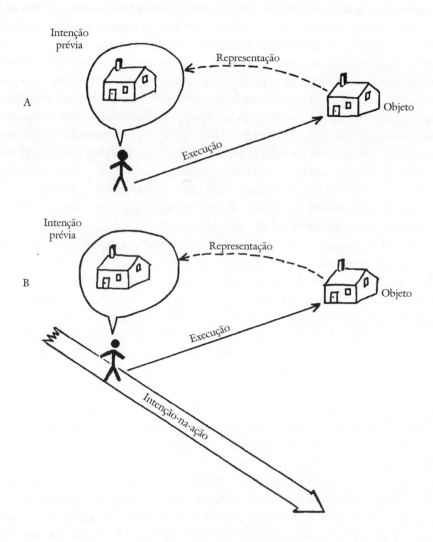

Fig. 7.1. O arquiteto e sua casa. *A*: A atividade do indivíduo é abarcada pela execução de um objeto discursivamente representado como uma intenção prévia. *B*: A tradução da imagem em objeto reaparece como um momento na vida da pessoa em que a flecha da intenção-na-ação corresponde ao movimento da consciência prática.

Isso nos permite ligar imediatamente nossa discussão presente da intencionalidade com o tema central do capítulo anterior, no qual distinguimos entre relações constitutivas, reguladoras e interativas. Lá mostramos que essas distinções podem ser projetadas na tricotomia consciência prática, forma cultural e execução comportamental. A congruência entre esta tricotomia e os componentes acima mencionados da ação deve estar óbvia agora. Como a pessoa não vive em isolamento, a intenção-na-ação envolve relações sociais constitutivas, enquanto suas intenções prévias revelam regiões diferentes do mapa cultural do qual deriva sua singularidade como indivíduo. Subtraindo-se ambas as espécies de intenção, só os eventos da interação individual permanecem. Esses eventos asseguram a transmissão e a perpetuação da ordem reguladora a cujos ditames obedecem, mas essa ordem é por sua vez um veículo da vida intersubjetiva das pessoas. Em uma palavra, a intenção prévia está para a intenção-na-ação como a cultura para a vida social; desconsiderar o conteúdo intencional da ação equivale a reduzir as pessoas a indivíduos, e as relações sociais a relações materiais. A consequência dessa redução é inverter a relação entre homem e cultura, o que dá a impressão de que, longe de esta ser o instrumento do homem, o próprio homem é o instrumento da cultura.

Permitam-me voltar agora para as implicações dessas conclusões quanto à significação da produção. Se entendêssemos Marx literalmente, em sua comparação do arquiteto com a abelha, a totalidade da produção compreenderia inevitavelmente numerosas ações separadas, cada uma com um ponto de partida definido na forma de uma representação consciente e um ponto-final na forma do objeto correspondente. Como tudo o que se refere ao objeto já é prefigurado na imagem, nada de novo nasceria no decorrer do ato da própria produção, que, por isso, seria reveladora em vez de criadora. Pela mesma razão, a passagem do tempo seria incidental à produção; cada ato poderia em teoria ser comprimido em um instante, de modo que uma série de ações ocuparia apenas uma sucessão desses instantes organizados cronologicamente. Mas suponhamos agora que adotamos a *outra* proposta de Marx, que sustenta que o que é crucial na produção não é tanto que o produtor mantenha diante da mente uma imagem da tarefa a ser realizada, mas que sua ação, em todas as partes, seja informada por uma "vontade dotada de propósito". Isso, naturalmente, significa tomar a existência da intenção-na--ação, em vez das intenções prévias, como um critério necessário da produção. Nesse caso, a produção – tal como a intencionalidade que a informa – se torna *contínua*. Ela não começa ou termina em algum lugar, mas, como uma corrente, segue, como a vida segue, *por toda* a sucessão de imagens e objetos que pontuam seu progresso. Produzir, nesse sentido, é viver conscientemente, em vez de fazer coisas. Logo, a produção tem de "ser entendida *intransitivamente*, não como uma relação transitiva da imagem com o objeto" (INGOLD, 1983a: 15). Como na fórmula "*A* vive", ela se refere à autocriação reflexiva do sujeito e não, como em "*A* faz *B*", à construção de objetos. Produzindo sua vida, os seres humanos de fato se produzem. E, como um avanço criativo para a novidade, o tempo bergsoniano real tem de ser inerente à produção, tal como o é à consciência prática.

Esse é o sentido de produção que Ortega y Gasset tinha em mente quando escreveu sobre a vida humana que ela "não nos é dada pronta", não é a realização de um projeto escrito para nós com antecedência, mas antes algo que "devemos fazer para nós, cada um a sua própria. *A vida é uma tarefa*" (1941: 165). E como, para Ortega y Gasset, o ser subjetivo do homem é consubstancial com sua vida, o fim da produção só pode ser o fim do produtor. Enquanto há vida e consciência, a produção deve continuar. Essa concepção é ecoada por Ricoeur, em uma passagem citada antes neste capítulo: "A consciência não é dada, mas uma tarefa [...]. Qual o significado do inconsciente de um ser cuja tarefa é consciência?" (1974: 108-109). Do mesmo modo, Cassirer compara a produção com a criação da história humana, em vez da revelação de atributos naturais ou culturais dos seres humanos, quando afirma que "a característica saliente do homem, sua marca distintiva, não é sua natureza metafísica ou física – mas seu trabalho" (1944: 68). Também Marx se preocupou em isolar a qualidade especificamente humana da produção, mas, particularmente em seus escritos iniciais, ele a concebe como composta mais fundamentalmente não de coisas previamente representadas, mas da própria vida. Há uma passagem bem conhecida de *A ideologia alemã* em que afirma que os homens "começam a distinguir-se dos animais tão logo começam a *produzir* seus meios de subsistência, um passo que é condicionado por sua organização física. Produzindo seus meios de subsistência, os homens produzem indiretamente sua vida material real" (MARX & ENGELS, 1977: 42). Um modo da produção é assim um "*modo de vida*". Além disso, "assim como exprimem sua vida, assim são os indivíduos. O que são, portanto, coincide com sua produção" (1977: 42). Como produtor, sou minha vida, tanto sujeito como superjeito da produção.

A diferença entre esse sentido da produção, que significa a vida do sujeito, e aquele que Marx posteriormente adotou, que significa a tradução de imagens em objetos, é ilustrada esquematicamente na fig. 7.2. Aqui, a ampla flecha horizontal denota o fluxo da ação intencional, enquanto cada uma das flechas verticais curtas denota a execução de uma intenção prévia. Se produzir é viver como um agente consciente (mas não necessariamente consciente de si mesmo), então – diferentemente de Marx – não encontramos nenhuma boa razão para duvidar de que muitos animais superiores além de nós também se dediquem à produção. Se, por outro lado, produzir é implementar um modelo consciente, então a produção abrange apenas uma pequena parte da conduta humana. Ou admitimos que o arquiteto não consciente de si mesmo produz ao construir suas casas, e nesse caso o castor também faz isso, ou negamos que os castores produzam, e só admitimos as casas do arquiteto consciente de si mesmo como produtos. Seja como for, foi com esta última concepção de produção em mente que Marx abordou a questão de como a produção se relaciona com o consumo. Em um caderno publicado postumamente como uma introdução para o *Grundrisse*, Marx considera que o consumo estabelece o conceito prévio posteriormente realizado na produção: "Se está claro que a produção oferece ao consumo seu objeto externo, então é igualmente claro que o consumo *propõe idealmente* o objeto da produção como uma imagem interna, como uma necessidade, como impulso e como propósito. Ele cria os objetos da produção de uma forma ainda subjetiva" (1973: 91-92; cf. tb. SCHMIDT, 1971: 100). Em uma linguagem talvez menos retorcida, a representação na imaginação de um objeto a ser produzido é constituída por expectativas sobre como aquele objeto, uma vez feito, será consumido. Mas se essa representação, fornecida pelo consumo, "é ativa na produção como seu propósito determinante" (1973: 91), não temos aí um argumento em favor da prioridade absoluta do consumo sobre a produção, e por implicação, da determinação cultural da conduta?

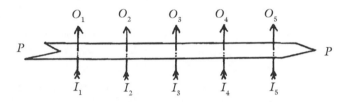

Fig. 7.2. Produção e execução. A flecha horizontal ampla significa a produção (P) como um processo de vida; as flechas verticais curtas são execuções separadas, traduzindo uma sucessão de imagens (I) em objetos correspondentes (O).

E de fato é, enquanto a produção for vista, como Marx a vê aqui, como a execução de uma intenção prévia, sujeita à teleologia simbólica do consumo. Contudo, o próprio Marx veria isso de outra maneira, e ele apresenta um argumento extraordinariamente tortuoso e em última análise circular na tentativa de demonstrar que a produção e o consumo são "momentos de um processo no qual *a produção é o real ponto de partida* e, portanto, também o momento predominante" (1973: 94; grifos meus). Para comprovar isso, ele tem de mostrar que em algum lugar ao longo da linha, aparecem milagrosamente produtos que "apresentam" ao consumidor a necessidade que posteriormente motiva sua produção (cf. SAHLINS, 1976b: 153-155). O empreendimento por meio do qual, como exprime Sahlins, "Marx transforma a imagem preexistente da produção em sua consequência objetiva" (1976b: 153) deve ser considerado malogrado. A falta de lógica do argumento é precisamente análoga àquela da alegação de Saussure de que novas palavras entram em uma língua em virtude de terem sido faladas pela primeira vez (cf. cap. 4). Se a língua é uma condição da fala, como pode alguém proferir palavras que já não estejam em sua língua? Do mesmo modo, se a imagem fornecida pelo consumo é uma condição da produção, como se pode produzir objetos que já não estejam representados simbolicamente no plano cultural? Essas dificuldades, altamente inconvenientes para Marx, são as mais convenientes para Sahlins, que pretende mostrar que toda a conduta humana é governada por uma lógica cultural independente, e que os seres humanos existem como os instrumentos pelos quais essa lógica se realiza na prática. "As determinações gerais da práxis", alega Sahlins, "estão sujeitas às formulações específicas da cultura; isto é, de uma ordem que goza, por suas próprias propriedades como sistema simbólico, de uma autonomia fundamental" (1976b: 57). A admissão de Marx de que os desejos humanos são propostos simbolicamente antes de sua satisfação por meio da produção de coisas úteis (ou "valores de uso") seguramente só comprova a ideia de Sahlins. Basta apenas acrescentar que o valor das coisas, assim como a significação de uma palavra, deriva de suas relações com outras coisas no âmbito da estrutura cultural total, como um elemento constituinte de um "modo de vida". A produção, então, se mostra subserviente à reprodução da cultura.

Suponhamos, contudo, que adotamos a concepção *alternativa* de produção, não como a materialização objetiva de um modo de vida, mas como o processo da própria vida. Isto é, suponhamos que aquilo que é produzido se compõe não de enunciados sucessivos que manifestam uma língua, mas de uma conversação dirigida; não de mortes que demonstram uma técnica de predação, mas da vida comum dos caçadores; não de casas que expõem um estilo arquitetônico, mas da vida doméstica de seus habitantes. Isso, claro, é precisamente o que ignoram os deterministas culturais, que parecem pensar que não há nada mais na vida do que o modo de a viver. Ora, se aceitamos essa concepção de produção, então claramente ela está para o consumo como a flecha horizontal está para as flechas verticais na fig. 7.2. O consumo, como o próprio Marx admitiu, estabelece uma relação transitiva entre imagem e objeto. A produção, por outro lado, é ação dirigida pela consciência prática, cujo "produto", em todo momento particular, é o consumidor em pessoa. Assim, a produção apresenta e o consumo representa; aquela é caracterizada pela intenção-na-ação, e este é fonte de intenções prévias. Visto desse ângulo, o consumo é inquestionavelmente acessório à produção, e não o contrário. Isso é apenas outro modo de exprimir a subordinação da cultura à vida social, em que esta última é entendida como o processo de constituição mútua das pessoas, em vez de como a soma de interações. Do mesmo modo, a língua é acessória à fala, já que falar é considerado *não* como uma série de comportamentos discretos, individuais, mas antes como ação socialmente dirigida. Podemos entender mais prontamente a ideia voltando à fig. 6.4. Traduzindo essa figura nos termos de nossa discussão presente, só precisamos ler as interações *I-I* como *execuções*, reproduzindo um sistema de representações (*C-C*) proposto pelo *consumo* que, por sua vez, serve de veículo da *produção* social de, e por, pessoas em relações mútuas (*P-P*). A produção inclui o consumo assim como a vida social inclui a forma cultural, mas, com a retirada de seu componente intencional, a produção se reduz à execução e assim vem a ser contida *nas* finalidades dadas do consumo, tal como as relações interativas são contidas na ordem reguladora que exprimem.

A fig. 7.2 pode na verdade ser tomada como modelo de algumas outras dicotomias marxistas conhecidas. Já mencionamos aquela entre relações sociais e relações materiais, que correspondem, respectivamente, à vida das pessoas e à interação entre indivíduos. Pode-se sustentar, do mesmo modo, que a flecha horizontal representa o trabalho social em oposição às suas formas técnicas particulares, que são definidas pela maneira de sua execução. O alfaiate, para citar um dos exemplos favoritos de Marx, segue na criação de um casaco um conjunto de instruções diferente daquelas do tecedor na criação do linho; a diferença está nos *modos* como cada um deles trabalha, mas o mesmo homem pode costurar em um dia e tecer no seguinte (MARX, 1930 [1867]: 10-13). Se essas características específicas e impessoais de representação e execução forem desconsideradas, chegaremos à noção do trabalho social como uma trajetória de conduta intencional, que pode estar na costura, na tecelagem ou algo assim. E, mais uma vez, enquanto o trabalho técnico produz objetos úteis particulares, *valores de uso*, o trabalho social produz o *valor* real. O valor de uso do objeto, a maneira na qual é consumido, depende de sua posição no sistema cultural; seu valor reside em sua incorporação de certa parcela da vida do produtor, que, claro, é um agente constituído socialmente. Na consideração de um trabalho como um valor de uso, estamos voltados para suas propriedades objetivas e sua aplicação potencial, independentemente de quem o fez; na consideração de seu valor real, vemos o trabalho como uma incorporação ou cristalização da atividade intencional de seu fabricante, independentemente de seu uso. Assim, o valor se relaciona com o valor de uso, poderíamos alegar, do mesmo modo como, na fig. 7.2, a produção se relaciona com o consumo ou a consciência com modelos *na* consciência. De fato, a distinção é idêntica à de Wieman entre o bem criador (vida subjetiva) e os bens criados (coisas objetivas).

Contudo, em *O capital*, Marx escreve sobre trabalho social e valor não como realidades pessoais, mas como abstrações impessoais. Isso ocorre porque seu objeto principal é a produção de mercadorias por operários cuja própria capacidade executiva (força de trabalho) se afastou de sua intencionalidade subjetiva. Do ponto de vista do capitalista, eles *só* existem para executar um plano (como os portadores da cultura humanos em geral, da estranha perspectiva dos antropólogos ocidentais). Não podem produzir, não mais do que podem cooperar, *em pessoa*, porque "no processo de trabalho já deixaram de pertencer a si mesmos" (MARX, 1930 [1867]: 349). No chão de fábrica, a produção só pode ser execução e o produtor só uma engrenagem da "grande máquina do trabalho" (MUMFORD, 1967: 191). Em uma notável passagem de *A evolução criadora*, Bergson descreve como o pensamento reconstitui artificialmente o fluxo da vida a partir de uma sucessão de estados ou eventos discretos. Imaginemos, escreve ele, que se queira retratar em uma tela de cinema um regimento em marcha.

O processo então consiste na extração, de todos os movimentos peculiares de todas as figuras, de um movimento impessoal abstrato e simples, *movimento em geral*, por assim dizer: pomos isso no aparelho [cinematográfico] e reconstituímos a individualidade de cada movimento particular combinando esse movimento sem nome com as atitudes pessoais [capturadas em cada quadro do filme] (BERGSON, 1911: 322).

Essa é uma descrição tão boa quanto outras sobre como Marx chega a seu conceito de trabalho social abstrato, que é combinado com as particularidades técnicas de cada execução, para produzir uma descrição completa do processo de trabalho. Mas é uma descrição que começa com uma fragmentação original em episódios discretos, já divorciados da intencionalidade do sujeito que é seu agente, assim como a projeção cinematográfica começa com um registro quadro a quadro das atitudes corporais dos homens em marcha, exceção feita ao componente intencional da ação que corresponde à experiência dos soldados.

Em outras palavras, o que é capturado no filme não é mais, e não é menos, do que o que é capturado na apropriação pelo capitalista da força de trabalho dos operários, a saber, o componente da execução comportamental. Portanto, na reconstrução da conduta, a duração da consciência prática é substituída por um tempo que é abstrato e mecânico. Substituímos o movimento intrínseco denotado pela flecha horizontal da fig. 7.2 por uma linha geométrica pura dividida em intervalos fixos – uma *dimensão* de tempo. Cada flecha vertical representa uma instrução e sua execução, ou, no caso do filme, uma imagem e sua projeção. E o movimento extrínseco do projetor, na analogia de Bergson, corresponde ao movimento do relógio, que, como Mumford sustentou, foi o arquétipo de todas as máquinas subsequentes (1967: 286). Por isso, o trabalho social abstrato pode ser quantificado em unidades cronológicas: dias, horas e minutos. Consequentemente, o valor abstrato, tal como o congelamento do trabalho abstrato em mercadorias, é determinado pelo número dessas unidades requeridas para sua manufatura (MARX, 1930 [1867]: 7). Mas, como a dimensão do tempo, assim como a do espaço, descreve um vazio ilimitado, é difícil ver como a acumulação de algum montante do trabalho social abstrato pode chegar a algo *real* ou *substancial*. Para voltar à realidade, é necessário reintroduzir a intencionalidade na produção, reverter daquilo que a câmera registra ou de que o capitalista se apropria para aquilo que vemos e fazemos.

Imaginemos a faixa horizontal da fig. 7.2 como uma tira uniforme de filme, as imagens (I_{1-5}) como quadros sucessivos e os objetos (O_{1-5}) como sua projeção na tela, e ficará claro que a noção de Bergson do "método cinematográfico" fornece uma excelente metáfora para a concepção "fragmentária" da produção que o determinismo cultural boasiano envolve. Há, nessa concepção, apenas ideias preexistentes e execuções correspondentes, cada uma delas ocupando um instante no tempo abstrato. Nada há na produção que não seja prefigurado na cultura; aquela é apenas a revelação de uma ordem intelectual ou cognitiva que é fundamentalmente *descontínua*. Mas, como Bergson insistiu, "Há em um movimento *mais* do que as posições sucessivas atribuídas ao objeto que se move, *mais* no vir a ser do que as formas pelas quais passou para isso", ou, como acrescentaríamos, *mais* na produção do que a execução de ideias uma após a outra (cf. BERGSON, 1911: 333). Porque a produção, longe de ser abrangida pelas finalidades do consumo, sempre vai além dele no processo mesmo de sua implementação. E o faz em virtude de ser dirigida pelo agir da consciência como um movimento no tempo real, uma projeção do passado no futuro, que, como mostramos, é essencialmente *contínuo*. A oposição entre continuidade e descontinuidade talvez seja a mais fundamental de todas, estando na base de toda a constelação de oposições derivadas que temos explorado nestas páginas. Pode ser conveniente nesta etapa resumi-las:

Continuidade	*Descontinuidade*
Consciência	Modelos conscientes
Intenção-na-ação	Intenções prévias
Produção	Consumo
Apresentação	Representação
Vida social	Cultura

A grade cultural, então, impõe descontinuidade à continuidade da vida social, mais ou menos como o intelecto decompõe a experiência subjetiva em sua construção de um "eu" abstrato ou como a produção é segmentada pelos "fins" sucessivos do consumo.

O paralelo que observamos entre a apropriação capitalista da capacidade executiva dos produtores, e a construção e apropriação, por uma antropologia objetivista, de "outras culturas", não é de modo algum acidental. As duas implicam uma espécie de alienação mediante a qual as práticas são apartadas da intencionalidade daqueles que as executam. O antropólogo, tal como o capitalista, é uma "vontade alheia" (MARX, 1930 [1867]: 347) que, enquanto permanecer como espectador em vez de se envolver como um participante, pode apreender pela observação apenas o plano e sua execução. Para os dois, a existência das pessoas é interpretada como instrumentos da ratificação do plano, embora – diferentemente do capitalista – o antropólogo não seja (ou pelo menos afirme não ser) o *autor* do plano, que se supõe que tenha surgido *sui generis*. Assim como as forças e habilidades que constituem a natureza do operário são colocadas sob o comando do capitalista, assim também as competências particulares do portador da cultura são submetidas à vontade do antropólogo, para quem os objetos da cultura são mercadorias que podem ser aproveitadas em sua própria busca de

iluminação racional. Os modos de vida, retirados da vida que dirigem, contribuem para a acumulação antropológica da cultura no sentido de civilização, tal como os meios da produção, separados da vida dos produtores, contribuem para a acumulação capitalista da riqueza. E se o capitalista se interessa pelas pessoas apenas na medida em que estas podem ser empregadas na operação de meios produtivos, o antropólogo de igual inclinação as trataria simplesmente como animadores de seu modo da vida, realizando ações em seu próprio benefício e prazer pessoais. Assim como o capitalismo inverte a relação entre homem e máquina, transformando aquele em escravo desta, o objetivismo antropológico inverte a relação entre homem e cultura. Só o antropólogo permanece "acima" da cultura (afirmando assim ser "cultivado"); só o capitalista permanece "acima" da produção (apropriando-se assim da riqueza produzida). Finalmente, assim como as relações entre operários no chão de fábrica são limitadas, no decorrer do processo de trabalho, a relações materiais de co-operação, assim também, na representação da cultura, só relações interativas são admissíveis. As pessoas não co-operam por meio da cultura; em vez disso, na qualidade de indivíduos, elas são *co-operadas**
pela cultura.

A comparação está resumida na fig. 7.3, embora eu deva acentuar ao mesmo tempo que minhas críticas são dirigidas não contra a concepção de cultura *per se*, ou contra toda a antropologia, mas somente contra um determinado uso antropológico da concepção de cultura. Esse uso é, contudo, profundamente arraigado e penetrante, uma vez que se origina da maneira como o conceito foi originalmente introduzido na antropologia, como sinônimo de civilização, e posteriormente transferido dos observadores para o observado. Longe de abalar a suposta superioridade daqueles sobre este último, o efeito desse deslocamento foi, como vimos no capítulo 2, converter uma superioridade relativa explícita em superioridade implícita absoluta, ou a ascendência em transcendência. Foi por essa razão que cultura veio a denotar não somente uma tradição adquirida mas também uma escravidão fatalista à tradição diametralmente oposta à liberdade do observador racional. Enquanto o epítome do "homem civilizado" é o indivíduo autocontido, que flutua livremente, inspecionando os múltiplos mundos da cultura como se do espaço exterior (ou, mais realisticamente, passando sua vida em trânsito entre aeroportos internacionais), o "homem em uma cultura" é concebido como um prisioneiro condenado à réplica monótona de sua herança, e sem esperança de indulto. Enquanto aquele contempla a infinidade de um universo ilimitado, este último está confinado à ocupação de um ponto fixo em um contínuo espaçotemporal abstrato. Privadas do movimento que na verdade flui por elas, as formas culturais são, por assim dizer, enquadradas e suspensas,

---

* Há, também aqui, um jogo entre "cooperar" e "co-operar", ou seja, operar com [N.T.].

ombro a ombro ao longo das galerias e dos corredores do espaço e do tempo, tal como os objetos de arte com os quais muitas vezes são comparados. Ou, se não podem ser exibidos como tais, podem ser empacotados como roteiros ou planos a ser executados. Esta mercadificação da cultura para consumo externo é, acredito, a fonte do que é seguramente uma das metáforas mais perniciosas das ciências sociais: a ideia de que a vida é apenas a encenação de um drama no qual as pessoas só existem como os papéis que desempenham, como *dramatis personae*[82]. Já encontramos essa metáfora várias vezes, e pretendo discorrer sobre ela só resumidamente neste ponto.

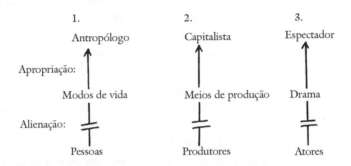

Fig. 7.3. A apropriação da cultura.

1) As pessoas existem para representar modos de vida em benefício do observador antropológico; as relações sociais são reduzidas ao comportamento interativo.

2) Os produtores existem para operar meios de produção em benefício do capitalista; a produção é reduzida à execução, e, as relações sociais de produção, a relações materiais de cooperação.

3) Os atores existem para atuar em benefício dos espectadores; a ação da "vida real" é reduzida à ação no sentido dramatúrgico.

O que torna a atuação de um ator no palco diferente da ação que pensamos como "vida real"? Antes de tudo, o fato de o roteiro que ele deve seguir, e todos os detalhes de seus movimentos, já estarem prontos (HARRÉ, 1979: 192). Com exceção de acidentes ou improvisações extemporâneas, tudo acontece de acordo com uma série de intenções prévias, um plano. Em segundo lugar, sua atuação consiste em "passar por movimentos", sem de fato *fazer* o que esses movimentos sugerem. Suponhamos que o roteiro exija que ele represente uma luta. Isso é feito realisticamente, de modo que os movimentos corporais e a enunciação de impropérios correspondentes sejam idênticos ao que se poderia esperar na vida real. Se *fosse* vida real, diríamos que o ator luta, mas, como acontece no palco, dizemos que não *luta*, mas apenas atua. Em outras palavras, o sentido dramatúrgico do verbo "atuar" é "executar os movimentos requeridos por um conjunto de instruções preexistentes sem uma correspondente intenção-na-ação". O sentido de "vida real", em contraste, é *fazer* intencionalmente, o que implica, como já mostramos, a existência da intenção-na-ação, mas não necessariamente de alguma intenção prévia. Essa diferença entre ação prática no mundo e execução corporal de um projeto abstrato, coreográfico, é o que Bourdieu obtém quando nos acautela de que a ginástica ou a dança podem ser consideradas geometria "contanto que não queiramos dizer que o ginasta e o bailarino são geômetras" (1977: 118). É porque eles não são que podem experienciar o exercício como algo que fazem, como agentes em vez de operadores.

Naturalmente, não negamos que o ator de palco seja um agente intencional, que ele seja – subjetivamente – uma pessoa como o resto de nós. O que ele *faz*, na vida real, ao atuar no palco, é *interpretar* o roteiro, o que equivale a dizer que a intencionalidade de sua atuação reside no equivalente do que Schütz chamou de "consulta do mapa". Mas se essa ação interpretativa for ela mesma entendida como atuar no sentido dramatúrgico (de modo que ele executa o papel de "ator" quando no palco e o papel de "homem de família" quando vai para casa descansar com a esposa e filhos), teremos um conjunto dentro de um conjunto, no qual a pessoa do ator é duplamente mascarada. Isto é, ele estaria desempenhando o papel de um ator que desempenha um papel. Disso se segue logicamente que se *toda* ação for concebida dramaturgicamente, seremos levados mais uma vez ao abismo da regressão ao infinito. E isso é equivalente à dissolução última da pessoa. Porque poderemos retirar uma máscara depois da outra, sem nunca encontrar alguma vez o sujeito por trás delas. Como toda ação nos faz remontar a uma intenção prévia, da qual se supõe que seja a execução, podemos nunca encontrar a intenção-na-ação que corresponda à consciência do agente. Contudo, o sociólogo, armado com os conceitos de *status* e papel, e fortificado pelos versos imortais de Shakespeare em *Como você quiser*, "O mundo inteiro é um palco. E todos os homens e mulheres não passam de meros atores" (II, vii) – tende a concluir que, de todo modo, não existe algo como consciência prática. Sem perceber as limitações da metáfora dramática, esquece-se de que "atrás de todos os papéis, *personas* e máscaras, o ator permanece sendo um ser real, uma pessoa de modo algum afetado pelos papéis que desempenha" (DAHRENDORF, 1968: 27). Assim, quando experiencio minha ação, digamos lutar, como *algo que faço*, ele me diz que entendi errado. Ele diz: "Como o mundo que você habita na verdade é um palco, você não luta, mas representa uma luta. Sua ação é só uma realização, a execução de um papel concomitante com o fato de você ocupar uma posição na ordem reguladora da cultura ou sociedade". E nem me oferece alguma esperança de fuga, porque o final da peça – a minha última saída – é o fim de mim mesmo, ou, como Shakespeare tão eloquentemente escreveu, "mero esquecimento, sem dentes, sem mais visão, sem gosto, sem coisa alguma". Se as pessoas existirem literalmente para desempenhar seus papéis, então, depois que os tiverem desempenhado, elas não terão nenhum motivo para existir.

A consequência da metáfora dramática, por isso, é tirar a intencionalidade da ação, deixando só intenções prévias e execuções, posições e papéis, normas e comportamento. O homem é assim reduzido a um mero espectro de seu verdadeiro eu. Onde antes havia uma pessoa da vida real, há agora um construto artificial que Dahrendorf batizou como *Homo sociologus*: "a *persona* alienada do indivíduo [...] uma sombra que escapou do homem para voltar como seu mestre" (1968: 44). Para a sociologia, como Dahrendorf reconhece plenamente, isso traz "o problema moral e filosófico de como o homem artificial de sua análise teórica se relaciona com o homem autêntico de nossa experiência diária" (1968: 25). Trata-se, naturalmente, da relação entre pessoa e papel, ou eu e *persona*. O padrão dramatúrgico da ação consegue rejeitar o problema inteiro simplesmente negando a existência dos primeiros. Essa negativa, afirmamos, é o resultado do mesmo processo pelo qual "sociedades" ou "culturas" hipostasiadas são mantidas como objetos de contemplação externa. O espetáculo do *theatrum mundi*, do mundo como um palco, só está disponível para seres que não têm de viver nele: é um "ponto de vista soberano", nas palavras de Bourdieu, "permitido por altas posições na estrutura social" (1977: 96). De uma posição tão privilegiada, contemplando do alto uma sociedade, é fácil supor que as pessoas, enquanto levam sua vida, correndo de um lado para o outro, estão simplesmente dando expressão a uma ordem simbolicamente constituída, reguladora. Mal fazem sua entrada na cena cultural, ou assim parece, e já dão passos fora de si mesmos, realizando um plano pelo qual não assumem nenhuma responsabilidade. Do mesmo modo, sob o capitalismo, os produtores deixam de pertencer a si mesmos assim que começa o processo de trabalho, e, portanto, já não se pode dizer que produzam em pessoa. Mas, na verdade, alegamos, o mundo *não* é um palco, e a ocupação dos seres humanos não é realizar um plano, mas produzir suas vidas por meio dele. Isto nos faz remontar ao sentido de ação na "vida real", que, assim, está para o sentido dramatúrgico tal como o sentido de produção que corresponde à autocriação consciente do sujeito está para o sentido que corresponde à realização "arquitetônica" de estruturas conceptuais pré-formadas. Bem naturalmente, adotar esta última concepção do trabalho humano também equivale a tratar toda ação como realização dramática (HARRÉ, 1979: 6).

A seguir, o conceito da ação será mantido, como durante todo este trabalho, em seu sentido da vida real. Para o outro sentido, reservamos o conceito de *comportamento*. Este é um momento adequado para considerar a dicotomia entre ação e comportamento com mais profundidade do que antes, já que ela tem a maior importância; além disso, nossa compreensão da dicotomia se diferencia em certos aspectos bastante cruciais da ortodoxia científica social. A afirmação clássica na qual essa ortodoxia se apoia foi feita por Max Weber, em sua *Wirtschaft und Gesellschaft* [Economia e sociedade], onde ele apresenta uma definição formal de ação social:

> Em "ação" está incluído todo o comportamento humano quando e na medida em que o indivíduo agente lhe atribui um significado subjetivo [...]. A ação é social na medida em que, em virtude do significado subjetivo a ela atribuído pelo indivíduo (ou indivíduos) agente, leva em conta o comportamento de outros e é por meio disso orientada em seu curso (1947: 88).

O comportamento, inversamente, consiste em movimentos corporais considerados à parte do significado subjetivo ou realizados na ausência desse significado (LEVINE & LEVINE, 1975: 165). Segundo Weber, apreender o significado que o sujeito atribui à sua ação é expor seu estado de espírito, o que requer um processo de observação e interpretação que esse autor denomina *Verstehen*, palavra normalmente traduzida como "compreensão". Embora a palavra *Verstehen* seja principalmente aplicável ao contexto de sujeitos humanos, ele não excluiu a possibilidade de obter essa compreensão até dos estados mentais de animais não humanos, tanto domésticos como selvagens. Se os animais reagem aos seres humanos de modos não puramente instintivos, mas em algum sentido conscientemente significativo, então – assim pensou Weber – teoricamente seria possível formular uma sociologia de suas relações mútuas. Na verdade, ele chegou ao ponto de sugerir que a compreensão que podemos obter dos animais em nada difere da que podemos obter de seres humanos primitivos, concepção que mostra que ele tinha grande simpatia pelos animais, mas uma má avaliação dos chamados povos primitivos. Como Parsons indica, Weber não consegue levar em conta o fato de que "nenhuma espécie não humana tem até mesmo uma forma primitiva de linguagem, ao passo que não se conhece nenhum grupo humano sem uma linguagem totalmente desenvolvida". Se a linguagem for uma condição da articulação de fenômenos subjetivos, o mesmo grau de compreensão deve ser possível com relação a seres humanos de toda outra cultura e igualmente impossível com relação a animais de toda outra espécie (WEBER, 1947: 104 e n. 27).

A questão de saber se podemos "compreender" os animais, no sentido técnico que Weber tinha em mente, acentua uma vital ambiguidade na noção de significado subjetivo. Essa ambiguidade já estava presente nos escritos do filósofo neokantiano Wilhelm Dilthey, que foi para Weber uma fonte principal de inspiração (HODGES, 1944: 21). Dilthey começou definindo a compreensão como o processo de apreensão interna por meio do qual vemos contido em todo evento o movimento total da consciência de que é um momento. "Ao compreender", escreveu ele, "começamos do sistema do todo, que nos é dado como realidade viva, para tornar o particular inteligível para nós em termos daquele. É o fato de que vivemos na consciência do sistema do todo que nos permite compreender uma afirmação particular, um gesto particular ou uma ação particular". Posteriormente, contudo, vemos Dilthey definir o termo de um modo completamente outro, como "nosso nome para o processo no qual a vida mental vem a ser conhecida por meio de expressões suas que são dadas aos sentidos" (apud HODGES, 1944: 20-21). A diferença entre esses dois modos de compreensão, por participação e por observação, respectivamente, corresponde a uma distinção igualmente importante e na verdade corriqueira entre o que um ator *pretende* dizer ou fazer e o *significado* de seu enunciado ou realização (SCHÜTZ, 1970: 173; GIDDENS, 1979: 85). O primeiro sentido de *significado* é *intransitivo*, e denota o conteúdo intencional da ação, ou, em outras palavras, a responsabilidade do agente pelo que é executado. Está claro que só podemos apreender esta espécie de significado examinando ações e intenções como momentos de um processo total da vida, em relação ao que vem antes e depois. Para usar um exemplo óbvio e familiar, é acompanhando e participando de uma conversação que se pode entender o que um determinado falante quis dizer com o que disse em uma ocasião particular. Mas um intruso, competente na mesma língua, não teria dificuldade em compreender o significado das palavras faladas – isto é, seu significado referencial. Este último sentido de significado é *transitivo* e, no contexto presente, estabelece uma relação entre uma execução comportamental concreta e uma imagem conceptual (o conteúdo de um estado subjetivo), dos quais é considerado a realização. Por exemplo, chegamos a conhecer o plano que o arquiteto consciente de si mesmo construiu em sua imaginação pela observação externa – via nosso sentido de visão – da casa construída. Naturalmente, este é o *outro* sentido de compreensão de Dilthey. Mas isso não nos faz saber algo quanto a *por que* ele a construiu.

Deve estar bem evidente que os sentidos transitivo e intransitivo de significado, tal como delineados aqui, equivalem respectivamente à produção como a execução discreta de uma intenção prévia e à produção como um processo contínuo da conduta intencional. E, remetendo ao início deste capítulo, é claro que, embora possamos "compreender" a conduta de animais não humanos como governada por intencionalidade consciente, não podemos esperar descobrir entre eles intenções prévias cuja articulação discursiva dependa da capacidade simbólica da língua. Embora não seja inteiramente claro, segundo a descrição de Weber, se "significado subjetivo" se refere ao componente da intenção-na-ação ou à intenção prévia realizada na prática, Talcott Parsons, em seu desenvolvimento subsequente da teoria weberiana da ação, mostra inequivocamente que esta última é o que está implícito (cf. LEVINE & LEVINE, 1975: 166). A ação se resolve em "atos de unidade elementares", átomos de conduta, cada um especificado por um *fim* que só "existe" idealmente, na mente privada do ator, e que só é acessível ao observador em virtude de sua realização subsequente: "O fim deve ser, na mente do ator, contemporâneo com a situação, e deve preceder o 'emprego de meios'. E este último deve preceder, por sua vez, o resultado" (PARSONS, 1937: 731-733). Esses elementos se relacionam como imagem inicial (partida), execução e objeto final (parada). Assim, o "ato de unidade" é representado por cada uma das flechas curtas, verticais da fig. 7.2. Essa concepção de ação concebe a mente não como um movimento, mas como um *continente* cujos conteúdos ("significados subjetivos") são na verdade representações simbólicas. Popper os teria denominado certamente "objetos do Mundo 3", de modo que, em seus termos, o "ato de unidade" seria um evento de tradução do Mundo 3 para o Mundo 1.

Em resumo, a definição ortodoxa de ação que nos chegou de Weber, via Parsons, abarca todos os exemplos de comportamento *explicitamente* fundado em um arcabouço de categorias cognitivas, isto é, em um sistema cultural. E se os seres humanos se distinguem por sua peculiar faculdade simbólica, segue-se que só eles podem agir, enquanto outros animais podem apenas comportar-se (PARSONS, 1977: 25-26). Outro modo de exprimir a mesma coisa seria dizer que a ação depende da consciência discursiva, da precedência do padrão consciente sobre a prática. Isso levanta um dado problema acerca da conduta que tenha natureza regular, habitual ou "tradicional", na qual nenhum desses padrões é conscientemente formulado. O arquiteto não consciente de si mesmo age ou se comporta ao construir sua casa? Logicamente, tendo em vista que ele *não* traz uma representação prévia do trabalho em sua mente, temos de reconhecer que seu edifício é mero *comportamento*, e inversamente, que o resultado da *ação*, estritamente falando, só pode ser artificial. Ao que parece, são considerações como essas que levaram Bock a adotar o que à primeira vista parece uma concepção bastante estranha da distinção entre ação e comportamento, concepção segundo a qual os seres humanos que normalmente se comportam somente sob a égide da rotina são pressionados a entrar em ação sempre que se veem diante de circunstâncias não conhecidas que exigem uma resposta nova. As tradições e os costumes, afirma Bock,

> são potentes moldadores do comportamento habitual. Quando, por alguma razão, o domínio da tradição sobre um povo se reduz, a atividade humana se torna possível. Atividade, assim, significa a realização de algo novo e diferente, sendo responsável por diferenças socioculturais e modificações históricas como o aparecimento do que denominamos civilizações [...]. O contraste entre atividade e comportamento se acentua patentemente quando notamos os sinais extremamente raros e limitados de atividade em outros animais (1980: 185).

Nessa concepção, portanto, o comportamento se torna ação (ou atividade) no ponto em que a teoria assume o comando e guia a prática em vez de ficar atrás dela, isto é, quando o modelo consciente precede a execução em vez de segui-la. A ação produz trabalho, e o comportamento não. Mas tão logo a novidade passa e a execução se torna habitual, o modelo volta a mergulhar no inconsciente, e a atividade reverte o comportamento[83].

Há algo bem estranho nessa conclusão. Por que deveria minha conduta ao construir minha primeira casa ser classificada diferentemente daquela envolvida na construção de minha centésima casa, momento no qual posso "fazê-la sem pensar", se uma e outra são execuções do mesmo projeto, e começam com o mesmo "fim"? Em nenhum caso há algo inerente à própria conduta que já não esteja presente em suas condições iniciais idênticas. Há naturalmente o pensamento, que, no primeiro caso, acompanha a realização, mas essa é outra questão. Para usar outro exemplo, como uma luta executada no palco por um ator que a executa pela primeira vez se diferencia de uma executada por um ator tão acostumado com ela que pode realizar todos movimentos sem uma única falha, pensando em algo inteiramente desvinculado dela? Seguramente não diríamos que a primeira é uma luta de fato, enquanto a segunda não é. Se perguntarmos o que o primeiro ator faz, a resposta deve ser que ele está *adquirindo* ou *dominando* um papel, um processo que não segue necessariamente algum plano conscientemente mantido. E se é aí que a ação está, resulta disso que ela não pode ser identificada em contraposição ao comportamento pela presença de um plano como esse. Em geral, o problema com a definição de ação como a execução de fins discursivamente articulados ou intenções prévias consiste simplesmente em procurar caracterizar a conduta em termos de uma propriedade que, embora externamente *anexada*, não é mais *inerente* a essa conduta do que uma imagem poderia ser ao objeto do qual é um reflexo. Como o objeto não é afetado pela remoção do espelho, segue-se que a conduta é indiferente ao desaparecimento de intenções prévias por meio do hábito. Por outro lado, ela é mais definidamente afetada pela retirada da espécie de intencionalidade que é apresentacional, e em virtude da qual ela pode ser atribuída a um agente responsável.

Nossa posição é que a conduta deve ser considerada como ação sempre que for praticamente apresentada por um agente, mesmo que seja discursivamente representada como um "fim" em sua mente. Voltando à definição de Weber, isso implica que o "significado subjetivo" deve ser entendido intransitivamente como intenção-na-ação, em vez de, transitivamente, como uma intenção prévia. A conduta destituída de intenção-na-ação é comportamento, mesmo quando uma intenção prévia lhe é anexada. Ora, na medida em que a consciência prática tem sua fonte nas relações sociais que envolve, pode-se dizer que estas últimas investem a ação de intencionalidade, e nesse sentido lhe conferem significado (CROOK, 1980: 270-271). Mas é um grande erro supor que, como mola principal do significado subjetivo, as relações sociais tenham de constituir um sistema que "é *ele mesmo simbólico*" (SAHLINS, 1976b: 139). Subsumindo tanto o significado transitivo da referência como o intransitivo da intenção sob a noção geral do simbólico, Sahlins consegue dissolver a distinção entre cultura e relações sociais. Em nossa opinião, só a cultura é simbólica, no sentido de que representa a conduta, fornecendo o grupo de "significados" ideais aos quais essa conduta pode ser referida. A vida social, ao contrário, é a apresentação intencional do que é representado na cultura. Constituindo a consciência, em vez de modelos na consciência, as relações sociais geram significado não "no sentido de referência simbólica a outra realidade; elas *são* a realidade" (INGOLD, 1983a: 15). E assim chegamos à distinção absolutamente crucial entre ação social e comportamento cultural: aquele emana de um agente cujo propósito é dado por sua posição em um campo em desdobramento de relações intersubjetivas, e este é a revelação de um plano alojado na mente do indivíduo enculturado[84]. Um novo olhar lançado à fig. 7.2 mostra que a distinção corresponde àquela entre as flechas horizontais e verticais do diagrama. A ação, assim, é essencialmente contínua e se origina na pessoa e não na concepção. Desconsidere-se o agir da consciência, e a ação se dissolve em uma série infinitamente repetitiva de realizações individuais ou "pedaços" de comportamento cultural (análogos a quadros sucessivos na tira de filme, na metáfora do cinematógrafo de Bergson). A vida se torna uma esteira transportadora.

Deve estar evidente que nossa concepção de ação implica uma noção de sujeito bastante diferente daquela implícita em Parsons quando fala da subjetividade de "fins". Este último uso, como já foi observado, concebe o sujeito como um indivíduo apartado cuja mente é um continente cujos conteúdos são "significados". Subjetivo e objetivo, portanto, contrastam como imagem ideal e execução material, ou, para adotar o jargão atual, como "êmico" e "ético" (termos derivados de "fonêmico" e "fonético" na linguística, que, do mesmo modo, denotam os constituintes do significado simbólico e do enunciado físico, respectivamente). Para nós, essa oposição entre o ideal e o material é produto de um objetivismo que reconstrói o sujeito mediante uma espécie de inversão dupla, projetando "na cabeça do ator" o reflexo de sua atividade colocado na mente do observador externo. Esse modo de conhecer a mente por *inferência* a partir de "expressões dela que são dadas aos sentidos" (para recordar as palavras de Dilthey) contrasta, então, com um subjetivismo que a apreende *diretamente*, não como um repositório passivo de ideias, já separado do mundo, mas como um movimento ou processo ativo dentro dele. Essa apreensão requer uma perspectiva totalizante, uma compreensão obtida pela entrada em uma realidade viva, ou – mais uma vez na frase de Dilthey – "na consciência do sistema como um todo". Isso significa examinar o sujeito como uma pessoa "da vida real" em vez de como um executor individual de papéis, pessoa cuja identidade é constituída não por uma integração única de elementos ideais, mas por um passado de relações sociais. A diferença entre esses dois modos de apreender a vida da mente "a partir do interior", por inversão dupla e intuição imediata, já é familiar para nós em nossa comparação, no capítulo 3, das abordagens históricas de Boas e Collingwood, os quais obtiveram boa parte de sua inspiração da tradição neokantiana que Dilthey representa. Podemos avaliar agora como, partindo da mesma fonte, chegaram a destinos tão contrários.

A distinção que estabelecemos entre ação e comportamento pode ser resumida como se segue. A ação é equivalente à produção como um processo contínuo de autocriação por um agente socialmente constituído, consciente (a pessoa); o "significado subjetivo" intransitivo da ação reside na intencionalidade que o apresenta praticamente, a qual só pode ser apreendida pela compreensão participativa. O comportamento é equivalente à execução como uma sequência de eventos ou realizações discretos, reveladores de um projeto simbolicamente constituído (a cultura) cujo meio é a mente do indivíduo; o "significado subjetivo" transitivo do comportamento reside na intenção prévia que discursivamente o representa, a qual só pode ser inferida pela compreensão observadora. A ação é *realizada* por pessoas em relações mútuas; o comportamento é *emitido* por indivíduos em interação. Enquanto o comportamento reproduz as finalidades da cultura, esta serve de veículo da ação social, isto é, da vida intersubjetiva. A noção de comportamento não tem de ser, naturalmente, reservada a emissões culturalmente codificadas: a determinação que segue (se de fato for determinado e não puramente casual) pode ser tanto genética como cultural, inata ou adquirida, ou, o que é mais razoável, alguma combinação dos dois. Nenhum antropólogo cultural sério negou alguma vez que o comportamento humano tenha um componente geneticamente determinado (apesar de acusações frequentes de que o fizeram), nem há quem, exceto os sociobiólogos mais empedernidos, realmente acredite que ele esteja sob total controle genético, embora, em seus momentos menos cautelosos, estejam inclinados a dizer isso. Mas, apesar de suas diferenças, são unânimes em excluir a consciência da conduta, de modo que esta última nunca pode ser *nada mais* do que comportamento, movimentos físicos empiricamente observáveis que "devem existir por definição fora da consciência" (LEVINE & LEVINE, 1975: 167).

Definido dessa maneira, o comportamento pode ser observado em todas as partes do mundo natural, tanto vivo como não vivo, onde quer que haja matéria e movimento. Na verdade, o uso "científico" atual do termo se baseia em uma extensão do mundo inanimado de reações físico-químicas ao mundo animado dos animais, e, por fim, àquele dos seres humanos (INGOLD, 1983a: 5)[85]. No caso da ação, a direção da extensão é oposta, indo do domínio dos sujeitos humanos à conduta de animais não humanos. Com Bock (1980: 184), podemos odiar a tendência dos sociobiólogos de tratar toda a conduta humana como se fosse apenas comportamento e sua incapacidade consequente de apreender a dimensão propriamente histórica da vida social (cf. tb. REYNOLDS, 1976: 230). É apenas justo indicar, contudo, que aqueles que, como Bock, definem a ação como comportamento *somado* a uma intenção prévia, estão sujeitos a precisamente a mesma crítica. Porque a intenção prévia, representando a conduta, é necessariamente externa a ela, de modo que tudo que permanece na conduta é o comportamento. Embora indique uma divisão entre dois ramos da história de coisas, tratando respectivamente de artefatos culturais e objetos naturais, essa concepção da dicotomia comportamento-ação não consegue compreender completamente o processo da vida social como uma história de pessoas. Reconhecendo que a essência da ação está não na representação da conduta, mas em sua atribuição a um agente responsável, insistimos que *o primeiro requisito da ação não é a cultura, mas a consciência prática*. Isso traz a implicação adicional de que a ação, como produção, não é de modo algum peculiar aos seres humanos. Na verdade, o agente humano pode ter adquirido um conhecimento relativamente inclusivo – embora longe de completo – das operações físicas ativadas por seu propósito, enquanto o animal provavelmente não tem esse conhecimento. Mas isso por si só não torna a conduta do animal menos dotada de propósito. Em resumo, a caracterização da conduta como ação é indiferente ao equilíbrio entre componentes inatos e simbólicos da inteligência, ou entre convenção e invenção, que estão na base de sua expressão.

Temos por fim de relacionar a distinção-chave entre ação e comportamento à forma do tempo. Para recapitular, e reformular ligeiramente, uma conclusão principal da discussão do capítulo 4, nossa ideia é que a consciência do tempo reside na imposição do comportamento repetitivo, culturalmente determinado, sobre a continuidade irreversível da ação social. O que se segue é simplesmente uma elaboração dessa ideia. Consideremos, em primeiro lugar, o que acontece se o tempo for concebido em seu sentido abstrato, cronológico, como um fio infinito e sem direção tecido por um sistema perfeitamente mecânico. A recorrência perpétua dos estados internos do sistema fornece uma base para a divisão do fio em segmentos iguais, numerados em sequência como datas. Tudo aquilo que não se repete vai então para a história, considerada como uma sequência de entidades ou eventos únicos suspensos *no* tempo, cada um atribuído à data apropriada. A relação resultante entre história e tempo foi expressa muito bem por Kubler:

> Nossa percepção real do tempo depende de eventos regularmente recorrentes, diferentemente de nossa consciência da história, que depende da modificação e da variedade imprevisíveis. Sem modificação, não há história; sem regularidade, não há tempo. O tempo e a história estão relacionados como regra e variação: o tempo é o ambiente regular dos caprichos da história (1962: 71-72).

Ele sugere que a mesma relação existe entre os produtos convencionais da realização regular (réplicas) e os produtos novos do projeto consciente de si mesmo (invenções); assim "a réplica se relaciona com a regularidade e o tempo, e a invenção se relaciona com a variação e a história" (1962: 77). Isso equivale precisamente à distinção de Bock entre comportamento e ação, aquele determinado por hereditariedade ou costume, e esta "a realização de algo novo e diferente" (1980: 185). Portanto, poderíamos concluir que a história está para o tempo como a ação está para o comportamento, e que todo ato novo é um evento histórico.

Essa conclusão nos leva, na verdade, às mesmas dificuldades que acompanha tentativas de definir o caráter da conduta com base na presença ou ausência de uma propriedade necessariamente extrínseca a ela. A minha primeira casa, ao que parece, é um objeto histórico, mas a minha centésima já desapareceu no fundo do tempo contra o qual uma sucessão de outras novidades pode fazer seu aparecimento na história, apenas para desaparecer por sua vez depois da réplica subsequente. Por que, considerando duas casas idênticas, construídas exatamente do mesmo modo, se deve conceder a uma um lugar na história e à outra não? Seguindo exatamente o mesmo raciocínio anterior, sustentamos que a historicidade de um objeto está não na existência de sua representação ideal (postulando o objeto como um valor do uso), mas em seu envolvimento da consciência de seu fabricante (i. é, em seu verdadeiro valor social). Por isso, se a redução da história ao tempo é análoga à redução da ação ao comportamento, devemos entender essa história como uma história de pessoas e não de artefatos. Mas, como já foi mostrado, a essência dessa história é o movimento do tempo real. E, portanto, podemos concluir que a ação está para o comportamento como o tempo real para o tempo abstrato. No capítulo 4, tentamos demonstrar que a consciência do tempo depende do confronto desses dois tipos de tempo: um intrínseco à consciência do sujeito que passa por experiências, e o outro contido na ordem objetiva da cultura. Na vida subjetiva, como William James insistiu, nada se repete; em vez disso, "o que é obtido duas vezes é o mesmo *objeto*" (1890, 1: 230-231). Se tomássemos o primeiro tipo em si mesmo, teríamos "uma duração sem nenhuma espécie de medida, sem entidades, sem propriedades, sem eventos (KUBLER, 1962: 71) – um tempo da experiência, mas nenhuma experiência do tempo. Tomando-se o segundo em si mesmo, teríamos a repetição regular do comportamento culturalmente prescrito, estabelecendo um sistema de intervalos fixos, mas nenhuma consciência para apreender sua passagem.

Execuções comportamentais elementares, as pequenas flechas da fig. 7.2, podem ser comparadas com a marcação de um relógio, pontuando o fluxo da ação enquanto cada tic-tac assinala um momento na marcha para a frente do tempo real que sentimos como nossa impaciência. A situação do agente histórico, nesta analogia, parece-se com aquela de um homem em um quarto olhando um relógio, com a diferença de que o desenho do relógio está "dentro de sua cabeça" e seus movimentos são aqueles de seu próprio corpo, respondendo aos estímulos da cultura. Desconsiderar a consciência é como remover o homem do quarto, deixando só o relógio. Como executor de um projeto tradicional, cultural, o indivíduo não é mais *consciente* da passagem do tempo do que o é o mecanismo do relógio, embora os dois – de certo modo – "criem" o tempo em termos do qual uma consciência que não se repete pode organizar sua experiência. Traduzindo a analogia para uma linguagem durkheimiana, o relógio corresponde ao sistema de relações reguladoras conhecido como sociedade, cujo braço executivo é o ser social. Funcionando em todos os aspectos como uma máquina cuja operação é previsível e repetitiva, a sociedade gera uma *ideia* do tempo mediante o ritmo regular da conduta prescrita, tal como a repetição do relógio produz uma cronologia abstrata. Mas, por essa mesma razão, por causa da repetição de seus estados internos, a sociedade *não pode* corresponder a um centro mais elevado de consciência e por isso é incapaz de apreender o tempo como a repetição do comportamento que regula. A consciência que de fato *experiencia* a passagem do tempo, medida pelos intervalos entre eventos comportamentais recorrentes, não pode ser senão a da pessoa social, em sua condição de agente, e não de quem desempenha um papel. Sem comportamento não podemos medir o tempo, mas sem ação não haveria tempo para medir. E o tempo que é medido é inerente ao mensurador, não ao instrumento de medição, está na consciência do ator em vez de no mecanismo da cultura. Imputar consciência à cultura é supor que o relógio, em nossa analogia, contempla o homem.

Se toda cultura for um relógio que regula o comportamento de seus portadores, então a história da cultura tem de ser uma sequência cronológica de relógios. Para o historiador, habitando um vazio cultural, o aparecimento de cada projeto novo é um evento, datável segundo um padrão universal, de base astronômica. Mas naquele evento único, que ocupa não mais que um instante na escala de tempo do observador, estão comprimidos não só a primeira expressão do projeto, mas também todas as réplicas subsequentes formadas segundo o mesmo modelo. Em conjunto, sua repetição regular fornece uma cronologia específica mediante a qual o *habitante* individual da cultura pode organizar os eventos não recorrentes de sua vida. Em outras palavras, o que é um evento histórico para o espectador *constitui para seu realizador a própria dimensão do tempo*. No zero daquele está contida a infinitude deste último. É por isso que o objetivismo interpreta a vida do indivíduo como desenvolvida em um momento único da história, um onipresente, que no entanto se abre, a partir do interior, em uma sequência infinita de momentos, cada um dos quais marcado por uma execução comportamental discreta. Não diríamos, então, que a primeira execução de um projeto novo pertence à história e, a centésima, ao tempo. Em vez disso, para o observador, as duas pertencem ao mesmo evento da história, localizado em um *eixo de simultaneidade* comum, enquanto para o executor as duas são parte do mesmo tempo, constituindo um *eixo de sucessões*. Desde o começo a execução é incorporada ao mecanismo do relógio, cuja realização marca um ponto no tempo para aquela, mas marca o tempo para a outra. Mas, naturalmente, na história dos relógios o que é omitido é a duração da consciência que é medida por eles, que é também o tempo real, que tanto separa como une os eventos recorrentes da vida.

O inato e o artificial

Gostaria de concluir voltando a uma questão vital que tem pedido atenção ao longo do trabalho: Como, se for possível, o cultural deve ser distinguido do natural, e de que maneira a resposta que damos afeta nossa compreensão da relação entre evolução biológica e evolução cultural? Devemos começar observando que o conceito de natureza pode ser interpretado em pelo menos três sentidos diferentes. Em um deles, podemos nos referir à natureza de uma coisa como aquilo que constitui a fixidez de seu ser. Isso, como nos recordamos do capítulo 3, é o sentido aduzido por Ortega y Gasset quando declarou "que o homem não é uma coisa [...] o homem não tem natureza" (1941: 185). Seu interesse era excluir tudo que é estático e parecido com uma coisa, tanto corpórea como espiritual (ou material e ideal) do conceito de homem, restringindo este último ao processo da vida subjetiva. A natureza, nesse sentido, *inclui* a cultura; por que, se fôssemos falar da "natureza" de um indivíduo, iríamos nos referir à soma de atributos tanto inatos como adquiridos que conferem àquele indivíduo uma identidade específica. Poderíamos dizer que "Esses são os elementos de que se compõe: é sua natureza". Contudo, um segundo sentido de natural, e sem dúvida o mais comum na linguagem antropológica, *opõe* o cultural, como material, ao ideal. É importante reconhecer como o contraste entre esta concepção do que *não* é natural e a primeira se vincula com as diferentes noções de subjetividade já comparadas em nossa discussão da distinção entre ação e comportamento. Porque, aqui, a consciência do sujeito é concebida não como um movimento (portanto, oposto ao que tem uma "natureza" estática), mas como um continente de ideias (oposta à sua manifestação material). Mas há ainda um terceiro sentido de natural, introduzido antes neste capítulo, nos termos do qual o que é inato ou convencional se distingue dos produtos *artificiais* da invenção deliberada (WAGNER, 1975: 51). Nesse caso, trata-se de uma questão não de separar a ideia de sua materialização, mas antes de indicar a precedência de uma sobre a outra. Na produção de artefatos, a concepção consciente precede o objeto, enquanto com as coisas naturais essa ordem é invertida. Claro que nem toda cultura é artificial segundo essa definição, sendo o exemplo mais óbvio de não artificial ou convencional na cultura aquilo que se denomina comumente "línguas naturais". A crer em Lévi-Strauss, o mito estaria na mesma categoria, e muitas outras coisas. E Durkheim dizia o mesmo sobre a naturalidade da cultura quando insistiu que, embora em essência supraorgânica ou ideal, a ordem das relações reguladoras ("sociedade") não é de modo algum um artefato ou aparelho advindo da vontade humana, mas plenamente "uma parte da natureza, e, com efeito, sua mais elevada representação" (1976 [1915]: 18, 422; cf. tb. 1982 [1895]: 143). A seguir, a relação entre o cultural e o artificial será o foco de nossa atenção.

É bem comum que os dois, o cultural e o artificial, simplesmente sejam identificados ou confundidos, como o evidenciou a seleção de citações na revisão, feita por Kroeber e Kluckhohn, de definições da cultura, todas acentuando a noção da cultura "como um produto ou artefato" (1952: 64-65; cf. tb. GEERTZ, 1975: 50-51). Um dos mais explícitos, que vai servir de exemplo, vem de Folsom: "A cultura é a soma total de tudo que é *artificial*. É o conjunto completo de instrumentos e hábitos de vida que são *inventados* pelo homem e então transmitidos de uma geração a outra" (1928: 15; grifos meus). Em uma perspectiva semelhante, Herskovits trata a cultura como "a parte do ambiente feita pelo homem" (1948: 17), comparando-a assim com a categoria dos bens criados. Para Bidney, a cultura – ou "herança social" – consiste na "soma total de artefatos, socifatos e mentefatos". Estão incluídas entre os socifatos as normas, "que servem para regular a conduta do indivíduo no âmbito da sociedade", e, nos mentefatos, coisas como teorias científicas, e toda a gama de "linguagem, tradições, literatura, e ideais morais, estéticos e religiosos (1953: 130). Tudo isso, segundo Bidney, são produtos culturais, *criados* pelo homem e aproveitados no processo de "cultivo" de si mesmo pelo homem, o desenvolvimento de suas próprias potencialidades inatas. Essa concepção dos seres humanos como os criadores ativos de suas formas culturais, empregadas como instrumentos do avanço da vida e da consciência, remonta, como mostramos no capítulo 2, a Tylor, cuja noção de progresso intelectual é aquela com que Bidney também está comprometido[86]. E contrasta de modo absoluto com a concepção boasiana do homem como o executor de formas culturais, das quais não é mais o autor do que o organismo o é de seus genes. Os seres humanos podem ser peculiares em sua posse da cultura, mas isso não pode ser entendido como implicando que é tudo uma invenção. De fato, a diferença essencial entre teorias científicas e mitos, ou entre as matemáticas e a linguagem, é que só os primeiros termos da relação são feitos pelo homem.

Entre o que é geneticamente inscrito ("natural" oposto a cultural) e o que é racionalmente projetado (artificial oposto a "inato") há, então, uma terceira fonte de valores humanos; como Hayek o exprime, "uma tradição de regras aprendidas e conduta que nunca foram 'inventadas' e cujas funções os indivíduos agentes não compreendem" (1978: 5). Praticamente repetindo a posição boasiana, Hayek retrata a mente não como um agente, mas como um meio dessa ordem tradicional, reguladora, que ela absorve passivamente. Isso o leva a rejeitar o argumento por extensão, que considera que, assim como a razão é produto da evolução orgânica humana, assim também a evolução cultural veio a existir como produto da razão (cf. cap. 2). Já não se pode alegar, declara Hayek, *"que o homem pensante criou sua cultura do que se pode alegar que a cultura criou sua razão"* (1978: 6). Os homens não construíram conscientemente suas instituições, ao contrário do que Tylor sustentou e de como estamos inclinados a acreditar por causa de nossa tendência de equiparar o cultural com o artificial (ou, concomitantemente, identificar o instintivo com o não racional). Os portadores da cultura não selecionam, mas são eles mesmos selecionados, por meio de um processo vagamente análogo à seleção natural:

> As estruturas formadas por práticas humanas tradicionais não são nem naturais, no sentido de geneticamente particulares, nem artificiais, no sentido de produto do projeto inteligente, mas o resultado de um processo de exame e seleção determinado pelas vantagens diferenciais ganhas por grupos a partir de práticas adotadas por razões desconhecidas e talvez puramente acidentais (HAYEK, 1978: 6).

Não vou me aprofundar nos argumentos de Hayek, visto que eles rapidamente degeneram em uma diatribe grotesca, ofensiva e não acadêmica contra tudo aparentemente ligado ao que vê como a nova selvageria do socialismo (incluindo até a sociologia). Voltaremos, contudo, às implicações evolutivas da distinção entre a cultura "natural" e "artificial", pois estas têm importância fundamental. Mas, antes de fazê-lo, é preciso elaborar a noção de artificial.

À primeira vista, a diferença entre objetos artificiais e naturais parece bastante óbvia. Mas, na verdade, essa questão nada tem de simples, como Monod nos mostrou pedindo-nos para imaginar como um computador construído pelos habitantes inteligentes de outro planeta deve ser programado para descobrir provas de atividade produtora de artefatos na Terra (MONOD, 1972: 15-21). Se o instruíram a considerar apenas as propriedades macroscópicas, estruturais, dos objetos que encontrar, ele poderia bem ser capaz de distinguir uma caverna de uma casa projetada por um arquiteto, mas certamente seria incapaz de distinguir esta última de, digamos, um exemplo da arquitetura "tradicional", ou, no tocante a isso, de uma colmeia ou concha de caracol. Todas essas coisas têm certa regularidade geométrica, mostrando alguma espécie de simetria formal ou repetição de elementos, algo que a caverna – resultado da ação de forças geológicas – presumivelmente não tem. Suponhamos, então, que programamos nossa máquina para se ocupar das propriedades funcionais dos objetos. Mais uma vez, ela não conseguiria isolar precisamente o artificial, confundindo consistentemente a armadura executiva de animais e plantas, construída segundo especificações genéticas, com obras de engenharia humana que imitam padrões de animais e de plantas. O olho funciona como a câmera, a asa de um pássaro funciona em alguns aspectos como as de um avião e – para tomar um exemplo clássico do trabalho de D'Arcy Thompson – as funções de esqueleto como o cantiléver* (THOMPSON, 1961 [1917]: 241-258). Com efeito, parece que o simples exame de objetos acabados, indicando sua forma e função, provavelmente não pode ser suficiente para decidir sobre sua condição de artefatos. Para fazer isso, conclui Monod, o computador teria de ser programado para inspecionar não somente o objeto completo, mas também sua gênese e construção. Ele então observaria que, entre todos aqueles objetos dotados de estrutura e projeto, há uma classe de objetos cujas propriedades resultam da aplicação, a seus materiais constituintes, de forças *externas* aos próprios objetos. Esses e somente esses, seriam considerados artefatos (MONOD, 1972: 21).

Este último critério realmente nos permite reconhecer o caráter distintivo das coisas vivas, que são o objeto principal de Monod. Porque, enquanto o artefato inanimado resulta da imposição de um projeto preexistente à matéria-prima informe, o projeto orgânico se origina no próprio organismo – sendo interno a ele. Mas, se nosso computador imaginário identificou corretamente a abelha como uma coisa natural em vez de uma máquina construída com um propósito, o que ele diria da colmeia? As forças que formam a colmeia são claramente externas a ela; deveria ela também ser classificada, ao lado da casa, como um artefato? Há uma real ambiguidade aqui, que reflete não tanto a impropriedade do computador como certa confusão entre nós, os programadores. O problema está na decisão sobre onde devemos traçar os limites do fenótipo. Pode parecer óbvio que a colmeia é externa à abelha, mas nem um pouco tão óbvio que a concha é externa ao caracol. Vamos admitir que a concha simplesmente "se desenvolve" como parte de um processo morfogenético autônomo e espontâneo, cujo produto é, como o próprio Monod insiste, "inteiramente distinto de artefatos" (1972: 21). A concha, então, é um efeito fenotípico do genótipo gasterópodo**. Mas é ela de fato tão diferente da colmeia? Em outras palavras, há um sentido em que a colmeia é "feita pelas abelhas"? Supondo que o comportamento possa estar tanto sob o controle genético quanto a morfologia, a resposta tem de ser negativa. Como o resultado do comportamento construtivo das abelhas, a colmeia é – tal como a concha do caracol – um efeito fenotípico de um determinado conjunto de genes. Naturalmente, é um efeito indireto, mas admitindo-se que mesmo os efeitos internos ao corpo do organismo (p. ex., o padrão das asas) estão ligados ao genótipo por uma cadeia longa e divergente de conexões causais, a diferença entre efeitos internos e externos só pode ser ínfima, no *grau* até o qual são indiretos. Assim, quando consideramos o fenótipo *como um todo*, os limites do organismo – ou do corpo vivo – parecem dissolver-se. Com base nisso, Dawkins (1982) defi-

---

* Viga de suporte com uma extremidade presa e a outra projetada para fora da edificação [N.T.].

** Classe dos moluscos a que pertence o caracol [N.T.].

niu a soma das expressões de um genótipo que estejam situadas *fora* do corpo do organismo como *fenótipo estendido*, incluindo nessa categoria todos os chamados artefatos dos animais que resultam de comportamento geneticamente programado. O fenótipo do castor, por exemplo, inclui não só o próprio animal, mas também sua toca, a represa e o lago que se forma atrás deste, que é não menos que "um enorme fenótipo estendido". No caso da colmeia, é necessário acrescentar a condição de que o fenótipo estendido pode ser construído sob a influência conjunta de genes não em um, mas muitos corpos individuais (DAWKINS, 1982: 198-200). O aspecto crucial de nosso argumento, contudo, é este: se a colmeia é uma parte inanimada, "estendida", do mesmo fenótipo objetivo que inclui a abelha viva, então aquela não pode ser mais "artificial" do que esta.

Evidentemente, é necessária, para delimitar a classe de artefatos, alguma noção de exterioridade que não se baseie nos limites do organismo. Talvez um modo de abordar o problema seja perguntar não o que distingue artefatos de organismos, mas sob que condições os organismos podem tornar-se artefatos. Consideremos outro exemplo. O corpo humano é em alguns aspectos um artefato, um objeto originalmente "bruto" que foi levado a funcionar, muitas vezes com propósitos rituais ou decorativos – fazer o cabelo e manicure, tatuar, escarificar e circuncisar (WILSON, 1980: 104). E em seu estado "natural", ele nos oferece o aparelho básico para fazer essas coisas e tudo o mais além disso. O corpo, como Mauss observou uma vez, "é o instrumento primeiro e mais natural de homem", e todas as operações técnicas deste têm um componente corpóreo essencial (1979 [1950]: 104). O instrumento e o produto estão aqui "empacotados" no interior do ser humano individual (MOSCOVICI, 1976: 30). E, portanto, o computador imaginário de Monod, procurando forças externas que se impõem ao objeto como bases para sua classificação como um artefato, não encontraria nenhuma. Mas nós, seres humanos, reconhecemos algo que o computador não consegue, a saber, o *plano conceptual* que é expresso na decoração do corpo. E, embora interior ao indivíduo, esse plano é exterior ao corpo, considerado como uma entidade material ou orgânica. Por isso, concluímos que o corpo é um artefato na medida em que sua aparência "fenotípica" é o resultado do comportamento que serve para realizar o plano. Generalizando a partir dessa conclusão, todo objeto que resulta da imposição de uma forma conceptual prévia à substância material, quer esse objeto esteja dentro ou além do corpo do portador do conceito individual, tem de ser considerado artificial. E, inversamente, objetos formados na ausência de sua representação prévia em um modelo consciente não podem ser artefatos, mesmo que sejam exteriores ao indivíduo de cujo comportamento são produtos. Outro modo de exprimir essa ideia é dizer que as realizações dirigidas para um fim, ou teleonômicas, só produzem artefatos quando teleologicamente motivadas por um conjunto de intenções prévias, suscetíveis de formulação discursiva. Resulta disso que só os seres humanos, possuidores de consciência discursiva, podem fazer artefatos; porém, mais do que isto, só os seres humanos podem reconhecê-los pelo que são. Assim, podemos entender por que o computador de Monod tem de necessariamente fracassar em isolar o artificial, já que, para ter sucesso, teria de estar equipado de uma capacidade simbólica, algo que, para todos os efeitos e propósitos, o transformaria em ser humano.

Foi Lotka que introduziu o termo "exossomático" para referir-se aos produtos artificiais do conhecimento humano (1945: 188). A história subsequente do termo reflete a ambiguidade que estivemos voltados para expor. Medawar (1957: 139) o usa para distinguir "órgãos [instrumentais] que são feitos" de "instrumentos [...] endossomáticos com os quais nascemos". Assim, o machado é exossomático, e a mão que o segura é endossomática. A primeira categoria abarca todos os instrumentos que, embora anatomicamente separados do corpo, podem ser vistos como suas extensões funcionais – "constituindo uma espécie de concha ou pele ao redor do corpo do homem, interpostos por ele entre seu eu nu e o ambiente circundante" (STEADMAN, 1979: 124). Medawar tem em mente, de modo específico, os produtos da engenhosidade humana, exprimindo uma tradição transmitida por aprendizagem, e simplesmente rejeita como exceções ímpares o uso de instrumentos por animais não humanos, ignorando ao mesmo tempo toda a classe de instrumentos cuja função é fornecer acomodação ou abrigo. Uma vez retificada essa omissão, que é extraordinária para um biólogo tão eminente, fica imediatamente evidente que os "instrumentos exossomáticos" de Medawar correspondem ao "fenótipo estendido" de Dawkins, podendo ainda compreender tanto as expressões de um padrão genético como as de um padrão cultural. Claro que não nascemos literalmente "com" algum instrumento endossomático; em vez disso, eles se desenvolvem. Mas, como mostramos, a construção de instrumentos exossomáticos sob controle genético não se diferencia em princípio. Não faz mais, nem menos, sentido dizer que a abelha nasce com a colmeia do que dizer que nasce com suas asas.

Os termos de Lotka, contudo, também foram adotados (com ligeira modificação) por White, que define a cultura humana como "uma tradição extrassomática" (1959b: 39 e n. 18). Além disso, ele equipara explicitamente o extrassomático com o domínio *suprabiológico* de ideias e símbolos (1959b: 12). O somático, então, designa a soma de movimentos corpóreos implicados no comportamento simbolicamente determinado, resultando "em coisas e eventos". A colmeia pode ser entendida em um contexto somático observando-se o comportamento construtivo das abelhas, mas não em um contexto extrassomático, pois não tem correlativo no nível das ideias. A decoração do corpo humano, embora com resultados internos ao soma, *pode* ser entendida extrassomaticamente buscando-se as "significações subjetivas" que exprime transitivamente. Ou, mais uma vez, o aspecto extrassomático do machado está não em sua separação anatômica do corpo, mas na "concepção de sua natureza e uso", sem o que seria destituído de significado. Vemos o machado, então, em seu contexto extrassomático, não como um produto extrassomático. Assim, enquanto para Medawar o artefato é uma extensão exossomática – para além do indivíduo – de um projeto endossomático (embora aprendido e tradicional), para White ele resulta da execução somática, comportamental, de um projeto extrassomático, ideal. O que é "exteriorizado", no segundo caso, *não é o produto, mas o plano*[87]. E como, na concepção de White, o "extrassomático" significa o ideal em contraste com o aspecto material das coisas, e não o que está fora em vez de dentro do indivíduo, ele não vê nenhuma contradição na observação de que os fenômenos extrassomáticos são *interiores* aos indivíduos (1959b: 15; 1959c: 235-236).

Uma implicação importante de nosso argumento é que nem todos os instrumentos são artefatos. Se Benjamin Franklin tinha ou não razão quando, em 1778, caracterizou o homem como o "animal que faz instrumentos", é algo que foi objeto de um debate prolongado que não temos espaço para rever aqui. Mas eu de fato desejo desfazer algumas ambiguidades que cercam o importantíssimo contraste entre *feitura* de instrumentos e *uso* de instrumentos, ou, mais exatamente, entre feitura de instrumentos para uso futuro e uso de instrumentos que não foram feitos. Porque, como Hallowell observou, com ampla razão, não podemos esperar identificar o que há de especial ou peculiar na criação de instrumentos pelos hominídeos antes de ter claro o que constitui o uso de instrumentos (1960b: 322). Há, em primeiro lugar, um sentido no qual este último implica a mobilização de objetos que adventiciamente vêm a estar disponíveis no momento, e que não podem ser considerados instrumentos fora do contexto de seu uso (MOSCOVICI, 1976: 53). Assim, Bartholomew e Birdsell sugerem que os primatas arbóreos maiores são "usuários de instrumentos em sua locomoção. Quando se movem pelo labirinto dos topos das árvores, seu uso dos ramos antecipa o uso de instrumentos porque empregam rotineiramente alavancas e impulso angular" (1953: 482). Esse pode parecer um exemplo um tanto fraco, mas uma abundância de outros pode ser aduzida de todos os ramos do reino animal (cf. BECK, 1980). Consideremos a história de uma pedra comum, igual a toda outra, que se acha no chão. Em um dado momento ela foi usada por um tordo como uma bigorna com a qual abrir uma concha; em outro ela se torna um meio de defesa ou refúgio de um lagarto bem pequeno que se esconde debaixo dela, e em outro momento ainda pode ser apanhada por um homem como uma arma ofensiva para jogar em seu adversário. Podemos dizer que a pedra é particularmente *adequada* aos três propósitos, mas não é adaptada a nenhum deles. Recordando termos sugeridos por Gould e Vrba (1982), esses instrumentos não são construídos, mas *cooptados* por seus usuários, sujeitados a um projeto, mas não feitos para ele. Podem ter sido por acaso construídos como adaptações para algum outro propósito, mas são cooptados como *exaptações* para o propósito presente – como quando usamos uma faca por falta de uma chave de fenda ou os dentes para transportar quando nossas mãos estão cheias.

Em contraste com esse sentido improvisado de uso de instrumentos, a feitura de instrumentos implica uma transformação de matéria-prima em objetos dotados de funções específicas, em outras palavras, sua adaptação construtiva. Aqui, não é o uso de um objeto que faz dele um instrumento, mas fazer o instrumento é que lhe dá um uso. Pode haver, naturalmente, graus de modificação, e podemos simpatizar com a ideia de Moscovici de que "a distinção entre instrumentos fabricados e improvisados não é fácil de fazer, sobretudo quando os dados arqueológicos são inconclusivos" (1976: 54). A dificuldade é, contudo, mais profunda, já que mesmo se restringirmos nossa atenção à classe de objetos adaptados, excluindo a variedade praticamente ilimitada de coisas que podem ser cooptadas com um propósito ou outro, ainda teríamos de aceitar, com Pumphrey, que "a teia de uma aranha de jardim e o ninho de um tentilhão são implementos altamente fabricados instrumentos quase tão difíceis de explicar quanto algum produto do homem do Paleolítico Inferior" (1953: 233). Com respeito à força dos objetos em si, não teríamos razões mais válidas para atribuir intelecto ao ser humano do que à aranha. A construção de instrumentos, Popper admite, efetivamente "remonta ao próprio começo da vida" (POPPER & ECCLES, 1977: 451-452); porque, como vimos no capítulo 5, a seleção natural nos permite explicar adaptações fenotípicas (tanto interiores como exteriores ao organismo) na ausência de um projetista. Como então, para examinar a questão de Popper, devemos distinguir a produção de enzimas por um gene da produção de instrumentos por um cérebro humano, se os dois implicam a imposição de forma e função a uma matéria-prima?

A resposta normalmente dada é que o cérebro, ou melhor, o intelecto, começa construindo não o próprio instrumento, mas uma imagem mental do instrumento. É então invocado um sentido bem diferente de "feitura" que se funda não na adaptação do produto, mas na prioridade do plano (HALLOWELL, 1960b: 323-324), designando toda manufatura iniciada por uma imagem mental – como na conhecida fórmula "*A* faz *B*". Essa imagem, que constitui o objeto como um *artefato*, é ela mesma constituída por uma expectativa de como ele será usado ou consumido; isto é, propõe o instrumento como um valor de uso. Engels tinha essa concepção em mente quando afirmou que "o trabalho começa com a feitura de instrumentos" (1934: 176), já que, por trabalho, queria dizer a atividade planejada de organismos (humanos) conscientes de si mesmos na construção de um ambiente artificial (VENABLE, 1945: 68-69, 148). Mas reconheceu um sentido no qual os animais não humanos também têm instrumentos, citando a formiga, a abelha e o castor. Contudo, os instrumentos destes, em seu uso, são mediadores de uma interação na natureza, mas não uma reação de transformação *sobre* a natureza (ENGELS, 1934: 34). Não são artefatos, nem são usados para fazer artefatos. Outro proponente da definição do homem como um fabricante de instrumentos, *Homo faber*, foi Bergson, que, do mesmo modo, apoiou-se na comparação entre instrumentos do ser humano e instrumentos dos animais – em termos, contudo, que parecem bastante estranhos a ouvidos modernos. Os instrumentos humanos, Bergson alegou, são "não organizados", enquanto os instrumentos dos animais são "organizados". Ambas as espécies de instrumento são construídas, esta última pela faculdade não reflexiva do instinto, e, aquela, pela faculdade reflexiva do intelecto. Os instrumentos dos animais são organizados porque estendem "o trabalho organizador da matéria viva"; os instrumentos humanos – ou pelo menos aqueles que podem ser considerados como os produtos artificiais do intelecto – são não organizados porque o princípio de sua organização é imposto do exterior, não é intrínseco ao material. A fabricação de instrumentos, então, se constitui na transferência de forma e função para a matéria que, do ponto de vista do fabricante, é inerentemente desorganizada e por isso maleável para todo propósito. "*A inteligência*", Bergson concluiu, "é a faculdade de manufaturar objetos artificiais, especialmente instrumentos para fazer instrumentos, bem como de variar indefinidamente sua manufatura" (1911: 146). Atualmente, definimos inteligência como a capacidade de pensamento simbólico, que é tanto um fundamento para a fala quanto para a feitura de instrumentos. Ao acentuar a manufatura de instrumentos para fazer instrumentos, Bergson previu a reflexividade da manufatura de instrumentos, que, como mostrarei dentro em breve, é uma propriedade compartilhada com a língua.

O *Homo faber* encontrou seu defensor moderno em Kenneth Oakley. Em uma série de publicações (1950, 1951, 1954, 1957), Oakley sustentou que o poder do pensamento – e as capacidades relacionadas de inventar e transmitir por instrução – é fundamental para a manufatura regular de instrumentos. O homem, afirma ele, é basicamente artista no sentido aristotélico da arte, que "consiste na concepção do resultado a ser produzido antes de sua realização no material". Entre primatas não humanos, a concepção "é não mais do que nascente", embora "haja, naturalmente, a possibilidade de gradação entre esses dois extremos, pensamento perceptual em macacos, pensamento conceptual no homem" (1954: 14). Ora, esses extremos correspondem à oposição entre uso e feitura de instrumentos; não mais a oposição entre cooptação e construção de objetos, mas (para adotar os termos de Alexander) entre a construção não consciente de si mesma e a construção consciente de si mesma. Com efeito, o animal, em um dado sentido, faz seus instrumentos, já que estes "são o resultado de um esforço e da transformação de matéria-prima" (MOSCOVICI, 1976: 53). Mas a feitura de instrumentos, para Oakley, como de fato para Bergson, implica não somente a implementação, mas também a *invenção* ou autoria de projetos. "A invenção fica completa", escreveu Bergson, "quando materializada em um instrumento manufaturado" (1911: 145). Na construção não consciente de si mesma, ao contrário, o construtor "não precisa de modo algum ser capaz de inventar formas" (ALEXANDER, 1964: 58).

Combinando ambos os sentidos da dicotomia uso-feitura, uma concentrada nas propriedades de objetos materiais (funcionalmente adaptados ou não), e, a outra, sinalizando a presença ou ausência de um plano ideal, é possível gerar quatro classes de instrumento:

1) Não conscientemente cooptado (como a pedra usada pelo tordo para quebrar a concha e o ramo usado pelo macaco como uma alavanca para locomoção).

2) Conscientemente cooptado (as pedras guardadas pelo homem para uso futuro, e transportada de seu lugar de ocorrência para, digamos, moer ou bater, ou para fazer outros instrumentos, mas que não são modificados para o propósito).

3) Não conscientemente construído (esses instrumentos podem ser internos ao corpo ou externos a ele; comparemos os dentes do castor, usados para derrubar árvores, e a represa que ele constrói com as árvores. Os instrumentos externos nesta categoria podem ser geneticamente determinados, como a colmeia e a teia de aranha, mas também estão incluídos aqui os produtos do comportamento condicionado, habitual, tanto entre animais como entre seres humanos).

4) Conscientemente construído (muitos instrumentos humanos, originalmente inventados, e cuja construção é sujeita a regras explícitas, ensinadas em vez de aprendidas por exemplo e imitação. Exemplos desses instrumentos internos ao corpo podem ser possivelmente aduzidos da prática cirúrgica).

Os instrumentos da classe 1 são inequivocamente *usados*; os instrumentos da classe 4 são, do mesmo modo, definitivamente *feitos*. O problema está nas classes 2 e 3, que são tanto usadas em um sentido como feitas em outro. Assim, afirma-se muitas vezes que os seres humanos não apenas fazem instrumentos, como usam instrumentos para fazer instrumentos. Se o uso estiver para a feitura como a cooptação está para a construção, teríamos de reconhecer que o castor faz o mesmo, assim muitos outros animais. Se, por outro lado, fazer significar a execução *consciente de si mesma* do projeto, então toda manufatura deve implicar necessariamente o uso de outros instrumentos (inclusive, minimamente, os instrumentos executivos do corpo; a classe 3). O que há de especial no uso humano de instrumentos para fazer instrumentos é, naturalmente, a cooptação consciente de si mesma de objetos (que, por isso, se enquadram na classe 2). Mas, tomando o planejamento consciente de si mesmo como critério do fazer, teríamos de dizer que o objeto cooptado também é, de certo modo, "feito".

Concentrando-nos por enquanto apenas nas classes 3 e 4, podemos dizer que os instrumentos da classe 4 são artefatos e aqueles da classe 3 não são; aqueles são "feitos" para ser usados, e estes últimos usados, mas não feitos. É tentador supor que a feitura de instrumentos, nesse sentido, é algo que, durante a evolução humana, substituiu gradualmente o uso de instrumentos, deixando estes últimos como uma categoria residual. Mas as consequências dessa concepção são absurdas. Suponhamos que observamos um homem que afia um pau com uma pedra. Se ele não tem ideia consciente do produto final, nem de seu futuro uso, só podemos dizer que "usa" um instrumento de pedra. Mas se concebe seu produto com antecedência, podemos dizer igualmente bem que ele "faz" uma lança. Mas sua realização real na manipulação da pedra não é de maneira alguma modificada pela adição da imagem mental. Seria evidentemente absurdo afirmar que, como faz agora uma lança, ele já não usa uma pedra. Assim, temos de concluir que toda feitura de instrumento é também uso de instrumento, mas não vice-versa. Podemos dizer que o uso do instrumento também é feitura do instrumento na medida em que o usuário adiciona uma imagem do produto final. A partir de nossa escolha de palavras, fica imediatamente evidente que a dicotomia é idêntica à de Weber entre ação e comportamento. A noção de feitura de instrumentos é enganosa, tal como é a concepção weberiana de ação, porque ela classifica a conduta em termos de uma propriedade que é estritamente extrínseca a ela, e cuja presença ou ausência na conduta é ela mesma indiferente. O comportamento permanece comportamento, mesmo quando uma intenção prévia é acrescentada; o uso do instrumento permanece o uso do instrumento, mesmo quando iniciado por uma concepção de um instrumento a ser feito.

Aceitando-se que os instrumentos se tornam artefatos em virtude de sua relação com um conjunto de ideias que governam sua construção e uso, localizado na consciência dos fabricantes, a totalidade dessas ideias constitui o que comumente denominamos *tecnologia*. Como Sahlins afirmou corretamente, "Uma tecnologia não é compreendida apenas por suas propriedades físicas" (1972: 79). É, antes de tudo, um *corpo de conhecimentos*, transmitido por instrução (INGOLD, 1979: 278). Uma coleção de instrumentos tomados isoladamente não constitui uma tecnologia; em vez disso, eles exprimem uma tecnologia e apenas na medida em que são postos em relação com seus fabricantes. E uma vez que a manufatura é a aplicação do conhecimento tecnológico, fica claro que o *Homo faber* (o homem fabricante de instrumentos) e o *Homo sapiens* (o homem sapiente) são uma só e mesma coisa (KITAHARA-FRISCH, 1980: 221). Seria possível dizer que este último é portador de modelos *de* (representações da realidade) e o primeiro portador de modelos *para* (instruções para a ação), para adotar a distinção sugerida por Geertz (1975: 93-94). Mas, naturalmente, um modelo *de* se torna um modelo *para* no próprio momento em que seu portador é colocado em uma relação prática com o mundo material, a mesma relação que – fornecendo uma imagem aos objetos – os converte em artefatos. Ora, não é por acaso que tentativas de demonstrar o caráter distintivo dos seres humanos como fabricantes de instrumentos têm sido paralelas à busca de propriedades únicas da linguagem e do simbolismo humanos e até certo ponto convergentes com ela. Porque, se o nosso argumento no início deste capítulo for válido, a saber, que a linguagem é um instrumento não simplesmente para a disseminação de pensamentos, mas para sua própria produção, então a posse da linguagem deve ser um pré-requisito da criação da imagem cuja execução consciente de si mesma termina com o aparecimento do artefato. Assim, Oakley sustenta não só que o pensamento conceptual é essencial para a feitura de instrumentos, mas também que a linguagem é o instrumento essencial da concepção: "É extraordinariamente difícil, se não impossível, pensar efetivamente, planejar ou inventar, sem o uso de palavras ou símbolos equivalentes. A maior parte de nosso pensamento construtivo é feita com palavras não pronunciadas" (1954: 18). As palavras, então, são usadas; mas são elas feitas? Levado por sua concepção da artificialidade de *todas* as práticas e produtos culturais, Oakley chega ao ponto de afirmar que a linguagem verbal é ela mesma "um instrumento que teve de ser inventado" (1954: 18). É certamente difícil ver como as pessoas possam inventar, peça por peça ou *in toto*, aquilo sem o que a invenção é impossível. A linguagem é sem dúvida um componente da cultura que, como um constituinte do pensamento, não pode ser considerada seu produto feito pelo homem. Com efeito, a arbitrariedade da significação linguística, que Saussure estava tão preocupado em destacar, atesta seu fundamento na convenção, em vez de na invenção, e é um fator importante para dar contas de sua estabilidade.

  Assim como nos baseamos nas convenções da linguagem na criação de novos enunciados, então talvez possa existir uma "gramática" ou "vocabulário" similarmente convencional das operações motoras – análoga à *langue* saussureana – que possa ser combinada e recombinada na invenção de instrumentos dissimilares (HOLLOWAY, 1969: 402-403; MONTAGU, 1976: 269). Assim, o análogo do instrumento é o enunciado completo, em vez da palavra falada. Na primeira parte deste capítulo discuti três características da linguagem humana que, todas elas, dependem do fato de a linguagem lidar com símbolos em vez de com sinais. São elas: a reflexividade, a expressão evasiva e uma espécie particular de deslocamento baseado na separação entre denotação e conotação. Podemos identificar características precisamente análogas na manufatura de instrumentos (HOLLOWAY, 1969: 402; KITAHARA-FRISCH, 1980: 217-218). Na língua, um enunciado é "convocado" por um conceito na mente do falante, denotando um objeto que pode ser remoto com respeito à sua experiência imediata, ou pode nem mesmo existir. Do mesmo modo, no projeto consciente de si mesmo, um artefato é convocado por uma concepção de seu futuro uso, que pode ser mantido independentemente do contexto ambiental ao qual se destina. Os dois casos são exemplos da operação simbólica de deslocamento, pela qual as pessoas podem produzir palavras para denotar ambientes – ou fazer instrumentos para neles agir – que não aqueles que os circundam, que talvez ainda tenham de ser encontrados ou que podem nunca ser encontrados. A construção de instrumentos para uso em contextos inexistentes, e mesmo fabulosos, é o equivalente da expressão evasiva. Esses instrumentos são bem conhecidos – normalmente os denominamos brinquedos. Um brinquedo se parece com uma mentira porque depende, para sua eficácia, de fingimento e ilusão. O análogo estrito da reflexividade linguística, falar sobre a fala, é fazer instrumentos para uso no contexto da feitura de instrumentos (p. ex., a manufatura de um instrumento de pedra para afiar uma ponta de madeira). Mas isso pode ser generalizado para incluir toda a manufatura consciente de si mesma de instrumentos que serão empregados na transformação planejada do meio ambiente. Esse é ao que parece o sentido de reflexividade imaginado por P.J. Wilson quando escreve que

> os instrumentos indicam que saber da capacidade de alguém de modificar o ambiente se acompanha da ideia de modificação de uma certa maneira; isto é, um instrumento revela uma técnica que revela uma ideia do que a técnica vai produzir, o que por sua vez indica um conhecimento pelo indivíduo de que ele é capaz de executar a técnica e realizar a ideia (1980: 31).

Assim, um homem pode não só conceber um ambiente completamente transformado com relação àquele no qual está (um campo cultivado, digamos, em vez de um trecho de floresta), como também conceber instrumentos (machados e pás) para efetuar a transformação e produzir esses instrumentos – segundo sua concepção – como meios para realizar sua tarefa. Mas, com essa espécie de reflexividade, mediante a qual se pode tanto explorar no pensamento como descrever um estado imaginado ainda inexistente e projetar os instrumentos pelos quais pode vir a ser, vem um sentido de separação do ambiente, um afastamento do mundo material da parte da consciência. "As matérias-primas da natureza", como diz Wilson, "vem a figurar não só como objetos, mas como coisas em algum tipo de oposição ao construtor de instrumentos" (1980: 31).

Se as operações cognitivas semelhantes implicadas na feitura de instrumentos e na fala manifestam uma capacidade única, fundamental para o pensamento simbólico, é inteiramente plausível que tenham emergido juntas, marcando uma espécie de limiar no curso da evolução humana (KITAHARA-FRISCH, 1980: 218-219)[88]. Provas recentes datam esse limiar do Pleistoceno Médio, uma era que começou (há aproximadamente 1.5 milhões de anos) com o primeiro aparecimento de instrumentos envolvendo a imposição de regras de projeto arbitrárias, e terminou (há aproximadamente 200 mil anos) com um forte impulso ascendente no grau de diferenciação funcional e regional de tipos de instrumento, contrastando marcadamente com a extraordinária uniformidade e estabilidade de instrumentos dos hominídeos durante todos os períodos precedentes (ISAAC, 1976: 283). Popper provavelmente tem muita razão ao crer que "a feitura de instrumentos humanos *pressupõe a linguagem*", e que está em um nível completamente mais alto com respeito ao "tipo de feitura de instrumentos que não pressupõe a língua" (POPPER & ECCLES, 1977: 453). Porque este último, embora seja um exemplo de comportamento construtivo, não é um processo consciente de si mesmo e não resulta em artefatos em nosso sentido do termo. Não se pode negar que os hominídeos do Plio-Pleistoceno* já usavam instrumentos de pedra um bom milhão de anos antes que o limiar da feitura de instrumentos propriamente dita chegasse, e que a técnica disso, embora possa ter tido algum componente instintivo, foi em larga medida transmitida por meio da aprendizagem imitativa. Podemos creditar a eles, portanto, uma *tradição* de instrumentos ou uma *cultura* material, mas o mesmo se aplica a muitos primatas não humanos contemporâneos cujo comportamento construtivo exibe um substancial componente aprendido (McGREW & TUTIN, 1978). Com efeito, nossos antepassados mais antigos podem ter *executado* habitualmente instrumentos "por um dado período antes que começassem a projetá-los em sua mente" (INGOLD, 1983a: 13; cf. HALDANE, 1956b: 9). O limiar veio no ponto em que, com um grau crítico de desenvolvimento da faculdade simbólica, a representação da técnica na imaginação já não estava obrigada a seguir as operações representadas, mas podia na verdade antecipar-se a elas, e *governá-las*, moldando-as segundo um plano imaginado. "Daquele ponto em diante a prática segue um passo atrás da tecnologia, em vez de vice-versa" (INGOLD, 1983a: 13). O resultado foi um aumento gradual no ritmo de adaptação cultural.

Essa reversão na prioridade relativa de técnica e tecnologia, prática e teoria, ou (nos termos de Ryle) saber *como* e saber *que*, depende da capacidade de transmitir a cultura, como um sistema de regras, independentemente de sua incorporação material. Requer do novato que primeiro aprenda, não por experiência, imitação e reforço, de outros que fizeram o mesmo, submetendo sua realização só retrospectivamente – se o faziam – ao escrutínio do intelecto racional, mas que aprendesse antes os princípios abstratos pelos quais poderia gerar artefatos seus, à luz de uma avaliação crítica dos esforços dos seus predecessores. Essa é a dife-

---

* Período iniciado há cerca de 5 milhões de anos, compreendendo o Plioceno e o Pleistoceno (era que se iniciou há pouco mais de 1 milhão de anos) [N.T.].

rença entre a absorção passiva e a aquisição ativa do conhecimento, que, como vimos no capítulo 2, distingue as compreensões tyloriana e boasiana de transmissão cultural. É também, e mais fundamentalmente, a diferença entre aprendizagem pelo exemplo e aprendizagem pelo *ensino*. Vale a pena recordar que Alexander toma essa diferença como um critério diagnóstico para separar processos não conscientes de si mesmos e processos conscientes de si mesmos (1964: 34-36). Por exemplo, aprendemos a andar de bicicleta por meio da prática reforçada pelas recompensas informais do êxito e as punições evidentes do fracasso. Se pararmos para pensar, estamos sujeitos a cair. Mas somos ensinados a parar para pensar antes de cruzar a rua, como parte de um código positivo, explícito, projetado para garantir a segurança em um número indefinido de situações concebíveis. Se falhamos, estamos sujeitos a ser atropelados. Ensinar, como P.J. Wilson exprimiu, "é uma atividade que se apoia em formas sem realidade além de si mesmas e prepara o aprendiz sem exigir que ele experimente o objeto ensinado". Implica a articulação deliberada de modelos conscientes ou "conhecimento de fabricante", envolvendo "alguma forma de instrução analítica [...] com referência a regras e possivelmente símbolos" (1980: 32, 145). Há evidências experimentais sugerindo que os instrumentos mais complexos, como aqueles que surgiram na fase transicional crítica do Pleistoceno Médio, não podiam ser construídos por novatos sem a ajuda dessa instrução (WASHBURN & MOORE, 1974: 123). E isso não pode ter acontecido, naturalmente, sem a faculdade da linguagem. A cultura artificial é, por isso, cultura ensinada. Se, então, seguimos Wilson na alteração do clichê segundo o qual a cultura é comportamento aprendido para "cultura é comportamento ensinado", só podemos chegar à conclusão de que toda cultura é artificial (1980: 146).

Essa conclusão é sem dúvida inaceitável sem alguma qualificação, porque a linguagem – ao menos – é transmitida no âmbito de uma população de falantes nativos sem nenhuma referência explícita a regras. O mesmo se aplica a boa parte da manufatura tradicional: o artesão experiente que faz rodas ou barcos, segundo Steadman, "sabe como fazer o objeto, segue o procedimento tradicional [...] mas em muitos aspectos literalmente *não sabe o que faz*". Aqui, se opõe ao engenheiro, que "trabalha a partir do princípio em vez de a partir do precedente" (1979: 233-236). Por que então devemos ficar embaraçados pela observação de que uma parte significativa da cultura é aprendida, mas não ensinada, e, nesse sentido "inata" em vez de artificial? A razão consiste em que, em uma interpretação ampla de aprendizagem, a cultura não pode mais ser reservada aos seres humanos, nem mesmo para nossos primos primatas muito próximos, e, portanto, estaria perdida como o domínio especial da antropologia. Como Voegelin observou, a menos que "condições adicionais" sejam invocadas antes de conceder ao comportamento aprendido o *status* de cultura, teríamos de admitir "que os animais infra-

-humanos também têm cultura" (1951: 370). E não há algum ponto óbvio na escala da evolução progressiva em que a aprendizagem começa. Segundo Harlow, "Não há provas científicas de uma ruptura de capacidades de aprendizagem entre formas primatas e não primatas" (1958: 288). Ninguém menos que Darwin dedicou muita atenção às capacidades de aprendizagem evidentes das minhocas, que são consideráveis, desafiando-nos ou a reconhecer que não somos tão superiores quanto somos inclinados a pensar ou a ser bem mais exatos sobre o que de fato nos situa acima dos produtos mais humildes da seleção natural (GHISELIN, 1969: 202-203; cf. DARWIN, 1881). E, um século depois, Bonner procura rudimentos de cultura entre os habitantes de uma placa de Petri. "As bactérias elas mesmas não são capazes de cultura", admite, um tanto relutante, "mas [...] têm de fato o sistema de resposta básico" (1980: 56). A invenção de termos como "protocultura" e "eucultura" para distinguir o componente aprendido do comportamento não humano e humano, respectivamente, não ajuda por si só sem que se especifique onde está a diferença (HALLOWELL, 1960b: 337, n. 90; LUMSDEN & WILSON, 1981: 3).

Para esclarecer a questão, uma primeira exigência é que a oposição natureza-cultura seja desenredada de outra à qual ficou inadvertidamente presa, aquela entre organismo e ambiente. Todo organismo, naturalmente, vive e cresce em um ambiente, e sabe-se bem que, em algum estágio da epigênese, os impactos ambientais podem "eleger", dentre os caminhos desenvolventes possíveis – já prefigurados em sua estrutura genética –, aquele que é de fato seguido (MEDAWAR, 1960: 92; cf. tb. WADDINGTON, 1957: 29). Portanto, todos os efeitos fenotípicos, sejam morfológicos ou comportamentais, devem ser o resultado da interação de caracteres genéticos e influências ambientais. Isso refuta ao mesmo tempo, de um lado, argumentos de que os organismos são totalmente pré-formados e que aquilo que vemos são puras expressões de sua "natureza", e de outro, que, não tendo natureza, são inteiramente moldados por pressões ambientais, assim exprimindo sua "criação". A chamada controvérsia natureza-criação, formulada nesses termos há mais de um século por Francis Galton (1874), já não merece consideração séria; mas deixou em seu rastro um legado de confusão, basicamente devido à identificação inoportuna de "criação" com "cultura". Para piorar as coisas, quando se trata de comportamento, natureza foi identificada com o "instintivo" e criação com o "aprendido", disso resultando que a aprendizagem se tornou uma questão de condicionamento ambiental e comportamentos condicionados uma questão de cultura. Foi necessário desde então fazer muitos esforços para mostrar que o instinto e a aprendizagem, definidos assim, não são alternativas ou/ou, que não se pode falar de um *versus* o outro, uma vez que o comportamento que observamos é a expressão de um potencial inato que se manifesta de certo modo em virtude da experiência ambiental (SIMPSON, 1958b: 529). Entretanto, os antropólogos que continuam insistindo que a variação cultural é independente de restrições genéticas ainda são rotulados (por WILSON, 1980: 274, p. ex.) como defensores de um ambientalismo extremo que não concede nenhum lugar a predisposições inatas na determinação do comportamento. Sendo, dizem eles, uma função do impacto ambiental diferencial no organismo que se desenvolve, as diferenças culturais são *puramente fenotípicas*. Isso vem acompanhado de uma concepção da cultura como uma espécie de concha exossomática que circunda o organismo, protegendo-o do ambiente, mas ao mesmo tempo provendo-o dos meios essenciais de viver ou satisfazer suas necessidades primordiais (uma exposição clássica dessa concepção é a de MALINOWSKI, 1944).

As implicações da posição fornecida pela antropologia cultural boasiana, levada à sua conclusão lógica, são inteiramente diferentes. Longe de ser um processo de condicionamento ambiental do fenótipo orgânico, a aquisição da cultura é considerada essencial à própria constituição do projeto comportamental subjacente cuja expressão fenotípica pode então ser sujeitada a impactos ambientais, externos. Aprender, desse ponto de vista, é um *mecanismo de herança* mediante o qual um conjunto de instruções não genéticas pode ser transmitido, ao longo das gerações, de indivíduo a indivíduo. Para adotar os termos de Medawar (1960: 90-94), não é eletivo, mas instrutivo, não é uma questão de colocar o desenvolvimento fenotípico ao longo de certo número de caminhos possíveis, mas de traçar seções da paisagem epigenética que permaneceria de outra maneira vazia. Em outras palavras, implica a aquisição de partes de um programa sem o qual o desenvolvimento normal simplesmente não pode se realizar (GEERTZ, 1975: 46-49).

Podemos nos referir a essas partes ainda não inscritas no genótipo, mas que têm de ser "preenchidas" para concluir o programa, como os constituintes de uma *tradição*. Pode-se supor que os genes do organismo o instruem, em certos momentos críticos, a buscar novas instruções, essencialmente observando a execução dessas instruções por conspecíficos (CLOAK, 1975: 167). Uma vez "conectadas" ao sistema nervoso, as instruções dirigem o comportamento pelo qual podem ser do mesmo modo transmitidas a ainda outros indivíduos da população. Em resumo, a transmissão da tradição implica uma espécie de aprendizagem de observação fundamentalmente diferente tanto do condicionamento (que se aplica a organismos cujo programa comportamental não inclui nenhum componente tradicional em absoluto) como do ensino ou instrução formal (que depende da transmissão prévia de uma tradição linguística e é exclusivo dos seres humanos).

Em nenhuma outra espécie além da humana a aprendizagem por observação desempenha um papel tão importante no desenvolvimento. Contudo, ela não é exclusiva nem dos seres humanos nem dos primatas em geral. Assim, os indivíduos de certas espécies de aves, embora esteja em sua natureza cantar uma espécie particular de canção, não podem, se criados em isolamento, apresentar mais do que uma versão empobrecida e incompleta. Os elementos da canção cuja aquisição depende da imitação de conspecíficos formam uma tradição, embora as instruções genéticas restrinjam tão estritamente o que pode ser adquirido que só uma canção específica da espécie é admissível (REYNOLDS, 1981: 22). Isso é o que Lumsden e Wilson designam por "cultura genética pura", que consiste em comportamentos cuja totalidade é aprendida, mas que só *podem* ser aprendidos segundo regras genéticas existentes que governam a aquisição (1981: 9). Menos extremos são casos em que vários componentes de canção podem ser aprendidos, com facilidade relativamente igual. Os acidentes de cópia errônea fornecem então o material para uma diversificação histórica de tradições, em localidades diferentes. No polo oposto, em que a aprendizagem é a mais "aberta", temos a aquisição da cultura pelos seres humanos. Por exemplo, ninguém mais supõe que os genes tenham alguma influência na língua específica que uma criança aprende, e o número de línguas possíveis é efetivamente infinito. Mas, ainda assim, as crianças humanas são geneticamente "programadas" para adquirir a competência linguística em uma idade específica, e elas se "restringem" automaticamente às línguas particulares às quais são expostas nessa época. Privada do contato com outros falantes durante o período crucial de aquisição, a criança é incapaz de produzir fala coerente, e seu desenvolvimento cognitivo é radicalmente prejudicado. Assim, tanto no caso dos pássaros como no dos seres humanos, a formação de um programa comportamental completo depende de um complexo entrelaçamento entre instruções geneticamente herdadas e instruções transmitidas por aprendizagem; a diferença está no ponto extraordinário ao qual os seres humanos são "programados para aprender" (PULLIAM & DUNFORD, 1980) e no grau de indiferença genética ao que é aprendido. Por isso, podemos concordar com Reynolds que a cultura é "um nome genérico do componente de informação tradicional de entrelaçamentos entre inato e aprendido" (1981: 33), reconhecendo, contudo, que no caso do homem esse componente é incomumente amplo.

Aceita a integração de componentes genéticos e culturais no programa total, permanece o fato de que o comportamento público depende em parte das condições ambientais específicas sob as quais o programa é implementado na prática. Por isso é tão essencial distinguir "aprendizagem" como aquisição e transmissão da informação tradicional de "aprendizagem" como uma propriedade da interação organismo-ambiente na epigênese. Além disso, é precisamente essa distinção entre a aprendizagem observacional de instruções e o condicionamento ambiental do desenvolvimento que é deixada de lado pela confusão entre cultura e criação. A fig. 7.4 ajudará a esclarecer a questão. Ela mostra três indivíduos ligados em uma sequência "antepassado-descendente" (HULL, 1981: 29). O círculo interno, para cada um, contém um conjunto de instruções herdadas que, segundo Hull, podem ser denominadas *replicadores* (R). Para organismos simples, só se compõem de genes. Estes são realizados no fenótipo, que é a entidade que de fato interage com o ambiente (A). Assim, denominamos essa entidade um *interagente* (*I*), observando que seu aparecimento depende de circunstâncias ambientais (HULL, 1981: 33). Portanto, para especificar a forma exata de *I*, precisamos de um conhecimento tanto de *R* como de *A*. Na linguagem da oposição convencional natureza-criação, *R* é natureza, *A* é criação e *I* o resultado de sua combinação. E as setas horizontais $R \rightarrow I$ e $A \leftrightarrow I$ correspondem a "instinto" e "aprendizagem" respectivamente. Assim, a aprendizagem, nessa concepção, está inteiramente contida na relação organismo-ambiente, um processo contínuo de ajuste manifesto, segundo a definição clássica de Thorpe, *"pela mudança adaptativa no comportamento individual como resultado da experiência"* (THORPE: 1956: 66). Julgar o equilíbrio entre instinto e aprendizagem é, portanto, uma questão de avaliar as magnitudes relativas de componentes genéticos e ambientais na variação de traços fenotípicos, observados (DOBZHANSKY, 1962: 56).

Suponhamos que estamos diante de organismos complexos portadores de cultura como os seres humanos. O círculo interno, nesse caso, inclui não só genes, mas também replicadores não genéticos. Considerando apenas estes últimos, encontramos a cultura, como o que é "aprendido", no interior do indivíduo, em vez de impresso em sua superfície exterior nas propriedades manifestas do fenótipo. Isto é, a cultura está antes de tudo alojada em replicadores, e só por derivação em interagentes – correspondendo estes a regras fechadas e práticas abertas, respectivamente (HARRÉ, 1979: 371-372). Além disso, aprender (o modo de transmissão intergeracional de informação cultural) é denotado em nosso diagrama pelas setas *verticais* $R_1 \rightarrow R_2$ e $R_2 \rightarrow R_3$. É, assim (para manter os termos de Hull), um processo de réplica em vez de interação. E o equilíbrio entre instinto e aprendizagem é determinado agora pelo controle relativo de replicadores genéticos e culturais sobre o comportamento fenotípico, bem apartado de alguma possível influência ambiental. Nesse sentido, vale a pena indicar a relação entre os conceitos alternativos de aprendizagem, $A \leftrightarrow I$ e $R \rightarrow R$, e as noções correspondentes de *adaptação*, que Toulmin (1981: 179) chamou de "desenvolvente" e "populacional" (cf. tb. PITTENDRIGH, 1958). O primeiro se refere à acomodação contínua do organismo individual às condições variáveis do ambiente no desdobramento de sua própria vida; esse é o sentido no qual Thorpe, na definição recém-citada, pensa que a adaptação é a essência da aprendizagem. O último sentido de adaptação é o darwinista clássico: a modificação sucessiva de traços hereditários em uma população de indivíduos ligados por relações de antepassado-descendente em uma linhagem em evolução[89]. Se a aprendizagem é entendida como um mecanismo da propagação vertical de replicadores culturais, então – voltando à fig. 7.4 – as setas $R \rightarrow I$ representam o componente cultural na determinação da prática comportamental, que é *contrastado* com o componente ambiental $A \leftrightarrow I$. Portanto, o fenótipo é na verdade um produto da combinação entre cultura e criação, e só pode ser especificado se conhecermos *tanto* o que foi aprendido por transmissão instrutiva de outros indivíduos ($R \rightarrow R$) *como* o que foi adquirido em termos da direção eletiva do desenvolvimento por forças ambientais ($A \leftrightarrow I$). Por fim, admitindo aprendizagem *apenas* no primeiro sentido – revertendo ao organismo acultural simples – teríamos de reconhecer que ele *não* aprende e que seu comportamento, não tendo nenhum componente tradicional, é essencialmente instintivo. Isso não nega o fato óbvio de que o comportamento manifesto está sujeito à influência ambiental, mas simplesmente reconhece que é melhor não considerar essa influência como um processo de aprendizagem.

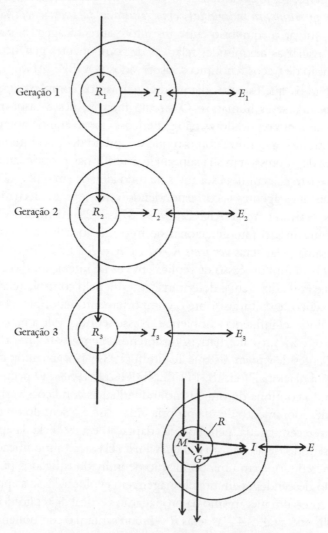

Fig. 7.4. Transmissão intergeracional e interação organismo-ambiente. *R*, replicadores; *I*, interagentes; *A*, ambientes. O *diagrama inferior* ilustra a situação mais complexa, em que replicadores são tanto memes (M) como genes (G). Adaptado de Diener et al. (1980: 12).

Essa abordagem requer enfaticamente o reconhecimento de algum análogo cultural do gene, extrassomático no sentido de ser a unidade elementar de uma estrutura ideal, embora endossomático no sentido de ter seu lugar no interior do indivíduo. E, de fato, esses análogos foram repetidamente postulados na literatura, sob uma variedade de designações. Talvez o mais antigo tenha aparecido em um artigo de Gerard, Kluckhohn e Rapoport, que falam de "cultura implícita" – a estrutura cultural inferida – como o "genótipo cultural" (1956: 10). Blum (1963) o denomina "mnemótipo". Murray (cf. HOAGLAND, 1964) batizou o análogo do gene como o "idene"; Cavalli-Sforza (1971) prefere o termo simples "ideia", enquanto Hill o traduz como "conceito" (1978: 379). Para Emerson (1965: 58), é "símbolo". Swanson (1973) introduz o termo bastante estranho "sociogene", Cloak (1975) fala de "instruções" e Dawkins (1976, 1982) de "memes". Por fim, Lumsden e Wilson sugerem que usemos a palavra "culturogenes", chegando ao ponto de recomendar como deve ser pronunciado (1981: 7). O que todos eles têm em comum é uma sede semelhante (no cérebro, em vez de nos cromossomos), um modo semelhante de transmissão conservadora (aprendizagem por observação ou imitativa, em vez de reprodução sexual) e uma vulnerabilidade semelhante a uma ocasional cópia errônea no processo de transmissão. Mas, uma vez que a analogia é colocada, surge um novo problema, referente à relação entre instruções genéticas e culturais, ou entre genes e memes. Nossa leitura inicial da fig. 7.4 foi um tanto simplificada demais, já que só consideramos estes últimos e ignoramos aqueles. Se memes existem, então genes também devem existir, para que, na realidade, a transmissão genética e a cultural estejam acontecendo concomitantemente, e todo item do comportamento está sujeito a ficar sob o controle conjunto de ambas as espécies de replicadores. Portanto, em lugar da linhagem única de transmissão $R_1 \rightarrow R_2 \rightarrow R_3$, devemos escrever duas linhagens paralelas: $M_1 \rightarrow M_2 \rightarrow M_3$ (para memes) e $G_1 \rightarrow G_2 \rightarrow G_3$ (para genes). Cada um dos círculos internos incluiria o grupo de memes (M) e o grupo de genes (G). E tanto M como G seriam expressos no fenótipo I, cuja aparência real responderia mais uma vez a variações nas condições ambientais específicas (A) ao qual o interagente é exposto durante o desenvolvimento. Essa ideia, de que I depende de M, G e A, foi exposta bem claramente por Richerson e Boyd, que afirmam: "para prever o fenótipo de um organismo cultural, temos de conhecer seu genótipo, seu ambiente e seu 'tipo de cultura', a mensagem cultural que o organismo recebeu de outros indivíduos da mesma espécie" (1978: 128).

Talvez a abordagem mais simples para tratar a relação entre instruções genéticas e culturais seja negar que exista essa relação, e supor que a réplica de genes e memes nos apresente dois processos paralelos, mas desconexos, que vêm a usar como veículos os mesmos organismos. Essa é uma abordagem seguida por Cloak (1975), e, recentemente, por Dawkins (1982: 109-110). Assim, Cloak distingue entre o que denomina a *i-cultura*, composta pelo "conjunto de instruções culturais [que os indivíduos] carregam em seu sistema nervoso central", e a *m-cultura*, composta pelo conjunto de comportamentos manifestos e seus resultados, controlados por essas instruções. Assim como os genes são as unidades mínimas da hereditariedade, assim também devemos considerar as instruções como "'os corpúsculos da cultura' [...] transmitidos e adquiridos com fidelidade e facilidade" (1975: 168)[90]. De modo semelhante, Dawkins distingue entre "memes" (replicadores) e "memes-produto" (os efeitos fenotípicos daqueles). O meme, tal como a instrução de Cloak, é uma "unidade de informação que reside em um cérebro", ao passo que os memes-produto se compõem das consequências dessas unidades no mundo exterior, "a manifestação externa e visível (audível etc.) dos memes no cérebro". Assim como a i-cultura está para a m-cultura, assim também estão os memes para seus efeitos fenotípicos. E, segundo ambos os autores, como lembramos do capítulo 2, o comportamento culturalmente determinado é simplesmente um meio pelo qual os memes ou as instruções fazem cópias de si mesmos, usando "o aparato de comunicação interindividual e imitação" (DAWKINS, 1982: 109). Os memes, assim como os genes, estão sujeitos à seleção, que automaticamente favorece aqueles que geram o comportamento mais conducente à sua réplica. Quanto à relação entre genes e memes, Dawkins simplesmente afirma que não há "nenhuma razão para que o êxito em um meme deva ter alguma conexão com o êxito genético" (1982: 110). Um meme pode ser altamente desvantajoso quanto à réplica dos genes de seus portadores, mas ainda assim "se impor" e se disseminar à custa de outras variantes mais benignas (CLOAK, 1975: 172).

A total independência entre a transmissão genética e a cultural é difícil de aceitar, no mínimo porque a capacidade de adquirir informações culturais é geneticamente codificada, mas não vice-versa (BONNER, 1980: 18). Pode haver instinto sem tradição, mas não tradição sem instinto, embora este último possa ser constituído de não mais do que o grupo de instruções para sua aquisição. Esse fato estimulou a elaboração de alguns modelos formais da chamada coevolução gene-cultura, projetados para mostrar como a retenção seletiva de instruções culturais de variantes depende de sua contribuição relativa para a aptidão genética de seus portadores e, inversamente, como essa contribuição por sua vez afeta a seleção natural de variantes genéticas. As contribuições principais nesse campo são as de Durham (1976, 1979), Richerson e Boyd (1978), Cavalli-Sforza e Feldman (1981), bem como Lumsden e Wilson (1981)[91]. Não se pode dizer muito em favor desses modelos em seu estado atual de desenvolvimento; os pressupostos nos quais se apoiam são tão distantes da realidade ou tão completamente triviais que não promovem tanto nossa compreensão dos processos evolutivos quanto fornecem uma desculpa para o exercício da inventividade matemática. O argumento de Durham é possivelmente o mais direto. Sua premissa é que, em geral, os atributos culturais são positivamente selecionados até o ponto em que permitam que os indivíduos portadores "sobrevivam e se reproduzam, contribuindo por meio disso com genes para as gerações posteriores da população da qual são membros" (1979: 46-47). Logo, diferentemente de Cloak e Dawkins, Durham supõe que a propagação de um meme *realmente* depende de sua contribuição para a aptidão genética de seus portadores, pelo simples motivo de que os indivíduos humanos normalmente enculturam seus próprios filhos (ou aqueles com parentesco genético próximo), de modo que a representação de seus memes em gerações futuras coincide mais ou menos com aquela de seus genes. Como Cloak prosaicamente observa, "Uma instrução cultural cujo comportamento ajuda seu portador-executor humano (ou seus parentes) a conseguir mais filhos tem graças a isso mais cabeças pequenas nas quais ser copiada" (1977: 50).

Um argumento bem mais sofisticado é apresentado por Richerson e Boyd (1978). Eles reconhecem que o comportamento fenotípico é o resultado da determinação conjunta pelo genótipo do indivíduo e por seu "tipo de cultura", este último definido pelo conteúdo informativo da mensagem adquirida de outros indivíduos pela transmissão baseada na aprendizagem da tradição. Pode resultar disso, então, que o comportamento que é ótimo para a reprodução de traços culturais venha a ser menos do que ótimo para a réplica genética, e vice-versa. Por exemplo, se existe uma tendência patrilinear na transmissão da tradição, um traço cultural que instrui que seu portador deve estender o altruísmo nepotista preferencialmente a agnados próximos deve ter uma vantagem seletiva com relação àquela que não faz nenhuma distinção entre família agnada e família uterina. Com um traço genético, o equilíbrio da vantagem será o oposto. Dado que fenótipos ótimos de genes e memes podem ser diferentes, Richerson e Boyd concebem o fenótipo real (que provavelmente estará em algum lugar entre os dois polos ótimos) como o resultado de um jogo metafórico no qual os dois conjuntos de instruções, genéticas e culturais, competem para controlar o comportamento do indivíduo que habitam (1978: 129). Mas a disputa não é vista como igualitária, uma vez que a "capacidade para a cultura" está ela mesma sob o controle genético e deve ter-se desenvolvido como um traço que contribui para a aptidão genética. Isso é crucial para Lumsden e Wilson, cujo argumento depende da suposição de que a capacidade para a cultura não se apoia em um conjunto único de "genes prometeicos" comuns a toda a humanidade, e de que indivíduos e populações variam com respeito às regras geneticamente prescritas que dirigem a aquisição do que denominam culturogenes. Essas regras, sustentam eles, estão fadadas a introduzir tendências ou vieses inatos em favor da adoção de certos culturogenes em vez de outros. Portanto, se aparecer um novo culturogene que aumente a aptidão genética de seu portador, podemos esperar que a seleção natural fomente alguma modificação nas regras epigenéticas que aumentem a probabilidade de aquisição e transmissão do culturogene. Trata-se do processo de "assimilação genética" (cf. WADDINGTON, 1969: 373-374) pelo qual se diz que os genes "seguem a cultura e influenciam as regras epigenéticas para favorecer as formas mais bem-sucedidas de comportamento culturalmente transmitido". A coevolução gene-cultura é então definida como mudança de regras epigenéticas devido a alterações na frequência genética e às modificações na frequência de culturogene resultantes. "Não se pode traçar uma linha definitiva", Lumsden e Wilson concluem, "entre a evolução genética e a cultural" (1981: 11-13, 21-22, 296, 343).

Essas são conclusões controvertidas, atualmente não apoiadas por evidências sólidas, e não pretendo estender-me sobre elas além disso. Desejo, contudo, indicar o problema geral de postular analogias entre processos de variação e retenção seletiva que funcionam nos respectivos mundos das coisas materiais e das ideais, especialmente à luz da distinção crucial entre a cultura "inata" e a "artificial". Resumidamente, o problema é: só quando a cultura é entendida no primeiro sentido, como uma tradição aprendida passivamente não passível de formulação discursiva, podemos aplicar um análogo estrito ao processo darwinista; mas somente quando a cultura é entendida no último sentido, como uma série de invenções baseadas em regras explícitas, ensinadas, podemos postular um princípio adequado de seleção. Ao buscar esse princípio em deliberações humanas racionais, destruímos os próprios fundamentos do argumento por analogia. Vale a pena realçar que nem a analogia, nem o problema que levanta, são novos, ao contrário do que alguns de seus redescobridores recentes parecem acreditar. Com efeito, ela quase tão antiga quanto a própria teoria de Darwin. Um dos primeiros escritores a sugeri-la foi William James, em um ensaio que data de 1880:

> As novas concepções, emoções e tendências ativas que se desenvolvem são originalmente produzidas na forma de imagens casuais, fantasias, emergências acidentais de variação espontânea na atividade funcional do cérebro humano, excessivamente instável, que o ambiente exterior simplesmente confirma ou refuta, adota ou rejeita, conserva ou destrói – em suma, seleciona, assim como seleciona variações morfológicas e sociais devido a acidentes moleculares de um tipo análogo (1898: 247).

James deve ter ficado contente com a analogia, uma vez que ela reapareceu dez anos depois em seus *Principles of psychology* [Princípios de psicologia], dessa vez como um modelo para o avanço da ciência, na qual novos conceitos são selecionados se sobrevivem ao teste de verificação experimental, teste no qual a grande maioria "perece por sua falta de valor" (1890, II: 636). A ideia de que o conhecimento progride por meio de testes sistemáticos de conjeturas ressurgiu, nem sempre dessa forma explicitamente darwinista, nos escritos de alguns outros acadêmicos do mesmo período, incluído Jevons, Souriau, Mach, Boltzmann e

Poincaré (CAMPBELL, 1974: 155-158). De fato, como Campbell documentou, ela já tinha sido formulada, antes do ensinamento de Darwin, por Alexander Bain e Michael Faraday, em 1855 e 1859, respectivamente (1974: 154). E, como vimos no capítulo 2, essa mesma ideia encontrou seus defensores modernos em Popper e Toulmin, entre outros.

Quando se trata da evolução de formas culturais, a analogia com a adaptação orgânica sob a seleção natural é mais uma vez antiga, como se reafirmou em inúmeras ocasiões na literatura da biologia e da antropologia[92]. Como um exemplo representativo, considerarei somente uma formulação da analogia, de Murdock (1971 [1956]), que tem a virtude de ser excepcionalmente clara e explícita. A abordagem de Murdock está firmemente fundada na tradição boasiana, na qual se pensa que a cultura se compõe em primeiro lugar de *hábitos* comuns aos indivíduos de uma população, herdáveis por meio da aprendizagem imitativa. O primeiro requisito da modificação da cultura consiste em haver uma fonte de inovações parecidas com a mutação, e Murdock delineia três maneiras pelas quais isso pode acontecer na cultura: "variação", "invenção" e "tateação". As variações surgem mediante a simples cópia errônea de elementos no processo de transmissão, sendo assim estritamente análogas a mutações genéticas. As invenções, contudo, são bastante diferentes, uma vez que atribuem um papel ativo a indivíduos na criação de novas sínteses. Quanto à tateação, esta implica um elemento de planejamento que está inteiramente ausente da interpretação darwinista literal da adaptação. Contudo, deixando por ora esse problema de lado, vamos ao estágio seguinte do processo de mudança da cultura, análogo à seleção, que Murdock na verdade divide em três processos separados: "aceitação social", "inovação seletiva" e "integração". O primeiro é uma espécie de proteção preliminar, recortando variantes que são claramente impróprias. Aquelas que permanecem entram posteriormente "em uma competição pela sobrevivência": "Contanto que se mostre mais recompensador do que suas alternativas, um hábito cultural perdura, mas quando deixa de trazer satisfações comparáveis, se enfraquece e consequentemente desaparece [...]. Em geral, os elementos culturais que são eliminados são os menos adaptáveis" (1971 [1956]: 330). Há por fim um processo de "integração" pelo qual os hábitos que passaram o teste da seleção são interiormente ajustados uns aos outros, embora Murdock reconheça que a integração nunca é perfeita.

Voltando à questão da inovação, devemos perguntar se é possível admitir "variação" e "invenção" como os componentes alternativos do mesmo modelo de adaptação cultural. Estritamente falando, a resposta deve ser negativa, uma vez que a única maneira de as alternativas poderem ser separadas é pressupor, no caso da invenção, a existência de um projetista (o inventor), cujo desaparecimento, no caso da variação, a torna efetivamente "cega". A invenção, como mostramos, produz artefatos, que são classificados como tais pela prioridade do conceito na mente do sujeito sobre o objeto realizado. O análogo darwinista, por outro lado, apoia-se em um princípio de "variação cega e retenção seletiva" (CAMPBELL, 1975: 1.105), que pretende dar conta da teleonomia de realizações *sem* a invocação da teleologia, entre indivíduos supostamente *incapazes* de conceptualizar soluções para problemas de adaptação antes de sua realização. Esses indivíduos aprendem, mas não ensinam (nem são ensinados); eles *executam* instruções recebidas – às vezes incorretamente –, mas de modo algum inventam. Portanto, a única fonte possível de inovação é a eventual cópia errônea. A distância que separa a variação e a invenção, nos termos de Murdock, também separa a construção não consciente de si mesma da construção consciente de si mesma, o uso de instrumentos da criação de instrumentos, o inato do artificial. Essa é também, e isso é realmente crucial, a distância que separa os modelos "lamarckiano" e "darwinista" da mudança da cultura. Porque a diferença essencial entre eles, como vimos no capítulo anterior, está na atribuição pelo último da criação de traços novos não ao conjunto de acaso e antiacaso, mas a um exercício da vontade, da parte dos indivíduos, no sentido de responder ativamente a necessidades percebidas, o que fazem iniciando adaptações construtivas que são posteriormente transmissíveis à descendência. Segue-se que a variação cega e a invenção só podem ser compreendidas no âmbito do mesmo modelo de mudança se o modelo for geral a ponto de admitir processos "lamarckianos" e "darwinistas" como dois polos em um espectro contínuo de esquemas possíveis.

Um desses modelos foi recentemente formulado por Harré (1979: 364-366; 1981a: 167). A variável-chave é o *grau de associação* entre o que Harré denomina "condições M" e "condições S", sendo M mutação e S seleção. O esquema darwinista pode então ser definido como o caso especial no qual o grau de união entre M e S é reduzido a zero. Descreve-se isso, normalmente, ainda que sem muita consistência, como o caráter "casual" da mutação, significando não que as mutações são inteiramente indeterminadas, mas que, sejam quais forem, as forças que as induzem não têm absolutamente nada a ver com as condições ambientais de sua subsequente seleção. Na outra extremidade do espectro está o esquema lamarckiano, no qual M e S são completamente unidos – com a implicação de que as mutações são iniciadas por uma concepção de necessidade ambiental que posteriormente vão atender. Na história natural, geralmente lidamos com situações separadas; na história cultural ou intelectual, com situações mais ou menos totalmente ligadas [sic] (TOULMIN, 1972: 338-339). "A maioria das fontes de 'mutações' culturais", como Alexander admite, "são pelo menos potencialmente relacionadas com as razões de sua sobrevivência ou fracasso" (1979: 74). A natureza aparentemente lamarckiana da adaptação foi muitas vezes indicada (p. ex., por MEDAWAR, 1960: 98; GOULD, 1983: 70-71), e Steadman chegou a sugerir que o erro da concepção lamarckiana de evolução orgânica pode residir no fato de que ele "trabalhava por analogia: extraindo analogias *da* cultura *para* a natureza e projetando um conceito essencialmente cultural no mundo natural" (1979: 129). Seria possível acrescentar que muitos contemporâneos neodarwinistas caíram exatamente no erro inverso, projetando um conceito naturalista no conjunto da cultura.

Contudo, traçar a separação entre os esquemas lamarckiano e darwinista na fronteira entre natureza e cultura é fazer uma falsa identificação do cultural com o artificial. Contanto que os indivíduos sejam apenas repositórios passivos de elementos culturais e não participem de sua criação, um esquema darwinista é perfeitamente aplicável, embora as características herdadas sejam adquiridas por aprendizagem e façam parte de uma tradição. Só quando os planos e procedimentos que governam o comportamento começam a ficar disponíveis para formulação discursiva, permitindo ao indivíduo recorrer a seus próprios esforços criativos e aos ensinamentos de seus predecessores, é que o esquema da abordagem da mudança na cultura vai para o polo lamarckiano. "Isso significa", como Harré reconhece, "que devemos esperar que as pessoas concebam inovações não simplesmente pelo rearranjo casual de seu conhecimento, crenças, regras de conduta, hábitos, práticas sociais e costumes, mas por um projeto deliberado à luz das condições que [eles] esperam que ocorram" (1979: 365). Harré vincula as associações M-S fraca e forte, em um cenário evolutivo, a "condições sociais humanas anteriores" e "posteriores"; em nossos termos, estas representam estágios da transição crucial mediante a qual a teoria veio a se sobrepor à prática, ou o homem se tornou o projetista consciente de si mesmo – literalmente o *inventor* – de suas formas culturais. Contudo, a associação completa, poderíamos sustentar, *nunca* se aplica ao campo da cultura como um todo (assim como nem toda cultura é artificial), nem é o movimento da associação fraca para a forte necessariamente irreversível. Procedimentos antes construídos com um propósito para uma situação podem, por meio da execução repetida, tornar-se habituais, parte da "bagagem cultural" que os indivíduos inconscientemente levam consigo em ambientes de seleção bem distantes daqueles para os quais foram originalmente projetados.

A principal dificuldade do esquema darwinista de adaptação cultural vem quando passamos da consideração do primeiro estágio, de variação, para o segundo, de seleção. Ninguém ainda apresentou uma afirmação convincente de como a seleção de traços culturais ocorre que não comprometesse as premissas da analogia com a seleção natural de caracteres geneticamente determinados. A concepção anteriormente citada de Murdock é típica: a seleção competitiva, ostensivamente análoga à seleção darwinista de genótipos, leva traços de variantes diante da barra da "satisfação". Temos então de perguntar: satisfação para quem? Não, naturalmente, para os próprios traços, mas para seus *usuários*. No próprio momento em que o conceito da satisfação é introduzido, devemos deixar de considerar os indivíduos como veículos da replicação dos traços que portam e os considerar em vez disso selecionadores racionais – "homens econômicos" que sujeitam a cultura ao cumprimento de desejos naturais, hedonistas. Isso, como vimos no capítulo 2, equivale a invocar um análogo não da seleção natural, mas da seleção *artificial*: artificial porque é subscrita por uma concepção prévia de um futuro estado desejado na mente de um agente de seleção. Consideremos mais uma vez a natureza da invenção. Sustentamos que a invenção se diferencia da variação cega em termos da associação relativamente estreita daquelas com as condições ambientais da seleção, mas não explicamos exatamente como essa associação acontece. Porque, na verdade, cada invenção pode começar sua vida, como William James tão vivamente descreveu, como um de uma pletora de eventos acidentais de variação na mente humana, que são posteriormente submetidos a um processo seletivo de tentativa e erro. Esse é o processo que Murdock denominou "tateação". Mas é crucial reconhecer que as condições da seleção, para essas variações, não estão simplesmente incorporadas ao "ambiente exterior". Porque o inventor já *conhece* o problema adaptativo que pretende resolver, e nesse conhecimento estão as condições de sua solução.

Mesmo no caso da seleção natural, é claro, os critérios segundo os quais as variantes são selecionadas "não são dados apenas pelo ambiente, mas dependem daquilo que os membros da população sujeito procuram fazer nele" (INGOLD, 1983a: 14). Organismos diferentes interagem com componentes de seu ambiente de diferentes maneiras e, consequentemente, mantêm tipos diferentes de pressão. Por isso, há um sentido no qual se pode dizer que um organismo "elege", por meio de sua própria realização teleonômica, as condições que constituem seu ambiente *efetivo* de seleção (MONOD, 1972: 120-121; cf. tb. WADDINGTON, 1960: 399-401; BEURTON, 1981). Mas o que o organismo (não humano) *não* faz é representar a si mesmo essas condições de seleção, visualizando com antecedência tanto seus propósitos como os possíveis ambientes sob os quais poderiam ser realizados (SAHLINS, 1976b: 208). E é precisamente essa *representação interna* que constitui o ambiente efetivo de seleção para as imagens variantes que fornecem a matéria-prima da invenção. Isso é mostrado na fig. 7.5, onde S denota as condições determinadas pela realização concreta no mundo material e S' as condições determinadas pela realização em um mundo imaginado. $M...n$ é um conjunto de mutações *previamente selecionadas* por S, produzindo M como a solução escolhida. Na medida em que S corresponde a S', é explicada a união da invenção (M) com as condições exteriores da seleção (S). Isso pode ser comparado com a situação representada na fig. 7.5, B, onde não há representação interna das condições de seleção, e, portanto, nenhuma pré-seleção de variantes e nenhuma associação de traços novos com as condições de sua instalação prática. Resumindo o contraste, pode-se dizer que a variação lamarckiana, "dirigida", ocorre na medida em que a operação do intelecto racional na seleção entre variantes iniciais, seguindo um conceito prévio de necessidade, *antecipa* sua seleção retroativa sob condições ambientais externas. Inversamente, só na medida em que o trabalho da razão é negado podemos invocar um esquema darwinista puro no campo da mudança cultural.

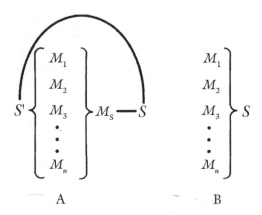

Fig. 7.5. Pré-seleção e seleção retroativa de variantes conceituais

Chegamos ao momento no qual fazer um balanço de uma ambiguidade crucial presente à noção de "seleção cultural", que se relaciona diretamente com a não congruência das oposições inato-artificial e natureza-cultura. Darwin, em *A origem das espécies*, apresentou uma teoria da adaptação por seleção *natural* que produz o que agora denominamos traços *genéticos*. Isso pode ser contrastado, de um lado, com a seleção *artificial* e, do outro, com a seleção natural de traços *culturais*. Aquela, transposta para o mundo das ideias, corresponde, como vimos, a uma teoria da escolha racional, tendo o agente como selecionador que ajusta propositadamente seus conceitos escolhidos em estruturas para a subsequente realização como artefatos culturais. Esta trata os indivíduos como não mais do que portadores de tradições das quais mal estão conscientes: suas formas culturais, por isso, são inatas em vez de artificiais, reveladas na conduta humana, mas não feitas pelo homem. Defensores de um análogo cultural da seleção natural ora seguiam uma concepção, ora a outra, embora na maioria das vezes tenham – como Murdock – assumido a posição de propor as duas simultaneamente[93]. Um exemplo recente da mesma confusão está nas tentativas de Durham de demonstrar a complementaridade coevolutiva entre seleção natural e "seleção cultural". Aparentemente adotando um esquema darwinista literal, Durham sustenta que a seleção cultural trabalha em favor da retenção diferencial de variantes segundo sua contribuição relativa para a aptidão inclusiva de indivíduos. Ora, isso é de fato seleção natural, de modo que, estritamente falando, Durham deveria ter comparado não a seleção natural e a cultural, mas a seleção *natural* de instruções *genéticas* e *culturais*, ou de genes e memes (CLOAK, 1977: 50). Mas se fizermos essa substituição, surge a dificuldade de que, uma vez que a transmissão de instruções culturais não depende da reprodução biológica de receptores, não há razão *necessária* para que devam ser selecionados os memes que promovem a aptidão genética. O fato de que muitas vezes o sejam "é simplesmente uma verdade acidental, uma generalização empírica sem nenhuma relevância teórica". Porque, como Cloak observa em seguida, a seleção deve também promover traços culturais que levem os receptores a *adotar* crianças, a quem esses traços podem ser transmitidos, embora isso, se for o caso, promoveria a aptidão genética apenas dos pais naturais de crianças (1977: 50).

Para se contrapor a essa objeção, Durham enumera alguns fatores que, em sua opinião, *realmente* influenciam a seleção a favor de traços que promovam a capacidade dos indivíduos de sobreviver e se reproduzir em um ambiente dado, afora o fato de que os pais frequentemente desempenham um papel fundamental na enculturação de sua descendência natural. Isso se funda em considerações bastante óbvias: que os seres humanos *desejam* sobreviver e se reproduzir, que normalmente têm uma ideia justa do que é bom para eles nesse sentido e que as coisas boas tendem a ser selecionadas em razão da satisfação que conferem (DURHAM, 1979: 45). Alhures Durham afirma sua crença de que "as pessoas realmente mostram um montante notável de preocupação consciente com a prosperidade de seus filhos e parentes, e de fato reconhecem prontamente os parâmetros de seu próprio bem-estar" (1976: 98). Isso é uma afirmação do senso comum que poucos desejariam questionar. Mas o que Durham não consegue perceber é que, invocando o critério da satisfação, reconhecendo que "os seres humanos não são apenas passivamente receptivos a inovações culturais mas [...] têm e desenvolvem algumas preferências seletivas" (1979: 48), e sugerindo que boa parte da variabilidade cultural, diferentemente da variabilidade genética, "é uma resposta a necessidades percebidas" (1976: 100), abandonou totalmente o paradigma darwinista da seleção natural em favor de uma forma de seleção artificial que não é de modo algum comparável. O argumento já não se desenvolve por analogia, mas por extensão: como a seleção natural estabeleceu desejos inatos, generalizados, segundo as necessidades de sobreviver e se reproduzir, logo os indivíduos – motivados por esses desejos – procuram e selecionam as formas culturais que levarão à sua satisfação. Um defensor dessa tese extensionista é Ruyle, que considera que o indivíduo, ao buscar satisfazer impulsos de base genética, "é ele mesmo a força motivadora e o mecanismo seletivo primordial da evolução cultural" (1973: 203). E ele censura legitimamente Durham por tentar restringir um processo no qual as pessoas "criam ideias para satisfazer suas próprias necessidades" a um esquema mecanicista de variação cega e retenção seletiva derivado da biologia darwinista (1977: 55). O problema, simplesmente, consiste no fato de que Durham tenta ter as duas coisas ao mesmo tempo. Ele quer colocar a adaptação orgânica e a cultural no mesmo paradigma da Seleção (com S maiúsculo, para abarcar as duas variedades do processo, lidando com caracteres fisicamente herdados e com caracteres transmitidos por aprendizagem, respectivamente). Mas, na ausência de um critério de seleção de traços culturais de contornos nítidos, tem de recorrer ao critério biológico do sucesso reprodutivo diferencial. Portanto, ele propõe indivíduos que selecionam deliberadamente entre traços de variantes segundo os critérios inatos de preferência, ou, em uma palavra, *projetam* suas formas culturais, um processo que não tem análogo no mundo natural.

As consequências lógicas da adoção de um esquema estritamente darwinista da interpretação da mudança cultural são bem o oposto. Elas foram admiravelmente estabelecidas por Steadman, e o melhor que posso fazer é enunciar mais uma vez suas conclusões:

> O primeiro resultado, curiosamente, consiste em que o projetista ou artífice individual tende a desvanecer, e até a desaparecer por completo. Certamente sua contribuição consciente e deliberada para a criação de projetos é grandemente subestimada e desvalorizada. [Seu] único papel [...] é aquele de copiar e fazer pequenas mudanças acidentais ou "cegas" ao fazê-lo [...]
>
> O artífice, na analogia evolutiva, torna-se simplesmente uma espécie de parteira, tendo como propósito assistir o renascimento do projeto herdado. O "projetista" autêntico, eficaz, nessa concepção, é o processo "seletivo" que é constituído pela submissão do objeto à prova em termos práticos quando este é posto em uso. O artífice tem apenas a função de corrigir o erro; [...] o que não é imaginado é que ele antecipe de alguma maneira consciente os resultados de mudanças [induzidas], ou que faça intencionalmente alterações no projeto destinadas a produzir efeitos específicos.
>
> Assim como Darwin inverteu o argumento do projeto e "destituiu" Deus do papel de projetista, para substituí-lo pela seleção natural, assim também a analogia darwinista da evolução técnica retira o projetista humano e o substitui pelas "forças seletivas" no "ambiente funcional" do objeto projetado (STEADMAN, 1979: 188-189).

Além disso, se o projetista desaparece, suas intenções e propósitos desaparecem com ele, de modo que já não faz sentido falar da aptidão de objetos em termos de sua apropriação para a realização de fins preconcebidos ou com um propósito desejado. Como Steadman observa, com alguma justificativa, "A concepção de um propósito desejado sem um agente humano que tem as intenções ou os propósitos é perfeitamente absurda" (1979: 190).

Contudo, ele leva essas conclusões mais longe, alegando que a comparação direta entre a evolução orgânica e a cultural constitui não menos que uma *negação da tradição*, e, na verdade, "do próprio fato da cultura". O fenômeno, em resumo, desaparece com seu projetista humano (1979: 216). Mas, segundo o argumento que desenvolvemos nestas páginas, isto só é verdade na medida em que o cultural seja identificado com o artificial. O próprio Steadman faz justamente essa identificação quando, recorrendo a categorias de Popper, equipara a cultura com "todo o corpo de conhecimentos tradicionais do Mundo 3 e o *acúmulo histórico de produtos artificiais*" (1979: 216; grifos meus). Esses produtos consistem, é claro, em conceitos do Mundo 3 personificados em artefatos do Mundo 1. Mas não há absolutamente razão para que o conjunto da cultura tenha sido projetado nesse sentido: as línguas certamente não o foram, e é bem curioso que Steadman chegue a sugerir que o mesmo pode ter acontecido com procedimentos de ofícios tradicionais, contradizendo assim as premissas de sua própria tese. Um de seus exemplos (imaginário) vem da história da culinária. Supõe-se que, em uma cultura tradicional, as receitas sejam passadas de geração a geração, para que os cozinheiros de cada geração, fazendo cada prato "como mamãe costumava fazê-lo", não tenham mais do que copiar a receita, possivelmente com alguma variação acidental. Além disso, supõe-se que a receita não *represente* o prato, mas consista simplesmente no "conjunto de instruções pelas quais fazê-la" (STEADMAN, 1979: 232). Sejam quais forem seus méritos, o exemplo demonstra bem claramente que a existência e a replicação da tradição podem ser conciliadas com a eliminação do projeto intencional. Um esquema darwinista de evolução cultural, longe de conter uma negação da tradição, simplesmente afirma seu fundamento na convenção em vez de na invenção.

No capítulo 5, sustentei que os projetos de formas culturais, na medida em que não podem ser reduzidos a conceitos prévios na mente dos agentes, resultam da operação de um mecanismo de seleção *interna* em vez de externa. Não é preciso repetir o argumento, bastando mencionar a correspondência da seleção com o processo que Murdock denomina "integração". Afirmamos que esse mecanismo nos permite dar conta tanto dos *padrões* da cultura como da *arbitrariedade* essencial desses padrões considerados em relação a condições ambientais externas. Muitas das dificuldades que cercam a aplicação de um análogo darwinista à história da cultura, em particular quanto à especificação de critérios de seleção adequados, desapareceriam se a distinção entre mecanismos internos e externos fosse devidamente reconhecida. No campo da adaptação orgânica, estes últimos foram amplamente demonstrados, enquanto a aplicabilidade daqueles permanece problemática. Mas, no campo da modificação de cultura, a situação é precisamente o inverso: a demonstração da seleção interna data dos primeiros escritos de Boas, enquanto os critérios externos continuam a nos escapar. Também vimos no capítulo 5 que a seleção externa (natural) de traços físicos, assim como a seleção interna de traços culturais, gera produtos que podem ser mais bem considerados itens de *bricolagem*. Em contraste, os produtos da seleção artificial, ou do projeto deliberado, racional, são itens de *engenharia*. Resulta disso que a distinção entre bricolagem e engenharia reflete exatamente aquela entre a cultura "inata" e a "artificial", e entre os dois modos de ler a noção de "seleção cultural" – como a seleção natural de elementos da tradição ou como a seleção racional de artefatos instrumentais. Mais uma vez, com a *bricolagem* o indivíduo é um executor do projeto não consciente de si mesmo (como na narração do mito); com a engenharia, é um *criador* do desenho consciente de si mesmo (como na construção de hipóteses científicas). E, naturalmente, o mesmo contraste está presente na distinção entre aprendizagem por imitação informal e aprendizagem por instrução formal, ou absorção passiva e aquisição ativa do conhecimento.

Dada essa dicotomia tão penetrante, com suas implicações contrárias de tradição e civilização, diversificação e progresso, mal surpreende que análogos evolutivos tenham sido aduzidos para sustentar posições morais e filosóficas completamente divergentes. Alguns, como Hayek (1978) e Campbell (1975), foram levados, por sua adoção de um esquema darwinista da história humana, a destacar a importância cardeal da lealdade não reflexiva, da obediência a regras estabelecidas e da conformidade ao costume. Em sua concepção, a sabedoria acumulada, mas basicamente inconsciente, de inúmeras gerações, resguardadas em tradições que sobreviveram à prova do tempo, oferece um fundamento muito melhor à segurança da futura humanidade do que tudo o que uma inteligência racional pode inventar, não devendo ser frivolamente descartada. Como Cohen reconhece, não sem alguma apreensão, "A teoria evolutiva aplicada a sujeitos humanos leva ao conservadorismo" (1981: 207). Outros, contudo, encontraram na teoria evolutiva a base lógica de um programa de reforma baseado na doutrina liberal de esclarecimento progressivo. Foi isso que significou para Tylor, e o que significa para Popper, que vê na variação e na seleção os princípios gêmeos da conjetura inspirada e da crítica racional que impeliram o avanço da civilização. Do mesmo modo, segundo Huxley, a seleção cultural ou "psicossocial" sempre é dirigida para a satisfação de necessidades sentidas, envolvendo um propósito consciente ou a consciência de um propósito. Enquanto a seleção natural funciona cegamente, impelindo a vida por trás, a seleção psicossocial "impele pela frente o avanço do homem" (HUXLEY, 1960: 20).

Diante dessas alternativas, parecemos estar mais uma vez presos aos dilemas de liberdade e determinismo, acaso e necessidade. No entanto, um dos princípios norteadores deste trabalho foi que esses dilemas podem ser superados pelo reconhecimento de que há na evolução mais do que a adaptação de formas orgânicas e culturais, a saber, os movimentos da vida subjetiva e da consciência. E é aqui que encontramos a real criatividade do processo evolutivo. Esse aspecto é a base da distinção que fizemos, ao longo do livro, entre cultura e vida social, e só podemos concordar com Radcliffe-Brown que "uma teoria da evolução da cultura não pode ser a mesma coisa que uma teoria da evolução social" (1947: 82). Porque esta última é sobretudo um processo de *vida*, conduzido mediante as formas objetivas da cultura. Não temos condições de manter a ilusão de que estamos, como deuses, distantes do mundo, como espectadores imortais da panóplia de coisas naturais e culturais. Admitir que tanto nós como outros (não só outros seres humanos) como participantes iguais em um processo evolutivo total equivale a reconhecer não apenas nossa comunhão com tudo que vive, mas também, e mais importante, a plena medida de nossa responsabilidade moral no mundo real – uma responsabilidade que deve transcender os limites da cultura e das espécies. Não sabemos até onde vai a consciência no reino animal, e sequer sabemos o que é a consciência, mas somente negando nossa própria subjetividade podemos negar que outros organismos vivos, como Birch e Cobb exprimiram, "sejam sujeitos que experienciam seu mundo e ao mesmo tempo objetos da experiência humana". E, se assim for, "a história mais importante da evolução ainda não foi escrita" (1981: 134). Um primeiro requisito, antes de passar a escrever essa história, é descartar parte do entulho conceptual acumulado por um século de teorização evolutiva e social. Foi isso, nada mais e nada menos, que tentei neste livro. O ponto até o qual tive sucesso cabe aos outros julgar. Neste momento particular, é o melhor que posso fazer.

Notas

1. Cf., p. ex., Sahlins (1960: 40), Kroeber (1963: 179-199), Burrow (1966), Voget (1967: 133), Stocking (1968), Mandelbaum (1971: 77-111), Teggart (1972: 110-111), Toulmin (1972: 321-336), Freeman (1974), Hirst (1976), Bock (1955, 1980) e Reynolds (1981: 10).

2. Para um excelente relato da história desse termo, muito mais detalhado do que se pode tentar aqui, cf. Bowler (1975).

3. Essa ideia foi na verdade prenunciada na *Histoire naturelle* [*História natural*] de Buffon, um século antes, e constituiu a base de sua refutação da taxonomia essencialista de Lineu (OLDROYD, 1980: 14-26). Buffon escreveu, em 1749: "Na realidade, apenas indivíduos existem na natureza, ao passo que gêneros, ordens, classes só existem na imaginação" (apud LOVEJOY, 1959: 90). Depois, contudo, ele reverteu completamente seu pensamento quanto a isso.

4. A imagem da árvore, embora vívida, não é completamente apropriada, já que uma árvore não só cresce para cima, sugerindo o progresso necessário, mas também tem um tronco que poderia ser tomado como representação de uma "linha principal" de desenvolvimento. Uma analogia melhor seria um arbusto denso, ou uma morangueira se espalhando (MIDGLEY, 1978: 158). Mandelbaum sugere como comparação "a expansão, que vai cobrindo o solo, a partir de uma única planta original, que lança brotos em todas as direções, alguns dos quais forma uma nova raiz, outros que murcham e morrem e outros ainda que mal sobrevivem" (MANDELBAUM, 1971: 84). O fato de Darwin ter selecionado a imagem da árvore pode indicar que ele não conseguiu livrar-se inteiramente da ideia tradicional de que a vida permanece por ascensão, embora essa ideia não recebesse nenhum apoio em sua teoria (cf. tb. REYNOLDS, 1981: 13).

5. As palavras omitidas depois de "poderes de vida originalmente implantados" são "pelo Criador". Elas só aparecem em edições posteriores de *A origem das espécies* e presumivelmente destinavam-se a apaziguar a consciência dos leitores de Darwin, e possivelmente também a sua própria (GRUBER, 1974: 209).

6. Isto não exclui, naturalmente, a possibilidade de haver "ortosseleção" em circunstâncias nas quais um ambiente permanece estável durante um longo período. Nessas circunstâncias, podemos esperar que o aumento da adaptação ao ambiente produza uma tendência uniformemente dirigida ou "retilínea". Podemos explicar tendências limitadas dessa espécie sem ter necessidade de propor um princípio ortogenético de desenvolvimento pré-planejado que funcione independentemente de circunstâncias ambientais (GOUDGE, 1961: 83-84).

7. Embora a concepção de Schrodinger seja amplamente aceita, há de fato alguma discordância quanto a isso. Porque "ordem" no sentido termodinâmico pode não equivaler precisamente ao que queremos dizer com complexidade "organizacional" no mundo orgânico. Os componentes de uma molécula complexa podem ser considerados como mais "misturados" do que eram antes de sua formação, de modo que a entropia possa estar em correlação positiva com a organização (NEEDHAM, 1943: 226-227; MEDAWAR, 1967: 54-55). Contudo, está além da minha competência e de nosso objetivo ir muito além disso nessa controvérsia.

8. Para uma discussão esclarecedora da distinção entre a história como sucessão de eventos e a história como processo do desenvolvimento (pressupondo alguma totalidade que se desenvolve), cf. Mandelbaum (1971: 45-46).

9. Em *The Study of Sociology* [*O estudo da sociologia*], Spencer investe contra Canon Kingsley para supor que poderia haver algo menos automático na trajetória da sociedade humana (1972: 93-94). Kingsley tinha assinalado que uma pedra largada não cairia necessariamente no chão se alguém decidisse pegá-la. E, se imaginarmos pedras móveis como pessoas vivas, dotadas da mesma determinação que aqueles que as lançam, tudo poderia acontecer.

10. Entre os mais proeminentes degeneracionistas estava Richard Whately, arcebispo de Dublin, cujas concepções foram estabelecidas em uma conferência, feita em 1854, "On the origin of civilization" ["Da origem da civilização"] (cf. TYLOR, 1871, 1: 34; STOCKING, 1968: 75-76).

11. Para uma expressão recente da mesma ideia, cf. Harris (1968: 232). Ele escreve: "Nenhum grupo de homens pode trazer à existência, sempre que e onde quer que desejem, o aparato da produção [...] *exceto em uma ordem definida de progressão*". Dando um exemplo didático da falácia retrospectiva, continua: "Essa ordem da progressão equivale precisamente ao que os esforços combinados de arqueólogos e etnógrafos revelaram ser. Tylor, não há dúvida, teria concordado, mas o que torna a afirmação de Harris muito estranha é que foi feito no contexto de um argumento que pretende aplicar um paradigma darwinista ao domínio dos fenômenos socioculturais" (1968: 4). Porque a característica que especificamente diferencia esse paradigma do conceito lamarckiano da evolução é que *não* envolve nenhuma ordem definida de progressão.

12. A ordem de prioridades de Mason foi claramente estabelecida na seguinte passagem: "O explorador que vai ao encontro de um povo estudar todo o seu credo e atividade fará seu trabalho melhor se tiver em mente a determinação de comparar toda ação industriosa com as mesmas atividades em outros tempos e lugares" (1887: 534). No mesmo artigo, ele defende uma abordagem da cultura baseada nos "métodos do biólogo", traçando precisamente a mesma analogia entre traços e espécies que tinha sido proposta por Tylor. "Invenções tanto de costumes como de coisas advêm de invenções prévias, assim como a vida advém da vida".

13. A afirmação mais explícita dessa concepção que encontrei é a de Kubler, que, como Tylor, está preocupado em descobrir o padrão e a sequência na história das coisas. Kubler define uma sequência formal como "uma rede histórica de repetições gradualmente alteradas do mesmo traço [...]. Em seção transversal, digamos que mostra uma rede, uma tela ou um agregado de traços subordinados; e, em seção longitudinal, que tem uma estrutura parecida com uma fibra de etapas temporais, todas reconhecivelmente semelhantes, mesmo que sua malha se altere do começo ao fim" (1962: 37-38). Adiante, no mesmo trabalho, Kubler fala do fluxo do tempo "como assumindo a forma de feixes fibrosos, correspondendo cada fibra a uma necessidade em um determinado teatro de ação, e os comprimentos das fibras variam de acordo com a duração de cada necessidade e a solução de seus problemas" (1962: 122).

14. Não implica nenhuma concessão ao holismo reconhecer que a expressão de todo elemento cultural é condicionada pelo padrão total dos elementos em que está inserido, uma vez que a realização externa do indivíduo é a resultante da operação simultânea e conjunta de todos os seus componentes. Por isso a paradoxal antinomia que Stocking (1968: 213-214) encontra no trabalho de Boas entre a "percepção de todos" e a "abordagem da cultura quanto a seus elementos" é basicamente ilusória. A aparente influência do todo em suas partes se reduz à influência combinada das partes no surgimento do todo.

15. Leopold (1980: 67-115) oferece uma descrição bem mais detalhada sobre o uso de "cultura" por Tylor e seus contemporâneos do que posso fazer aqui. Cf. tb. Kroeber e Kluckhohn (1952), Bidney (1953: 23-53) e Stocking (1968: 69-90).

16. Para que não se tenha a impressão de que se trata de caso isolado, remeto à compilação de Kroeber e Kluckhohn (1952: 43-44) de definições de cultura diretamente influenciadas pela formulação original de Tylor e, em alguns casos, um plágio dela. Eis outro exemplo revelador: "Parafraseando

Tylor, cultura inclui todas as faculdades e hábitos adquiridos por um indivíduo como membro de uma sociedade particular" (KLINEBERG, 1935: 225). Observe-se especialmente a substituição de "homem" por "indivíduo" e a inserção de "particular" depois de "sociedade".

17. Compare-se essa afirmação, de um autor contemporâneo, com uma de Darwin (1874: 170): "Um ser moral é aquele que é capaz de comparar suas ações ou motivos passados e futuros". Voltarei ao problema crucial da relação entre tempo e consciência no cap. 4.

18. Refletindo sobre seu encontro com os naturais da Terra do Fogo durante sua viagem no Beagle, Darwin comentou: "Vendo aqueles homens, mal podemos nos convencer a acreditar que são nossos semelhantes e habitantes do mesmo mundo" (1889: 154). Contudo, era precisamente por causa desse sentido de que *estavam* no mesmo mundo que sua reação trazia mais repugnância do que humildade. Inversamente, o respeito pelos "povos primitivos" do qual o relativismo se orgulha é garantido pela colocação da vida daqueles em *outros* mundos.

19. O mesmo ponto foi reafirmado por Sir Arthur Keith, em seu discurso presidencial de 1916 no Instituto Antropológico Real. "A unidade humana evolutiva no passado", declarou, "foi a tribo primitiva, o mundo foi coberto por um mosaico delas" (1916: 33). O defensor recente mais proeminente da teoria da seleção de grupo, também com referência à evolução humana, é Wynne-Edwards. Retomando um argumento originalmente proposto por Carr-Saunders (1922: 223), ele afirma que se nem todas as culturas são "igualmente promissoras e viáveis", elas estarão "sujeitas à seleção natural. As mais bem-sucedidas sobrevivem e se expandem". Além disso "a medida da aptidão entre uma cultura e outra se aplica a cada grupo cultural como um todo e ignora as diferenças pessoais de aptidão que existem entre os indivíduos que compreendem cada grupo" (WYNNE-EDWARDS, 1971: 277). Sua alegação de que a seleção natural de culturas fomentaria o comportamento altruístico, "o espírito público", assim "protegendo o grupo contra a sabotagem da vantagem individual a curto prazo", simplesmente repete o que é dito por Darwin exatamente um século antes, e que citamos aqui.

20. Um dos primeiros a reconhecer a plena importância das observações de Darwin, em *A descendência do homem*, sobre o significado evolutivo das "qualidades sociais" que levam povos primitivos a dar e receber a ajuda de seus colegas (1874: 167), foi o Príncipe Kropotkin. Na sociedade selvagem, alegou ele, a vida do indivíduo é totalmente subserviente à vida da tribo, de modo que, "dentro da tribo, a regra 'cada um para todos' é suprema". Mas as relações entre tribos vivem em um estado de conflito crônico, amoral, no qual os antagonistas podem infligir um ao outro "as mais revoltantes crueldades" (KROPOTKIN, 1902: 111-113). A obra *Mutual aid* [*Ajuda mútua*] de Kropotkin esteve entre os primeiros estudos da cooperação em animais e seres humanos. Muitos outros seguiram seu exemplo (cf. citações em CROOK, 1971: 255). Toda a questão da suposta base hereditária do altruísmo foi reaberta por desenvolvimentos recentes na sociobiologia, e um dilúvio de publicações apareceu sobre o assunto. Deixaremos a discussão dessa questão para o cap. 6.

21. Essas inconsistências entre as duas principais obras de Darwin indicam os problemas encontrados tanto por defensores como por críticos que insistiram em tratar todo o *corpus* darwinista como uno, muitas vezes citando indiscriminadamente daqui e de lá. A discussão da "seleção de grupo é um exemplo. Seus defensores podem encontrar capítulo e versículo, como fizemos, em *A descendência do homem*: tribos em cujos membros houvesse um traço altruístico representado de modo relativamente forte suplantariam outras tribos, e isso seria seleção natural" (1874: 203). Não obstante, como Ghiselin justamente indica, o foco em indivíduos como as unidades da seleção são o suporte lógico de todo o argumento de Darwin em *A origem das espécies*. Com base nisso, ele afirma que selecionistas de grupo "se equivocam dolorosamente", ou pelo menos que o mecanismo que propõem "não é o mesmo tipo de seleção natural descoberto por Darwin" (GHISELIN, 1969: 57-58). O que não consegue perceber é que o primeiro e principal entre aqueles que deturparam assim o argumento da *Origem* foi seu autor.

22. Darwin estava absolutamente seguro da crescente superioridade desses "homens bem-dotados" sobre seus semelhantes (1874: 857-861).

23. Essa descrição da transição no pensamento de Boas do determinismo racial para o cultural é oferecida com alguma prudência e se apoia fortemente na autoridade de Stocking (1968). Era típico em Boas que compor suas obras mais gerais mediante a junção de fragmentos de artigos escritos em épocas bem diferentes, sem nenhuma ordem determinada, e sem nenhuma preocupação com respeito à coerência interna. Por isso, é extremamente difícil decifrar a direção desse pensamento. Assim, em *A mente do ser primitivo* (1911), organizado com partes escritas durante um período de formação de quase vinte anos, podemos encontrar afirmações em apoio a duas posições bastante distintas e contraditórias, que considero o "primeiro" e o "segundo" Boas, respectivamente. *Posição 1*: A condição do corpo de um indivíduo (incluindo a organização do cérebro) depende do ambiente específico ao qual é exposto; seu modo do pensamento reflete a estrutura material do cérebro. "Se aceitamos [...] a plasticidade dos tipos humanos, somos necessariamente levados também a aceitar uma grande plasticidade da constituição mental dos tipos humanos [...]. Temos de concluir que os traços fundamentais da mente, que estão estreitamente correlacionados com a condição física do corpo [...] são a parte mais sujeita a modificações de longo alcance" (1911: 64-65). "O ambiente tem um efeito relevante sobre a estrutura anatômica e as funções fisiológicas do homem [...] Se consideramos a condição mental como dependente [...] da estrutura do corpo, em particular o cérebro [...] podemos esperar que haja diferenças muito grandes na disposição individual" (1911: 75, 93). "Não parece provável que as mentes de raças que mostram variações em sua estrutura anatômica funcionem exatamente da mesma maneira [...]. Assim como encontramos provas de diferenças na estrutura entre as raças, assim também devemos esperar que se encontrem diferenças de características mentais" (1911: 114-115). *Posição 2*: A organização do cérebro é basicamente a mesma em toda a humanidade, embora a forma corporal herdada varie entre populações. O modo de pensar de um indivíduo reflete os conteúdos ideais de seu cérebro, e estes dependem do ambiente específico ao qual é exposto: "Não pode haver dúvida de que, de modo geral, as características mentais do homem sejam as mesmas em todo o mundo", mas se impõe a essa unidade "a diversidade produzida pela variedade de conteúdos da mente tal como encontrados em vários ambientes sociais e geográficos" (1911: 104). "As atividades mentais [...] da mente humana são comuns em toda a humanidade" (1911: 122). "A 'mitologia', a 'teologia' e a 'filosofia' [...] denotam influências que formam a corrente do pensamento do ser humano" (1911: 204). "As variações no desenvolvimento cultural podem ser explicadas tanto pelo [...] curso geral dos eventos históricos como por diferenças materiais de faculdade mental em diferentes raças" (1911: 29).

24. Como é óbvio por nossa escolha de metáfora, há uma conexão direta entre o determinismo cultural da antropologia boasiana e o célebre dito de John Locke de que a mente humana é, no início, um recipiente "ainda desprovido de qualquer conteúdo" que posteriormente vem a ser preenchido por todo tipo de ideias. Suponhamos, pois, que a mente seja um papel em branco, desprovido de todos os caracteres, sem nenhuma ideia. Como será ela suprida? De onde provém esse vasto estoque, que a ativa e ilimitada fantasia do homem pintou nela com uma variedade quase infinita?... A isso respondo, em uma palavra: da *experiência*. Todo o nosso conhecimento está fundado nela (LOCKE, 1894 [1690], 1: 48, 121-122). Sobre a continuidade a partir de Locke até Boas, passando por Turgot, cf. Harris (1968: 10-16).

25. Nesse sentido, Kroeber, mais uma vez, em suas "Dezoito profissões", diz: "Todos os homens são totalmente civilizados. Todos os animais são totalmente incivilizados porque são totalmente incivilizáveis" (1915: 286). É impossível ser mais direto do que isso. Kroeber, naturalmente, usava "civilização" para significar herança ou tradição.

26. As ideias antigas são bem resistentes. Reproduzo aqui um diagrama apresentado com toda a solenidade em uma conferência de eminentes psicólogos e biólogos, proferida em 1968. Representa o que é chamado o "homúnculo conceitual". Segundo seu criador, J.B. Calhoun, "O corpo do homem permaneceu tal como seu eu biológico precedente, mas o grau até o qual utilizava efetivamente seu córtex foi aumentando constantemente". Isso é indicado pelo tamanho crescente da cabeça, representando seu "diâmetro-alvo conceitual". As datas, que assinalam uma série de "limiares revolucionários", foram calculadas segundo uma fórmula matemática. A próxima revolução, prestes a acontecer, foi aumentada em quatro anos por deferência a Orwell (cf. CALHOUN, 1971: 372-374).

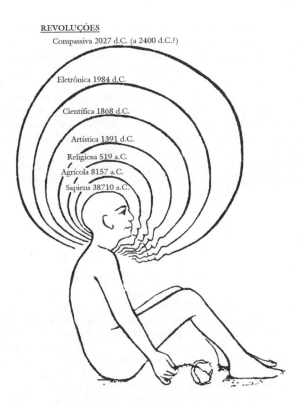

27. Um defensor recente dessa concepção é David Bidney. Revertendo a uma concepção de progresso do século XVIII, Bidney entende a evolução cultural como "o desdobramento ou a ativação das potencialidades da natureza humana por meio de um processo de autocondicionamento e educação em relação a um ambiente dado". Esse "autocultivo", como ele o chama em outro lugar, "depende do esforço e da seleção racional humanos". Somos os criadores ativos de nossas formas culturais, e não apenas veículos ou portadores passivos, e essas formas contribuem "para a promoção da evolução psicocultural do homem em benefício da prosperidade humana" (BIDNEY, 1953: 82-84, 126). O evidente anacronismo desse modo de ver, no contexto da antropologia, pode explicar a notável negligência contemporânea com que o importante estudo de Bidney foi recebido.

28. Como uma curiosidade que diz muito sobre o clima intelectual da época, poderíamos chamar a atenção para um primeiro artigo de um dos mais ferrenhos críticos de Spencer – William James – intitulado *Great men and their environment* [Grandes homens e seu ambiente], originalmente publicado em 1880. Ali James tenta refutar a doutrina spenceriana da inevitabilidade histórica e reentronizar a ideia de que a história é formada pelo gênio de indivíduos excepcionais, recorrendo a um análogo da variação darwinista sob seleção natural: "A relação do ambiente visível com o grande homem é em geral exatamente aquela que o ambiente tem com a 'variação' na filosofia darwinista. Na maioria das vezes, ele os adota ou rejeita, conserva ou destrói, em suma, *seleciona*-os" (1898: 226). Mas seu aparecimento é mero acidente. O argumento de James, naturalmente, se baseia em um grave equívoco sobre a teoria darwinista, pois supõe que a seleção produza não populações de indivíduos ímpares, mas ocasionais e promissores mutantes que aparecem graças a saltos em comunidades afora isso homogêneas.

29. Não vamos fazer aqui uma discussão completa desse episódio excêntrico da teoria da evolução cultural. O argumento de White é resumido na seguinte afirmação: "Uma vez que a cultura, como tradição extrassomática, pode ser tratada logicamente como uma espécie distinta e autônoma de sistema, podemos interpretar a evolução da cultura em termos dos mesmos princípios da termodinâmica que são aplicáveis a sistemas biológicos" (WHITE, 1959b: 39). Em consequência, quanto mais complexo o sistema de ideias culturais, tanto mais energia tem de ser obtida e gasta em sua manutenção e reprodução. Como exemplo, White cita com aprovação o trabalho de um certo David Burns, que "informa sobre experimentos nos quais foram medidos os montantes de energia necessários para fazer conferências" (1959b: 38, n. 14). Presumivelmente, quanto mais complicado e sofisticado o conteúdo da conferência, tanto mais calorias se espera que o conferencista gaste para fazê-la. Presume-se, naturalmente, que se gaste bem mais energia na enunciação retumbante de linguagem inarticulada do que na apresentação comedida de uma ideia complexa. Toda pessoa inclinada, como White, a reduzir a produção da cultura à operação de leis físicas faria bem em ter em mente uma das mais profundas observações de Teilhard de Chardin sobre a questão do dualismo mente-matéria: "Para pensar temos de comer. Mas que variedade de pensamentos obtemos de uma fatia de pão!" (1959: 69).

30. É precisamente a mesma ambiguidade que atinge as "estruturas" de Lévi-Strauss. Tal como a "cultura" de Kluckhohn, a expressão "estrutura social", para Lévi-Strauss, "não tem nada que ver com a realidade empírica, mas com modelos que são construídos depois dela". E assim como Kluckhohn distingue a cultura do comportamento, Lévi-Strauss separa "a estrutura social" das "relações sociais", que, segundo o original em inglês, constitui "*a matéria-prima a partir da qual são construídos os modelos que compõem a estrutura social*" (1968: 279). Consideremos agora os termos em francês da passagem que destaquei: "*qui rendent manifeste la structure sociale elle-même*" [que tornam manifesta a estrutura social propriamente dita] (1957: 306). Ao que parece, Lévi-Strauss quis dizer que a estrutura social *se manifesta* nas relações sociais. Mais uma vez, observe-se a semelhança com os termos de Kluckhohn: a cultura se manifesta no comportamento. Com efeito, todo aquele que supõe que Lévi-Strauss introduziu algo novo em sua distinção entre estrutura social e relações sociais fica simplesmente na obscuridade por uma modificação superficial de termos. Não se pode culpar o tradutor por uma evidente distorção do texto de Lévi-Strauss, já que resulta simplesmente das tentativas daquele de ser consistente onde o autor não é. Podemos nos perguntar (como de fato o tradutor deve ter-se perguntado) como modelos estruturais que "são construídos depois" da realidade empírica na mente do pesquisador podem ser apresentados em outro lugar como estruturas mais "reais" do que a realidade que vemos, localizado na mente das pessoas estudadas, em um "inconsciente" boasiano, e manifesto em seu comportamento. Porque isso equivale a dizer que não são em absoluto modelos, mas coisas cuja existência não depende de maneira nenhuma de haver um antropólogo em cena para observar seus efeitos.

31. Essa afirmação é uma virtual reiteração da tese principal de Giambattista Vico, em sua *Nova ciência*, de 1725, a de que os seres humanos só podem entender totalmente aquilo que deve sua origem à mente humana; porque "aquilo que os homens fizeram, outros homens, cuja mente é de homens, sempre podem, em princípio, 'penetrar'" (BERLIN, 1976: 27). A tese de Vico é resumida em uma passagem famosa, que vale a pena citar por inteiro: "Mas em tal densa noite de trevas onde está encoberta a primeira e de nós distantíssima antiguidade, aparece este lume eterno, que não se põe, desta verdade, a qual não se pode de modo algum colocá-la em dúvida: que este mundo civil certamente foi feito pelos homens, e nele se pode, porque se deve, encontrar os princípios nas modificações da nossa própria mente humana. Todo aquele que reflete sobre isso não pode deixar de maravilhar-se de que todos os filósofos se esforçaram seriamente por conseguir a ciência deste mundo natural, do qual, porquanto Deus o fez, só ele possui deste a ciência; e negligenciaram o meditar sobre este mundo das nações, ou seja, mundo civil, do qual, porque o haviam feito os homens, dele podiam os homens conseguir a ciência" (VICO 1948 [1744]: 331).

32. Outro modo de exprimir a diferença entre uma concepção relativa ao sujeito e uma relativa ao objeto é, seguindo Fabian, contrastar "a *reflexão* [*reflexion*] como atividade subjetiva executada pelo etnógrafo e que o revela, e *reflecção* [*reflection*] como uma espécie de reflexo objetivo (como a imagem em um espelho) que oculta o observador, eliminando axiomaticamente a subjetividade" (FABIAN, 1983: 90).

33. Sobre essa obra, Oldroyd observa que ela "é agora um ocupante empoeirado do quarto de despejo da filosofia especulativa" e que, "nós, com nossa concepção olímpica contemporânea, podemos nos inclinar a considerá-la uma aberração filosófica" (1980: 278). Certamente o exemplar que consultei tinha acumulado uma abundância de pó. Mas como, em toda uma variedade de campos, da física à sociologia, o atomismo recebido do pensamento ocidental do século XX é hoje, ao menos, questionado, talvez tenha chegado a hora de resgatar *Evolução criadora* das prateleiras. Em uma releitura, vai-se descobrir que essa "aberração" contém a maioria das ideias em direção às quais tateamos atualmente, expressa com uma eloquência que falta tristemente na linguagem filosófica pesada e tortuosa de hoje.

34. Para uma concepção semelhante, cf. Kroeber (1963: 83-86). Apesar de seu relativismo declarado, Kroeber sentiu que a "tendência em direção ao progresso" na cultura humana deve ser aceita como um fato. "Esse progresso é manifesto na quantidade total de cultura controlada pelas sociedades, contribuindo assim para o domínio do ambiente; no tamanho da unidade social coesiva, interna e externa; e no reconhecimento da realidade. Muitos antropólogos ainda têm receio de admitir qualquer tipo de progresso cultural; mas essa é uma posição ultrapassada. Em épocas marcadas pela ingenuidade havia de fato muitos pressupostos etnocêntricos do progresso que eram falsos; mas esta já não é uma época ingênua. Podemos aceitar completamente o relativismo cultural, e ainda assim não fazer dele uma cortina que oblitera toda pesquisa mais profunda de valores" (1963: 84).

35. O cenário de Darlington é montado em uma volumosa obra intitulada *The Evolution of man and society* [A evolução do homem e da sociedade] (1969). A ideia geral consiste em que os seres humanos, como caçadores-coletores, primeiro se separaram em algumas populações que procriavam isoladamente, levando à formação de raças distintas. Então, com a formação de civilizações baseadas em classes, agrícolas, os mais bem-dotados dessas raças vieram a estabelecer sua hegemonia sobre os outros. Por conseguinte, as fronteiras raciais já não estão entre sociedades segregadas conforme o espaço, mas dentro das sociedades, entre as classes. A hierarquia das classes corresponde à capacidade intelectual herdada e deve ser conservada no interesse da civilização. Assim "nós [pessoas de classe superior] ainda podemos receber a mensagem do pintor ou dramaturgo ateniense ou do poeta hebreu como se vivessem entre nós hoje. Mas, infelizmente, é uma mensagem que não podemos esperar transmitir ao açougueiro ou padeiro na esquina" (DARLINGTON, 1972: 114). É difícil acreditar que essas concepções irracionais, inteiramente desprovidas de fundamento, possam ter sido impressas por uma editora acadêmica respeitável há pouco mais de uma década.

36. E, naturalmente, se há vida, há movimento. É um fato universal de nossa existência, observa Fernandez, "que todos os seres humanos estão inclinados ao movimento, reconhecem a necessidade dele, estão interessados em unir-se a ele ou a observá-lo e quando ocorre". Em suma, "movemo-nos, somos movidos, ou morremos" (FERNANDEZ, 1979: 61).

37. Como Glucksmann indicou, trata-se de um aspecto no qual Lévi-Strauss e Althusser, apesar de suas diferenças, consideráveis em outros aspectos, estão mais ou menos de acordo: "[o] anti-humanismo [que] é um dos aspectos mais distintivos do marxismo althusseriano [...] tem muitas semelhanças com o antissubjetivismo de Lévi-Strauss. Para eles, as relações e as estruturas são a unidade de análise, e não a experiência vivida e subjetiva do homem, e esta deve ser explicada por forças estruturais impessoais (uma peça sem autor)" (GLUCKSMANN, 1974: 113). Comentando essa semelhança, Giddens (1979: 160) observa que Althusser procede substituindo o processo social total existente nos seus momentos particulares pela ideia de uma "estrutura existente em seus efeitos". A ação dotada de propósito de agentes humanos é assim considerada o epifenômeno de uma causa estrutural. Também há paralelos entre o marxismo althusseriano e a sociologia de Parsons: "Um e outro chegam a uma posição na qual o sujeito é controlado pelo objeto" (GIDDENS, 1979: 52, 112).

38. Isso significa dizer que eu e os membros de minha família imediata somos, nos termos de Schütz, "consociados": "Compartilhar uma comunidade de tempo [interior]... implica que cada parceiro participa da vida em andamento dos outros. Eles podem assim compartilhar suas respectivas antecipações do futuro como planos, esperanças ou inquietudes. Em suma, *os consociados estão mutuamente envolvidos nas biografias uns dos outros; eles estão envelhecendo juntos*; vivem, como podemos dizer, em uma pura relação-Nós" [sic] (SCHÜTZ, 1962: 16-17; grifo meu).

39. O "indivíduo portador de cultura" boasiano não equivale nem ao indivíduo (como organismo) nem à pessoa de Radcliffe-Brown. Quanto a este, a falta de correspondência é evidente em sua crítica ao tratamento de Kroeber do fenômeno do parentesco classificatório. Em um artigo escrito em 1909 e dirigido principalmente contra as reconstruções sociológicas bastante fantásticas do mentor de Radcliffe-Brown, W.H.R. Rivers, Kroeber tinha concluído que "os termos da relação refletem a psicologia, não a sociologia. São determinados principalmente pela língua e podem ser utilizados para a inferência sociológica só com extrema prudência" (1952: 181; cf. RIVERS, 1968: [1914]). Por "psicologia", Kroeber não queria referir-se aos atributos universais da natureza humana, mas à impressão, na mente do indivíduo, de um modelo cultural específico, que transmite "maneiras de pensar e de sentir" características. Na adoção de uma visão sociológica de sistemas de parentesco, diferentes naturalmente daquela de Rivers, o objeto de Radcliffe-Brown não eram os afetos e a cognição, mas a ação prática (1952: 59-62). A pessoa, em sua condição de parente, é a parte que desempenha nesse sistema de ação. Embora nem Kroeber nem Radcliffe-Brown atribuíssem muito à agentividade, o indivíduo de Kroeber é um repositório de elementos culturais (dos quais o parentesco forma apenas um pequeno subconjunto), ao passo que o sistema de parentesco de Radcliffe-Brown é um acordo de trabalho (de que a pessoa é apenas um pequeno componente). Essa diferença da abordagem foi fundamental para a divisão subsequente entre antropologia cultural e antropologia social.

40. Aqui Lévi-Strauss repete uma alegação feita muitos anos antes: "Tanto a história como a etnografia estão preocupadas com sociedades *que não* aquela na qual vivemos. Se essa *alteridade* é devida a distância a tempo [...] ou a distância no espaço [...] é algo que tem importância secundária em comparação com a semelhança básica da perspectiva" (1968: 16). Em outro lugar, naturalmente, ele contradiz completamente isso, identificando a história (em oposição à etnografia) com o sentido do tempo contínuo, orientado e cumulativo característico do evolucionismo progressivo (cf. cap. 4).

41. A partir da formulação do princípio de indeterminação de Heisenberg, ficou evidente para os físicos atômicos que a separação absoluta entre observador e observado é uma impossibilidade teórica. Como exprime Bohm, estes são "aspectos combinados e interpenetrantes de uma só realidade" (1980: 9). Teríamos pensado que as ciências da vida – a biologia, a psicologia e, antes de mais nada, a antropologia – seriam as primeiras a reconhecer isso. Mas, ironicamente, foi tão grande seu interesse em emular a ciência supostamente "dura", e tão ultrapassada foi sua avaliação dela, que permanecem basicamente comprometidas com um objetivismo que já é obsolescente. Quanto à antropologia, esse compromisso foi na verdade fortalecido pela atitude dominante de relativismo cultural.

42. O próprio Darwin não deixou seus leitores em dúvida sobre isso, tendo se empenhado em afastar todas as possíveis interpretações errôneas: "A simples passagem do tempo não tem por si só alguma ação nociva ou benéfica no âmbito da seleção natural. Faço aqui esta observação porque tem sido erroneamente dito que o passar do tempo desempenha um papel crucial na modificação das espécies, como se todas as formas de vida estivessem necessariamente passando, devido a alguma lei inata, por um processo de variação" (1872: 76).

43. A esta lista também devemos acrescentar Whitehead, cuja visão do universo como "um avanço criador rumo à novidade" foi consideravelmente influenciada pela filosofia de Bergson. Segundo Whitehead, a ordem da natureza nunca está completa, "está sempre indo além de si mesma". E o princípio criador eternamente imanente nesse avanço correspondia a seu conceito de Deus (WHITEHEAD, 1929: 314, 420; cf. EISENDRATH, 1971: 206).

44. Essa ideia é conhecida dos antropólogos sociais a partir da literatura sobre sistemas de linhagem. É expressa mais explicitamente por Fortes, em seu trabalho sobre os Tallensi do Norte de Ghana: "Entre os Tallensi, o sistema de linhagem nos permite ver a operação do fator tempo na estrutura social de um modo muito concreto. Vemos como a estrutura de linhagem em um dado momento inclui tudo que é estruturalmente relevante de suas fases passadas, e ao mesmo tempo impele constantemente para a frente seus pontos de crescimento. O equilíbrio dinâmico da linhagem é um equilíbrio no tempo" (FORTES, 1945: 224).

45. No "método comparativo" da etnologia evolutiva, a superfluidade de datas é levada a tal extremo que deixa de haver qualquer correspondência entre contemporaneidade cronológica e contemporaneidade histórica. As sociedades, supõe-se, podem ser vislumbradas no mesmo ponto em um processo histórico único em momentos amplamente distantes no tempo cronológico, e vice-versa. Assim, quando afirma que "o processo evolucionista se preocupa com *classes* de eventos independentes de um tempo e um lugar específicos", White (1945a: 230) se refere ao tempo *cronológico* e ao espaço *geodésico*. O objetivo da etnologia evolutiva é, portanto, reunir no tempo real o que ficou separado no tempo abstrato.

46. O autor dessa frase foi, naturalmente, William James, e vale repetir a passagem na qual ele leva a isso: "A consciência [...] não se afigura a si mesma cortada em pedaços [...] Ela não é uma coisa composta; ela flui. Um 'rio' ou 'a corrente' são as metáforas pelas quais é mais naturalmente descrita. Para nos referir-nos a ela a partir de agora, vamos chamá-la de corrente do pensamento, da consciência ou da vida subjetiva" (JAMES, 1890, 1: 239). A visão de Bergson é essencialmente a mesma.

47. Devemos observar aqui uma consequência de nossa rejeição do essencialismo saussureano: as relações sincrônicas não ocorrem além dos limites do indivíduo. Indivíduos diferentes, embora da mesma população e cronologicamente contemporâneos, representam estados diferentes e por isso devem ser concebidos como pontos em uma rede de relações diacrônicas cujas conexões são forjadas na transmissão dos elementos que compõem cada estado.

48. Criticando a concepção de Radcliffe-Brown da analogia orgânica, Leach escreve: "As entidades que chamamos sociedades não são espécies naturalmente existentes, nem mecanismos construídos pelos seres humanos. Mas a analogia de um mecanismo tem tanta relevância como a analogia de um organismo" (1961: 6). Como, então, o mecanismo e o organismo se diferenciam? Em apenas um aspecto: o organismo *vive*. E foi precisamente essa ideia da vida social, ao contrário da sociedade como uma *entidade*, que Radcliffe-Brown derivou da analogia.

49. Talvez este seja o ponto apropriado para fazer um balanço da classificação bastante idiossincrática de funções do tempo apresentado em um influente artigo de Fortes: (a) tempo como *duração*, extrínseco, um contexto ou continente no qual as coisas acontecem tal como contadas nos livros de história; (b) tempo como *continuidade* (ou seu contrário, descontinuidade), intrínseco, "um índice de forças e condições que permanece mais ou menos constante em um intervalo de tempo; ou daquelas que dão lugar, precipitadamente, a novas forças e condições; e (c) tempo intrínseco a 'processos de crescimento' *genéticos*, oposto à mera sequência, composto das forças de continuidade e modificação não reversíveis" (FORTES, 1949: 54-55). Parece claro que o terceiro sentido (c) corresponde à "duração" de Bergson, e à trajetória curva da fig. 4.3. Fortes usa as antinomias de continuidade e descontinuidade para designar a persistência (constância) e a mudança (modificação precipitada). Por isso, o segundo sentido (b) corresponde à sequência gradual da fig. 4.3. Finalmente, o tempo no sentido (a) é um fio abstrato, "vazio", divisível em segmentos cronológicos nos quais podemos pendurar a narrativa de eventos.

50. A clareza do argumento de Geertz não é ajudada por sua tendência de oscilar entre esses dois conceitos da pessoa. Assim, tendo explicado que o mundo cotidiano dos balineses é povoado por "pessoas determinadas positivamente caracterizadas e apropriadamente etiquetadas" – ou seja, *dramatis personae* – ele continua descrevendo seu projeto como a descrição e análise da "experiência de pessoas" (1975: 363-364). As etiquetas, contudo, não têm experiências; quem as têm são os eus nos quais são colocadas.

51. Isso é reconhecido por Waddington, que também trata resumidamente da relação entre escalas temporais e formas de explicação na biologia. Ele distingue entre a escala curta de reações fisiológicas, a escala média da ontogenia individual e a escala mais longa da evolução darwinista. Mas observa que é tomando a escala mais longa e a mais curta *em conjunto,* e omitindo a média, que chegamos à teoria da seleção natural (WADDINGTON, 1957: 6-7).

52. Além de Monod (1972), cf. o volume organizado por Lewis (1974), e artigos de Skolimowski, Birch e Dobzhansky, bem como a réplica de Monod, em Ayala e Dobzhansky (1974). Algumas questões envolvidas foram abordadas recentemente em Birch e Cobb (1981). Para uma resenha cética, cf. Toulmin (1982: 140-155).

53. Em um argumento ostensivamente semelhante a Monod, Bateson compara a epigênese com o desenvolvimento de uma tautologia complexa "na qual nada é acrescentado depois que os axiomas e as definições foram estabelecidos". Assim, "em contraste com a epigênese e a tautologia, que constituem os mundos da replicação, há todo um domínio de criatividade, arte, aprendizagem e evolução no qual processos contínuos de modificação *se alimentam do aleatório*. A essência de epigênese é a repetição previsível; a essência da aprendizagem e da evolução é a exploração e a modificação" (BATESON, 1980: 57-58). E, mais uma vez, "a epigênese está para a evolução assim como trabalhar uma tautologia está para o pensamento criativo" (1980: 176).

54. Este aspecto recebe nova confirmação em um artigo sobre "o projeto orgânico" do zoólogo C.F.A. Pantin. Comparando a seleção natural com um engenheiro, ele usa precisamente a mesma analogia, para caracterizar seus produtos, que Goudge aplica a coisas criadas mecanicisticamente. O organismo, escreve Pantin, "se assemelha a um modelo feito com o *kit* de construção das crianças: um *kit* composto por partes padrão com propriedades únicas, tiras, chapas e rodas que podem ser usadas para vários objetivos funcionais" (1951: 144).

55. Uma espécie bastante semelhante de confusão está na alegação de Lévi-Strauss, em seu livro *Raça e história*, de que "a real contribuição de uma cultura se constitui, não da relação de invenções que produziu pessoalmente, mas em sua diferença de outras" (1953: 42). A própria ideia de que uma *cultura* possa produzir coisas pessoalmente é uma contradição em termos, juntando o objetivo com o subjetivo, bens criados com bens criativos. Talvez tenha sido simplesmente um lapso de Lévi-Strauss. Mas, no caso, foi um lapso altamente revelador.

56. No original francês: "*Nous ne prétendons donc pas montrer comment les hommes pensent dans les mythes mais comment les mythes se pensent dans les hommes, et à leur insu*" [Não pretendemos, portanto, mostrar como os homens pensam nos mitos, mas como os mitos se pensam nos homens, a despeito destes] (LÉVI-STRAUSS, 1964: 20). Há algum debate sobre qual seria a melhor tradução.

57. Cf. Tylor (1871, 1: 354). Um corpo do mito, então, se parece um pouco com uma biblioteca, sendo um acúmulo de obras de que é possível ler algo do modo como seus autores viveram e pensaram. É instrutivo comparar as concepções de Boas e Lévi-Strauss sobre o caráter anônimo do mito com a conclusão para a qual Tylor se encaminha: "O mito é a história de seus autores, não de seus súditos; registra a vida, não de heróis sobre-humanos, mas de nações poéticas" (1871, 1: 376).

58. Este poderia ser o ponto apropriado para mencionar a tentativa recente e altamente provocadora de Webster e Goodwin de aplicar uma abordagem estruturalista ao problema clássico da origem das espécies. Em sua concepção, cada espécie é a realização de uma possibilidade de um dentre um número bem grande de possibilidades que constituem um conjunto logicamente estruturado todos os membros do qual podem ser gerados pela manipulação de um sistema de transformações. A evolução, então, é um processo *exploratório* que – embora resulte da interação entre acaso e necessidade – "fornece uma 'revelação' do sistema e de suas possibilidades e, portanto, de suas leis. Os organismos vivos são dispositivos que usam o 'ruído' contingente da história como um 'moto' para explorar o conjunto de estruturas, é possível que infinitamente grande, que são possíveis para eles" (WEBSTER & GOODWIN, 1982: 46). Se essa concepção for bem fundada (e é demasiado cedo para dizer), a analogia entre projetos míticos e orgânicos como trabalhos de bricolagem seria ainda mais próxima do que me arrisquei a sugerir.

59. Saussure e Chomsky diferenciam-se em suas respectivas formulações da relação entre liberdade e estrutura. Para Saussure, a concatenação de palavras em frases é uma questão de livre-criação individual, uma vez que está fora da esfera da estrutura linguística [*la langue*]. Para Chomsky, por outro lado, a estrutura não se opõe à liberdade, sendo antes sua própria condição, o que acentua a capacidade do indivíduo de gerar tipos de frases sempre novos (CHOMSKY, 1968: 17; HYMES, 1971: 52-54).

60. Bidney escreve: "Uma vontade sem causa, indeterminada, é incompatível com o argumento científico". No entanto, ele acaba por alegar, um tanto paradoxalmente, que a mente pode ser "simultaneamente determinada e livre [...] A liberdade e a casualidade não são fatores mutuamente exclusivos, mas antes complementares" (1963a: 29-30). Há uma complementaridade semelhante, naturalmente, entre acaso e necessidade, diacronia e sincronia, e mudança e persistência. Mas nenhuma dessas dicotomias nos apresenta nada mais do que uma *aproximação* reconstruída da realidade.

61. A criatividade que atribuímos à mente, Bourdieu atribui a algo que chama o *habitus*, que é do mesmo modo a condensação de uma história das relações sociais. Quanto ao que o *habitus* de fato é, e como, se for o caso, se diferencia da mente, confesso estar completamente perplexo. Bourdieu em lugar algum define seus termos, preferindo bombardear seus leitores com alguns dos exemplos mais contorcidos de duplilíngua que já apareceu na antropologia recente. Por exemplo: "sendo o produto de uma série cronologicamente organizada de determinações estruturantes, o *habitus*, que a cada momento estrutura em termos das experiências estruturantes que o produziram as experiências de estruturação que afetam sua estrutura, produz uma integração singular..." (1977: 86-87). Seja lá o que isso pode significar (e pode significar qualquer coisa, o que torna a crítica impossível), não podemos aceitar a elevação por Bourdieu do *habitus* a um sistema de "disposições comuns a todos os membros do mesmo grupo ou classe", de cuja história coletiva "a história do indivíduo nunca é nada senão certa especificação" (1977: 86). Isso me parece a queda justamente na espécie de essencialismo durkheimiano que Bourdieu afora isso está tão preocupado em evitar. [N.T.: O original em francês, não menos abstruso, não parece corresponder à tradução em inglês aqui apresentada. Ele diz *"une série chronologiquement ordonnée de structures, une structure d'un rang déterminé spécifiant les structures de rang inférieur (donc génétiquement antérieures) et structurant les structures de rang supérieur par l'intermédiaire de l'action structurante qu'elle exerce sur les expériences structurées génératrices de ces structures"* – que pode ser traduzido como: "uma série cronologicamente organizada de estruturas em que as estruturas de um nível determinado especificam as estruturas de nível inferior (que são assim geneticamente anteriores) e estruturam as estruturas de nível superior por meio da ação estruturante que exerce sobre as experiências estruturadas geradoras dessas estruturas"].

62. Cf., p. ex., Bonner (1980) e a extensa lista de referências fornecida por Bock (1980: 223, n. 28).

63. Fica claro, a partir de outros contextos, que Marx usa o termo "espécies" como sinônimo de "social", para conotar relações de intersubjetividade. Assim, ele escreve que a vida do homem é "uma expressão e confirmação da *vida social*. A vida individual e de espécie do homem não são *diferentes*" (1964a: 138). Ele diz com isso que a vida social (da "espécie") não é a vida de uma sociedade hipostasiada como oposta à vida de sujeitos individuais, mas em vez disso um processo intersubjetivo, isto é, a vida social de pessoas. Voltaremos a concepções de Marx sobre esse aspecto crucial no próximo capítulo.

64. Não é assim, deve-se observar, para Engels, cuja "dialética da natureza" não ocorre entre Sujeito e Objeto, mas em uma interação recíproca entre objetos, isto é, os organismos e seu ambiente (VENABLE, 1945: 70). Para essa perspectiva, o fato de que os seres humanos são "organismos *autoconscientes*" parece quase incidental (ENGELS, 1934: 237; SCHMIDT, 1971: 191). O mesmo se aplica, naturalmente, a boa parte do pensamento recente na antropologia ecológica (p. ex., RAPPAPORT, 1971).

65. Comparemos. Boas: "Em lugar de uma única linha da evolução, surge uma multiplicidade de linhas convergentes e divergentes que é difícil enquadrar em um sistema. Em vez da uniformidade, a característica notável parece ser a diversidade" (1974: 34); Durkheim: "[Cada sociedade] constitui uma nova individualidade, e sendo cada uma dessas individualidade distintas heterogênea, não podem elas ser absorvidas na mesma série contínua, e sobretudo não em uma série única. A sucessão de sociedades não pode ser representada por uma linha geométrica; ao contrário, ela se parece com uma árvore cujos ramos crescem em direções divergentes" (1982 [1895]: 64).

66. Sorokin, apresentando seu maciço *Society, Culture and Personality* [Sociedade, cultura e personalidade] com uma seção sobre "o mundo superorgânico", assume uma concepção amplamente semelhante àquela de Kroeber. Os fenômenos superorgânicos, objeto de estudo das ciências sociais, "só são encontrados no homem e no mundo feito pelo homem". Figuram entre eles a linguagem, a ciência, a religião, a arte, as leis, os costumes, a tecnologia, a arquitetura, o cultivo de plantas, a criação de animais e a organização social. "Todos esses são fenômenos superorgânicos porque são as articulações da mente em várias formas; nenhum deles surge primordialmente em resposta a reflexos ou instintos cegos". E, mais uma vez, os traços superorgânicos "não são herdados biologicamente, mas aprendidos de outros seres humanos" (SOROKIN, 1947: 3-5). Em outro lugar, contudo, se inclina a aceitar a ideia de que a fonte do superorgânico não são os processos mentais de indivíduos, mas propriedades emergentes da matriz supraindividual dentro da qual estão inseridos (BIDNEY, 1953: 332-333).

67. Uma das razões pelas quais Kroeber preferiu substituir "cultural" por "social" ao escrever sobre o superorgânico foi, ao que parece, que o termo alemão *Kultur* tinha se tornado um *slogan* de propaganda de guerra no período, atraindo todas as espécies de conotações falsas que não tinham nada que ver com o significado próprio da palavra. "Não é que Kroeber ignorasse a cultura em 1917, mas ele temia ser mal-entendido fora do campo da antropologia se usasse a palavra" (KROEBER & KLUCKHOHN, 1952: 29, n. 78).

68. Em uma apresentação especialmente clara e ingênua disso, Murdock atribuiu um século de teorização antropológica ao domínio da mitologia: "A cultura, o sistema social e todos os conceitos supraindividuais comparáveis, como representações coletivas, mente grupal e organismo social, são abstrações conceptuais ilusórias inferidas da observação dos fenômenos bem reais de indivíduos que interagem uns com os outros e com o seu meio ambiente [...]. Abstrações reificadas não podem ser legitimamente usadas para explicar o comportamento humano" (1972: 19). Deve-se acrescentar que Murdock possivelmente faz objeção ao conceito de cultura apenas quando é empregado para denotar um emergente supraindividual, isto é no sentido no qual fica sinônimo de estrutura social.

69. Talvez devêssemos mencionar uma exceção significativa. Trata-se da definição etológica de sociedade proposta por Wynne-Edwards. Como defensor da seleção de grupo (cf. neste volume, n. 19, e a discussão do altruísmo na parte final deste capítulo), Wynne-Edwards julga que, embora a organização social tenha consequências adaptáveis que fomentam seu estabelecimento sob seleção natural, essas consequências afetam a população local em conjunto, em vez de seus membros descartáveis, individuais. A sociedade, então, define os objetivos pelos quais os indivíduos competem e estabelece as regras do jogo de tal modo que todo o grupo se beneficia da própria competição. Wynne-Edwards define a sociedade como "uma organização de indivíduos capazes de fornecer competição convencional entre seus membros e adaptados para garantir a sobrevivência do grupo". E como os indivíduos, entre outras coisas, podem estar competindo por espaço privado, Wynne-Edwards considera que a socialidade *per se* "não tem conexão especial com a gregariedade" (1972: 60).

70. Em sua crítica à sociobiologia, Sahlins corretamente observa que, para seus defensores, "a organização social é [...] nada mais do que o resultado comportamental da interação de organismos que têm inclinações biologicamente fixadas. Não há nada na sociedade que não esteja primeiro nos organismos". O que ele *não consegue* perceber é que também para grande parte da antropologia cultural a sociedade é do mesmo modo redutível às propensões comportamentais de indivíduos, resultando sua organização diretamente da interação de seres humanos que têm inclinações culturalmente fixadas. Na rejeição de uma visão tão reducionista da organização social, Sahlins dá uma aprovação bem pouco velada ao superorganicismo cultural de Durkheim e do primeiro Kroeber (SAHLINS, 1976a: 5-6).

71. Devemos uma das interpretações mais grotescas dessa passagem a Marvin Harris. As relações de produção são independentes dos seres humanos, afirma ele, porque são determinadas pela natureza técnica do aparato de produção vigente. Como o desenvolvimento tecnológico segue uma "ordem de progressão" pré-ordenada, que "não admite desvios ou saltos", os seres humanos só podem conformar-se com as exigências da tecnologia prevalecente no "estágio de desenvolvimento" particular em que por acaso se encontrem (HARRIS, 1968: 232).

72. Habermas tentou recentemente acomodar essa mudança na compreensão da cooperação por Marx distinguindo dois "níveis". Ele escreve que "Devemos separar o nível da ação comunicativa daquele da ação estratégica e instrumental combinada na cooperação social" (1979: 145). Essa não é uma solução satisfatória e, além disso, só obscurece a distinção fundamental entre relações sociais e relações materiais. Em primeiro lugar, como os sociobiólogos reconheceram claramente, a ação cooperativa não é menos estratégica ou instrumental por ser comunicativa. Em segundo, aquilo que é estratégico ou instrumental e, assim, por definição, dependente da vontade humana, não pode ser incluído sob a rubrica das relações sociais que *constituem* a vontade.

73. Quando se trata do delineamento da ecologia cultural como objeto de estudo, Steward vacila – bem à maneira de Kroeber – entre imagens contrárias do superorgânico. Ele afirma que "O homem entra na cena ecológica [...] não simplesmente como mais um organismo que se relaciona com outros organismos quanto às suas características físicas. Ele introduz o fator superorgânico da cultura, que também afeta e é afetado pela teia total da vida" (1955: 31). O foco da investigação ecológica é normalmente a população, um agregado local de indivíduos, e o ecólogo estuda o comportamento que esses indivíduos exibem tanto entre si mesmos como no decorrer da interação com outros elementos de seu ambiente. Se a cultura é entendida no sentido boasiano como uma propriedade de seres humanos individuais, então uma ecologia cultural estaria do mesmo modo preocupada com "modelos de comportamento" manifestos em populações de portadores da cultura em sua adaptação a condições ambientais determinadas. Evidentemente, são estes que Steward pretende elucidar. Contudo, ao separar a ecologia biológica da cultural, ele retira a cultura do indivíduo humano, deixando este último como mais uma coisa geneticamente constituída. Enquanto os ecólogos biológicos estudam as relações mútuas entre essas coisas, quanto às suas características inatas (físicas), os ecólogos culturais são instados a estudar "como a cultura é afetada por sua adaptação ao ambiente" (STEWARD, 1955: 31). A cultura tornou-se aqui uma entidade reificada, supraindividual com vida própria, e sua adaptação um processo análogo ao de indivíduos humanos, mas apartado dele. Assim, supõe-se que as duas ecologias tratem das relações ambientais de organismos biológicos e superorganismos culturais, respectivamente.

74. Mumford a denomina *megamáquina*, composta por um grande corpo de indivíduos rigorosamente coordenado em suas atividades com um objetivo predeterminado e calculado. Definindo a máquina, em termos gerais, como "uma combinação de partes resistentes, cada uma especializada em uma função, funcionando sob o controle humano para utilizar a energia e executar o trabalho", Mumford observa que a "grande máquina do trabalho" atende amplamente a esses critérios definidores, e ainda mais porque seus componentes, embora feitos de ossos, nervos e músculos humanos, foram reduzidos aos seus elementos mecânicos mais primários e rigidamente estandardizados para a realização de suas tarefas limitadas (MUMFORD, 1967: 191).

75. O fato de Mauss usar a palavra-chave "total" em dois sentidos bastante diferentes tem sido uma fonte de considerável confusão. No primeiro sentido, ela é empregada para caracterizar o fenômeno geral da troca de presentes, que é "total" no sentido de estar presente em todos os níveis do funcionamento social. Mas, no segundo sentido, demarca uma determinada subclasse dessa troca, a saber, a "prestação". Nesse contexto, Mauss distingue "prestações totais" (entre corporações únicas ou agregadas, como chefes ou clãs) da "troca de presentes" (aqui limitada a trocas entre determinados *indivíduos*), e sugere que esta última representa uma fase intermediária em um desenvolvimento evolutivo de sociedades primitivas ou arcaicas na etapa de "prestação total" para a sociedade moderna baseada no "puro contrato individual, no mercado financeiro, venda propriamente dita, e moeda pesada e cunhada" (1954 [1925]: 45, 68).

76. Sobre o fetichismo da mercadoria, Marx escreveu que "as relações distintivas em que [as pessoas] entram no decorrer da produção na sociedade aparecem como as propriedades específicas de uma coisa", ou, mais precisamente, "como as relações de coisas umas com as outras e de coisas com pessoas" (1970 [1859]: 34, 49). O determinista também supõe que as relações sociais manifestam as propriedades *de uma coisa chamada cultura*, e as culturas, nas palavras de Sahlins, "são ordens significativas de pessoas e coisas" (1976b: x).

77. Uma discussão clássica sobre como a troca de valores culturais mercantilizados em sucessivas transações individuais leva à manutenção de sua integração em um sistema consistente de Barth (1966: 12-21).

78. Assim, Fortes discorda da concepção de P.J. Wilson de que repartir comida em sociedades de caçadores e coletores "não constitui comportamento altruísta, mas [...] é obrigatório" (WILSON, 1975: 12), uma concepção que implica claramente a espontaneidade do altruísmo. Para Fortes, a obrigação é a essência da repartição – não, contudo, uma obrigação contratual entre indivíduos, mas uma obrigação moral imposta pela sociedade. Logo, "o altruísmo humano não é uma virtude privada, mas um serviço público, social [...] um serviço, gentileza ou atenção com relação a outros a partir de um sentido de dever que reflete obrigação moral" (FORTES, 1983: 44, n. 19).

79. Kantorowicz usa a imagem do robô para mostrar que simplesmente cumprir regras juridicamente constituídas não é atuar como um sujeito moral: "Podemos então supor teoricamente que se pode construir um modelo mecânico que, embora privado de toda vida mental, pode comportar-se exatamente como um ser humano. A resposta do mecanismo aos estímulos externos apropriados seria exatamente a resposta prescrita pela lei, e esse homem-máquina seria um perfeito cidadão cumpridor das leis, possivelmente o único cidadão perfeito obediente à lei. Considerado moralmente, no entanto, sua conduta seria bem indiferente" (1958: 47).

80. A consciência, segundo Wilson, é a ação do maquinismo orgânico do cérebro, e "se compõe de grandes números de representações simbólicas simultâneas e coordenadas dos neurônios participantes do neocórtex do cérebro". O fato de que o funcionamento da consciência constitui "o mistério cardeal da neurobiologia" não parece abalar a convicção de Wilson de que eventualmente ele vai ser completamente resolvido (1978: 74-75).

81. Não desejo tomar partido quanto às capacidades intelectuais e linguísticas dos chimpanzés. Se fosse demonstrado conclusivamente que podem realizar alguma competência elementar com a língua, considerando um meio e treinamento apropriados, e que podem desenvolver uma aptidão correspondente de pensamento conceptual, teríamos de cruzar o Rubicão para pô-los no nosso lado, mas o argumento básico acerca da dependência do pensamento da língua permaneceria não afetado. Além disso, ainda teríamos o quebra-cabeças da explicação de por que essas mesmas capacidades não aparecem entre chimpanzés observados em condições "naturais". Pode haver alguma razão no argumento de Marler de que os animais que vivem em grupos pequenos, íntimos, familiares uns com os outros, em uma longa história de envolvimento, têm pouca ou nenhuma necessidade de um instrumento tão especializado como a língua. Mas, nesse caso o mesmo pode ser dito de grupos humanos primários. "É de fato concebível", observa Marler, "que outros tipos [não linguísticos] de comunicação [...] desempenhem um papel muito mais importante em nossa própria biologia do que somos inclinados a reconhecer" (1977: 66). A afirmação faz muito sentido.

82. Cf., p. ex., Harré (1979: 190-192, 224). Harré justifica sua adoção do que chama o "modelo dramatúrgico" da vida social com a ideia de que aquilo que os seres humanos fazem é primordialmente expressivo em vez de prático. Ele declara: "Não dedicarei nenhum espaço a uma discussão das atividades práticas da humanidade porque acredito que elas só afetam de modo tangencial a vida social durante a maior parte da história humana" (1979: 206). Uma afirmação tão irracional só pode vir da torrezinha mais elevada de uma torre de marfim. Em geral, os advogados da metáfora dramática são inclinados a adotar uma visão bem preconceituosa da condição humana, e Harré não é exceção – como o evidencia a observação a seguir, ao que parece feita com a maior seriedade: "Marx disse que está na natureza do homem trabalhar. Isso não é verdade, ao menos dada a atual constituição da raça humana. É da natureza do homem fugir para o *pub* para exibir seu machismo" (1979: 8).

83. Essa concepção tem um claro precedente nos escritos de Boas: "A tradição se manifesta em uma ação executada pelo indivíduo. Quanto mais frequentemente essa ação for repetida, tanto mais firmemente ficará estabelecida, e tanto menos será o equivalente consciente que acompanha a ação; desse modo, as ações usuais que são repetidas muito frequentemente se tornam inteiramente inconscientes" (1911: 242).

84. A incapacidade de reconhecer essa distinção é a base de uma discussão famosa e absolutamente sem sentido entre Schneider e Geertz sobre a questão de se a cultura pode ser compreendida "em seus próprios termos" puramente como um sistema de símbolos, apartado do fluxo real da conduta na qual se manifesta. Schneider pensa que ela pode ser isolada dessa maneira, produzindo "cultura-como-constituída" em vez de "cultura-como-vivida", oposição que tem seu análogo linguístico na dicotomia saussuriana *langue/parole* (1980: 125-136). A isso Geertz objeta que abstrair a cultura da conduta é privá-la de significado, torná-la vaga. Descrever uma cultura significa, para Geertz, "traçar a curva do discurso social", desvelando as intenções e os objetivos das pessoas ao dizer o que dizem e fazer o que fazem (1975: 17-19). Obviamente isso requer mais do que um conhecimento do código formal em termos do qual algo pode ser dito ou feito. Schneider, cabe reconhecer, nunca nega isso; sua ideia é simplesmente que se tem de quebrar o código antes de poder seguir a conversação – o segundo problema não pode ser abordado até que o primeiro seja superado (1980: 129). Geertz simplesmente confunde a questão, referindo-se persistentemente a um *processo* intersubjetivo ("a curva do discurso social", "o fluxo da ação social", "um padrão em andamento da vida" etc.) como uma *entidade* panssubjetiva, a saber, uma cultura ou "forma cultural". Evidentemente, o significado que se considera inerente à conduta, e que não pode ser recuperado nos termos da oposição de Schneider entre estrutura simbólica e comportamento manifesto, corresponde ao movimento da intencionalidade-na-ação, e, como tal, é intransitivo. Ele pertence à consciência que apresenta a conduta, não à cultura que a representa. Confundindo consciência com cultura, Geertz confunde os sentidos intransitivo e transitivo de significado, supondo que tudo aquilo que transmite significado tem de ser simbólico. Schneider reconhece claramente que o significado simbólico sempre é transitivo, definindo o símbolo simplesmente como "algo que está no lugar de alguma outra coisa" (1980: 1). Em consequência, o significado inerente à conduta *não pode* ser simbólico. Se fosse menos apegado ao conceito de cultura e menos prolixo em sua argumentação, Geertz poderia ter percebido que descrever o processo da vida social é fazer *justamente isso*, e não descrever uma cultura; que essa descrição não impede de modo nenhum a formalização da cultura como um sistema de símbolos; e, além disso, que, como a cultura é um veículo da vida social (como a língua o é da conversação), não se tem de dominar aquela para interpretar esta última.

85. Trata-se na verdade de uma extensão inversa. A noção de comportamento foi, segundo Ardener, cunhada no século XV, tendo sido adotada para exprimir "certa concepção de modo de agir ou conduta socialmente prescrita ou sancionada". Isso naturalmente sobrevive no português cotidiano, onde "comportar-se" significa ser "bom" ou "educado", segundo os padrões prevalecentes de etiqueta (algo que também podemos esperar de nossos animais domésticos, quase-humanos). Só em meados do século XIX os termos "comportar(-se)" e "comportamento" foram transferidos para o discurso científico, originalmente no campo da química, onde se fala de comportamento de reagentes inorgânicos quando experimentalmente combinados. É deste último uso, estendido ao domínio orgânico, que as noções sociobiológicas contemporâneas de comportamento humano e animal foram derivadas (ARDENER, 1973: 152-153).

86. No tocante a isso, vale a pena observar que o conceito de "sobrevivência" cultural, que ocupa um lugar central no esquema de Tylor, só faz sentido no contexto de uma identificação do cultural com o artificial. Porque, ao denotar assim a classe de objetos que sobreviveram à sua utilidade e permaneceram na tradição, supõe implicitamente que todos os objetos foram originalmente adotados por seus usuários *com um objetivo*, conforme algum critério ou critérios de seleção racional. Spencer, do mesmo modo, inclui todos os componentes da "cultura" de Tylor (conhecimento, crença, arte, moral, lei, costumes etc.) na categoria de "produtos superorgânicos que comumente distinguimos como artificiais" (1876, 1: 14).

87. Uma confusão entre essas duas espécies de exteriorização é evidente no comentário, afora isso perceptivo, de P.J. Wilson: "A característica saliente da cultura humana é ser extrassomática, e, por isso, temos de explicar como foi possível que indivíduos, populações e espécies vieram a desenvolver habilidades que lhes permitem *controlar coisas fora de seus corpos, usar seus corpos autoconscientemente como instrumentos* para transformar ambientes" (1980: 39). As duas frases que destaquei aqui têm significados bastante diferentes. A primeira se refere a objetos extrassomáticos, apropriados como meios para projetos somáticos (individuais); a segunda se refere a se apropriar do soma como um meio para projetos extrassomáticos (conscientes).

88. Seria possível dizer que o *Homo faber* e o *Homo loquens* não são senão dois aspectos do *Homo cogitans* (HALLOWELL, 1960b: 323, n. 45).

89. Toulmin na verdade acrescenta mais dois sentidos de adaptação, além do desenvolvente e do populacional. Trata-se de "calculador" e "homeostático". A adaptação calculadora se refere ao processo de tomada de decisão racional no ajuste de meios a fins; por isso, se relaciona com a seleção artificial de ideias e conceitos no decorrer do projeto autoconsciente, um processo que consideramos peculiar aos seres humanos (já que requer inteligência simbólica) e que pode estar ligado à aprendizagem por meio do ensino. A adaptação homeostática se refere à manutenção do equilíbrio interno e do funcionamento normal em um sistema como o corpo vivo, diante de modificações ambientais externas. Como forma da aprendizagem, não pode ser imediatamente diferenciado da adaptação no sentido desenvolvente (TOULMIN, 1981: 179-181).

90. A teoria que Cloak defende requer, naturalmente, que a cultura assuma essa forma corpuscular. Contudo, ele chega ao ponto de alegar que há apoio empírico para a suposição: "Com base em várias *experiências e observações naturais*, acredito que a cultura é adquirida em fragmentos muito pequenos, não relacionados entre si, que são instruções interneurais específicas culturalmente transmitidas de geração a geração" (1975: 167-168; grifos meus). Essas experiências e observações não especificadas, das quais absolutamente nenhum detalhe é revelado, acrescentam uma aura da respeitabilidade científica a um argumento que na verdade não se apoia em nenhuma evidência sólida. Se tivessem sido realizadas, e demonstrado de fato o que Cloak alega, teriam um significado extraordinário – especialmente porque o peso das evidências etnográficas aponta para o sentido oposto.

91. Uma útil revisão e um sumário dos vários modelos de coevolução disponíveis na literatura, e seus precursores, são fornecidos por Lumsden e Wilson (1981: 256-265).

92. Os exemplos são quase demasiado numerosos para citar, e a lista aqui traz apenas alguns dos mais proeminentes, muitos dos quais conhecidos a partir da discussão neste e em capítulos precedentes: Alexander (1979: 73-82), Bateson (1980: 193-203), Campbell (1965, 1975), Cavalli-Sforza e Feldman (1981), Childe (1951: 162-175), Cloak (1975), Cohen (1981: 203-205), Dawkins (1976: 203-215; 1982: 109-110), Diener (1980), Durham (1976, 1979), Emerson (1960, 1965), Emlen (1976, 1980), Gerard, Kluckhohn e Rapoport (1956), Habermas (1979: 171-177), Harré (1979: 364-383; 1981a), Hayek (1978), Hill (1978), Huxley (1956), Ingold (1979: 284-290; 1983a: 14), Kroeber (1948: 259-261), Murdock (1945; 1971 [1956]; 1959), Rappaport (1971), Rensch (1972: 115-125), Ruyle (1973), Sahlins e Service (1960), Simpson (1958b: 534-535) e Wynne-Edwards (1971).

93. Não tratarei da teoria da seleção de grupo, atualmente muito desfavorecida, neste contexto. Observe-se, contudo, que, em relação à humanidade, isso é normalmente apresentado como um processo pelo qual as populações portadoras da cultura são submetidas à seleção *natural* (WYNNE-EDWARDS, 1971: 277). O pressuposto parece ser que os grupos a que faltam barreiras que sirvam para regular o tamanho da população em torno de uma condição favorável ecologicamente sustentável acabam por sucumbir, levando sua tradição incorreta consigo e deixando o campo aberto a outros grupos nos quais as convenções altruísticas requeridas tenham ficado de alguma maneira estabelecidas. À parte de todas as outras dificuldades que assistem à teoria, mesmo quando aplicada a espécies pré-culturais, esse cenário implica a questão adicional de por que a eliminação seletiva da tradição mal-adaptada deveria esperar de fato o fracasso reprodutivo do grupo, ou por que, na verdade, antes de tudo este último deveria levar à sua eliminação.

Referências

ALEXANDER, C. (1964). *Notes on the synthesis of form*. Cambridge: Harvard University Press.

ALEXANDER, R.D. (1979). *Darwinism and human affairs*. Seattle: University of Washington Press.

_____ (1975). The search for a general theory of behaviour. *Behavioural Science* 20, p. 77-100.

_____ (1974). The evolution of social behaviour. *Annual Review of Ecology and Systematics* 5, p. 325-383.

ALTHUSSER, L. & BALIBAR, E. (1970). *Reading Capital*. Londres: New Left [trad. bras.: *Ler O capital*. Vol. II. Rio de Janeiro: Zahar, 1980].

ALTMANN, S.A. (1965). Sociobiology of rhesus monkeys, II: Stochastics of social communication. *Journal of Theoretical Biology*, 8, p. 490-522.

ARDENER, E. (1980). "Some outstanding problems in the analysis of events". In: FOSTER, M.L. & BRANDES, S.H. (orgs.). *Symbol as sense* – New approaches to the analysis of meaning. Londres: Academic.

_____ (1973). Behaviour: A social anthropological criticism. *Journal of the Anthropological Society*, 4, p. 152-154.

_____ (1971). "Social anthropology and the historicity of historical linguistics". In: ARDENER, E. (org.). *Social anthropology and language*. Londres: Tavistock [Association of Social Anthropologists Monograph, 10].

AVINERI, S. (1968). *The social and political thought of Karl Marx*. Cambridge: Cambridge University Press.

AYALA, F.J. (1974). "The concept of biological progress". In: AYALA, F.J. & DOBZHANSKY, T. (orgs.). *Studies in the philosophy of biology*. Londres: Macmillan.

BAER, K.E. (1828). *Entwicklungsgeschichte der Thiere* – Beobachtung und Reflexion. Konigsberg: Bontrager.

BAILEY, G. (1983). Concepts of time in quaternary prehistory. *Annual Review of Anthropology*, 12, p. 165-192.

_____ (1981). "Concepts, time-scales and explanations in economic prehistory". In: SHERIDAN, A. & BAILEY, G. (orgs.). *Economic Archaeology*. Oxford: BAR [British Archaeological Reports International Series, 96].

BARASH, D.P. (1977). *Sociobiology and behaviour.* Londres: Heinemann.

BARNES, J.A. (1971). Time flies like an arrow. *Man* (N.S.) 6, p. 537-552.

BARNETT, S.A. (1983). Humanity and natural selection. *Ethology and sociobiology* 4, p. 35-51.

BARTH, F. (1966). *Models of social organization*. Londres: RAI [Royal Anthropological Institute Occasional Paper, 23].

BARTHOLOMEW, G.A. & BIRDSELL, J.B. (1953). Ecology and the protohominids. *American Anthropologist* 55, p. 481-498.

BASTIAN, J. (1968). "Psychological perspectives". In: SEBEOK, T.A. (org.). *Animal Communication*. Bloomington: Indiana University Press.

BATESON, G. (1980). *Mind and nature*. Londres: Fontana [trad. bras.: *Mente e natureza*. São Paulo: Francisco Alves, 1986].

_____ (1973). *Steps to an ecology of mind*. Nova York: Ballantine.

BAXTER, P.T.W. & ALMAGOR, U. (1978). *Age, generation and time* – Some features of East African age organizations. Londres: Hurst.

BEATTIE, J.H.M. (1980). "On understanding sacrifice". In: BOURDILLON, M.F.C. & FORTES, M. (orgs.). *Sacrifice*. Londres: Academic.

BECK, B.B. (1980). *Animal tool behavior.* Nova York: Garland STPM Press.

BENEDICT, R. (1935). *Patterns of culture*. Londres: Routledge & Kegan Paul [trad. bras.: *Padrões de cultura*. Petrópolis: Vozes, 2018].

BERG, L.S. (1926). *Nomogenesis, or evolution determined by law*. Londres: Constable.

BERGSON, H. (1911). *Creative evolution*. Londres: Macmillan [trad. bras. de Adolfo Casais Monteiro: *A evolução criadora*. São Paulo: Unesp, 2009].

BERLIN, I. (1976). *Vico and Herder*: Two studies in the history of ideas. Londres: Hogarth [trad. bras.: *Vico e Herder*. Brasília, UNB, 1982].

BERTALANFFY, L. (1952). *Problems of life*. Londres: Watts.

BEURTON, P. (1981). "Organismic evolution and subject-object dialectics". In: JENSEN, U.J. & HARRÉ, R. (orgs.). *The philosophy of evolution*. Brighton: Harvester.

BHASKAR, R. (1981). "The consequence of socio-evolutionary concepts for naturalism in sociology: Commentaries on Harré and Toulmin". In: JENSEN, U.J. & HARRÉ, R. (orgs.). *The philosophy of evolution*. Brighton: Harvester.

BIDNEY, D. (1963a). "The varieties of human freedom". In: BIDNEY, D. (org.). *The concept of freedom in anthropology*. Haia: Mouton.

_____ (1963b). "Preface". In: BIDNEY, D. (org.). *The concept of freedom in anthropology*. Haia: Mouton.

_____ (1953). *Theoretical anthropology*. Nova York: Columbia University Press.

BIRCH, C. & COBB, J.B. (1981). *The liberation of life*. Cambridge: Cambridge University Press.

BIRCH, C. (1974). "Chance, necessity and purpose". In: AYALA, J. & DOBZHANSKY, T. (orgs.). *Studies in the philosophy of biology*. Londres: Macmillan.

BLOCH, M. (1977). The past and the present in the present. *Man* (N.S.) 12, p. 278-292.

BLUM, H.F. (1963). On the origin and evolution of human culture. *American Scientist*, 51, p. 32-47.

_____ (1955). *Time's arrow and evolution*. Princeton: Princeton University Press.

BOAS, F. (1974). *A Franz Boas reader*: The shaping of American anthropology 1883-1911. Chicago: University of Chicago Press.

_____ (1948). *Race, language and culture*. Nova York: Free Press.

_____ (1911). *The mind of primitive man*. Nova York: Macmillan [trad. bras.: *A mente do ser primitivo*. Petrópolis: Vozes, 2010].

_____ (1898). "Introduction by J. Teit". In: *Traditions of the Thompson River Indians of British Columbia*. Boston: Houghton Mifflin.

BOCK, K.E. (1980). *Human nature and history* – A response to sociobiology. Nova York: Columbia University Press.

_____ (1955). Darwin and social theory. *Philosophy of Science*, 22, p. 123-134.

BOESIGER, E. (1974). "Evolutionary theories after Lamarck and Darwin". In: AYALA, J. & DOBZHANSKY, T. (orgs.). *Studies in the philosophy of biology*. Londres: Macmillan.

BOHM, D. (1980). *Wholeness and the implicate order*. Londres: Routledge & Kegan Paul.

BONNER, J.T. (1980). *The evolution of culture in animals*. Princeton: Princeton University Press.

BOURDIEU, P. (1977). *Outline of a theory of practice*. Cambridge: Cambridge University Press.

BOWLER, P.J. (1975). The changing meaning of "evolution". *Journal of the History of Ideas* 36, p. 95-114.

BRAUDEL, F. (1972). *The Mediterranean and the Mediterranean world in the age of Philip II*. Londres: Collins.

BURGHARDT, G.M. (1970). "Defining 'communication'". In: JOHNSTON, J.W.; MOULTON, D.G. & TURK, A. (orgs.). *Communication by chemical signals* – Advances in Chemoreception. Vol. I. Nova York: Appleton-Century-Crofts.

BURROW, J.W. (1966). *Evolution and society*: A study in Victorian social theory. Cambridge: Cambridge University Press.

BURY, J.B. (1932). *The idea of progress*. Londres: Macmillan.

CALHOUN, J.B. (1971). "Space and the strategy of life". In: ESSER, A.H. (org.). *Behavior and environment* – The use of space by animals and men. Nova York: Plenum.

CAMPBELL, D.T. (1975). On the conflicts between biological and social evolution and between psychology and moral tradition. *American Psychologist* 30, p. 1.103-1.126.

_____ (1974). "Unjustified variation and selective retention in scientific discovery". In: AYALA, J. & DOBZHANSKY, T. (orgs.). *Studies in the philosophy of biology*. Londres: Macmillan.

_____ (1965). "Variation and selective retention in sociocultural evolution". In: BARRINGER, H.R.; BLANKSTEN, G.I. & MACK, R.W. (orgs.). *Social change in developing areas*: A reinterpretation of evolutionary theory. Cambridge: Schenkman.

CARNEIRO, R.L. (1973). "The four faces of evolution: Unilinear, universal, multilinear and differential". In: HONIGMANN, J.J. (org.). *Handbook of social and cultural anthropology*. Chicago: Rand McNally.

_____ (1967). "Editor's introduction". In: *The evolution of society*. Chicago: University of Chicago Press.

CARR, E.H. (1961). *What is history?* Nova York: Random House.

CARR-SAUNDERS, A.M. (1922). *The population problem*: A study in human evolution. Oxford: Clarendon.

CASSIRER, E. (1944). *An essay on man*. New Haven: Yale University Press.

CAVALLI-SFORZA, L.L. (1971). "Similarities and dissimilarities of sociocultural and biological evolution". In: F. HODSON, R.; KENDALL, D.G. & TAUTU, P. (orgs.). *Mathematics in the archaeological sciences*. Edimburgo: Edinburgh University Press.

CAVALLI-SFORZA, L.L. & FELDMAN, M.W. (1981). *Cultural transmission and evolution*: A quantitative approach. Princeton: Princeton University Press.

CHERRY, C. (1957). *On human communication*. Cambridge: MIT Press.

CHILDE, V.G. (1951). *Social evolution*. Londres: Fontana.

CHOMSKY, N. (1968). *Language and mind*. Nova York: Harcourt Brace Jovanovich.

_____ (1966). *Cartesian linguistics*. Nova York: Harper & Row.

_____ (1964). *Current issues in linguistic theory*. The Plague: Mouton.

CLARK, S.R.L. (1982). *The nature of the beast*. Oxford: Oxford University Press.

CLOAK, F.T. (1977). Comment on W.H. Durham: "The adaptive significance of cultural behaviour". *Human Ecology*, 5, p. 49-52.

_____ (1975). Is a cultural ethology possible? *Human Ecology* 3, p. 161-182.

COHEN, G.A. (1978). *Karl Marx's theory of history* – A defense. Oxford: Clarendon.

COHEN, R. (1981). Evolutionary epistemology and human values. *Current Anthropology* 22, p. 201-218.

COLLINGWOOD, R.G. (1946). *The idea of history*. Oxford: Clarendon.

CROOK, J.H. (1980). *The evolution of human consciousness*. Oxford: Clarendon.

_____ (1971). "Sources of co-operation in animals and man". In: EISENBERG, J.F. & DILLON, W.S. (orgs.). *Man and beast*: Comparative social behavior. Washington: Smithsonian Institution Press.

DAHRENDORF, R. (1968). *Essays in the theory of society*. Londres: Routledge & Kegan Paul.

DARLINGTON, C.D. (1972). "Race, class and culture". In: PRINGLE, J.W.S. (org.). *Biology and the human sciences*. Oxford: Clarendon.

_____ (1969). *The evolution of man and society*. Nova York: Simon & Schuster.

_____ (1953). *The facts of life*. Londres: Allen & Unwin.

DARWIN, C. (1950). *The origin of species* (reprint of first edition of 1859). Londres: Watts.

_____ (1889). *Journal of researches into the natural history and geology of the countries visited during the voyage of H.M.S. "Beagle" round the world*. 3. ed. Londres: Ward, Lock [trad. bras.: *Viagem de um naturalista ao redor do mundo*. 2 vols. Porto Alegre: L&PM Pocket, 2008.

_____ (1881). *The formation of vegetable mould, through the action of worms, with observations on their habits*. Londres: John Murray.

_____ (1874). *The descent of man and selection in relation to sex*. 2. ed. Londres: John Murray [trad. bras.: *A origem do homem e a seleção sexual*. Curitiba: Hemus, 2002.

_____ (1872). *The origin of species*. 6. ed. Londres: John Murray [trad. bras.: *A origem das espécies*. São Paulo: Livraria Editora, 2010].

_____ (1862). *On the various contrivances by which British and foreign orchids are fertilized by insects*. Londres: John Murray.

DARWIN, F. (1888). *The life and letters of Charles Darwin*. Vol. II. Londres: John Murray.

DAVIS, R.T.; LEARY, R.W.; SMITH, M.D.C. & THOMPSON, R.F. (1968). Species differences in the gross behaviour of nonhuman primates. *Behaviour*, 31, p. 326-338.

DAWKINS, R. (1982). *The extended phenotype* – The gene as the unit of selection. San Francisco: Freeman.

_____ (1976). *The selfish gene*. Oxford: Oxford University Press.

DIENER, P. (1980). Quantum change, macroevolution and the social field: Some comments on evolution and culture. *Current Anthropology*, 21, p. 423-443.

DIENER, P.; NONINI, D. & ROBKIN, E.E. (1980). Ecology and evolution in cultural anthropology. *Man* (N.S.), 15, p. 1-31.

DOBZHANSKY, T. (1974a). "Chance and creativity in evolution". In: AYALA, J. & DOBZHANSKY, T. (orgs.). *Studies in the philosophy of biology*. Londres: Macmillan.

_____ (1974b). "Two contrasting world views". In: LEWIS, J. (org.). *Beyond chance and necessity*. Atlantic Highlands: Humanities.

_____ (1962). *Mankind evolving*. New Haven: Yale University Press.

DRIESCH, H. (1914). *The history and theory of vitalism*. Londres: Macmillan.

DUMONT, L. (1972). *Homo hierarchicus*. Londres: Paladin.

_____ (1957). For a sociology of India. *Contributions to Indian Sociology*, 1, p. 7-22.

DURHAM, W.H. (1979). "Towards a coevolutionary theory of human biology and culture". In: CHAGNON, N.A. & IRONS, W. (orgs.). *Evolutionary biology and human social behavior*: An anthropological perspective. North Scituate: Duxbury.

_____ (1976). The adaptive significance of cultural behaviour. *Human Ecology* 4, p. 89-121.

DURKHEIM, É. (1982) [1917]. *The rules of sociological method*. Londres: Macmillan.

_____ (1976) [1915]. *The elementary forms of the religious life*. 2. ed. Londres: Allen & Unwin.

_____ (1961) [1925]. *Moral education*. Nova York: Free Press.

_____ (1960) [1914]. "The dualism of human nature and its social conditions". In: WOLFF, K.H. (org.). *Emile Durkheim, 1858-1917*. Columbus: Ohio State University Press.

_____ (1952) [1897]. *Suicide* – A study in sociology. Londres: Routledge & Kegan Paul [trad. bras.: *O suicídio*. São Paulo: Abril Cultural, 1982].

_____ (1938). *L'évolution pédagogique en France*. Paris: Alcan.

_____ (1933) [1893]. *The division of labour in society*. Londres: Macmillan [trad. bras.: *A divisão social do trabalho*. São Paulo: Martins Fontes, 2012].

ECCLES, J.C. (1974). "Cerebral activity and consciousness". In: AYALA, J. & DOBZHANSKY, T. (orgs.). *Studies in the philosophy of biology*. Londres: Macmillan.

EISENDRATH, C.R. (1971). *The unifying moment* – The psychological philosophy of William James and Alfred North Whitehead. Cambridge: Harvard University Press.

ELTON, G.R. (1967). *The practice of history*. Sydney: Sydney University Press.

EMERSON, A.E. (1965). "Human cultural evolution and its relation to organic evolution of insect societies". In: BARRINGER, H.R.; BLANKSTEN, G.I. & MACK, R.W. (orgs.). *Social change in developing areas*: A reinterpretation of evolutionary theory. Cambridge: Schenkman.

_____ (1960). "The evolution of adaptation in population systems". In: TAX, S. (org.). *Evolution after Darwin*. Vol. 1: The evolution of life. Chicago: University of Chicago Press.

_____ (1958). "The evolution of behavior among social insects". In: ROE, A. & SIMPSON, G.G. (orgs.). *Behavior and evolution*. New Haven: Yale University Press.

EMLEN, S.T. (1980). "Ecological determinism and sociobiology". In: BARLOW, G.W. & SILVERBERG, J. (orgs.). *Sociobiology*: Beyond nature/nurture? Boulder: Westview.

_____ (1976). An alternative case for sociobiology. *Science* 192, p. 736-738.

ENGELS, F. (1972) [1884]. *The origin of the family, private property and the state*. Nova York: Pathfinder.

_____ (1934). *Dialectics of nature*. Moscou: Progress.

EVANS-PRITCHARD, E.E. (1961). *Anthropology and history*. Manchester: Manchester University Press.

_____ (1951). *Social anthropology*. Londres: Cohen & West.

_____ (1950). Social anthropology: Past and present. *Man* 50, p. 118-124.

_____ (1940). *The Nuer*. Oxford: Oxford University Press.

FABIAN, J. (1983). *Time and the other*. Nova York: Columbia University Press.

FERNANDEZ, J. (1979). On the notion of religious movement. *Social Research*, 46, p. 36-62.

FOLSOM, J.K. (1928). *Culture and social progress*. Nova York: Longmans.

FORTES, M. (1983). *Rules and the emergence of society* (Royal Anthropological Institute Occasional Paper 39). Londres: RAI.

_____ (1969). *Kinship and the social order*. Londres: Routledge & Kegan Paul.

_____ (1949). "Time and social structure". In: FORTES, M. (org.). *Social structure*: Essays presented to A.R. Radcliffe-Brown. Oxford: Clarendon.

_____ (1945). *The dynamics of clanship among the Tallensi*. Londres: Oxford University Press.

FOUCAULT, M. (1970). *The order of things* – An archaeology of the human sciences. Londres: Tavistock.

FREEMAN, D. (1974). The evolutionary theories of Charles Darwin and Herbert Spencer. *Current Anthropology*, 15, p. 211-237.

_____ (1970). "Human nature and culture". In: FREEMAN, D. (org.). *Man and the new biology*. Canberra: Australian National University Press.

FRISCH, K. von. (1950). *Bees*: their vision, chemical sense and language. Ithaca: Cornell University Press.

GALTON, F. (1874). *English men of science* – Their nature and nurture. Londres: Macmillan.

GEERTZ, C. (1975). *The interpretation of cultures*. Nova York: Basic Books.

GELLNER, E. (1964). *Thought and change*. Londres: Weidenfeld & Nicolson.

GEORGE, W. (1964). *Biologist philosopher*: A study of the life and writings of Alfred Russel Wallace. Londres: Abelard-Schuman.

GERARD, R.W.; KLUCKHOHN, C. & RAPOPORT, A. (1956). Biological and cultural evolution: Some analogies and explorations. *Behavioral Science*, 1, p. 6-34.

GHISELIN, M.T. (1969). *The triumph of the Darwinian method*. Berkeley: University of California Press.

GIDDENS, A. (1979). *Central problems in social theory*. Londres: Macmillan.

GILLESPIE, C.S. (1959). "Lamarck and Darwin in the history of science". In: GLASS, B.; TEMKIN, O. & STRAUS, W.L. (orgs.). *Forerunners of Darwin*: 1745-1859. Baltimore: Johns Hopkins University Press.

GLASERSFELD, E. von. (1976). "The development of language as purposive behavior". In: STEKLIS, H.B.; HAMAD, S.R. & LANCASTER, J. (orgs.). *Origins and evolution of language and speech* [Annals of the Nova York Academy of Sciences, vol. 280].

GLUCKSMANN, M. (1974). *Structural analysis in contemporary social thought*. Londres: Routledge & Kegan Paul.

_____ (1968). The utility of the equilibrium model in the study of social change. *American Anthropologist*, 70, p. 219-237.

GODELIER, M. (1972). *Rationality and irrationality in economics*. Londres: New Left.

GOLDENWEISER, A.A. (1933). *History, psychology and culture*. Nova York: Knopf.

_____ (1917). The autonomy of the social. *American Anthropologist* 19, p. 447-449.

GOUDGE, T.A. (1961). *The ascent of life*. Toronto: University of Toronto Press.

GOULD, S.J. (1983). *The panda's thumb*. Harmondsworth: Penguin.

_____ (1980). *Ever since Darwin* – Reflections in natural history. Harmondsworth: Penguin.

GOULD, S.J. & VRBA, E.S. (1982). Exaptation – a missing term in the science of form. *Paleobiology*, 8, p. 4-15.

GREGORY, C. (1983). "Kula gift exchange and capitalist commodity exchange: A comparison". In: LEACH, J.W. & LEACH, E.R. *The kula*: New perspectives on Massim exchange. Cambridge: Cambridge University Press.

GRIFFIN, D.R. (1977). "Expanding horizons in animal communication behavior". In: SEBEOK, T.A. (org.). *How animals communicate*. Bloomington: Indiana University Press.

_____ (1976). *The question of animal awareness* – Evolutionary continuity of mental experience. Nova York: Rockefeller University Press.

GRUBER, H.E. (1974). *Darwin on man* – A psychological study of scientific creativity. Nova York: Dutton.

HABERMAS, J. (1979). *Communication and the evolution of society*. Londres: Heinemann.

HALDANE, J.B.S. (1956a). Time in biology. *Science Progress* 44, p. 385-402.

_____ (1956b). The argument from animals to men: An examination of its validity for anthropology. *Journal of the Royal Anthropological Institute*, 36, p. 1-14.

_____ (1932). *The causes of evolution*. Londres: Longmans.

HALLOWELL, A.I. (1960a). Personality structure and the evolution of man. *American Anthropologist* 52, p. 159-173.

_____ (1960b). "Self, society and culture in phylogenetic perspective". In: TAX, S. (org.). *Evolution after Darwin*. Vol. 2: The evolution of man. Chicago: University of Chicago Press.

HAMILTON, W.D. (1964). The genetical evolution of social behaviour. *Journal of Theoretical Biology*, 7, p. 1-52.

HARLOW, H.F. (1958). "The evolution of learning". In: ROE, A. & SIMPSON, G.G. (orgs.). *Behavior and evolution*. New Haven: Yale University Press.

HARRÉ, R. (1981a). "The evolutionary analogy in social explanation". In: JENSEN, U.J. & HARRÉ, R. (orgs.). *The philosophy of evolution*. Brighton: Harvester.

_____ (1981b). "On the problem of self-consciousness and the origins of the expressive order: Commentaries on Dobert, Ruben and Keiler". In: JENSEN, U.J. & HARRÉ, R. (orgs.). *The philosophy of evolution*. Brighton: Harvester.

_____ (1979). *Social being*. Oxford: Blackwell.

HARRIS, M. (1968). *The rise of anthropological theory*. Nova York: Crowell.

HATCH, E. (1973). *Theories of man and culture*. Nova York: Columbia University Press.

HAWTHORN, G. (1976). *Enlightenment and despair* – A history of sociology. Cambridge: Cambridge University Press.

HAYEK, F.A. (1978). *The three sources of human values*. Londres: London School of Economics and Political Science [L.T. Hobhouse Memorial Trust Lecture 44].

HEMPEL, C.G. (1965). *Aspects of scientific explanation*. Nova York: Free Press.

HERSKOVITS, M.J. (1948). *Man and his works*. Nova York: Knopf.

HIGGS, E.S. & JARMAN, M.R. (1975). "Palaeoeconomy". In: HIGGS, E.S. (org.). *Palaeoeconomy*. Cambridge: Cambridge University Press.

HILL, J. (1978). The origin of sociocultural evolution. *Journal of Social and Biological Structures*, 1, p. 377-386.

HINDE, R.A. (org.). (1972). *Non-verbal communication*. Cambridge: Cambridge University Press.

HIRST, P.Q. (1976). *Social evolution and sociological categories*. Londres: Allen & Unwin.

_____ (1973). Morphology and pathology: Biological analogies in Durkheim's "The rules of sociological method". *Economy and Society* 2, p. 1-34.

HOAGLAND, H. (1964). Science and the new humanism. *Science*, 143, p. 111-114.

HOCKETT, C.F. & ALTMANN, S.A. (1968). "A note on projeto features". In: SEBEOK, T.A. (org.). *Animal communication*. Bloomington: Indiana University Press.

HOCKETT, C.F. (1963). "The problem of universals in language". In: GREENBERG, J.H. (org.). *Universals of language*. Cambridge: MIT Press.

_____ (1960). The origin of speech. *Scientific American*, 203, p. 88-111.

_____ (1959). "Animal 'languages' and human language". In: SPUHLER, J.N. (org.). *The evolution of man's capacity for culture*. Detroit: Wayne State University Press.

HODGES, H.A. (1944). *Wilhelm Dilthey*: An introduction. Londres: Routledge & Kegan Paul.

HOLLOWAY, R.L. (1969). Culture, a human domain. *Current Anthropology* 10, p. 395-412.

HOWARD, J. (1982). *Darwin*. Oxford: Oxford University Press.

HULL, D. (1981). "Units of evolution: A metaphysical essay". In: JENSEN, U.J. & HARRÉ, R. (orgs.). *The philosophy of evolution*. Brighton: Harvester.

HUMPHREY, N.K. (1976). "The social function of intellect". In: BATESON, P.P.G. & FLINDE, R.A. (orgs.). *Growing points in ethology*. Cambridge: Cambridge University Press.

HUXLEY, J.S. (1960). "The emergence of Darwinism". In: TAX, S. (org.). *Evolution after Darwin*. Vol. 1: The evolution of life. Chicago: University of Chicago Press.

_____ (1957). *New bottles for new wine*. Londres: Chatto & Windus.

_____ (1956). "Evolution, cultural and biological". In: THOMAS, W.L. (org.). *Current anthropology*. Chicago: University of Chicago Press.

_____ (1954). "The evolutionary process". In: HUXLEY, J.S.; HARDY, A.C. & FORD, E.B. (orgs.). *Evolution as a process*. Londres: Allen & Unwin.

_____ (1942). *Evolution* – The modern synthesis. Londres: Allen & Unwin.

HUXLEY, T.H. (1984). *Man's place in nature, and other essays*. Londres: Macmillan.

HYMES, D. (1971). "Sociolinguistics and the ethnography of speaking". In: ARDENER, E. (org.). *Social anthropology and language*. Londres: Tavistock [Association of Social Anthropologists Monograph, 10].

INGOLD, T. (1984). "Time, social relationships and the exploitation of animals: Anthropological reflections on prehistory". In: CLUTTON-BROCK, J. & GRIGSON, C. (orgs.). *Animals and archaeology*. Vol. III: Early herders and their flocks. Oxford: BAR [British Archaeological Reports International Series 202].

_____ (1983a). The architect and the bee: Reflections on the work of animals and men. *Man* (N.S.), 18, p. 1-20.

_____ (1983b). Gathering the herds: Work and co-operation in a northern Finnish community. *Ethnos*, 48, p. 133-159.

_____ (1980a). *Hunters, pastoralists and ranchers*. Cambridge: Cambridge University Press.

_____ (1980b). "The principle of individual autonomy and the collective appropriation of nature". In: *Second International Conference on Blunting and*

Gathering Societies – 19 to 24 September 1979. Quebec: Université Laval, Departement d'Anthropologie.

_____ (1979). "The social and ecological relations of culture-bearing organisms: An essay in evolutionary dynamics". In: BURNHAM, P.C. & ELLEN, R.F. (orgs.). *Social and ecological systems*. Londres: Academic [Association of Social Anthropologists Monograph, 18].

ISAAC, G.L. (1976). "Stages of cultural elaboration in the Pleistocene: Possible archaeological indicators of the development of language capabilities". In: STEKLIS, H.B.; HARNAD, S.R. & LANCASTER, J. (orgs.). *Origins and evolution of language and speech* [Annals of the Nova York Academy of Sciences, vol. 280].

JACOB, F. (1977). Evolution and tinkering. *Science* 196, p. 1.161-1.166.

JAMES, W. (1898). *The will to believe, and other essays in popular philosophy*. Nova York: Longmans.

_____ (1890). *The principles of psychology*. 2 vols. Londres: Macmillan.

JENSEN, U.J. & HARRÉ, R. (orgs.). (1981). *The philosophy of evolution*. Brighton: Harvester.

KANTOROWICZ, H. (1958). *The definition of law*. Cambridge: Cambridge University Press.

KEITH, A. (1916). On certain factors concerned in the evolution of human races. *Journal of the Royal Anthropological Institute*, 46, p. 10-34.

KITAHARA-FRISCH, J. (1980). "Symbolising technology as a key to human evolution". In: FOSTER, M.L. & BRANDES, S.H. (orgs.). *Symbol as sense*. Londres: Academic.

KLINEBERG, O. (1935). *Race differences*. Nova York: Harper.

KLUCKHOHN, C. (1949). *Mirror for man*. Nova York: McGraw-Hill.

_____ (1946). Review of A.L. Kroeber, "Configurations of culture growth". *American Journal of Sociology*, 51, p. 336-341.

KOESDER, A. & SMYTHIES, J.R. (orgs.) (1969). *Beyond reductionism*: New perspectives in the life sciences. Londres: Hutchinson.

KOESDER, A. (1969). "Beyond atomism and holism: The concept of the holon". In: KOESDER, A. & SMYTHIES, J.R. (orgs.). *Beyond reductionism*: New perspectives in the life sciences. Londres: Hutchinson.

KRISTEVA, J. (1969). *Séméiotique* – Recherches pour une sémanalyse. Paris: Seuil.

KROEBER, A.L. & KLUCKHOHN, C. (1952). Culture: A critical review of concepts and definitions. *Papers of the Peabody Museum of American Archaeology and Ethnology*, vol. XLVII, n. I. (Cambridge: Universidade de Harvard).

KROEBER, A.L. (1963). *An anthropologist looks at history*. Berkeley: University of California Press.

_____ (1952). *The nature of culture*. Chicago: University of Chicago Press.

_____ (1948). *Anthropology*. Nova York: Harcourt Brace Jovanovich.

_____ (1915). Eighteen professions. *American Anthropologist*, 17, p. 283-288.

KROPOTKIN, P. (1902). *Mutual aid* – A factor of evolution. Londres: Heinemann.

KUBLER, G. (1962). *The shape of time* – Remarks on the history of things. New Haven: Yale University Press.

LANGER, S.K. (1972). *Mind* – An essay on human feeling. Vol. 2. Baltimore: Johns Hopkins University Press.

_____ (1942). *Philosophy in a new key*. Cambridge: Harvard University Press.

LEACH, E.R. (1964) [1954]. *Political systems of highland Burma*. Londres: Athlone.

_____ (1961). *Rethinking anthropology*. Londres: Athlone.

LEACOCK, E.B. (1963). "Introduction to Part I". In: MORGAN, L.H. & LEACOCK, E.B. (orgs.). *Ancient Society*. Cleveland: World.

LEE, D. (1959). *Freedom and culture*. Englewood Cliffs: Prentice-Hall.

LEE, D.E. & BECK, R.N. (1954). The meaning of historicism. *American Historical Review*, 59, p. 568-577.

LENNEBERG, E.H. (1960). "Language, evolution and purposive behavior". In: DIAMOND, S. (org.). *Culture in history*. Nova York: Columbia University Press.

LEOPOLD, J. (1980). *Culture in comparative and evolutionary perspective*: E.B. Tylor and the making of Primitive Culture. Berlim: Dietrich Reimer.

LESSER, A. (1961). Social fields and the evolution of society. *Southwestern Journal of Anthropology*, 17, p. 40-48.

_____ (1952). Evolution in social anthropology. *Southwestern Journal of Anthropology* 8, p. 134-146.

LEVINE, D.P. & LEVINE, L.S. (1975). Social theory and social action. *Economy and Society*, 4, p. 162-193.

LÉVI-STRAUSS, C. (1978). *Myth and meaning*. Londres: Routledge & Kegan Paul [trad. port.: *Mito e significado*. Lisboa: Edições 70, 1978].

_____ (1968). *Structural anthropology*. Harmondsworth: Penguin [orig.: *Anthropologie structurale*. Paris: Plon, 1957] [trad. bras.: *Antropologia estrutural 1*. São Paulo: Cosac Naify, 2008. *Antropologia estrutural 2*. Rio de Janeiro: Tempo Brasileiro, 1993].

_____ (1966a). *The savage mind*. Londres: Weidenfeld & Nicolson [trad. bras.: *O pensamento selvagem*. Campinas: Papirus, 2005].

_____ (1966b). Overture to "Le cru et le cuit". *Yale French Studies* 36/7, p. 41-65 [orig.: 1964: *Mythologiques I*: Le cru et le cuit. Paris: Plon] [trad. bras.: *O cru e o cozido* – Mitológicas 1. São Paulo: Cosac Naify, 2004].

_____ (1961). *A world on the wane*. Nova York: Criterion.

_____ (1953). *Race and history*. Paris: Unesco [trad. port.: *Raça e história*. Lisboa: Presença, 1973].

_____ (1950). "Introduction à l'œuvre de Marcel Mauss". In: MAUSS, M. (org.). *Sociologie et Anthropologie*. Paris: Presses Universitaires de France.

LEWIS, J. (org.). (1974). *Beyond chance and necessity*. Atlantic Highlands: Humanities.

LOCKE, J. (1894) [1690]. *An essay concerning human understanding*. 2 vols. Oxford: Clarendon [trad. bras.: *Ensaio acerca do entendimento humano*. Rio de Janeiro: Nova Cultural, 1999].

LORENZ, K. (1966). *On aggression*. Londres: Methuen [trad. port.: *A agressão* – Uma história natural do mal. Lisboa: Relógio d'Água].

LOTKA, A.J. (1956) [1924]. *Elements of mathematical biology*. Nova York: Dover.

_____ (1945). The law of evolution as a maximal principle. *Human Biology* 17, p. 167-194.

LOVEJOY, A. (1959). "Buffon and the problem of species". In: GLASS, B.; TEMKIN, O. & STRAUS, W.L. (orgs.). *Forerunners of Darwin*: 1745-1839. Baltimore: Johns Hopkins University Press.

LOVEJOY, A.O. (1936). *The great chain of being*. Cambridge: Harvard University Press [trad. bras.: *A grande cadeia do ser*. Belo Horizonte: Palíndromo, 2005].

LOWIE, R.H. (1937). *The history of ethnological theory*. Londres: Harrap.

_____ (1921). *Primitive society*. Londres: Routledge & Kegan Paul.

LUCKMANN, T. (1979). "Personal identity as an evolutionary and historical problem". In: VON CRANACH, M.; FOPPA, K.; LEPENIES, W. & PLOOG, D. (orgs). *Human ethology*. Cambridge: Cambridge University Press.

LUMSDEN, C.J. & WILSON, E.O. (1981). *Genes, mind and culture*. Cambridge: Harvard University Press.

LYELL, C. (1830-1833). *Principles of geology, being an attempt to explain the former changes in the earth's surface, by reference to causes now in operation*. 3 vols. Londres: John Murray.

MAILER, P. (1977). "The evolution of communication". In: SEBEOK, T.A. (org.). *How animals communicate*. Bloomington: Indiana University Press.

MAITLAND, F.W. (1936). *Selected essays*. Cambridge: Cambridge University Press.

MALINOWSKI, B. (1944). *A scientific theory of culture, and other essays*. Chapel Hill: University of North Carolina Press.

_____ (1923). "The problem of meaning in primitive languages – Supplement I". In: OGDEN, C.K. & RICHARDS, I.A. (orgs.). *The meaning of meaning*. Londres: Routledge & Kegan Paul [trad. bras.: *O significado de significado*: um estudo da influência da linguagem sobre o pensamento e sobre a ciência do simbolismo. Rio de Janeiro: Zahar, 1972].

_____ (1922). *Argonauts of the western Pacific*. Londres: Routledge & Kegan Paul [trad. bras.: *Argonautas do Pacífico Ocidental*: um relato do empreendimento e da aventura dos nativos nos arquipélagos da Nova Guiné melanésia. São Paulo: Abril Cultural, 1976].

MANDELBAUM, M. (1971). *History, man and reason*. Baltimore: Johns Hopkins University Press.

MARETT, R.R. (1920). *Psychology and folklore*. Londres: Methuen.

MARX, K. & ENGELS, F. (1977). *The German ideology*. Londres: Lawrence & Wishart [trad. bras.: *A ideologia alemã*. São Paulo: Boitempo, 2007].

MARX, K. (1973). *Grundrisse*. Harmondsworth: Penguin [trad. bras.: *Grundrisse*. São Paulo: Boitempo, 2011].

_____ (1970) [1859]. *A contribution to the critique of political economy*. Moscou: Progress [trad. bras. de Florestan Fernandes: *Contribuição à crítica da economia política*. São Paulo: Expressão Popular, 2008].

_____ (1964a). *The economic and political manuscripts of 1844*. Nova York: International [trad. bras. de Jesus Ranieri: *Manuscritos econômico-filosóficos*. São Paulo: Boitempo, 2004].

_____ (1964b). *Pre-capitalist economic formations*. Londres: Lawrence & Wishart [trad. bras.: *Formações econômicas pré-capitalistas*. São Paulo: Paz e Terra, 1975].

_____ (1963) [1869]. *Eighteenth Brumaire of Louis Bonaparte*. Nova York: International [trad. bras. de Nélio Schneider: *O 18 de brumário de Luís Bonaparte*. São Paulo: Boitempo, 2011].

_____ (1930) [1867]. *Capital*. Vol. I. Londres: Dent [trad. bras. de Rubens Enderle: *O capital*: Crítica da Economia Política. Livro 1: O processo de produção do capital. São Paulo: Boitempo, 2013].

MASON, O.T. (1887). The occurrence of similar inventions in areas widely apart. *Science*, 9, p. 534-535.

MAUSS, M. (1979) [1950]. *Sociology and psychology*: Essays. Londres: Routledge & Kegan Paul.

_____ (1954) [1925]. *The gift*. Londres: Routledge & Kegan Paul [trad. bras.: "Ensaio sobre a dádiva: forma e razão da troca nas sociedades arcaicas". In: *Sociologia e antropologia*. São Paulo: Cosac Naif, 2003].

MAYNARD SMITH, J. (1964). Group selection and kin selection. *Nature*, 201, p. 1.145-1.147.

MAYR, E. (1998). *O desenvolvimento do pensamento biológico* – Diversidade, evolução e herança. Brasília: Editora da Unb.

_____ (1982). *The growth of biological thought*. Cambridge: Harvard University Press (Belknap).

_____ (1976). *Evolution and the diversity of life*. Cambridge: Harvard University Press (Belknap).

McGREW, W.C. & TUTIN, C.E.G. (1978). Evidence for a social custom in wild chimpanzees? *Man* (N.S.), 13, p. 234-251.

MEDAWAR, P.B. (1967). *The art of the soluble*. Londres: Methuen.

_____ (1960). *The future of man*. Londres: Methuen.

_____ (1957). *The uniqueness of the individual*. Londres: Methuen.

MEILLASSOUX, C. (1981). *Maidens, meal and money*. Cambridge: Cambridge University Press.

MIDGLEY, M. (1983). *Animals and why they matter*. Harmondsworth: Penguin.

_____ (1980). "Rival fatalisms: The hollowness of the sociobiology debate". In: MONTAGU, A. (org.). *Sociobiology examined*. Oxford: Oxford University Press.

_____ (1978). *Beast and man* – The roots of human nature. Ithaca: Cornell University Press.

MITCHELL, J.C. (1969). "The concept and use of social networks". In: MITCHELL, J.C. (org.). *Social networks in urban situations*. Manchester: Manchester University Press.

MONOD, J. (1972). *Chance and necessity*. Londres: Collins [trad. bras.: *O acaso e a necessidade* – Ensaio sobre a filosofia natural da biologia moderna. 6. ed. Petrópolis: Vozes, 2006].

MONTAGU, A. (1976). "Toolmaking, hunting and the origin of language". In: STEKLIS, H.B.; HAMAD, S.R. & LANCASTER, J. (orgs.). *Origins and evolution of language and speech* [Annals of the New York Academy of Sciences, vol. 280].

MONTALENTI, G. (1974). "From Aristotle to Democritus via Darwin". In: AYALA, J. & DOBZHANSKY, T. (orgs.). *Studies in the philosophy of biology*. Londres: Macmillan.

MORGAN, C.L. (1933). *The emergence of novelty*. Londres: Williams & Norgate.

_____ (1923). *Emergent evolution*. Londres: Williams & Norgate.

MORGAN, L.H. (1963) [1877]. *Ancient society*. Cleveland: World.

_____ (1868). *The American beaver and his works*. Filadélfia: B. Lippincott.

MORRIS, C. (1946). *Signs, language and behavior*. Nova York: Braziller.

MOSCOVICI, S. (1976). *Society against nature*. Brighton: Harvester [trad. bras.: *Sociedade contra natureza*. Petrópolis: Vozes, 1975].

MUMFORD, L. (1967). *The myth of the machine* – Technics and human development. Londres: Seeker & Warburg.

MURDOCK, G.P. (1972). Anthropology's mythology. *Proceedings of the Royal Anthropological Institute for 1971*, p. 17-24.

_____ (1971) [1956]. "How culture changes". In: SHAPIRO, H.L. (org.). *Man, culture and society*. Oxford: Oxford University Press.

_____ (1959). "Evolution in social organization". In: MEGGERS, B.J. (org.). *Evolution and anthropology*: A centennial appraisal. Washington: The Anthropological Society of Washington.

_____ (1945). "The common denominator of cultures". In: LINTON, R. (org.). *The science of man in the world crisis*. Nova York: Columbia University Press.

MURPHY, R.F. (1977). "The anthropological theories of Julian H. Steward. Introduction to J.H. Steward". In: STEWARD, J.C. & MURPHY, R.F. (orgs.). *Evolution and ecology*: Essays on social transformation. Urbana: University of Illinois Press.

_____ (1970). "Basin ethnography and ethnological theory". In: SWANSON, E.H. (org.). *Languages and cultures of western North America*. Pocatello: Idaho State University Press.

NAGEL, T. (1979). *Mortal questions*. Cambridge: Cambridge University Press.

NEEDHAM, J. (1943). *Time* – The refreshing river. Londres: Allen & Unwin.

OAKLEY, K.P. (1957). Tools maketh man. *Antiquity*, 31, p. 199-209.

_____ (1954). "Skill as a human possession". In: SINGER, C.; HOLMYARD, E.J. & HALL, A.R. (orgs.). *A history of technology*. Vol. I: From early times to the fall of ancient empires. Oxford: Clarendon.

_____ (1951). A definition of man. *Science News* 20, p. 69-81.

_____ (1950). *Man the tool-maker.* Londres: British Museum.

OLDROYD, D.R. (1980). *Darwinian impacts*. Milton Keynes: Open University Press.

OPLER, M. (1964). Causes, process and dynamics in the evolutionism of E.B. Tylor. *Southwestern Journal of Anthropology*, 20, p. 123-144.

ORTEGA y GASSET, J. (1941). *History as a system, and other essays towards a philosophy of history.* Nova York: Norton.

OSBORN, H.F. (1934). Aristogenesis: The creative principle in the origin of species. *American Naturalist* 68, p. 193-235.

PACE, D. (1983). *Claude Levi-Strauss*: the hearer of ashes. Londres: Routledge & Kegan Paul.

PANTIN, C.F.A. (1951). Organic projeto. *Advancement of Science* 8, p. 138-150.

PARSONS, T. (1977). *The evolution of societies.* Englewood Cliffs: Prentice-Hall.

_____ (1937). *The structure of social action.* Nova York: McGraw-Hill [trad. bras.: *A estrutura da ação social*. 2 vols. Petrópolis: Vozes, 2010].

PEACOCK, J.L. (1975). *Consciousness and change* – Symbolic anthropology in evolutionary perspective. Oxford: Blackwell.

PEEL, J.D.Y. (1972). "Editor's introduction". In: *On social evolution* – Selected writings of Herbert Spencer. Chicago: University of Chicago Press.

PITTENDRIGH, C.S. (1958). "Adaptation, natural selection and behavior". In: ROE, A. & SIMPSON, G.G. (orgs.). *Behavior and evolution*. New Haven: Yale University Press.

POLANYI, K. (1957). "The economy as an instituted process". In: POLANYI, K.; ARENSBERG, C. & PEARSON, H. (orgs.). *Trade and market in the early empires*. Glencoe: The Free Press.

POPPER, K.R. & ECCLES, J.C. (1977). *The self and its brain.* Berlim: Springer International.

POPPER, K.R. (1974). "Scientific reduction and the essential incompleteness of all science". In: AYALA, J. & DOBZHANSKY, T. (orgs.). *Studies in the philosophy of biology.* Londres: Macmillan.

_____ (1972). *Objective knowledge* – An evolutionary approach. Oxford: Clarendon [trad. bras.: *Conhecimento objetivo*. São Paulo: Edusp, 1975].

_____ (1957). *The poverty of historicism.* Londres: Routledge & Kegan Paul [trad. bras.: *A miséria do historicismo.* São Paulo: Edusp, 1980].

PULLIAM, H.R. & DUNFORD, C. (1980). *Programmed to learn* – An essay on the evolution of culture. Nova York: Columbia University Press.

PUMPHREY, R.J. (1953). The origin of language. *Acta Psychologica*, 9, p. 219-239.

RADCLIFFE-BROWN, A.R. (1957). *A natural science of society*. Chicago: Free Press.

_____ (1953). "Letter to Lévi-Strauss". In: TAX, S. (org.). *An appraisal of anthropology today*. Chicago: University of Chicago Press.

_____ (1952). *Structure and function in primitive society*. Londres: Cohen & West [trad. bras.: *Estrutura e função na sociedade primitiva*. Petrópolis: Vozes, 1973].

_____ (1951). The comparative method in social anthropology. *Journal of the Royal Anthropological Institute*, 81, p. 15-22.

_____ (1947). Evolution, social or cultural? *American Anthropologist*, 49, p. 78-83.

RAPPAPORT, R.A. (1977). "Normative models of adaptive processes: A response to Anne Whyte". In: FRIEDMAN, J. & ROWLANDS, M.J. (orgs.). *The evolution of social system*. Londres: Duckworth.

_____ (1971). "Nature, culture and ecological anthropology". In: SHAPIRO, H.L. (org.). *Man, culture and society*. 2. ed. Oxford: Oxford University Press.

REED, E.S. (1981). The lawfulness of natural selection. *American Naturalist* 118, p. 61-71.

RENFREW, C. (1982). *Towards an archaeology of mind*. Cambridge: Cambridge University Press.

RENSCH, B. (1974). "Polynomistic determination of biological processes". In: AYALA, J. & DOBZHANSKY, T. (orgs.). *Studies in the philosophy of biology*. Londres: Macmillan.

_____ (1972). *Homo sapiens*: from man to demigod. Londres: Methuen.

_____ (1971). *Biophilosophy*. Nova York: Columbia University Press.

RESEK, C. (1960). *Lewis Henry Morgan*: American scholar. Chicago: University of Chicago Press.

REYNOLDS, P.C. (1981). *On the evolution of human behavior* – The argument from animals to man. Berkeley: University of California Press.

REYNOLDS, V. (1976). *The biology of human action*. Reading: Freeman.

RICHERSON, P.J. & BOYD, R. (1978). A dual inheritance model of the human evolutionary process – I: Basic postulates and a simple model. *Journal of Social and Biological Structures*, 1, p. 127-154.

RICOEUR, P. (1974). *The conflict of interpretations* – Essays in hermeneutics. Evanston: Northwestern University Press [trad. port.: *Teoria da interpretação*: o discurso e o excesso de significação. Lisboa: Edições 70, 2000].

RIVERS, W.H.R. (1968) [1914]. *Kinship and social organization*. Londres: Athlone.

RUSE, M. (1979). *The Darwinian revolution*. Chicago: University of Chicago Press.

RUYLE, E.E. (1977). Comment on W.F. Durham. "The adaptive significance of cultural behavior". *Human Ecology*, 5, p. 53-55.

_____ (1973). Genetic and cultural pools: Some suggestions for a unified theory of biocultural evolution. *Human Ecology*, 1, p. 201-215.

RYLE, G. (1949). *The concept of mind*. Londres: Hutchinson.

SAHLINS, M.D. & SERVICE, E.R. (orgs.) (1960). *Evolution and culture*. Ann Arbor: University of Michigan Press.

SAHLINS, M.D. (1976a). *The use and abuse of biology*. Londres: Tavistock.

_____ (1976b). *Culture and practical reason*. Chicago: University of Chicago Press.

_____ (1972). *Stone Age economics*. Chicago: Aldine.

_____ (1960). "Evolution: Specific and general". In: SAHLINS, M.D. & SERVICE, E.R. (orgs.). *Evolution and culture*. Ann Arbor: University of Michigan Press.

SALZMAN, P.C. (1981). "Culture as enhabilmentis". In: HOLY, L. & STUCHLIK, M. (orgs.). *The structure of folk models*. Londres: Academic [Association of Social Anthropologists Monograph, 20].

SAPIR, E. (1917). Do we need a superorganic? *American Anthropologist*, 19, p. 441-447.

SAUSSURE, F. de. (1959). *Course in general linguistics*. Nova York: Philosophical Library [trad. bras.: *Curso de Linguística Geral*. São Paulo: Cultrix, 2006].

SCHMIDT, A. (1971). *The concept of nature in Marx*. Londres: New Left.

SCHNEIDER, D.M. (1980). *American kinship*: A cultural account. Chicago: University of Chicago Press.

SCHREMPP, G. (1983). The re-education of Friedrich Max Müller: Intellectual appropriation and epistemological antinomy in mid-Victorian evolutionary thought. *Man* (N.S.), 18, p. 90-110.

SCHRODINGER, E. (1944). *What is life?* Cambridge: Cambridge University Press [trad. bras.: *O que é vida?* O aspecto físico da célula viva seguido de mente e matéria e fragmentos autobiográficos. São Paulo: Unesp].

SCHÜTZ, A. (1970). *On phenomenology and social relations*. Chicago: University of Chicago Press.

_____ (1962). *The problem of social reality*. Haia: Nijhoff.

SCRIVEN, M. (1959). Explanation and prediction in evolutionary theory. *Science*, 130, p. 477-482.

SEARLE, J.R. (1979). The intentionality of intention and action. *Inquiry*, 22, p. 253-280.

SEBEOK, T.A. (org.) (1977). *How animals communicate*. Bloomington: Indiana University Press.

SIMPSON, G.G. (1974). The concept of progress in organic evolution. *Social Research*, 41, p. 28-51.

_____ (1958a). "The study of evolution: Methods and present status of theory". In: ROE, A. & SIMPSON, G.G. (orgs.). *Behavior and evolution*. New Haven: Yale University Press.

_____ (1958b). "Behavior and evolution". In: ROE, A. & SIMPSON, G.G. (orgs.). *Behavior and evolution*. New Haven: Yale University Press.

_____ (1953). *The major features of evolution*. Nova York: Columbia University Press.

_____ (1949). *The meaning of evolution*. New Haven: Yale University Press.

SMITH, M.G. (1962). History and social anthropology. *Journal of the Royal Anthropological Institute*, 92, p. 73-85.

SMYTHIES, J.R. (1969). "Aspects of consciousness". In: KOESDER, A. & SMYTHIES, J.R. (orgs.). *Beyond reductionism*: New perspectives in the life sciences. Londres: Hutchinson.

SOROKIN, P.A. (1947). *Society, culture and personality* – Their structure and dynamics. Nova York: Harper.

SPENCER, H. (1972). *On social evolution*. Chicago: University of Chicago Press.

_____ (1907) [1879]. *The data of ethics*. Londres: Williams & Norgate.

_____ (1882). *The principles of sociology. Vol. II.* Londres: Williams & Norgate.

_____ (1876). *The principles of sociology. Vol. I.* Londres: Williams & Norgate.

_____ (1874). *Essays* – Scientific, political, speculative. Vol. 3. Londres: Williams & Norgate.

_____ (1870). *The principles of psychology*, 2 vols. Londres: Williams & Norgate.

_____ (1864). *Principles of biology*. Nova York: Appleton.

STANNER, W.E.H. (1968). A.R. Radcliffe-Brown. *International Encyclopaedia of the Social Sciences*, 13, p. 285-290. Nova York: Crowell Collier/Macmillan.

_____ (1965). "The dreaming". In: LESSA, W.A. & VOGT, E.Z. (orgs.). *Reader in comparative religion*. Nova York: Harper & Row.

STEADMAN, P. (1979). *The evolution of designs* – Biological analogy in architecture and the applied arts. Cambridge: Cambridge University Press.

STEBBINS, G.L. (1969). *The basis of progressive evolution*. Chapel Hill: University of North Carolina Press.

_____ (1950). *Variation and evolution in plants*. Nova York: Columbia University Press.

STERN, B.J. (1929). Concerning the distinction between the social and the cultural. *Social Forces*, 8, p. 265-271.

STEWARD, J.H. (1955). *Theory of culture change*. Urbana: University of Illinois Press.

STOCKING, G.W. (1974). "Introduction: The basic assumptions of Boasian anthropology". In: STOCKING, G.W. (org.). *A Franz Boas Reader*: The shaping of American anthropology 1883-1911. Chicago: University of Chicago Press.

_____ (1968). *Race, culture and evolution*. Nova York: Free Press.

SWANSON, C.P. (1973). *The natural history of man*. Englewood Cliffs: Prentice-Hall.

TEGGART, F.J. (1972). *Theory and processes of history*. Gloucester: Peter Smith.

TEILHARD DE CHARDIN, P. (1959). *The phenomenon of man*. Nova York: Flapper [trad. bras.: *O fenômeno humano*. São Paulo: Cultrix, 1988].

TELEKI, G. (1981). "The omnivorous diet and eclectic feeding habits of chimpanzees in Gombe National Park, Tanzania". In: HARDING, R.S.O. & TELEKI, G. (orgs.). *Omnivorous primates*: Gathering and hunting in human evolution. Nova York: Columbia University Press.

TERRAY, E. (1977). "Event, structure and history: The formation of the Abron kingdom of Gyaman (1700-1780)". In: FRIEDMAN, J. & ROWLANDS, M.J. (orgs.). *The evolution of social systems*. Londres: Duckworth.

_____ (1972). *Marxism and "primitive" societies*. Nova York: Monthly Review.

THOMPSON, D.W. (1961) [1917]. *On growth and form*. Cambridge: Cambridge University Press [versão resumida].

THOMPSON, W.R. (1958). "Social behavior". In: ROE, A. & SIMPSON, G.G. (orgs.). *Behavior and evolution*. New Haven: Yale University Press.

THORPE, W.H. (1972). "The comparison of vocal communication in animals and man". In: HINDE, R.A. (org.). *Non-verbal communication*. Cambridge: Cambridge University Press.

_____ (1956). *Learning and instinct in animals*. Londres: Methuen.

TOULMIN, S. (1982). *The return to cosmology*: Postmodern science and the theology of nature. Berkeley: University of California Press.

_____ (1981). "Social adaptation". In: JENSEN, U.J. & HARRÉ, R. (orgs.). *The philosophy of evolution*. Brighton: Harvester.

_____ (1972). *Human understanding*. Vol. 1. Oxford: Clarendon.

TOULMIN, S.; GOODFIELD, J. (1965). *The discovery of time*. Londres: Hutchinson.

TRIGGER, B. (1978). *Time and traditions*. Edinburgh: Edinburgh University Press.

TRIVERS, R.L. (1971). The evolution of reciprocal altruism. *Quarterly Review of Biology*, 46, p. 35-57.

TURNER, V.W. (1967). "Betwixt and between: The liminal period in rites of passage". In: TURNER, V.W. (org.). *The forest of symbols*. Ithaca: Cornell University Press.

TYLOR, E.B. (1881). *Anthropology* – An introduction to the study of man and civilization. Londres: Macmillan.

_____ (1875). Anthropology. *Encyclopaedia Britannica*. 9. ed. Vol. 2. Londres: Funk and Wagnalls, p. 107-123.

_____ (1871). *Primitive culture*. 2 vols. Londres: John Murray.

VAIHINGER, H. (1924). *The philosophy of "as if"*. Londres: Kegan Paul/Trench/Trubner.

VAN GENNEP, A. (1960) [1909]. *The rites of passage*. Londres: Routledge & Kegan Paul.

VENABLE, V. (1945). *Human nature* – The Marxian view. Nova York: Knopf.

VICO, G.B. (1948) [1744]. *The new science*. Ithaca: Cornell University Press.

VOEGELIN, C.F. (1951). Culture, language and the human organism. *Southwestern Journal of Anthropology*, 7, p. 357-373.

VOGET, F.W. (1967). Progress, science, history and evolution in eighteenth- and nineteenth- century anthropology. *Journal of the History of the Behavioural Sciences*, 3, p. 132-155.

WADDINGTON, C.H. (1969). "The theory of evolution today". In: KOESDER, A. & SMYTHIES, J.R. (orgs.). *Beyond reductionism*: New perspectives in the life sciences. Londres: Hutchinson.

_____ (1960). "Evolutionary adaptation". In: TAX, S. (org.). *Evolution after Darwin*. Vol. 2: The evolution of man. Chicago: University of Chicago Press.

_____ (1957). The strategy of the genes: A discussion of some aspects of theoretical biology. Londres: Allen & Unwin.

_____ (1942). *Science and ethics*. Londres: Allen & Unwin.

WAGNER, R. (1975). *The invention of culture*. Englewood Cliffs: Prentice-Hall.

WALKER, S. (1983). *Animal thought*. Londres: Routledge & Kegan Paul.

WALLACE, A.R. (1870). *Contributions to the theory of natural selection*. Londres: Macmillan.

WASHBURN, S.L. & MOORE, R. (1974). *Ape into man* – A study of human evolution. Boston: Little, Brown.

WEBER, M. (1947). *The theory of social and economic organization*. Nova York: Free Press.

WEBSTER, G. & GOODWIN, B.C. (1982). The origin of species: A structuralist approach. *Journal of Social and Biological Structures*, 5, p. 15-47.

WEISS, P. (1969). "The living system: Determinism stratification". In: KOESDER, A. & SMYTHIES, J.R. (orgs.). *Beyond reductionism*: New perspectives in the life sciences. Londres: Hutchinson.

WHITE, L.A. (1959a). "The concept of evolution in cultural anthropology". In: MEGGERS, B.J. (org.). *Evolution and anthropology*: A centennial appraisal. Washington: Anthropological Society of Washington.

_____ (1959b). *The evolution of culture*. Nova York: McGraw-Hill.

_____ (1959c). The concept of culture. *American Anthropologist*, 61, p. 227-251.

_____ (1949). *The science of culture* – A study of man and civilization. Nova York: Grove.

_____ (1945a). History, evolutionism and functionalism: Three types of interpretation of culture. *Southwestern Journal of Anthropology*, 1, p. 221-248.

_____ (1945b). Diffusion v. evolution. *American Anthropologist*, 47, p. 339-356.

WHITEHEAD, A.N. (1938) [1926]. *Science and the modern world*. Harmondsworth: Penguin.

_____ (1929). *Process and reality* – An essay in cosmology. Cambridge: Cambridge University Press.

WHITROW, G.J. (1975). *The nature of time*. Harmondsworth: Penguin.

WHYTE, L.L. (1965). *Internal factors in evolution*. Londres: Tavistock.

WIEMAN, H.N. (1961). *Intellectual foundations of faith*. Londres: Vision Press.

_____ (1946). *The source of human good*. Chicago: University of Chicago Press.

WIENER, N. (1961). *Cybernetics* – Or control and communication in the animal and the machine. 2. ed. Cambridge: MIT Press.

WILLIAMS, G.C. (1966). *Adaptation and natural selection* – A critique of some current evolutionary thought. Princeton: Princeton University Press.

WILLIAMS, R. (1976). *Keywords.* Londres: Fontana.

WILSON, E.O. (1980). *Sociobiology* – The new synthesis. Cambridge: Harvard University Press.

_____ (1978). *On human nature.* Cambridge: Harvard University Press.

WILSON, P.J. (1980). *Man, the promising primate.* New Haven: Yale University Press.

_____ (1975). The promising primate. *Man* (N.S.), 10, p. 5-20.

WILTSHIRE, D. (1978). *The social and political thought of Herbert Spencer.* Oxford: Oxford University Press.

WINTERHALDER, B. (1980). Environmental analysis in human evolution and adaptation research. *Human Ecology* 8, p. 135-170.

WOODBURN, J. (1982). Egalitarian societies. *Man* (N.S.), 7, p. 431-451.

WRIGHT, S. (1967). "Comments on the preliminary working papers of Eden and Waddington". In: MOORHEAD, P.S. & KAPLAN, M.M. *Mathematical challenges to the neo-Darwinian interpretation of evolution.* Filadélfia: Wistar Institute Press [Wistar Institute Symposium Monograph, 5].

_____ (1964). "Biology and the philosophy of science". In: RIESE, W.L. & FREEMAN, E. (orgs.). *Process and divinity.* La Salle: Open Court.

WYNNE-EDWARDS, V.C. (1972). "Ecology and the evolution of social ethics". In: PRINGLE, J.W.S. (org.). *Biology and the human sciences.* Oxford: Clarendon.

_____ (1971). "Space use and the social community in animals and men". In: ESSER, A.H. (org.). *Behavior and environment*: The use of space by animals and men. Nova York: Plenum.

_____ (1963). Intergroup selection in the evolution of social systems. *Nature*, 200, p. 623-626.

ZIRKLE, C. (1946). The early history of the idea of the inheritance of acquired characters and pangenesis. *Transactions of the American Philosophical Society*, 35, p. 91-151.

Índice onomástico

Alexander, C. 332s., 365s., 371
Alexander, R.D. 261, 300s., 304s., 307, 382, 406n.
Almagor, U. 181
Althusser, L. 137, 171, 397n.
Altmann S.A. 293, 320
Ardener, E. 158, 164, 405n.
Avineri, S. 265, 267, 313
Ayala, F.J. 40, 42, 44, 49, 399n.

Baer, K.E. 31, 43
Bailey, G. 190s.
Bain, A. 381
Balibar, E. 137, 139, 171
Barash, D.P. 301, 304
Barnes, J.A. 124, 158, 175, 177, 186
Barnett, S.A. 90, 298
Barth, F. 231s.
Bartholomew, G.A. 363
Bastian, J. 293
Bateson, G. 50, 215, 229, 400n., 406n.
Baxter, P.T.W. 181
Beattie, J.H.M. 294
Beck, B.B. 363
Beck, R.N. 105
Benedict, R. 213-215
Berg, L. 46
Bergson, H. 11, 13, 18, 103, 125, 129-133, 140, 149, 151s., 155-161, 172, 176, 178, 182-187, 194, 203-205, 208, 223, 225-227, 230, 233s., 238, 291, 341-343, 352, 365, 399n.

Berlin, I. 396n.
Bertalanffy, L. von 175
Beurton, P. 384
Bhaskar, R. 90
Bidney, D. 66, 70, 83, 100, 102, 111, 117, 121, 123, 127, 134, 139, 230, 232, 243, 245, 253, 263, 265, 286, 358, 392n., 395n., 401n., 402n.
Birch, C. 200, 207s., 390, 400n.
Birdsell, J.B. 363
Bloch, M. 185, 277
Blum, H.F. 41, 43, 377
Boas, F. 12s., 56s., 60-63, 68-71, 79, 83, 91-93, 101-104, 106-109, 114-117, 121-126, 140-143, 149, 152, 159, 171, 211-214, 216-220, 243s., 249-253, 255s., 302, 353, 388, 394n., 400n., 401n., 404n.
Bock, K.E. 30s., 33, 41-43, 51, 74, 78, 80s., 83, 94, 97, 134, 236-238, 268, 350, 353, 391n., 401n.
Boesiger, E. 36, 245
Bohm, D. 104, 200-202, 315, 398n.
Boltzmann, L.E. 380
Bonner, J.T. 254, 273, 372, 378, 401n.
Bonnet, C. 30, 33
Bourdieu, P. 118, 127, 132, 136, 165, 223, 226, 229, 232s., 287, 290s., 346s., 401n.
Bowler, P. 31-33, 391n.
Boyd, R. 377-379
Braudel, F. 190, 235
Buffon, C. 152, 391n.

437

Burghardt, G.M. 293
Burns, D. 396s.
Burrow, J.W. 30s., 52s., 55, 391n.
Bury, J.B. 31, 43

Calhoun, J.B. 394n.
Campbell, D.T. 75, 381, 389, 406n.
Carneiro, R. 31s., 244-246
Carr, E.H. 100, 105
Carr-Saunders, A.M. 393n.
Cassirer, E. 70, 100, 140, 175, 320, 322, 326, 334, 338
Cavalli-Sforza, L.L. 377s., 406n.
Cherry, C. 293
Childe, V.G. 60, 67, 406n.
Chomsky, N. 228-230, 232, 400n.
Clark, S.R.L. 301, 312, 326
Cloak, F.T. 92, 373, 377-379, 386, 406n.
Cobb, J.B. 200, 390, 400n.
Cohen, G.A. 269-271, 334
Cohen, R. 389, 406n.
Collingwood, R.G. 13, 100-102, 115-121, 124s., 145, 149, 352
Comte, A. 31, 53, 83, 105, 294
Condorcet, M. 31
Crook, J.H. 304, 322, 351, 393n.
Cuvier, G. 38, 250s.

Dahrendorf, R. 139, 232, 276s.
Darlington, C.D. 134, 397n.
Darwin, C. 12, 18, 29-40, 46, 50-54, 56-58, 73-92s., 101, 108, 124, 142-144, 152-157, 168, 187, 194, 196, 201, 203, 213, 220s., 244-246, 250-252, 262, 299, 307, 310, 372, 380s., 391n., 393n., 398n.
Davis, R.T. 272
Dawkins, R. 92s., 300, 360-362, 377-379, 406n.
Deleuze, G. 17
Diener, P. 376, 406n.

Dilthey, W. 116, 348s., 352s.
Dobzhansky, T. 40, 43, 81, 134s., 194s., 197-200, 205, 210, 212, 217s., 222, 227, 261, 375, 399n.
Dreisch, H. 53, 196
Dumont, L. 122, 133, 145
Dunford, C. 374
Durham, W.H. 304, 378s., 385-387, 406n.
Durkheim, É. 53, 132, 136, 175s., 178, 182-185, 187, 211, 243s., 247-253, 257s., 266, 277-280, 282, 290, 295, 297s., 302s., 307s., 313, 318, 357, 401-402n.

Eccles, J.C. 311, 315, 322, 324, 364, 370
Eisendrath, C.R. 398n.
Elton, G.R. 100s., 116
Emerson, A.E. 261, 377, 406n.
Emlen, S.T. 406n.
Engels, F. 87, 239, 262s., 265, 267-269, 332, 338, 364s., 401n.
Evans-Pritchard, E.E. 13, 101, 121-125, 144, 175, 189

Fabian, J. 171, 291, 396n.
Faraday, M. 381
Feldman, M.W. 378, 406n.
Fernandez, J. 397n.
Fisher, J. 237
Folsom, J.K. 358
Fortes, M. 257, 279, 302, 305, 398n., 404n.
Foucault, M. 33
Franklin, B. 363
Freeman, D. 32, 42, 116, 245, 391n.
Frisch, K. 320

Galton, F. 372
Geertz, C. 16, 184s., 210, 318, 358, 368, 373, 399n., 405n.

Gellner, E. 119, 179
George, W. 76, 84
Gerard, R.W. 168, 377, 406n.
Ghiselin, M. 33, 143, 220s., 372, 393n.
Gibson, J.J. 11
Giddens, A. 147, 161, 166, 168, 226s., 230, 234, 267, 281, 289, 317, 349, 397n.
Gillespie, C.S. 36, 154
Glasersfeld, E. von 322
Gluckman, M. 175-179, 183
Glucksmann, M. 219, 397n.
Godelier, M. 267
Goldenweiser, A.A. 72, 253, 255
Goodfield, J. 152
Goodwin, B.C. 218, 400n.
Goudge, T.A. 32, 40, 43, 199, 201-203, 391n., 400n.
Gould, S.J. 30, 37, 75, 90, 199, 221s., 363, 382
Gregory, C. 285
Griffin, D.R. 238, 320s., 324-327
Gruber, H.E. 75, 80, 246, 391n.
Guattari, F. 17

Habermas, J. 268, 271, 280, 403n., 406n.
Haldane, J.B. 191s., 237, 298, 370
Hallowell, A.I. 254, 363s., 372, 406n.
Hamilton, W.D. 299s.
Harlow, H.F. 372
Harré, R. 75, 187, 231, 265, 312, 327, 345, 347, 375, 382s., 404n., 406n.
Harris, M. 41, 57, 83, 88, 116, 392n.
Hatch, E. 117, 212, 216, 249
Hawthorn, G. 294
Hayek, F.A. 358s., 389, 406n.
Heidegger, M. 11
Heisenberg, W.K. 398n.
Hempel, C.G. 39
Herder, J.G. 23

Herskovits, M.J. 127, 358
Higgs, E.S. 190
Hill, J. 89, 377, 406n.
Hinde, R.A. 320
Hirst, P.Q. 30, 52s., 88, 247, 391n.
Hoagland, H. 377
Hockett, C.F. 320
Hodges, H.A. 348s.
Holloway, R.L. 368
Howard, J. 74, 143, 245
Hull, D. 374s.
Hume, D. 23, 311
Humphrey, N.K. 272, 326
Hutton, J. 38, 152s.
Huxley, J.S. 43s., 54, 135, 199, 210, 389, 406n.
Huxley, T.H. 84
Hymes, D. 167, 229, 400n.

Ingold, T. 140, 190, 210, 227, 230s., 239, 255, 261s., 265, 268-273, 275, 280, 286, 312, 314, 316, 319, 323, 333s., 337, 352s., 367, 370, 384, 406n.
Isaac, G.L. 370

Jacob, F. 210, 217, 221s.
James, W. 177, 186, 206, 355, 380, 384, 395n., 399n.
Jarman, M.R. 190
Jensen, U.J. 75
Jevons, W.S. 380

Kant, I. 23, 152-155
Kantorowicz, H. 404n.
Keith, A. 393n.
Kingsley, C. 392n.
Kitahara-Frisch, J. 367-369
Klineberg, O. 393n.

439

Kluckhohn, C. 63, 71, 110, 118, 134, 168, 170, 255s., 280, 358, 392n., 402n., 406n.
Koestler, A. 197, 316, 325
Kristeva, J. 227
Kroeber, A.L. 13, 25, 61-63, 66-68, 70s., 81, 99, 101-104, 106, 109-111, 115, 118, 121-125, 144, 158, 171, 210s., 213, 215s., 243-245, 251-256, 258, 260, 263, 275-277, 281, 330s., 358, 391n., 392n., 394n., 397n., 398n., 401n., 403n., 406n.
Kropotkin, P. 393n.
Kubler, G. 200, 354, 392n.

Lamarck, J.-B.M. 32, 34-37, 245, 250, 382s.
Langer, S.K. 293s., 298, 320-322, 326s., 334
Leach, E.R. 144, 150, 175, 178, 185-187, 399n.
Leacock, E.B. 85
Lee, D. 232
Lee, D.E. 105
Leibniz, G.W. 33, 35
Lenneberg, E.H. 320
Leopold, J. 83, 120, 392n.
Lesser, A. 29, 144
Levine, D.P. 232, 277, 280, 348s., 353
Levine, L.S. 232, 277, 280, 348s., 353
Lévi-Strauss, C. 13, 56, 59, 113s., 116, 123-125, 127, 136, 146-148, 152, 158-160, 164, 171, 173-175, 177s., 215-222, 234, 267, 279, 288-290, 293, 316-318, 357, 396n., 397n., 398n., 400n.
Lewis, J. 399n.
Linton, R. 281
Locke, J. 394n.
Lorenz, K. 260, 307, 326
Lotka, A.J. 40, 49, 52, 326

Lovejoy A.O. 33, 35, 391n.
Lowie, R.H. 56, 60, 63, 66, 72, 111, 119, 140, 143s., 281
Luckmann, T. 149
Lumsden, C.J. 92, 240, 263, 372, 374, 377-379, 406
Lyell, C. 38, 50s., 152

Mach, E. 380
Maitland, F.W. 121s.
Malinowski, B. 143, 166s., 292s., 327, 334, 373
Mandelbaum, M. 31, 41, 44, 105, 391n., 392n.
Marett, R.R. 120s., 142
Marler, P. 404n.
Marx, K. 87, 136-138, 239, 262-271, 273-276, 286, 308, 312, 319, 323, 326, 331-333, 337-343, 401n., 403n.
Mason, O.T. 58, 62s., 69, 392n.
Mauss, M. 139, 282-290, 309, 361, 403n.
Maynard Smith, J. 300
Mayr, E. 29-33, 36s., 40, 54, 197, 199, 245
McGrew, W.C. 370
Medawar, P. 43, 316, 362s., 372s., 382, 391n.
Meillassoux, C. 271
Merleau-Ponty, M. 11
Midgley, M. 44, 263, 274, 308, 326s., 391n.
Mitchell, J.C. 262
Monod, J. 41, 54, 196-198, 205, 212, 215, 217, 359-362, 384, 399n.
Montagu, A. 363
Montalenti, G. 37, 39, 53
Moore, R. 371
Morgan, C.L. 209s.
Morgan, L.H. 84-88, 95s., 237s., 324, 330
Morris, C. 321

Moscovici, S. 240, 361, 364s.
Mumford, L. 341s., 403n.
Murdock, G.P. 60, 66s., 108, 114, 125, 382-385, 388, 402n., 406n.
Murphy, R.F. 271
Murray, H.A. 377

Nagel, T. 127, 206, 208
Needham, J. 301n.

Oakley, K.P. 365s., 368
Oldroyd, D.R. 33, 38, 391n., 397n.
Opler, M. 83, 88s.
Ortega y Gasset, J. 13, 115, 133-135, 140, 149, 337s., 357
Orwell, G. 394n.
Osborn, H.F. 46
Oyama, S. 11, 16

Pace, D. 114, 127
Pantin, C.F.A. 400n.
Parsons, T. 32, 348-350, 397n.
Peacock, J.L. 318s.
Peel, J.D.Y. 246
Pittendrigh, C.S. 49, 54, 221, 375
Poincaré, R. 381
Polanyi, K. 283
Popper, K. 39, 88, 90, 105, 160, 231, 311-314, 322, 324, 350, 364, 370, 381, 388s.
Pulliam, H.R. 374
Pumphrey, R.J. 364

Radcliffe-Brown, A.R. 13, 101-103, 109, 114, 121, 125, 138-140, 152, 174-178, 183, 185, 223, 243, 256-260, 279, 290, 390, 398n., 399n.
Rapoport, A. 168, 377, 406n.
Rappaport, R.A. 144, 401n., 406n.
Reed, E.S. 39
Renfrew, C. 116

Rensch, B. 131, 207, 406n.
Resek, C. 85
Reynolds, P.C. 152, 308, 374, 391n.
Reynolds, V. 265, 322, 325, 353
Richerson, P.J. 377-379
Rickert, H. 102
Ricoeur, P. 315-317, 338
Rivers, W.H.R. 398n.
Rousseau, J.-J. 23, 266
Ruse, M. 35
Ruyle, E.E. 89, 386, 406n.
Ryle, G. 229, 316, 319, 370

Sahlins, M.D. 46-49, 60, 64, 110-112, 114, 125, 262, 273, 283, 300, 303-305, 339s., 351, 367, 384, 391n., 402n., 403n., 406n.
Saint-Simon, C. 31
Salzman, P.C. 276
Sapir, E. 252
Sartre, J.-P. 234
Saussure, F. 152, 161-171, 173, 177, 228, 232, 278s., 289-291, 335, 339, 368, 400n.
Schmidt, A. 240, 262, 339, 401n.
Schneider, D.M. 405n.
Schrempp, G. 83
Schrodinger, E. 50, 391n.
Schütz, A. 132, 136, 173, 279, 291, 329s., 335, 346, 349, 398n.
Scriven, M. 39
Searle, J.R. 327-329, 334
Sebeok, T.A. 320
Service, E.R. 60, 406n.
Simpson, G.G. 40, 43s., 46, 49, 199, 372, 406n.
Skolimowski, H. 399n.
Smith, M.G. 178
Smythies, J.R. 197, 311
Sorokin, P.A. 258, 402n.
Souriau, P. 380

Spencer, H. 18, 29, 31-33, 42, 45-47, 50-55, 105-109, 111-113, 125, 156s., 176, 206-208, 211, 243-249, 252, 255s., 260-263, 295-298, 301, 305, 307, 392n., 395n., 405n.
Spengler, O. 109
Stanner, W.E.H. 174, 186
Steadman, P. 200, 203, 251, 323, 333, 362, 371, 382, 387s.
Stebbins, G.L. 45, 47, 199
Stern, B.J. 254, 258
Steward, J.H. 66, 270, 403n.
Stocking, G.W. 56, 60, 63, 69-71, 79, 83, 87s., 92, 105, 109, 116s., 213, 220, 252, 391n., 392n., 394n.
Swanson, C.P. 377

Teggart, F.J. 99, 126, 391n.
Teilhard de Chardin, P. 46, 54, 133, 207, 209-211, 396n.
Teleki, G. 272
Terray, E. 85, 88, 137
Thompson, D.W. 360
Thompson, W.R. 261
Thorpe, W.H. 320, 375
Toulmin, S. 89s., 152, 375, 381s., 391n., 400n., 406n.
Toynbee, A. 109, 145
Trigger, B. 99, 101
Trivers, R.L. 299s.
Turgot, A.R.J. 394n.
Turner, V.W. 180
Tutin, C.E.G. 370
Tylor, E.B. 13, 56-74, 80, 82s., 88-93, 97, 105, 107s., 111-113, 116, 118-120, 122, 125, 128, 142, 159, 218, 231, 237, 245, 250, 358s., 389, 392n., 393n., 400n., 405n.

Vaihinger, H. 178
Van Gennep, A. 179
Venable, V. 364

Vico, G.B. 396n.
Voegelin, C.F. 371
Voget, F.W. 83, 92, 391n.
Vrba, E.S. 221, 363

Waddington, C.H. 54, 96, 372, 380, 384, 399n.
Wagner, R. 357
Walker, S. 324s.
Wallace, A.R. 32, 75-77, 84
Washburn, S.L. 361
Weber, M. 347-350, 367
Webster, G. 218, 400n.
Weismann, A. 246, 252
Weiss, P. 69, 103, 141s.
Whately, R. 392n.
White, L.A. 13, 49, 56, 60, 99, 105-112, 114-116, 122-125, 149, 158, 237, 362s., 396n., 399n.
Whitehead, A.N. 111, 189, 194, 204s., 227, 236, 312, 398s.
Whitrow, G.J. 74, 152, 155
Whyte, L.L. 214
Wieman, H.N. 200, 222, 225, 235, 266, 314, 341
Wiener, N. 124, 156-158, 161
Williams, G.C. 43s., 54, 84, 299
Williams, R. 30, 313
Wilson, E.O. 30, 78, 92-98, 158, 240, 261s., 268, 272-274, 293, 301, 312, 371-374, 377-380, 404n., 405n.
Wilson, P.J. 361, 369-371, 404n.
Wiltshire, D. 45, 53
Windelband, W. 102
Winterhalder, B. 39
Woodburn, J.C. 272, 277
Wright, S. 197, 207
Wynne-Edwards, V.C. 299, 393n., 402n., 406n.

Zirkle, C. 245

Índice de assuntos

Abelhas
   arquitetura das 331, 359s., 362
   comunicação das 269, 320s., 325
   vida social das 256-258, 260, 268-270
   cf. tb. Animais (não humanos)
Ação
   componente intencional da 188, 225-230, 334-337 cf. tb. Intencionalidade; Intenções
   concepção parsoniana inicial das 350
   modelo dramatúrgico da 276, 284, 345-347, 351, 404n.
   v. cognição 318
   v. comportamento 132, 241, 328-331, 350-356, 367
   v. valores 235
   cf. tb. Produção
Acaso
   na explicação evolutiva 196-199, 246
   na história da cultura 211
   v. antiacaso 197, 205, 212, 382
   v. necessidade 196s., 212, 223s., 235, 389, 401n.
   cf. tb. Mudança
Adaptação
   cultural 76, 79-81, 142, 150, 194, 246, 270s.
   evolutiva 36, 41s., 50, 76s., 79-81, 141, 196, 221s., 246, 300
   significados de 375, 406n.
   tempo de 370
   v. evolução social 149s., 310, 390
   v. exaptação 222, 364
   cf. tb. Evolução; Seleção
Altruísmo 243, 294-303, 305-309
   Durkheim sobre o 297s., 303, 305, 308
   e seleção de grupo 78, 299, 301, 393n.
   Fortes sobre o 302, 305, 404n.
   Kropotkin sobre o 393n.
   motivação intencional do 295, 301
   prescritivo 302, 305
   Spencer sobre o 295, 297s., 301
   teoria sociobiológica do 297, 299-301, 304, 379, 393n.
   cf. tb. Troca de presentes; Sacrifício
Animais (não humanos)
   arquitetura dos 338, 245, 330s., 360, 364
   consciência/percepção dos 236-239, 310s., 321, 324-329
   Morgan sobre os 84s., 237s., 324, 330
   cf. tb. Abelhas
Aprendizagem 281, 316, 370-376, 381
   como mecanismo de herança 373-377
   por observação, *v.* condicionamento ambiental 373-377
   v. ensino 324, 333, 365, 371-374, 379, 382, 389, 406n.
   v. instinto 370, 372, 375-378
   cf. tb. Cultura

Apresentação, *v.* representação 310, 328s., 334-336, 343, 351-353, 405n.
Aptidão inclusiva, concepção de 300-302, 304, 307, 385
Artefatos 323, 357-361, 367s.
    como invenções 359, 366, 368, 381
    de animais não humanos 330s., 360s., 364
    os organismos como 361
    v. objetos naturais 359s., 364s.
    cf. tb. Invenção; Instrumentos; Obras/trabalhos
Atomismo, *v.* holismo; cf. Holismo

Bricolagem, *v.* engenharia, cf. Engenharia

Caça 202, 270-272, 320
    v. predação 188, 271s., 334, 340
Ciência 312
    v. história 100-102, 106s., 121, 123
    v. mito 220, 358, 389
    cf. tb. Engenharia
Coevolução, gene-cultura 378-380, 386, 406n.
Comportamento 353s., 405n.
    v. ação, cf. Ação
    v. cultura 117, 170, 279s., 335, 374s., 377s., 396n.
Compreensão [*Verstehen*] 348s.
Comunhão
    fática 292s., 327
    v. comunicação 243, 293s., 306
    cf. tb. Comunicação; Conversação; Língua/linguagem
Comunicação 285, 289-294
    com animais não humanos 324s.
    como interação 293
    comunhão, *v.* comunhão, cf. Comunhão
    língua como sistema de 319-323
    não verbal 326, 404n.

cf. tb. Conversação; Língua/linguagem
Conotação, *v.* denotação 321s., 368
Consciência 311-319, 404n.
    animal, cf. Animais (não humanos)
    coletiva 169s., 248, 254, 278, 318
    como agente *v.* meio 57, 80, 91-93, 118
    como movimento *v.* continente 118s., 163, 310, 317s., 350, 357
    constituição da, pelas relações sociais 135, 188, 227, 239, 265-267, 277, 318, 403n.
    duração da 129s., 163, 186, 189, 192, 203, 223, 227, 233-235, 266, 280, 318, 357 cf. tb. Duração (bergsoniana)
    e fala 166, 292, 317 cf. tb. Conversação
    e moralidade 307
    evolução da 70, 86, 135, 141, 187, 190, 206-209, 237, 268, 274, 311, 314, 331, 390
    fluxo de 399n.
    na história 100, 115, 117-120, 126, 131-133, 138, 141, 147-150, 173, 234-236, 316
    prática 166, 267, 279, 293, 331, 351, 354
    v. autoconsciência 187, 239, 268, 274, 313, 324, 326s., 401n.
    v. discursiva 240, 310, 317-320, 326s., 329, 353
    v. inconsciente, cf. Inconsciente
    v. modelos na consciência 313, 317, 319, 331, 343, 352
    cf. tb. Intencionalidade
Construção 238, 382
    v. co-optação 221, 363s., 366
    cf. tb. Feitura de instrumentos

Continuidade 32-34, 37, 70, 126, 129-131
  v. descontinuidade 34s., 51, 100, 115, 130, 133, 147, 174-182, 233, 257, 337, 343, 353, 399n.
Conversação
  a vida social como 163, 166, 228, 341, 405n.
  concepções schutziana *v.* saussureana da 291s.
  humana *v.* não humana 293s., 325, 348
  cf. tb. Comunicação; Comunhão; Língua/linguagem
Co-operação/cooperação 269s., 275, 341, 344, 393n., 403n.
  como essência da socialidade 244, 257, 259, 269s.
  cf. tb. Relações sociais, interativas
Co-optação, *v.* construção, cf. Construção
Criação 198, 201
  concepção darwiniana da 154, 201, 391n.
  concepção de Kant (*v.* de Hutton) 152-154
  mecanicista *v.* orgânica 201-203, 205, 215s., 222, 400n.
  sentidos transitivo *v.* intransitivo de 204, 222s., 225s., 228s., 337, 342
  v. revelação 196, 198, 205s., 212, 215s., 218, 266, 318, 337s., 353, 400n.
  cf. tb. Criatividade
Criatividade
  Benedict sobre a 213
  Bergson sobre a 130s., 155s., 203s.
  Boas sobre a 92, 212s.
  da vida social, cf. Vida social
  Dobzhansky sobre a 194, 197, 200, 210, 212
  Kroeber sobre a 215s.
  Monod sobre a 196-198
  Whitehead sobre a 189, 194, 204, 398n.
  Wieman sobre a 200, 222s., 314
  cf. tb. Criação
Cultura
  analogia da, com espécies 59-68, 81, 90s., 93, 108, 111, 116, 142-144, 195, 237, 250, 392n.
  analogia da, com o organismo 110s., 253 cf. tb. Superorgânico, conceito de
  apropriação da, pela antropologia objetivista 72, 342-346
  ativo *v.* passivo 72, 91, 371, 389
  como ordem reguladora 275, 277, 347 cf. tb. Relações sociais, reguladoras *v.* vida social; cf. Vida social
  como um sistema de símbolos 318, 340, 351-353, 405n.
  como uma tradição extrassomática 362s., 377
  concepção boasiana da 60, 80s., 91s., 211s., 249s.
  concepção de Kroeber da 62, 71, 109s., 215
  concepção tyloriana da 58s., 64-66, 70-73, 245, 250, 392n.
  de animais não humanos 237, 372s.
  evolução da *v.* evolução biológica, cf. Evolução, biológica *v.* cultural
  história humana da 288
  "inata" *v.* "artificial" 311, 357s., 371, 380, 382s., 385, 388s., 406n., cf. tb. Artefatos
  modo de transmissão da 373s.
  teoria da, baseada na energia 110, 396n.
  v. comportamento, cf. Comportamento

v. consciência 319, 355s., 405n.
v. modo de existência 254, 277,
    280 cf. tb. Herança de
    características adquiridas;
    Aprendizagem
v. natureza; cf. Natureza
v. raça, cf. Raça
v. sociedade, cf. Sociedade
v. transmissão genética 377-379
cf. tb. História da cultura;
    Cultura-história, boasiana,
Cultura-história, boasiana 101, 115s.,
    131, 152, 237, 253
    análoga à "descendência com
    modificação" darwiniana 108,
    111, 126-128, 159, 165, 237
v. tyloriana 63, 69s., 108, 142
cf. tb. Evolução; Paradigmas
    evolutivos; História; Progresso

Darwinismo
    cultural 89
    social 32, 89, 262
Denotação, v. conotação, cf. Conotação
Descendência com modificação, cf.
    Paradigmas evolutivos, darwinista
Deslocamento
    na criação de instrumentos 368s.
        cf. tb. Língua/linguagem; feitura
        de instrumentos
    na língua/linguagem 320
Determinismo
    cultural 213, 219, 263, 286, 340,
    342, 344
    v. liberdade, cf. Liberdade
Diacronia, v. sincronia, cf. Sincronia
Difusão cultural 66-68, 72s., 144
    v. evolução 66
Dualismo
    de mente e matéria 83-86, 312s.,
    396n.

em Durkheim 182, 278
em Kroeber 253
Duração (bergsoniana) 129, 151s.,
    155-161, 172s., 175s., 183, 186,
    233, 266, 399n.
v. diacronia (saussureana) 164, 166,
    173, 318
cf. tb. Consciência, duração da;
    Sincronia, v. diacronia; Tempo

Ecologia, cultural 270, 403n.
Economia, concepção substantiva da
    283, 303
Emergência, doutrina da 206, 209-211,
    314 cf. tb. Emergentes
Emergentes, v. resultantes 209, 211,
    243, 247, 253
Êmico, v. ético 116, 352
    cf. tb. Significado, subjetivo;
    Comportamento, v. cultura
Engenharia
    seleção natural como parte da 198s.,
    201s., 220-222, 399n.
v. artesão experiente 371
v. bricolagem 217, 219-222, 228,
    389, 400n.
Ensino v. aprendizagem, cf.
    Aprendizagem
Epigenêse 31, 46, 214s., 373s., 380
    v. evolução 196, 214s., 400n.
Escravidão 273-276
Essencialismo
    contido na concepção de socialização
    281
    na linguística saussureana 168-170,
    278, 399n.
    na sociologia de Durkheim 250s.,
    278, 401n.
    na teoria da evolução orgânica 37,
    58, 107, 143, 391
    na teoria de evolução cultural 58,
    62s., 68, 91, 107, 110s.

Estrutura social
　Althusser sobre a 137, 139, 397n.
　Lévi-Strauss sobre a 136s., 174s.,
　　267, 289, 396n., 397n.
　Radcliffe-Brown sobre o 138s., 184,
　　256
　cf. tb. Cultura; relações sociais;
　　Sociedade
Etnocentrismo 29, 70, 93, 113, 127
Eventos 164, 173s., 357
　e cronologia 190s.
　indivíduos como 107s., 128, 140,
　　148s., 151, 355-357
　interioridade *v.* exterioridade dos 104
　organismos como 38, 50s.
　v. processo 50s., 100, 115s., 126,
　　155, 175, 257
Evolução
　biológica *v.* cultural 46, 57-63,
　　66-69, 81s., 88-94, 107s., 110,
　　143s., 323s., 357, 379-388 cf. tb.
　　Cultura-história
　concepção bergsoniana de 130s.,
　　141, 155
　concepção de White 105-109, 114
　concepção tyloriana da 56, 58-73,
　　80, 82s., 85-89, 91s., 107, 110-112,
　　118-120, 125
　da consciência, cf. Consciência
　emergente, cf. Emergência,
　　doutrina da
　geral *v.* específica 41s., 45-50, 64s.,
　　110-114 cf. tb. Progresso
　v. diversificação
　humana, Darwin sobre a 57, 73-79,
　　86
　significado da 29-33, 37, 126, 311n.
　v. difusão, cf. Difusão
　v. epigênese, cf. Epigênese
　v. história, cf. História

Wallace sobre a 76s., 84 E.O.
　Wilson sobre a 94-98
　cf. tb. Paradigmas evolutivos;
　　Progresso; Seleção
Expressão evasiva
　na feitura de instrumentos 369
　na língua/linguagem 320-322
　cf. tb. Língua/linguagem; Feitura de
　　instrumentos
Extrassomático, concepção de 311, 362s.,
　405n.

Fala
　como prática em vez de execução
　　166s., 292s., 317, 334, 340
　v. escuta 290s.
　v. língua (*parole v. langue*) 164-170,
　　188, 279, 289, 335, 339s., 405n.
　cf. tb. Conversação; Língua/
　　linguagem; Linguística
Feitura de instrumentos
　e língua/linguagem 368-370
　v. uso de instrumentos 311, 362-368,
　　382
　cf. tb. Construção; Língua;
　　Pensamento simbólico
Fenótipo
　cultura como propriedade do 372,
　　375
　estendido 361s.
　v. "tipo de cultura" 379
　v. genótipo 169s., 227, 280, 300,
　　310, 360, 372s., 375-380
　cf. tb. Genes; Aprendizagem
Filogênese, *v.* ortogênese, cf. Ortogênese
　v. evolução; *v.* progresso, *v.*
　　diversificação
　cf. tb. Evolução; História,
Finalismo, *v.* mecanismo 223-226, 238
　cf. tb. Teleologia

Genes
   análogos a elementos culturais 60s., 63, 92s., 259, 377-380
   mutações, cf. Mutações
   cf. tb. Coevolução; Fenótipo
Grande cadeia do ser 33-37, 63s., 86, 108

Herança de características adquiridas
   aplicada à transmissão cultural 381-383
   doutrina da 79, 82, 87, 246, 252, 263
   cf. tb. Paradigmas evolutivos, lamarckianos
Hereditariedade, *v.* tradição, cf. Tradição
Hipertrofia, concepção de 95
História
   boasiana, cf. Cultura-história, boasiana
   Collingwood sobre a 115-121, 124-126, 145
   de animais não humanos 84s., 236-239
   de pessoas 100, 137s., 141; *v.* populações 91, 99, 116, 142s., 149, 167, 236; *v.* coisas 99-101, 104, 134s., 140, 170, 217, 353
   estacionária *v.* cumulativa 113s., 125, 159
   Evans-Pritchard sobre a 101, 121-125
   Kroeber sobre a 101s., 106, 109s., 115, 123-125, 252s.
   Lévi-Strauss sobre a 113s., 123-125, 146-148, 152, 158-160, 171, 173s., 192, 398
   Marett sobre a 120, 142
   natural *v.* humana 239s.
   Spencer sobre a 105
   v. antropologia 121, 123, 145-147, 150, 158

v. ciência, cf. Ciência
v. evolução 100, 104-115, 122-126, 128-131, 149s., 158, 237
v. natureza, cf. Natureza
v. tempo 354-356
v. tradição 234s. cf. tb. Cultura-história, boasiana; Evolução; Paradigmas evolutivos; Progresso
Historicismo 105, 126
Holismo, *v.* atomismo 52, 69s., 73, 81, 91, 99-104, 126, 148, 289s., 313, 392n.

Idealismo, *v.* materialismo, cf. Materialismo
Idiográfico, conhecimento, *v.* nomotético, conhecimento 101-103, 114, 121
Inconsciente 213-215, 218, 267, 288, 396
   v. consciência 313-315
Individualidade
   cultural 63, 69, 91, 116, 140, 166, 170, 251-256, 398n.
   v. pessoalidade 69, 99, 131-145, 148s., 176s., 180-185, 217, 222s., 256-259, 265, 270, 294, 297, 305, 310, 398n.
   orgânica 38s., 63, 69, 130, 140, 165, 175, 181, 252s.
   cf. tb. Eventos; Pessoas
Inovação
   cultural 211s., 236, 374, 381-383, 385-387
   linguística 167-170
   por mutação genética, cf. Mutação
   v. tradição 211s., 388
   cf. tb. Variação
Instinto *v.* aprendizagem, cf. Aprendizagem

Instrumentos
    como objetos exossomáticos 362 ser
        humano *v.* não ser humano 364s.,
        370
    cf. tb. Artefatos; Trabalhos/obras
Inteligência 237-239, 365
    prática *v.* simbólica 326s.
Intencionalidade 188-190, 224-229,
    233s., 239s., 279, 293s., 310
    fonte da, no domínio social 188,
        227, 264
    na troca de presentes 284s.
    cf. tb. Ação; Consciência; Intenções,
        Intenções prévias,
Intenções, prévias *v.* intenção-na-ação
    326-331, 335-338, 340, 343,
    345-347, 349-351, 353, 405n.
    cf. tb. Ação; Intencionalidade
Intuição (bergsoniana), *v.* intelecto 103,
    130, 203, 233, 238
Invenção 66, 203s., 265, 366, 381-384
    v. convenção 354, 357, 368, 388
    v. replicação 354s.
    v. variação cega 381s., 384
    cf. tb. Artefatos; Inovação
Irreversibilidade
    como progresso, *v.* não repetição 51,
        154s., 158, 204, 228s.
    da "descendência com modificação"
        38-40, 152-156, 158-160, 168
    da evolução spenceriana 51s., 157
    v. reversibilidade 38-40, 124,
        153-158, 185-187, 289
    cf. tb. Evolução; Sistemas mecânicos;
        Progresso; Tempo

Liberdade 234
    e vontade 217, 228-233
    v. determinismo 166, 226, 228s.,
        232, 236, 389, 401n.

Língua/linguagem
    como instrumento de pensamento
        324s., 368, 404n.
    e ensino 371
    e fala, cf. Fala
    e feitura de instrumentos, cf. Feitura
        de instrumentos
    fundamento convencional da 167s.,
        368s.
    humano *v.* não humano 319s.,
        322-327, 348s., 404n.
    v. matemática 358
    cf. tb. Comunicação; Conversação;
        Linguística; Pensamento simbólico
Linguística 141s., 352
    Chomsky sobre a 228-230, 400n.
    Saussure sobre a 152, 161-171, 174,
        228s., 278s., 368, 400n.
    cf. tb. Língua/linguagem

Materialismo 191, 208, 313
    em Darwin 57, 74-76, 79-86, 93
    em Marx 312, 332
    v. idealismo 81-83, 251, 312s., 352
Mecanismo
    v. finalismo, cf. Finalismo
    v. organismo, cf. Organismo
    cf. tb. Criação, mecanicista
    v. orgânica
Mente, cf. Consciência
    v. matéria, cf. Dualismo
Mercadoria(s)
    fetichismo da mercadoria 286, 403n.
    troca de *v.* troca de presentes 284s.,
        288-290, 306
    valores culturais como 286s., 305,
        404n.
Método comparativo 58, 60s., 69, 74,
    83, 96, 113, 120-122, 172, 399n.

Mito 148
    Lévi-Strauss sobre o 216-218, 234, 316
    Tylor sobre o 400n.
    v. ciência, cf. Ciência
Modernidade *v.* tradição, cf. Tradição
Moralidade 243, 306-309, 404n.
    e altruísmo 298, 302s., 306-309
    e distância social 303
    evolução da 73s., 78
Mudança
    noção de 29, 51s., 115s., 144, 168s., 212, 232
    v. persistência 176-179, 223s., 257
    cf. tb. Acaso
Mutação
    condições da, associadas com condições de seleção 195, 382-385
    genética 168-170, 195-197, 212, 381
    cf. tb. Inovação

Natureza
    concepção de 134, 357s.
    humanização da 133, 140s., 240, 271, 288
    v. criação 372, 375
    v. cultura 134s., 263, 314, 323, 357s., 372, 377, 383
    v. história 356
    v. sociedade 263, 269
Necessidade, *v.* acaso, cf. Acaso
Nomotético, conhecimento,
    v. conhecimento idiográfico;
    cf. Idiográfico, conhecimento
Nutrição
    v. natureza, cf. Natureza

Objetivismo 118, 148, 196, 217, 352, 397n.
    v. subjetivismo, cf. Subjetivismo

Organismo 49, 140, 174s.
    e ambiente 41, 372, 384, 400n.
    filosofia do 313
    limite do 360s.
    v. mecanismo 103, 141, 200-203, 399n., cf. tb. Criação, mecanicista
    v. orgânica
Ortogênese 46, 58, 74, 91, 391n.
    v. filogênese 46, 66s., 91
    cf. tb. Evolução; Progresso

Panpsiquismo 206-209
Paradigmas evolutivos 30, 56, 128
    darwinista 32-43, 53, 57, 81-83, 90, 107-110, 145s., 157, 170, 190-193, 205, 214, 386-388, 392n.; *v.* lamarckianos 34-37, 62, 153s., 311, 382-384, 392n.; *v.* spenceriano 31s., 45, 50-53, 96, 105, 108s., 111-114, 156-158, 176, 206-208, 245-247, 261, cf. tb. Herança de características adquiridas
    cf. tb. Evolução; Progresso; Seleção
Participação 120, 166, 172, 390
    com animais não humanos 324s., 327, 348
    v. observação 100s., 115, 118, 291, 343, 348s., 353
Pensamento simbólico
    capacidade humana para o 319s., 322s., 326, 362
    como um pré-requisito da ação 349
    e feitura de instrumentos 364s., 367s., 370
    cf. tb. Cultura; Língua/linguagem
Persistência, *v.* mudança; cf. Mudança
Pessoa
    concepção de 69, 99, 131s., 137-140, 143-145, 148s., 179-184, 242, 264, 283s., 347, 399n.

constituição da, pelas relações sociais
  133-140, 149, 188, 228, 232,
  239, 263-265, 281
 v. indivíduo, cf. Individualidade,
  v. pessoalidade
 cf. tb. Relações sociais, constitutivas;
  Sujeito, concepção de
Poder social 275-277
Preformação, teoria da 46
Processo
 estatístico 173-176 *v.* topológico
  156, 173, 208s., 264
 v. eventos, cf. Eventos
 cf. tb. Irreversibilidade; Progresso
Produção 240, 266s., 327, 337-340
 forças *v.* relações de 269, 271, 402n.
 por animais não humanos 331s., 338
 transitivos *v.* intransitivos, sentidos
  de 311, 337, 340, 347-350
 v. consumo 338-341, 343
 v. execução 188, 267, 271, 320,
  331, 339-343, 349, 353
 cf. tb. Ação
Progresso
 e teoria darwinista 41-46, 74, 77-79,
  83s., 389, 391n.
 ideia de 29-32, 41-43, 58, 73-75,
  82s., 86, 105, 107-109, 112s.,
  127, 133, 135, 172, 397n.
 Morgan sobre o 84-88, 95s.
 Tylor sobre o 56-59, 64-66, 73s.,
  82, 85, 358, 389
 v. diversificação 37, 46-50, 61, 64s.,
  108, 113, 250, 310, 389, 402n.
 lei do, de Spencer 31, 42, 45, 50-55,
  111s., 245-247
 cf. tb. Evolução; Paradigmas
  evolutivos; Irreversibilidade

Projeto
 não consciente de si mesmo *v.*
  consciente de si mesmo 332s.,
  338, 366, 369s., 381s., 387-389,
  406n.
 orgânico 53, 196, 198s., 200-203,
  218, 220-222

Raça 143
 v. cultura 79-81, 252, 394n.
 cf. tb. Racismo
Racionalismo 229s., 326, 329
Racismo, no pensamento evolutivo
 79s., 97 cf. tb. Raça
Reciprocidade 283, 305
 e altruísmo 300, 305
 Sahlins sobre a 303s.
Reflexividade
 na feitura de instrumentos 364s.,
  368s.
 na língua 320
 cf. tb. Língua/linguagem; Feitura de
  instrumentos
Relações sociais 132-139, 149, 163,
 174, 180, 182, 341
 constitutivas 242s., 263-267, 269s.,
  272, 275s., 279s., 284, 286-288,
  294, 306, 340 cf. tb. Consciência;
  Pessoa (composta por) partículas
  elementares 207
 interativas 242-244, 248, 255-261,
  263s., 268, 272, 275, 279s., 286s.,
  289, 293-295, 306s., 340 cf. tb.
  Co-operação
 Radcliffe-Brown sobre as 138-140,
  174-177, 279
 reguladoras 242, 248s., 257, 259s.,
  263-265, 275-277, 279s., 283,
  287, 289, 295, 307, 340 cf. tb.
  Cultura

v. relações materiais 242, 269-271, 274s., 286, 341, 403n.
   cf. tb. Vida social; Sociedade
Relativismo 70-72, 74s., 80, 82, 91, 105, 125-128, 393n., 397n.
Representação, *v.* apresentação, cf. Apresentação
Resultantes, *v.* emergentes, cf. Emergentes
Reversibilidade *v.* irreversibilidade, cf. Irreversibilidade
Rituais de passagem 179-183

Sacrifício 294
   e altruísmo 306
   cf. tb. Comunhão; Troca de presentes
Seleção
   artificial 90, 323, 384s., 406n.
   as condições de, associada a condições de mutação, cf. Mutação cultural
   de grandes homens 395n.
   de grupo 78, 299, 301, 393n., 402n., 406n.
   de parentes 300s., 305
   interna 213-216 *v.* externa 214, 222, 388s.
   natural, cf. Seleção natural
   racional 90-92, 229, 231, 238, 359, 384s., 389, 395n.
   sexual 77
   v. natural, cf. Seleção natural
   v. seleção cultural
   cf. tb. Evolução; Paradigmas evolutivos; Variação
Seleção natural 32s., 38-46, 49s., 52, 57, 75-80, 84s., 89s., 95s., 191s., 194s., 197-199, 210, 246, 384, 399n., 400n.
   de traços altruístas 296, 298-301
   como processo criativo 194, 197-199, 202, 217, 222
   v. seleção cultural 76, 88-90, 92, 213-215, 311, 323s., 359, 378-390
   como engenheiro, cf. Engenharia
   cf. tb. Evolução; Paradigmas evolutivos; Seleção
Significado, subjetivo
   como pré-requisito da ação 348s., 351
   expresso em artefatos 363
   transitivo *v.* intransitivos, sentidos de 349, 351, 353, 405n.
   cf. tb. Pensamento simbólico; Compreensão [*Verstehen*]; Sistemas
Signos v. símbolos, cf. Símbolos
Símbolos *v.* signos 320-322, 349s.
   cf. tb. Língua/linguagem; Pensamento simbólico
Sincronia
   v. coetâneo 170-174, 182s.
   v. diacronia 35, 123s., 161s., 164-166, 168-171, 173s., 177s., 223, 236, 318, 399n., 401n.
Sistemas estatísticos *v.* sistemas mecânicos; cf. Sistemas mecânicos
   cf. tb. Irreversibilidade; Processo, estatístico
Sistemas mecânicos *v.* sistemas estatísticos 124, 157-159, 288s.
   cf. tb. Processo, Mecanismo estatístico
Sobrevivências na evolução cultural 59s., 405n.
Socialidade, critérios de 261, 263, 268s., 272, 293, 298, 402n.
   cf. tb. Relações sociais
Socialização 280-282
Sociedade
   analogia da, com o organismo 174s., 223, 243s., 247s., 250s., 399n.
   cf. tb. Superorgânico, concepção de

como artefato 265s., 357s.
como dominação 277
concepção de 136, 144s., 232, 242, 260, 262, 277, 282s., 293, 302, 402n.
de animais não humanos 243, 248, 254-258, 260s., 268, 272s., 275, 280, 293s.
Durkheim sobre a 175s., 182s., 188, 357
igualitarismo 298
limites da 145s.
v. cultura 242-244, 250, 253-256, 277s., 280s., 298, 402n.
v. Spencer 53, 246-249, 296s., 301
cf. tb. Vida social; Relações sociais
Sociobiologia 244, 262s., 273, 275, 295, 307s.
e altruísmo 299s.
E.O. Wilson sobre a 93-98
v. antropologia cultural 255s., 263, 303-305, 353, 402n.
Subjetivismo 115
v. objetivismo 102, 118-120, 122, 127s., 135, 152, 312-314, 352, 390, 396n.
cf. tb. Sujeito, concepção de
Sujeito, concepção de 137, 139, 352, 357
v. objeto 186, 204, 227s., 239, 270, 286, 288s., 313, 338s., 355, 401n.
v. superjeito 204, 266, 338
cf. tb. Pessoa, concepção de; Objetivismo; Subjetivismo
Superorgânico, concepção de 31, 50, 109, 111, 176, 210s., 243, 256, 258, 283
Durkheim sobre o 247
Kroeber sobre o 251-254, 401n.
Sorokin sobre o 402n.

Spencer sobre o 243-245, 295, 405n.
Steward sobre o 403n.

Tecnologia 367, 370
Teleologia 53s., 90s., 126, 154, 191-193, 195 *v.* teleonomia 54, 91, 198, 332, 361, 382
cf. tb. Finalismo
Teleonomia, *v.* teleologia, cf. Teleologia
Tempo
bergsoniano (duração), cf. Duração (bergsoniana)
como cronologia 155, 160s., 183, 185s., 342, 354, 356, 399n.
consciência do 74, 152, 184, 186-188, 327, 354-3507, 392n.
e datas 160s., 354
e envelhecimento 181s., 184
e estrutura social 398n.
e pessoalidade 184s.
escala de 153, 188-192, 235, 399n.
linear *v.* cíclico 185, 187s.
na evolução 33s., 36, 152-158, 168s., 398n., 399n.
na troca de presentes 286-288
não essencial para a história 117, 122s., 171s.
newtoniano 153-157, 159
real *v.* abstrato 146-148, 155, 161, 164, 183s., 187, 233, 337, 341-343, 355, 399n.
cf. tb. Duração (bergsoniana); Sincronia
Trabalho 341s., 364s.
Trabalho/obra
como produtos da ação 350
como valores 341
mitos como 218
objetos artísticos como 199-203, 227s., 240
presentes como 286-288

453

v. formas orgânicas 201, 203s., 218
cf. tb. Artefatos; Projeto; Instrumentos
Tradição
   linguística 164, 373, 389
   restrições da, sobre o comportamento
      70s., 91, 211, 218, 345, 350s.,
      389, 405n.
   v. hereditariedade 79-82, 212,
      251-254, 370, 373s.
   v. história, cf. História
   v. inovação, cf. Inovação
   v. modernidade 179
Transformismo, cf. Paradigmas evolutivos, lamarckianos
Troca de presentes 243, 282, 284-288, 290, 316
   como um fenômeno social total 282, 288s., 309, 403n.
   comparada com a comunhão fática 292
   inseparabilidade de pessoas e coisas na 284
   v. troca de mercadorias 285, 287, 289s., 306
   cf. tb. Altruísmo; Mercadorias; Comunhão

Unidade psíquica, doutrina da 83s., 136
Uniformitarianismo 38, 50s., 152s.

Valor
   abstrato 342
   v. valores do uso 341, 355, 363s.
Variação
   linguística 168-170
   na evolução orgânica 33, 37s., 62s., 169, 194-197
   na história da cultura 63s., 212, 381s.
   cf. tb. Evolução; Inovação; Seleção
Vida social
   como história 100, 116s., 126, 137, 145, 149s., 234s., 240, 274, 276, 279s., 353 cf. tb. História, de pessoas, *v.* vida da sociedade 144s., 175-184, 223, 242s., 256s., 263s., 283
   criatividade da 223, 228, 231-234, 263, 390
   v. cultura 149s., 187s., 285-288, 318s., 343, 351s., 390
   cf. tb. Relações sociais; Sociedade
Vitalismo 120, 130s., 156, 205-210

Coleção Antropologia

– *As estruturas elementares do parentesco*
Claude Lévi-Strauss
– *Os ritos de passagem*
Arnold van Gennep
– *A mente do ser humano primitivo*
Franz Boas
– *Atrás dos fatos – Dois países, quatro décadas, um antropólogo*
Clifford Geertz
– *O mito, o ritual e o oral*
Jack Goody
– *A domesticação da mente selvagem*
Jack Goody
– *O saber local – Novos ensaios em antropologia interpretativa*
Clifford Geertz
– *O processo ritual – Estrutura e antiestrutura*
Victor W. Turner
– *Sexo e repressão na sociedade selvagem*
Bronislaw Malinowski
– *Padrões de cultura*
Ruth Benedict
– *O Tempo e o Outro – Como a antropologia estabelece seu objeto*
Johannes Fabian
– *A antropologia do tempo – Construções culturais de mapas e imagens temporais*
Alfred Gell
– *Antropologia – Prática teórica na cultura e na sociedade*
Michael Herzfeld
– *Arte primitiva*
Franz Boas
– *Explorando a cidade – Em busca de uma antropologia urbana*
Ulf Hannerz
– *Crime e costume na sociedade selvagem*
Bronislaw Malinowski
– *A vida entre os antros e outros ensaios*
Clifford Geertz
– *Estar vivo – Ensaios sobre movimentos, conhecimento e descrição*
Tim Ingold
– *A produção social da indiferença – Explorando as raízes simbólicas da burocracia ocidental*
Michael Herzfeld
– *Parentesco americano – Uma exposição cultural*
David M. Schneider
– *Sociologia religiosa e folclore – Coletânea de textos publicados entre 1907 e 1917*
Robert Hertz
– *Cultura, pensamento e ação social – Uma perspectiva antropológica*
Stanley Jeyaraja Tambiah
– *Nove teorias da religião*
Daniel L. Pals
– *Antropologia – Para que serve*
Tim Ingold
– *Evolução e vida social*
Tim Ingold

CULTURAL

Administração
Antropologia
Biografias
Comunicação
Dinâmicas e Jogos
Ecologia e Meio Ambiente
Educação e Pedagogia
Filosofia
História
Letras e Literatura
Obras de referência
Política
Psicologia
Saúde e Nutrição
Serviço Social e Trabalho
Sociologia

CATEQUÉTICO PASTORAL

Catequese
Geral
Crisma
Primeira Eucaristia

Pastoral
Geral
Sacramental
Familiar
Social
Ensino Religioso Escolar

TEOLÓGICO ESPIRITUAL

Biografias
Devocionários
Espiritualidade e Mística
Espiritualidade Mariana
Franciscanismo
Autoconhecimento
Liturgia
Obras de referência
Sagrada Escritura e Livros Apócrifos

Teologia
Bíblica
Histórica
Prática
Sistemática

REVISTAS

Concilium
Estudos Bíblicos
Grande Sinal
REB (Revista Eclesiástica Brasileira)

VOZES NOBILIS

Uma linha editorial especial, com importantes autores, alto valor agregado e qualidade superior.

PRODUTOS SAZONAIS

Folhinha do Sagrado Coração de Jesus
Calendário de mesa do Sagrado Coração de Jesus
Agenda do Sagrado Coração de Jesus
Almanaque Santo Antônio
Agendinha
Diário Vozes
Meditações para o dia a dia
Encontro diário com Deus
Guia Litúrgico

VOZES DE BOLSO

Obras clássicas de Ciências Humanas em formato de bolso.

CADASTRE-SE
www.vozes.com.br

EDITORA VOZES LTDA.
Rua Frei Luís, 100 – Centro – Cep 25689-900 – Petrópolis, RJ
Tel.: (24) 2233-9000 – Fax: (24) 2231-4676 – E-mail: vendas@vozes.com.br

UNIDADES NO BRASIL: Belo Horizonte, MG – Brasília, DF – Campinas, SP – Cuiabá, MT
Curitiba, PR – Fortaleza, CE – Goiânia, GO – Juiz de Fora, MG
Manaus, AM – Petrópolis, RJ – Porto Alegre, RS – Recife, PE – Rio de Janeiro, RJ
Salvador, BA – São Paulo, SP